李运富 ◎ 主编

汉字职用研究
·理论与应用

中国社会科学出版社

图书在版编目(CIP)数据

汉字职用研究·理论与应用/李运富主编.—北京：中国社会科学出版社，2016.9
ISBN 978-7-5161-8583-4

Ⅰ.①汉… Ⅱ.①李… Ⅲ.①汉字-研究 Ⅳ.①H12

中国版本图书馆 CIP 数据核字(2016)第 170166 号

出 版 人	赵剑英
责任编辑	任　明
特约编辑	李晓丽
责任校对	董晓月
责任印制	何　艳

出　　版	中国社会科学出版社
社　　址	北京鼓楼西大街甲 158 号
邮　　编	100720
网　　址	http://www.csspw.cn
发 行 部	010-84083685
门 市 部	010-84029450
经　　销	新华书店及其他书店
印刷装订	北京市兴怀印刷厂
版　　次	2016 年 9 月第 1 版
印　　次	2016 年 9 月第 1 次印刷
开　　本	787×1092　1/16
印　　张	30.5
插　　页	2
字　　数	748 千字
定　　价	110.00 元

凡购买中国社会科学出版社图书，如有质量问题请与本社营销中心联系调换
电话：010-84083683
版权所有　侵权必究

前　言

　　古代的汉字研究称为"小学"，实际上相当于"语言文字学"，文字跟语言不分，都为文献解读服务，内容非常广泛；20世纪初开始，语言文字学脱离经学独立，语言与文字也明确区分，汉字学排除语言的"音义"后只剩下材料性的"形体"。我在跟随王宁先生学习汉字构形学的过程中，逐渐意识到汉字学范围或过宽或过窄的弊端，并努力分析造成这种局面的原因，尝试提出解决问题的方案。

　　经过10多年的探索，我们认为汉字学过宽过窄的主要原因是对汉字的本体属性缺乏正确认识，所谓"汉字三要素"（形、音、义）、"汉字工具论"和"汉字文化学"都或多或少违背了汉字的本体研究原则，这不是说它们没有研究意义和价值，而是说据此难以建立科学的汉字学体系。汉字的本体属性是"符号"，关系属性是"泛文化"。就本体属性而言，作为符号的汉字应该在形体、结构和职用三个方面跟别的符号相区别，从而体现自己的特性。就关系属性而言，作为一个文化项的汉字，可以与任何其他文化项发生关系，从而实现彼此之间的互证。如果以汉字作为研究对象，那其学科体系的范畴应该限定在形体、结构、职用三个本体属性上，描写和阐释本体属性时可以利用有关系的文化项（特别是语言项）来说明或证明，这是研究方法问题，不是研究范围和体系问题。把关系属性当作本体属性的话，任何学科都难以界定自己的范围和构建科学的体系。

　　如果认可汉字研究应该以本体属性为基本范畴，那汉字学研究的主要内容就应该是汉字的形体、结构和职用，这样的研究会自然显示汉字的形体系统、结构系统和职用系统。形体、结构、职用三个系统不是并列关系和层叠关系，而是处于不同视角的三个学术平面，可以形成共属一体的三个分支学科。这就是我们多年来一直倡导的"汉字学三平面理论"，它是从汉字本体属性出发构建的新体系，很好地克服了传统文字学广而杂的非科学性，也有效地解决了现代汉字学窄而单的纯形体问题。

　　在汉字学的三个平面中，结构平面是研究得最充分的，从许慎的《说文解字》到王宁先生的《汉字构形学导论》[①]，这个分支学科已经相当成熟；形体平面的研究也不少，蒋善国出版过《汉字形体学》[②]，但汉字形体的研究多数时候与结构混在一起，或者延伸到艺术角度，真正的形体系统研究还需继续努力；职用层面是研究得最薄弱的，不是说没有涉及，事实上汉字的职用是汉字存在的价值，谁也无法回避和忽视，从汉代开始，学者们已关注到用字问题，到宋代和清代，甚至有了一些专门谈用字现象的札记，但前人触及汉字的职用往往是以解读文献为目的的，并没有站在汉字本体的立场从学理上研究汉字的

[①]　王宁：《汉字构形学导论》，商务印书馆2015年版。
[②]　蒋善国：《汉字形体学》，文字改革出版社1959年版。

职用规律和体系，因而"汉字职用"的研究尚处于无意识状态，谈不上"学"。"汉字字用学"的名称是王宁先生最先提出的（1994）[①]，我们在王先生的启发下，从1996年开始有意识地研究汉字职用问题，到2004年提出"三个平面理论"[②]，2005年发表《汉字语用学论纲》[③]，正式倡议建立"汉字职用学"（当时称"汉字语用学"），并在《汉字学新论》（2012）[④]中首次给予汉字职用独立的地位。我们先后从多个角度展开对汉字职用的调查研究，并给研究生讲授"汉字职用学"，指导研究生撰写系列汉字职用方面的学位论文，同时在不同场合宣讲我们的"汉字本体三属性""汉字研究三平面"以及"汉字职用学"思想，希望引起学术界的重视和讨论。我们高兴地看到，近10多年来，文字学界出现了大批与"汉字三平面理论"相关，特别是与"汉字职用学"相关的应用成果，研究字词关系和文献用字现象已经蔚然成为时尚。我们的一些同道，如黄德宽先生、陈斯鹏先生等也在汉字职用方面做了许多探索和研究。在这种形势下，我们认为有必要也有基础写出一部概论性的《汉字职用学》了，下面就是我们拟定的《汉字职用学》框架：

汉字职用学（题纲）
第一章　汉字职用学的提出
　　第一节　汉字的三维属性
　　第二节　汉字学研究的三个平面
　　第三节　汉字职用学的任务
　　第四节　汉字职用学与训诂学的关系
　　第五节　汉字职用学的理论意义与应用价值
第二章　汉字的"职"与"用"
　　第一节　汉字与汉语的关系
　　第二节　汉字的本职与兼职
　　第三节　汉字的借用与误用
　　第四节　一字多职与多字同用
　　第五节　汉字职用的考察角度
第三章　汉字职用考察的材料
　　第一节　语料与字料
　　第二节　字典词书的利用与局限
　　第三节　原始文本与后出文本
　　第四节　文献的同时代文本
　　第五节　各种材料的综合利用

[①] 王宁：《〈说文解字〉与汉字学》，河南人民出版社1994年版，第47页。
[②] 2004年北京师范大学民俗典籍文字研究中心举办"传统语言文字学高级研讨班"，李运富作"汉字学研究的三个平面"的学术报告，第一次使用了"三个平面"的说法。
[③] 李运富：《汉字语用学论纲》，《励耘学刊》（语言卷）2005年第1期。
[④] 李运富：《汉字学新论》，北京师范大学出版社2012年版。

第四章　字符职能考察
　　第一节　字符职能的考察方法
　　第二节　单字构意本职的确定
　　第三节　单字职能的扩展
　　第四节　单字职能的减缩
　　第五节　单字职能变化总图
第五章　语符用字考察
　　第一节　语符用字的考察方法
　　第二节　一语符仅用一字
　　第三节　一语符可用多字
　　第四节　语符用字变化的历史
　　第五节　语符用字变化的原因
第六章　字组的职用调整
　　第一节　字符职用的转移
　　第二节　字符职用的兼并
　　第三节　字符的孳乳与职用的调整
　　第四节　字符的行废与职用的调整
　　第五节　职用调整的原因
第七章　文本用字考察
　　第一节　文本用字的考察方法
　　第二节　文本的字位与字频考察
　　第三节　文本单字的职能考察
　　第四节　文本语符的用字考察
　　第五节　文本用字现象讨论
第八章　汉字职用的系统比较
　　第一节　比较的目的与方法
　　第二节　同时职用比较（不同文本、地域、集团、行业的用字）
　　第三节　异时职用比较（同书异版、不同时代的字符与用字）
　　第四节　出土文献与传世文献的用字比较
　　第五节　用字的变化规律及其成因
第九章　汉字的超语符职用
　　第一节　史前文字的图载职能
　　第二节　利用汉字笔画表意
　　第三节　利用汉字构件表意
　　第四节　利用汉字外形表意
　　第五节　改变正常形体表意
　　第六节　汉字的艺术魅力
第十章　汉字职用的规范

  第一节 汉字职用的理据性与社会性
  第二节 汉字职用的现实调查
  第三节 汉字职用的刚性规范
  第四节 汉字职用的柔性规范
  第五节 汉字职用规范的时代性

  这个框架基本上反映了"汉字职用学"的内容，也体现了我们对汉字职用研究的一些看法，如果完整地拿出来，既是对此前研究汉字职用实践的总结，也能对目前正在兴起的汉字职用研究热潮起到引领和指导作用。我们已经有了讲义性的简单初稿，但作为理论专著增补加工，写起来并不轻松，经常为一种现象的表述或一个问题的解释是否妥当、一个小标题的拟定或一段论述的摆布是否合理而犹豫不决，费心斟酌。眼下我们有更紧迫的任务是要按时完成国家社科基金的一个重点项目和一个重大项目，所以实际上很难保证有充足时间让我们来慢慢打磨《汉字职用学》，如果把尚不成熟的想法整合成理论专著出版，心中难免不安，甚至抱憾终身。在这种窘迫矛盾的情况下，想起古人在正式推出某种学术专著之前，往往会先行发表某种资料性的"长编"，一则展示前期工作成果，二则征求学界意见建议。那么，我们似乎也可以把10多年来研究汉字职用的一些论文和有关材料汇集起来先行出版，它们大致能够反映我们这些年对汉字属性、汉字研究三个平面和汉字职用学的认识和探索过程，同时也是我们撰写《汉字职用学》理论专著的主要依据。于是，我们编辑了这套《汉字职用研究》论文集。

  论文集的内容大致分为三个方面，一是有关汉字职用的理论性认识和讨论，涉及汉字三平面理论、汉字发展理论、汉字职用理论、字词关系与字际关系论述，以及对前人有关汉字职用认识的研究等；二是对汉字三平面理论、汉字职用学理论的评述，以及学界对这些理论的有意识应用（限于篇幅，只收部分论文，不收应用了这些理论的专著、硕博士论文和没有明引的论文）；三是对汉字职用情况的实际考察，包括字符职能的考察、语符用字的考察、文本用字的考察以及用字的比较考察。前两个方面的内容比较杂，不全是讨论汉字职用本身，但都与汉字职用相关，如"汉字三平面理论"是汉字职用研究的理论背景，没有"三平面说"，就没有汉字职用的地位；又如"古今字"反映了不同时代用字的差异，"异体字""通假字"等反映了多字同用的现象，所以都具有汉字职用学方面的价值。我们根据以上内容的篇幅和主题，将第一、第二两个方面编为一册，命名为《汉字职用研究·理论与应用》；第三方面编为一册，命名为《汉字职用研究·使用现象考察》。

  编入集子中的文章，除评述和应用性质的以外，都是我本人或由我指导学生撰写的（绝大多数跟学位论文相关），所以思想和方法大体一致，体现出团队学术意识。这些论文大多数是公开发表过的（集中注明原刊出处），编入时如有修改则加以说明；也有一些是未刊稿，或刚写出还来不及发表，或是从相关硕博士论文中节选和改写，也有出于文集专题需要而临时增写的。选自硕博士论文的，大都限定字数由原作者改写；一时无法联系到的，则委托专人改写，改写者共同署名。未刊稿虽然署了原作者姓名，但并非原作者主动投稿，也许还有单位不承认这样的论文成果，那么原作者可能因为本集的收录而无法获得论文发表的利益。这套论文集实际上也确实与一般的论文集不同，它是围绕"汉字职用研究"这个主题而进行的专题性资料汇编，无论已刊稿还是未刊稿，都应该属于编辑成果。因此，我们特别声明，编入本集的未刊论文只是编者对有关资料的搜集，不算作者投稿的正式公开发表，原作者还可以用其他方式刊布自己的成果（不应算一稿两投），以享受作者应得的权益。另外，本集评述和应用性质的文章意在部分反映"汉字三平面理论"和"汉字职用学"的影响和价值，其中的具体内容并不代表本书编者的观点，有关学术创获和文责也由原作者享受和承担。

集中收编的文章虽然大体上有统一的指导思想和研究方法，但成于众手，跨时漫长，前后不一致甚至矛盾的地方在所难免。就我本人的文章而言，由于认识不断变化，思路常有调整，加上写作目的、读者对象、发表场合的不同，某些文章之间也可能存在内容重复、观点参差、表述不一的情况。还有少数几篇原已收入过《汉字汉语论稿》（2008），这次因专题需要再次收入本集，特此说明。本集文章的编排大致按照主题和内容，也适当照顾发表时间的先后；为了节省篇幅，原文发表时的中英文内容提要、关键词和作者简介等都予以删除；根据出版社的规范要求，不管原文发表时是用繁体还是用简体，本集收录时全都转换为简体，涉及字形分析和字际关系说解的字，如转换为简体有可能说不清楚或引起误解，则仍保留繁体或隶古定形体。文集作者众多，稿件浩繁，既要编，又要增，还要删改，加工表述，统一格式，直至校对出版，工作量特别大，个人精力有限，故请何余华、张素凤协助，在此对两位的辛勤劳动表示感谢。

总之，这本论文集是为《汉字职用学》所做的材料准备，也是《汉字职用学》主要思想和方法的提前展示，杂集草创，良莠不齐，唯虑无拘小节，综观大局，或有一二可取焉；亦望学界披沙去泥，点石成金，共铸"汉字职用学"之辉煌。

李运富

2016 年 5 月 8 日

目　录

三个平面与汉字职用

"汉字学三平面理论"申论 …………………………………………………… 李运富（3）
汉字性质综论 ………………………………………………… 李运富　张素凤（18）
汉字演变的研究应该分为三个系统
　　——《古汉字结构变化研究》是汉字结构系统的重要研究成果 ……… 李运富（31）
汉字语用学论纲 …………………………………………………………… 李运富（34）
论汉字的记录职能 ………………………………………………………… 李运富（40）
论汉字职能的变化 ………………………………………………………… 李运富（51）
汉字超语符功能论析 ………………………………………… 李运富　何余华（62）
论汉字的超语符示数运用 ………………………………………………… 蒋志远（77）
记录职能对汉字形体结构的影响 ………………………………………… 张素凤（85）

字词关系与字际关系

论汉语字词形义关系的表述 ……………………………………………… 李运富（93）
论汉字的字际关系 ………………………………………………………… 李运富（100）
论出土文本字词关系的考证与表述 ……………………………………… 李运富（114）
关于"异体字"的几个问题 ……………………………………………… 李运富（123）
楚简"䈞"字及相关诸字考辨 …………………………………………… 李运富（131）
从《说文》重文看汉字字际关系的研究 ………………………………… 张晓明（150）
中国传统语言文字学字词关系研究述评 ………………………………… 韩　琳（156）
近代字词关系研究述评 ……………………………………… 韩　琳　冀秀美（163）
改革开放以来字词关系研究现状考察 …………………………………… 韩　琳（168）

汉字职用学史

王观国《学林》对汉字使用问题的探究 ……………………… 曹云雷　张素凤（177）
《段注》"古今字"的字用学思想浅析 ……………………………………… 钟　韵（190）
郑玄《周礼注》从历时角度对字际关系的沟通 ………………………… 李玉平（196）

论郑玄《周礼注》从泛时角度对字际关系的沟通……………………李玉平（206）
郑玄《周礼注》"读如"类沟通字际关系术语分析…………………李玉平（233）
试析郑玄《周礼注》中的"古文"与"故书"………………………李玉平（239）
略论"古今字"观念的产生时代问题…………………………………李玉平（246）
早期有关"古今字"的表述用语及材料辨析…………………………李运富（259）
魏晋南北朝"古今字"训诂论略………………………………………蒋志远（277）
颜师古和郑玄、段玉裁的古今字观念比较……………………………关　玲（284）
论王筠的"古今字"观念………………………………………………蒋志远（289）
论王筠"古今字"观念的历史继承性…………………………………蒋志远（296）
从"分别文""累增字"与"古今字"的关系
　　看后人对这些术语的误解…………………………李运富　蒋志远（303）
论王筠"分别文、累增字"的学术背景与研究意图………李运富　蒋志远（313）
章太炎古今字观念正析…………………………………………………蒋志远（321）
黄侃的"古今字"和"后出字"………………………………………温　敏（328）
黄季刚"用字之假借"阐释……………………………………………韩　琳（336）
黄季刚字词关系研究方法要略…………………………………………韩　琳（345）

评　述

"字用学"的构建与汉字学本体研究的"三个平面"
　　——读李运富先生《汉字汉语论稿》………………………陈　灿（357）
内容丰富、观点新颖、学理与学史并重
　　——李运富先生《汉字汉语论稿》述要……………………张素凤（362）
李运富先生对汉字学理论的贡献………………………………张道升（371）
汉字研究从"形音义"到"形意用"
　　——读李运富《汉字学新论》………………………………郭敬燕（380）
浅议《汉字学新论》之"新"…………………………赵家栋　殷艳冬（387）
汉字"形构用"三平面研究的回顾与展望……………………何余华（400）

应　用

汉字的特点与对外汉字教学……………………………………李运富（415）
基于"汉字三平面"理论的对外汉字教学……………………张　喆（427）
汉语国际教育中教师的汉字教育理念与汉字专业修养………杨　毅（433）
汉字学理论在识字教学中的应用………………………张素凤　郑艳玲（439）
现代汉语字典中的字用学概念和研究内容……………………徐加美（444）
字用背景下形声字的职能变化…………………………………赵小刚（448）
汉字字用学理论对东巴文研究的适用性探究…………………王耀芳（456）

汉字理论研究的重要进展：字用研究
　　——读《古汉字发展论》································夏大兆（460）
异体字·古今字···李晓红（464）
从字词关系角度看异形词整理···································温　敏（469）

三个平面与汉字职用

"汉字学三平面理论"申论[*]

李运富

从 1996 年开始，我们在许多论著中流露或明确提到汉字的"三维属性"，并逐渐以此为基础形成"汉字学三平面理论"[②]；从 1997 级开始，我先后指导了 40 余篇（部）硕博士论文（含访问学者和博士后）对汉字学三个平面之一的汉字职用平面展开研究（见文末附录），并在 2005 年发表《汉字语用学论纲》正式提出建立"汉字职用学"[③]，2012 年出版《汉字学新论》[④]，初步用"三个平面"思想系统讨论汉字问题，从而构成以"汉字形态""汉字结构""汉字职用"为本体的三维汉字学新体系。10 多年关于"汉字学三平面理论"的探索和实践，已经在学术界产生广泛影响，据不完全统计，专文评论、明确引述和实际运用了"汉字三平面理论"（主要是"汉字职用学"）的论著在 300 篇（部）以上[⑤]。但上述"汉字学三平面理论"除了在我们的论著中简单提及和实际操作外，主要是靠讲学的方式传播[⑥]，至今没有公开发表专题论文。那么现在，在有了 10 多年的研究实践后，在已经引起广泛关注和讨论的基础上，我们想用这篇文章对"汉字学三平面理论"作一个延展式的论述，故取名"申论"。

---

[*] 本文原载于《北京师范大学学报》（社会科学版）2016 年第 3 期。原文附录误排为脚注，收入本集时附录作了调整并略有增补。

[②] 参见何余华《汉字"形构用"三平面研究的回顾与展望》，《语文研究》2016 年第 2 期。

[③] 李运富：《汉字语用学论纲》，《励耘学刊》（语言卷）总第 1 辑，学苑出版社 2005 年版。作者后来将"汉字语用学"改称为"汉字职用学"。

[④] 李运富《汉字学新论》作为国家社科基金后期资助项目成果由北京师范大学出版社 2012 年出版，2014 年获北京市第十三届哲社优秀成果二等奖，2015 年获教育部第七届高等学校科学研究优秀成果（人文社会科学）三等奖。

[⑤] 相关评述文章有：陈灿：《"字用学"的构建与汉字学本体研究的"三个平面"——读李运富先生〈汉字汉语论稿〉》，《语文知识》2008 年第 4 期；张素凤：《内容丰富、观点新颖、语理与学史并重——李运富先生〈汉字汉语论稿〉述要》，《励耘学刊》（语言卷）总第七辑，学苑出版社 2008 年版；张道升：《李运富先生对汉字学理论的贡献》，《求索》2012 年第 9 期；郭敬燕：《汉字研究从"形音义"到"形意用"——读李运富〈汉字学新论〉》，《语文知识》2013 年第 4 期；赵家栋、殷艳冬：《浅议〈汉字学新论〉之新》，《中国文字研究》2016 年第 23 辑。其他论著恕不一一罗列。

[⑥] 除本校面向本科生和研究生的课堂讲授外，作为学术讲座先后讲过"汉字研究三平面"和"汉字职用学"专题的单位和会议有：日本东京大学（2002），日本"中国出土文献研究会"（2002），北京师范大学"中国传统语言文字学高级研讨班"（2004），安徽大学（2012），陕西师范大学"汉语言文字学高级研讨班"（2013），浙江财经大学（2013），渤海大学（2014），唐山师范学院（2014），湖北大学（2015），中国人民大学（2015），成都大学（2015），西南交通大学（2015），中国传媒大学（2015），浙江师范大学（2016），暨南大学（2016）等。

一 "汉字三要素说"的理论缺陷

在我们提出汉字"三维属性"和"汉字学三平面"之前,汉字研究和汉字教学是以"汉字三要素说"作为基本理论支撑的。

所谓"汉字三要素",是说每个汉字都由"形、音、义"三要素构成,是"三位一体"的,因此研究汉字也好,教学汉字也好,都必须把这三个要素搞清楚。这种说法源自《说文解字》以来的研究传统。段玉裁注《说文解字》体例说,"凡文字有义、有形、有音……凡篆一字,先训其义……次释其形……次释其音……合三者以完一篆"①,因此研究汉字要"三者互相求"②。王筠也说:"夫文字之奥,无过形音义三端。而古人之造字也,正名百物,以义为本,而音从之,于是乎有形。后人之识字也,由形以求其音,由音以考其义,而文之说备。"③ 这不仅成为传统公认的研究汉字的法则,甚至也被当作识读汉字的检验标准,所以吴玉章说:"认识一个汉字必须要知道它的形、声、义三个要素,三个中间缺少一个,就不能算作认识了这个字。"④

"汉字三要素"说从古代沿袭到现代,自然有它的实用价值,但理论上的缺陷也无法回避。

第一,它从通过字形解读文献语言的实用目的出发,把文字和语言捆绑成一体,混淆了文字与语言的区别。段玉裁说:"圣人之制字,有义而后有音,有音而后有形;学者之考字,因形以得其音,因音以得其义。"⑤ 钱大昕也说:"古人之意不传,而文则古今不异,因文字而得古音,因古音而得古训,此一贯三之道。"⑥ 这种由文字之"形",探求语言之"音",以获得文献之"义"的层级思路,其"形音义"本来是不在同一平面的,而客观上却形成了"体制学"(形)、"音韵学"(音)、"训诂学"(义)三足鼎立且同属于"文字学"的传统学术格局。所以宋人晁公武说:"文字之学凡有三:其一体制,谓点画有衡(横)纵曲直之殊;其二训诂,谓称谓有古今雅俗之异;其三音韵,谓呼吸有清浊高下之不同。论体制之书,《说文》之类是也;论训诂之类,《尔雅》《方言》之类是也;论音韵之书,沈约《四声谱》及西域反切之学是也。三者虽各一家,其实皆小学之类。"⑦ 章太炎说:"文字之学,宜该形音义三者。"⑧ 齐佩瑢说:"自三代以来,文字的变迁很大。论字形,则自契文、金文、古籀、篆文、隶书、正书、草书、行书。论字义,则自象形、指事、会意、转注、假借、形声,而历代训诂诸书。论字音,则自周秦古音、《切韵》、《中原音韵》,而注音字母、各地方音。这种种的变迁,形音义三方面的演变,

---

① 段玉裁:《说文解字注·一部》,"元"字注,上海古籍出版社1981年版,第1页。
② 段玉裁:《广雅疏证·序》,见王念孙《广雅疏证》,江苏古籍出版社1984年版,第2页。
③ 王筠:《说文释例·自序》,中华书局1987年版,第2页。
④ 吴玉章:《新文字与新文化运动》,载《文字改革文集》,中国人民大学出版社1978年版,第39页。
⑤ 段玉裁:《广雅疏证·序》,见王念孙《广雅疏证》,江苏古籍出版社1984年版,第2页。
⑥ 钱大昕:《潜研堂文集》卷二十四《小学考·序》,上海古籍出版社1989年版,第3页。
⑦ 晁公武:《郡斋读书志》卷一,见孙猛《郡斋读书志校正》,上海古籍出版社1990年版,第145页。
⑧ 章太炎:《国学讲演录》,华东师范大学出版社1995年版,第5页。

都应属于文字学研究的范围。"① 在民国时代的高校课程中，文字学就包括"中国文字学形篇"（容庚）、"中国文字学义篇"（容庚）、"文字学音篇"（钱玄同）和"文字学形义篇"（朱宗莱）等分支。可见"形音义三要素"说的结果，导致传统文字学与语言学不分，语言的声音和意义被直接纳入文字学范畴，这种包含了"形音义三要素"的文字学，实际上等于"语言文字学"。

把语言的"音、义"当作文字学的内容，显然不符合现代语言与文字属于不同符号系统的认识，据此难以构建起科学的汉字学理论体系，因为文字的"形"与语言的"音""义"根本不在同一层面，不具有鼎立或并列的逻辑关系。20世纪初文字学家开始意识到文字和语言的差别，就逐渐将"音韵、训诂"的研究内容从传统"文字学"中剥离出去，如顾实《中国文字学》（1926）、何仲英《文字学纲要》（1933）等所论的"文字学"即已排除音韵、训诂的内容，至唐兰《古文字学导论》（1935）、《中国文字学》（1949）则旗帜鲜明地提出"文字学本来就是字形学，不应该包括训诂和音韵。一个字的音和义虽然和字形有联系，但在本质上，它们是属于语言的。严格说起来，字义是语义的一部分，字音是语音的一部分，语义和语音是应该属于语言学的。"②

第二，现代的"形音义三要素说"造成个体汉字分析跟整体汉字学系统不一致。自唐兰以后，现代文字学已经把音韵学和训诂学的内容排除了，可汉字具有"形音义三要素"的学说继续沿袭，而且更明确、更强化了，特别在汉字教学领域。但仔细分析，现代的所谓"汉字三要素"跟古人的"形音义互相求"其实不完全相同。在古人眼里，个体汉字的"形音义"三位一体，而分开来的学科关系也归结为一体：

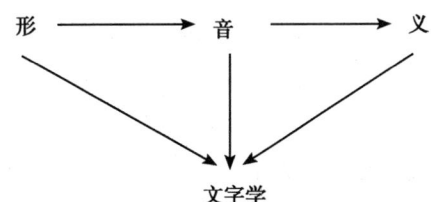

图1　传统"形音义"三要素的学理关系

即"因形以得其音，因音以得其义"，形制学、音韵学、训诂学三者递联各自独立，而同属于文字学范畴。现代的"形""音""义"在学科上分属于文字学和语言学，其关系实为对立的两端：

文字学 ← 形 ↔ 音、义 → 语言学

图2　现代"形音义"三要素的学理关系

因而现代的"文字学"已经不包括独立的"音""义"因素，可在个体汉字的教学和解说上却仍然要分出"形、音、义"三个要素，这就势必造成个体汉字的分析和学术系统的不对应。

---

① 齐佩瑢：《中国文字学概要》，国立华北编译馆1942年版，第17页。
② 唐兰：《中国文字学》，上海古籍出版社2005年版，第4—5页。

第三，就个体汉字而言，即使把它跟对应的语言单位捆绑为一体，也未必都能分析出"形、音、义"三个要素来，因为个体汉字跟语言单位的对应关系有三种：形↔音义（结合体）；形↔音；形↔义。这三种关系都是两两对立，根本不存在能够独立鼎足或并列的"三要素"。如果把跟"字"对应的"词"（音义结合体）强行分出"音""义"还勉强能凑合"三要素"的话，那"形↔音""形↔义"对应时就无论如何也分析不出"三要素"来。事实上"音"和"义"对于汉字来说并不是必不可少的，汉字有时可以只表音或者只表义。借用现成汉字音译外来词语是常见现象，也有造出来专表音不表义的汉字，如翻译佛经时在音近汉字上增加构件"口"造出专用新字"噷、㗁、咯、哱"等，或用两个汉字拼合成一个切音字，如"𠀤、𠓎、𦬠、𦪊"等①。这些汉字都是为记音专造，"义"不是它们所具有的元素。而像网络用字中的"囧""囝""槑""夯"等虽然能表达一定意义，但使用之初并不记录语言中特定的音，实际上不具备"音"的元素。所谓"要素"应该是某个事物必须具有的实质或本质的组成部分，"音""义"既然可缺，就不是所有汉字必备的"要素"。所以梁东汉先生说："过去一般文字学家都把形、音、义看作'文字的三要素'，认为任何一个字都必须具备这三个要素，否则它就不是文字。这种'三要素论'是不科学的，它在某种条件下可以成立，但是当一个字只是代表词的一个音节时，这种说法就站不住脚了。"②

第四，在"形音义"三要素中，"形"是什么，一直没有明确的固定所指。从古代的研究实践看，"形"主要指"结构"，《说文解字》就是专门分析结构的，传统文字学如果排除音韵学和训诂学的话，实际上就是"结构学"。就现代而言，在专家眼里或学术层面，该"形"一般也是指结构，汉字研究基本上就在围绕"汉字结构"的分类和归类打圈圈，外形的书写则被划归书法学，汉字学著作和教材中的字体演变实为综合性的字料介绍，所以汉字的外形从来没有独立出来成为汉字学的研究对象。但在普通人眼里，特别在基础教育领域，"形音义"的"形"指的却是外形，掌握"形"就是指能够认识某个字形或者写出某个字形，至于这个字形的结构理据一般是不讲或不知道的。这样的"形音义"汉字等于"字典式"汉字，缺乏理据性和系统性，更没有汉字在使用中的动态表现。当然，更多的时候，所谓"形"是模糊的，可能指个体的外形，可能指整体的风格（字体），可能指结构理据，也可能指形体构架，还可能指甲骨文、金文等某种文字材料。概念不清，系统难成，模糊的"形音义三要素"说在一定程度上妨碍了汉字学的正常发展和有效应用。

二 "汉字三维属性"与"汉字学三个平面"

自唐兰以后，大家都认可应该把训诂学（义）、音韵学（音）的内容从文字学中剔除，但这样一来，文字学就只剩下"形"了，而且对"形"的理解模糊，结果现在的所谓"汉字学"大都内容单薄且重点不一，或以"六书"为核心，或以古文字考释为追求，

---

① 郑贤章：《〈龙龛手镜〉研究》，湖南师范大学出版社2004年版，第63—77页。
② 梁东汉：《汉字的结构及其流变》，上海教育出版社1959年版，第3页。

或以当代规范为目标,有的加上字体演变,有的加上"古今字、通假字、异体字"等内容,这些内容着眼于文献解读,实际仍然属于训诂学。所以至今"汉字学"没有一个符合学理的独立而又完整的体系。

造成这种局面的原因不在于拿掉了"形音义"的"音、义",而在于对"汉字"的本体属性缺乏正确的认识。剩下来的"形"当然是汉字的本体,但"形"的所指必须明确区分,不能再模糊游移,否则汉字学的立足点就不稳固,许多理论问题也说不清楚。不少学者已经意识到这个问题,主张汉字的"形"应该细分为字体和结构两个方面,如王力指出:"关于字形,应该分为两方面来看:第一是字体的变迁;第二是字式的变迁。字体是文字的笔画姿态,字式是文字的结构方式,二者是不能混为一谈的。"① 王宁先生创建"汉字构形学"②,明确区分"异写字"和"异构字",也体现了"形体"和"结构"不能混同的思想。但学者们把形体和结构区别开来,目的大都是为了"分类",很少把"形体"和"结构"作为汉字的不同属性看待,因而也很少建立起不同的系统,或者只有结构方面的系统而没有相应的形体系统。

我们认为汉字的外部形态和内部结构不是同一系统中的类别问题,而是不同视角的认知问题,它们反映了汉字的不同属性,因而属于不同的学术系统。如果汉字学包含形体和结构两个互有联系而又各自分立的学术系统,那其内容自然就丰富多了。但这还不是汉字学的全部,汉字作为一种符号,必然有其表达职能,没有职能就不成其为符号,离开职能而空谈汉字的"形",或把"形"又分为"形"和"构",都不能算是完整的汉字学。

要讲汉字的职能,是不是又得把"音、义"请回来?当然不是!汉字与语言的"音义"确实密切相关,但从汉字本体出发研究的应该是"字"与"音义"的关系,而不是语言层面的"音""义"本身,更不是语音系统和词义系统。所谓"字"与"音义"的关系是双向的,甚至是多方交错的,包括某"字"可以记录哪些"音义"或"音""义",某"音义"或某"音"某"义"可以用哪些"字"记录,这些在文献中客观存在的各种字词关系、字际关系和词际关系既反映了"字"的职能,也反映了"语言"的用字面貌,我们把它统称为汉字的"职用"。

汉字的"职用"还有超语符的,也就是可以不记录语言层面的音义,而直接通过汉字形体的离散变异、排序组合等手段实现表情达意的功能。如以笔画表超语符义("、丁上心禾"表{一二三四五}),以构件表超语符义("吕"表{口对口接吻}),以外形表超语符义("大"形睡姿、"十"字路口),变化字形表超语符义(把"酒"字的三点水加粗放大表示酒里掺水太多)等。③

可见汉字的"职用"并不等于语言的"音义"。语言的"音义"不属于汉字要素,而记录"音义"的职能以及与"音义"无关的超语符职能,还有语言的用字现象等,都应该属于汉字的研究范畴,所以汉字"职用"也是汉字本体的属性之一。

这样一来,我们在理论上不赞成"汉字三要素"说,而重新从外形、结构和职用三

---

① 王力:《汉语史稿》,中华书局1958年版,第52—53页。
② 王宁:《汉字构形学讲座》,上海教育出版社2002年版。
③ 李运富、何余华:《论汉字的超语符职能》(英文),《世界汉字通报》,2015年创刊号。

个不同角度来认识汉字的属性,称为"汉字的三维属性"。图示如下:

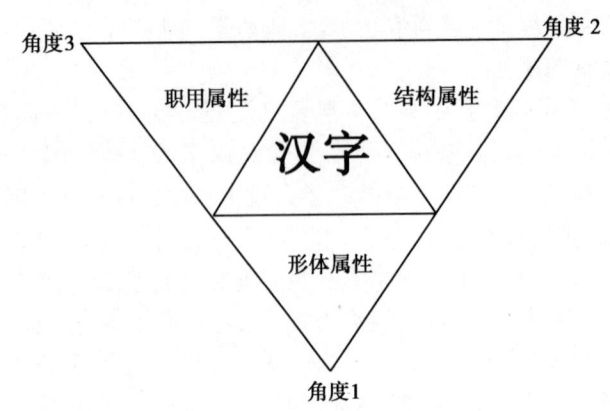

图3 汉字的"三维属性"

汉字在排除属于语言层面的语音和语义后,只有分别从形体、结构、职用三个角度进行独立考察,才能真正认清汉字的本体属性。我们把形体、结构、职用看作汉字的"本体"属性,跟汉字使用者对汉字的感知和理解是一致的。因为我们日常所说的"字"要么指外形,要么指结构,要么指功能,很少用抽象的"符号"意义。例如说"朵字跟朶字不同""这个字写得很漂亮",其中加点的"字"就是指的外部形态。在这种情况下,外部形态不同就得算作不同的字。即凡线条、图素或笔画在数量、交接方式、位向或体式等方面具有差异的字样,也就是不能同比例重合的形体,都得算不同的字(形),如"户""戶""戸"算三个字。如果说"泪字是会意字""泪字跟淚字是不同的字",其中加点的"字"则指内部结构。在这种情况下,只有内部结构不同的形体才算不同的字,写法或外形不同而结构相同的仍然算一个字,如上举的"朵""朶"算一个字,三个"户"形也算一个字,而"泪""淚"则算两个字。但有时我们也可以说"泪和淚是一个字""体可以分为两个字,一记愚笨义,一记身体义",这时的"字"实际上指的是词,是就其记录功能而言的。可见"字"的含义所指实有三个,正好跟我们所说的"汉字三维属性"一致,因而"形体、结构、职用"这三维属性都是汉字的"本体",而独立的"音""义"则不属于汉字。

既然汉字具有形体、结构、职用三个方面的本体属性,那么研究汉字也应该从这三个维度进行,针对汉字的不同属性分别描写汉字的形体系统、结构系统、职用系统,这样就会自然形成汉字研究的"三个学术平面",从而产生汉字形体学、汉字结构学、汉字职用学三门分支学科,正如我们在《汉字语用学论纲》中已经表述的那样:

正因为汉字的"字"具有不同的内涵和实质,从而决定了汉字学研究必然要区分不同的观察角度,形成不同的学术系统。根据上面所说的三种指称内涵,汉字的本体研究从学理上来说至少应该产生三种平面的"学"。即:

(一)从外部形态入手,研究字样含义的"字",主要指字样的书写规律和变异规律,包括书写单位、书写方法、书写风格、字体类型、字形变体等等,这可以形成汉字样态学，也可以叫作汉字形体学，简称为字样学或字形学。

（二）从内部结构着眼，研究字构含义的"字"，主要指汉字的构形理据和构形规律，包括构形单位、构件类别、构形理据、组合模式以及各种构形属性的变化等等，这可以叫作汉字构形学或汉字结构学，简称为字构学。

（三）从记录职能的角度，研究字用含义的"字"，主要指怎样用汉字来记录汉语，包括记录单位、记录方式、使用属性、字词对应关系、同功能字际关系等等，这可以叫作汉字语用学，简称为字用学。①

后来为了避免跟语言学中的"语用学"混同，也为了兼顾字符的职能和语符的用字两个方面，我们把"汉字语用学"改称为"汉字职用学"，并且认为汉字职用学还应该包括汉字的超语符职能而不必限于"语用"。但"汉字职用学"仍可简称"字用学"。

汉字形体学、汉字结构学、汉字职用学这三个学术系统不是并列的，也不是层叠的，而是同一立体物的不同侧面，有些内容彼此关联，相互交叉。但交叉是指材料的归属而言，不是指理论系统而言。在理论上三个平面应该分立，具体问题应该放到相应平面讨论，而研究对象的统一和材料的多属共联，使它们形成三维的一体，分立而不分离。图示如下：

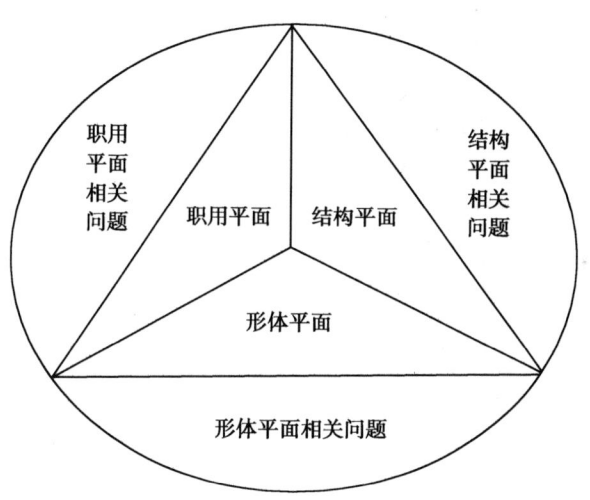

图4　汉字学的"三个平面"

总之，从认识汉字本体的三维属性出发，分别研究汉字的形体、结构、职用，形成互有联系而各自独立的三个学术平面，从不同角度共同构建综合的立体式的汉字学新体系，这就是我们提出的"汉字三维属性"与"汉字学三个平面"。

---

① 李运富：《汉字语用学论纲》，《励耘学刊》（语言卷）总第1辑，学苑出版社2005年版。

三 "汉字职用学"是"三个平面"的重点

如果说把"形"区别为"形体"和"结构"建立汉字形体学分科和汉字结构学分科符合很多人的想法,并且已经有了较好的基础,那么提出并论证汉字职用学则是我们的贡献,也是"汉字学三个平面理论"得以形成的关键或标志,因为在此之前的汉字学没有把"职用"当作独立的系统看待,汉字学始终是以"形"(字体、结构)为核心的。

感谢王宁先生最先提出"汉字字用学"概念,并认为"汉字字用学,就是汉字学中探讨汉字使用职能变化规律的分科"①。我们秉承这一思想,发展完善有关理论,建立起系统的"汉字职用学",并自觉把"汉字职用学"当作汉字学的本体,使之成为"汉字学的三个平面"之一②。现在我们进一步认为,"汉字职用学"不仅属于汉字学的本体,而且应该成为汉字学的研究重点。这不仅因为"汉字职用学"刚刚提出还不是很成熟,需要集中力量进行理论完善和职用现象的实际考察,而且也可以从其他方面论证"职用"在汉字三平面中的重要地位。

第一,虽然形体、结构、职用都是汉字的本体属性,但它们的地位和价值并不完全等同。这牵涉对事物本质属性的认识问题。属性指事物本身固有的不可缺少的性质。它是以现实性为依据的,即某个事物实有什么而不是该有什么。正如"人"除了自然属性外还有社会属性甚至心理属性,汉字的属性也是多方面的,所以把形体、结构、职用都看作汉字固有的本体属性这种做法没有问题。但对使用和研究汉字的人来说,哪种属性更重要些可能看法不一。以前的文字学重视形体、结构,有人甚至把结构上的属性看作汉字的本质属性。当多种属性属于不同角度时,要确定谁是本质谁是非本质其实很难,汉字的定性存在很多争议就是证明。但在不否定其他属性的前提下,论证谁更重要些还是可以做到的。如果说重要的就是本质的,那汉字的本质属性也是可以论证的,但不一定是结构。我们还是拿"人"的属性来比况吧。

马克思主义认为,"人有两种属性,一是人的自然属性,二是人的社会属性。人之所以为人,关键不在于人的自然性,而在于人的社会性。人的本质是一切社会关系的总和,人与动物的本质区别在于人的社会劳动,人与人的本质区别在于社会关系。"③可见人的本质由两方面体现,一是人与动物的区别,二是人与人的区别。就人与动物的区别而言,人的本质在于社会劳动,这是整个人类与动物的根本不同;从人与人的区别来说,人的本质在于社会关系,由于人们所在的社会集团不同,所处的社会地位不同,因而人与人不同。所以人的最根本的特性是人的社会性。自然属性是人存在的基础,但人之所以为人,不在于人的自然性,而在于人的社会性。

建筑物跟文字的类比可能更贴近。建筑物的外形和结构都是本体属性,彼此也都有一定的区别特征,但不是根本性的,因为它们属于自然属性,除了设计者建造者,一般只在

---

① 王宁:《〈说文解字〉与汉字学》,河南人民出版社1994年版,第47页。
② 李运富:《汉字语用学论纲》,《励耘学刊》(语言卷)总第1辑,学苑出版社2005年版。
③ 《马克思恩格斯选集》第1卷,人民出版社1995年版,第56页。

欣赏和寻找时才会注意这些。作为建筑物的使用者来说，大都更关注建筑物的功用，也就是建筑物的社会属性，所以学校的建筑物都是根据功用来命名和指称的：图书馆、体育馆、食堂、教学楼、办公楼、学生宿舍等，这是区别建筑物的实用性分类，也是本质性分类。

　　同样的道理，汉字的本质属性可能也不在自然的形体和结构方面，而在带有社会性的职用方面。因为形体本身有时很难跟别的符号（例如图画、标记）区别，只有创造符号的目的和实际功用才能将文字与非文字区别开来。在文字内部，不同的文字之间，主要的差异或特点不是形体和结构而是职用，例如汉字跟东巴文在形体和结构上有很多相同相通的地方，但每个符号所表示的功能并不相同，所以它们是两种不同的文字符号。同种文字的不同字符之间，根本性的差异仍然不是自然性的外形或结构，而是反映造字目的和体现实际功能的职用，所以同样的字形可以根据职用差异区分为不同的字，形体不同的字样如果功能相同也可以归纳为同一个字。而且对具体"字"的命名和指称，一般也是选取功用的角度，如这个"人"字会说成"这个 rén 字"，而不说"这个一撇一捺字"。可见从学理上来说，形体的"字"、结构的"字"只是分析字料时对属性的指称，不是作为单个符号的"字"，只有带着实际功能的职用"字"，才有符号意义上的个体称谓。那么能够区别个体符号的职用当然应该是汉字的本质属性，或者说是相对更重要的属性。

　　第二，人们学习和研究汉字的目的主要不是为了写字和分析字，而是为了用字表达自己的思想和理解别人用字表达的思想。汉字作为一种符号，形体是其存在形式，职用才是它的价值体现，而结构只是联系"体"与"用"的"中介"。正如要认识一个人，重要的不是了解他的自然属性（肉体和组织结构），而是他的社会属性（身份及关系）；要使用某个建筑物，重要的不是熟悉它的外形和结构，而是它具有的主要功能。同理，学习和研究汉字重要的也是掌握其社会性的职用，而不宜把主要精力花在自然性的字形和结构上。在某种条件下（例如会打字），字形不会书写没有关系，结构理据不会分析也没有关系，但如果不知道某个字可以记哪些词，或者某个词应该用哪个字，那就根本不会用字。

　　第三，从学术史的研究实践看，虽然传统文字学理论上以"字体"演变和"结构"分析为主，没有明确把"职用"当作汉字的本体，但实际上汉字研究始终没有离开职用，甚至可以说，"职用"才是学者们真正关注的重点。如《说文解字》被看作研究"形制"的代表，而其主要目的在通过形体分析证明汉字的本用职能，同时用"古文以为某"的方式揭示文献中的借用现象，用"重文"体例归纳异字同用现象，用"一曰"体例反映同字异用现象，可见许慎的目光始终是盯着"用"的。历史上大量的字典辞书、传注笺疏、学术笔记、字词考证等，无不涉及汉字的使用，随处可以找到有关汉字使用现象和使用规律的论述，如"借字""通假字""古今字""正俗字""通用字""某行某废"等术语，其实都是从不同角度对用字现象的指称，郑玄、张揖、颜之推、颜师古、孔颖达、张守节、洪迈、王观国、王楙、顾炎武、王鸣盛、梁章钜、段玉裁、孙诒让、黄侃等学者，其实也都是研究字用的专家。所以，古代虽然没有"汉字职用学"的系统理论，但却具有丰富的"汉字职用研究史"。只是这些研究事实和成果都被掩盖在训诂材料中，被当成了训诂学的内容。实际上训诂材料是综合性的，字用研究的内容完全可以从训诂材料中提取出来独立成"史"成"学"。

总之，尽管汉字学的三个平面是从三个不同角度看的，理论上处于同一层级，但实际上地位并不等同，如果要给它们的重要性排个序的话，应该是"形体＜结构＜职用"。看到这个表达式，我们会感到惊讶：原来我们的"汉字学"在理论上竟然把最重要的"职用"给忽略了！

四 "汉字学三平面理论"的意义和价值

"汉字学三平面理论"是从认识"汉字的三维属性"出发的。"三维属性"不是对传统"三要素"的简单分合，而是有着本质差异的两种学术思路。"三要素"的"三位一体"是虚假的，实际上"形"属文字系统，"音义"属语言系统，两者是分离的，语言系统的"音义"结合体也被分离为"音"和"义"，所以它们的关系是"形—（音—义）"，以此为依据建立起来的传统"文字学""音韵学""训诂学"属于不同的学科；现代的"文字学"只有"形"，没有"音""义"，而单个汉字仍强调"形、音、义"，结果单字要素的分析跟学科体系内容不对应。"三维属性"则是同一事物的不同方面，形体、结构、职用三者分立而不分离，所以它们的关系是"形＋构＋用"，以此为基础建立起来的"汉字形体学""汉字结构学""汉字职用学"都属于"汉字学"，是立足于汉字本体而形成的分立而不分离的三维学术体系。这种以"三维属性"为根基的"汉字学三平面理论"的提出，具有重要的理论意义和广泛的应用价值。

（一）理论意义

第一，"三平面理论"突破了以往跨学科的庞杂汉字学体系和虽属本体但片面薄弱的汉字学体系，既立足本体，又全面周到，从而完善了汉字学体系和丰富了汉字学内容。我们于 2012 年出版的专著《汉字学新论》正是从汉字的"三维属性"出发，以"形体、结构、职用"三个平面的汉字本体分析为纲，以"汉字属性、汉字起源、汉字关系、汉字文化、汉字整理"等相关问题为纬，尝试创建了立足"三个平面"多角度讨论问题的立体式研究思路和多维度知识体系。在这个体系中，形体、结构、职用都可以充分展开，形成分科小系统，从此再不用担心"汉字学不研究音义还有什么可研究的"这样的问题。

第二，"三平面理论"保证了单个汉字的属性分析跟学科体系的平面建设的一致性，并且主张把汉字的材料分析和各种具体问题的讨论分别放到相应平面的学术系统中进行，从而避免把不同平面的东西搅和到一个平面而引起的种种争议，大大提高了汉字学理论的解释力。例如"异体字"，有的认为只要形体不同就是异体字，有的强调只有结构不同的才算异体字，有的说用法交叉的不同词的字也是异体字，这些观点在同一系统中显然不能共存，于是争论不休。如果用"三平面理论"看待，在形体系统中，可以说功能相同而形体不同的字都是异体字；在结构系统中，可以说功能相同而结构不同的字才是异体字；在职用平面，音义交叉的同源字限定用法相同的义项时也可以说是异体字；它们在相应的平面都是可以成立的，而离开特定的平面系统就谁也不能说服谁，争论在所难免。[1] 关于

---

[1] 李运富：《关于"异体字"的几个问题》，《语言文字应用》2006 年第 1 期。

汉字的性质也是如此，各种说法林林总总，长期聚讼纷纭，其原因乃在于片面地各执其是。如果从汉字的"形体、结构、功用"三个平面分别观察，则汉字性质问题完全可以统一认识：在形体方面，汉字属二维方块型；在结构方面，汉字以表意构件为主而兼用示音和记号构件；在功用方面，汉字主要记录音节（含语素音节和纯音节），也可超语符直接表意。只要角度明确，说汉字是"方块文字"可以，说汉字是"表意文字"可以，说汉字是"音节文字"也不算错，综合起来说"汉字是用表意构件兼及示音和记号构件组构单字以记录汉语语素和音节的平面方块型符号系统"也行，何必偏执一隅而是此非彼！①

第三，"三平面理论"摆脱了汉字必须记录汉语的认识，把只要具有形、构、用属性并且没有时空限制的表意符号都纳入汉字考察范围，较好地解决了史前文字与有史文字的联系，对汉字起源问题的解释更合情理。我们认为争论汉字起源，首先应界定"汉字"的内涵和"起源"的具体所指。汉字起源实际上包括"源出"（汉字形体的来源、创造者、创造方式等）、"源头"（汉字本体的出现时代和初期字类等）、"源流"（由初期汉字发展为功能完备的系统汉字的过程）。其中每一项"源"的认定都与汉字"三维属性"的分析有关。如"源出"的形体，我们不同意"汉字起源于图画"说，而支持"书画同源"，即书画都源自对客观事物的描摹，其早期的本质区别不在形体而在职用。就"源头"而言，我们认为具备"形、构、用"三维属性的字符早在距今八千年左右就已出现，最初可能产生的是使用度高的数字、名物字和标记字。"源流"是自源而流，主流体系的形成取决于结构方式的高效和职用的满足，因而"形声"构字（利用语言音义直接构造汉字）是形成能够完整记录语言的系统汉字的关键。②

第四，"三平面理论"中的"汉字职用学"开辟了汉字学新的研究方向，同时健全了汉字发展史研究的框架。汉字学研究长期忽略汉字的职用，讲汉字发展史一般也只讲形体的演变，很少有人讲汉字结构的演变，汉字职用的演变更是空白。我们认为，"汉字具有形（形体）、意（构意）、用（功能）三个要素，汉字的本体研究也相应地分为字形（外部形态）、字构（内部结构）、字用（记录职能）三个系统。汉字形、意、用的演变不可能全都同步进行，合在一起叙述有时是说不清楚的，所以关于汉字的演变研究最好也要分为字形的演变、字构的演变、字用的演变三个系统来进行"③。特别是汉字职用演变史应该是汉字发展史最重要的组成部分，离开汉字职用演变史的梳理就不成其为完整的汉字发展史。汉字职用演变史的梳理将打破传统汉字发展史研究的瓶颈，突破汉字发展史即字体演变史的误区，引起汉字发展史研究框架、论证思路的体系性变革，从而重构三维式的完整的汉字发展史。张素凤《古汉字结构变化研究》（中华书局2008年版）、《汉字结构演变史》（上海古籍出版社2012年版），黄德宽等《古汉字发展论》（中华书局2014年版）已尝试从"形构用"三维视角考察汉字历史，验证了"三平面理论"对汉字发展史研究的必要性和可行性。

---

① 李运富、张素凤：《汉字性质综论》，《北京师范大学学报》2006年第1期。
② 李运富：《论"汉字起源"的具体所指》，《民俗典籍文字研究》第3辑，商务印书馆2006年版。
③ 李运富：《汉字演变的研究应该分为三个系统》，《唐山师范学院学报》2009年第1期。

第五，"三平面理论"不仅完善了汉字学自身的体系建设，同时也找到了所有文字共有的属性范畴，从而破解了不同文字间差异比较难题，为普通文字学和比较文字学做出了贡献。共有属性范畴的比较才是有效比较，通过有效比较才能显示特点。在"形音义"三要素下，汉字跟其他文字的比较点难以确定，因为"音义"每个字都不同，不同的文字之间无法比较，而原来的"形"内涵模糊，比较起来也游移不定，所以汉字的特点至今没有统一的表述。明确"三维属性"以后，就可以从外形、结构、职用三个维度分别比较，有效描述各自的异同和特点。例如汉字跟英文比，外形上汉字呈"平面方块型"，英文属"线型"；结构上汉字以"表意"构件为主，英文以"表音构件"为主；职用上汉字记录汉语的"音节"，字跟词（语素）不一一对应，英文记录英语的"词"，字跟词基本一致。按不同属性分别比较和描述，清晰明白。① 而且可以跟各种不同文字比，比较对象不同，特点的表述也可能不同，例如汉字跟韩文比，结构上汉字以表意为主而韩文基本是标音的，差异明显，但外形上都是平面方块型的，差异就没有跟英文的大。根据不同对象比较的结果而作出的不同描述，不代表汉字的特点或属性变了，正如张三跟李四比属于高个，跟王五比属于矮个，而他自己的身高并没有变化。这说明世界上的文字可能并不是"一分为二"式的简单类型，需要根据不同的属性分别比较而进行多维度分类。"三平面理论"可能成为世界文字科学分类的突破点。

（二）应用价值

汉字学"三平面理论"，特别是其中的重要平面"汉字职用学"理论，被广泛运用于汉字本体研究之外的其他领域，涉及疑难字词考释、古籍整理、字书编纂、汉字教学、汉字规范及其他文字的研究等。

疑难字词考释。这是在传世文献和古文字材料中常见的训诂工作。但传统的"以形索义"往往限于本字本义，古文字考释往往迷信"以字证字"，即追求相当于后世的某个字。其实使用中的汉字训诂意义虽然单一，而要考证这单一的意义却牵涉所用字的各种属性及字词关系的众多成员，这就需要借鉴"汉字学三平面理论"特别是"汉字职用学"理论，包括形体演变分析以确定字种，结构理据分析以确定本用，字符曾用状况的全面调查以提供该字可能具有的职能，然后才能根据语境的用字要求，在合理的字词关系和字际关系中确定该语境中该字符的实际职用。只有对"字"的各种属性及其跟语境的关系都作出合理解释，也就是"字用"和"用字"合理对接，形成严密的不存在断环和反证的"证据链"，才算靠得住的"完全考释"。现在的古文字考释有许多属于"不完全考释"，需要将"三平面汉字学"跟"训诂学"结合起来进行补证或重证。②

古籍整理。这主要属于文献学的范畴，"汉字学三平面理论"的应用价值体现在两个方面，一是将古籍文本整理为当代文本时，有个文字转换问题。古籍整理的文字转换必须保证表达功能不变（讹误校勘除外），这是个刚性原则。但根据不同的整理目的，在功能不变的情况下用字可以不同，因此文字转换就可能出现三种情况：（1）形体对应转写。

---

① 李运富：《汉字的特点与对外汉字教学》，《世界汉语教学》2014年第3期。
② 李运富：《论出土文本字词关系的考证和表述》，《古汉语研究》2005年第2期。

即按照线条笔画形状进行转写，转写的字形跟原字形基本相当，结构和字种都无变化；（2）结构对应转写。即忽略外部形态而按照原版字形的结构进行构件对应和同质组合转写，转写的字形跟原字形笔画数量和交接样态可以不同甚至差异很大，但结构属性相当，字位仍然同一；（3）功能对应转写。即不仅忽略字形也忽略结构属性而仅仅按照职用功能相当进行转写，转写的字跟原字可以是结构不同的异体字，甚至可以是不同的字种（如用本字替换通假字）。这三种转换正好跟汉字属性的三个平面对应。① 第二个方面的价值是利用汉字的属性考察判定文本的书写年代或校正文本的改字讹字现象。传世文献由于种种原因可能出现文字的失真，如果属于讹误引起了文意理解的障碍，通常可以用校勘法予以纠正，但如果是后人因为当代的用字习惯而有意无意地把某字改了并不影响文意，那往往不会引人注意，从而掩盖文本失真现象。发现这类失真现象并恢复古籍的本来用字面貌，比较有效的办法就是考察字符的出现时代和职能演变情况，以及特定范围的用字习惯。② 对那些时代不明的文本，也可以考察其中的汉字属性，包括字形特征和用字习惯，然后放在历史演变的链条上，就有可能判断该文献的书写或刻版时代，但不一定能判断文献的著作时代。

字典的编纂修订。传统的大型字书基本上只提供"形音义三要素"，"形"还往往只有字头。现代的《汉语大字典》才开始罗列有代表性的各种古文字字形，同时转录《说文解字》等对结构作简单说明，主要内容则是众多的音义项。但这些音义项大都由历代字书累积而来，并未做全面彻底的文献测查和系统的字词关系整理，因而存在收字原则不明确、职用时代不清晰、字词关系和字际关系欠沟通等问题。例如收字的随意性大，没有对"字"的单位进行界定和归整，许多字头仅仅是另一字头的异写或讹变，甚至包含大量的古文字笔画转写字形，如果依此为准则，那字典的收字是无穷尽的。从汉字的"三维属性"看，字典不应该是形态平面的个体汇集，而应该是有结构差异的字位收录。字位的职用情况则应该表现为字典中音义项的有序排列和字头间的相互沟通，职用的时代清晰和项别齐全是衡量大型字典质量高低的标准，但符合这些标准的字典目前还没有出现。汉字职用学要求对个体字位历时记录过的词项、个体词位历时使用过的字形进行穷尽性分析与研究，这种通史性的全面测查可以帮助字书编纂逐步达到完善的程度，避免该收未收或不该收却误收的现象。而且，随着单字职用、单词用字、汉字职用断代描写的成果不断涌现，也可以编纂一些新型工具书，如"汉语单音词用字汇纂""汉字职用断代语料库"等。③

汉字教学与规范。汉字教学，包括对外汉字教学，一直受到"形音义三要素"束缚，形成"字典式"的教学模式，机械呆板，缺乏动态感和系统性，而且在字形书写和结构类型上过度规范，如笔顺规范和独体合体规范等，对与学习汉字根本目的直接相关的

---

① 李运富：《论古籍电子化的保真原则和整理原则》，《古籍整理研究学刊》2000 年第 1 期。

② 裘锡圭：《简帛古籍的用字方法是校读传世先秦秦汉古籍的重要根据》，《中国出土古文献十讲》，复旦大学出版社 2004 年版；李运富、李娟：《传世文献中的改字及其考证》，《文献语言学》第 2 辑，中华书局 2016 年版。

③ 徐加美的《现代汉语字典中的字用学概念和研究内容》（《语文学刊》2011 年第 18 期）一文与此节内容相关，可以参阅。

"职用"却不重视，教学效果自然不佳。我们认为，在汉字教学中过度强调形体规范，连一笔一画的书写顺序都要固定，其实并没有多大意义，因为对汉字职用的认知是不考虑书写顺序的，事实上人们使用汉字时也很少严格按照"书写规范"写字，而且现代的信息技术可以使全字一次性呈现，根本没有书写过程，所以形体上只要能够区别为不同的字就行。至于结构理据分析，相对比较重要一些，但实际上也是为掌握职用服务的，目的在说明形体与职用的关系，对一般使用者而言，不知道结构理据也不是什么大问题，而且结构理据如何分析很多时候是由职用决定的。如此看来，汉字教学的重点应该在职用，结合语言来说，就是要重视字符与语符的对应关系。人们总以为汉字的难教难学是由于汉字字数多、笔画多，因而把主要精力花在写字、认字上，其实这是把汉字跟外文的"字母"比较产生的误区。例如汉字相对于英文而言，主要难点应该在职用，因为英文在职用上是表词文字（分词连写的一串"字母"相当于汉语的一个"字"），字词严格对应，字符与语符的掌握是同步的，所以容易；而汉字在职用上是音节文字，字跟词不一一对应，同字异词、同词异字的现象普遍存在，所以认识再多的字，如果不掌握字词的对应关系，照样读不懂文章。当然，汉字教学注重职用，并不是就可以忽视字形和结构，事实上这三个方面是相互为用的，掌握字形属性的各种区别要素，可以有效识别不同的形体；分析结构属性的理据关系，可以了解字符的构造意图和文化背景；沟通字词的不同对应关系，可以减少使用汉字的错误和提高解读文章的能力。①

其他文字研究。前面说过，所有文字符号都具有形体、结构、职用三维属性，因此我们的"三平面理论"也可以用来研究其他文字。王耀芳曾运用"汉字三平面理论"探讨东巴文的整理与研究，取得理想成果②。那么，西夏文、藏文、蒙古文、彝文、壮文、江永女书等境内少数民族文字，甚至韩文、日文、泰文等境外文字，运用"三维属性"和"三平面理论"去研究也应该是可行的，希望有人尝试。

【附录】李运富指导的与汉字职用相关的论文

赵菁华《郭店楚墓简本〈老子〉与马王堆汉墓帛书乙本〈老子〉用字比较研究》（1997级硕）、肖晓晖《战国秦楚玺印文字比较研究》（1997级硕）、刘畅《〈包山楚简〉字用研究》（1998级硕）、叶峻荣《定州汉墓简本〈论语〉与传世〈论语〉异文研究》（1998级硕）、张晓明《〈说文〉重文研究》（1998级硕）、李玉平《郑玄〈周礼注〉对字际关系的沟通》（2000级硕）、王旭燕《〈说文解字〉部首中头部字的职能演变考察》

---

① 李运富：《汉字的特点与对外汉字教学》，《世界汉语教学》2014年第3期。运用"三平面"理论讨论汉字教学问题的文章还有：张素凤、郑艳玲：《汉字学理论在识字教学中的应用》，《唐山师范学院学报》2010年第3期；张秋娥：《汉语国际教育中的汉字教育散论》，[韩]《汉字汉文教育》第30辑，2013年1月；张喆：《基于"汉字三平面"理论的对外汉字教学》，《理念与追求：汉语国际教育实践探索集》，中国社会科学出版社2015年版。

② 王耀芳：《东巴经〈超度死者·献肉汤〉（下卷）字释选择及文字研究》，西南大学硕士学位论文，2014年；又见王耀芳《汉字字用学理论对东巴文研究的适用性探究》，《学行堂语言文字论丛》第4辑，四川大学出版社2014年版。

(2000级硕)、赵莲峰《现代政区地名用字整理研究》（2001级硕）、温敏《现代汉语常用字职能属性测查》（2001级硕）、韩琳《黄侃字词关系研究》（2002级博）、王丽《〈郭店楚墓竹简〉异体字研究》（2003级硕）、［韩］李京勋《〈论语〉异文研究》（2003级博）、刘琳《〈说文段注〉"古今字"研究》（2004级博）、苏天运《张揖〈古今字诂〉研究》（2006级硕）、喻英贤《〈论语〉字用研究》（2006级硕）、关玲《颜师古古今字研究》（2006级硕）、李秀林《内蒙古集宁区公共场所用字情况的调查研究》（2006级硕）、曹云雷《王观国〈学林〉对汉字使用问题的探究》（2007级硕）、于笑妍《宋代碑刻字书未收字研究》（2007级硕）、张长弘《宋代碑刻楷书异体字研究》（2007级硕）、蒋志远《王筠"古今字"研究》（2008级硕）及《唐以前"古今字"学术史研究》（2011级博）、刘姗姗《〈集韵〉"古文"研究》（2008级硕）、朱莉《〈广韵〉异体字研究》（2010级硕）、姜雯洁《"取"字职用研究》（2011级硕）、时玲玲《"内"字职用及相关字词研究》（2011级硕）、雷励《〈集韵〉异体字研究》（2011年博士后）、张道升《〈五侯鲭字海〉研究》（2011年博士后）、张喆《〈易经〉出土本及今本用字研究》（2012级博）、李娟《景祐本〈史记〉〈汉书〉用字异文研究》（2012级博）、何余华《汉语常用量词用字研究》（2012级硕）、武媛媛《数词｛三｝的用字演变研究》（2012级硕）、吴国升《春秋出土文献用字研究》（2012年访学）、张青松《〈辞源〉字际关系用语研究》（2012年访）、钟韵《清代"古今字"学术史研究》（2013级博）、韦良玉《太平天国文献特殊用字研究》（2013级硕）、刘琼《民国〈申报〉异形同用字研究——兼谈民国时期用字现象及特点》（2013级硕）、徐多懿《〈清华简·系年〉用字研究》（2014级硕）、朱赛《〈孙子兵法〉简本与传世本用字比较研究》（2014级硕）、殷宏雁《〈红楼梦〉结构助词"de"的用字调查》（2014年访学）、黄甜甜《历代字书"古文"职用研究》（2014年博士后）等。

汉字性质综论[*]

李运富　张素凤

一　汉字性质异说述评

如何对汉字进行定性，是学术界近百年来一直争论不休的问题。诸如"表意文字""象形文字""意音文字""表音文字""音节文字""语素文字""表词文字""语素音节文字""意符音符文字——意符音符记号文字""表词文字——语素文字""图画文字——假借文字——形音文字"，等等，不一而足，都是国内外专家学者对汉字性质的不同表述；同一名称，如"表意文字"，含义也多种多样。这些对汉字性质问题的五花八门的看法，往往各执一词，互不相让，令人无所适从。

其实，种种关于汉字性质的表述，有的大同小异，措辞不同而已；有的内容虽异，所指不同，也并不一定矛盾，因为它们是从不同角度、不同时代说的，各自都反映了汉字的部分属性，所以不能简单地是此非彼。下面把一些主要的说法归纳为不同的角度，以便分析各种说法的具体含义和实际所指，从中可以看出各自的分歧表现在哪里，是怎么引起的，这有助于认识争议的实质。

（一）从汉字的表达功能角度定性

1. 表意（义）文字说

对汉字性质最早做出明确论断的是现代语言学的开创者和奠基者瑞士语言学家德·索绪尔。他说："只有两种文字体系：（1）表意体系。一个词只用一个符号表示，而这个符号却与词赖以构成的声音无关。这个符号和整个词发生关系，因此也就间接地和他所表达的观念发生关系。这种体系的古典例子就是汉字。（2）通常所说的'表音'体系。他的目的是要把词中一连串连续的声音模写出来。表音文字有时是音节的，有时是字母的，即以言语中不能再缩减的要素为基础的。"[①] 显然，索绪尔把汉字定性为表意文字，是因为汉字通过它所记录的语言单位——词间接地和它所表达的意义发生关系。这一看法对后世有深远的影响，例如詹鄞鑫、孙钧锡等就赞同这个观点。[②]

---

[*] 本文原载《北京师范大学学报》（社会科学版）2006年第1期。

[①] ［瑞士］索绪尔：《普通语言学教程》，高名凯译，商务印书馆1980年版，第50页。

[②] 詹鄞鑫的说法对索绪尔的观点有所阐发，见《20世纪汉字性质问题研究评述》，《华东师范大学学报》2004年第3期；孙钧锡的"表意文字"说见《中国汉字学史》，学苑出版社1991年版，第220页。

这种"表意文字"指的是文字表达词或语素的意义。还有一种观点，虽然也把汉字定性为"表意文字"，但他们所说的"表意文字"指字形直接表达事物或概念的意义，与索绪尔等所说的表意文字的含义不同。英国语言学家帕默尔可以看作这一观点的代表，他这样表述汉字的"表意文字"性质："在中国，一如在埃及，文字不过是一种程式化了的、简化了的图画系统。就是说，视觉符号直接表示概念，而不是通过口头的词再去表达概念。这就意味着，书面语言是独立于口头语言的各种变化之外的。"① 可见帕默尔定性的"表意文字"指可以不通过语言直接表示概念的文字。和帕默尔观点相似的有袁晓园、申小龙、毕可生等。②

文字是记录语言的书写符号系统，这是文字的共性，也是文字区别于图画的本质特征，汉字作为文字大家庭中的一员，也必然以记录语言为前提，即必须通过语言表示意义，即使是早期的象形文字能够让人产生图景联想，也只有落实到联想人的语言上，才能确切地感悟到字形所显示的具体意义，因此认为汉字可以不通过语言直接表达事物或概念的观点是错误的，它混淆了文字与图画的本质区别。至于说汉字表达了汉语的词义或语素义，因而属"表意文字"，这当然是对的，但从符号系统来说，世界上哪种文字不表达它所记录的语言的词义或语素义？不能表达语言的意义，那要文字干什么？何况，就个体汉字的使用来说，有时也并不一定表达意义，例如"沙发"中的"沙"和"发"，所以绝对地说汉字是"表意文字"也难周全。

2. 表音文字说

姚孝遂坚决反对古代汉字是象形文字或表意文字的说法，他认为古代汉字"并不是通过它的符号形体本身来表达概念，而是通过这些文字所代表的语音来表达概念。绝大多数的古文字，其形体本身与所要表达的概念之间，并无任何直接的关系"。因此，古汉字"从它所处的发展阶段来说，只能是表音文字，而不是表意文字（或象形文字）。"③ 后来，姚孝遂进一步指出，文字发展阶段和文字符号的构形原则，是两种截然不同的概念，必须严格区分。他说："文字的发展阶段，是就文字符号的功能和作用所到达的程度来说的；文字的构形原则，是就文字符号的来源来说的。""就甲骨文字的整个体系来说，就它的发展阶段来说，就它的根本功能和作用来说，它的每一个符号都有固定的读音，完全是属于表音文字的体系，已经发展到了表音文字阶段。其根本功能不是通过这些符号形象本身来表达概念的，把它说成表意文字是错误的。"④

显然，姚孝遂所说的"表音文字"也是从表达功能角度立论的，其根据是"每一个符号都有固定的读音"，要通过"所代表的语音来表达概念"。汉字能表音固然是真理，但正如刘宁生所说，这样做的"结果是：英语的书写符号系统、日语的书写符号系统、

---

① 转引自苏培成《二十世纪的现代汉字研究》，书海出版社2001年版，第14页。
② 他们的论述可分别参阅：袁晓园：《汉字的优缺点与语言文字理论的发展》，《汉字问题学术讨论会论文集》，语文出版社1988年版，第272、273页；申小龙：《汉字的文化形态及其演变》，《语文建设通讯》1993年第42期，第88页；毕可生：《汉字的社会学研究》，《汉字文化》1993年第2期。
③ 姚孝遂：《古文字研究工作的现状及展望》，《古文字研究》第一辑，中华书局1979年版，第19—20页。
④ 姚孝遂：《古汉字的形体结构及其发展阶段》，《古文字研究》第四辑，中华书局1980年版，第11—12页。

汉语的书写符号系统……都成了一类。由此得出一个最简单的公式：一切文字 = '表音文字'。"① 所以，从表达功能角度把汉字定性为"表音文字"的做法，跟从表达角度把汉字定性为"表意文字"一样，虽然也是正确的，因为没有什么文字不能"表音"，但通过记录语言而表达语言的"音"和"意（义）"是所有文字的共性，这样为汉字定性对于区别世界不同文字体系之间的差别没有什么实际意义。

（二）从汉字的记录单位角度定性

1. 表词文字说

布龙菲尔德作为欧美现代语言学的权威学者，主张汉字为表词文字。他说："从表面看来，词显然是首先用符号表现在文字里的语言单位，用一个符号代表口语里的每个词，这样的文字体系就是所谓表意文字。"但是他接着又说："表意文字这个名称很容易引起误会，文字的重要特点恰恰就是，字并不是代表实际世界的特征（观念），而是代表写字人的语言的特征，所以不如叫作表词文字或言词文字。"② 王伯熙对这一观点的表述更加明白，他说："从文字符号所记录的语言单位这个方面来看，汉字应该属于表词文字，因为它的每个独立字符基本上都是音义结合体，即形音义的统一体，是词的书面符号。"③

2. 表词·音节文字说

《大英百科全书》第十五版"文字"（writing）条把文字发展历史阶段列为表格，将世界文字发展阶段分为非文字阶段、前文字阶段、真正的文字阶段。而真正的文字阶段又分为三个文字阶段：①表词·音节文字阶段；②音节文字阶段；③字母文字阶段。汉字被归入表词·音节文字阶段。

3. 语素（或词素）文字说

最早提出汉字为词素文字的是赵元任。他说："用文字来写语言，可以取语言里头各等不同尺寸的单位来写。……在世界上通行的能写全部语言的文字当中，所用的单位最大的文字，不是写句、写短语的，是拿文字一个单位，写一个词素，例如我们单独写一个'毒'的字形来写'毒'这个词素。……以上是讲用一个文字单位写一个词素，中国文字是一个典型的最重要的例子。……他跟世界多数其他文字的不同，不是标义标音的不同，乃是所标的语言单位的尺寸不同。"④ 吕叔湘、朱德熙、李荣等也都认为汉字是语素文字。⑤

4. 音节文字说

张志公说："汉语是一种非形态语言。在汉语里，没有用某个音素表示某一种或某几

---

① 刘宁生：《关于汉字性质的研究》，《语文导报》1987年第6期。
② ［美］布龙菲尔德：《语言论》，袁家骅、赵世开、甘世福译，商务印书馆1980年版，第360页。
③ 王伯熙：《文字的分类和汉字的性质——兼与姚孝遂先生商榷》，《中国语文》1984年第2期。
④ 赵元任：《语言问题》，商务印书馆1980年版，第141—144页。
⑤ 他们的有关论述分别见：吕叔湘：《汉语文的特点和当前的语文问题》，《语文近著》，上海教育出版社1987年版，第142页；朱德熙：《汉语语法丛稿》，上海教育出版社1990年版，第198页；李荣：《汉字的演变与汉字的将来》，《中国语文》1986年第5期。

种语法范畴的形态标志这种现象。因此,汉语在实际使用中只需要表示音节的符号,不需要只表示音素的符号。汉字是音节文字而不是音素文字,与汉语的非形态性相适应。"① 显然,张先生称汉字为"音节文字",是从汉字与记录语言的音节单位的对应关系来说的。

5. 语素音节文字说或音节语素文字说

这种说法有两个含义,一个指汉字除记录语素外,有时还记录不是语素的纯音节。叶蜚声、徐通锵所说的大概就属于这个含义:"汉字由于种种原因始终维持着意音文字的格局。它是一种语素音节文字,即每一个汉字基本上记录语言中的一个单音语素;少数语素不止一个音节,只能用几个字表示,但每个字记录一个音节,如'玻''璃''彷''徨'等。"②

另一个含义指汉字所记录的语素同时也是一个音节,所以叫音节语素文字。尹斌庸的表述应该就是这个意思:"一个汉字基本上代表一个语素。从语音上来说,一个汉字又表示一个音节。因此,综合上述理由,我们建议把汉字定名为音节语素文字,或简称为语素文字。这一名称较好反映了汉字的本质特点。"③

记录语言是文字的共性,但不同文字"可以取语言里头各等不同尺寸的单位来写",这就有了差异,就可以体现不同文字的区别性特征,因而从记录语言的单位角度来揭示汉字的性质应该是一个有效的选择。

(三) 从汉字的结构理据角度定性

1. 象形文字说

20 世纪初,孙诒让在《名原》中提到汉字发展的三个阶段:"其初制必如今所传巴比伦、埃及古石刻文,画成其物,全如作绘",是"原始象形字";其后发展为如一般甲骨文那样经过简化省略的"省变象形字";最后发展为篆书那样截然有别于图画的"后定象形字"。④ 显然,孙诒让把古汉字都叫作"象形字"。此外,云中、吴玉章和英国的历史学家韦尔斯也认为汉字是象形文字。⑤

2. 注音文字说

唐兰指出:"中国的文字是特殊的,在一切进化的民族都用拼音文字的时期,她却独自应用一种本来含有义符的注音文字。"⑥ 他所说的"注音"不同于拼音,应该指在义符基础上加注声符以表音的现象,这是以形声字的构造为根据的。

---

① 张志公:《汉字与阅读》,《张志公自选集》下册,北京大学出版社 1998 年版,第 731 页。
② 叶蜚声、徐通锵:《语言学纲要》,北京大学出版社 1981 年版,第 164 页。
③ 尹斌庸:《给汉字"正名"》,《中国语文通讯》1983 年第 6 期。
④ 孙诒让:《名原》,齐鲁书社 1986 年版,第 14 页。
⑤ 他们的有关论述可参阅:云中:《中国文字与中国文字学》,《真知学报》1943 年第 2 卷第 6 期;吴玉章:《文字改革文集》,中国人民大学出版社 1978 年版,第 34 页;[英] 赫·乔·韦尔斯 (H. G. Wells):《世界史纲——生物和人类的简明史》(吴文藻、谢冰心、费孝通等译本),人民出版社 1982 年版。
⑥ 唐兰:《中国文字学》,上海古籍出版社 1979 年版,第 2 页。

3. 表意文字说

王宁提出:"汉字是表意文字,早期的汉字是因义而构形的,也就是说,汉字依据它所记录的汉语语素的意义来构形,所以词义和据词而造的字形在汉字里是统一的。这一点,在小篆以前的古文字阶段表现得更为直接、明显。"① 这是从汉字构形方面来说明表意文字这个概念的,即汉字的形体结构跟所记语素的意义有内在联系,因而叫表意文字。②

4. 意音文字（音义文字）说

徐银来较早地把汉字称为音义文字,他说:"故在今日中国文字在其作用上而言,其一代表本字之读音也,谓之为音符可也;其一代表本字之意义也,谓之为义符可也。在古谓之形声,在今谓之音义,此音义之文字,为吾国文字之特性。或谓中国文字为形系之文字,吾宁谓之为音义系文字。"③ 周有光也认为汉字就是意音文字,并指出:"从甲骨文到现代汉字,文字的组织原则是相同的,也就是说,我们的文字在有记录的三千多年中间始终是意音制度的文字,古今的不同只是在形声字的数量和符号体式的变化上。"④

5. 意符音符文字—意符音符记号文字两阶段说

裘锡圭认为,"一种文字的性质就是由这种文字所使用的符号的性质决定的",所以他根据构成汉字的字符特点,对汉字的性质作了这样的表述:"汉字在象形程度较高的早期阶段（大体上可以说是西周以前）,基本上是使用意符和音符（严格说应该称为借音符）的一种文字体系;后来随着字形和语音、字义等方面的变化,逐渐演变成为使用意符（主要是义符）、音符和记号的一种文字体系（隶书的形成可以看作这种演变完成的标志）。如果一定要为这两个阶段的汉字安上名称的话,前者似乎可以称为意符音符文字,或者像有些文字学者那样把它简称为意音文字;后者似乎可以称为意符音符记号文字。考虑到后一个阶段的汉字里的记号几乎都由意符和音符变来,以及大部分字仍然由意符、音符构成等情况,也可以称这个阶段的汉字为后期意符音符文字或后期意音文字。"⑤

6. 图画文字—表音文字—形音文字三阶段说

刘又辛认为一切文字符号表示词语的基本方法可以归纳为三种:表形法、表音法和表形兼表音的方法。象形字、会意字和指事字都是表形字。单用表形法造字的阶段是图画文字阶段,属于人类文字发展的第一阶段;在表形字基础上发展而成的以表音文字为主体的文字发展阶段,属于人类文字发展的第二阶段,这个阶段的表音文字主要指假借字,商周时代的古汉字属于这一阶段;在此以后,世界文字的发展却走向两条不同的发展道路:一条道路沿着表音文字的方向继续发展,于是表形文字逐渐被淘汰,逐渐演变成纯粹表音的

---

① 王宁:《汉字汉语基础》,科学出版社 1996 年版,第 78 页。
② 郑振峰对这一观点有进一步的阐发,详见《从汉字构形的发展看汉字的性质》,《古汉语研究》2002 年第 3 期。
③ 徐银来:《中国文字的特性》,《夜光》1931 年第 1 卷第 2 期。转引自苏培成《二十世纪的现代汉字研究》,书海出版社 2001 年版,第 2 页。
④ 周有光:《文字演进的一般规律》,《中国语文》1957 年第 7 期。
⑤ 裘锡圭:《文字学概要》,商务印书馆 1988 年版,第 16 页。

音节文字或字母文字。这是世界大多数文字所走的道路。另一条道路，保留了一部分表形字和借音字，但主流却向表形兼表音的形声字方向发展。这是汉字所走的道路，从秦汉到现代汉字都属于这个阶段。①

文字作为记录语言的符号系统，当然具有内部的结构，不同文字系统的内部结构元素和结构规律是有差异的，差异往往反映属性的不同，所以从内部结构上分析汉字的属性也是科学合理的。

（四）从汉字的区别同音词角度定性：表意文字说

王力指出："汉字有字形、字音和字义。这三方面是互相联系的。但是汉字只是表意文字，不是表音文字，因为同音的字并不一定同形。"② 显然，王力是从汉字能区别同音语素的角度称汉字为表意文字的。曹先擢在肯定汉字是语素文字的同时，也认为汉字能区分同音词和同音语素，因而可以从这个角度称汉字为表意文字。③

这是从汉字的别词作用来证明汉字为表意文字，看似有理，其实它与汉字的性质无关。因为汉字区别同音词的作用体现为字与字之间的一种局部关系，而不是普遍属性。作为属性的区别性则是所有文字的共性，任何文字符号都是能够相互区别的，这种区别性跟王、曹所说的区分同音词不是一回事。即使就别词作用而言，汉字也不只是用意义来区分同音词，汉语中大量存在的同义词和同类词是靠读音不同来区别的，还有同形字有时也要靠读音来区别，例如同义符的形声字就是以声别义的，多音字也是以音别形别义的。另一方面，汉字并不能区分汉语中所有同音词，例如花朵的"花"和花费的"花"、连词的"以"和介词的"以"，等等，它们同音而异义，属于不同的词，字形上却没有区别。再说汉字中还有大量同音同义而字形上却有差别的异体字，这是用汉字的表意区别功能解释不了的。可见汉字的形音义关系是复杂的，同音异词而异字（形）者只是其中的一种，表意具有别词作用，表音有时也有别词作用，所以不能把同音词的用字不同抽象为汉字的一种"区别"性质，也不能用同音词的意义不同来证明汉字的"表意"性质。

（五）从多角度为汉字定性

有的表述涉及两个角度。如梁东汉说："分类要看这些符号所表达的是怎样一个语言单位。是表达整个的词，抑或是表达词的一个音节或音素。""符号表达'个别的完整的词或者它的独立的部分'的文字体系叫作表意文字体系。"④ 司玉英说："汉字是表意体系的文字，包括词文字和语素文字。古代汉字是词文字，现代汉字是语素文字。"⑤

这是从汉字记录的语言单位和汉字表达的内容两个角度来立说的，既说汉字是"表

---

① 刘又辛、方有国：《汉字发展史纲要》，中国大百科全书出版社 2000 年版。
② 王力：《正字法浅谈》，《中学语文教学》1980 年第 2—4 期。
③ 详见曹先擢《汉字的表意性和汉字简化》，《汉字问题学术讨论会论文集》，语文出版社 1988 年版，第 17 页。
④ 梁东汉：《汉字的结构及其流变》，上海教育出版社 1959 年版，第 56 页。
⑤ 司玉英：《也谈表意文字与词文字、语素文字的关系——兼与郑振峰先生商榷》，《北华大学学报》2005 年第 2 期。

词文字""语素文字",又说汉字是"表意文字"。如果汉字是"表词文字"或"语素文字",就不能把汉字局限为"表意文字",因为"表词""表语素"必然包括"义"和"音"两个方面,语言中的"词"或"词素"(语素)是音义结合体,不可分割,世界上没有只表意(义)而不表音的文字。分开来说,"表词文字"也好,"语素文字"也好,"表意文字"也好,在一定的条件和范围内都是正确的,但不宜说"表意文字"就是"表词文字"或"语素文字",也不宜说"表意文字"包括"词文字"和"语素文字",它们之间属于不同的角度,没有对应的等同关系或包含关系,所以上面的表述及其他类似的表述是欠严密的。

也有从记录单位和结构理据两个角度说的。裘锡圭指出:"语素—音节文字跟意符音符文字或意符音符记号文字,是从不同的角度给汉字起的两种名称。这两种名称可以共存。"[①]

有的表述涉及三个角度。如周有光提出汉字有"三相",应该从三个角度综合起来为汉字定性。从符形角度(或叫符位相)说,汉字属于字符文字;从语音角度(或语段相)说,汉字属于语词音节文字;从表达法角度(或表达相)说,汉字属于意音文字。综合三相,可以将汉字定性为"字符+语词和音节+意音"文字。[②]杨润陆也从三个不同角度分别为汉字定性:从记录语言的方法看,汉字属于意音文字;从记录语言单位的大小看,古代汉字属于表词文字,现代汉字属于语素文字或语素音节文字;从记录语言的文字字符看,汉字属于意符音符记号文字。[③]

从多个角度为汉字定性的做法值得我们重视,但选择哪些角度不是随意的,周有光和杨润陆选择的三个角度值得借鉴,但还可以斟酌完善,我们的意见将在下文中提出。

二 我们对汉字性质问题的认识

以上列举了关于汉字性质的多种说法,有的同名异实,有的异名同实,我们按立说的出发点归纳为几个不同的角度。除了"区分同音词"不属于性质问题外,其他角度都是能够揭示汉字的某些属性的。就是说,在一定条件和一定范围内,那些说法都有一定的道理。但这样各自从不同的角度立说,同一角度也有不同的表述,往往只顾一点不及其余,甚至只认为自己的对,别人的一定不对,因而长期争论不休,这对正确认识和掌握汉字的性质无疑是不利的。

我们认为,要统一对汉字性质的认识,必须首先解决以下两个问题。

第一,汉字的性质是就全体成员而言,还是就部分材料而言。上述各种不同的说法,有些是针对汉字的部分材料而言的,对象不同,认识自然不同。例如有人说汉字是"象形文字",就是针对"西周"以前的文字而言;有人说汉字是"表意文字",也主要体现在"早期"或"小篆"以前;有人根据"甲骨文字体系"或"大多数古文字"把汉字定

[①] 裘锡圭:《文字学概要》,商务印书馆1988年版,第18页。
[②] 周有光:《比较文字学初探》,语文出版社1998年版,第32—34页。
[③] 杨润陆:《现代汉字学通论》,长城出版社2000年版,第3—8页。

性为"表音文字";有人说古代汉字是"表词文字",现代汉字是表"语素文字";所谓"两阶段说"和"三阶段说"等,也认为汉字的性质具有阶段的不同。根据不同的时期和特定的材料来分析汉字的不同特点是可以的,根据不同的特点来确定性质的不同表述,只要说明对象也是科学的。但人们往往把从部分材料归纳出的特点当作全体汉字的性质,一般说汉字的性质是什么什么的时候,不再针对具体的材料,因而误解和争议也就在对象不明的情况下糊里糊涂地发生了。为了避免这种无谓的争论,我们认为在分析具体材料的时候,尽可以根据材料说话,但在一般表述汉字的性质时,最好把"汉字"当作一个整体看待,所谓"性质"要能够涵盖古今所有汉字,这样大家才可能说到一起。

其实,"汉字"的性质是可以概括表述的,因为就总体而言,古今汉字的属性只有数量的差异而并无类型的不同。从已经发现的最早成体系的甲骨文字发展至今,大约有了将近四千年的历史,这期间无论是个体字符还是整体字系都发生过多次变化,但这些变化只导致汉字某些属性的量变,而汉字的根本属性并没有质的不同,所以我们认为古今汉字的性质可以有个统一的概括性的表述,没有必要分别加以界定。例如说古代汉字是表词文字、现代汉字是语素文字,其实古代的词变成现代的语素是属于语言问题,就字来说它所记录的音义体并没有变化,何况词与语素是可以同时共存、相互转化的,古代的单音节词也未尝就不可以看作语素(成词语素),现代的单字也可以记录一个词,而且古今汉字都还能记录不是词或语素的音节。就是说,汉字在每个时期所能记录的语言单位类型是一样的,都包括词、语素、音节三种成分,只是记录各种成分的比率因时而异(古代记录词的机会多一些,现代记录语素和纯音节的机会多一些)罢了。再如说前期为意符音符文字而后期为意符音符记号文字,其实前期也有记号,例如甲骨文用"凵"表示"有",用"彳"表示"人",用"丨"表示"十",战国文字有许多没有音义功能的变异构件和赘加构件,甚至已经能够自觉使用简化符号"二"来取代别的构件了,这些不都是没有音义功能的记号吗?只是汉字隶变以后特别是现代汉字,其中的记号更多一些而已。所以就总体而言,汉字的性质应该是可以概括和统一起来的。

第二,汉字的性质是单方面的还是多方面的。上述关于汉字性质的各种不同说法,主要是由于观察角度不同造成的。立足点不同,对汉字的属性认识就可能不同,这原是十分正常的。问题在于,有的学者只承认自己所站的角度看到的才是汉字的"性质",而别人从另一角度看到的就不是汉字的"性质",于是争议就在所难免了。例如上文引到裘锡圭的话说:"语素—音节文字跟意符音符文字或意符音符记号文字,是从不同的角度给汉字起的两种名称。这两种名称可以共存。"但在同一书中又说:"讨论汉字性质的时候,如果不把文字作为语言的符号的性质,跟文字本身所使用的字符的性质明确区分开来,就会引起逻辑上的混乱。"进而强调汉字的性质"是由这种文字所使用的符号的性质决定的","只有根据各种文字体系的字符的特点,才能把它们区分为不同的类型"。[①]这似乎有点矛盾,实际上裘锡圭把同一事物的不同角度看作了不同事物的不同性质,而只承认"字符"的性质才是"汉字"的性质。裘氏所说的"字符"就是构成文字的符号,也就是构件。构件的特点当然能反映汉字的属性,但为什么"文字作为语言的符号的性质"就不是汉

---

① 裘锡圭:《文字学概要》,商务印书馆1988年版,第10—11页。

字的属性呢？为什么"只有根据各种文字体系的字符的特点，才能把它们区分为不同的类型"呢？似乎很难说通。实际上"字符特点"的分析通常是专家们的爱好，对一般使用文字的人来说，他们所了解的恐怕首先是文字的外形和文字作为语言的符号的记录功能，他们主要是根据文字的外形和功能来区分不同类型的，所以不顾"文字"的其他方面而只把"字符特点"当作区分不同性质文字的根据是有失偏颇的。同样偏颇的是强调另外某一个方面，如潘钧指出，给文字定性的唯一标准是文字所记录的语言单位的不同，"语素文字"是汉字唯一的本质属性，其他属性都是非本质的，是由"语素文字"这一本质属性决定的。[①] 什么是"本质属性"？有区别性特征、能将一事物跟另一事物区别开来的属性，就是本质属性。那么，汉字区别于其他文字的属性仅仅是记录单位的不同吗？"语素"是汉字唯一的区别性特征吗？显然不是，否则裘锡圭肯定不会同意，因为他觉得"字符的特点"也就是构件的功能才是决定汉字性质的区别性特征呢！这样各执一端，不吵架才怪呢！又如郑振峰说："根据汉字的功能，根据汉字所记录的语言单位来判定汉字的性质，不可能准确、全面地揭示出汉字的一般特征，显示出汉字和其他文字体系的本质区别。"而"应该通过文字记录语言的方式——即构形原则，从整个文字构形系统演变规律的角度来判定文字的性质"。[②] 而司玉英又坚决反对郑的观点，认为"文字的性质取决于文字体系中单个符号与语言单位的对应关系。表音文字的单个符号对应的语言单位是音素或音节，表意文字的单个符号对应的语言单位是词或语素。这是由创制文字时人们对语言的切分方式决定的"[③]。这种分歧跟上举裘锡圭与潘钧二人的不同看法如出一辙，都简单否定了多角度的兼容性而过于强调了单角度的排他性。

其实，对于同一事物的认识可以从不同的角度来进行，而各个角度的认识结果可能并不一致，所谓"横看成岭侧成峰，远近高低各不同"。任何单角度的考察往往只能揭示事物性质的某个方面，而难以反映事物性质的全貌，比如，从年龄、性别、身材、面相、种族等不同角度可以揭示一个人在某个方面的属性，但单方面的属性不能反映一个人的全貌，也很难把一个人跟另一个人区别开来，只有把各个角度的不同属性综合起来，才能获得对一个人的全面而客观的认识，才能真正把这个人区分出来。因此，为了更准确地描述事物和区分事物，我们在确定某一事物性质的时候不妨多选择几个观察点。汉字的性质也应该多方面地考察，如果把各方面的考察结果综合起来，就有希望获得汉字性质的"准确、全面"的认识，就能避免各执一端的分歧争议。

那么，应该选择哪些角度来考察汉字的性质呢？我们在前文"多角度定性"一项里提到了周有光、杨润陆的三角度定性法，值得重视。周有光认为可从符位相、语段相、表达相三个方面来观察，把汉字定性为"字符+语词和音节+意音"文字。他的"符位相"指的是文字的外形，"语段相"相当于文字的记录单位，"表达相"大概是指形体的表达功能，这三个角度的选择是比较科学的，但有关术语过于生涩，"字符""意音"这样的

[①] 潘钧：《现代汉字问题研究》，云南大学出版社 2004 年版，第 3—43 页。
[②] 郑振峰：《二十世纪关于汉字性质问题的研究》，《河北师范大学学报》2002 年第 3 期。
[③] 司玉英：《也谈表意文字与词文字、语素文字的关系——兼与郑振峰先生商榷》，《北华大学学报》2005 年第 2 期。

名称歧义太多，将汉字形体的表达功能归纳为"意音"不够准确，有些具体表述也还值得斟酌。杨润陆认为，从记录语言的方法看，汉字属于意音文字；从记录语言单位的大小看，古代汉字属于表词文字，现代汉字属于语素文字或语素音节文字；从记录语言的文字的字符看，汉字属于意符音符记号文字。所谓"文字的字符"跟裘锡圭的说法一样，是指汉字的组成构件。所以后两项跟周有光的后两项角度大致相同。但第一项"从记录语言的方法看"，"记录方法"属于用字问题，不属于汉字本体的性质问题，因而由此推出的"汉字属于意音文字"的"意音"指汉字记录语言时有的表意，有的表音，有的既表意又表音，实际上跟第三项的"意符"和"音符"很难区分，跟同书所谓文字的共性中的"文字既表音又表意"也交叉重复，不太容易理解和把握。而且杨先生对汉字的性质没有一个总体的归纳，不便指称。

文字的共性是相对于非文字而言的，汉字的个性则是相对于其他文字而言的。我们讲汉字的性质，当然是指汉字的个性，所以选择观察角度应该注意两个原则，一是这个角度必须跟汉字的属性相关，二是这个属性必须带有跟其他文字相区别的特征。在本文第一部分介绍的各种角度中，第（四）项"区别同音词"角度与汉字的性质无关，首先排除。第（一）项"从汉字的表达功能角度"虽然能反映汉字的属性，但这种属性缺乏区别特征，是所有文字共有的，对汉字来说是非本质的，可以忽略。剩下的第（二）项"记录语言单位"角度和第（三）项"构形理据角度"都是具有区别性特征的，应该作为汉字的性质来概括。另外，汉字的外形实际上也是不同于其他文字的，也应该作为汉字性质的一个方面。总之，汉字具有字形（外部形态）、字构（内部结构）、字用（记录职能）三个不同侧面，因此，我们也应该从这三个方面来考察、归纳和表述汉字的性质。

（一）汉字外形方面的属性

汉字的外形属性表现为平面方块型。不管是象形意味较浓的早期汉字，还是隶变楷化后的后期汉字，都是方块型而非线型的。书写形式上，商周时期的甲骨文和金文，虽然一些字的写法还没有十分规范，但就每个字的外部形态或轮廓来说，已经显示出了呈方块型的特点：为了使每个字大体上能容纳在一个方格里，组成合体字的构件往往采取不同的配置方式，如左右相合、上下相合、内外相合，等等。隶书、楷书的字型呈现为十分整齐的方块型，有些构件在不同的位置常常写成不同的形体，如"心""手""水""火""衣""示"等字作构件时，位置不同写法就不同，目的就是使整个字能够容纳在一个方格里。总之，汉字外部形态以拼合成字后能写在一个方格里为原则，所以人们常用"方块字"来概括汉字的外形特征。一般谈汉字性质时不提这一点，其实这是人们最容易感觉到的汉字的区别性特征，它明显不同于英文等线型文字系统，线型文字的字母和构件组合在一条直线上（如"workshop"），没有上下、内外等位置的变化，不需要局限在方块内，所以"平面方块型"应该是汉字具有区别特征的本质属性之一。

（二）汉字结构方面的属性

文字的构形单位是构件。任何文字系统都有一批组成单字的构件。英文单字的构件主要起表音作用，有的同时也能表意。例如单字"work"可以切分出三个直接构件"w +

or+k",三个构件都是纯表音的;而"workshop"可以切分出两个直接构件"'work'+'shop'",这两个直接构件是表意的,但同时也是表音的,因为其中包含六个表音的间接构件"'w+or+k'+'sh+o+p'"。可见,表音是英文构件的主要功能。相对而言,汉字是以表意构件为主的。汉字构件的功能可以归纳为三种,即表意、示音和区别(通常称为记号),其中表意性构件包括象形表意、象征表意、义符表意、词语表意、标志表意等细类,示音构件有时也兼表意。这三种功能的构件,就来源而言,是先有表意构件,后有示音构件的,示音构件都由同音的表意字充当,都是借音符;就构字能力而言,表意构件既可以与示音构件组合成字又能自相组合构字,而示音构件一般只能与表意构件组合成字而很少自相组合构字;至于区别性记号构件属于理性规定的其实也很少,大都可以认为是表意或示音构件讹变失去原有功能所造成的。可见这三种功能在汉字结构中的地位是不平衡的,大致说来,表意是汉字构形的主体,同时兼用示音构件和区别性记号构件。但如果因为表意是主体就把汉字称为"表意文字"则是不全面的,我们无法置汉字构形中大量的示音构件和记号构件于不顾。至于把汉字称为"象形文字",那就更缺乏代表性了,象形构件在整个汉字系统中只占少数,可以归入表意构件。还有人把汉字称为"意音文字"或"注音文字",依据是汉字大都为"形声字",形声字虽然是汉字构形的主体,但并不是汉字构形的全部,而且随着汉字形体和语言音义的变化,真正的形声结构越来越少,"意音文字"或"注音文字"之称也值得忧虑。至于把古今文字从结构上分为若干个阶段,分别称为"意符音符文字""意符音符记号文字"或"图画文字""表音文字""形音文字"等,其实也只是就主体材料而言,并不能涵盖汉字构形的全部,各阶段间也没有截然的类型区别。作为泛指"汉字"的性质表述,还是笼统一些、全面一些为妥。

(三) 汉字职能方面的属性

原始汉语的语素或词项都是单音节的,与之相适应,汉字也是单音节的,一个单音节的汉字正好可以用来记录一个单音节的音义结合体——语素。后来由于音节的衍分和音译外来语,汉语出现了多音节语素,而汉字仍然是单音节的,要完整地记录一个多音节语词或语素,就得同时用多个汉字,这时的每个汉字所记录的仅仅是一个音节而不是语素。因此,从总体来看,汉字只跟汉语的音节对应,而无法跟汉语的词或语素一一对应。所以,如果概括地说,汉字的职能就是记录汉语的音节,包括有意义的音节(语素)和无意义的音节(非语素);但如果只说记录音节,容易把记录有意义的音节(语素)这一主要职能掩盖,从而误认为汉字记录的音节都与意义无关,为了避免出现误解,表述时可以把"语素"显示出来,说成"记录语素和音节"。在这一角度上,前面介绍了"表词文字""表词·音节文字""语素(词素)文字""音节文字""语素音节或音节语素文字"等说法,其中"表词文字""语素(词素)文字""表词·音节文字"都难以涵盖汉字职能的全部,"音节文字"说概括性最强,但没有突出汉字记录语素的主要职能,相对来说,还是"语素音节文字"或"音节语素文字"比较符合汉字实际。"记录语素和音节"之所以是汉字的本质属性之一,因为它跟别的文字不同。就英文而论,一个英文单字记录的是一个词，而一个词不等于一个音节，也不等于一个语素，所以英文是真正的"表词文字"①。正因为如此，英语只有"词典"没有"字典"，实际上词典就是字典，而汉语编了字典还要编词典，字词根本不是一回事。通常把英文叫作"拼音文字"或"音素文字"，如果从构形理据角度看是可以的，但如果把英文的字母当作文字，进而把英文的"字"跟英语的"音素"对应起来，则是错误的。因为英文的"字母"不等于"文字"②。文字的单位是记录语言时能自然分割的单位，英文的字母在词中连写，不是自然分割单位，独立的字母没有固定的音，也没有固定的义，怎么能说是文字呢。我们说英文是"线型文字"，这"线型"也是指"book"这样记录词语的"单字"的外形，而不是其中的任何一个字母"b"或"o"或"k"。英文中显示音素的是"构件"（如"oo[u]"），而不是"文字"，也不是"字母"。英文的字母跟英语的音素并没有一一对应的关系，否则为何还要用国际音标注音？"字母"是书写"文字"的单位，相当于汉字的"笔画"，而不等同"汉字"本身。英语字词统一，每个字必然记录某个词；汉语字词不一致，一个字记录的不一定是词，可能是不成词的语素，也可能是连语素也不够格的音节，但一个汉字必然记录某个音节。所以从记录职能上看，英文才是"词文字"，而汉字应该是"音节文字"。我们说汉字是"音节文字"，主要立足于汉字的共有职能，而不是指汉字的唯一职能。如果汉字只能记录音节，那根本无法区别同音词；或者说如果只为汉语的音节制造字符，那几百个也就够了，何需成千上万！所以说，虽然汉字都能记录音节，但汉字的主要目的是记录汉语的音义结合体——单音节语素（包括单音节语词），这一点在揭示汉字性质时应该有明确的表述。所以我们不把汉字简单地称为"音节文字"，而把它叫作"语素音节文字"。

综上所述，我们对汉字性质的看法可以概括为：汉字是用表意构件兼及示音和记号构件组构单字以记录汉语语素和音节的平面方块型符号系统。相应地，英语文字的性质可以表述为：英文是用具有表音功能或者表音的同时兼具表意功能的构件拼合单字以记录英语单词的线性符号系统。考虑到人们已经习惯了"表意文字""表音文字"这样简单的分类和称述，为了指称方便，我们也可以分别从外形上把汉字叫作"方块型文字"，以区别于英文等"线型文字"；从构造上把汉字叫作"表意主构文字"，以区别于英文等"表音主构文字"；从记录职能上把汉字叫作"语素音节文字"，以区别于英文等"表词文字"。

参考文献

[1]［瑞士］索绪尔：《普通语言学教程》，高名凯译，商务印书馆1980年版。

---

① 高名凯、石安石：《语言学概论》，中华书局1987年版，第186—189页。
② 司玉英认为表音文字中的"字母"跟表意文字中的"字"是对等的文字单位，理由是"这是普通文字学确定文字类型的基础和前提"。我们认为普通文字学有一些假设的基础和前提，不能引以为据。而且普通文字学从"字母"与"字"是对等单位出发来划分文字类型，司玉英却又借这样划分的文字类型来证明"字母"与"字"是对等单位，属于循环论证。司说见《关于"字母"和"字"——文字学理论中一个值得关注的基本问题》，《语言》第1卷，首都师范大学出版社2000年版；《也谈表意文字与词文字、语素文字的关系——兼与郑振峰先生商榷》，《北华大学学报》2005年第2期。

[2] 姚孝遂：《古文字研究工作的现状及展望》，《古文字研究》第一辑，中华书局 1979 年版。

[3] 姚孝遂：《古汉字的形体结构及其发展阶段》，《古文字研究》第四辑，中华书局 1980 年版。

[4] 刘宁生：《关于汉字性质的研究》，《语文导报》1987 年第 6 期。

[5] [美] 布龙菲尔德：《语言论》，袁家骅、赵世开、甘世福译，商务印书馆 1980 年版。

[6] 王伯熙：《文字的分类和汉字的性质——兼与姚孝遂先生商榷》，《中国语文》1984 年第 2 期。

[7] 赵元任：《语言问题》，商务印书馆 1980 年版。

[8] 张志公：《汉字与阅读》，《张志公自选集》下册，北京大学出版社 1998 年版。

[9] 叶蜚声、徐通锵：《语言学纲要》，北京大学出版社 1981 年版。

[10] 尹斌庸：《给汉字"正名"》，《中国语文通讯》1983 年第 6 期。

[11] 孙诒让：《名原》，齐鲁书社 1986 年版。

[12] 唐兰：《中国文字学》，上海古籍出版社 1979 年版。

[13] 王宁：《汉字汉语基础》，科学出版社 1996 年版。

[14] 周有光：《文字演进的一般规律》，《中国语文》1957 年第 7 期。

[15] 裘锡圭：《文字学概要》，商务印书馆 1988 年版。

[16] 刘又辛、方有国：《汉字发展史纲要》，中国大百科全书出版社 2000 年版。

[17] 王力：《正字法浅谈》，《中学语文教学》1980 年第 2—4 期。

[18] 梁东汉：《汉字的结构及其流变》，上海教育出版社 1959 年版。

[19] 司玉英：《也谈表意文字与词文字、语素文字的关系——兼与郑振峰先生商榷》，《北华大学学报》2005 年第 2 期。

[20] 周有光：《比较文字学初探》，语文出版社 1998 年版。

[21] 杨润陆：《现代汉字学通论》，长城出版社 2000 年版。

[22] 潘钧：《现代汉字问题研究》，云南大学出版社 2004 年版。

[23] 郑振峰：《二十世纪关于汉字性质问题的研究》，《河北师范大学学报》2002 年第 3 期。

[24] 高名凯、石安石：《语言学概论》，中华书局 1987 年版。

汉字演变的研究应该分为三个系统[*]
——《古汉字结构变化研究》是汉字结构系统的重要研究成果

李运富

关于汉字的演变，通常只作字料的总体比较，如说甲骨文有什么特点，金文有什么特点，小篆有什么特点等，然后列出一个从甲骨文到楷书的发展序列。我们认为，这种笼统的比较往往偏重表面的字体，而且多属举例性质，难以反映汉字发展的实质和全貌。这是因为汉字具有形（形体）、意（构意）、用（功能）三个要素，汉字的本体研究也相应地分为字形（外部形态）、字构（内部结构）、字用（记录职能）三个系统。汉字形、意、用的演变不可能全都同步进行，合在一起叙述有时是说不清楚的，所以关于汉字的演变研究最好也要分为字形的演变、字构的演变、字用的演变三个系统来进行。

用三个系统的眼光来看，不管是自觉还是不自觉，从前关于字形的演变论述得比较充分，而字构演变和字用演变的研究则相对薄弱。就字构而言，尽管已有不少成果对历代汉字的共时系统做过结构分析和描写，但利用这些成果，以探讨汉字结构演变为目的，对不同时期的汉字结构体系作全面的纵向比较的却还几乎是一个空白。笔者曾经发表过一篇文章《论汉字结构的演变》[①]，有的结构理据消失了，有的结构理据重新分析了，有的结构理据隐含在系统之中了；就演变的规律来说，不外乎义化、音化、代号化三种方式；就演变的原因来说，有书写方面的，有职能方面的，还有文化方面的。但这篇文章也是举例性的，搭了个汉字结构演变研究的框架而已，并没有细致的论述和系统材料的比较。举举例子，搭搭框架，是很容易的；要全面分析材料，系统比较异同，深入解释原因，就非下苦功夫不可。值得高兴的是，张素凤《古汉字结构变化研究》一书的出版，为我们提供了这方面真正下过苦功夫的重大成果，其价值也正好体现在全面分析材料、系统比较异同、深入解释原因上。

一 全面分析材料

该书为了描写古汉字结构变化的情况，不是用举例方式，而是针对《汉语古文字字形表》《甲骨文字典》《甲骨文字诂林》《古文字诂林》及《说文解字》所收录的甲骨文、金文与秦篆进行全面的测查和分析。尽管书中用来比较的有效字形只有一千多个，但这是

---

* 本文原载《唐山师范学院学报》2009 年第 3 期。
① 李运富：《论汉字结构的演变》，《河北大学学报》2007 年第 2 期。

从所有材料中经过分析筛选得出的。筛选的标准主要是字形的本用职能相当，就是说，只有构意明确并且是记录同一语词的不同时代的字形才能用来比较。作者要选出这样可以用来比较的字，首先必须面对材料范围内所有的字。那些最后被排除掉的字形也是花费了作者许多心血的，可以说排除和舍弃本身就是研究的成果。这一点通常不太为人注意，所以要特别强调一下。例如，作者认为《字形表》等字书所收录的字有两种情况需要剔除，一是小篆字形与商周字形虽然有传承关系，但与字形相对应的语词不同，这样的字应该排除。如甲骨文"彡"与小篆"彡"虽然字形相近，但与字形相切合的本义之间没有任何联系，所对应的语词读音也没有相同相近关系，就是说这两个字形所对应的本词不同，属于形近字，应将其排除。二是把传世文献中经常被借用记录某个语词的小篆字形与该语词的商周字形对应，这样的字也要排除。如："各"字甲骨文本义是"到来"，这个字后来增加表义构件"彳"变为音义合成结构，但《说文》中还没有这个从"彳"的字，先秦文献中，这个字经常借用本义为"木长皃"的"格"字，《字形表》把"各"的甲骨文和"格"的小篆字形对应，是不妥的，应该剔除。再如甲骨文 冃 字，《字形表》等都跟"堕"和"墜"对应，而"墜"字《说文》尚无，"堕"字本义又与 冃 无关，与 冃 字意义一致的是小篆"隊"字，因此，与甲骨文" 冃 "对应的小篆字形应改为"隊"。可见，为了求取有效而全面的比较材料，作者对《字形表》等所收录的古汉字字形进行了穷尽性的分析考察，经过层层筛选，最后确定跟小篆具有职能对应关系的古汉字共有1549个，其中最早字形是甲骨文的有1025个，最早字形是西周文字的有524个。这个数据的得出是不容易的，而有了这个数据的材料，就可以避免结构演变现象的遗漏，就能保证有关结论的可信。这是以往举例式研究所达不到的效果。

二 系统比较异同

汉字结构的变化表现为不同时代结构属性的差异。而差异是通过比较得出的，比较的前提又是比较对象本身结构属性的明确。因此，作者首先要对经过考察得出的具有本职功能对应关系的1549个字的结构属性进行具体分析，根据构意确定每个构件的功能和每个字形的结构模式。这方面虽有汉字构形学理论作指导，但实际分析中仍然困难重重。例如甲骨文、金文中存在大量的假借字，如果按照这些字的本词来分析构意，就难以跟小篆中对应的后出本字的结构进行有效比较，于是作者运用"音本字"理论，把假借字看作所记词项的"音本字"，将其结构分析为"音零合成字"，从而在满足同一本用职能条件下沟通了不同阶段的古汉字结构的演变关系。由此可见作者的创新意识和变通能力。更为重要的是，作者没有限于单个字形的结构属性比较，而是进一步对不同结构属性的变化情况进行统计和归类，然后逐类加以比较，从而总结出从商周文字到小篆的结构系统的变化趋势。即含象形构件字和含标志构件字的比例呈下降趋势，其中含象形构件字的比例变化幅度大，含标志构件字的比例变化幅度小；含表义构件字、含示音构件字和含记号构件字的比例呈上升趋势，上升幅度的大小依次是表义构件、示音构件、记号构件。这与我们提出的汉字结构演变规律（义化、音化、记号化）完全相符，但由于有了全部材料和具体数据的支持，显得更为可信。通过甲骨文、金文和小篆三个不同历史阶段的字形结构模式的比较，作者还敏锐地发现，就结构系统而言，金文到小篆的变化幅度比甲骨文到金文的变化幅度大得多，就是说，处于甲骨文和小篆之间的金文，与甲骨文更为接近。

三 深入解释原因

在描写现象、总结规律的基础上，本书进一步分析了汉字结构变化的原因。要对每一组字形的结构变化理据做出合理的解释并非易事，从前的有关论述大都比较简单，缺乏深入的分析和全面的验证。本书则用三章的篇幅，从书写因素、记录职能和社会历史文化三个角度进行了深入探求。至少在两个方面较之前人有很大进步，一是对每个角度的分析都更细致，更有条理，并且有深层的原理阐释。如通过汉字书写者的趋简心理、审美心理以及汉字形体本身的近同和图形性降低来分析书写因素对汉字结构属性变化的影响；通过字词对应和强化字词联系、区别字词混同等原理来分析汉字职能对汉字结构属性变化的影响；通过造字时的人为规定性和约定俗成性、解字时的个人主观性和时代变异性来说明社会历史文化不仅会影响汉字造字取象，也会对汉字形体和结构变化产生一定影响。这些论述不再是蜻蜓点水，不再是空壳框架，而是具有了丰富的细目和理论的深度。第二个方面的进步是，不再是随便举几个例子，而是跟结构属性的穷尽分析一致，通过全面测查归纳出原因类型，每组字形的结构变化都能确定具体的原因，归入某个具体的类型，并且有详细的数据统计。这样，我们不仅能对汉字结构变化的原因有总体的类型式的认识，而且能对任何一个字形的结构变化情况进行原因的解释和检验。

上述三个方面反映了该书的主要贡献。这些成果对丰富汉字学特别是汉字构形学理论、对建立科学系统的汉字史、对考释和整理古文字、对认识《说文》的性质和系统、对现行汉字的结构分析和识字教学，都有积极的借鉴意义。

说实话，面对一堆不同时代的古汉字材料，要确认其构意和本职功能，要比较其结构模式和结构属性的变化，要总结变化的规律，还要解释各种变化的原因，其难度之大是可想而知的，本书能够取得上述各方面的成果已经相当不容易了，其他即使有些不足之处也是可以原谅的。但作为曾经指导过她的老师，我还是希望作者能够意识到其中存在的一些问题。例如，引起结构属性演变的原因和结构属性演变的结果有时混为一谈；字形客观演变所造成的结构属性差异跟同一字形由于人为主观解释所造成的结构属性差异理论上不加区分；不同时代字形的职能对应关系究竟指词位而言还是指词位中的某一义位而言没有明确界定，如果指词位而言，则记录派生词的分化本字跟记录源词的原本字不具有同职能对应关系（派生词不等于源词），如果指义位而言，则同词不同义位之间不具有同职能对应关系（引申义不等于本义），可是书中这两种对应关系同时包含而又未加说明。凡此等等，希望作者再版时仔细斟酌或在以后的研究中注意。

参考文献

[1] 李运富：《论汉字结构的演变》，《河北大学学报》2007年第2期。

汉字语用学论纲[*]

李运富

一 建立汉字语用学的学理依据

普通文字学告诉我们，文字是记录语言的视觉符号，是人类交流思想的辅助工具。这种说法当然是正确的，但也是概念式的，过于抽象笼统。实际上"字"的具体所指非常复杂，并非都是同一性质的东西。对"汉字"而言，日常所说的"字"，可以指称音节单位，例如说"他咬紧牙一字不吐""你刚才说的话用十个字就能概括"；可以指称发音，例如说"咬字很准""字正腔圆"；等等。这些"字"都与字形没有直接关系，不是汉字学本身的概念。从字形本体出发，我们所说的"汉字"应该是指记录汉语的视觉构形符号，而它的内涵也不是单一的，至少可以归纳出三种指称。

（一）指称外部形态，即字样。例如说："泪"字跟"泪"字不同；隶体字是从篆体字演变来的；那个字写得不好看；那副对联的字真漂亮；启功先生的字很值钱。这些加点的"字"就是指的外部形态。在这种情况下，外部形态不同就得算作不同的字。即凡线条、图素或笔画在数量、交接方式、位向或体式等方面具有差异的字样，也就是不能同比例重合的字，都得算不同的字（形），如"户""戶""户""户""户""户"算六个字。总体来说，这种"字"是无穷无尽的，无法统计。但针对某种特定的现实字料，也就是在一定范围内，这种"字"也是可以罗列可以统计的。例如衡阳南岳的"万寿山"上就呈现有一万个"寿"字形。

（二）指称内部结构，即字构。例如说："泪"字为会意字；独体为文合体为字；现代的"争"字不好分析。这些加点的"字"就是指的内部结构。在这种情况下，只有内部结构不同的形体才算不同的字，写法或外形不同而结构相同的仍然算一个字。如"泪""泪""泪""泪""涙""涙"等只能算两个字。同形而异构的字也应该算不同的字。如"体"形有两种结构，算两个字："体$_1$"从"人""本"声，义音合成字，读"ben⁴"，表示愚笨，是通假字"笨"的本字；"体$_2$"从"人"从"本"，会义合成字，读"ti³"，表示身体，为"體/軆/躰/骵"的简化字。

（三）指称记录职能，即字用。例如说：某篇文章有8000字（指称文字记录的音节

---

[*] 本文原载《励耘学刊》（语言卷）2005年第1辑（创刊号），学苑出版社2005年版。因《汉字语用学论纲》中的"语用学"易与语言学的"语用学"发生混淆，而且难以涵盖字的职能和词的用字两个方面，故后来作者改以"汉字职用学"定称，简称为"字用学"。

单位);"泪"跟"淚"是同一个字(指称文字记录的单音词①);"创业者的字典里找不到'害怕'这个字"(指称文字记录的多音词);这篇文章"文从字顺"(泛指文字记录的语言单位)。在这种情况下,字数的统计变得异常复杂。当"字"指称多音词和泛指语言单位的时候,字数是无法确定的,实际上这是"字"的临时借用,不是"字"的固定含义,汉字学可以不管。但记录汉语音节和单音词的"字"也是跟字样的"字"和字构的"字"不同的。当"字"指称音节时,记录了多少个语言音节就是多少个字,一篇文章的音节字数跟字样字数不一定相同,因为字样要归纳重合的字形。当"字"指称单音词时,就得注意字跟词的对应关系了。记录同一词的不同字形可算同一字,记录不同词的相同字形也可算不同字。如上举"体"可以记录"ben^4(愚笨)"和"ti^3(身体)"两个词,当然应该算两个字;"花"可以记录"花朵"和"花费"两个词,也应该算两个字;但"体/體/軆/躰/骵"记录的是同一个词,因而算一个字;"蜚"和"飞"也可以记录同一个词(如"流言蜚语"),有时也算作一个字。这种算法与其说是"字"的统计,不如说是"词"或语言单位的统计。就一定范围的语料来说,字词的对应关系是可以理清的,而对总体字料或语料来说,字词的对应关系是开放的、变动的,所以要从使用功能上来统计字数,事实上是难以做到的。

由上述分析可见,汉字的"字"在不同情况下具有不同的内涵和不同的实质,所指称的对象不同,其个体的确定和数量的统计也不同②,由个体组成的系统平面当然也会不同。那么,我们在讨论具体的汉字问题时,首先就得弄明白这里的"字"是属于哪个平面系统的"字",也就是必须在含义明确的情况下才能把问题说清楚。正因为汉字的"字"具体不同的内涵和实质,从而决定了汉字学研究必然要区分不同的观察角度,形成不同的学术系统。根据上面所说的三种指称内涵,汉字的本体研究从学理上来说至少应该产生三种平面的"学"。

(一)从外部形态入手,研究字样含义的"字",主要指字样的书写规律和变异规律,包括书写单位、书写方法、书写风格、字体类型、字形变体等,这可以形成汉字样态学,也可以叫作汉字形体学,简称为字样学或字形学。

(二)从内部结构着眼,研究字构含义的"字",主要指汉字的构形理据和构形规律,包括构形单位、构件类别、构形理据、组合模式以及各种构形属性的变化等,这可以叫作汉字构形学或汉字结构学,简称为字构学。

(三)从记录职能的角度,研究字用含义的"字",主要指怎样用汉字来记录汉语,包括记录单位、记录方式、使用属性、字词对应关系、同功能字际关系等,这可以叫作汉字语用学,简称为字用学。

这三个学术系统或学术平面不是并列的,也不是层叠的,而是同一立体物的不同侧面,有些内容彼此关联,允许交叉。字样平面主要是书法和字体问题,成果很多,"书法学""字体学""字样学"之类的书大家不难见到,所以这里不论。字构平面原来有"六书"学,最近十多年,王宁先生对传统"六书"学进行改造,建立了新型的汉字构形学,

---

① 本文所说的"词"同时适用于"语素",一般情况下不加区别。
② 李运富:《论汉字数量的统计原则》,《辞书研究》2001年第1期。

已正式出版《汉字构形学讲座》①，并用汉字构形学理论指导硕博士生撰写了二十多篇系列论文，蔚然已成显学，因而也无须再说。相对而言，关于汉字职能的研究，目前仍然停留在感知阶段，注重个体字词的考证和训释，也有某些用字现象的归类和指称；但尚缺乏理论的阐发和系统的总结，因而还远没有能够成"学"。这种状况是不符合汉字学的学理要求的，从上面的分析我们已经认识到，研究汉字的职能和使用是汉字学不可或缺的重要平面，所以我们在此郑重提出，为了汉字学的健全和更深入发展，我们应该建立科学系统的"汉字语用学"。

二 汉字语用学的学科定义

王宁先生在 1994 年就提出了"字用学"的概念，她说："汉字学既要弄清一个汉字字符原初造字时的状况——字源，又要弄清汉字在各个历史阶段书面的言语作品中使用的情况——字用。"② "确定了本字，又弄清了它的原初造字意图，便追溯到了汉字的字源。但是，汉字在使用过程中，随时发生着记录职能的变化。汉字字用学，就是汉字学中探讨汉字使用职能变化规律的分科。"③ 王先生是从个体汉字形义演变的角度来区分字源和字用的，所以她认为确定本字和弄清原初造字意图是"字源学"的事，而根据本字来确定借字或从本字出发探究字的分化孳乳属于"字用学"。这为我们认识字用学、建立字用学打下了很好的基础。

如果把字用学看作汉字学的分支学科，出于学科系统性的考虑，我们认为还可以从平面的角度来看待文献用字。在平面的文献用字中，记录语言不仅仅使用职能发生了变化的借字和分化字，事实上也大量使用本字，因而研究本字也应该属于字用学。这样一来，我们对字用学的理解会更为宽泛一些。如果要下个定义的话，似乎可以这样表述：汉字语用学是研究汉字使用职能和使用现象的科学，也就是研究如何用汉字记录汉语以及实际上是怎样用汉字记录了汉语的科学。它既有个体的，也有总体的，既有共时的，也有历时的。"字用学"的全名之所以要叫"汉字语用学"而不取"汉字字用学"，一是为了显示所谓用字就是记录语言或者在语言中使用，离开语言就无所谓字用；二是为了避免"汉字"跟"字"重复。"汉字语用学"也可以叫作"汉语字用学"。

字用学属于汉字学本体研究的三个平面之一。字用学跟字样学的关系不大，而跟构形学关系密切，因为它要借助构形学来研究字形的本用职能。但字用学并不同于构形学。构形学主要研究汉字的结构系统和结构理据，而字用学主要研究汉字的记录职能和使用规律。虽然结构理据往往暗示字形的本用职能，但不等于汉字的实际使用职能。字用学跟训诂学的关系也很密切，因为它要借助训诂学来确定字形的实际职能，但字用学也并不同于训诂学。训诂学主要研究文献用字的意义，包括探求意义的手段和解释意义的方法。训诂学以文本解读为目的，主要求其"通"，一般不管句子之外的字词关系；构形学以分析字

---

① 王宁：《汉字构形学讲座》，上海教育出版社 2002 年版。
② 王宁：《〈说文解字〉与汉字学》，河南人民出版社 1994 年版，第 34 页。
③ 同上书，第 47 页。

形为目的，主要求其"本"，一般不管文本用字的变化。字用学需要将两者结合起来，既研究汉字的本形本义，也研究文本用字的实际职能，从而理清各种字词关系及相应的字际关系和词际关系。因此，字用学是介于文字学和语言学之间的桥梁，既有理论体系，也有应用价值，是一门跨领域的具有综合性的学科。

三　汉字语用学的主要内容

根据上面的定性和定义，我们认为汉字语用学应该包括以下主要内容。

（一）考察个体字形可以记录哪些语言单位，或者某个语言单位可以用哪些字形来记录，客观描述各种字词关系以及相应的字际关系和词际关系。汉字作为视觉符号，其职能不像英文那样单纯，英文的单字等于单词，字跟词是严格对应的；而汉字可以记录汉语的音节、词素（语素）和词，并且个体汉字记录哪个音节、哪个词素、哪个词没有固定的对应关系。这是汉字的最大特点，也是汉字难学难用的根本原因所在。字用学首要的任务就是要根据汉字的使用特点来研究字及其所记录的语言单位之间的各种关系，从而为汉字的使用和理解提供理论指导。以字记录语词为例，其中需要研究的关系如下图所示。

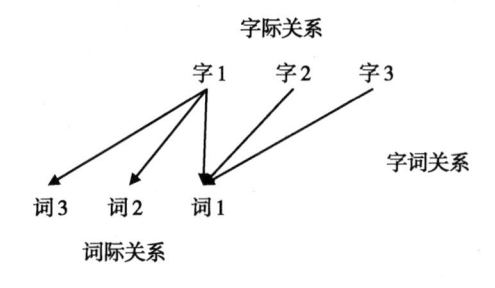

字际关系

字1　字2　字3

字词关系

词3　词2　词1

词际关系

字词、字际、词际关系图示

汉字记录语词所形成的对应关系可能有三种情况，即一字一词、一字多词和多字一词。如果一个字始终都只记录同一个语词，那应该是本字本词的关系。而当一个字记录多个词或者多个字记录一个词的时候，那字跟词的关系就可以是本字记本词，也可以是源字记派生词，还可以是借字记他词。同时又有组合关系与聚合关系之分，几个字分别记录同一词形成聚合，几个字连在一起记录一个词就是组合。这些复杂关系需要逐一确定才能正确使用和正确理解。而且我们要问，一个字为什么能记录不同的词，不同的字为什么会记录同一个词，这些被同一个字记录的不同词语之间有什么关系（如同音词、同源词、同形词等），用来记录同一个词的不同字符之间又是什么关系（如异体字、同音字，或本字与本字、本字与借字、借字与借字等[①]），这些都是需要字用学说明和阐述的。

（二）用字现象的全面测查和描写，包括字量、字频、字用属性（本用/兼用/借用）、同字异词和异字同词的种类及比率，等等。测查是以字用属性的确定为前提的，即首先得根据文献语言的实际情况确定某个字符的某项职能及职能属性，也就是记录了哪个词的哪

[①] 李运富：《论汉字的字际关系》，《语言》第3卷，首都师范大学出版社2002年版。

个义项，是本字记本词的本用，还是源字记派生词的兼用，拟或是借字记他词的借用。①有了这样的认读或考释，字用测查才能有效进行。具体的测查对象可以是单字单词，可以是专人专书，可以是共时共域的文本，也可以是历时分域的文本，还可以包括异语言的汉字借用现象。以时间角度为例，可以分为：

1. 历时性测查

（1）个体字形或某类字符的全职能测查——如"自"字从古至今的记录职能、"手"部各字的全程职能考察等。

（2）特定词项或语义项的用字测查——如表"鼻子"义的词项历时用字考察、常用基本词的历时用字考察等。

（3）历时用字比较——如甲骨文用字与战国文献用字比较、战国楚简用字与马王堆帛书用字比较、定州《论语》用字与传世论语本用字比较、《史记》用字与《汉书》用字比较或司马迁用字与班固用字比较等。

2. 共时性测查

（1）专人专书用字测查——如《左传》用字现象考察、《包山楚简》用字现象、司马迁用字考察等。

（2）某时某地用字测查——如汉代用字测查、战国楚地用字测查、马王堆帛书用字测查、现代常用汉字的职能测查等。

（3）共时用字比较——如楚地用字与秦地用字比较、汉代的今古文用字比较、李白与杜甫的用字比较等。

3. 泛时性测查

（1）字书收字的职能归纳——如《汉语大字典》的字头与词项的对应关系等。

（2）特殊字用现象——如方言字与新造字问题、地名用字与人名用字问题、非汉字符号与译音用字问题、简化字与错别字问题等。

（3）异语言中的汉字——日语汉字使用情况、韩语汉字使用情况等。

通过全面的不同角度的测查，希望能分类描述各种情况的字用面貌，如用了多少字，哪些字是常用字，哪些字是多职能字，其中本用字占多大比例，借用字占多大比例，兼用的情况如何，分化字的情况如何，组合字符有多少，聚合字形有哪些，各地各时的用字怎么样，系统的用字有无变化，等等，都应该有详实的数据和立体的展示。

（三）对单字的使用职能和文本的用字现象进行比较分析，总结使用规律，探讨变化原因，进行专题论述。例如记录同一意义的同一词项，不同时代、不同地域的文本却使用了不同的字，这是为什么？既然有本字，为什么要使用通假字？汉字职能分化或并合的条件是什么？文本字词的联系是以义为主还是以音为主，它们对汉字的性质有无影响？制约汉语用字变化的因素有哪些？汉字使用的具体规律和总体趋势是什么？如何规范现代汉语的用字？等等，都是汉字语用学所要探讨的。以汉字记录职能的演变及其原因的分析为例，我们可以总结出如下规律：

---

① 李运富：《论汉字的记录职能》，《徐州师范大学学报》2003 年第 1—2 期。

汉字记录职能的演变情况①：
1. 职能的扩展（兼用扩展、借用扩展）
2. 职能的减缩（异体字分工、母字分化、为派生词另造新字）
3. 职能的转移（相互交移式、连锁推移式）
4. 职能的兼并（同义兼并、同音兼并）

字用变化的动因：
1. 济文字之穷（借用）
2. 应语言之变（分化）
3. 求书写之便（简化、异写）
4. 为避讳之需（同音避讳、同义避讳、变形避讳）
5. 呈修辞之异（以形寓褒吉、以形示贬凶）
6. 玩游戏之趣（联边、离合字）
7. 讹错误之形（讹变字、错别字）
8. 合规范之制（正字标准、异体字整理）

以上只是我们对汉字语用学的初步想法，要真正建立起来，使之有理论、有材料、有系统，那还需要做很多工作。希望得到大家的批评指正，共同为建立科学的汉字语用学而努力。

参考文献

[1] 李运富：《论汉字数量的统计原则》，《辞书研究》2001 年第 1 期。
[2] 王宁：《汉字构形学讲座》，上海教育出版社 2002 年版。
[3] 王宁：《〈说文解字〉与汉字学》，河南人民出版社 1994 年版。
[4] 李运富：《论汉字的字际关系》，《语言》第 3 卷，首都师范大学出版社 2002 年版。
[5] 李运富：《论汉字的记录职能》，《徐州师范大学学报》2003 年第 1—2 期。
[6] 李运富：《论汉字职能的变化》，《古汉语研究》2001 年第 4 期。

---

① 李运富：《论汉字职能的变化》，《古汉语研究》2001 年第 4 期。

论汉字的记录职能*

李运富

汉字是记录汉语的视觉符号系统，个体汉字主要用来记录汉语的单音节语素（包括单音节词），有时也记录多音节语素的音节。就造字阶段来说，单字与语素的对应关系应该是有理据的，用什么字记录什么语素是固定的，这种固定的理据对应关系反映了汉字的本来用法。但由于种种原因，在实际使用汉字的时候，字形与语素的初始对应关系往往被打破，汉字的记录职能也因此而变得复杂起来，于是又出现兼用和借用的现象。"本用""兼用""借用"是汉字记录职能的三种基本情况[①]，本文拟对各自的概念和一些重要问题加以阐述。为了照顾习惯和行文方便，在没有必要区别的时候，我们把汉字记录的对象统称为词或语词。

一 本用

所谓本用，是指用本字来记录本词的用法。本字的构形是以本词的音义为理据的。立足于某词，根据该词的音义而造专用来记录该词的字形叫作该词的本字；立足于某字，与该字的构形理据密切相关的语词就是该字本来应该记录的本词。本词中与本字构形理据直接相关的义项叫作本义，以本义为起点派生发展或与本义有密切联系的其他义项叫作引申义。本字的本用包括记录本词中与本字构形密切相关的本义以及与本义密切相关的引申义。

某字形之所以能够记录某语词，是因为该字形与该语词之间具有特定的音义联系。但由于语言成熟得比较早，文字产生得比较晚，在语词已经有很多意义的情况下，字形跟语词的联系不可能是全面的，而通常只跟其中的某一个义项发生联系。比如说，语词甲有义项一、义项二、义项三，那么字形甲可能跟其中的义项二或者义项一或者义项三发生联系。我们把跟字形有密切联系的义项叫作本义，本义所在的语词叫作该字的本词。相应地，这个字能够反映这个语词的某一个义项、跟某一个义项有直接的联系，我们也就把这个字当作这个语词的本字，就是说这个字生来就是为了记录这个语词的，因此它是它的本

---

* 本文原分上下两篇载于《徐州师范大学学报》2003年第1期、第2期，与已刊的《论汉字职能的变化》（《古汉语研究》2001年第4期）和《论汉字的字际关系》（《语言》第3卷，首都师范大学出版社2002年版）是系列论文，由于字数限制等原因打乱了发表顺序，为保持单篇的相对完整，个别地方略有重复，谨此说明。

① 李国英《小篆形声字研究》（北京师范大学出版社1996年版）中提到汉字的"本用、转用、借用"，但没有详细论述，而且所指实际内容跟我们有些不同。

字。由此看来，我们所说的本义，不一定是语词的最早意义或最基本的意义，而是语词的实际义项中与字形密切相关的意义。它有三个要点：一是形义相关，二是文献中实际存在过，三是能够独立成为义项。义项是属于词的，但本义既然是字词相关的义项，所以既可以叫某词的本义，也可以称某字的本义。称某字的本义时，实际上是指跟该字形相关的某个词义。例如"扁"，小篆字形从户从册，是个会意字。《说文解字》二卷下："扁，署也。从户、册，户册者，署门户之文也。"就是解释"扁"字本义的。《后汉书·百官志五》："皆扁表其门，以兴善行。"其中的"扁"正是它的本来用法。

本义是跟字形有密切联系的词义，但对这种联系的理解不宜拘谨，也就是不能把字形的结构意义等同于词语的实际意义。通过字形分析所得的结构理据关系称为"造意"，而结构理据所反映的实际词义叫作"实义"①。汉字是据义构形的，所以字形结构的造意与它所记录的词语的实义通常是一致的，这就是所谓"形义统一"原则。上举"扁"字就符合这一原则。再如"涉"字从"水"从"步"会意，表现"在水中步行"的造意，而"跋山涉水"的实义也正是在水中步行；"崇"字从"山""宗"声，"宗"又有高远义，故其造意在表现"山大而高"（《说文解字》），而"崇山峻岭"用的正是山大而高的实义。但字形的结构造意跟它的记词实义毕竟不是同一概念，它们虽密切相关，却也有不一致的时候。这时候就需要严格区分，以免误将造意当实义。例如"大"的古文字形像正面站立的人形，"高"的古文字形像墙台上的亭阁，但它们的记词实义并非指人、指亭阁，而是分别指正面人形和墙上亭阁的某种特征：大小的"大"和高矮的"高"。"又"像右手之形，而文献中的"又"却不表示右手义。凡此都说明造意不等于实义。《说文解字》是专门讲解本字本义的，但其中也有一些仅仅是造意而不是实义，要想从字形说解中得到词的本义，还得再加抽象概括。例如"麈，鹿行扬土也"，这在解释字形从"鹿"从"土"的造意，而文献中的"麈"一直当"尘埃""尘土"讲，并不专用在鹿扬起的尘土上，"鹿行扬土"只是"尘土"义的形象化，取鹿而不取其他，是古代狩猎生活的反映，鹿扬之土只是尘土表现形式的一个代表而已。

"造意只能解释文字，实义才能解释词语。造意与实义之间，不是引申关系。段玉裁《说文解字注》常把造意与实义的关系说成引申，是不妥当的。因为造意不是词的某个独立的义项，只是某个义项适应文字造形需要而进行的形象化处理。"② 也就是说，造意属于构形系统，而实义属于字用系统。汉字的职能是在使用中体现的，所以我们通过字形寻求字符的本用职能时一定要以实义为根据，要有文献的实际用例作证明才能算数。例如段注云："颇，头偏也，引申为凡偏之称。""烦者，热头痛也，引申之凡心闷皆为烦。"而实际上所谓"头偏""热头痛"等"本义"文献无征，文献用例能够证明的是所谓"引申义"，那么我们应该把这个既与字形有联系又有文献证明的所谓"引申义"直接当作本义，而把那个虽然与字形密切相关却无文献用例的所谓"本义"看作字形结构的造意。再如"莫"的古文字形从日在草或木中，表示太阳处于草木之中（也就是接近地面位置）

---

① 有关"造意"和"实义"的概念，参见陆宗达、王宁《训诂与训诂学》（山西教育出版社1994年版）及王宁《训诂学原理》（中国国际广播出版社1996年版）。

② 王宁：《训诂学原理》，中国国际广播出版社1996年版，第44页。

的时辰，但这个不确定的时间意义只能是字形造意，符合这种造意的可以是傍晚黄昏时候，也可以是黎明日出时候，而在实际文献中，"莫"常用来表示黄昏，却从不记录早晨的意义，所以只有黄昏的义项才是"莫"的实际本义。可见字形是确定本义本用的必要条件，但不是充分条件。只有字形分析与文献用例相印证，才能确定实际本义。也许文献中确曾用过跟造意相当的义项，只是因为材料湮灭我们无缘见到而已。这种可能性当然是存在的，但可能的东西太多，眼见为实，见到了再承认不迟，在无法找到例证的情况下先暂时不看作本义是比较谨慎的态度。

字形造意是不是有了文献用例就一定要看作本义呢，也不见得。因为文献所显示的意义有时只是词义适应具体语境的局部内容，并不一定是具有概括性的独立义项。例如"牢"字在甲骨文中或从羊，或从马，或从豕，而文献用例有时候也确实是指羊圈、猪圈或马圈，如"亡羊补牢"的牢当然是指羊圈而言，那能不能说从宀从羊的字本义是羊圈、从宀从豕的字本义是猪圈、从宀从马的字本义是马圈而"牢"的本义是牛圈呢？当然不能。因为从牛从羊只是造字对构件的选择不同，找个牲畜代表而已，其实这些字记录的是同一个词，而这个词在文献中所表示的羊圈、牛栏之类的意义只是语境义，并没有独立的义项资格。作为"láo"这个词语的义项，应该概括为表示圈养牲畜的棚栏。只有具有概括性和独立资格的实际义项，才能算作本义。

既然我们把与字形相关联的具有概括性的文献实义当作本义，那么如果所记词语有多个义项都与字形直接相关的话，就应该都看作该字的本义。这是符合逻辑的推论，也是有事实根据的结论，因此我们不得不承认一个字形通常只有一个本义，但有时也可以有多于一个的本义。例如：

"雨"字甲骨文由象征天幕的横画和雨点会合而成，从字形分析，可以表示雨水自天而降，也可以表示自天而降的雨水。从文献用例看，这两个意义都是实义，因而都可以看作"雨"的本义。动词降雨义见《诗经·小雅·大田》："雨我公田，遂及我私。"名词雨水义也见《诗经·小雅·甫田》："以御田祖，以祈甘雨。"

"受"字甲骨文由上下两只手（爪、又）中间一个舟（即盘）会合而成，从字形分析，既可以是上面的手拿着东西授予（交给）下面的手，也可以是下面的手从上面的手中接过东西。从文献用例看，授予义和接受义都是实义，因而都可以看作"受"的本义。《韩非子·外储说左上》"因能而受官"用的是授予义；《诗经·大雅·下武》"于斯万年，受天之佑"用的是接受义。

"从"字甲骨文由两个左向相随的人形会合而成，从字形分析，可以说后面一个人跟随前面一个人，也可以说前面一个人带领后面一个人。从文献用例看，带领和跟随两个义项都是实义，因而都可以看作"从"的本义。《史记·项羽本纪》："沛公旦日从百余骑来见项王。"其中的"从"为本用带领义。《论语·公冶长》："道不行，乘桴浮于海，从我者其由与！"其中的"从"为本用跟随义。

"兵"字甲骨文由左右两手和一个表示斧头的斤字会合而成，从字形分析，可以表示拿在手里的斤（武器），也可以表示手里拿着斤的人（士兵），还可以表示手里拿斤的有关动作，但从文献用例看，"兵"字一般不用来记录握持、砍杀之类的动词义，却常见表示武器、士兵的用法，因而武器、士兵都可以看作"兵"字的本义。

"议"字从言义声（繁体为"義"声），所记词义只要跟言语直接相关，应该都可以算作"议"的本义。如"商议、讨论"义和"评论、议论"义，很难说谁是谁的引申义，其实都应该是本义。前者用例有"上与公卿诸生议封禅"（《史记·孝武本纪》）；后者用例有"天下有道，则庶人不议"（《论语·季氏》）。
　　"体"字的形体结构可以有两种分析法，一是"从人本声"的形声字，音"bèn"，表示愚笨；《广韵·混韵》："体，粗貌。又劣也。"《正字通·人部》："体，别作笨，义同。"毛奇龄《越语肯綮录》：体"即粗疏庸劣之称，今方言粗体、呆体，俱是也"。二是"从人从本"的会意字，音"tǐ"，表示人的身体，即"體"的简化异体。文献中这两个义项都独立用过，且都与字形理据密合，因而都是"体"的本义。
　　"隻"字从又（手）持佳（鸟），也可以作出两种理据解释，亦即有两个本义。一如《说文解字》所释："隻，鸟一枚也。从又持佳，持一佳曰隻，二佳曰雙。"这是作量词"只"讲，当音"zhī"。另一种解释是当动词"获"讲，音"huò"：罗振玉《增订殷虚书契考释》："此从佳从又，象捕鸟在手之形，与许书训'鸟一枚'之隻字同形。得鸟曰隻，失鸟曰奪。"李孝定《甲骨文字集释》按语："卜辞隻字字形与金文小篆并同，其义则为获。捕鸟在手，获之义也，当为获之古文，小篆作获者，后起形声字也。'鸟一枚者'，隻之别义也。"所谓"别义"实指另一种本义。至于马叙伦《读金器刻词》："隻为禽获之获本字。《说文》'获，猎所得也'，乃此字义。字从手持鸟，会意。今《说文》隻训'鸟一枚也'，而雙训'鸟二枚也'，皆非本义，亦或非本训也。"将训获、训只二义对立起来，只承认获为本义，而否定鸟一枚也是本义，似未显宏通。
　　上述各字代表着几种不同情况。"雨"的两个本义属于名动相依关系；"受""从"的不同本义属于对立统一的两个方面；"议"的不同本义反映了同一范畴内可能存在的多项内涵；其余各字反映了构件功能及其组合关系的多解性。另外，前面五字属于同一词位的不同本义，本义之间有着必然的音义联系；而"体""隻"二字实际上是不同的词位共用同一形体，即所谓"同形字"，字形反映的是不同词位的不同本义，本义之间没有必然的音义联系。
　　一个字形可以联系两个以上的本义，反过来看，一个词语也可以有两个以上的本字。本字即用来记录词语本义及其引申义的字。根据同一义项而构造的不同字形，即所谓"异构字"，都是所记本词的本字。异构字本字可能是共时的，也可能是历时的，一般情况下没有必要区分。例如"泪—淚"、"裤—绔—袴"、"袜—帴—襪—韈"等组的字都是分别为同一个词而造的，本用完全相同。有的字构形取意似有不同，而实际用法并无区别，应该仍是同词同义的本字，如前面所举甲骨文中的"牢"，或从羊，或从马，或从豕，但并非从牛的只记录牛圈义，从羊的则记录羊圈义，从马、从豕的又专指马圈、猪圈，而是可以同用的；语言中的牛圈、羊圈、马圈、猪圈等并不是各自独立的义项，而应该进一步概括为"关养牲畜的圈"，在为该词制造字符时或从牛，或从羊、马、豕，只是任取一种牲畜作代表而已，由此产生的异构字都是该词的本字。甲骨文中"牝""牡""逐"等字也有类似情况，都应该看作同字符异构本字。有时，几个不同的字形在用法上有分工互补的关系，但语言中这些不同的用法实际上仍属同一个词，因而也应该看作同一个词或语素的本字，如战国楚文字的"邑"指城邑，而在"邑大夫""邑司马"等官名中的"邑"

上面要加个"宀"，但这是用字的分工而并非语词的分工，"邑大夫"的"邑"作为一个语素仍然是城邑的意思，语言中跟其他用法的"邑"仍属同一词，因而加"宀"和不加"宀"的"邑"都是同一词的本字。现代汉语中的"你""妳"和"他""她""牠"也是如此，用字上分工互补，而语言上并没有分化为不同的词，因而它们属于同一词的不同本字。本词所用的本字由于兼有其他功能而另造新的本字加以分化，从而造成一个语词前后使用了不同的本字，我们把原来的本字叫"古本字"，后造的以分化为目的的本字叫"分化本字"。例如"莫"的本义是黄昏，是具有黄昏义项的"mù"词的本字，但"莫"同时兼记无指代词和否定副词，为了区别记词，另造"暮"字专用于记录"莫"的本词，这样，黄昏义的本词"mù"就先后拥有了古本字"莫"和分化本字"暮"两个本字。这两个本字通常情况下不会同时使用，但有时也可以同时使用。类似的字例有"它—蛇""州—洲""然—燃""奉—捧"等。有的词语原有本字却很少使用，文献中曾用通假字表示，后来又在通假字的基础上加义符另造本字以分化通假字的职能，而对原有本字来说，它们都是为同一词语而造，从而也造成了一个语词前后使用不同本字的现象，这样形成的先后两个本字我们也归入"古本字"和"分化本字"的关系中，只是这样的古本字一般并未兼有其他功能，从而大多成为死字。例如"猒"是具有满足义的"yàn"词的古本字，文献常借用"厭"（压迫）字表示，后另造分化本字"饜"，"猒"遂成为死字；表示箭袋意义的词甲骨文中有个象形本字，文献则常借用"服"字，后来干脆另造分化本字"箙"，原象形本字遂成死字。古本字与分化本字的关系实际上也可以看作历时异构字的关系。

　　本字当然要记录本词的本义，同时也可以用来记录本词的引申义。引申义跟字形的联系可能比较疏远，但跟本义密切相关，也是本词自身所固有的意义，所以用本字记录本词的引申义自然也应该算是本用。引申义并不一定都是在本义之后产生的，当造某字形来记录某词的时候，虽然是以本义为依据建立联系，但应该包括该词本身所有的意义，因此本字是对词而言，它可以记录词的本义，也可以记录该词跟本义密切相关的引申义。引申义必须在本义明确的前提下才能成立，没有本义也就没有引申义。例如"间"的本义是门缝，《战国策·齐策》有"自门间窥之"的用例，而《左传·曹刿论战》"肉食者谋之，又何间焉"的"间"用为参与义，显然是"门缝"本义的引申，这两种用法都属于本用。

二　兼用

　　所谓兼用，是指用本字记录另一个跟本词有音义联系的派生词的现象。词义引申如果伴随读音或字形的变化，往往会派生出新词。派生词可以另造新字记录，也可以仍然用源词的本字来记录，这就是本字的兼用。例如长短的"长"引申为生长的"长"（植物生长以枝茎叶增长为标志，动物生长以增加身高或身长为特征），读音由"cháng"变化为"zhǎng"，这就意味着派生出了新词，但并未另造新字，而是兼用源词的本字来记录派生词，即字符"长"除了记本词长短的"长"，还兼记派生词生长的"长"。

　　兼用是解决汉语字词矛盾的有效手段，词语不断派生，文字不可能毫无节制地重造，最简单的办法就是扩展现有字符的职能，使其身兼数职。一般所谓"多音字"，除了异读、又音和借用破读、同形异音外,多音而又多义者,如果各项音义之间有某种内在的联系,大都是源词与派生词共用一字的现象。例如"传"(传递之"chuán",传记之"zhuàn")、"弹"(弹弓之"dàn",弹力之"tán")、"冠"(冠冕之"guān",冠军之"guàn")、"度"(度量之"dù",揣度之"duó")、"读"(读书之"dú",句读之"dòu")、"奇"(奇特之"qí",奇偶之"jī")、"少"(多少的"shǎo",少年的"shào")等。

其实不只是读音不同才算是兼用,许多派生词并没有读音的变化,它们跟源词共用字符是普遍现象,人们习焉不察,以为还是本用,但严格说来,也应该算是本字的兼用。例如"以"原为动词,后虚化为介词,又虚化为连词,又虚化为助词,虚化也是一种派生,它们不再是同一个词,但读音没有变化,也都用源词的本字来记录,一个字符"以"记录了意义相关的几个词语,这就是文字的兼用。

兼用的字形跟词义仍然具有一定的联系,只是已经很遥远,一般难以察觉。如果该派生词没有造别的本字的话,我们可以把兼用的字形也看作派生词的本字,为了跟本词的本字相区别,可以称之为源本字。因而宽泛地来说,兼用也可以归入本用。汉字记录职能具有本质差别的只有本用和借用两种。

三 借用

所谓借用,是将字形当作语音符号去记录与该字形体无关但音同音近的语词。这样使用的汉字原非为所记语词而造,所以不是所记语词的本字,而是借用音同音近的别词的本字,我们称之为借字;借字所记的语词不是自己构形理据的本词,我们称之为他词;借字所记他词的义项我们称之为借义。借用不只是针对他词的本义而言,记录他词引申义的也叫作借用。所以就他词来说,自有本义(相对于另一个本字而言)、引申义之分,而就借字来说,它所实际记录的义项都是借义,不管原来是本义还是引申义。

汉字的借用是以语词的音同音近为条件的。判断音同音近的标准应该以借字产生时的音系为根据,由于语音的演变不平衡,后世相沿承用的借字不一定跟所记语词的读音还相同相近。从理论上说,凡是音同音近的字都可以借用。但实际上"借用"是个历史性概念,要从文献实例中去考察发现,而不能想当然。我们今天讨论汉字的借用现象目的是为了解读文献,而不是要学会使用。

汉字借用现象比较复杂,可以从多个角度分类考察。一般根据借字所记他词是否拥有自己的本字,将借用分为无本字的借用和有本字的借用两类。

(一) 无本字的借用——假借

语言中原有某词,当需要用文字来记录的时候,不是根据它的意义替它创制专用形体,而是根据它的声音,借用某个音同音近的现成字,这种用字现象就是无本字的借用,也就是许慎《说文解字》中所说"本无其字,依声托事"的"假借",被借用的字称为"假借字"。

假借字往往久借不还,从而成为记录他词的专用字。例如:

戚，本词为具有"斧头"义项的"戚"，借用来记录他词亲戚的"戚"。《史记·秦本纪》："法之不行，自于贵戚。"

须，本词为具有"面毛"义项的"须"，借用来记录必须、须要的"须"。《汉书·冯奉世传》："不须复烦大将。"（胡须词曾另造"鬚"字记录，今又恢复用"须"。）

以上借用字不管其本用是否同时存在，也不管其本用是否另造本字，都始终用来记录某一固定的他词，实际上是为没有本字的他词配备了一个专用字符。正因为如此，有人认为假借也是造字法，是用音符造字的方法，可以称为"音本字"。但假借并不产生新的字形，而且相当多的假借字后来补造了本字，归还了原借字的本用，可见古人并不认为假借字就是所记他词的本字。补造本字的如：

胃，本用是肠胃的胃，借用为言说的谓，《长沙楚帛书·乙篇》："是胃孛岁"，"是胃乱纪"，"是胃德匿"。"谓"是后来补造的记录言说词的本字。

辟，本用是刑法的辟，借用为手臂的臂，《墨子·备城门》："城上二步一渠，渠立程，丈三尺，冠长十丈，辟长六尺。""臂"是后来补造的记录手臂义的本字。

而且从理论上说，一切音同音近的字都可能成为某个无本字词的借用字，那它就可能拥有数十上百个音本字，这是难以接受的。事实上，不少词确实同时或先后借用过几个音同音近的字，这些字不可能都是有意"造"的，不可能都是"音本字"。例如：

女，本词为具有女性义项的"女"，借用为第二人称代词"女"。《诗经·魏风·硕鼠》："三岁贯女，莫我肯顾。"后来"女"字一般不再借用，而另借汝水的"汝"字作第二人称代词用，《世说新语·排调》："昔与汝为邻，今与汝为臣。"

可，本词为认可、许可的"可"，借用为疑问代词"可"，《石鼓文·汧沔》："可以橐之？佳（唯）杨与柳。"又借用本词为负荷的"何"记录疑问代词"何"，《论语·颜渊》："内省不疚，夫何忧何惧？"

犹豫，"犹"所记本词为犹猢，"豫"所记本词为大象，合并借用为表迟疑不决义的双音词"犹豫"，《楚辞·离骚》："欲从灵氛之吉占兮，心犹豫而狐疑。"但"犹豫"一词又可借用"犹预""犹与""由豫""由与""容与"等字来记录，《辞通》《骈字类编》等多有其例，此不赘。

另外，一个字也可以同时或先后借用为几个词的记录符号，似乎也不应该把一个字形看作几个词语的"音本字"。例如：

之，本义训往，所记本词为动词。然文献中的"之"可借用为代词，《诗·周南·关雎》："窈窕淑女，寤寐求之。"可借用为连词，《左传·成公二年》："大夫之许，寡人之愿也。"可借用为助词，《孟子·梁惠王上》："天油然作云，沛然下雨，则苗渤然兴之矣。"

其，本义训箕，所记本词为名词。然文献之"其"，或借用为代词，《论语·卫灵公》："工欲善其事，必先利其器。"或借用为副词，《左传·僖公十年》："欲加之罪，其无辞乎！"或借用为助词，"极其落后"，"尤其可怕"。

音义具有联系的同源词如果都没有本字，可以借用同一个字形，也可以分别借用不同的字形。前者如困难的"nán"借用鸟名的"难（難）"记录，而困难词又引申派生出灾难一词，读音变化为"nàn"，没有另造新字，仍然借用鸟名的"难（難）"字记录，则借字"难"分别记录了困难和灾难两个词。而汉语里表示否定意义的"不""弗""母"（后已造专用字"毋"）、"勿""否""非""靡""莫""无""亡""没""别"等词语音义相关，应该同出一源，可至今没有本字，却分别借用了不同的字形来记录，这些字当然都不是特意为它们造的。

综上所述，我们认为假借是一种用字现象，而不是造字方法。

假借也可能确实跟造字有关，例如造某个字或图形就是为了记录另一个跟此字形或图形无关的同音词，而并不马上用来记录形义相关的本词。著名作家高玉宝小时候没有读什么书，在部队入党时要亲自写入党申请书，可他只学会几个字，写不成一句话。折腾了半天，他终于交出了入党申请书："我虫心眼梨咬鱼铛。"其中"虫"画的是一条虫子，表示的是"从"这个词，"心眼"也是画一颗心和一只眼的图形，"梨"画的是一个梨子，表示"里"的意思，"咬"借用为"要"，"鱼"画条鱼形，表示"入"这个词（他的方言鱼入同音），"铛"画个铃铛，表示"党"这个词。这些图形都是高玉宝所造的"字"，除"心眼"形义一致，可以算是本字本用以外，其他的图形跟句中表示的词并没有形义联系，但有声音联系，实际上属于音同音近的借用。可这种借用是跟造字同时发生的，因为在此之前，高玉宝并不知道"虫""梨""鱼""铛"等字的写法，他并不是借现成的字来用，而是临时造字，一造出来就借用，或者说为了要借用表示某个词才造这些字。那他为什么不直接造"从""入"等形义相关的本字？因为这些概念太抽象，他没有办法让它们在形义上建立联系，只好选择同音或音近的词来造字，以便借用。高玉宝所造的这些象形字虽然并没有成为真正的"字"，但它们确实完成了交际任务，在特殊条件下体现了自己作为字符的使用价值。由此启发我们认识到，造字之初可能就有字符的借用现象，说明假借跟造字确实可能发生关系。但即使这种情况，我们仍然可以说虫子的图形记录的本词应该是"虫"，只是它还来不及发挥自己的本用职能就被借用为"从"了，而这种借用的关系造字者心里应该是明白的，他必须先有表示"虫子"概念的词音，才可能用虫子的图形来记录"从"的音义。所以实质上用"虫"记录"从"还是一种用字的假借（高玉宝并不知道"从"有本字），只不过被借的字是临时赶造的而已。

（二）有本字的借用——通假

语言中的某词，本来已有专为所造的本字，但实际记录该词时，有时并不写它的本字，而是借用另一个音同音近的别字，这就是有本字的借用，为了跟无本字的借用相区别，一般称有本字的借用为"通假"，被借用的字为"通假字"。

通假字是针对本字而言的，没有本字就无所谓通假字。先通行某字，后来换用另一音同音近字，看起来像是本字与通假字的关系，但如果先通行的某字并非本字，那后借用的字也不宜当作通假字，例如前面提到的记录第二人称代词的"女"与"汝"，虽然后世文献大都以"汝"代"女"，但由于"女"本身就是借用，所以"汝"不是"女"的通假字，它们都是假借字。某词通常用甲字记录，偶尔借用了音同音近的乙字，如果常用的甲字并非本字，那偶尔借用的乙字也不是通假而是假借。例如《孟子·公孙丑上》："以齐王，由反手也。""由"表示譬况之词，通常用"犹"字，所以有人认为"由"是"犹"的通假字。其实"犹"的本义是指"玃属"之兽，记录譬况词时属于假借用法，因而

"由"用作譬况词时没有对应的本字，它也只能算作譬况词"yóu"的另一假借字，而不是通假字。

既然有本字，为什么不用本字而要用通假字呢？这里面的原因当然会很复杂，主要的可能有这么几种。

1. 因习惯或有意存古而用通假字

有些所谓本字是后来补造的，在此之前人们已经用惯了某些假借字，所以当新造的本字出来后，人们一方面使用后造的本字，一方面可能不自觉地沿用原来的"假借"字，甚至有意怀旧仿古而使用原来的"假借"字，但由于已经造了本字，这"假借"字实际上也就转化成了通假字。例如：

采—寀、綵、彩、睬。后面四个字先秦时代还没有产生，它们所代表的语词原都是假借采摘的"采"字记录的。但这些本字产生以后，仍然有借用"采"字来记录"綵、彩、睬、寀"等语词的，那就是习惯或仿古所致的通假了。"寀"字已见于《说文》新附和《尔雅》，表示封邑采地，而《风俗通·六国》"封熊绎于楚，食子男之采"仍借用"采"字。"綵、彩"已见于《玉篇》，而唐刘肃《大唐新语·极谏》："太宗曰：'善。'赐采三百疋。"仍用"采"为"綵"，指彩色丝织品。《明史·文苑传·孙蕡》："诗文援笔立就，词采烂然。"此用"采"为"彩"，指文采，当是彩色义的一个引申义项。"睬"字见于明代的《字汇补》，而《儒林外史》二十七回："王太太不采，坐着不动。"仍用"采"为"睬"，表示理睬。

为母字的假借用法分化出后造本字，其后造本字与原借用母字往往会混用一段时间，有的可能长期并用，这种由原假借用法而导致的通假现象占有相当比重，是不容忽视的。

现代成语中保留着相当一批通假字，尽管人们已经知道它的本字，但仍然照用不改，这也是习惯和存古意识的反映。如"流言蜚语"，"蜚"的本字应作"飞"而一般不改用"飞"；"内容翔实"的"翔"本应作"详"而一般并不改用"详"；"发聋振聩"的"振"本字应当是"震"而习惯上仍然保留通假字。

2. 为了某种特定的目的而用通假字

有的可能是为了简便，特意选用笔画少容易写的音同音近字。如《诗经·鄘风·柏舟》："之死矢靡它。""矢"的本字当用"誓"。《商君书·错法》："法无度数，而事日烦，则法立而治乱矣。""烦"的本字当用"繁"。通假字"矢""烦"分别比本字"誓""繁"笔画或线条简单，容易书写。上面提到为母字的假借用法补造本字后仍有借用母字的现象，如用"胃"为"谓"、用"土"为"杜"等，这除了习惯和存古的意识外，母字大都比后补本字简单恐怕也是一个原因。现代简化字也有用通假字的，如用"后"取代"後"，用"余"取代"餘"，用"斗"取代"鬥"等，都是以追求简便为目的的。

有的可能是为了避讳或出于委婉、典雅等修辞需要而特意选用别的音同音近字。如"屎""尿"二字，早在甲骨文中就已产生，像人拉屎撒尿的写意图形。这种事情的象形字给人的感觉不太雅，所以古书中很少直用本字的，而往往借用"矢"字和"溺"字。后来字形虽然不再象形，而通假已经成习。《史记·廉颇蔺相如列传》："廉将军虽老，尚善饭，然与臣坐，顷之，三遗矢矣。""矢"即通"屎"。毛泽东的诗词《送瘟神》"千村薜荔人遗矢，万户萧疏鬼唱歌"也还保留这种用法。《庄子·人间世》："夫爱马者，以筐承矢，以蹇盛溺。"《史记·扁鹊仓公列传》："中热，故溺赤也。""溺"都是"尿"的通假字。用"矢"代"屎"，用"溺"代"尿"，显然都是为了避免不雅。旧时代卖旧衣服的故衣铺都把"故衣"写作"估衣"，则是为了忌讳不吉利，因为人死了可以称"故"，"故衣"容易让人联想起死人的衣服。也有刻意追求典雅而用通假字的，如古代诗文有用"棣"代"弟"的现象，后人的信札中也常把"贤弟"写作"贤棣"，这除了声音近同的通假条件外，显然与《诗经·小雅·常棣》是讲兄弟友爱的诗篇有关，通假的同时暗含了典故。为了尊敬某人，避讳用其姓名字，遇到需要避讳的姓名字时就改用别的音同音近字代替，这也是通假用字的一种成因。如以"邱"代"丘"，是为了避圣人孔丘的名讳，以"元"代"玄"，是为了避康熙皇帝玄烨的名讳等。

有的可能是为了分化高频多功能字或区分形近字而故意选用别的低频少功能或区别度比较大的音同音近字。如"何"的本用是记录本词负荷，同时又借用为疑问代词，而且疑问代词的使用频率极高，大概正因为如此，人们在记录负荷语词的时候不再使用本字"何"，而借用出现频率不太高的荷花的"荷"来记录负荷一词，以便让"何"能比较专职地记录高频疑问代词。上文提到有的语词曾先后假借几个字来记录，某个语词既然已经有了假借的固定字符，为什么后来又要再假借别的字呢，其中有一部分可能也与职能的多少和使用频率的高低有关，如第二人称代词"rǔ"先是借用"女"字，后来另借了一个笔画多的"汝"，恐怕就是因为"女"字常用作男女之女，容易发生混淆，而表示专名汝水的"汝"功能单一，使用频率又不高，借它来取代"女"字的代词用法，两个字的职能配置和使用频率就比较地平衡合理了。当然，作代词用的"女"与"汝"不是通假关系，这里只是用来类比一种道理而已。就是说，有些通假字的使用是为了避免本字的职能混淆。如果本字的形体易与它字混淆，也可以借用区别度大的音同音近字代替。如先秦以来用"方"代"囗"，用"员"代"○"（后另造"圆"），用"四"代"亖"，用"左""右"代"ナ""又"等；秦人曾以"尊"代尺寸之"寸"（见商鞅量铭文及睡虎地秦简《日书》）；唐代前后的量词多以"觔"代"斤"、以"硕"代"石"、以"勝"代"升"[①]。这些通假字都比原字笔画多，区别度大，不易产生混淆和发生误解。

3. 因不知本字而误写别字

高亨先生说："文字既多，人不能全数识别，亦不能全数记忆，当其人撰文之时，某事物虽有本字，其人或竟不知，或知之而偶忘，自不免借用音近之字以当之。况古代经传，多由先生口授弟子，弟子耳闻之，手书之，依其音，仓卒之间，往往不能求其字之必正，但求其音之无误而已。郑康成曰：'其始书之也，仓卒无其字，或以音类比方假借为之，趣于近之而已。'（《经典释文·叙录》引）"[②] 这就是今天所说的写别字。不过古人所写的别字往往相沿成习，不必规范，这是跟今天写别字须要纠正有着本质不同的。写别字固然是造成通假字的主要原因之一，但究竟哪个通假字是在不知道本字的情况下借用的却很难断定。大凡没有分化关系而又说不出什么特殊理由的通假字都可以归入此类。例如，《左传·昭公二十五年》："戮力壹心。""戮"本义为杀，此指并力、尽力，本字当

[①] 详参裘锡圭《文字学概要》，商务印书馆1988年版。
[②] 高亨：《文字形义学概论》，齐鲁书社1983年版，第261页。

用"勤"。《史记·项羽本纪》:"旦日不可不蚤来见项王。""蚤"本义为跳蚤,此指时间早,本字当用"早"。《汉书·高帝纪》:"亦视项羽无东意。""视"本义为瞻、为看,此指表示、显示,本字当用"示"。

音同音近字之间的通假借用大多是单向的,但也有双向的。所谓"双向",即甲字可以借用来记录乙字的本词,乙字也可以借用来记录甲字的本词。例如:

《说文解字》:"修,饰也。从彡,攸声。""脩,脯也。从肉,攸声。"可见"修""脩"二字的本义本词不同,但文献中可以互借。唐《封氏闻见记·第宅》:"宰辅及朝士当权者,争脩第舍。"明《古今小说·赵泊昇茶肆遇仁宗》:"我脩封书,着人送你同去投他。"这两个"脩"都用作动词,分别为修建、写作的意思,是"修饰"的引申义,其本字当用"修"。明《儒林外史》第五十五回:"有个人家出了八两银子束修,请他到家里教馆去了。"清蒲松龄《慈悲曲》:"书修多添两吊钱。"其中的"修"都是指送给老师的薪金,乃《论语》"束脩"的引申用法,本字当作"脩"。

除了"双向",还可能发生"多向"关系,即一个字可以借用为多个通假字从而记录多个他词。例如前面提到的"采",在分化本字造出之后,仍然可以代替"棌、綵、彩、睬"等字使用,实际上就是充当了多个本字的通假字。借用多个通假字来记录同一个词的情况也很普遍。例如具有"刚刚""仅仅"等含义的副词"cái",其本字当用"才",《说文》:"才,艸木之初也。"由初始义自然可以引申出刚才、仅只等义。但文献中该副词"cái"有的通假"纔"来表示(《汉书·晁错传》:"远县纔至则胡又已去。");有的通假"财"字表示(《汉书·杜周附孙钦传》:"高广财二寸。");有的通假"裁"字记录(《汉书·王贡两龚鲍传》:"裁日阅数人。")。

把借用分为"假借"和"通假"两类,有一定的理论价值。但不少语词是否有本字,以及本字究竟产生在借字之前还是之后,实际上很难考证清楚。如果要确定每个实用借字是假借还是通假,往往要费很多精力,分清了也没有什么实际作用,得不偿失。因此,如果不是作文字学的理论研究,一般情况下也可以不必区分假借和通假,特别是因后出本字而先属假借后又属通假的现象。

参考文献

[1] 陆宗达、王宁:《训诂与训诂学》,山西教育出版社1994年版。
[2] 王宁:《训诂学原理》,中国国际广播出版社1996年版。
[3] 裘锡圭:《文字学概要》,商务印书馆1988年版。
[4] 高亨:《文字形义学概论》,齐鲁书社1983年版。

论汉字职能的变化[*]

李运富

汉字是用来记录汉语的符号。所谓汉字的职能，是指汉字作为字符所记录汉语的功能。原始汉语的语素或词位（为了称说的方便，下文在没有必要区分时，将语素和词位统称为语词或词）都是单音节的，与之相适应，汉字也是单音节的，一个单音节的汉字正好可以用来记录一个单音节的语词。后来由于音节的衍分和音译外来语，汉语出现了多音节（主要是双音节）语词，而汉字仍然是单音节的，要完整地记录一个多音节语词，就得同时用多个汉字，这时的每个汉字所记录的就仅仅是一个音节而不是语词。因此，从总体来看，个体汉字的记录功能主要是单音节语词，有时也用来记录某个无意义的音节。

汉字的构形是有理据的，即根据该字所要记录的语词的意义或读音来创制或选择构件，使每个构件都具有一定的功能。就造字阶段来说，单字与语词的对应关系应该是一对一的，用什么字记录什么语词是固定的，这种固定的理据对应关系反映了汉字的本来用法，我们称之为"本用"。换句话说，所谓"本用"，就是用本字来记录本词的用法。本字的构形是以本词的音义为理据的。立足于某词，根据该词的音义而造专用来记录该词的字形叫作该词的本字；立足于某字，与该字的构形理据密切相关的语词就是该字本来应该记录的本词。本词中与本字构形理据直接相关的义项叫作本义，以本义为起点派生发展或与本义有密切联系的其他义项叫作引申义。本字的本用包括记录本词中与本字构形密切相关的本义以及与本义密切相关的引申义。

据词构字，用本字记本词，字词相应，这是初始状态下的理想模式。但在实际使用汉字的时候，由于种种原因，字形与语词的单一对应关系往往被打破，汉字的记录职能除了"本用"之外，还有"兼用"和"借用"等情况，所以事实上用什么字来记录什么词，因时因地因人而有所不同，可以说汉字的职能是一个动态系统，经常处于变化之中。从变化的结果来看，主要有以下几种情况。

一 职能的扩展

在创制某个字符的时候，该字符的功能应该是确定的。字符最初的功能往往是单一的，即通常情况下，一个字只记录一个词（可以有多个义项）。后来，为了表达的需要，一个字变得可以同时或历时地记录几个词，这种现象就是汉字职能的扩展。如果把"本用"看作字符最初的职能，那"兼用"和"借用"就是字符职能扩展的两条主要途径。

---

[*] 本文原载《古汉语研究》2001年第4期。

（一）兼用扩展

所谓"兼用"，是指用本字记录另一个跟本词有音义联系的派生词的现象。某个字原定记录某个词，而这个词由于词义引申并伴随读音的变化，就会分化出新的词，如果同时分化新字来记录新词，那仍然是一字一词的对应关系，职能并没有扩展，像"朝（zhāo）"派生出"潮（cháo）"就属这种情况；但如果不另造新字记录新词，而仍然用源词的字符来兼记派生词，那实际上就等于扩大了源词字符的职能，使它既能记录源词，又能记录派生词，一字而能记录多词，这就是引申派生所造成的汉字职能的扩展，也就是我们所说的"兼用"。如"朝（zhāo）"派生出"朝（cháo）"时，就没有另造新字而是用原字兼职的，因此"朝"这个字符由原来只能记录"zhāo"一个词扩展到了能记录"zhāo"和"cháo"两个词。又如长短的"长"引申为生长的"长"（植物生长以枝茎叶增长为标志，动物生长以增加身高或身长为特征），读音由"cháng"变化为"zhǎng"，这就意味着派生出了新词，但并未另造新字，而是兼用源词的本字来记录派生词，即字符"长"除了记本词长短的"长"，还兼记派生词生长的"长"，其职能得到了扩展。

兼用是解决汉语字词矛盾的有效手段，词语不断派生，文字不可能毫无节制地重造，最简单的办法就是扩展现有字符的职能，使其身兼数职。一般所谓"多音字"，除了异读、又音和借用破读、同形异音外，多音而又多义者，如果各项音义之间有某种内在的联系，大都是源词与派生词共用一字的现象。例如"传"（传递之"chuán"，传记之"zhuàn"）、"弹"（弹弓之"dàn"，弹力之"tán"）、"冠"（冠冕之"guān"，冠军之"guàn"）、"度"（度量之"dù"，揣度之"duó"）、"读"（读书之"dú"，句读之"dòu"）、"奇"（奇特之"qí"，奇偶之"jī"）、"少"（多少的"shǎo"，少年的"shào"）、"王"（国王的"wáng"，称王的"wàng"），等等。

其实不只是读音不同才算是兼用，许多派生词并没有读音的变化，它们跟源词共用字符是普遍现象，人们习焉不察，以为还是本用，但严格说来，也应该算是本字的兼用。例如"以"原为动词，后虚化为介词，又虚化为连词，又虚化为助词，虚化也是一种派生，它们不再是同一个词，但读音没有变化，也都用源词的本字来记录，一个字符"以"记录了意义相关的几个词语，这就是文字的兼用。文字兼用必然导致汉字职能的扩展。

（二）借用扩展

所谓"借用"，是将字形当作语音符号去记录与该字形体无关但音同音近的语词。这样使用的汉字原非为所记语词而造，所以不是所记语词的本字，而是借用音同音近的别词的本字，我们称之为"借字"；借字所记的语词不是自己构形理据的本词，我们称之为他词；借字所记他词的义项我们称之为借义。借用不只是针对他词的本义而言，记录他词引申义的也叫作借用。所以就他词来说，自有本义、引申义之分，而就借字来说，它所实际记录的义项都是借义，不管原来是本义还是引申义。

汉字的借用是以语词的音同音近为条件的。所谓音同，指音节的声韵调全同。所谓音近，包括双声（声母相同）、叠韵（韵部相同）、旁纽（发音方法相同而发音部位相近）、邻纽（发音部位相同而发音方法相近）、旁转（韵尾相同而韵腹相近）、对转（韵腹相同而韵尾相近）以及介音和声调的略有不同等。判断音同音近的标准应该以借字产生时的音系为根据，由于语音的演变不平衡，后世相沿承用的借字不一定跟所记语词的读音还相同相近。

汉字借用现象比较复杂，可以从多个角度分类考察。如果根据借字所记他词是否拥有自己的本字，我们可以将借用分为无本字的借用和有本字的借用两类。

借用甲词的本字"A"来记录乙词，不管乙词有没有自己的本字，对于"A"来说，它原来只能记录甲词，通过借用，它又能记录乙词，甚至丙词、丁词……它的职能无疑是得到了扩展。例如"匚"字[①]，它由原来只能记录筐筐一词，通过借用的手段，又先后可以记录"非""彼""斐""分""騑"等词，从而扩展了自己的职能。

借用的字一旦跟某词发生固定关系，它就负载了该词的全部义项，如果该词的某个义项派生为新词而仍然用原借字记录的话，那也是原借字的兼用。例如困难的"nán"借用鸟名的"难（難）"记录，而困难词又引申派生出灾难一词，读音变化为"nàn"，但没有另造新字，仍然用原借字记录，则原借字"难"兼记了困难和灾难两个词。由此可见，"兼用"只是一字兼记几个音义相关的词，而不管这个字是本字还是借字。本字可以兼用，借字也可以兼用。

正是由于"兼用"和"借用"，汉字在"本用"的基础上，职能得到充分的扩展，极大地缓和了汉语字词之间的矛盾，使得数千汉字能够基本满足不同时代不同地域记录汉语的需要。如果排除时地的限制，从总体上来考察某个字符所记词语的多少，我们会发现大部分字符的原始职能都有所扩展，有些字符曾经记过的词语的数量大得惊人，这当然不会是同时共域的现象，而往往是职能不断扩展并加以积累的结果。例如"干"字，根据《汉语大字典》《汉语大词典》等工具书和有关文献用例的归纳，它竟然可以记录18个以上不同的语词（或语素）：

（1）具有"干犯、干扰、干预、干求、干涉、干系"等义项的"干"，例多见。

（2）当"盾"讲的"干"。《诗·大雅·公刘》："干戈戚扬。"郑玄笺："干，盾也。"

（3）用作旗杆的"杆"或"竿"。《诗·鄘风·干旄》："孑孑干旄。"毛亨传："注旄于干首，大夫之旟也。"

（4）用作捍卫的"捍"。《诗·周南·兔罝》："赳赳武夫，公侯干城。"毛亨传："干，扞（捍）也。"

（5）用作树干的"榦"。《淮南子·主术》："枝不得大于干，末不得大于本。"引申有主干、骨干等义。

（6）古代筑土墙用的夹板。《书·费誓》："峙乃桢干，甲戌我惟筑。"

（7）表示干支的"干"。天干地支。

（8）用作河岸的"岸"。《诗·魏风·伐檀》："置之河之干兮。"毛传："干，厓（涯）也。"

[①] 本文字例主要参考了裘锡圭先生《文字学概要》（商务印书馆1988年版），有的直接取用，有的作了改写，有的受其启发。文中不作一一注明，谨此致谢。

（9）用作涧水的"涧"。《诗·小雅·斯干》："秩秩斯干。"毛传："干，涧也。"

（10）用作动物的"豻"。《仪礼·大射》："大侯九十，参七十，干五十。"郑玄注："干，读为豻。豻侯者，豻鹄豻饰也。"

（11）用作乾湿的"乾"。《庄子·田子方》："老聃新沐，方将被发而干。"又"干塘（把塘里的水放净）、干杯、干净、把钱花干、外强中干"；"饼干、葡萄干、豆腐干、面包干"；"干笑、干嚎、干爹、干女儿、干着急、干瞪眼、干打雷不下雨"等都可以看作该词的引申义。有的说已派生出新词也未尝不可。

（12）用作干事的"幹"。引申有事务、才干、干部、打斗等义。

（13）用作沙石的"矸"。《荀子·王制》："南海则有羽翮齿革曾青丹干焉，然而中国得而财之。"杨倞注："干读为矸。"

（14）表示若干、这干的"干"。"一干人等"。

（15）表示阑干的"干"。

（16）表示国名的"干"。《墨子·兼爱中》："南为江、汉、淮、汝，东流之注五湖之处，以利荆楚干越与南夷之民。"孙诒让《墨子间诂》："干，邗之借字。《说文·邑部》云：邗，国也。今属临淮。"

（17）表示姓氏的"干"。晋有《搜神记》作者姓干名宝。

（18）表示训斥、让人难堪。《儿女英雄传》第二十五回："干了人家一句。"艾芜《海岛上》："你把人家干在这里做什么？"

据《说文》，第（1）个用法为本用，其余为兼用或借用；有人认为第（2）个用法才是本用，《汉语大字典》就是把"盾"的义项摆在第一的；还有人提出"干"应是旗杆的象形字，那么它的本用应是第（3）个用法。即使这三种用法都算作本用，那剩下的十五项职能也应该是扩展积累而成的。由此可见，就汉字存在的全过程来说，汉字的使用主要靠职能的扩展，或兼用，或借用，真正本字本用的情况恐怕并非主流。

二　职能的简缩

由于兼用和借用，个体字符的职能得到充分扩展，完全能够满足记录汉语的需要，这是字符表达律的成功。但随之而来产生了另一方面的问题，即字符职能的不断扩展造成字词对应关系的模糊，从而给文献阅读的分辨理解带来困难。也就是说，如果汉字只有本字本用，什么字记录什么词一目了然，书写符号跟语言实际基本一致，那阅读起来就容易理解；而当一个字能够记录多个词的时候，它在实际使用中究竟记录的是哪个词，从书面符号本身很难看出来，往往需要借助别的条件加以分辨确定，这当然就增加了阅读理解的难度，影响了文字记录语言的效果。为了克服这一弊端，有必要对汉字职能的扩展加以适当限制。已经扩展了的，如果影响职能分辨，也可以减少其中的一项或几项职能，这就是汉字职能的简缩。汉字职能的简缩是就个体字符而言，不是指汉字系统，整个汉字系统的职能是无法简缩的，它必须跟整个语言系统相对应。因此，汉字职能的简缩不是将汉字的某种职能废除不要（除非语词语义本身死亡，但那已非用字问题了），而是把原来由某个字符承担的某项职能分给另一个字符来承担，这"另一个字符"可以是原有的某个字符，也可以在原字基础上分化字符，还可以干脆另造一个新的字符。因此，汉字职能的简缩大致可以归纳为三种情况：异体字分工、母字分化和另造新字。

（一）异体字分工

异体字虽然字形不同，但属于同一个字符，因为它们的本用是记录同一个语词。异体字的职能也是可以扩展的，或兼用，或借用，同一字符的不同形体都增加了负担，具体语境中的表义功能变得模糊，这时就有必要加以分工，使原来属于同一字符的不同形体分化为不同的字符，从而达到单个字符记词职能减少的目的。例如：

史—事—吏。甲骨文有"史"字，或繁写为"事"，又简写为"吏"，"史""事""吏"原属同一字符的不同写法，都可以用来记录"史"词，也都可以记录"史"词的派生词"事"词和"吏"词。"古之大事唯祀与戎"，而记载祀与戎这类大事的人就是史，实施这类大事的人就是吏，故"史""事""吏"三词同源，最初兼用"史""事"或"吏"来记录。这样，"史""事"和"吏"作为异体字就都兼有三种职能，既可记录史册的"史"词，又可记录事务的"事"词，还可记录官吏的"吏"词。后来为了表词明确，这组异体字作了分工，习惯用"史"字专记"史"词，"事"字专记"事"词，"吏"字专记"吏"词，因而各自减少了两项职能。（详参马叙伦《说文解字六书疏证》卷一）

享—亨。这也是一组写法不同的异体字。它们原本兼用，即都可以记录祭享的"享"词及其派生词亨通的"亨"。如《易·大有》九三爻辞："公用亨于天子。"东汉刘熊碑："子孙亨之。""亨"所记录的是"享"词。马王堆帛书本《周易·乾卦》："元享利贞。"东汉张公神碑："元享利贞。""享"所记录的是"亨"词。但后来这两个字有了明确分工："享"专用于记录享受的"享"词，"亨"专用于亨通的"亨"词，各自的职能都得到了减少。

犹—猷。这是一组偏旁位置不同的异体字，所记本词为表示獶属兽的"犹"。后来都可以借用为谋猷的"猷"、犹如的"犹"和犹可的"犹"。如《诗·小雅·小旻》："谋犹回遹。"《尔雅·释言》："猷，若也。""猷，肯，可也。"银雀山竹简中"犹""猷"的用法毫无区别，《说文解字》只收"犹"字，说明它们确为同字符异体。后来记录谋猷词时专用"猷"，记录其他词则用"犹"，各自都减少了部分职能。

雅—鸦。这是一组表义构件不同的异体字，所记本词为乌鸦的"鸦"。职能扩展，又都可以记录雅致的"雅"。《集韵·马韵》："雅，正也。或从鸟。"《篇海类编·鸟兽类·鸟部》："鸦，娴鸦也。"后来规定用"鸦"记本词乌鸦，用"雅"记他词雅致、高雅的"雅"。这样，"雅"减少了本用记乌鸦词的职能，"鸦"简缩了借用记雅致词的职能。

来—麦。《说文》："来，周所受瑞麦来麰也。""麦，芒谷。"李孝定《甲骨文字集释》："來、麥当是一字，又本象到（倒）止形，于此但象麦根。以來叚为行来字，故更制繁体之麥以为來麰之本字。"

上述前两例是为兼用异体字分工减负，后三例是为借用异体字分工减负。类似的例字还有"乌—於""糸—幺""讎—售""句—勾""邪—耶""箸—著—着""沈—沉"等。异体分工是减少个体字符职能、明确字词关系的有效措施，但不是主要措施，因为它受到必须有异体字存在这一先决条件的限制。

（二）母字分化

某一字符由于兼用和借用扩展了记词职能，为了增强表词的明确性，可以以原字符为母字，通过变异笔画、增加或改换构件等方式分化出新的字符来分担原字符的某项或某些职能。

1. 变异分化

即通过改变母字的笔画或形态来分化新字符。这种情况跟上述异体字分工的情况有时难以辨清，因为有些笔画或形态的变异最初可能只是作为异写存在，后来才作有意识分工的。例如：

陈—阵。先秦只有"陈"字没有"阵"字。"陈"字既记录陈列义，又记录战阵义，后义实为前义的引申。汉字隶变过程中，毛笔书写左右两点笔可以连作一横写，横笔也可以分作左右两点笔写，所以马王堆帛书中的"陈"常常写作"阵"。后来人们利用"阵"与"陈"笔画上的差异，有意识地把"阵"跟"陈"分化成为两个字符，用"陈"记录陈列义，用"阵"记录战阵义（这时实际上已派生为另一个词，读音也有所改变）。由于"车"正好跟战阵相关，所以一般认为"阵"字是改换"陈"字的右边构件而成。

小—少。"少"作为独立的单词是从"小"派生出来的。古文字的"小"可以写作品字形的三个小点，也可以写作上下左右相对的四个小点。后来人们把四点"小"字的下面一点改成一撇，从而分化出"少"字专门记录派生词"shǎo"和"shào"。

茶—荼。"荼"字从艹余声，本义指一种苦菜，后来兼用记录茶叶的"茶"。大约在唐代，人们把"荼"字减去一个横笔，造出新字"茶"，专用于记录茶叶一词，这样一来"荼"就只用作苦菜名了。当然也还有些习惯用法或仿古用法，如钱大昕《十驾斋养新录》卷十九"于頔茶山诗述"条引瞿镜涛云："袁高、于頔两题名，茶字凡五见，皆作荼。唐人精于六书，不肯轻作俗字如此。"其实，若以六书而言，"茶"字之所以要减去"荼"的一横，可能也是有意识地让这个字下部从"木"，那么我们可以把它理解为"从木荼省声"。"茶"字有个异体左从木右荼声，声旁不省，构字思路正是一致的。

母—毋。"母"字甲金文从女而标识其乳，显然是记录母亲一词的本字。当时语言中有个表示否定的副词"wù"，未造本字，其读音跟"母"相近，所以假借"母"字记录。如陈侯午敦"永葉母忘"，"母忘"即"毋忘"。后来（战国时期）为了区别，把标识母乳的两点改为一横，分化出"毋"，专用于记录否定词。"母"字由于习惯影响，有时还继续记录"毋"词，但秦汉以后基本上就不再记录否定词了。

气—乞。"气"本是云气、气流的象形字，文献中又常借用为乞与、乞求的"乞"。《广韵·未韵》："气，与人物也。今作乞。"很明显，"乞"字是从"气"字通过减少一横而分化出来的。一旦分化出"乞"，母字"气"的职能就简缩了。

类似的例子还有很多。如"电"与"申"、"巳"与"已"、"足"与"疋"、"刀"与"刁"、"洗"与"冼"、"余"与"佘"、"辦"与"辨"等，每组的前字都是因为用变异方法分化出后字而减少了职能的。

2. 增旁分化

即在母字的基础上增加表义或示音的构件，也就是通常所说的形旁或声旁，从而造出分化字以承担母字的某项或某几项职能，这样母字的职能自然就减少了。例如：

辟—避、僻、嬖、躄、壁、璧、臂、闢、繴、譬、擗、擘、擗。"辟"字甲金文形体从"卩"（后变为"尸"）从"辛"，"O"（璧的象形字）声，本义指刑法，"大辟"就是最高的刑罚，君王是国家刑法的代表，因而君王也可以叫作"辟"。在古文献中，"辟"字的用法十分广泛，除本用外，还兼用或借用来记录过"避"等十多个语词，上举"避"等十多个字符就是在"辟"的基础上先后增加表义构件而各自分化出来的。下面是它们的用例。

《左传·宣公二年》："（晋灵公）从台上弹人，而观其辟丸也。""辟"引申表逃避义，后来增加"辵"旁分化出"避"字。

《左传·昭公六年》："叔向曰：楚辟，我衷，若何效辟？"杜预注："辟，邪也；衷，正也。"邪僻义大概又是从逃避义引申出来的，后增加"人"旁分化出"僻"字。

《荀子·儒效》："事其便辟，举其上客，偡然若终身之虏而不敢有他志。"杨倞注："便辟谓左右小臣亲信者也。"这个意义后来增加"女"旁分化出"嬖"字。"嬖"大概是由"僻"派生出的一个词。

《荀子·正论》："不能以辟马毁舆致远。"杨倞注："辟与躄同。""躄"的意思是跛脚，原来借用"辟"字，后加"足"旁分化出"躄"字。

《逸周书·时训》："小暑之日，温风至，又五日，蟋蟀居辟。""辟"指墙壁，"壁"是"辟"增加"土"旁分化而成。

《诗经·大雅·灵台》："於论鼓钟，於乐辟廱。"朱骏声《说文通训定声》："辟，假借为璧。"后加"玉"旁分化出"璧"字。

《墨子·备城门》："城上二步一渠，渠立程，丈三尺。冠长十丈，辟长六尺。"孙诒让《墨子间诂》："辟，《备穴篇》正作臂……其横出之木也。"这是手臂义的引申用法。手臂之"臂"原借用"辟"字，后加"肉"旁分化为"臂"字。

《荀子·议兵》："故辟门除涂以迎吾入。""辟门"即开门，这个意义后来加"门"旁分化为"闢"字，现代简化字又反回去借用"辟"字了。

《墨子·非儒下》："盗贼将作，若机辟将发也。"孙诒让《墨子间诂》："机辟盖掩取鸟兽之物。"即捕鸟兽之网。又比喻陷害人的圈套。《楚辞·九章·惜诵》："设张辟以娱君兮，愿侧身而无所。"王念孙《读书杂志》："辟，读机辟之辟。"这个词语后来分化出本字"繴"，在"辟"字下部增加了形旁"糸"。

《墨子·小取》："辟也者，举他物而以明之也。""辟"记录这个意义属于借用，后来加"言"旁分化出专用字"譬"。

《诗经·邶风·柏舟》："静言思之，寤辟有摽。"毛传："辟，拊心也。"陆德明《经典释文》："辟字宜作擗。""擗"是"辟"的加旁分化字。

《礼记·丧大纪》："绞一幅为三，不辟。"孔颖达疏："辟，擘也。言小敛绞全幅析裂其末为三，而大敛之绞既小，不复擘裂其末，但古字假借，读辟为擘也。""擘"可能是先借用"辟"，后才加"手"旁分化为"擘"的。

《汉书·尹赏传》："修治长安狱，穿地方深各数丈，致令辟为郭。"颜师古注："令辟，墼甄也。"孙诒让正义："阮元云：古甓字多作辟，今金石犹有存者。"在这个意义上，"辟"为借字，"甓"为加旁分化字。

"辟"字还有一些别的用法，不再一一列举。就此可见分化字对于明确字词关系的重要了。"辟"的众多分化字都是用来记录"辟"词的派生词（原兼用"辟"字）和同音词（原借用"辟"字）的。类似的例子可以说是举不胜举，如"景"与"影"、"取"与"娶"、"昏"与"婚"、"反"与"返"、"舍"与"捨"、"采"与"彩""菜""睬"、"牟"与"眸""犛""侔""悖"等都是。

增旁分化字也可以专用来记录母字的本词，而用母字专门去记录同音别词或派生词。例如"其"的本义是簸箕，同时借用为代词、副词等，且使用频率很高，于是加"竹"旁分化出"箕"专门承担母字的本义，而母字"其"就只记录代词、副词等借词了。"莫"的本义是黄昏，同时借用为代词、否定词等，为了减轻负担，累加"日"旁分化出"暮"字专门记录母字的本义，而母字"莫"则只用于记录代词、否定词了。"奉"的本义是捧，由此引申侍奉、奉承、奉献等义，为了表义明确，累加"手"旁分化出"捧"字专门记录"奉"字原来的本义，而"奉"一般不再记录"捧"词。这类例子也有不少，如"然"与"燃"、"它"与"蛇"、"匪"与"篚"、"匡"与"筐"、"采"与"採"、"韦"与"违"、"北"与"背"、"自"与"鼻"、"止"与"趾"、"州"与"洲"、"责"与"债"、"益"与"溢"、"暴"与"曝"、"禽"与"擒"等都是。

以上所举都是增加形旁分化的字例，这是分化字的主流。增加声旁的分化字也有，但不多见。例如《礼记·哀公问》："午其众以伐有道。""午"字借用为"牾"，表示牾逆的意思。"牾"字其实就是在母字"午"的基础上加注示音构件"吾"而产生的分化字。在这个字里，"午""吾"都是表示读音的；后来"牾"讹变为"牾"，一般就当成从"牛""吾"声的形声字了。又《孟子·许行》："食于人者治人，食人者治于人。"这两个"食"是供养、喂养的意思，后来增加声旁"司"分化出"饲"字专门表示此义，"饲"的对象可以是人，也可以是动物，但近代以来则一般只用于动物。

3. 换旁分化

即通过改换母字的形旁或声旁分化出新字符，用新字符分担母字的某项或某几项职能，从而达到减少母字职能的目的。一般也是改换形旁，改换声旁的字例比较少。例如：

说—悦、脱。"说"字在先秦除了解说、述说、论说等本用外，还用来记录喜悦、解脱等词义。前者如《论语·学而》："学而时习之，不亦说乎。"后者如《左传·僖公十五年》："车说其輹，火焚其旗，不利行师。"后来为了减少"说"字的记词职能，把它的"言"旁换成"心"旁，分化出"悦"字，用以记录喜悦义；又把"言"旁换成"肉"旁分化出"脱"字，用以承担解脱义。

赴—讣。"赴"的本义是趋，即快跑，引申有奔赴告丧之义。如《左传·文公十四年》："凡崩、薨，不赴则不书。"后来这个意义专用"讣"字表示，"讣"是通过用"言"旁改换"赴"字的"走"旁而分化出来的。

潦—涝。"潦"的本义是指雨水大而引起地面积水，引申又有水淹成灾的意思。如《庄子·秋水》："禹之时十年九潦。"后来这个意义专用"涝"字承担，而"涝"字是通过改变"潦"的声旁分化出来的。

类似的例子还有"沽"与"酤"、"適"与"嫡"、"锡"与"赐"、"鱻"与"谐"、"澹"与"赡"、"振"与"赈"、"畔"与"叛"、"张"与"胀""帐"、"障"与"嶂""幛""瘴"等,每组"与"后面的字都是以前面的母字为基础,通过改变母字的某个构件而形成的换旁分化字。

(三）另造新字

某个字符的职能多了,除了用上述异体字分工和母字分化的办法来缩减外,也可以干脆替其中的某个义项(实际上是词项)另造一个与原字形体毫无联系或没有直接联系的新字。但这类新字并不多。例如:

亦—腋。《说文解字》:"亦,人之臂亦也。从大,象两亦之形。"高鸿缙《中国字例》:"（亦）即古腋字。从大（大即人）,而以八指明其部位,正指其处,故为指事字,名词。后世叚借为副词,有重复之意。久而为借意所专,乃另造腋字。"另造的用来专表臂腋义的"腋"字从"肉""夜"声,跟"亦"没有直接关系,但它确实分担了"亦"字的本用职能。

備—箙。"備"的甲金文形体像盛矢的器具,因而"箙"应该是它所记录的本词。但"箙"是个后起字,它跟"備"没有形体上的联系,却分担了"備"的名词职能。"箙"字产生以后,"備"就可以只记录预备、武备、防备、齐备等相关义项了。

蘇—甦。"蘇"的本义是一种草名,文献中常借用为复苏、苏醒的"sū"。这个意义原无本字,大约到南北朝时期才另造了一个跟"蘇"没有形体联系的"甦"作为复苏、苏醒义的专用字,这样"蘇"就可以不再借用了。但事实上"甦"字并未通行,现行汉字又将它的职能并入了"苏"（"蘇"的简化字）字。

鲜—尠（尟）。"鲜"的本义应该是新鲜（许慎认为是一种鱼),文献中常借用为鲜少的"xiǎn"。如《诗经·郑风·扬之水》:"终鲜兄弟。"这个意义后来另造了"尠"和"尟"来表示,这两个字在形体上跟"鲜"都没有联系。不过这两个字也是分化不成功的,现行汉字把它们给废除了,"鲜"仍然表示鲜少义。

三　职能的转移

上述两项职能变化情况是就某一个字符而言（分化字是为了分担母字的职能而新产生的,原来并不存在,因而不属于职能变化问题)。有时单个字符的职能变化涉及两个以上现成的字符,这时若只着眼单个字符,那仍然是职能的增减,若着眼两个以上字符之间的联系,那就不是单方面的增减问题了,而往往是有增有减,某项职能从甲字挪到乙字,而乙字的某项职能又可能挪给甲字或丙字。我们把这种多字之间的职能替换现象称之为职能的转移。职能转移主要有下述两种方式。

（一）相互交移式

即甲字的职能交给乙字,乙字的职能交给甲字,甲乙两字的用法倒了个儿。例如:

醋—酢。《说文》："醋，客酌主人也。"在各切。段玉裁注："按诸经皆以酢为醋，惟礼经尚仍其旧。后人醋酢互易，犹种種互易。"《诗·瓠叶》传曰："酢，报也。"《彤弓》笺曰："主人献宾，宾酢主人，主人又饮而酌宾谓之酬。"是皆用"酢"为"醋"。《说文》："酢，醶也。"仓故切。段注："酢本䤖浆之名，引申之，凡味酸者皆谓之酢。……今俗皆用醋，以此为酬酢字。"

種—种。《说文》："種，埶也。"段注："丮部曰：埶，穜也。小篆埶为穜，之用切。穜为先穜后埶，直容切。而隶书互易之。详张氏《五经文字》。穜者，以谷播于土，因之名谷可种者曰穜。凡物可种者皆曰种，别其音之陇切。《生民》曰：穜之黄茂。又曰：实穜实褎。笺云：穜，生不杂也。"《说文》："穜，先種后埶也。"段注："此谓凡谷有如此者。《邠风》传曰：后孰曰重。《周礼·内宰》注：郑司农云：先种后孰谓之穜。按毛诗作重，假借字也。《周礼》作穜，转写以今字易之也。"可见汉代用"種"为种植，用"穜"为谷种，两者职能互易。

月—夕。陈炜湛、唐钰明《古文字学纲要》："月和夕呈现着交叉逆向转化，亦即：月由夕渐变为月，而夕由月渐变为夕。武丁至祖庚祖甲，月作夕、夕作月是通例，月作月或夕作夕是例外。廪辛至文丁，月、夕均可作夕或月，二者通用无别，是混用时期。到了帝乙帝辛时期，武丁时期的通例就成了例外，而原来的例外却成了通例。《金文编》卷七收月字百余文，作夕者仅三见；收夕者十余文，作月者仅二见，这正是甲骨文演变的结果。至小篆，月作月，夕作夕，二者泾渭分明，其渊源关系便湮没了。"① 可见"月"字原是记录"夕"词的，"夕"字原是记录"月"词的，经过用字变化，最后"月""夕"两字的职能完全彼此互换。

童—僮。《说文》："童，男有罪曰奴，奴曰童，女曰妾。从辛，重省声。"又："僮，未冠也。从人童声。"可见"童"的本义是奴仆，"僮"的本义是孩童。但文献中"童""僮"的记词职能开始有些混乱，两个字都可以既用本义，又能承担对方的职能，后来逐渐重新分工，"童""僮"的本职用法互相作了彻底交换，所以《干禄字书》"童僮"条说："上童幼，下僮仆。古则反是，今则不行。"所记用法跟《说文》的训解正好相反。

（二）连锁推移式

即甲字的全部职能或部分职能移给乙字，乙字原有的全部职能或部分职能又移给丙字……丙字或链条最后的字可能是原有的，也可以是新产生的，而甲字则可能废弃，也可能挪作他用。例如：

歬→前→翦→剪。"歬"字从止在舟上，《说文》训为"不行而进"，可见是前进的"前"词的本字。后来"歬"字逐渐被废弃，其职能转移给借字"前"。"前"字从刀歬声，本义应指剪除，当它接受了"歬"的职能后，又把自己的本用职能转移给借字"翦"。"翦"字从羽前声（《说文》作"歬"声），本义指初生之羽或箭矢上的羽毛。后来为了区别，另造了从刀前声的分化字"剪"来表示"前"的本义、分担"翦"的借义。

---

① 陈炜湛、唐钰明：《古文字学纲要》，中山大学出版社1988年版。

伯→霸→魄。"伯"的本义是指兄弟之中年长者，引申而为诸侯之长，也就是霸主。为了区别，"伯"的霸主义转移给借字"霸"。"霸"字从月，《说文》训其本义为"月始生魄然也"，金文中常有"才生霸"的说法，指一种月相。"霸"字借用为"伯"以后，它的指称月相的本用职能又转移给了魂魄的"魄"，《左传》就有"才生魄""死生魄"之类的记载。就"魄"这个单字符来说，它既接受了"霸"字转让的职能，又保留着自己本来的用法，反倒是增加了职能。

讼→颂→容。"讼"既是歌颂之"讼"，又是争讼之"讼"，二字同形。后来，歌颂之"讼"把职能转移给借用字"颂"。"颂"字从"页"（人头），本义指容貌。"颂"借用为歌颂词后，又把本用容貌义转移给了"容"。"容"从宀从谷（或说从穴公声），本用是记录容纳、容积等义；借用承担"颂"的容貌义后，也算是职能增加了。

可→何→荷。"可"字从口丂声，本用表示许可、认可。同时文献中又借用为疑问代词"何"。大概是为了区别，"可"的借用职能后来移交给了"何"。"何"字甲骨文象人担物之形，演变为从人可声，仍然表示担负义。《说文》训为"儋也"，徐铉等注云："儋何即负何也，借为谁何之何，今俗别作担荷。""何"字借用为谁何义后，又把原有的负荷义移交给了"荷"。"荷"字从艹何声，本义是荷花，它承担负荷义也是出于借用。

总之，汉字职能的变化情况是相当复杂的，从不同角度去考察会有不同的结果。有的字符既有职能扩展，也有职能简缩，还有职能转移，而且简缩了又扩，扩展了又简，或者转移来，转移去，合了分，分了合，反复无常，并不一定都是单向、单线条地发展变化。因此，我们在考察某个字符的实际职能的时候，既要有整个过程、整个系统的全局观念，又要有某时某范围的条件限制，笼统地说某字的职能如何如何，往往难中肯綮。

参考文献

[1] 陈炜湛、唐钰明：《古文字学纲要》，中山大学出版社1988年版。

汉字超语符功能论析[*]

李运富　何余华

通常认为文字是记录语言的符号，记录语言是文字存在的唯一理由，所以文字是语言的翻版，语言是第一性的，文字是第二性的，文字符号只有转换为对应的语言符号才能表达意义（索绪尔，1996：50—51）。这就是说文字只有语符功能。但实际上文字还具有超语符的功能，至少汉字是如此。汉字的"超语符功能"不是指汉字本身的形体和结构在造字环境下的构意和文化义，而是指在使用状态下的具体语言环境中表达了某些超出语言中对应符号的内容，也就是语符链中的汉字含有相应语符无法传达的某些信息，这些信息不是来自语言符号而是源自汉字的形体，所以我们把它称为"汉字的超语符功能"。本文将分别不同情况，比较系统地探讨"汉字超语符功能"的运用形式、表达效果和功能理据。

一　利用汉字构件表达超语符信息

汉字是由构件组构的一套符号系统，反过来说，汉字也都是可以按照构件功能来分解的。在构字的层面分解构件，其功能是内含的，只跟全字对应的语符相关，而不能作为独立的字符表达或记录语符，因而构件理论上应该属于造字或析字系统，不属于用字或语符系统。[①] 但是由于汉字构件功能的可解释性，加上许多构件可转化为成字，所以在汉字的实际使用过程中，组成汉字的构件有时会被有意地当作"字符"来发挥作用，这时的构件并不等于造字的构件，构件的功能也不再是担当参构字的理据。这种具有语意表达层面功能的构件通常有两种表现形式，一是构件隐含在语符链的字符中，二是构件转化为字符明显地串在语符链中，它们的作用都不是直接表达相应语符的意义。

（一）构件隐含在字符中表达超语符信息

汉字记录语言是以全字为单位的，如汉字符号"某"记录语言符号｛某｝，因而汉字"某"能够表示汉语｛某｝的音义信息。但有时汉字"某"除了整体表示汉语｛某｝的对应信息外，还可能通过某个构件的功能显示语言中仅凭｛某｝感知不到的信息，也可

---

[*] 本文原以"The Trans-glossematic Function of Chinese Characters"为题发表于韩国英文版《世界汉字通报》（创刊号），2015年10月；同时以现题中文版（内容有所修改）参加2015年4月由北京大学举办的"源远流长：汉字国际学术研讨会暨AEARU第三届汉字文化研讨会"，并被收入会议论文集，由北京大学出版社于2016年出版。

[①] 李运富：《汉字学新论》，北京师范大学出版社2012年版，第138—158页。

能完全不用 {某} 的语符义而只取 "某" 字内部的构件义。

1. 全字表达语符义而构件暗示语境义

在早期的古汉字中，经常可见多个字形记录语言中的同一个词，但不同的字形由于构件不同可以用来区别词在具体语境中的不同所指，而语言中的词是没有意义差别的，所以这种汉字比它对应的语言符号表义更具体、更丰富，溢出了语言符号的功能。与田猎及牲畜有关的卜辞中就大量存在这类现象（刘兴林，1994），它们多以某个表义构件作为基础构件，在不同的语境中根据涉及对象的不同换用不同的构件，从而产生具有专指意义的异体字。这些异体字共同记录着汉语中的某个词语，这个词语作为语言符号的意义是相同的，而由于用字不同，字中的不同构件往往能够显示具体语境中与这个词语相关的不同主体或不同对象的信息。如语言中的语词 {牧} 只能表示抽象的 "放养牲畜" 义，至于放养的是什么牲畜，就得根据语境的实际情况去判断了，但甲骨文中记录语词 {牧} 时，却通过构件不同的字形来显示这个语词无法确定的信息，用从牛的 形表示放养牛，用从羊的 形表示放养羊，用从马的 形表示放养马，对象信息非常清晰。记录词语 {逐} 表田猎追逐义时，甲骨文也存在从豕 、从犬 、从鹿 、从兔 等不同形体，它们最初也具有区别不同田猎对象的功能，后来才逐渐同用，混而不别，并最终选用 "逐" 一个字形来对应 {逐}，构件的区别对象的功能不复存在。再如同是记录捕鱼义的语词 {渔}，卜辞中根据捕鱼方法的差异也有不同的形体，如 、 或 形。字符 "牢" "陷（臽）" "牝" "牡" "祭" 等在甲骨卜辞中也都存在类似的情况，大都经历了 "以形别义——混而同用——优选某字" 的演变过程。

其实现代汉字也有这种情况，如 "他、她、它、牠" 共同记录汉语中的第三人称 {tā}，并未分化成不同的词，而书面上看字形我们却能区分 "他" 字表达的是男性第三人称，"她" 字记录的女性第三人称，"牠" 字用来指称动物，"它" 字用来指称事物。同样，第二人称代指 {nǐ} 的性别也可以通过字形来区分："你" 指称男性，"妳" 指称女性。这种区别作用是它们对应的语言符号所不具备的。

据说纳西族的东巴文中也大量存在字形随语言环境而变化的情形（郑章应，2009），如记录语词 {放牧}，当语境中的放牧对象为牛时，从人执杖牧牛作 ，当放牧对象为羊时，从人执杖牧羊作 ；记录语词 {劈砍}，根据所劈对象的差异，劈砍对象是土地时作 ，劈砍对象是人时作 ，劈砍对象是树木时作 ，分别写作不同的形体；记录语词 {躲避}，根据躲藏处所的不同，躲于岩下写作 ，躲于箩下写作 ，躲于树下写作 。这种字形用不同的构件表示不同的语境意义，不是对应语言符号的常规语言意义。

2. 全字表达语符义而构件暗含言外义

这种情况有时是为了某种特殊的需要，把原来记录某个语词的用字加以改造，使其在记录这个语词的同时，通过新的构件组合暗含着该词意义之外与语境无甚关联的某种意义。据史书记载，唐朝武则天当皇帝时曾先后新造过 17 个字，包括 "曌"（照）、"𠺞"（君）、"𢘑"（臣）、"圀"（国）、"𤯔"（人）、"𠸦"（初）、"𠡦"（年）等。这些词语本来都有通用的对应字符记录,武则天为什么还要另外造字呢?显然不完全是为了记录语言,而是想赋予这些字符某些语言之外的含义,这些言外之意就是通过新的构件及其组合来实现的。

例如武则天姓武名｛照｝,对应的"照"字从火昭声,昭又有明义,原来的造意也没有什么不好。但武则天想让世人知道,女人跟男人一样能当皇帝,君临天下的不应该只是男人,于是把记录自己名字的"照"字改造为"曌",以体现她的这种深刻意图:日月当空照,日代表阳,象征男人,月代表阴,象征女人,日月(男女)地位是平等的。后来骆宾王写《为徐敬业讨武曌檄》,檄文中故意把"曌"又改造为"瞾","瞾"字上部从"瞿"省,《说文解字》:"瞿,鹰隼之视也。"不由得使人想起夜鹰那两只可怕的眼睛:👁👁。显然这个字改为鹰眼当空,意在比喻武则天像鹰瞿一样凶残可怕,暗示这样的残暴统治应该推翻。再如"國"字原本外口内或,外义内声(古文字"或"同"域",可看作会意),构意也十分清晰,可武则天听信人言,以为"或"与"惑"形音皆近,国内迷惑而不祥,于是另造"圀",表示八方土地都属于武氏天下。另据传说,还有人建议武皇帝把"國"字改为"囻",以显示整个天下都是武家的;后又有人说"囻"字暗含武困口中意,犹"囚"字人困口中,大不吉利,于是献"囻"字者遭到斩首。其他武氏新字也大都在表词之外暗含某种特殊的寓意,如"君"(𠁈)暗含"天下太平"或"天下大吉"意,"臣"(𢘑)暗含"忠于一人"意,"人"(𤯢)暗含"一生一世"意,"初"(𡔈)暗含"天下光明普照人间大地"意、"年"(𠦎)暗含"千千万万"意。这些寓意尽管比较隐晦,也不是语境中必需的,但只要留心观察字形包含的构件(有些构件稍有变形或共笔),就能体会出造字者和用字者的意图,因为这些主观"会意"式的构件组合跟"地"(埊)等具有客观理据性的构件组合会意是不一样的,它带有造字和用字者的主观愿望。

民间有许多新造俗字,有的可以用于某些特殊场合,如商场里经常见到的"小心毚手!"其中的"毚"正字作"扒",因为人们骂小偷为三只手,改为"毚"字,更能警醒人们提防"三只手"。又如"喜"字在结婚时往往写作"囍",也是为了体现双喜临门、好事成双的心理和愿望。这些字在使用时也不仅仅是为了记录｛扒｝｛喜｝等语符,其暗含的言外之意一般并不难体会。

还有不少地名、人名、商店名的用字,也往往在名称之外暗含着字形构件的某些意蕴。例如六朝古都"洛阳",汉代以前用的是"洛"字,《说文解字》:"洛,水。出左冯翊归德北夷界中,东南入渭。从水各声。""洛"为水名,古代山之南水之北称阳,洛阳在洛水的北面,故称"洛阳",字当用"洛"。但由于统治者的迷信,汉代认为自己于五行属"火",应忌"水",故改用"雒"字,事见《三国志·魏书·文帝纪》裴松之注引鱼豢《魏略》:"诏以汉火行也,火忌水,故'洛'去'水'而加'隹'。魏于行次为土,土,水之牡也,水得土而乃流,土得水而乃柔,故除'隹'加'水',变'雒'为'洛'。"《汉书·地理志》颜师古注:"如鱼氏说,则光武以后改为'雒'字也。"晋张华《博物志·地理考》亦载其事。今按,"雒"为鸟名,连"阳"无所取义,可谓"不辞"。如若同音假借,从"各"得声者众,何以选用"从隹各声"的"雒"呢?其实用"雒"正是取与"隹"相关的"火"意,因为五行南方属"火",而南方的神物标志正是"朱雀",俗称"火鸟"。本来也可以改用"烙"字的,但那太显白,不含蓄。同样的因为避凶求吉,到曹魏黄初元年,"雒阳"又改回了"洛阳"。可见汉魏统治者更换"洛""雒"的用字,并非表示语言中的地名有什么不妥,而是迷信五行相生相克,借助字中的构件"水"和"隹"(火)以赋予有利于本朝命运的寓意。

再如中国人给小孩取名前往往要先算命,如果说命中缺水,那名字中一定会放上"淼"之类含有构件"水"的字;如果说命中缺火、土、金、木,那也一定会取个"焱""垚""鑫""森"之类含有相应构件的名字。命名用字除了寄寓五行相生的意思外,还可以蕴含其他许多美好的愿望,如人名中常用到的"喆"字,本是"哲"的异体字,但因其包含两个构件"吉",除了标记音义外还能传达出父母希望孩子一生吉祥如意的愿景。有个卖鱼的商铺取名叫"晶晶众鱻鑫","晶晶"是店主的名字,"众鱻鑫"是鱼店的名字,合起来除了记录相应语词的音义而成为店名外,显然还能传达出名称之外的某些寓意,即这些字中的构件暗含着店主的愿望:每一天都有很多人来店里购买新鲜的鱼从而让店主赚得很多的金钱。这些含义当然不是名称本身表示的,而是文字的构件透露的(六个"日"三个"人"三个"鱼"三个"金")。

3. 全字表达语符义而构件具有烘托义

这种情况主要见于利用字形做成的对联。某些对联除了音义语法的对仗外,字形之间的构件互有关联,彼此呼应,往往还能烘托出某种特殊意趣,通过形体视觉的感受加深读者的印象。例如:

(1) 烟锁池塘柳,炮镇海城楼。
(2) 泪洒湘江流满海,嗟叹嚎啕哽咽喉。
(3) 浩海汪洋波涛涌溪河满注,雷霆霹雳雹雲雾霖雨雾霏。
(4) 远近达道逍遥过,进退连还运遇通。

例(1)据说是关于镇海楼的一副绝对,字符除了紧扣海边炮台写意外,更以上下联字符的构件中依次包含"火、金、水、土、木",从而传达出语言之外的内容,海边炮台为"五行"铸就,具备五种元素,所以固若金汤。例(2)至例(4)则是上下联字符以同样的偏旁部首配成,目的在表义之外借相同的构件营造意境,增加视觉冲击感。如(2)是一位文人祭奠投江而死的屈原写下的诗句,上联七字都包含表义构件"氵(水)",让人联想起屈原投江和作者赋诗时因悲痛而泪流成河,下联七字都包含表义构件"口",作者赋诗时而嚎啕大哭时而泣不成声的场景跃然纸上。例(3)是某地的海神庙悬挂的对联,以满眼的"氵(水)""雨"传达出海神司雨的职能,也寓意百姓祈求海神保佑风调雨顺。(4)是流传至今的车马店的名联,全部字符包含有构件"辶",既是车马店功能的写照,更给人以强烈的视觉冲击,寓意路路畅通、马到成功。

4. 全字虚表语符义而构件表实际义

有时用某个字,字符所代表的语言意义是虚的,作者实际表达的意义暗含在字符的构件上,构件的意义往往也并非构字的原意,而是用字者特意关联或特意赋予的,需要"智慧"才能理解,所以也常带有调侃和开玩笑的智巧意味。例如:

(5) 人饷魏武一杯酪,魏武啖少许,盖头上题"合"字,以示众。众莫能解。次至杨修,修便啖,曰:"公教人啖一口也,复何疑?"(《世说新语·捷悟》)

(6) 嵇康与吕安善,每一相思,千里命驾。安后来,值康不在,喜出户延之;不入,题门上作"鳳"字而去。喜不觉,犹以为忻。(《世说新语·简傲》)

(7) 传说和珅家里修造了一间亭子,想要大学士纪晓岚题字。纪晓岚灵机一动题了"竹苞"二字,和珅乐不可支,以为出自《诗经·小雅·斯干》:"如竹苞矣,如松茂矣。"谁知有次乾隆皇帝驾临和府,看到题字后,哈哈大笑,说:"这是纪晓岚嘲笑和爱卿家里不学无术,个个草包啊!"

对于例(5),一般人会从全字的语符义考虑,苦思冥想曹操写的"合"字与该字对应的音义是什么关系,殊不知,曹操是将想要表达的语意暗含在"人一口"三个构件上,并将"人一口"组合成"合"字,杨修的过人之处在于将字符分拆成构件来理解其意,尽管"人一口"并非"合"的客观构字理据,但却符合曹操的用字之意。例(6)"鳳"字包含"鳥""凡"两个构件,嵇喜不懂分拆字形构件,将吕安"凡鸟"的骂人话反当成是赞语,此处"鳳"字原本记录的{百鸟之王}的音义只是表面的虚设,用字者所要传达的实际信息放在将字符分拆以后的构件里。例(7)纪晓岚所要表达的实际信息不是"竹苞"二字对应的语符音义,而是暗含在字符构件上的音义"个个草包"。可见出于特定的修辞目的,字形表面上表示了一定的语言意义,说话人真正要表达的却是隐藏在字符构件中的言外之意。这种超越字符语言意义的表达方式,一方面可使表达含蓄委婉、风趣幽默,尤其像例(6)"凡鸟"、例(7)"个个草包"的骂人话经过字符表面的掩饰,绵里藏针、不温不火,嘲讽效果更加突出;另一方面可使汉字的运用富有趣味性,显现出用字者高超的智慧和极富魅力的表达能力。

全字虚表语符义甚至可以虚到完全不表,而纯粹通过构件的重新分析来表达跟字符对应的语符之外的新义。例如:

(8) 她勇敢地问:"喜欢我吗?"他回答了,但没有声音,也没有言语。只做了一个"吕"字。(周立波《山乡巨变》)

例(8)中的"吕"字与它通常所记录的语言符号{吕}(表姓氏或古代乐律名称)没有任何关联,这里只是利用"吕"字的形体结构"口对口"传达出男子亲吻了女子的意思,语句"只做了一个'吕'字"可以换说成"只做了个亲吻的动作"或"只吻了她",但就表达的委婉含蓄,留给读者的想象空间而言,与用"吕"字表达相去甚远。

这种用某字而并不记录相应的某词,仅取字形构件表示词外之意的现象在现代的网络语言中异军突起,比较常见。如"槑(méi)"字,《集韵·灰韵》:"梅,古或作槑",表示的是语言中的梅树梅花义,可在网络"槑男槑女""槑完槑了"等表达中,"槑"不是记录{梅}的字符,也没有对应的语言单位,而是由该字并列的两个"呆"构件,想象出很呆很傻、比呆还呆的意思。再如把"兲(天)"分解为"王八"两个构件用来骂人,把"炛"(音yín,光明)按照"开火"想象,在网络游戏中表示"遇强则强,斗志昂扬，热血沸腾，你越厉害我越要找你挑战，希望在竞争或对抗中一比高下"等无法跟语符对应的超语言意义，都属于这种情况。

（二）构件串联在语符链中表达非语符信息

上面所说的构件都处于字符内部，没有在语符链中独立出现，所以构件不对应语符，其表意功能是暗含的，需要读者根据文化背景或者语言环境去体会。如果本来属于某个全字的构件却被当作字符在语符链中出现，那按理应该记录了语符义，但实际上也有不表示语符义或者表面上有语符义而实际所指属非语符义的情况。这种情况大都带有游戏性质，不同于日常的语言表达。

1. 构件字符和由构件组合的全角字符在语句中共现

这种情况多见于利用字形离合关系做成的对联中，对联表面有完整的语义表达，而其中暗含着某些字符的构件离合，所以也有很强的形体智趣享受。例如：

（9）鉏麑触槐，死做木边之鬼；豫让吞炭，终为山下之灰。
（10）冻雨洒窗，东二点，西三点；切瓜分客，横七刀，竖八刀。
（11）二人土上坐，一月日边明。
（12）人曾是僧，人弗能成佛；女卑为婢，女又可称奴。

例（9）中的"木边之鬼"就语符义而言是扣住"死"字说的，但同时又是前句"槐"字构件的拆分，或者反过来说"槐"是"木边之鬼"的组合。下联"炭"与"山下之灰"的关系同。例（10）中"东二点，西三点"既是对"冻雨洒窗"的实景描绘，同时也是对"冻""洒"二字构件的巧妙拆分，"二点"指构件"冫（冰）"，"三点"指构件"氵（水）"。同理，"横七刀，竖八刀"既是对"切瓜分客"语意情境的描绘，也是对"切""分"二字形体结构的巧妙说明。例（11）是金章宗和李妃的对联，上联将"坐"字分拆开，既是应景之作又符合构形理据；李妃倒也机智，将"日、月"组合出"明"，皇帝为"日"，妃子是"月"，月只有在日边才能拥有光辉，暗含的构件义巧妙地应合了当时的人物关系。例（12）是苏小妹和佛印的趣联，表面是讲的是事理，暗地里巧含智趣，因为"人曾"组合为"僧"，"人弗"组合为"佛"，"女卑"组合为"婢"，"女又"组合为"奴"，这些构件字和组合成的字都巧妙地镶嵌在句子里，既表语义，又显字趣。

这种离合文字构件形成的对联有时仅仅是为了游戏，并无实际语言价值，但其中总有部分是可以按照语符理解的。例如：

（13）四维羅，马累骡，羅上骡下羅骑骡；
　　　八牛朱，犬者猪，朱后猪前朱赶猪。

此例的"四维""马累""八牛""犬者"只是单纯对"羅""骡""朱""猪"四个字的形体拆解，跟作为姓氏的"羅"和"朱"，跟作为动物的"骡"和"猪"都没有语义关联，可见不是语符的组合，但后句"骡上骡下骡骑骡"和"朱后猪前朱赶猪"却是符合逻辑事理的语言表述，后面的语言表述巧妙地呼应了前面的字形拆解。

2. 由构件字符构成语句而相应的全角字符不共现

如果将某字的构件转化为字符构成语符链，而与构件相关的字符却不在语句中出现，那就带有字谜的性质，需要读者用点心思去猜解语句的实际所指。这时语句中的字符表面上记录的是语符，有一个完整的语符链，也有明确的语义，但实际上是在分析某个字的形体，目的在智巧游戏，并没有什么语言价值。换句话说，字谜的谜面往往用某个字中拆分出来的构件（并非造字构件，也包括随意拆分出来的某个部件或笔画）组成语句，目的是为了扣谜底，而不是为了交际需要，所以语句中有些构件字符的功能是超语符的。例如：

(14) 十年枕戈不脱衣。
(15) 见人就笑；有耳听不见。
(16) 夫人莫入；拿不出手。
(17) 给一半留一半；半真半假。

例(14)属"合成谜底法"，由两个以上的构件字符合成谜底字形。谜面"十年枕戈不脱衣"，取其中构件字符"十、戈、衣"组合成谜底"裁"字，"十、戈、衣"对应的语符义跟它们实际表达的作为"裁"的构件也无关。例(15)属于"谜底加字法"，通过告知谜底加上一字所组成的字用以暗示谜底。"见人就笑"，意思是谜底加上"人"构件就成了"笑"字，由此得知谜底为"竺"，句中的"人"表示的并非{人}这个词，而是"人"这个字形，"笑"也不是哭笑的{笑}而是"笑"这个字形。"有耳听不见"是说谜底加一"耳"构件就成为听不见的"聋"，因此谜底应为"龙"字，其中的"耳"也并非语词{耳}，而是指字形"耳"。例(16)属"谜底减字法"，告知一字减去某一构件而得出谜底。如"夫人莫入"意思是在"夫"字的基础上减去"人"构件，得到谜底"二"，句中的"夫人"与其对应的语言符号毫无关联，实际上指的是"夫"字中的"人"形。"拿不出手"这里表示的也不是语符义，而是指"拿"这个字形不出现下部的"手"形，那谜底就是"合"字。例(17)属"离合法"，即先离后合，拆取两个字符中的部分构件组合成谜底。如"给一半留一半"跟给予和留存的语符义无关，实指"给"字的一半形体"纟"和"留"字的一半形体"田"，两个构件组合起来就是谜底"细"字。同样，"半真半假"是取"真"字的一半"直"和"假"字的一半"亻"再合成谜底"值"字。

上述语句中的构件字符并不表示跟字符对应的语符的语义，而是实指字形。由于没有具体语境，属于纯粹的字谜游戏。这种字谜性质的超语符功能也可以构造比较完整的语境，但其中的相关字符仍然指字形而言，不能按照语符的意义去理解。例如：

(18) 千里草，何青青，十日卜，不得生。（汉代民间《怨歌》）
(19) 魏武尝过曹娥碑下，杨修从。碑背上见题作"黄绢幼妇，外孙齑臼"八字，魏武谓修曰："解不？"答曰："解。"魏武曰："卿未可言，待我思之。"行三十里，魏武乃曰："吾已得。"令修别记所知。修曰："黄绢，色丝也，于字为'绝'；幼妇，少女也，于字为'妙'；外孙，女子也，于字为'好'；齑臼，受辛也，于字为'辤'；所谓'绝妙好辤（辞）'也。"魏武亦记之，与修同，乃叹曰："我才不及卿，乃觉三十里。"（《世说新语·捷悟》）

例（18）的"千里草"表面上指茫茫草原上的草，实际上指由这三个字形（草取艹形）组合起来的"董"字；"十日卜"表面上可以理解为连续占卜十日，实际指由这三个字形组合起来的"卓"字。可见作者的这两句话并非要表达"千里草、十日卜"对应的语符意义，而是指字形组合后的"董卓"二字。东汉末年董卓专权跋扈，百姓苦不堪言，但慑于董卓淫威不敢公开反抗，只能用这种离合字形的方式含蓄地表达怨恨。例（19）更为隐晦，要将字面语符义做同义解释，而解释的语句不能再按语符义理解，必须落实到用来组合谜底的构件字形："黄绢"即"有色丝绢"，"色丝"组合为"绝"字；"幼妇"即"少女"，"少女"组合为"妙"字；"外孙"乃"女儿之子"，"女子"组合为"好"字；"齑臼"是"承受辛物之臼"，"受辛"组合为"辤（辞）"字。整个语段的言外之意是字形组合得出的"绝妙好辞"。这种表意方式既不同于正常的字符记词表意法，也不同于构件理据析字法，明显带有游戏的文化意味，应该是先秦就已存在的"隐语"（谜语）文化事象对汉字使用带来的影响。

也有直接将某个字的形体拆分为几个构件字而镶嵌到语句中，这几个字符的功能只是代指被拆的原字，不表达它们各自对应的语符意义。这种情况形式上像字谜，实际上没有字谜的语符义伪装，而是直接把拆分的构件字组合起来就能获得代指的原字。例如：

(20) 他们就动手打起来，有的丘八还跑上戏台胡闹。（巴金《家》）
(21) 肖队长说："看是谁打八刀，跟谁打八刀。"肖队长说到这儿，笑着加一句："童养媳是不准打八刀的"。（周立波《暴风骤雨》）
(22) 张俊民道："胡子老官，这事凭你作法便了。做成了，少不得言寸身。"王胡子道："我那个要你谢。"（《儒林外史》）
(23) 我送来一包毒药，夫人可叫心腹丫头给十八子送茶时下在壶里，岂不结果了么？（姚雪垠《李自成》）

例（20）读者看到的字符是"丘八"，但与"丘""八"相应的语符义无关，而是指由"丘八"组合成的"兵"字，所以"丘八"的功能是超语符的。例（21）中的"八刀"是"分"字的拆分，"八刀"作为字符在句中也是代指"分"字而非记录相应语符。例（22）张俊民所要表达的是"谢"，但没有直接说出，而将该字拆分成三个字符"言、寸、身"用到句中代指，听话人在接收信息后，如果仅仅领会"言、寸、身"的语符义是难以理解句意的，必须将"言、寸、身"组合为"谢"字才能准确破译说话人的所指。例（23）中的"十八子"也非语符义"十八个孩子"，而是代指"李"字，"李"又代指"李自成"。

这种拆分字形构件嵌入语句而代指被拆字的用字方法，在当代网络用语中也时常见到。如表达"强"义说成"弓虽"，表达"好帖"义说成"女子巾占"，多是出于求新求异的心理。这些拆分字形的构件字虽然连贯在语句中，实际上并不表示语符义，而是指超语符的字形，只有将它们组合成原字，才能由原字表达语符义，从而准确领悟说话人的意指。

二　利用汉字外形表达超语符信息

构件是构字单位，不是记录语言的符号，汉字使用中让构件表示出的意义是超语符的。即使全字，如果不表示全字对应的语言单位，而是利用全字的外形来显示某种信息，那也是超语符的功能。利用全字外形表达超语符义的情况主要有两种。

（一）借字形譬况事物形状

有时虽使用汉字但不记录汉语，也就是跟该字对应的语言符号的音义无关，而纯粹以字的外形譬况某物的形状，这种语境下的字符功能不在记录语言的音义，所以是超语符的。这些用来譬况事物形貌的字，原本并非根据该事物描摹产生，所以跟先民"画成其物，随体诘诎"的造字行为不同，只是现成字形的借用。例如：

(24) 有两只小小山鸡争着饮水，蹬翻了小碗，往青石板上一跑，石板上印上很多小小的"个"字。（杨朔《泰山极顶》）

(25) 但到夜里，我热的醒来的时候，却仍然看见满床摆着一个"大"字，一条臂膊还搁在我的颈子上。（鲁迅《阿长与〈山海经〉》）

例（24）语境中的"个"字与它通常所记录的语符｛个｝（通用个体量词，称量单独的人或物）没有任何关系，纯粹是借用"个"字的形体来描摹小鸡的爪印，以字形描摹出事物的外观形状就是"个"字所要传达的超语符内容，所以我们也可以不把这里的"个"当"字"看，而把原句改写为"石板上印上很多小小的像'个'形的爪印"，或者根本不出现"个"而直接说成"石板上留下了很多小小的爪印"，所表达的句意大致对当。例（25）中用汉字"大"形来描摹长妈妈伸展开双手双脚、仰面朝天的睡姿，同样能收到形象生动的效果，但这种效果也不是用"大"字通过记录语词大小之｛大｝的方式来达到的，而只是借用了"大"字的形体，因为它与长妈妈的睡姿相似。

这两例在语符链中只出现"'个'字""'大'字"的表述，没有点明形体的作用，用字意图比较隐晦。而下面的例子直接说出"某字形"，则其取形不取音义的超语符功能更为明显：

(26) 也许是来炸南温泉的？最好还是躲一躲。他站起来，瞧着那排"人"字形的银色飞机，嗡嗡地飞了过来。（老舍《鼓书艺人》）

(27) 克明又进去请了老太爷出来，先是克明一辈的儿子和媳妇朝着他排成

"一"字形,跪下去叩头请安,然后是觉字辈和淑字辈的孙儿、孙女给他拜贺。(巴金《家》)

(28)今将兵分作三阵,亦如"品"字形状,旁两军结阵勿进,待我领中军入战,伴败诱他前追,两军自后截杀,我回军共围而击之,蔑不胜矣!(《海国春秋》)

例(26)借用"人"字的形体描摹飞机飞行时排列出的形状特征,与"人"字通常记录的词语{人}音义无涉,追求的只是二者形体间的相似性;例(27)借用"一"字的形体来描摹众儿子和媳妇跪拜时所呈现的整齐队形,反映的是客观事物的形状,与语言层面"一"字记录的语词{一}无关;例(28)"品"字传达的信息也并非作为语言要素的{品},纯粹是以"品"字形体状摹军队数组的形状。

用字形譬况客观事物形状的时候,字形基本上不记录语言层面的音义,仅仅是基于字形和该事物外表特征的相似性而进行的描摹,目的是在认知事物时通过联想这些汉字的形体以激活整个事物的形状,使读者在最短的时间内产生如见其物的感觉。这种字形表达方式产生的修辞效果要远远高于普通的记词表达方式,能使语言既形象生动、富有趣味,又简洁凝练、干脆利落。如例(25)描述长妈妈的睡姿,也许可以置换成"却仍然看见长妈妈展开双手双脚,仰面而睡,挤占了大半张床的空间",但读来趣味性、表达的形象性大打折扣,而且语句显得拖沓冗长。

生活中借用汉字形体来描摹事物形貌的例子还有很多,如"丁字牌""一字改锥""一字长蛇阵""工字楼""十字路口""之字路""八字脚""米字格""丁字尺""品字屋""王字花纹"等。能够被借用来描摹事物形状的汉字多数结构较为简单,形体特征明显,少数形体复杂的汉字也能被借用,但外部轮廓的特征也是极为明晰突出的,如"金字塔""国字脸""亞字形栏杆"等。

(二)借字形关联相似事物的属性信息

现代网络中有些字并不记录实际语符或者开始不记录语符,而是靠字形表达跟字形相似事物的属性意义,有的后来用得多了,人们赋予它固定的音义,才逐渐成为语言中的词。这些字很多都是湮没无闻的古字,研究文字学的专家学者都未必认识,只能在大型字书中找到,因古字形体酷似客观世界中的某种形状,便借用其形体来关联某形状的事物,但并非如上节那样只譬况该事物的形状,而是与该形状相关的意义。借形的过程中实际上对该字符的构形理据进行了重新分析,产生了新的理据意义,随着使用频率的不断增多,便借用旧音赋予新字符,真正开始记录语言,新义与字符原本对应的语言单位没有关联。

例如古字"囧(jiǒng)"同"冏",是象形独体字,像窗户之形,在古汉语里表示窗户、明亮等义,但长期湮没无闻,是个"死"字。这个字符在网络语言中的"重生",是因为"囧"字的形体酷似人在郁闷、尴尬时的面部表情,"八"像人郁闷时的眉眼、"口"像张开的嘴,外部像人脸的轮廓,这样一种脸相能让人联想到"郁闷、悲伤、无奈"等相关表情,所以这个字在网民中不用它记录相应的语符{囧},而用其外形表示与"郁闷、悲伤、无奈"等相关表情的非语符意义。只是使用频繁以后,人们借其旧音,赋予新义,从而成为汉语中的一个新词,"囧"字的超语符功能才又回到记录语符的正轨。

古汉字"円（yuán）"在网络中也有类似的以形表义的非语符用法。"円"字古同"圆"，清徐珂《清稗类钞·舟车》："吉林有以巨木刳作小舠，使之两端锐削；底円弦平者，称曰臓艓。""円"当是"圆"字在传写过程中形成的俗讹字，在日本被作为货币单位专用字。因为"円"字外形酷似鼠标，又与金钱货币有关，网民便广泛用来指称用鼠标花钱网购或指称网购族，如"円族"等。古代记录｛圆｝词的"円"字是个记号字，理据不明，网民重新分析为像鼠标之形，成了象形独体字。但其表义并非"鼠标"，而是以鼠标为工具的网购花钱行为，语言中没有相应的语符，所以"円"字的这项功能是超语符的。由于"円"字在网络语境中使用频率没"囧"字高，尚未约定俗成为一个新的词语，所以至今仍然是一个不记录语符的象形符号。

上面提到的"槑"字是从构件上分析为"比呆还呆"的，其实也可以从外形上来联想。如有人认为"呆"字的"口"像脑袋之形，"木"像人体的躯干和手足之形，"槑"字外形像两个小人手牵着手，所以被用来表示情侣热恋中的状态，恋爱中的男女犯"傻"犯"呆"，再自然不过，因而"槑"能表示"很傻、很天真"之义。但无论是靠构件表义还是靠外形表义，"槑"字的网络用法都与语词｛梅｝无关系，都属于超语符的功能。

这类可以表示超语符意义的"古字新用"，往往限于原有记录职能已呈消亡态势的古字。因为文字的功能具有约定俗成的社会性，只有在荒废生疏的情况下，网民对古字原有的形体和意义之间的规约性已经缺乏认知，才容易导致对其进行重新分析而使之发挥新的功能，否则势必影响语言表达的准确性，带来误解歧义。

三 变异正常字形表达超语符信息

为了实现某种特定的表达效果，汉字在对应语言某个单位的同时，也可以通过变异正常字形来表达该字符对应语符之外的信息。例如变换字体字号、改变汉字置向、增损形体笔画、变异汉字形态、综合布局字形等。

（一）变换字体字号

在书面语言中，有时可以通过改变字符的字体和大小来传达语符之外的信息，或提醒读者注意，或淡化读者印象，或显示句法结构和文章层次等，这种非语符内容的传达是通过字形的不同一般来感知的。例如：

(29) **现在**，既不是过去的奴隶，也不是未来的手段。

(30) 全场 **25** 元起！

(31) **今夫**平居里巷相慕悦，酒食游戏相征逐，诩诩强笑语以相取下，握手出肺肝相示，指天日涕泣，誓生死不相背负，真若可信；一旦临小利害，仅如毛发比，反眼若不相识。落陷阱，不一引手救，反挤之，又下石焉**者**，皆**是也**。（韩愈《柳子厚墓志铭》）

例（29）"现在"的字体为黑体，不同于前后其他文字，那么它除了表示相应的语符义，应该还传达出"现在"是作者想要重点突出强调的语言信息，即比起"过去"和"未来"，"现在"是最重要的，所以提醒读者注意。例（30）是很多厂商惯用的技巧，购物者往往只看到突出大写的"25元"而兴起购买欲望，却没有看到字形大大缩小的"起"字，这正是表达者有意改变字号所要达到的引诱效果。例（31）是个非常复杂的句子，一般人很难弄清楚它的结构，不利于准确理解句意。如果在文字表现时做一些特殊标记，把"今夫""者""也"等能显示关系的词的字符予以加粗、放大、变体等，那其"者……也"的判断句式及"者"字结构的起点就都一目了然。这些非语符信息都是通过改变字符的字体或字号而显示出来的。现代报刊中随处都有这种汉字功能的运用，阅读报刊时应该留意体会。

（二）改变汉字置向

通过改变汉字形体的位置和方向也能传达出不少言外之意，言外之意要通过与正排的字形所能记录的信息进行对比才能获得。如将"福"字倒贴表"福倒（到）了"，正常贴置的"福"字是没有这层含义的，"到了"的寓意也是"福"字记录的语言符号所无法表达的。"开门见 ʞ"与"福"类似表示"礼倒（到）了"，在正排的"开门见"的烘托下，"礼"字夺人眼目，所能传递出的言语信息和修辞效果也就显而易见了。"独臂英雄 放倒 三强盗"中的字符"放倒"果真"倒"了，传达出对强盗的蔑视和嘲谑，使得语言更加形象生动，这些言语信息都是字符"放倒"对应的语言单位所不具备的。再如"雷峰塔 倒 了"，让读者仿佛能够想见一座高塔轰然倒塌的情景。这些字符仍旧记录对应的语言单位的音义，但通过改变置向却传达出了语言音义之外的新内容。在"文化大革命"中，汉字的这种非语符功能得到空前发挥，许多被批斗者胸前挂一块标牌，上面的字形写得七倒八歪，从字形上就可以体会出群众誓把那些人批倒批臭的情绪。

（三）增损形体笔画

中国数千年的封建礼制始终注重"为尊者讳，为亲者讳，为贤者讳"，为了避讳或追求委婉典雅，古人有时通过缺笔、增笔的方式来记录词语，这样一来固然牺牲了汉字职能的明确性，但却传达出了对尊者、亲者、贤者的敬重，这是读者在还原作者的意指时能够解读出的言外之意。缺笔避讳一般是省去最后一笔，称为"敬末"，如宋人为避太祖赵匡胤的讳，"胤"字缺笔为"胤"；清人为避康熙帝玄烨的讳，将"烨"缺笔作"烨"。孔子作为大圣人，其名"丘"也是需要避讳的，缺笔作"㐀"。

在汉语中，通过对记录某语言单位的字符增加笔画或减损笔画传达言外之意的情况并不限于避讳，题字时故意缺笔、增笔也可以表达词语之外的某种特殊含义。如泰山上的摩崖题字"虫二"，乍看不知何意，因为跟这两个字相应的语符义不成辞或不合情境，仔细体会，原来是"风月无边"！繁体"風"字去掉外框则剩下"虫"，"月"字去掉外框只剩下"二"，恢复原形其相应的语符义仍是"风月"，由减笔手段传达出的"无边"信息是超语符的。清人纪晓岚给曲阜孔府题写对联"与国咸休安富尊荣公府第，同天并老文章道德圣人家",整联字体工整字形规范,只有每句的第六字特意增损,"富"字"宀"上少一点,"章"字最末一竖贯穿到构件"立",这种变异写法并不影响｛富｝｛章｝的语符义表达,但同时还能体味出"富贵无顶,文章通天"的非语符信息。康熙皇帝曾经给西湖十景之一的"花港观鱼"题词,写成"花港观魚",将"魚"字下面的"四点"减省为"三点",这当然不是康熙写了错字,而是在正常表达的语符义｛鱼｝的同时,还赋予其非语符信息:康熙故意将"魚"下"灬"理解为"火"(如同"热烈煎熬"等字的四点),并且按照"三点为水"的构字规律减笔,表示将"鱼"从火中拯救出来放归水中,以体现皇帝宅心仁厚、恩泽万物。如果留心中国各地旅游景点的题词书法,会发现很多这类增减了笔画而含有特殊意蕴的字形。当然对书法作品中的笔画增减不能随意附会,有的可能仅仅是书写习惯或追求美观所致,不一定有什么深意。

(四)变异汉字形态

用特写手法夸张地改变汉字的正常形态,也可以含蓄地表示某种超语符的特殊意义。如将"寿"字写得又细又长,就能寓意"长寿",这是｛寿｝词本身无法传达的。再看下面的两幅图:

图1 徐鹏飞漫画《提点建议》

图1的点睛之笔是第四个画面中"酒"字的构件"氵"被买酒者涂粗放大,意在嘲讽店家的酒"水太多",表达风趣幽默,意味深长,这些信息是"酒"字记录的语言单位｛酒｝所不能够传递给读者的,所以也属于超语符信息。

图2是2008年北京奥运会的会徽,寓意"舞动的北京",包含着丰富的文化信息。其中主体部分是一枚"京"字中国印,这个"京"字不同于正常的样态,是变了形的,可以分析出的信息有:首先,它所对应的语符｛京｝表示本届奥运会的举办城市"北京",它填补了奥运会历史举办城市名单的最大一处空白。其次,"京"字变异像奔跑的"人"形,代表着生命的美丽与灿烂,在人形的舞动中,"以运动员为中心"和"以人为本"的体育内涵被艺术地解析和升华。同时,"京"字的变形又巧妙地隐约像"文"字,寓意"人文",体现出北京"人文奥运"的承诺,将中国悠久的"人文精神"融入奥林

图 2　2008 北京奥运会会徽

匹克运动的历史洪流之中。这些信息隐含在变了形的"京"字中，是超越了语符｛京｝的。

四　结语

汉字能表达非语符信息的事实还有很多，限于篇幅，本文不再列举了。

从以上事实可以看出，汉字作为平面符号，主要功能是记录汉语，同时，也可以利用汉字本身的属性特点表达记录语符之外的某些功能，如以字符的构件表示某些跟字符所记语符不对应的信息，以字符的外形表达非对应语符的信息，以变异的字形表示对应语符之外的信息等。这说明汉字符号是一个自足的系统，既具有跟汉语相适应的一面，可以承担记录汉语的职责，也具有一些自身特有的功能，可以超越记录的对应语符而发挥交际作用，所以汉字并非汉语的翻版，汉字可以在需要的时候独立表达信息。

汉字能够具有非语符功能，是由它的来源和结构特点决定的。汉字的形体主要来自对客观事物的描摹，所以"依类象形"的字符在起源阶段不必记录特定的语符，而是直接表达客观事物，字符形体跟事物客体靠相似性关联，而不是靠语音关联，所以字符往往可识而不可读，如果要用语符来表达字符所指向的事物的话，就会具有灵活性，即人们可以用不同的语词去指称它的意义。起源阶段这种字符跟语符的不对应性，以及字形直接表达事物的相似原则，在汉字高度发展和成熟以后，在汉字跟汉语完美结合以后，仍然作为基因遗存着，影响着人们理解汉字和使用汉字的意识和行为，所以利用汉字的外形来表达超语符信息就是其来有自了。另一方面，汉字的形体布局和构件组合呈方块，无论是笔画还是构件都可以在二维的平面内调整，有的调整出于美观的需要，有的调整则有信息的差异。汉字的这种平面组合性结构特点给汉字的变异使用和构件拆分表达非语符信息提供了可能和经验启示，所以无论是离合构件、理据重构，还是增减笔画、移动置向、改变形态，都可以成为表情达意的一种手段。这应该是汉字不同于拼音文字的优势。

有人从"文化学"的角度来分析上述汉字现象，可以说是"隔靴搔痒"，并未触及本质。其实汉字的超语符功能并未离开语言环境，所以尽管字符跟语符不一致，但仍然属于语言表达的范畴，是利用汉字的形体和结构来协助语言表情达意的一种修辞方式，我们可以把它叫作"汉字修辞"（李运富，1992）。传统修辞学研究往往排斥非语言要素作为修辞材料，现代修辞学虽然已经涉及汉字修辞（曹石珠，2006），但很少从"超语符"的视角来认识和阐述。深入挖掘汉字属性的超语符功能，可以为汉语交际提供更多表达方式，使语言表达获得多样的修辞效果，如用"个"字描摹小鸡行走过的痕迹，用"吕"字传达"接吻"的信息，这些"字符"其实都不是"语符"，但就表达的简洁凝练、生动象形、含蓄幽默等效果而言，远非语符形式所能媲美。汉字修辞为汉语表达提供了更多选择的可能，所以修辞学研究应该扩展自己的视野，将汉字的超语符功能纳入自己的研究体系。这对丰富语言修辞手段，发挥汉字修辞妙用，完善汉语修辞学理论，都是非常有意义的。

参考文献

［1］［瑞士］德·索绪尔：《普通语言学教程》，高名凯译，商务印书馆 1996 年版。

［2］曹石珠：《汉字修辞研究》，岳麓书社 2006 年版。

［3］李运富：《二十世纪汉语修辞学综观》，新世纪出版社 1992 年版。

［4］李运富：《汉字学新论》，北京师范大学出版社 2012 年版。

［5］刘兴林：《甲骨文田猎、畜牧及与动物相关字的异体专用》，《华夏考古》1994 年第 4 期。

［6］郑章应、白小丽：《纳西东巴文语境异体字及其演变》，《中央民族大学学报》（哲社版）2009 年第 4 期。

论汉字的超语符示数运用*

蒋志远

一 引言

一种观点认为，文字是记录语言的书面符号，所以汉字存在的意义便是记录汉语的各种语言单位，汉字必须转化成相应的语言单位才能表示意义。然而从客观上看，古今中外的使用者对汉字功能的理解和运用却并不局限于语符范畴。对此李运富指出，汉字"具有跟汉语相适应的一面，也具有一些自身特有的功能，可以超越记录的对应语符而发挥交际作用，所以汉字并非汉语的翻版，汉字可以在需要的时候独立表达信息。汉字具有超语符功能（Trans-glossematic Function），是由它的来源和结构特点决定的……汉字的平面组合性结构特点给汉字的变异使用和构件拆分表达超语符信息提供了可能和经验启示……利用汉字的形体和结构来协助语言表情达意，仍然属于语言交际的范畴，是一种特殊的修辞方式，即'汉字修辞'"，并举例论证了中日等国的使用者能通过外形借用、离合构件、理据重构、增减笔画、移动置向、改变形态等方式使语符链中的某些汉字表示相应语符无法传达的某些信息[①]。

我们认为，"超语符功能"的分析角度拓展了汉字研究的视域，它将便于我们观察和解释很多既有理论不便施展，但又客观存在的诸多汉字运用现象。比如在李运富总结的类型之外，使用者还能利用汉字的笔画多少、构件分合、结构特征及其在特定文本中的排序表示和它语符功能无关的数字信息。这种超语符的汉字示数运用同样跨越国界，有着很长的历史和深厚的群众基础，反映着使用者对汉字的独到理解和巧妙利用。

二 利用汉字的笔画多少示数

汉字是由若干笔画写就的平面符号，这提示着人们可以用汉字的笔画多少来表示相应的数字。汉字"一""二""三"示数的理据与其笔画数有关，但这几个符号早已和数词{一}{二}{三}的音义绑定，所以三者的示数是属于语符范畴的。而我们在这里要讨论的，是在某些场合，使用者能够让汉字以其笔画数为理据表示和它语符功能无关的数字，这种超语符示数可以分为整字示数和积画示数两种类型。

---

* 本文拟刊《湖南科技大学学报》。
① 李运富、何余华：《论汉字的超语符功能》，《世界汉字通报》（英文版）2015 年第 1 期。

（一）整字示数

所谓整字示数，是指汉字以整字的形式出现，每个汉字表示和它笔画数相对应的数字。旧时商界出于保密考虑，往往制定汉字形式的数字密码，曲彦斌指出清末以来布匹业用"主""丁""丈/万""心/中""禾/本""竹/百""見/利""金/妾""頁/孩""馬/唐"加密数字一至十①，只有内行才能解读，例如"主"实际指单画的"丶"（《六书正讹·麌韵》："丶，古主字。"），表"一"，而三画的"万"表"三"，十画的"唐"表"十"。而外行从传统思路却无法索解，即便如《正字通》云"萬，俗省作万"，但此处的"万"并非表示｛万｝这个词，而是因笔画数而超语符表示"三"。

（二）积画示数

所谓积画示数，是以笔画动态累积构字的形式辅助统计数据的累加，这种运用相较整字示数而言更为常见，使用汉字的中、日、韩等地人民当前在统计活动中所惯用的"写正字"即属此类，每当数据增加一个单位，人们便依次写下五画汉字"正"的其中一笔，每个"正"都表示一个"五"。根据我们的前期调查，当今欧、美、非及东南亚泰国、越南、印尼等非汉字使用区，人们在统计零散数据时往往要借助专门的划记符号（tally mark），比较流行的有"卌""㧘"以及"◻"等等。这些符号和"正"的共同点是都由五笔直画构成，与十进制相适应，使用者能根据完整符号数及末尾余笔快速算出总和。但"卌""㧘""◻"只是单纯的划记符号，其形体和文字无关，而中、日、韩人民则是直接以"正"计数，一个"正"表示"五"，却和数词｛五｝的音义没有关联，属于超语符示数。然而怎样看待这种统计活动中末尾的余笔呢？我们认为，统计人对"正"的形体是有心理预设的，在他们看来，末尾的余笔是"正"的特殊形式，所以即便余笔只是"正"的第一横，它在统计人眼中也不过是少了四画的"正"，而绝不会把它看作语符，和表示｛一｝的汉字"一"相混。

无独有偶，在"正"之外，古代的日本还有着用"玉"字示"五"的习惯。于春英②指出："使用'玉'字计数，源于江户时代的商人。1657 年由藤冈茂元编写的《算元记》中，记载了使用'玉'字计数的方法。"图 1 即《算元记》书影，可见书中所载商人以"玉"字统计财货的具体情形，说明汉字早在 16—17 世纪就已被赋予超语符示数功能。

然而五画汉字实多，为何"玉""正"会被选中，而今天日本人为什么又弃"玉"用"正"呢？我们认为，在笔画数这一首要条件外，使用者还必须综合考虑读写的便利以及文化背景加以优选。以"玉""正"为例，首先，二者的笔画基本呈纵横均匀分布，不易粘连，利于辨认。其次，二者无曲笔、折笔、勾挑，书写快捷，稽核简单，而"田"虽然也是五画，但"⌐"不仅书写费时，且统计中作一画还是二画恐生争议。再次，汉字的超语符示数不能受其语符职能的干扰。"玉"本身不记数词，"正"虽可记录数词表

---

① 曲彦斌：《俚语隐语行话词典》，上海辞书出版社 1996 年版，第 9 页。
② 于春英：《日本用"正"字计数的由来》，《日语知识》2008 年第 4 期。

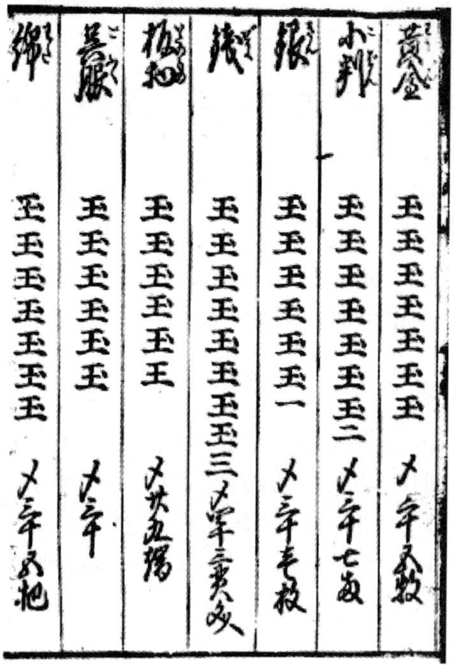

图1 藤冈茂元《算元记》书影

示"10^{40}"①，但用例极少，所以用"正"示"五"并无混淆之虞。而汉字"卌"虽亦是五画，且与今天欧美所用之"卌""𠅃"形似，但"卌"作为语符即表{四十}，用于划记则易生分歧。最后，用于示数的汉字其寓意一定要符合使用者的文化心理，如"正"字有{公正}{正直}等积极义，而"玉"字则有{财富}{贵重}等义，"正""玉"满纸，观之甚雅。再拿"玉""正"对比，"正"的笔顺是"一丨一丨一"，两种笔势对立的笔画交错出现，比同一笔画连现或多种笔画杂现都更便于区别；此外"玉"的点画笔幅略小，易与周围笔画甚至墨污混同，在辨认上不如"正"清晰，这恐怕都是今天日本人弃"玉"用"正"的重要原因。

此外，至今挂在北京故宫养心殿的《九九销寒图》也是积画示数的典型运用。《清稗类钞·时令类》："《九九销寒图》，宣宗御制词，有'亭前垂柳，珍重待春風'二句，句各九言，言各九画，其后双钩之，装潢成幅……自冬至始，日填一画，凡八十一日而毕事。""九九"是古代"杂节气"之一，从冬至起每九天为一个"九"，九个"九"过完便是冬去春来，于是伴随着"数九"活动的不断演进，"亭""前""垂""柳""珍""重""待""春""風"这九个九画汉字的动态积画也日臻完备，每个汉字都以其笔画为理据超语符表示"九"。然而和"正""玉"的简单重复不同，《九九销寒图》的作者清宣宗匠心独具地择取了九个不同的汉字，并将它们组成了符合情境的词句，这种设计让汉字的语符义衬托了它的超语符示数运用，使冬日里枯燥的"数九"顿时有了"小口啜佳

---

① 《算经十书·孙子算经·卷上》云："凡大数之法：万万曰亿，万万亿曰兆，万万兆曰京，万万京曰陔，万万陔曰秭，万万秭曰壤，万万壤曰沟，万万沟曰涧，万万涧曰正。"

酿"的韵味。

三 利用汉字构件的分合示数

汉字的构件合成性是其超语符示数的重要条件之一。在某些情况下汉字"字符所代表的语言意义是虚的,作者实际表达的意义暗含在字符的构件上……通过构件的重新分析来表达跟字符对应的语符之外的新义"①。我们看到,使用者利用汉字成字或似字构件的拆分、组合关系也能让原本不记录数词的汉字超语符示数。

(一) 拆分构件示数

就构件拆分而言,可以分成两种情况。第一种是整字含有某个与数字形似的构件,因而超语符表示该数。在明清时期的商业密码中,玉器等行业就用汉字"旦""竺""春/清""罗/罢""悟/语""交""化/皂""翻/未""旭/丸""田/章"分别表示数字一至十②。和前文所述因笔画多少示数的情况不同,这组汉字密码的示数理据是它们含有和数字形似的构件,如"旦"字下部为"一","春"字上部和"请"字右上藏"三","交"字上部似"六"、"翻"字左上之"采"下含"八"、"田"字中间以及"章"字下部有"十",等等。第二种是大写数字中拆出某个构件或笔画组合,将其稍加变化独立成字运用以示该数。彭幼航指出旧时有行业用"士""贝""彡""長""乍""耳""木""另""王"超语符表示数字一至九,因为它们分别和大写数字"壹""贰""叁""肆""伍""陆""柒""捌""玖"的局部构件有关③,如"贝"为"贰"字之左下;"長"似"肆"字之左;民间俗称"陆"字所从之"阝"为"(左)耳旁",故"耳"可表"陆";此外"乍"作为语符虽然和{三}有关,但这里它却是"伍"中拆出的一部分,所以超语符表示"五",有"声东击西"之妙。

(二) 组合构件示数

组合构件示数,是指一个汉字所包含的若干和汉字数字相似、相关的构件形成组合关系,使整字超语符表示特定的数字。

在中国传统的贺寿文化中,部分高龄岁数往往有着文雅的表述,如七十七岁称"喜"寿、八十八岁称"米"寿、九十九岁称"白"寿、一百零八岁称"茶"寿,等等。这里"喜""米""白""茶"的示数理据也都和它们的语符功能无关,而来自形体构件的离合关系。具体而言,"喜"和它所记词义{喜庆}无关,因为它的草书可作㐂、㐂等形,各构件的组合颇似"七十七"的纵向连写;而"米"上之"丷"似倒"八",中似"十",下部"人"亦像"八",组合起来为"八十八";"白"为"百"减"一",即"九十九";"茶"上之"艹"似两"十"相并,中、下部又似"八十八",加起来即是"一百

---

① 李运富、何余华:《论汉字的超语符功能》,《世界汉字通报》(英文版) 2015 年第 1 期。
② 曲彦斌:《俚语隐语行话词典》,上海辞书出版社 1996 年版,第 105 页。
③ 彭幼航:《五光十色的数字隐语》,《广西广播电视大学学报》2009 年第 3 期。

零八"。与此类似的还有史称"土木系"的国民党官员也并非具备"土木建筑"的专业背景，其中的"土"当解为"十"和"一"，木当解为"十"和"八"。"土木系"即指出身陈诚麾下"十八"军和"十一"师的官员。

四 利用汉字的形体特征示数

前文曾提到，汉字能够因其笔画的多少超语符示数。然而在此之外，使用者亦可以汉字形体结构某些特征的数量为理据，让原本与数词无关的汉字超语符示数。

清代学者翟灏在所著《通俗编·市语》中记载当时的故衣铺分别以"大""土""田""東""里""春""軒""書""藉"为表示数字一至九的汉字密码，但它们的示数理据既不是该汉字的音义，又不是画数，也不是某个似字构件，而是各字的"横笔"数，它既包括横，也包括横折中的横。由此"田"因为三道"横笔"而表示"三"，而"書"有八道，所以表示"八"，以此类推。此外，旧时的典当、古董等行业还用"由""中/申""人/山""工""大""王/天""主/夫""井""羊/草/春/全""非"分别加密数字一至十①，这些汉字示数的理据都取决于各字形轮廓中笔画端点的"头"数，而与其语符职能、笔画数都无关。例如"由"中间的竖笔上出一个"头"，所以表示"一"，"中""申"中间的竖笔上下出两个"头"，所以表示"二"，同理"羊""草""春""全"都有九"头"表"九"，等等。

值得注意的是，同一个汉字，因为不同的理据，是可以超语符表示不同数字的。例如"主"字，前文已述当它通单笔汉字"丶"时，可以表示"一"，而"主"字因为有七个"头"，也可以表示"七"；此外"大"因为有一画"横笔"，可以表示"一"，而因为它有五个"头"，也可以表示"五"。可见理据的多样性，为汉字超语符示数提供了极大的空间。

诚然，不论是构件分合还是"横笔""出头"，上述以汉字形体为基础的超语符示数理据或多或少地包含着人们对汉字形体、结构的种种个性化理解甚至误会，难登文字学、书法学的大雅之堂。但客观地看，这些超语符示数法则都适应于实践，便于使用者观察、掌握，有相当的群众基础。我们与其站在今天的理论高度指责这些理据的制定者没有文字学的知识体系，倒不如把它们看成是民间智慧对汉字平面符号特性的深入观察和巧妙运用加以研究、探讨。

五 利用汉字的特定排序迁移示数

李运富曾着重从汉字平面符号的形体角度观察、分析了汉字超语符运用的各种情形②，前文所论示数运用的理据也都和形体有关。而在此之外，我们看到汉字在某些场合的示数理据甚至可以和它的语符职能、形体结构都无关，而是迁移自它在其余特定篇目中

---

① 曲彦斌：《俚语隐语行话词典》，上海辞书出版社1996年版，第121页。
② 李运富、何余华：《论汉字的超语符功能》，《世界汉字通报》（英文版）2015年第1期。

的序数，我们也对这类现象试作分析。

（一）干支、韵目序数迁移

电报是近代中国社会重要的通信手段。因发报费用以字数计价，为节约起见，自清末起，当局以旧时士人耳熟能详的"十二地支"和《平水韵》韵目中的汉字排序为基础编排了如表1所示《地支代月、韵目代日表》①，电文末尾则用一个地支汉字代署月数，另用一个韵目汉字代署日数。具有悠久历史的十二个地支以及《平水韵》韵目中的汉字具有固定的排序，但它们本身并不记录表中对应数字，而日历中的每个月，每一天却是以数字指称的，所以电文中示月数的地支汉字、示日数的韵目汉字运用都是超语符的。

表1

月	1	2	3	4	5	6	7	8	9	10	11	12
字	子	丑	寅	卯	辰	巳	午	未	申	酉	戌	亥
日	1	2	3	4	5	6	7	8	9	10	11	12	13	14	15	16
字	东	冬	江	支	微	鱼	虞	齐	佳	灰	真	文	元	寒	删	铣
日	17	18	19	20	21	22	23	24	25	26	27	28	29	30	31
字	篠	巧	皓	哿	马	养	梗	迥	有	寝	感	俭	艳	陷	世/引

在这一制度影响下，很多近代历史名词都包含着这些示数汉字，如"灰日暴动""文夕大火""马日事变"中"灰""文""马"分别代表着事件发生的日期"十""十二""二十一"，这种示数运用的理据若用语符范畴的假借、异体等理论解释可谓隔靴搔痒，而从超语符示数的角度观之则涣然冰释。同理，"张学良巧电拥蒋""汪精卫艳电降倭"中的"巧""艳"也和｛巧妙｝以及｛艳媚｝无关，指的是电报发出的日数"十八"和"二十九"；蒋介石邀请毛泽东赴重庆谈判的电文落款"蒋中正未寒"的"未寒"并不是说"尚未寒心"，而指的是"八（月）十四（日）"。需要注意的是，公历大月有三十一日，但《平水韵》排不出第三十一组韵目，所以当时也用"世"或"引"代之，"世"字作为语符可以表示｛三十年｝，但此处用于表示"三十一"是因为形体颇似"卅"下加"一"；而"引"的外形颇似阿拉伯数字"31"，十分直观。这二字虽非韵目，但它们在电文中示"三十一"的运用也都是超语符的，属于前文所述构件分合示数的类型。此外《平水韵》中第三十组韵目"陷"含｛陷落｝｛覆没｝等不吉之意，所以民国时期的军事电报多代之以本义即｛三十｝的"卅"，这就不属于超语符示数了。

（二）篇章文字序数迁移

在干支和韵目之外，蒙学名篇《千字文》中的汉字序数也可迁移。何长华②介绍旧时

---

① 刘志民、钟谷厚：《民国时期公文代电中地支代月、韵目代日考证》，《湖南档案》1990年第5期。
② 何长华：《旧时商界的数字隐语》，《商业文化》1997年第5期。

典当业用《千字文》开篇"天、地、元、黄、宇、宙、洪、昌、日、月、盈、者、辰、宿、列、章（张）、安、来"依次表示赎当期 18 个月的序数，每个汉字所示数字都是迁移的结果，与其语符职能无关。值得注意的是，《千字文》原文中的第八、十二、十七字"荒""仄""寒"所记词义多含亏损、萧条等消极色彩，所以商家换用了音近字替代；而从该版本《千字文》避"玄"用"元"的讳例看，这一示数习惯应产生于清代康熙年之后。

此外根据对象、场合的不同，汉字序数迁移的来源文本也可以是丰富多样的。上述地支、韵目、《千字文》的知名度高，传播范围广，而在某些需要保密的场合，人们也可以自行制定序数迁移的来源文本。据卢昱介绍，山东济南的老字号"瑞蚨祥"就曾将店内悬挂的五言对联"瑞蚨交近友，祥气招远财""汉泗淮汝济，恒衡代华嵩""恭从明聪睿，肃义哲目圣"① 作为序数迁移的凭据，内部规定每组对联中的汉字可依其次序表示数字一至十，店主在商品不显眼处用上述汉字标明底价由店员掌握，达到对外保密的效果。

结语

我们结合实例分析了汉字超语符示数运用的若干情形，得到了以下几点认识。

第一，汉字在某些场合可以表示和它语符功能无关的数字信息，这是汉字超语符功能的重要表现。使用者赋予既有汉字以超语符示数功能，该过程不创造新的汉字形、音、义。

第二，汉字超语符示数的理据来源可以分为两种类型：一方面，汉字因其笔画和结构、形体特征可以超语符示数；另一方面，汉字在特定篇目中的出现序数，也可迁移至其他场合，作为它超语符示数的理据。

第三，汉字超语符示数的理据并不是唯一的，一个汉字根据不同理据可以超语符表示不止一个数字。

第四，超语符示数汉字的择取要遵循一定的优选原则，一方面要便于使用者辨识、掌握，另一方面，这些汉字同时在语符层面所记录的语音、词义必须符合使用者趋吉避凶、近雅远俗的文化心理。

最后，上至君王，下至百姓，古今中外、各行各业的汉字使用者都有着汉字超语符示数运用的成功实践，这一文化现象具有广泛而深厚的群众基础，反映了使用者对汉字的独到理解和巧妙利用，是汉字使用者智慧和想象力的结晶，值得受到更多的关注和研究。

参考文献

［1］李运富、何余华：《论汉字的超语符功能》，《世界汉字通报》（英文版）2015 年第 1 期。

［2］曲彦斌：《俚语隐语行话词典》，上海辞书出版社 1996 年版。

---

① 卢昱：《字号回忆久，匾额有春秋》，《大众日报》2012 – 11 – 13（11）。

［3］于春英:《日本用"正"字计数的由来》,《日语知识》2008 年第 4 期。

［4］彭幼航:《五光十色的数字隐语》,《广西广播电视大学学报》2009 年第 3 期。

［5］刘志民、钟谷厚:《民国时期公文代电中地支代月、韵目代日考证》,《湖南档案》1990 年第 5 期。

［6］何长华:《旧时商界的数字隐语》,《商业文化》1997 年第 5 期。

［7］卢昱:《字号回忆久,匾额有春秋》,《大众日报》2012 - 11 - 13（11）。

［8］曹石珠:《汉字修辞研究》,岳麓书社 2006 年版。

记录职能对汉字形体结构的影响[*]

张素凤

李运富师在北京师大举办的"中国传统语言学高级研讨班"上所做的学术报告《汉字学研究的三个平面》明确提出汉字研究包括"字形""字构""字用"三平面理论。其中"字构"着重研究汉字的构造理据,"字用"着重研究汉字的记录职能。汉字创制之时应该是一形一词(或语素)的,但在长期的使用过程中,汉字的形体结构和记录职能都在不断地发展变化。汉字具有的顽强表意性决定了记录职能不仅是造字的重要依据,也是制约和影响汉字形体结构变化的重要因素。笔者博士论文《古汉字结构变化研究》对古汉字结构变化的原因进行了全面系统的研究,本文拟专门分析记录职能对汉字形体结构的影响。

一 原职能与字形结构变化

汉字是不断发展演变的,字形演变的结果往往使汉字的物象性减弱,从而造成汉字原初构形理据不再明显甚至完全消失。汉字形体的顽强表意性决定了汉字形体的演变不是任意的,表现字形所记录语词的音义往往成为制约汉字形体演变和理据重构的重要力量,即记录职能对汉字形体结构变化具有制约和引导作用。如:

1. 字形变异不离原职能

"辔"字甲骨文作"𔓕",像兼数条绳索而总之之形,随着字形的发展演变,字形的物象性逐渐丧失,与原初构意逐渐失去联系。上部所总之结形部件与"叀"形近,下部绳索形部件与"纟"形近,而"叀""纟"的意义与"辔"的意义有一定联系,这些特点决定了"辔"字的演变方向,即字形断裂后上半部分变为形近的"叀",下半部分变为形近的"纟",成为"从丝从叀"的"辔",仍然跟原字形的职能紧密联系。"胄"字甲骨文作"𔓖",像兜鍪之形,随着字形的发展演变,字形的物象性逐渐丧失,与原初构意逐渐失去联系。而兜鍪形部件与"由"形近,"由"的读音与"胄"读音相近;下边作为衬托的"目"形部件与"冃"形近,"冃"的意义与"胄"有一定联系。于是,上边兜鍪形部件变为形近的"由","目"形部件变为形近的"冃",成为"从冃由声"的音义合成结构,构形理据仍然跟原职能紧密相关。

"美"字甲骨文作"𔓗",像人戴头饰之形,本义是"美丽"。随着字形的发展演变,

---

[*] 本文原载于《河北师范大学学报》(哲学社会科学版)2009年第2期。

字形已无从看出"美丽"构意,而字形上部与"羊"形近,"羊"与下边的"大"可以会合为"甘美"义,"甘美"是甲骨文"美"的一个引申义项。这样,"美"字形体演变后与其引申义项相切合。同样,与"元""天"的甲骨文字形相切合的本义分别是"人头""头顶",演变到小篆,其字形理据都变得与其引申义"始也"和"至高无上的上天"相切合。显然,这些字演变后与字形相切合的本义已经改变,但由于这些意义都属于同一个词,所以,这些字的记录职能没有改变。

2. 增加构件强化原职能

"蜀"字甲骨文作"㸚",为象形独体字,由于字形变化,象形功能减弱,于是增加表义构件"虫"突出其义类,补足理据;"軛"字金文作"㐅",为象形独体结构,由于字形变化,象形功能减弱,于是增加表义构件"车"突出其义类,补足理据。同样,"齿"字甲骨文"㘡"为独体象形字,后来增加示音构件"止",补足理据;"何"字甲骨文作"㐅",后来增加"口"构件,使之与原字形的一部分组成"可",成为该字的示音构件。显然,这些字通过增加构件,使字形理据重构,从而重新凸显字形与记录职能之间的联系。

"旬"字甲骨文作"㐅",像周匝循环之形,古代记日以十日为一个循环,所以该词引申有"十日"义。随着字形的发展演变,字形与原初构意失去联系,于是通过增加表义构件"日"使字形与其常用引申义"十日"联系起来。同样,"祸""彻""邦""偶"等字从商周字形到小篆的变化特点都是增加构件,增加构件后的字形本义都是原初字形的常用引申义,即语词的常用引申义成为这些语词字形演变和理据重构的依据。

3. 重新造字维护原职能

"虹"字甲骨文"㐅"图形性很强,象形功能逐渐丧失后,用表义构件"虫"和示音构件"工"为该语词重造了"虹"字。同样,"沬""齲""箙""圃""狩""嗑""霾"的最早字形图形性较强,字形演变使这些字形的物象性逐渐减弱甚至完全丧失,为了使字形能够表现所记录语词,干脆放弃原字形或原字形中的某个构件,而采用与语词音义有关构件重造音义合成字。

可见,随着汉字的发展演变,很多字形的原始理据已经减弱甚至完全丧失,为了使字形能够表现其记录职能,书写者往往通过变异字形、增加构件和重新造字等形式改变语词的书写形式,使字形或凸显本义所在词项,或表现引申义所在词项,从而引起字形理据重构。由于这些语词的本义和引申义仍属同一个词,所以,字形变化虽引起构形理据或字形本义改变,但与字形相关的本词并未改变,即其本用职能没有改变。

二 记录职能简缩与字形结构变化

商周时期,由于词义的引申、汉字的假借以及同形字现象的存在,一个汉字承载多个语词或多个意义的现象十分普遍。当时文字还是王、史、巫、祝等少数人掌握的神圣工具,文字的应用数量和应用范围都很小,这种一个字形承载过多记录职能的现象对阅读理解影响不大。到了春秋战国时期，由于政治、经济、文化的发展变化十分剧烈，语言中词汇的发展变化非常迅猛，文字的使用阶层、使用范围和使用频率都大大提高。在这种形势下，同一字形承担过多职能势必影响书面交际效果，因此，不同语词在书写形式上彼此区别分化成为历史发展的必然，其结果造成了部分汉字的职能简缩，因而引起某些语词的书写形式变化。

1. 同源词词形分化

刘师培说"古人缘义象以制名，故数物义象相同，命名亦同；及本语言制文字，即以名物之音为字音，故义象即同，所从之声亦同；所从之声既同，在偏旁未益以前，仅为一字，即假所从得声制字以为用"①。意思是在语言发生阶段，具有同源关系的语词往往命名相同，即读音相同；等到造字阶段，这些读音相同的同源词往往用同一个字形记录。这清楚地说明了商周文字中同源词往往使用同一书写形式的原因。后来为了提高书面交际效果，常常有意改变本词或派生词的书写形式，使本词和派生词在书面上区别开来。如：

"帝"字甲骨文作"※"，像缩酒降神时所用的束茅。它在卜辞中有两种用法：祭祀对象"帝"和祭祀行为"禘"。显然，"帝"字在卜辞中承担着记录两个具有同源关系的语词的职能。到西周金文中，记录祭祀行为"禘"的字形开始增加"口"构件，到小篆，"口"构件又换成表示祭祀的类化表义构件"示"。这样，甲骨文"帝"的记录职能到秦篆分别由"禘"和"帝"两个字承担，即派生词的书写形式通过增加构件与本词相区别。同样，"逆"和"屰"、"盘"和"般"、"考"和"老"、"仲"与"中"、"位"与"立"、"音"和"言"都具有同源关系，它们最初都用同一个字形记录，后来通过增加构件或字形变异使派生词与本词在书面上区别开来。

"土"的甲骨文字形像筑土为坛之形，本义是土神，即"社"；"土地"是其引申义。春秋战国时期，记录本义所在本词的字形增加表义构件"示"作"社"，变异后的原字形主要用来记录引申义所在的派生词。同样，"抑"与"印"、"遘"与"冓"、"擒"与"禽"、"鄙"与"啚"、"星"与"晶"等都具有同源关系，最初都用同一个字形记录，后来，分别通过增加构件或字形变异改变本词的书写形式，使之与派生词的书写形式相区别。

"冬"和"终"具有同源关系，其甲骨文字形都作"∩"，像丝绳两端或束结，表示终端之意，为"终"之初文。后来，记录本词和派生词的字形分别增加表义构件，使这两个语词的书写形式区别开来。同样，"敐""啓""启"都具有同源关系，其甲骨文字形相同，后来，通过文字的孳乳分化，原来一个字的记录职能用三个不同字来分担。

2. 同音词词形分化

商周文字中，假借现象十分普遍，很多字既要记录本词又要记录同音的他词。春秋战国时期，很多同音词的书写形式开始分化。

地名"郑"在卜辞中假借同音的"奠"字记录，后来"郑"的书写形式增加表义构

---

① 刘师培：《中国文学教科书·论字义之起源》，转引自黄侃《文字音韵训诂笔记》，上海古籍出版社1983年版，第207页。

件,以与"奠"的本词记录职能相区别。同样,"屯""纯"、"己""纪"、"须""盨"、"内""芮""纳"、"隹""维""唯""惟"、"堇""瑾""觐""勤"等同音近音词最初都用同一个字形记录,后来通过增加表义构件为这些"本无其字"的语词造了后出本字,使不同语词的书写形式相互区别。

"白"字甲骨文像正面人头之形,表示尊长之义,记录黑白之"白"是其假借用法。后来记录尊长义的字形增加表义构件作"伯",这样,原来"白"字的记录职能由"白"和"伯"两个字来分担。同样"匜""也"、"夷""尸"、"箕""其"、"国""或"等同音近音词最初都用同一个字形记录,后来通过增加表义构件为本词重造本字,使不同语词的书写形式相互区别。

3. 同形词词形分化

如果某些读音和意义都毫无关联的不同语词的书写形式相同,我们就称这些不同的语词为同形词,称这个书写形式为记录不同语词的同形字。显然,同形字现象容易造成记录职能的混淆,为了区别不同的记录职能,很多同形字通过字形变异或增加构件使不同语词的书写形式区别开来。

有些同形字是在造字过程中形成的,也就是为音义毫无关联的不同语词所造的字形相同。这有两种可能:

一是字形来源相同,或者说字形构意相同,因为语词与字形联系的角度或方式不同,从而使同一字形成为不同语词的本字。如"隻"与"获"甲骨文字形相同,都像捕鸟在手之形。从鸟的角度说,捕到的是一只鸟,与"雙"字形成对比,表示的是"一枚";从手的角度说,是捕获了一只鸟,表示的是"获得"。这样,该字有两个本义:一是量词"只",当音"zhī",另一个是动词"获",当音"huò"。显然,这两个语词之间音义都没有联系,但却都与该字形构意密切相关。后来,为了区别不同的记录职能,通过增加构件为语词"获"重造本字。同样,"俎"与"宜"、"育"与"后"、"飨"与"卿"的音义都没有什么联系,但这些语词的初文及其构意都相同,只是与字形构意的联系方式不同。后来通过增加构件或字形变异使这些不同语词的书写形式相互区别。

二是字形来源不同,或者说字形构意不同,因为汉字"形体对于它所记录的词义,只能是大致地、象征性的反映,不可能如绘画、摄影般地细腻精确"①,即字形描摹客观事物具有约略性,字形的这个特点可能造成取象外形相似的不同事物的字同形。如"派""辰"与"泳""永"的甲骨文字形相同,作"𠂢"或"𣱵",裘锡圭先生主张将"派"和"泳"的甲骨文字形看作同形字②,即"派"的甲骨文构意是"象干流出旁枝","泳"的甲骨文构意为"象人游泳水中之形"。也就是说,"派"和"泳"的甲骨文字形来源不同,由于字形描绘客观物象具有约略性而造成构意毫不相干的不同字同形。显然,承担不同记录职能的字形相同,容易造成混淆,于是通过孳乳分化把记录不同语词的书写形式区分开来。

此外,还有些字本来不同形,由于形体相近而逐渐变得混同。如:卜辞中语词"兄"

---

① 陆宗达、王宁:《训诂与训诂学》,山西教育出版社 1996 年版,第 40 页。
② 裘锡圭:《文字学概要》,商务印书馆 1996 年版,第 213 页。

和"祝"的字形本来区分极为严格,并不相混,到西周金文中,"象人跪祷之形"的"祝"变异为站立之形,因而与"兄"字同形,于是语词"祝"的字形增加"示"构件,从而与"兄"的书写形式区别开来。同样,"巳"和"祀"最早字形本来不同,随着汉字的发展演变,干支"巳"的字形逐渐与"祀"的字形混同,为了区别,语词"祀"的字形又增加表义构件"示"。

三 记录职能扩大与字形结构变化或废弃

蒋绍愚先生说:"哪些客观事物在某一民族的生活中所占的地位特别重要,反映这些事物的词汇在该民族语言中就特别丰富。据说爱斯基摩人的语言中对雪有十几种不同的说法,美洲以土豆为主要食物的印第安人的语言中对土豆的区分特别细致。所以,某种语言的词汇结构可以反映该民族的文化,汉语也是如此。"① 殷商时期,渔猎、畜牧和祭祀在当时生活中所占的地位特别重要,因此语言中反映渔猎、畜牧和祭祀的词汇非常丰富,相关文字也就区分特别细致。进入农业社会以后,随着社会生产的发展、思想文化的变迁,渔猎、畜牧和祭祀在社会生产生活中退居次要地位,相关词汇和文字的区分也没有必要像以前一样细致。这样,商周文字中多个字形分担的记录职能后来变为由一个字形承担,因而一些字形成为死字被废弃。

如甲骨文中"牡""羘""豕",“分别为雄性之牛、羊、豕、马等之专名……后于农业社会中如此区别已无必要,渐为死字,乃以从牛之牡为雄畜之通称"②,即"牡"字囊括了所有这些字的记录职能。同样,"牝"字囊括了甲骨文"牝""羘""豕"的记录职能;"牢"字囊括了甲骨文中表示祭祀用畜的"牢""宀""宀"等字的记录职能。显然,以上"牡""牝""牢"的甲骨文"异构字"的消失,实际上是同一语义场内的下位词逐渐消失而被一个上位词代替的反映,因此造成"牡""牝""牢"的记录职能扩大。"逐"字甲骨文或从豕,或从麂,或从鹿,这些不同的字形起初在用法上可能具有分工互补的关系,随着人类思维的抽象、概括和条理化,这些不同的字形最终被"逐"字所代替。同样,"牧""鸣""臽""渔""沈""薶""阱"的甲骨文字形都包括很多异构字,后来或选用其中一种字形或重新造字,囊括所有异构字的记录职能,而其余字形则成为死字。

四 记录职能转移与字形结构变化

如果一个字被当作语音符号去记录与其本义无关的他词,而本词不再是其记录职能,我们就称该字记录职能转移。记录职能转移后,汉字书写者会努力使字形与新的记录职能联系起来,以至于有些字逐渐变得与新的记录职能相切合,即发生理据重构。

如"东"字甲骨文像囊橐之形,为"橐"的本字,被借用记录方位词"东"后,不

---

① 蒋绍愚:《古汉语词汇与汉民族文化》,《汉语词汇语法史论文集》,商务印书馆2001年版,第9页。
② 徐中舒:《甲骨文字典》,四川辞书出版社1990年版,第79页。

再记录本词"橐",记录职能转移。汉字的顽强表意性使新的记录职能"东"对字形演变具有强大的制约和影响,于是该字演变为"从日在木中"的"東"形,成为方位词"东"的本字。"公"字甲骨文本像瓮形,为"瓮"的本字,被借用记录公私之"公"后,记录职能转移。于是"公"字初形中像圆底之形的构件变为形近的"厶",上边像侈口之形的构件变为形近的"八",字形理据变为"背厶为公",成为公私之"公"的本字。同样,"各""凡""罘""良""甫"等字被假借记录同音他词后,记录职能转移,为了达到新的形义统一,原字形的某一部分变异为形近的与新的记录职能相联系的构件,使变化后的字形成为与所记录语词相切合的本字。

综上所述,汉字形体是不断发展演变的,字形演变往往造成原字形理据的减弱甚至完全丧失,而汉字又有顽强的表意性,因此,凸显原记录职能或表现已经变化的记录职能成为制约和影响汉字形体结构变化的重要因素。

参考文献

[1] 刘师培:《中国文学教科书·论字义之起源》,转引自黄侃《文字音韵训诂笔记》,上海古籍出版社 1983 年版。

[2] 陆宗达、王宁:《训诂与训诂学》,山西教育出版社 1996 年版。

[3] 裘锡圭:《文字学概要》,商务印书馆 1996 年版。

[4] 蒋绍愚:《古汉语词汇与汉民族文化》,载《汉语词汇语法史论文集》,商务印书馆 2001 年版。

[5] 徐中舒:《甲骨文字典》,四川辞书出版社 1990 年版。

字词关系与字际关系

论汉语字词形义关系的表述

李运富

江沅《说文解字注后叙》："许书之要，在明文字之本义而已。先生发明许书之要，在善推行许书每字之本义而已矣。"自从许慎作《说文解字》，特别是段玉裁为之作注以来，人们逐渐形成这样一种观念：凡汉字，都有一个与字形切合的"本义"，不相切合的意义被叫作引申义或假借义；凡语词，也应有一个与词义切合的"本字"，与所记词的意义不相切合的字被叫作假借字或通假字。"本×"云者，本来、原始之谓也。于是，求"本义"和找"本字"成为传统小学的一项基本功，由本字、本义生发的"引申""假借"说也颇为盛行，人们要借这一套术语来描述汉字形义之间的种种关系。但是，现代人也发现其中存在一些问题，从而引起了对以"本字""本义"为核心的术语系的疑虑。

问题之一：有些字从形体分析所得到的意义，也就是所谓"本义"，在语言实际（指书面语言）中并不存在。字形义与字符所表达的词义不完全是一回事。

问题之二：把与字形切合的词义当作本义，而把其他相关的词义当作引申义，这就意味着字形反映的"本义"是这个词的最早意义。但谁都知道，文字产生之前，语言已存在了数万年之久，词义系统已相当丰富，且发生过复杂的变化，凭什么说明"本义"就是该词的原始义项呢？按照人类认识客观事物的一般规律，总是由粗到细，由大类而小类，由共名而私名，为什么汉字所记录的"本义"却都比引申义具体呢？可见，把与字形切合的词义看作词或字的本义，在理论上难以说得通。

问题之三：把与字形切合的义项当作本义，如果有两个以上的义项与字形切合，该怎么办？既说本义，也就是最初义，当然只应有一个。

问题之四：通常把"本字"与"本义"相对应，"假借字"与"假借义"相对应，那么，记录词语引申义的字应该叫作什么字呢？还有所谓"后出本字"的说法，既是"本字"，怎么会"后出"呢？不合逻辑。

这四个方面的问题常常使"本字""本义"论者头痛。因而有人主张，干脆取消"本字""本义"说，只需考察某个字符实际记录了哪些词义就行，至于这些词义是否该字符的"本义"，该字符又是否某词的"本字"，字形与词义有没有联系，一概不必去管。但要在语言理论上置千多年来形成的根深蒂固的学术观念于不顾，并不是件容易的事，何况我们的理由也不充足。单凭传世文献中是否出现本义或本义出现在前在后这一点，还不足以推翻传统的"本字""本义"理论，也不能完全否认"本字""本义"理论在语言研究中的实用价值。

---

* 本文原载《湖北民族学院学报》1997年第4期。

那么，能否使"本字""本义"理论更加完善、严密一些，从而避免上述各种问题呢？我们认为这倒是值得考虑的一种积极措施，是目前对待"本字""本义"理论较为可取的最佳方案。

要解决"本义""本字"的理论问题，我们不妨先撇开这组概念不管，而重新考察一下这套理论的基本思路，以便发现问题出在什么地方。我们设想，当语言发展到一定阶段，人们需要用一套文字符号来记录它的时候，关键问题是确定用哪个字形来记录哪个词，字形与词之间的联系怎样建立。先民创制的是一套表意性文字系统，决定了个体字符与对应语词的内在联系是一种形义联系，即字形的意义与词语的意义之间存有某种内在联系。但这种联系并不是一步到位，全面切合的。第一，语词的意义往往不只一个，而字形表示的意义通常是单一的。所以约定某字与某词建立联系时，往往只能选择词义中的一个或一部分，全面重合的情况是极少的。比较合理的设想是选择该词具有代表性的常用义或基础义。而同时，它作为该词的书写形式，也当然记录别的词义，这些词义之间对于字形来说只有疏密关系而没有先后关系。也就是说字符一开始就可能是记录多义的。第二，词义往往是抽象的，而字形却很难准确地显现抽象义。因此，通常不是用字形义直接表示词义，而是用具体的构件功能（即构件义）构拟出表示某种词义的理据（即字形义），理据所要表示的词义就是构形意图（目的义），字形义与目的义之间必然有某种联系，但不一定等同。字符在使用中可以偏离形义约束，既记录目的义，也记录相关义和假借义。

通常所说的"字义"是个宽泛的概念，包含有不同的层次和不同的性质。根据上述分析，我们认为有必要一方面对字形和字义的构合本身分别进行内部层次再切分，另一方面则要加强使用汉字的形义价值（即字词对应关系）调查，并重新设立几组相应的概念，这样才有可能把错综复杂的汉字形义关系描述清楚。

一　从形义相关的角度看：构件义、字形义、字符义（目的义、相关义、假借义）

我们把组成全字的形体要素亦即构件所带含的意义或功能称为"构件义"，例如"又"在参构"叔""史""祭"等字时所带含的意义是"手"；把全字形体单位（简称字位）本身所展示的意义亦即由直接构件的组合所反映的构形理据叫"字形义"，如"取"作为一个全字单位，其形体本身像以手持耳之事，"以手持耳"就是"取"这个字位形体的表义理据；字位作为记词符号运用于言语作品中时转化为字符，字符所实际承担的有关意义叫"字符义"，如"取"作为一个字符在文献中曾记录过"割耳""获得""寻求""战胜""聚集""趋奔"等义项，这些义项就都是"取"的字符义。

汉字构形具有自身的体系和规律，它要求每个字形都能做到在字位层次上与其所记词位的形义统一，也就是字位的构形理据要与字符义直接相关。但作为记录语言的符号系统，个体字符的具体使用却常常偏离形义统一的原则，因而文献中的实际字符义与字形义的关系并不都是一致的。这时还需要有一组字用学上的术语来说明字符义内部的区别。字符义中通常只有一个义项与字形义密切相关，这个义项就是构形意图所在，我们称之为目的义。目的义的用法是该字符的本来用法。有的字符用义与字形理据间接相关或关系较远，这是字符的连及用法，我们称之为相关义；有的字符使用时其字形理据与所记词义毫无关系，这是字符的假借用法，其所记词义为假借义。例如上举"取"字符的诸义项中，割耳朵一义与以手持耳的字形理据义密切相关，是其目的义；战胜、获得、寻求诸义虽不必以手持耳但与其义理有某方面的联系，是为相关义；聚集、趋奔义与持耳之事无关，实为"聚""趣"二字符之借用，故为假借义。在字符的目的义、相关义和假借义三者之中，目的义和相关义都与字形的构形理据相关，义项之间具有一定的内在联系，所以属于同一词位；而假借义与目的义和相关义皆无联系，所以是另一词位。

构件义、字形义、字符义三者既处于不同的层次，也具有不同的性质。构件义是造字层面的意义，表现出义素式的代表性和类属性，如"又"作为表义构件只表示与手有关，不必限于右手，王国维说"史"字之"又者，右手，以手持簿书也"，盖失之拘。其实右手执笔，持簿书者多为左手，然作为构件义是无须区别的，只取其类而已。构件义处于构形系统内部，通常只受构形系统的制约而与文字的使用无关。字形义是成字（字全形）层面的意义，具有义组式的多维性和联系性，它以表述一个事理、一种动作、一幅物象或某些功能组合而显示出一定的表词理据，通常受到词语音义的制约，如"史"的字形义"以手持中（簿书）"，会形象事，展现了语词"史官"这种职业的特征。字符义则是字用层面的意义，具有义项式的抽象性和概括性，它处于动态语言之中，通常要受语言环境的制约，如"史"作为字符来使用的时候，就不再是某一种特点的表述，而是概括了史官的所有特征的内涵丰富而又高度抽象的语词代码，也就是 {史}[①] 这个词位。构件义和字形义并不进入交际领域，交际中使用的只有字符义。

构件义、字形义、字符义三分，反映了汉字形义从选择构件、到组合成字、到用字记词三个相互联系的阶段，三个阶段所显示的意义多数情况下可能基本一致（字符义限于目的义），如"人"作为构件它表示人或与人相关的事物，作为一个全字单位它的理据是一个侧面而立的人形，而作为字符它记录 {人} 这个词所指的也是抽象化了的人。但也有不相一致的时候，如"又"作为构件表示与"手"有关，作为全字其理据是像"右手"之形，而作为字符它记录 {右} 词，表示方位，却从不见有"手"或"右手"的义项。再如"大"形，作为构件，它可以表示人或与人有关的事物（如"夫、立、亦"皆从"大"表人）；作为全字，它的构形理据是像一个舒臂跨腿正面而立的大人；但作为字符，它所记录的 {大} 词却只表示与"小"相对的"大"义，而并没有"人"的义项。再者，构件义、字形义主要是针对表义或表形构件及其所组合的字形而言，对于非表形表义构件诸如记号性构件、装饰性构件、标识性构件、纯示音性构件等来说，其构件义或字形义只表现为一定的功能或功能组合，并不都是具有特定内涵的概念意义，而字符义却大都是具有特定内涵的（缺乏具体内涵的虚词一般没有联系字符而借用同音字符代记），虽然有的已不可考，但只要是字符，按道理应该都是为特定的词语而造，都有其特定的目的义。

---

① 为了与字相区别，我们在指称词时加"{ }"号表示。

二　从字词对应的角度看：联系字、假借字、联系词、代记词

汉字构形与字符使用虽然属于不同的体系，各有自身的规律和特点，但构形是为了使用，词形词义与字形字义有着密切的联系，常常需要相互对应指称。我们建议采用如下术语来描述字词之间的关系。

对词而称字，有联系字和假借字之分。在目的义和相关义上记词的字叫联系字，联系字的构形理据与所记词的义项具有一定的联系，实际上就是为该词而造的专字。如果字符的构形理据与所记词位没有任何联系，亦即字符用假借义记词时，那就称为该词的假借字。一个字形单位可以同时充当几个词位的假借字，一个词位也可以同时用几个假借字（几个毫无联系的字形单位）来记录。

对字而称词，有联系词和代记词之别。与对应字符的字形义有联系的词位称为该字符的联系词，在缺乏形义联系的情况下，也就是用假借字来记录的没有目的义也没有相关义的词位称为代记词。代记词有的能找到自己的联系字（如"蚤"字所代记的｛早｝词另有联系字"早"），有的却尚无为自己专造的联系字，只好长期假借别的字符来代记（如表示转折义的｛而｝词就没有联系字而只有假借字）。

一个联系字通常对应一个联系词。但有时记录某词的联系字可以有几个字形结构单位，我们称之为同符异构现象，如｛泪｝词有"泪"和"涙"两个字形单位，又如甲金文中有从宀从牛、从宀从羊、从宀从豕等几个相关的字位，它们的字形义即构形理据各不相同，但同是为记录｛牢｝这个词位而造的，因而应算作同一个字符，其字符目的义都是表示"牲畜之圈"，而相关义有"拘人之所""牢固""牢靠"等。与此相反，一个字位有时也可能与两个词位发生联系，那就分别为两个词位的联系字并应算作两个字符。如古文字中的"受"字同时为｛受｝和｛授｝的联系字，"舟"字同时为｛舟｝和｛盘｝的联系字，"隻"形既表示一只义而记录｛只｝，又表示获取义而记录｛获｝，这种字符义中有两个义项与字形义密切相关，都能反映构形意图，说不准谁亲谁疏，因而实际上是一个字形结构充当了两个字符，记录的是两个词位，我们称之为异符同构现象。

传统的"本字""本义"理论与我们的基本思路是一致的，但区别不细，表述欠严密。首先，它们没能区分形义联系的不同层次，认为字位所表现的字形义就是字符的目的义，即所谓"本义"，从而出现了字形理据义与字符目的义不能同一的矛盾：或从字形分析不出本义，或假定为本义而文献实际中却未见使用。一旦区别字形义和字符义，这类问题就迎刃而解了。因为目的义是按照字形的构造意图来使用的意义，亦即字符义中与字形义有直接联系的义项，但它不一定与字形义相同。所以"高"字的字形义为高基亭台，其字符目的义为高大之高，"相"的字形义为以目视木，而其字符目的义为抽象之省视行为，"又"之字形义为右手，其字符目的义则为右方，原本虽密切相关而层次不同，区而别之，各为命名，就名正言顺，不必如段玉裁辈所云"又"字本义为右手，引申之则为右方，"相"字本义为视木，引申之方为一切省视，等等。

其次，"本字""本义"说混淆了字词形义联系与词语意义演变系列之间的本质性差别，从而导致前述二、三、四等方面的问题。其实，所谓"本义""引申义"，原是词汇

语义学上的术语，用以反映词义系列的根源及其演变过程，本来与字形无关；而"本字""本义"论者却用来说明文字的形义关系，这就难免要名不副实进而弄出种种矛盾来了。从上面的描述和前人的经验可知，我们分析字形，实际上只是为了确定字、词、义之间的对应关系，从而达到以形索义和以义证形的目的，并非探求词义的演变系列。因此，我们在从字形出发来谈形义关系的时候，不用"本义""引申义"等术语而改用"目的义""相关义"等说法，这就把历时的推演变成了平面的联系，从而避免让人在理论上钻谁先谁后的空子。既然只是建立一种平面的关联，那当然可以不限于一词一义，因而出现两个与字形有直接联系的目的义项也就不足为怪了，因为它们并非指语词或字符的最初意义。至于改"本字"为"联系字"，一则是要与其他名称取得一致，二则容易解释"后出本字"现象（原来字词的形义之间没有联系，后来形义之间建立了联系），三则可以包括记录"相关义"的字（这些字是不适宜叫"本字"的，而叫"联系字"倒名副其实）。

我们这套术语的中心是"字形理据义"和"字符目的义"，其实质是要反映汉语字词在形义上所存在的深层联系。这种联系是通过字符实义的归纳和字形结构的分析来建立的。那么，人们为什么要根据字形理据从字符的实用义中确定一个"目的义"（相当于传统所谓"本义"）呢？这样做果真如林沄先生所说"无论对研究字义演变的实际历史，还是对考释古文字，非但无益，反而有害"[①]吗？我们认为不是全然如此。就以林沄先生自己所举的"又"字为例吧。他说：

> 又字在古代原有"右"这一字义（当然还有其他许多字义），但后来消失了。历来注释家和字典都没有提到又字的这一字义。段玉裁分析"又"形和"ナ"形是分别象右手和左手之形，既然"ナ"形符号知道是记录"左"义的，"又"形符号应该可以记录"右"义。这是一种合理的推论。后来，甲骨文辞例证明了这种推论是对的。[②]

为什么能推论出"又"有"右"的字符义呢？实际上就是运用了形义联系的理论，即首先得承认"又"这个字形在语言中应该有一个与它的字形理据义密切相关的字符目的义，这样才能进行如下的推论："ナ"的字形义是左手，以它为理据的"目的义"是左边；"又"的字形义是右手，那么以它为理据的"目的义"应该是右边。当然这样推论出来的目的义的具体内涵是否正确，要有文献用例为证，由于历史文献的湮灭，有的目的义是无法证明的，但我们不能因此而否认字形总有相应的目的义存在。如果忽视字形义与字符义之间的理据联系，那我们就只能知道某字曾经记录过某些词义，而无法推测未知的字符义，这样段玉裁在没有见到甲骨文前是不能认识"又"有"右"义的。这个例子本身就说明了认识字形义和字符义内在联系理论对于推求词义的重要。

建立形义联系观念的另一个作用是有助于认清字、词、形、义之间的各种关系，让人们知道哪个字位（包括异写）记录的是哪个词位，是以哪个义项为中介联系字形的，该

---

① 林沄：《古文字研究简论》，吉林大学出版社1986年版，第144—145页。
② 同上书，第145页。

义项与该词的其他义项的亲疏层次如何,等等。联系字记联系词,假借字对应代记词。前者有形义联系,联系密切者为目的义,联系疏远者为相关义;而假借字与代记词的对应是约定俗成的,其间没有内在形义联系。就造字阶段而言,恐怕只有联系字与联系词的对应,假借字形来代记词位的情况应该是比较少的、临时的。字、词、形、义关系发生变化后,联系字可以重造,假借字或代记词也可能不再是临时的、少量的,而逐渐转成专一的或主要的对应关系。如"又"在甲骨文时代是"｛右｝"词的联系字,后来另造了"右","又"就转为只记录"｛有｝"等代记词了。但从历史的角度看"又"仍是"｛右｝"的初始联系字,而"右"只是"｛右｝"的后出联系字。假借字也可以为后出联系字所取代,如用"又"记录"｛佑｝"变成"佑"记录"｛佑｝"等。总之,有了形义联系的观念及其成套术语,汉语字、词、形、义之间的种种复杂关系就变得可以描述,可以归纳,可以讲解。否则,除了编纂出像《尔雅》这类从文献训诂和辞例归纳中得出的辞训式词典外,就不可能从理论上将字、词、形、义之间的关系描述清楚。

建立形义联系的观念,还有助于词位内部意义系列的归纳和同源字、同源词的联系。诚如林沄先生所说:"在语言产生之后,经过了不知多少万年才有文字出现,语言中词义的引申、转化应该早就存在了。有的研究者不顾这一基本历史事实,干脆用字形去推断语言的初期演进,比如因为生字字形是草长在地上,便推断语言中'生'这个词的原始意义是单指草生长,后来才引申或转化为其他意义,这就比讨论'字本义'更加荒谬了。"[①] 林先生的批评是对的,但之所以"荒谬",不在于据形求义的理论原则错了,而是具体操作时把字形理据义等同于字符目的义并作单向推演的结果。如果区分了字形义和字符义,先依据字形的理据义正确地找到字符的目的义,再将目的义与其他相关义项作平面的系联归整,往往能够理清联系词数个义项之间的亲疏远近关系,从而描绘出该词位的词义系列。理论上说,目的义不一定是初始义,因而系联词义不应该只作单向的推演。假如"C"是目的义,以它为中心,往前可以系联上与之有关的"A""B"诸义项,往后也可以系联上"D""E"等与之有关的诸义项。这样说来,某字符的目的义虽然不一定能作为联系词的本义来推演词义系列,但至少可以起到整理词义的中介参照作用。而且实际上,联系字的目的义与联系词的"本义"往往是重合的,所以现在有那么多人拿字符的目的义当词位的本义来推演词义系列而居然能"若合符节",至少大致能讲得过去,我们也不能不面对这一客观事实。这是什么原因呢?我们认为可以作两个方面的解释:第一,造字之初,所造字与所记词之间起联系作用的目的义的选择应该是该词的代表性义项,而代表性义项往往就是能统属其他义项的本义,这样,通过字形联系所求得的目的义与词位固有的本义事实上具有某种程度的一致性。第二,字符义固然不等于词义,但现存的古代汉语的词义由于口语的消失事实上全部表现为字符义。这样,在书面语中,字符义与词义几乎是同一概念,后代对于前代词义系统的继承和所受的影响,实际上也是书面语的字符义系统,后代词义的发展演变无疑要受到字形理据义和字符目的义的支配和约束。即使造字以前产生的义项也可能受到人为的规范而使之符合以字符目的义为基点的发展系列,也就是使由于字符的出现并变为词义的依靠根基而失序的原有词义重新排队组合,构成新的

---

① 林沄:《古文字研究简论》,吉林大学出版社 1986 年版,第 143 页。

有序系列。经过漫长的书面语的规范、调整，汉语词义系统可能不完全是文字出现以前的老样子了。在新的字、词、形、义相互对应的书面语言中，利用字形义找出字符目的义，再根据目的义与其他义项的亲疏关系，重新系联或描述词义的发展演变是完全可行的，也是为大量研究事实所证明了的。既然字形理据义及其相应的目的义可以作为系联词义系统的参照，同时也就可以为同源字和同源词的系联提供依据或线索，这也是为大量研究事实所证明了的。当然，字、词、形、义平面网络式的亲疏关系系联，并不等于语词音义历时线条式的引申派生系统，尽管它们具有某种程度的一致性，但理论上是应该要辨明的，而且实际操作中也应该要尽可能地注意其间的差别。

总之，我们认为传统的"本字""本义"说反映了汉字形义相互联系的观念，其基本思路和在研究实践中的作用是不容否定的。但原来的理论表述确实存在若干问题，无论把字符的目的义等同于字形的理据义还是将字形的理据义混同于语词的初始义都是不妥当的，所以我们有责任对它加以解释、改造，从而使它在理论上更为完善，在操作上更为方便。

论汉字的字际关系*

李运富

汉字在创制之时应该是一形一词（或语素）的，可是一经应用，由于书写的变异和记录职能的变化，字形跟词位或语素（语言中具有一定音义的最小结构单位）的关系就不再是一一对应的了，同字可以记录不同的词位，同词也可以用不同的字形来记录，因而字形与字形之间在表词属性和记录职能等方面可能形成种种复杂的关系。为了表述字形之间的复杂关系，就需要对汉字的属性和职能进行整理、分类、定称。

一

第一个用字典形式整理汉字并揭示汉字之间各种关系的是东汉许慎。许慎编撰《说文解字》，把所收各种字形分为540部，每部末尾都用"文若干重若干"注明该部的正体（字头）字数和重文字数，从而揭示了汉字之间的多种重要关系。所谓"文若干"指的是小篆正体，共9430个[①]，它们"分别部居"，同部首的字形义相关。所谓"重若干"，即所谓"重文"，指的是相应字头的同职能异形字，共1278个[②]。许慎对每个重文字形都标明了来源或字体属性，计有古文482字、籀文213字、篆文37字、奇字3字、秦刻石2字、今文2字、或体490字、俗体20字、通人说18字、转引文献用字11字。这些标注虽然重在交代字形的来源，但已经有了初步的字形类别意识，其中"或体""俗体""古文""今文""奇字"等名称也能反映字形间的某种关系，并对后世产生了一定影响。隋唐出现的韵书如《切韵》《唐韵》等据音系联，把同音的字归到一起，虽然不是有意描述字际关系，而在客观上展示了汉字之间所具有的一种同音关系。

唐代以后的正字书更加重视字际关系的说明。例如颜元孙的《干禄字书》将同职能的异形字分为"俗、通、正"三类，而张参的《五经文字》则有"同、通、借、讹、俗、或、别、古今、相承、隶变、隶省"等说法。特别是五代释行均的《龙龛手镜》，收集了

---

* 本文原载《语言》第3卷，首都师范大学出版社2002年版。

① 通行的大徐本《说文解字》（中华书局1963年影印陈昌治刻本）叙言自称所收正文字头为9353字，段玉裁《说文解字注》统计为9431个，今据崔枢华、何宗慧校点为9430个（北京师范大学出版社2000年《标点注音·说文解字》）。

② 通行的大徐本《说文解字》（中华书局1963年影印陈昌治刻本）叙言自称所收重文为1163字，段玉裁《说文解字注》统计为1279个，今据张晓明《〈说文解字〉小篆重文研究》（北京师范大学2000届硕士学位论文）考订为1278个。（后张晓明来信说，她重新统计的结果是：段注本重文共1280个，大徐本重文共1272个。——刊后补记）

大量的同职能异形字，每字下都注明"正、同、通、俗"等分类属性。根据张涌泉的研究，《龙龛手镜》字例中所用术语的内涵及相互之间的关系如下①：

1. 正字例。"正"字通常是指于古有据而当时仍在正式场合通行的字体。
2. 同字例。"同"字通常是指变异偏旁或字形结构而形成的异体字。
3. 或作例。"或作"的含义与"同"大体相当，也往往是指变异偏旁或字形结构而形成的异体字。
4. 古文例。"古文"亦简称"古"，是指古代曾经使用而当时已不流行的字体。其中有古代的异体字，也有后世产生的俗字。
5. 今字例。"今"相对于"古"，是指当时流行的字体。其中多数与俗书有关。
6. 通字例。"通"字是指通行已久的俗体字，其规范性较"俗"字为强。"通"字主要是字形演变或声旁改换的结果。
7. 俗字例。"俗"字是指社会上流行的不规范的字体。
8. 俗通例。"俗通"盖流俗通行之意，"俗通"字大约是兼于"俗"字与"通"字之间的字体。
9. 变体例。"变体"是指字形演变或偏旁易位形成的字体。
10. 误字例。"误"字是指书写讹变形成的字体。

类似的字际关系的表述在古代的注释书中也有表现，如古注所谓"某，古字""某，今字""某，某，古今字""某，同某""某，通某""某，某之讹""某，俗作某"等，都是以文献解读为目的而沟通同职能字际关系的。这些名词术语经过历代注释书和辞书的传播，一直影响至今，例如近代学术的先驱黄侃先生在《说文略说·论字体之分类》中也将同职能的异形字分为"正、同、通、借、讹、变、后、别"八类，并分别作了界定或说明：

1. 正。今所谓正，并以《说文》正文为主。
2. 同。今《说文》所载重文皆此也。
3. 通。和、龢、盉各有本义，而皆可通用和；勰、协、恊各有本义，而皆可通用协。此出于转注。
4. 借。难易之字不作戁，而作难；厚薄之字不作洦，而作薄。此出于假借。
5. 讹。《说文》所举長、斗、虫、苟四字是。后世则如堉作聋、荅作答是。
6. 变。《说文》所举篆籀省改诸文是。后世则如淖为潮，茇为蓛是。
7. 后。《说文》牺下云：贾侍中说，此非古。后世则如从弟有俤，从赴有讣是。
8. 别。《说文》所举今字、俗字，后世则如祝作呪，琀作唅是。

上述描写字际关系的种种概念似乎已成体系、定论，因而现在不少的《古代汉语》教材和《文字学》教材都仍然沿用其中的某些概念。但实际上这些概念并不是一个科学的"术语系"，存在着严重的局限。第一，层次不清，即所分各类并非同一平面的东西。如跟"正字"并列的应该是"非正字"（或沿《说文》用"重文"），而"同""通""借""讹"等实为"非正字"的次类，不应该跟"正"平列。第二，属性不同，即所属

---

① 张涌泉：《敦煌俗字研究》第十章，上海教育出版社1996年版。

各类并非同一性质的东西。如在"非正字"下面,"同、讹、变、别"等跟"正字"属于同一字符,是构形和书写的差异;而"通、借、后"则属于不同的字符,是用字上的差异。它们应该分别为两类,不能混杂并陈。第三,标准不一,即站在不同的角度根据不同的条件划分同层次类别。如"同"是从职能的角度说话,"俗"是用规范的眼光看待,"讹、变"是指形成差异的原因而言,"古""今"则根据时代的先后划分,"通"以音义相关为据,"借"以形义无关为准,因而所谓"古今字""异体字""通假字""同源字""正俗字"等其实都是交叉的。第四,内涵不定,即某一术语究竟指称哪种性质的文字并不清楚。如黄侃说许慎的"重文"都是"同"字("今《说文》所载重文皆此也"),又认为"《说文》所举篆籀省改诸文"是"变"字,"《说文》所举今字、俗字"是"别"字,自相矛盾。其实《说文》所举"篆籀省改诸文"及"今字、俗字"都属于重文。当然把《说文》重文都当成"同字"或"异体字"也不准确,因为许慎所标出的"重文"跟正篆的关系虽然主要是异体字关系,但同时也包括同音字关系(如"妥"与"㛂")、同源字关系(如"氛"与"雰")、同义字关系(如"续"与"賡")和本来是异体关系但当时已经分化为不同字符的异体分化字(如"冰"与"凝")等①,这说明"重文"的内涵也是不确定的。甚至有同名异实、异名同实的现象。例如"通"在《龙龛手镜》中"是指通行已久的俗体字,其规范性较'俗'字为强";而黄侃的"通"从所举例字看应是指"同源通用"现象;古书注释中的"通"或"通用"则似乎无所不包;而现代说古书某字"通"某字时一般是指"通假字"而言。《龙龛手镜》的"变体字""是指字形演变或偏旁易位形成的字体",黄侃的"变"体字实指简化字。凡此,都是同名异实的例子。再如《龙龛手镜》中的"同字例"和"或作例"其实都是"指变异偏旁或字形结构而形成的异体字",黄侃所说的"同字"和"别字"其实也都是指异体字而言,可见这些术语异名而同实。

现代汉字学用"异体字""同音字""错别字""繁简字""规范字与不规范字"等概念来表达字际关系。其中的"错字"相当于古人所说的"讹"字,"别字"则与黄侃的"别"字同名异实而与所谓"通假字"异名同实。至于"繁简字"其实各朝各代都有,但一般不这么叫。现代所谓"繁简字"是现代汉字规范中具有特定内涵的个性化术语,它以国家公布的《简化字总表》为特定范围,繁体字指对应字组中笔画多的字,简体字指对应字组中笔画少并定为规范的字,没有繁简对应关系和规范意义的不在其中。就繁简字之间的形音义属性而言,有的是异体字,有的是同音字。所谓"规范字"和"不规范字",有点类似古代的"正字"与"俗字"的关系,但标准并不相同。现代"规范字"没有明确的定义,大致是指经过简化和整理的汉字,而"不规范字"则是指繁体字、被淘汰的异体字、生造俗字、错别字及其他不符合国家有关规范标准的汉字。

总之,无论是古代还是现代,有关字际关系的术语名称虽然不少,也确实能表述某一方面的字际关系,但它们大都出于特定的目的,各自只适用于特定的场合,相互之间没有明确的并列关系和上下位关系,所指现象往往交叉重复而又不能涵盖全部。可见这许多的

---

① 参见张晓明《〈说文解字〉小篆重文研究》(北京师范大学2000届硕士学位论文)、黄天树《〈说文〉重文与正篆关系补论》(刘利民、周建设主编《语言》第一卷,首都师范大学出版社2000年版)。

名称术语实际上并没有构成科学的体系，还难以承担系统地准确地描述汉字之间各种属性关系的重任。因此，我们必须对上述各种概念进行清理，按照汉字字际关系的实际情况重新建构类别系统和术语系统。

二

汉字的字际关系可以从不同的角度来认识，也可以按不同的层面来考察，但不同角度的名称和不同层面的类别不能混杂并存，同一角度或同一层面的现象应该按照同一的标准来分类和定称，只有这样，类别之间才能具有逻辑关联，术语之间才能形成科学系统。

考察汉字的字际关系必须结合字形的表词职能才有意义。根据汉字的现存环境，我们认为汉字的字际关系应该分别从文字系统（构形系统）和文献系统（字用系统）两个角度来描述。这一节先谈文字系统的字际关系。

文字系统是一种贮存状态，个体汉字对应于语言系统中的词位或语素。在文字系统中，个体汉字的职能是靠构形体现的，反映的是字符本义，因而可以说这是构形系统的汉字关系。汉字构形是以汉语词位的音义为根据的，所以每个汉字的属性除了具有形体这个外在的可视物，还负载着某个词位的音和义。如果以汉字的形音义三属性跟所记词位的异同为标准，那么在构形所示音义（也就是本字本词）的条件下，汉字系统中可能形成的字际关系有：

（一）同音字：指读音相同而所记词位不同的字。如"亿义艺刈忆议屹亦异吚邑佚役译易怿诣驿绎轶疫弈羿奕挹益浥逸翌嗌溢肄意毅鷁曀螠翼镱"等字现代都读"yì"，但所记录的都是不同的词位。同音字可以满足记录汉语同音词位的需要，并且能够在字形上起区别同音词位的作用，例如"城市"与"成事"在口语中难以区别，而在书面上却一目了然。由于语音的变化，各个时代的同音字是不可能完全一样的，不同时代的同音字应该根据不同时代的语音系统确定。例如上举现代读"yì"的"益肄逸议易"等字在《广韵》时代分别属昔韵影纽入声、至韵以纽去声、质韵以纽入声、寘韵疑纽去声、寘韵以纽去声，并不同音。

（二）同义字：指义项相同而所记词位不同的字。如"尖"跟"锐"、"舟"跟"船"、"丹"跟"彤"等，它们的本义分别相同，却都属于不同的词。《说文解字》中有380个"互训"字[①]，大都是同义字。如：诣，谡也；谡，诣也。欥，歔也；歔，欥也。追，逐也；逐，追也。桥，梁也；梁，桥也。逢，遇也；遇，逢也。饥，饿也；饿，饥也。以上各组同义字部首相同。部首不同的同义字更多，如：歌，咏也；咏，歌也。束，缚也；缚，束也。頭，首也；首，頭也。谨，慎也；慎，谨也。邦，国也；国，邦也。逃，亡也；亡，逃也。问，讯也；讯，问也。逮，及也；及，逮也。同义字记录着汉语中的单音节同义词。

（三）同形字：指形体相同而所记词位不同的字。如果一个字形可以记录几个词位，除了临时通假的情况外，我们认为这个字形实际上包含了跟所记词位对应的几个字符。分

[①] 参见余国庆《说文学导论》，安徽教育出版社1995年版，第73页。

别记录几个词位的几个字符却共用着同一形体,所以叫作同形字。字典中对同形字的处理应该分立字头或者在同一字头下分词位标注音义。同形字大致有三种情况:

1. 造字同形。在为不同词位造字的时候,基于各自的理据联系,恰好选用了同样的形体,这样形成的同形字叫造字同形。造字同形当然有故意的,但大多数情况下恐怕只是一种巧合。例如,甲金文中有个"隻"①字,从"又"(手)持"隹"(鸟),表示抓获的意思,显然是记录获得的"获"这个词位的本字。但这个字形的构造理据也可以解释为手里只有一只鸟,所以后来在为量词"只"造字的时候就有意识地借用了这个形体,并且以此类推还造出了手里拿着两只鸟的"雙"字。对于量词"只"来说,"隻"也是本字,是特为它而造的。这样一来,先后替动词"huò"和量词"zhī"所造的本字就共用了同一形体,成为同形字。后来为了区别,替动词"huò"重造了本字"獲"(获),"隻"才成为量词"zhī"的专用字。又如甲骨文中的"帚"字,既表示扫帚的"帚",又表示妇女的"妇",但"帚"与"妇"这两个词位既不同音,也不同源,因而用"帚"记录"妇"不可能是同音借用,也不可能是派生词的兼用,那就只能是造字的同形。即用象形的方法替扫帚一词造出本字"帚",而在替妇女一词造字时,也借用"帚"的形体,因为扫帚是妇女日常劳作所用的工具。用扫帚之形来表示持帚之人,犹如用斧钺之形表示持斧之人(王)、用酒坛之形表示坛中之酒(酉),原是构形表义的方法之一。因此,"帚"也应该是妇女的"妇"的本字,跟扫帚的"帚"字同形而已。再如甲骨文中的"舟"实际上也是为两个词位而造的同形字,一个表示"舟船"的"舟$_1$",一个表示盘子的"舟$_2$(盘)"。这大概是因为古代的盘子和舟船形体相似,所以用"画成其物"的象形方法造字时造出了同样的形体。"盘"应该是表示盘子的"舟$_2$"的后起字,在象形的"舟$_2$"下加了个表示类属的义符皿。甲金文的"受"字中间从"舟",这个"舟"应是表示盘子的"舟$_2$(盘)",盘子可以用手授受,如果认为是舟船的"舟$_1$",那上面授的手(爪)和下面受的手(又)恐怕都是拿不动的,显然不合字理。

隶变以后所造的字也有同形的,如"甭"字,南北朝时记录"bà(罢)"词(见《颜氏家训·杂艺》),宋代记录"qì(弃)"词(见《龙龛手鉴》),现代记录"béng(不用)"词,这三个词意义相近,所以造字时用了同一种会意方法,结果造出三个同形字。"铊"字作为形声字,也先后代表着三个不同的词。《说文》中的"铊$_1$"读"shé",指的是一种短矛;近代文献中有一个"铊$_2$"读"tuó",指的是秤砣;现代又有一个"铊$_3$"读"tā",表示一种金属元素。三个音义都不同的词怎么会造出同一个形体来记录呢?原来"它"是一个多音字,在"铊$_1$""铊$_2$""铊$_3$"中具有不同的示音职能,所以三个读音不同的字符都选它作声旁,结果造成了同形。

现代简化字许多是给原字重造笔画少的异体字,在这一造字过程中,出现了不少跟历史上曾经用过的某个字符恰好同形的字。例如将身体的"體"简化为"体",用的是会意造字法,即身体为人之本,故字从人本合成。而历史上曾经有一个"体"字,从人本声,是粗笨的"笨"的本字。《广韵》上声混韵:"体,粗皃。又劣也。"音"蒲本切",读"běn"。这样一来,读音为"tǐ"表示身体的"体"跟读音为"běn"表示粗笨的"体"

---

① 此节有些字例参见裘锡圭《文字学概要》(商务印书馆1988年版)"同形字"节,谨致谢意。

就同形了。再如"僅"的简化字"仅",是用简化记号"又"取代原字的声符"堇"而造成的义符加记号字,但它恰好跟"付"的异体字"仅"同形。古文字从又、从寸常常互为异体。《正字通》:"仅,同付。"《六书故》:"仅,从又。授物于人,仅之义也。"在简化字中,还有故意将本为不同字符的两个字简化为同一形体的情况,如将脏污的"髒"和腑脏的"臟"都简化重造为形声字"脏",因而现代汉字中的"脏"分别代表两个音义不同而形体相同的词,一读"zāng",表示肮脏,一读"zàng",表示腑脏。

2. 变异同形。原本不同形的几个字符,由于形体发生变异,也可能造成同形关系。变异可能是无意识的,也可能是有意识的;变异的形体通常不再具有理据。讹异同形有的是甲字不变,而乙字或丙字变得跟甲字同形。如"疋",这个形体本是记录表示脚义的"shū"词的,后来"匹"(pǐ)字讹变,也可以写作"疋"(还有一个来历不明的"疋"字,读"yǎ",用法同"雅"),于是"疋""匹"这两个本来形音义都不同的字由于"匹"字的讹变而同形了。再如《说文》:"萑,艸多皃。从艸,隹声。"读"职追切"。又《说文》:"萑,鸱属。从隹从芇。有毛角,所鸣其民有祸。"读"胡官切"。可见"萑、萑"也是两个互不相干的字符,后来"萑"字的上部讹变为"艹",于是就写得跟"萑"字一样,成了同形字。

有的是甲、乙或丙字都变,变成另一个相同的新形体。如"适",这个形体有两个来源,一是由古代的小篆"𨓆"字讹变而成,读"kuò",表示急速的意思;一是由繁体的"適"字简化而来,读"shì",表示往的意思。简化也是一种变异,所以本来不同形的"𨓆"和"適"经过变异成了同形的"适"。又如在古文字中,国王的"王"字本像阔口短柄的斧钺之形,玉石的"玉"字本像系联的玉块之形,两字原不相干。可曾经它们都变成"王"形,难以区别,后来规定表玉石义时加点作"玉",表国王义时无点作"王",并且中间一横稍短,才使这两个字符又从同形的状态下区分开来。

3. 派生同形。当一个词语因词义引申而派生新词的时候,没有为新词另造记录字符,而是仍然用源词的本字形体来记录,就源词的本字形体来说,它既记录源词,又记录派生词,所以在职能上是兼用。例如长短的"长"引申为生长的"长"(植物生长以枝茎叶增长为标志,动物生长以增加身高或身长为特征),读音由"cháng"变化为"zhǎng",这就意味着派生出了新词,但并未另造新字,而是兼用源词的本字来记录派生词。但如果从字词的对应关系上来说,"兼用"现象也可以理解为派生词的字符跟源词的字符同形,也就是说实际上为派生词造了一个字,只不过这个字是借用了源词本字的形体而已,我们把这种因派生词兼用源词字符的形体而造成的同形称为"派生同形",如"长"字既表示长短的"cháng",又表示生长的"zhǎng",与其看作一个字符记录了两个词,不如认为是两个字符共用了一个字形,即"长"这个字形包含两个字符:字符一"长$_1$"读"cháng",表示长短之义;字符二"长$_2$"读"zhǎng",表示生长之义。这种字例很多,所有的"兼用"字都可以当作"派生同形字",只是立论角度不同而已。如"传"(传递之"chuán",传记之"zhuàn")、"弹"(弹弓之"dàn",弹力之"tán")、"冠"(冠冕之"guān",冠军之"guàn")、"读"(读书之"dú",句读之"dòu")、"少"(多少的"shǎo",少年的"shào"),等等。

(四)同形同音字:指形体、读音都相同而所记词位不同的字。这一类本来也可以并入上面的"同形字",只是因为它们既同形又同音,所以单独列出来,以便定义。同形同音字也有造字形成的和变异形成的两种情况。如"枋"形,在同一个"fāng"的读音下能作四个不同词语的本用字符,分别表示树木名、方形的木材、用于防堰的木料、用木材扎成的木排等。这四个义项没有必然的引申关系,通常认为属于四个不同的词位,而记录它们的字形都是从木方声,构字方法相同,但由于"木"这个义符可以表示多种相关的意义,所以能跟多个词语发生形义联系,即使完全同音也仍然有构意上的差别,应该看作为不同词位分别造的本字。又如读音为"zhòu"的"胄"其实也是两个词位的同形字符,"胄₁"在《说文》中是"兜鍪也,从冃(帽)由声",读"直又切";"胄₂"则是"胤也,从肉由声",也读"直又切"。这是两个虽然同音而并不同词的字,本来形体也不同,但隶变以后,"胄₁"所从的"冃"变成"月","胄₂"所从的"肉"也变成"月",结果两个字形都变成了上由下月的"胄"了。再如当驿站和递送讲的"郵"本为从邑(都城)从垂(边陲)的会意字,现代简化为"邮",从阝(邑)由声,是用形声方法重造而成的,但这个形体恰好跟古书中作地名用的形声字"邮"既同形又同音。现代将古书中表示量具的"鐘"简化为"钟",把古书中表示乐器的"鍾"也简化为"钟",于是现代的字形"钟"也成了同形同音字。

　　上面提到的"派生同形"是指读音也发生变化的情况,如果派生词并没有读音的变化,它们跟源词共用字符更是普遍现象,只是人们习焉不察,以为还是一字一词,但严格说来,其实也应该看作异词同形,并且还同音。例如"以"原为动词,后虚化为介词,又虚化为连词,又虚化为助词,虚化也是一种派生,它们不再是同一个词,但读音没有变化,也都用源词的本字形体来记录,因而属于同形同音字。

　　某词没有本字,借一个现成的同音字形来记录,并且久借不还,使该字形除了原来的本字职能外,同时成为某个或某几个别词的固定字符,这从用字上来说属于"假借"现象,而从字词的固定关系上看,也可以理解为数字同形现象。我们可以不承认"假借"是一种造字现象,因为它没有构造新的形体;但我们可以认为假借方法替本来没有字符的词语配备了可用字符,从而建立了字词的固定对应关系。如果这样,我们把一个字形的本用和假借用法看成几个字符共用一个字形也是说得过去的。例如"花"这个形体,实际上就是两个字符,对应着两个词语:一个是"花"形的本用,表示植物的花朵,它是用形声的造字法则构成的,可以标记为"花₁";一个是"花"形的借用,表示花钱、花费,它没有构造新字,而是借同音的表示花朵的花的现成形体来作字符,有人称之为"音本字",这个音本字可以标记为"花₂"。"花₁"和"花₂"作为两个词位的固定字符而共用了同一个形体"花",并且同音,所以属同形同音字。假借字与被借字最初应该都是同音的,不同音的现象(如暮色的"莫"与否定词"莫")大都是后来音变造成的。因此,所有的假借字都可以看作是被借字的同形同音字。至于有本字的临时"通假"则纯属用字现象,当然不在此类。

　　(五)异体字:指本用职能是记录同一词位(或语素)而形体不同的字。所谓"本用"是相对于"借用"而言的,字形借用不属于异体字范畴。所谓"记录同一词位"是就字符的本质职能而言,只要所记义项属于同一词的意义系统,就可以算是记录同一词位的,而不必每个字形所记录的实际义项完全相同。异体字可能是异时异地的,因而实际读音也不必完全相同。有人界定异体字必须音义完全相同，并且在任何情况下都可以互换，那只是一种理想状态，实际用例未必如此。异体字从形成过程来看，可以分为异构字和异写字两种。

1. 异构字，指为同一词位而造但构形属性或理据不同的字。跟理据相关的构形属性包括构件、构件数量、构件职能等。异构字大致有两种情况：

（1）造字方法不同，或者说结构模式不同。如小篆中的"鬲"像三足炊器之形，而另一个异体字则从瓦鬲声。又"看"的小篆是从手在目上会形，而另一从目軱声的字则为异体。再如"泪"（从水从目会意）与"淚"（从水戾声）、"埜"（从林从土会意）与"野"（从里予声）、"豔"（从豐盍声）与"艳"（从丰从色会意）、"鷄"（从鸟奚声）与"鸡"（从鸟加记号又）、"頭"（从頁豆声）与"头"（纯记号）等，都是结构方式不同的异体字。

（2）造字方法相同，而其他属性不同。有的构件数量不同，例如小篆的"得"从寸从贝从彳会意，另一形则从寸从贝会意，少去表示路的彳构件，而所记词位相同，构成异体字。类似的如"集"（从隹止木上会意）与"雧"（从三隹止木上会意）、"嵬"（从山鬼声）与"巍"（从山鬼声又委声）、"旾"（从日屯声）与"萅"（从日从艹屯声）等异体字，彼此之间都有构件数量的差异。在甲骨文中，职能相同或相近的构件数量常常不固定，如"中""木""又""鱼""水""彳""止""口"等构件常常或有或无或多或少，但一般并不影响字形的记录职能，因而都可以看作同一字符的异构形体。

有的构件选择不同。如"蚓—螾""綫—線""裤—袴""跡—蹟""猨—猿"等各组异构形声字所选择的声符不同；"绔—袴""跡—迹""杯—盃""雞—鷄""脣—唇"等异构形声字所选择的义符不同；而"迹—蹟""村—邨""绔—裤""响—響""视—眡"等异构形声字则选择的声符义符都不同。不只是形声字有构件选择问题，会意字也可以选择不同的表义构件，如"塵—尘""災—灾""間—閒"等组异构字就是因构件表义不同而造成的。

2. 异写字，指结构属性相同而写法不同的字。包括变体字、变形字两种情况。所谓变体字，指结构属性相同而书写体式或风格不同的字，例如"鱼"字，甲骨文写作"魚"，金文写作"魚"，小篆写作"魚"，隶书写作"魚"，宋体写作"魚"等。这些形体的结构属性和记录职能都是完全相同的，只是书写风格和体式不同而已。

所谓变形字，指同一字体中结构属性相同而形态样式不同的字。有的变形字是由于书写时所用笔画或线条的多少、长短、粗细、轻重、曲直和交接、离合、穿插等因素的不同而造成，如甲骨文中的"鱼"字有"魚魚魚魚魚魚魚"等不同形态，而其结构属性和记词职能是完全相同的。有的是由于写字时构件的摆布不同而造成的，例如楷书和宋体中的"裡—裏、峰—峯、够—夠、氈—氊、期—朞、雜—襍"等，虽然因构件布局不同而引起形体样式不同，但各组字之间的结构属性和记词职能并没有不同。有的是书写过程中将原字的某些笔画或构件有意（出于便写、美观、简化等目的）或无意（错讹）地加以粘连、并合、分离、减省、增繁而形成的，例如"并—並、吊—弔、霸—覇、游—遊、羗—羌、朵—朶、久—乆、叫—呌、聴—聽、世—卋古"等。这些形体的变异属于书写现象，不影响构形属性，因而不应该算作异构字，而只能算作异写字。

（六）同源字：指记录不同词位而音义相关的字。同源字关系是由汉语同源词的关系所决定的，或音同义近，或音近义同，或音义相通。父子相承是同源，兄弟相亲也是同源。若就同源字的形体关系而言，则有三种情况①：

1. 形体无关的同源字。例如"贯（毌）"与"冠"。《说文解字》："冠，絭也，所以絭发。弁冕之总名也。从冖从元，元亦声。冠有法制，从寸。"许慎认为"冠"的音义来源于"絭"，如果能够成立，那"冠"与"絭"也是一组形体无关的同源字。但"絭"的本义是"攘臂绳也"，未必与"冠"有直接的联系，所以汉刘熙的《释名·释首饰》提出另外一说："冠，贯也。所以贯韬发也。"毕沅《释名疏证》："贯当作毌，《说文》贯乃泉贝之贯，毌则穿物持之也。从一横贯，读若冠。今则通用贯字。"其实毌像宝货相贯之形，贯应是毌的增旁异构字，它们所记录的是同一词位。"冠"与"贯（毌）"古代同音，冠需要用笄横贯才能固定，所以因贯而得名。可见"贯（毌）"与"冠"音义相关，是父子相承的同源字。又如"欺"与"谲"。《说文解字》："欺，诈欺也。"又："谲，权诈也。"《诗经·周南·关雎》序："主文而谲谏。"郑玄笺："谲谏，咏歌依违不直谏。"孔颖达疏："谲者，权诈之名。托之乐歌，依违而谏，亦权诈之义，故谓之谲谏。"可见"欺"是一般的欺骗，"谲"是政治欺骗，即耍弄权谋，采取非常规的手段。它们在意义上有共通的东西，即都是变更常规正道，隐瞒真实情况；声音上"欺"为溪纽咍韵，"谲"为见纽屑韵，溪见邻纽，咍屑旁对转，读音相近。音近义通，实为同根所生，所以是兄弟相亲的同源字。

2. 同声符的同源字。源词派生出新词的时候，往往孳乳新字以分化源词和派生词，孳乳字又往往以源词的本字为声符而另加义符构成，于是产生两种同声符的同源字。一种为父子相承关系。如"解"与"懈"。《说文解字》："解，判也。从刀判牛角。""懈，怠也。从心，解声。"今按，"解"是判分、分解的意思，《庄子·养生主》"庖丁为文惠君解牛"正是用的本义；引申而有解开、放松、松散等义。其中指心理疙瘩的分解（也就是心情上的放松）的义项，派生为新词"懈"，而"懈"字形体正是以源词的本字"解"作声符。一种为兄弟相亲关系。如《说文解字》："撕，散声。从广，斯声。""澌，水索也。从水，斯声。""㪒，流冰也。从仌，斯声。"《类篇》："撕，折也。""嘶，马鸣。""廝，山宜切，析也。又相支切，析薪养马者。""簁，竹器也。可以取粗去细。""鐁，平木器。《释名》：'斤有高下之迹，鐁弥而平之。'"今按，这一组字都从"斯"得声，也都含有"分散、分离"的义素，"水索"指小股水流离散消失，"流冰"指解冻后分离的小冰块，"马鸣"声音嘶哑分散，"取粗去细"就是让粗细分离，"鐁"的作用也是刨去高出的木而使木块平整。可见它们声近义通，其实它们都是同一个父亲所生，音义都来源于"斯"。《说文》："斯，析也。从斤，其声。《诗》曰'斧以斯之'。"

3. 同形的同源字。派生新词时没有分化新的字形而是兼用源词的字形，这就造成几个同源词共用一个字形的现象，它们既是同形字关系，又是同源字关系。例如"数"字有四个读音，各自承担不同的义项，实际上代表了四个词位："数₁"音 shù，基本意义为"数目"；"数₂"音 shǔ，基本意义为"计算"；"数₃"音 shuò，基本意义为"多次"；

---

① 参见王宁《浅论传统字源学》，载《训诂学原理》，中国国际广播出版社1996年版，第126—143页。

"数₄"音 cù，基本意义为"细密"。这四个词位读音相近，意义相关，字形相同，所以是同形同源字。前文所论"派生同形字"实际上都可以看作同形同源字，归类角度不同而已。

三

现在来看看文献系统的字际关系。文献系统是一种使用状态，个体汉字对应于言语系统中的词义（义项）。在文献系统中，个体汉字的职能是靠语境显示的，通常只有一个确定的义项。文献系统中的字际关系主要是指字用属性关系和职能对应关系，而不再是汉字的形音义异同关系（否则就与文字系统的字际关系没有区别了）。汉字的使用职能不外乎三种：本用（用本字记本词）、兼用（用本字记派生词）、借用（用借字记他词）。派生词往往是词义引申的结果，在派生词没有专用字的情况下，用源词的本字兼记，实际上也可以算作本用。这样，汉字的职能就可以合并为两种：本用和借用；汉字的使用属性也只有两种：本字和借字。与此相应，文献中的字际关系就职能和属性来说也就只有"本字本用"和"借字借用"两种，例如在"学而时习之，不亦乐乎"这句话中，"学、时、习、乐"属本字本用，"而、之、不、亦、乎"属借字借用，但这样归纳过于笼统，实际意义不大。

研究文献系统中的字用职能，主要目的是为了解读文献。因此，我们需要知道两方面的情况：一是某个字形可以记录和实际记录了哪些义项，这属于个体字符的职能问题，与字际关系无涉。二是某个义项可以用哪些字记录和实际上用了哪些字记录，如果一个义项可以用或实际上用了不同的字来记录，那这些字相对于同一职能而言就形成了某种字用关系，这种同职能的字用关系正是我们需要重点考察的文献字际关系。在记录同一义项的条件下，所用的不同字形或可能使用的不同字形之间，它们的职能对应关系和字用属性关系有以下三种。

（一）本字——本字

几个字形分别记录同一个义项，而对这个义项来说，这些字形都是它的本字，就这些字形来说，它们所记录的这个义项都属于各字职能的本用。具体包括下面四种情况：

1. 异体字—异体字

异体字是记录同一词位而形体不同的字，文献中虽然选用不同形体，而这些形体对于同一词位（义项）而言都是本字。例如，《论语·八佾》第 12 章："祭如在，祭神如神在。"其中的"神"字定州汉墓竹简本《论语》46 号简作"䰠"。今按，"䰠"字即《说文》的"䰠"字，许慎解释说："䰠，神也。从鬼，申声。"清俞樾《诸子平议补录》："山䰠也。䰠即神之异文。"这里所谓"异文"其实就是异体字。"䰠"与"神"为义符不同的异体字，"䰠"与"䰠"为构件布局不同的异体字，它们都表"神灵"之义。

2. 同义字—同义字

从构形角度看，同义字是指本义相同的字；而从用字的角度看，同义字的范围则要大得多，无论是本义还是引申义，只要有一个义项相同就可以看作同义字。如"治"与

"理"、"世"与"代"为引申义项的同义；"元"与"始"、"大"与"京"则是本义跟引申义相同。这些具有相同义项的同义字，在文献使用中表达同一义项时可以互代。同义字所记虽然是不同的词位，但各字对于自己所记的词位来说无论是记本义还是引申义，都属于本字本用。例如，《论语·八佾》："邦君树塞门，管氏亦树塞门。邦君为两君之好有反坫，管氏亦有反坫。管氏而知礼，孰不知礼？"其中的"邦"字定州汉墓竹简本《论语》59号简作"国"。《说文解字》："国，邦也。从口从或。""邦，国也。从邑丰声。"可见"邦"与"国"是本义相同的同义字。《论语·子路》："斗筲之人，何足算也？"其中的"算"字定州汉墓竹简本《论语》350号简作"数"。《说文解字》："算，数也。从竹从具。""数，计也。从攴，娄声。""算"与"数"本义相近，但在此句中都引申为估量、评价之义，应看作引申义相同的同义字。《论语·为政》："大车无輗，小车无軏，其何以行之哉！"其中的"车"字定州汉墓竹简本《论语》31号简作"舆"。又《微子》篇："夫执舆者为谁？"其中的"舆"字定州汉墓竹简本《论语》557号简作"车"。我们知道"舆"的本义为车厢，并不与"车"同义。但在前例中简文"舆"字以部分代全体引申为"车"义，在后例中简文"车"字词义范围缩小而指"舆"，可见这两例中的"车"和"舆"分别为本义和引申义相同的同义字。有些同源字由于词义的引申变化，相互之间也可能造成某些义项相同，文献中如果用异形的同源字表示同一个义项，那也可以看作同义本字关系。如"命"和"令"有时可以互换使用表示派遣、使让之义，就应该看作都是使用本字的同义关系。

3. 古本字—重造本字

某字由于频繁用于记录它词，或本词派生而需要分化，因此为该字的本用义重造一个本字，而原字可以不再本用，只负担借用或兼用的职能，但实际上原字仍然有本用的现象。例如"莫"字，本用表示傍晚黄昏时分，同时借用为代词和否定词。为了区别本用借用，为其本义另造了本字"暮"。又如"益"字，本义是满溢，引申派生为利益、增益。为了区别本用兼用，为其本义另造了本字"溢"。对于傍晚时分这个义项来说，"莫"是它的本字，"暮"也是它的本字；对于满溢这个义项来说，"益"是它的本字，"溢"也是它的本字。我们把最初的本字"莫""益"叫作古本字，把后起的本字"暮""溢"叫作重造本字。古本字跟重造本字都是为了记录同一个语词而造的，它们本用的职能完全相同，只是形体不同，产生的时代先后不同。如果我们只从本用的角度看问题，可以说"莫"与"暮"、"益"与"溢"实际上是两组历时异体字，因而它们在表示本义时都应该算是本字。但是，就重造本字"暮""溢"产生的途径和目的来看，跟下文要讲到的后造本字"彩""谓"及分化本字"懈""娶"等除了职能对应关系不同外（重造本字承担母字的本用职能，后造本字承担母字的借用职能，分化本字承担母字的兼用职能），又没有什么实质性的差异，既然"采"与"彩"、"取"与"娶"是异字符，那"莫"与"暮"及"益"与"溢"看作异字符也似乎未尝不可。那就是说，既然另有专用的本字，那原来的多职能"莫""益"就不应该算是黄昏、满溢词位的本用字符，因而文献中用"莫"记录"暮"词、用"益"记录"溢"词的现象，就都应该算作有本字的借用即通假了。这两种处理方案似乎都有道理，但我们比较倾向前一种，即认为古本字与重造本字应该是历时异体字，属于同一个字符。因为古本字的借用和兼用实际上是几个字符共用了一个形体,即"莫"这个形体可以分为本用的"莫₁"和借用的"莫₂","益"这个形体也可以分为本用的"益₁"和兼用的"益₂",那么本用的"莫₁"和"益₁"跟重造的本字"暮"和"溢"就应该是职能完全相同的异体字。类似关系的字组还有"它—蛇""止—趾""责—债""采—採""奉—捧""然—燃""共—供""酉—酒""员—圆"等。

4. 源本字—分化本字

前文已经涉及词语派生而引起文字分化的现象。如"赴"由趋奔义引申出告丧义,当告丧义派生为新词时,形式上也分化出新的本字"讣"。对告丧义而言,"赴"是源本字(用本字记录引申义),"讣"是分化本字,形义上都有联系。源本字和分化本字先后记录了同一个义项,甚至在使用分化本字的同时仍然用源本字记录同一义项,所以源本字和分化本字具有同职能关系。再如"取"本义为割取、取得,引申有娶妻义,开始都用"取"记录,《诗经·豳风·伐柯》:"取妻如何?匪媒不得。"后分化为"娶",专用于娶妻义。源本字"取"和分化本字"娶"在记录娶妻义上同职能。具有类似关系的字组还有"知—智""解—懈""昏—婚""因—姻""眉—湄""反—返""禽—擒""内—纳""见—现""臭—嗅/殠""张—涨/胀/帐"等。它们的特点是,源本字和分化本字之间有内在的音义联系,分化本字所代表的词语是从源本字所记词语中派生出来的,因此它们既是同源字,也是同源词,是文字学和词汇学所要共同研究的现象。

(二) 本字——借字

在记录同一个义项的不同用字中,有的是本字,有的是通假字或假借字,因而构成本用与借用或借用与本用的字际关系。具体包括两种情况:

1. 本字—通假字

"颂"字从页公声,本义指容貌。"容"字从宀从谷,本义指容纳。这是两个不同的字符。但"容"可以通假为"颂",因而在容貌的意义上,本字"颂"跟通假字"容"形成同职能关系。如《汉书·儒林传·毛公》:"(鲁)徐生以颂为礼官大夫。"韩愈《独孤申叔哀辞》:"如闻其声,如见其容。""颂""容"都是容貌的意思。"容"从容纳义可以引申为容忍、宽容义,如《史记·淮南衡山列传》:"兄弟二人不能相容。"而"颂"也可以通假为"容",同样具有类似意义,如《汉书·刑法志》:"年八十以上、八岁以下,及孕者未乳、师毛儒当鞫系者,颂系之。"颜师古注:"颂读曰容。容,宽容之,不桎梏。"这样一来,在容忍、宽容的意义上,"容"是本字,"颂"是通假字,它们也构成同职能关系。"颂"还可以通假为"讼","讼"的本义是歌颂(争讼的"讼"为同形字),如《韩非子·孤愤》:"是以诸侯不因则事不应,故敌国为之讼。""颂"也可表示歌颂的意思,如《荀子·天论》:"从天而颂之,孰与制天命而用之。"于是本字"讼"跟通假字"颂"在歌颂的意义上又同职能。"颂"还可以通假为"诵",表示念读的意思,如《孟子·万章下》:"颂其诗,读其书,不知其人可乎。"然则通假字"颂"与本字"诵"也可以同职能。如果继续系联,我们还会发现"容""讼""诵"作为通假字又会与其他本字构成同职能异字符关系。

2. 假借字—后造本字

某词原无本字,用假借字记录;后来为了分化假借字的职能,替某词造出专用本字,原则上不再用原假借字，而实际上原假借字在后造本字出现以后仍然可能继续它的借用职能。这样，如果从共时的角度看，可以把它们看作本字与通假字的关系，而如果从历时的角度看，那就是假借字与后造本字构成了同职能关系。如前文提到的"母"与"毋"、"气"与"乞"、"蘇"与"甦"、"辟"与"壁""臂""譬""孹"、"采"与"彩""菜""睬"、"牟"与"眸""麰""侔""悖"等都是。再如"胃"曾经广泛地假借作言谓的"谓"用，东周时代的吉日壬午剑有铭文"胃之少虚"，战国时期的长沙楚帛书和西汉前期的长沙马王堆帛书，也多借"胃"字来记录"谓"词，但秦简已见"谓"字，就是说秦汉之际"胃""谓"在"谓"词上可以任意选用，而《说文》以后，"胃"就不再借用作"谓"了。那么先秦的假借字"胃"跟秦汉出现的后造本字"谓"在文献中都可以记录"谓"词，因而构成同职能关系。

（三）借字——借字

文献中记录某个义项的不同字形都不是该义项的本字，而是用的通假字或假借字，那几个字形之间相对于这个义项来说就是借用与借用的关系。具体包括两种情况：

1. 通假字—通假字

在某词有本字的情况下，可以分别借用多个通假字来记录该词的现象，例如具有"刚刚""仅仅"等含义的副词"cái"，其本字当用"才"，是由"才"的初始义引申出来的，但文献中该副词"cái"有时通假"纔"来表示，有时通假"财"字表示，有时通假"裁"字记录。"纔""财""裁"尽管本义各不相同，但在实际使用中都可以作"才"的通假字，都表示刚才、仅只等副词意义，因而它们在一定条件下构成了同职能关系。再如前条提到"颂"可以通假为"讼"，表示歌颂义。其实文献中"诵"也可以通假为歌颂义的"讼"，如《史记·秦始皇本纪》："登兹泰山，周览东极，从臣思迹，本源事业，祗诵功德。"这样，"颂"与"诵"都可以通假为"讼"表示歌颂义，因而具有同职能。又"颂"可以通假为"容"表宽容义，其实"讼"也可以通假为"容"，表容受、容藏义，如《淮南子·泰族》："藏精于心，静莫恬淡，讼缪匈中。"高诱注："讼，容也。缪，静也。"柳宗元《宥蝮蛇文》："毒而不知，反讼其内。"此"讼"也是容藏义。容纳、容藏、容受、宽容、包容等都是同一语词"容"的不同义项，可见"颂""讼"作为"容"的通假字也是同职能的。它如文献中"孛""费"都曾通假为"昧"，"矢""逝"都曾通假为"誓"，"李""理"都曾通假为"吏"，等等，它们都分别构成同职能异字符关系。

2. 假借字—假借字

上文提到"女""汝"作第二人称代词用都是本无其字的假借字，它们在文献中记录了同一个词，因而构成异字符同职能关系。类似的例字很多。如无本字的第三人称代词和远指代词"bǐ"（这两个意义是相通的，可以看作一个词），文献中一般假借本义为"往有所加"的"彼"字表示，《孟子·滕文公上》："彼，丈夫也，我，丈夫也。吾何畏彼哉！"也假借本义为剥取皮革的"皮"字表示，《马王堆汉墓帛书·老子甲本·德经》："故去皮取此。"又假借本义为筐筥的"匪"字表示，《诗经·小雅·小旻》："如匪行迈谋，是用不得于道。"还假借本义为被盖的"被"字表示，《荀子·宥坐》："还复瞻被九盖皆继，被有说邪，匠过绝邪。"杨倞注："被皆当为彼。"在马王堆帛书《老子》中，还有假借本义为罢免谪遣的"罢"来表示第三人称的用例。这样一来,"彼""皮""匪""被""罢"五个不同的字符由于在文献中先后假借记录过同一个词而形成了同职能关系。

　　以上我们分"文字系统"和"文献系统"两个大类,结合词位和义项考察了汉字字际之间的种种关系,因为是分类举例,所以每组字例的关系都比较单纯。如果对字组及其相关的字群作全面考察的话,我们会发现字际之间的关系其实是非常复杂的,绝不是用某一种术语就能描述清楚的。例如"箸"字从竹者声,本义为吃饭的工具筷子。另有从竹助声的同职能异体字"筯",又有因书写变异而形成的异体字"著"。"箸""著"都可以假借表示显著的"zhù"及附着、着衣的"zhuó",这样,"箸""著"相互为异体字,而又各自为借用同形字。后来"箸""著"异体分工,"箸"表示原来的本词,"著"则用于假借义,因而变成两个不同的字符。"著"字分立后,又从附着义派生出着落的"zhuó"、土著的"zhù"及助词的"zhe",就是说,"著"这个字形是多个派生词共用的同形字。"著"字由于书写变异又出现一个异体字"着"。后来又异体分工,凡原来读去声的各词用"著",凡原来读入声的各词用"着",结果又分化为两个不同的字符。[①] 如此复杂的字际关系不结合文献实际是很难疏理清楚的。由此可见,字际关系不仅是文字学要研究的对象,也是文献解读所要关心的问题。字际关系不弄清楚,就很容易把本来表义相同的异体字和其他因借用而形成的同职能异形字当作不同的词位,也可能把本来表义不同的几个词位因为表面同形而误会为同一词位。

---

① 参见裘锡圭《文字学概要》,商务印书馆 1988 年版,第 224—225 页。

论出土文本字词关系的考证与表述

李运富

一

出土文本的文字考释除了要求有形音义方面的说明外，还需要确认文本中的字词（本文所说的"词"又叫"语词"，包括相应的"词素"或"语素"）关系；也就是说，不但要知道这是个什么字，还要揭示这个字在这个具体语境中的实际用法。因此文本文字的一项完整的考释工作，应该在字的"形、音、义、用"四个方面都能作出合理的解释。"形音义"的考证是关于字符构形属性的考证，它的目的是要弄清字符的结构理据及其所负载的本词本义；而"用"的考证是关于字符职能属性的考证，它的目的是要弄清字符在文本特定语境中所实际记录的词语和义项。

在考证某个字符的"形音义"（构形属性）和实际"用法"（职能属性）的过程中，有时会涉及许多相关的字和词，因为一个字符可能记录多个词，一个词也可以用不同的字符来记录，从而形成复杂的字词关系、字际关系和词际关系，如下图所示。

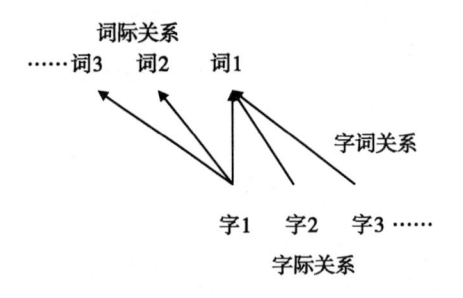

```
        词际关系
    ……词3  词2  词1
                      字词关系
     字1   字2   字3 ……
        字际关系
```

要明确这些复杂的关系，有赖于对相关字符从构形属性和职能属性两方面作系统考证，同时需要有一套术语来加以指称，有若干标准来进行分类，所以需要汉字语用学作专门的理论性研究。通常来说，我们可以使用"本用、本字、本词、本义、引申义；借用、借字、他词、借义"及"异体字、同形字、同义字、同音字、同源字"等术语来指称和

---

* 本文原载《古汉语研究》2005 年第 2 期。

描述文本中的字词属性和字词关系（包括字际关系和词际关系，下文同）①。这些术语的界定虽然表述上或有不同，但其内涵和所指大致是得到学术界公认的。我们在文本字词的考释中，应该从字形出发，结合字用，弄清各种字词关系，同时要使用科学术语来正确表述字词关系，使所考字词在"形音义用"各方面都能得到科学合理的解释。例如：

《包山楚简》258号简有个"𤈦"字，257号简又写作"𤈦"。原书考释（522）云："𤈦猪，𤈦即庶字（于省吾、陈世辉《释"庶"》，《考古》1959年第10期），借作炙。炙猪即烤猪。"

这条注释的文意理解是对的，但其中的字词关系没有考证清楚，也没有正确表述。

首先，说"𤈦即庶字"，形体上得不到合理解释。原字形258号简上石下火，应隶作"炻"，257号简左石右火，应隶作"砆"，属于异体字。原考释将字形隶定作"𤈦"，有"广""石""火"三个构件，显然是由"庶"字逆推而产生的错误。其实"庶"字是从"炻"字变来的："石"的"厂"形变成"广"，"口"形变为"廿"，"火"则变成"灬"，于是成了"庶"字。演变前的"炻"与演变后的"庶"形体不同，但记录的是同一个词，也属于异体字关系。这种演变是符合古文字演变一般规律的。同类的演变情况可以举出"席"字和"度"字为证。《说文解字》把"席"字分析为"从巾庶省声"是错误的，它应该"从巾石声"，跟楚简的"筈"和"若"是异体字关系，都从"石"得声。由于"帠"的"石"在上部，"厂"也变成"广"，"口"也变成"廿"，于是成了"席"字。"度"字《说文解字》也说是"庶省声"，同样错误。其实也应该"从又石声"，"叏"变成"度"，过程同"帠"变为"席"。②

其次，说庶"借作炙"，不确。原考释采用于省吾、陈世辉说，把"庶"当作"煮"的本字③（其实应该说异体字），所以断定"庶"在该文中"借作炙"。我们认为"庶"的本义就是烧烤，"庶"应该是"炙"的异体字，而不是借字。"庶"（炻）字从火烧石以烤肉，"炙"则直接以火烤肉，都属会意象事，所取构件不同而已。文献常借"炻"字表示众庶义，后来字形讹变为"庶"，于是原形消失，"庶"成了众庶义的专借字，而烧烤义就只用"炙"来记录了。我们知道，《包山楚简》另有"煮"字，从火者声，见于147号简"煮盐于海"。中山王墓也有从火者声的"煮"字，用作人名。可见战国时代已有"煮"字，却没有发现"炙"字，如果把楚简的"炻"释作"煮"，一方面不见"炻"的本义用例，另一方面又无法反映理应大量存在的烧烤类食物，而不得不把"炻"讲成"借字"。甲骨文中虽然还没有发现"煮"字，但与其把其中的"炻"释作"煮"，仍不如释作"炙"来得合理，因为按照先民的生活条件，无需炊具的烧烤之事必然先于要凭

---

① 详参李运富有关系列论文：《论汉字的记录职能》，载《徐州师范大学学报》2003年第1期及第2期；《论汉字职能的变化》，载《古汉语研究》2001年第4期；《论汉字的字际关系》，载《语言》第3卷，首都师范大学出版社2002年版；《汉字语用学论纲》，载《励耘学刊》（语言卷）第1辑，学苑出版社2005年版。

② 参见林义光《文源》及于省吾、陈世辉《释"庶"》（《考古》1959年第10期）。

③ 除于、陈《释"庶"》一文论证"庶"是"煮"的本字外，于省吾《甲骨文字释林》也说："甲骨文'庶'字是从火石、石亦声的会意兼形声字，也即'煮'之本字。"

借器皿的烹煮之事，而且表示烧烤的字比表示烹煮的字显然要容易造，那么在用例都能讲通的情况下，我们有什么理由非得让甲骨文先有"煮"字而不见"炙"字呢！甲骨文的"烎"多用作姓名或方国名，只有"烎牛于……"跟食物有关，显然"烎牛"不一定非得释为"煮牛"，说是"炙牛"也许更为合理。尽管于、陈二先生申明："古人炙肉于坑穴或燃石上都叫作煮，煮的初文本作庶。用水煮物叫作煮，用火炙肉叫作炙，系后世孳化分别之文。"① 但既然肯定了"烎"的古义是指"炙肉于燃石上"，又没有煮、炙二字分化的证据，为什么不直接释义为"炙"而一定要释为"煮"再用分化说来勉强牵合呢！我们说"烎"是"炙"的异体字，其实还有一个很重要的证据，这就是《颜氏家训·书证》篇明确说"火旁作庶为炙字"。"爖"的"火"旁显然属于累增的义符，"庶"字本从火后又增火作"爖"，犹"然"字本从火后又增火作"燃"、"莫"字本从日后又增日作"暮"，可见"庶"就是"爖"，也就是"炙"。作为旁证，我们还可以举出文献中的"蹠"有个异体字正好就作"跖"。《汉书·贾谊传》："又苦跖盭。"颜师古注："跖，古蹠字也。音之石反。"王念孙《读书杂志·汉书》："《说文》：'跖，足下也。'作蹠者借字，作跖者别体耳。或从石声，或从庶声，或从炙声，一也。石与炙声相近，石与庶声亦相近，故盗跖或作盗蹠。庶与炙声亦相近，故《小雅·楚茨》篇'或燔或炙'与'为豆孔庶'为韵。"其实，跖、蹠、跖三字都是异体字关系，声符形体不同而已。传世的《庄子·盗跖》篇，"或作盗蹠"，而江陵张家山汉墓出土的竹简作"盗跖"，也正是三字异体而同用的例子②。"蹠"与"跖"的关系就其没有分化之前的本用来说，应该就如同"蹠"与"跖"一样，看作异体关系比看作借字与本字的关系显然更为合理。

经过这样的考证，我们可以把跟"烎"相关的字词的对应关系整理如下：
词 zhì（烧烤）：　烎　砃　炙　爖　————　异体字
　　　　　　　　│异体字（讹变）
　　　　　　　　│
　　　　　　　　庶 zhì（烧烤）　本用（本字）
　　　　　　　　│同形字（假借）
　　　　　　　　│
　　　　　　　　庶 shù（众多）　借用（假借字）
词 zhí（脚掌）：　蹠　跖　跖　　　　————　异体字
词 xí（席子）：　䉺　箬　若　　　　————　异体字
　　　　　　　　│异体字（讹变）
　　　　　　　　│
　　　　　　　　席
词 dù（度量）：　叓——度　　　　　　　　　异体字（讹变）
词 zhǔ（烹煮）：　煮　　————　与包山简的"烎（庶）"无关

---

① 于省吾、陈世辉：《释"庶"》，《考古》1959年第10期。
② 参见廖名春《竹简本〈庄子·盗跖〉篇管窥》，《清华大学思想文化研究所集刊》第一辑，清华大学出版社1996年版。

以上所有相关的字词都关系清楚，指称明确，表述科学。这样的文本字词考释叫完全考释。

二

完全考释要求从字形入手或者从用例入手弄清相应字词之间的全部关系并加以正确的表述，这是文本字词考释的最高标准。但实际上文本字词的考释不一定都能做到这种程度，有时字形相当清楚，文例的意思也能解释，而其中的字词关系却无法得到合理的沟通，这就叫作"非完全考释"，还有待进一步研究。例如郭店楚简中有一个北字，大体上有两种用法①，一是当"必"讲，如《唐虞之道》："北正其身，然后正世。"又"{圣}者不在上，天下北坏。"《语丛二》："智（知）命者亡（毋）北。"其中的"北"当"必"讲文从字顺。二是当"牝"讲，如《老子》甲："未智（知）北戊之合然怒，精之至也。"这句话在《马王堆帛书·老子》甲、乙篇中都作"未知牝牡之会而朘怒，精之至也"，传世王弼本《老子》55章作"未知牝牡之合而全作，精之至也"，可见郭店的"北戊"应该当"牝牡"讲，这是文例和其他可对照的版本异文所限定了的，不容有太多的争议。既然知道了其中的"北"当"必"讲或当"牝"讲，从文献解读的角度看，可以说是已经解决了问题，但作为字词考释，并没有解决全部问题，因为我们不知道"北"究竟是个什么字，为什么可以用作"必"和"牝"，"北"跟"必"和"北"跟"牝"以及"必"跟"牝"究竟是什么关系。要回答这些问题，取决于"北"的本用是什么，这就有几种可能：

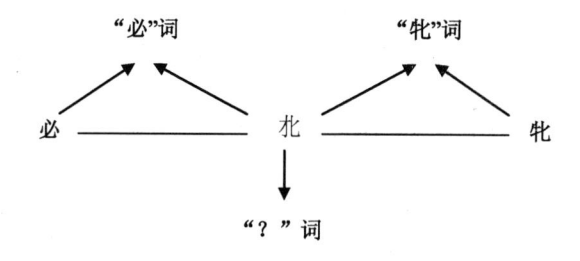

```
         "必"词              "牝"词
           ↑↑                 ↑↑
           / \                / \
         必 ——— 北 ——— 牝
                 ↓
               "？"词
```

（1）如果"北"字的本用是记录"牝"词，那么它跟"牝"字是异体字关系，而当"必"词讲时就应该是借用，由于"必"字记录副词时本身也是借用，所以"北"字跟"必"字在这里是借字跟借字的关系。（2）假如"北"字的本用是记录"必"词的，那么"北"字跟"必"字就是本字跟借字的关系，"北"字跟"牝"字则是借字跟本字的关系。（3）如果"北"字的本用是记录另一个跟"必""牝"都无关的"？"词，则记录"必"和"牝"词时都是借用，那"北"字和"必"字就是借字跟借字的关系，"北"字和"牝"字则是借字跟本字的关系。（4）"北"字的本用虽为记录"？"词，但如果"？"词跟"必"词或"牝"词有同义（包括同源而同义者）关系，那"北"字跟"必"字或

---

① 参见《郭店楚墓竹简》有关释文，文物出版社1998年版。

"牝"字还可能构成同义字关系。现在由于"北"的本用不明,这些字词之间的关系就无法确定。既然无法确定,我们就不能随便表述。(我们推测第一种可能性比较大,因为"才"为草木之初,跟生育有关,"北"可能是"牝"的异构字,那记录"必"时就是借字。)

我们看到在文本字词的考释中常有人仅仅根据异文就断言某字是某字的借字(也作"某通某"或"某读作某"),或者仅仅根据形体相近就断言某字跟某字同字或读音相同,其实这很靠不住,即使幸而言中,在论证的逻辑上也是不具备充足理由的。因为异文之间的关系是多种多样的,除了借字跟本字的关系外,还可以是异体字关系、同义字关系、借字跟借字的关系,甚至各自用借字来构成同义字关系。例如《包山楚简》用来纪年的句子"东周之客许呈至胙于戚郢之岁",其中的"至"字同书又作"归"字,这是一组很典型的异文材料,但我们不能据此认定"至"就是"归"的借字或者"归"是"至"的通假字。其实这里的"至"和"归"用的都是借字,"至"借为"致","归"借为"馈",然则"至"和"归"是借字跟借字的关系,而各自的本字"致"和"馈"在这里构成同义字(词)关系。至于形体相近就更难以证明字词关系了,即使形体相同,也未必就能证明它们的读音或意义相同,因为汉字中有大量的同形字和同形构件。且不说隶变以后的偏旁混同现象,战国以前同形字和同形构件就已经普遍存在了。如古文字中的"舟"既可以表示船(读 zhōu)也可以表示盘(读 pán),"幺"既可以读"yòu"(幼小)也可以读"sī"(丝线)。楚文字"丑""升"不分,"贝""目"相混,"人""刀"难别,"夕""月"任作。这些字形体相同或相近,而读音和意义并不相同,甚至无关。

可见利用异文或语境,只能得出大致相当的意义;利用形体,也只能推测某种可能;单一的证据往往无法确定具体的字词关系,这样的考释通常就属于"非完全考释"。在非完全考释中,由于没有弄清某些字形的本义本词,不宜随便给它们的用法定性,也不宜随便指称某字是某字的借字或本字。否则容易造成众说纷纭的局面,结果仍然无法确定具体字词的实际关系,反而把有关术语给弄混乱了。例如包山楚简和郭店楚简中有许多与"▨"相关的字,裘锡圭先生和刘钊先生等对它们作了考证和表述。他们所持的理由主要就是异文和形近。郭店楚简《五行》篇"思不清不▨……清则▨,▨则安",注释[七]说:"裘按:帛书本与此字相当之字为'察',简文此字似亦当读为'察'。此字在包山简中屡见,读为'察',义皆可通。"又郭店简《语丛四》:"▨(窃)钩者戡(诛),▨(窃)邦者为者(诸)侯。者(诸)侯之门,义士之所麃(存)。"该篇注释[七]:"裘按:此段内容与见于《庄子·胠箧》的下引文字基本相同:'彼窃钩者诛,窃国者为诸侯。诸侯之门,而仁义存焉。'简文第一、五二字左旁,与本书《五行》中应读为'察'的从'言'之字的右旁相近。包山楚简中应读为'察'的从'言'之字,其右旁并有与此字左旁极相似者,可知此字之音与'察'相近。'窃''察'古通,故此字可读为'窃'。"又郭店简《五行》:"心曰唯,莫敢不唯;如(诺),莫敢不如(诺)。进,莫敢不进;后,莫敢不后。深,莫敢不深;▨,莫敢不▨。"注释[六三]:"裘按:此句(指最后一句)首尾各有一从'水'的相同之字，似当读为'浅'。它们的右旁据帛书本当读为'察'。'察'、'窃'古通。'窃''浅'音近义通。《尔雅·释兽》'虎窃毛谓之虦猫'郭注：'窃，浅也。'"裘注的"某读为某"实际上是"某借为某"的意思，广濑熏雄引用裘注并直接说"𪚻"是"察"的假借字①，反映的正是裘注的观点。刘钊先生认为裘说"有内容相同的帛书或传世典籍的对照，可以肯定是确切无疑的"②。

其实裘先生的说法还不能算完全考释，因为它留下三个问题需要进一步证实。第一，如果"𪚻"是"察"的借字，那"𪚻"究竟是个什么字，它的本义是什么，文献中有这个词的用例吗？第二，如果"𪚻""𪚽""𪛀"中的相关形体（下面用"B"表示）是同一个构件，表示相同或相近的读音，那这个"B"究竟是什么字，本来应该读什么音，这个读音跟"察"相同或相近吗？第三，"𪚻""𪚽""𪛀"中的"B"的各种不同形体是怎么变化来的，为什么会有那么大而整齐的差异？它们跟楚简中已经确释的读"pu"音的"僕"及从"菐（僕）"的字又是什么关系，为什么"言+B"中的"B"总体上会跟已知读"pu"音的从"菐（僕）"的字写法那么一致？这三个问题分别反映了义（构形本义）、音、形三个方面，总体来说就是一个字源问题。在没有回答这个问题之前，裘说也只能算是假说。如果仅仅因为帛书本的异文就断定"𪚻"当读为"察"，仅仅因为《庄子》的异文就断定"𪚽"可读为"窃"，恐怕还难以取信。顺便就可以举出反证：上引《语丛四》"𪚽邦者为者侯"，《庄子·胠箧》作"窃国者为诸侯"，"邦"与"国"也是异文，我们能说"邦"是"国"的借字吗？显然不能。而且这段话还见于《庄子·盗跖》篇，作"小盗者拘，大盗者为诸侯。诸侯之门，义士存焉"，然则"𪚽"又与"盗"为异文，是否又该说"𪚽"应读为"盗"呢？其实刘钊先生自己也明白异文不能证明同音或同字的道理，他曾否定有人根据帛书异文把郭店《五行》篇"不𪚽于道"的"𪚽"释为"辩"，理由就是"郭店楚简的'察'字在马王堆帛书中作'辩'是同义换用，并不能证明郭店简的'察'也应释'辩'"③，为什么到了"𪚻"要读"察"、"𪚽"要读"窃"时，就因为"有内容相同的帛书或传世典籍的对照，可以肯定是确切无疑的"了呢？

那么，"𪚻""𪚽""𪛀"三个字的偏旁"B"形体相近，是否就一定是同一个声符，它们的读音就一定得相同或相近、因而"𪚻"就一定得读为"察"呢？恐怕也未必。首先，这三个字中被看作同一构件的"B"其实形体并不完全相同：左边从"水"的字样右下也明显从"水"；右边从"攴"的字样左下明显从"大（矢）"；左边从"言"

---

① 参见广濑熏雄《包山楚简に見える证据制度について》，《楚地出土资料と中国古代文化》，郭店楚简研究会编，汲古书院2002年3月。
② 参见刘钊《利用郭店楚简字形考释金文一例》，《古文字研究》第二十四辑，中华书局，2002年7月。
③ 刘钊：《释"债"及相关诸字》，参见《简帛研究》网站"作者文库"。

的字样则写法较多，其右下部有的从"又"，有的"又"的左向斜笔跟上部的横画相连，有的从"大"（矢），有的从"廾"，有的从"人（刀）"，有的同时从"又"从"人（刀）"。就构形的系统性看，这三组字形中的"B"特别是下部从"水"的"B"形体上是很难认同的。其次，即使这三个字中的"B"形体上可以认同，也不能证明它们的读音就一定相同或相近，因为汉字中存在大量的同形字和同形构件，它们形体相同而读音和意义并不相同。如果"䜺"中的"B"因为跟"䜺"和"䜺"的"B"形近就应该读音相同的话，那楚简中还有一系列后来读作"pu"的从"菐"的字，如"僕""樸""鏷""鑠""䐱"等，就更应该读音相同了，因为它们所从的"菐"从总体上来说跟"言+B"中的"B"形体几乎完全相同，那是不是这些公认读"pu"的字也应该读"察"？既然"僕"等可以跟"䜺"等读音不同，为什么"䜺"就一定要跟"䜺""䜺"读音相同或相近呢？再次，即使"䜺""䜺""䜺"三字中的"B"确实读音相同，而且确实"'察''窃'古通，'窃''浅'音近义通"，那也只能证明"䜺"有可能读为"察"，而不能证明"䜺"必然要读为"察"。因为如果"䜺"是"察"的本字或异体字，那也符合这几个字读音相同相近的条件；如果"䜺"是"察"的同源同义字（就像"命"跟"令"的关系），那同样符合这几个字读音相同相近的条件；甚至可以反过来，"察"是借字而"䜺"是本字，那仍然符合这几个字读音相同相近的条件。

《郭店楚墓竹简·五行》篇"不䜺于道也"的"䜺"，马王堆帛书有异文作"辩"，因而关于这个"䜺"字的释读就存在两难选择：若强调这个"䜺"跟"言+B"等字的形体联系而读为"察"，就不得不舍弃异文，若强调异文而读为"辩"，又不得不放弃跟"言+B"等字的形体联系。结果刘钊先生认为这个"䜺"就是"䜺"等合体字中的"B"，应该读为"察"。而裘锡圭先生针对原注释［五十］"简文此字当读作察"加按语说："此字之形与当读为'察'的从'言'之字的右旁有别。帛书本与之相当之字为'辩'。待考。"虽说是"待考"，但从裘先生强调"此字之形与当读为'察'的从'言'之字的右旁有别"来看，他其实是不同意"䜺"读作"察"而倾向于"䜺"读为"辩"的。既然刘先生认为异文不能证明"䜺"必读"辩"，形近才决定"䜺"应读"察"，而裘先生又倾向形近不能证明"䜺"必读"察"，异文才决定"䜺"当读"辩"，那就说明异文和形近字对于判定文字的释读作用都是很有限的。

可见，尽管"䜺"有"察"作异文，"䜺"有"辩"作异文，尽管还有"䜺""䜺"等形近字或同形构件可作旁证，但"䜺""䜺"是否就是"察"或"辩"的借字仍然难定，关键还得从该字本身说明其形音义的来源，只有来源明确，文献中的用法才能确定，只有真正做到"形、音、义、用"都能说明，那才是"确切无疑"的。对某字形、音、义、用的证明和表述不能想当然，也不能把或然说成必然。我们在论证和表述字词关系时，应该提倡系统证据，要像公安局破案一样建立证据链，力求把所有相关的字词关系和用法都说清楚，至少不应该出现矛盾和反证，这样才能避免顾此失彼，增强结论的可信度。上举"䞕""䟗""䌅"等字，根据我们的全面考证，它们所从的"B"其实来源各不相同，因而有关字词的关系都应该重新表述①。

三

现在的出土文本考释工作还有一种不太好的习惯，就是不管字词实际的形义联系，把出土文本中所有跟后代习用字不同而意义相当的字都看作是后代习用字的假借字或通假字，这种做法虽然方便，也不会影响对文本的解读，但并不符合科学的原则，因为不同时代的用字差异并不都是通假关系，更不会全是先代的字借用为后代的字。例如说从户秀声的"房"字是"牖"的借字、从行从人的"衜"字是"道"的借字、从门串声的"閗"字是"關"的借字，其实它们可能也分别是表示窗户义、道路义和关门义的本字，跟后来习用的"牖"字、"道"字和"關"字各自对应为异体关系；说从日从止从頁的"頭"字是"夏"的借字、从力强声之"勥"字为"强"的借字、从日橐声之"齉"字为"早"的借字，其实正好相反，它们才分别是表示夏天义、强劲义和早晨义的本字，而后来习用的"夏""强"和"早"应该为借字；说"亓"是"其"的借字、"安"为"焉"的借字、"女"为"汝"的借字、"殹"为"也"的借字，其实作为虚词，本无其字，这些字应该都是借字，只是先后借用的字符不同而已；说"成"是"城"的借字、"或"是"域"的借字、"州"是"洲"的借字，其实"成""或""州"是源本字、"城""域""洲"是分化后的分化本字，在"城""域""洲"未分化造字之前，用"成"记录"城"义、用"或"记录"域"义、用"州"记录"洲"义也是本用，不应该看作借字；说"悁"是"怨"的借字、"叕"是"宽"的借字，其实它们可能分别是同义字。凡此种种不同的字际关系，是不能用"借字"来统称的。

这些复杂的字词关系和字际关系，有的是能考证清楚的，有的是暂时阙疑的，有的可能永远也考证不出来。其实，对于文本解读来说，人们最关心的还是字符所负载的意义，只要知道某个不认识或不熟悉的字当什么容易理解的字讲就可以了，并不在乎这些字词之间的实际关系，所以释文中通常只用括号注出对应的字。如果这样的话，我们在注释中需要沟通某两个字或几个字的对应功能时就应该寻求一个既简便而又科学的说法，不宜用已有固定内涵的"借字"或"通假"来统称不属于借用的现象。也许有人会认为这过于较真，只要不影响理解文意，字词关系的表述并不重要。其实不然，文本字词的考释是其他研究的基础，如果表述不科学，往往会影响其材料的利用和有关的后续研究。假如有人编撰"通假字典"一类的书，根据已有的考释成果把那些用"某是某的借字""某借为某"或"某读为某"之类词句表述而事实上又并非通假关系的字都收入通假字典，甚至进而根据这些字的通假关系来研究古代的语音系统，那后果会怎么样？所以在"非完全考释"的情况下，对无法确定的字词关系不要随便用有确定内涵的术语表述。文本的解读注释在中国是有悠久历史的，我们可以从传统注释中受到启发。古人遇到这种情况时，通常使用

---

① 关于这些字的相互关系的认定，详参李运富《楚简"䜗"字及相关诸字考辨》，载日本《中国出土资料研究》第7号，2003年。

"某某古今字"或"某通某""某同某"的说法，来告诉读者某个字应该当什么字理解。这些说法属于注释家的术语，它能帮助读者按对应字理解文意，而又避免了许多麻烦，因为它不是严格的文字学术语，所以不必反映字的使用属性（是本用还是借用）和字际关系（是异体字关系还是本字跟借字的关系等）。我们在文本考释中，如果对字的本用和字际关系不清楚，也可以采用这种跟文字属性无关的说法来表述。但由于"古今字"的说法容易跟指称字体和字系的"古文字""今文字"相混淆，"通"和"同"又被现代人赋予了某种特定的含义（"通"被认为指"通假"，"同"被看成音义全同的异体字，其实并非古人的原意），所以我们不一定要借用这些现成的术语。我们可以换一个说法，例如用"某字相当于某字"或"某字当某字讲"来表述文本中意义相同而用字不同的现象，就是比较简便而又不会影响判断字用属性和字际关系的科学说法。

总之，所谓"借字（通假字）""异体字"等都是在相关字形本用清楚的情况下才能判定的，如果无法知道（考证不出）或无需知道（尚未考证）相关字形的本用，就不宜随便指称某字是某字的假借字（通假字）或异体字，尽管它可能有异文材料或同声符材料，也符合辞例的语意，因为这些都不是判断字用属性和字词关系的唯一条件或充分条件。当我们遇到一组表义功能相同而暂时不能确定字际关系的字时，可以使用"某字相当于某字"或"某字当某字讲"这样模糊的说法来表述。

参考文献

[1] 湖北省荆沙铁路考古队：《包山楚简》，文物出版社1991年版。
[2] 荆门博物馆编：《郭店楚墓竹简》，文物出版社1998年版。

关于"异体字"的几个问题

李运富

关于异体字，苏培成先生做过这样的说明："异体字有两个含意：一个指形体不同而读音和意义相同的字，几个字互为异体；另一个是与正体相对而言的，与正体只是形体不同而读音和意义相同。对于尚未整理的异体字取前一个含意，对已经整理过的异体字，取后一个含意。"[①] 其实"对已经整理过的异体字"也可以取前一个含义，"异体字"是否经过整理，其间的关系没有什么本质不同。将"异体字"跟"正体字"对立起来，只是为了区分规范字和被淘汰字，便于指称而已。就这种文字现象的本质属性来说，无论是异体字与异体字，还是"异体字"与"正体字"，都必须"形体不同而读音和意义相同"。因此，我们所谓的"异体字"，无论整理与否，都是就全组字的相互关系而言，是对异体字现象的指称，而不是对某种规范结果的指称。所以我们要对"异体字"现象进行讨论的话，首先应该排除人为"规范"的主观意识，而主要围绕"形体不同""读音和意义相同"这类属性问题以及由此生发的相关问题来作客观的分析和科学的界定，但这些问题的解决又得以弄清"异体字"的"字"的具体所指为前提。有关"异体字"的讨论很多，下面结合各种观点谈谈我个人的看法。

一 关于"字"的内涵

所谓"异体字"迄今为止尚无大家公认的统一定义，对异体字料的归纳判定更是见仁见智。[②] 我们认为，之所以存在种种争议，关键在于"异体字"的"字"内涵不一。"字"所指不同，"异体"所指当然也会不同。我们平常所说的"字"其实是模糊的、笼统的，只有具体列出所指的对象，它的内涵才是确定的。大致而言，所谓"字"至少有三种内涵。一是书写范畴的，指称字的外形，如说"李字跟李字写法不同""启功先生的字很值钱"等；二是结构范畴的，指称字的构造，如说"睹字跟覩字是两个不同的字""尘字比塵字产生得晚"等；三是使用范畴的，指称字的职能，如说"够字跟夠字是一个字""才字跟材字用法有同有异"等。正因为如此，汉字学的本体研究应该分为三个范畴，即以字样字体为主要内容的汉字样态学（简称字样学）、以结构理据为主要内容的汉字构形学（简称字构学）、以记录职能为主要内容的汉字语用学（简称字用学）。汉字学

---

* 本文原载《语言文字应用》2006 年第 1 期，收入《21 世纪的中国语言学》（二），商务印书馆 2006 年版。
① 苏培成：《现代汉字学》，北京大学出版社 1994 年版，第 95 页。
② 刘延玲：《近五十年来异体字研究与整理状况综述》，《辞书研究》2001 年第 6 期。

的具体问题都应该分别从这三个范畴加以分析和解释，异体字也不例外。

如果把"异体字"分为三个范畴来说，问题就比较清楚了。着眼于字样范畴，所谓"异体字"可以指本来记录同一个词的所有外形不同的字样，包括笔画、笔形、笔势、构件、交接、书写风格、字体等各方面的差异，因而"睹"字跟"睹"字可以算是异体字。着眼于字构范畴，所谓"异体字"就应该是指本来记录同一个词而结构属性不同的一组字，包括构件不同、构件数量不同、构件功能不同、构件布局不同等结构方面的差异，因而"睹"字跟"覩"字才能算异体字。如果着眼于字用范畴，所谓"异体字"则是指本有用法相同而形体不同的一组字。"用法相同"的情形可以多样，有用法全同或基本相同的（如"涙"与"泪"），有一字用法包含另一字用法的（如"采"与"採"），有用法异同交叉的（如"做"和"作"），针对相同的用法而言，这些字都可以算异体字。

其实叫不叫"异体字"，这名称本身并不很重要，关键是如何分析现象、界定范围。上述三个范畴的"异体字"并非同一事物的平面分类，而是从不同角度来说的，实际上内涵和外延都不同，属于三个不同的概念，因而应该分别定义。字样范畴严格地说还可以分为"结构字样"和"书写字样"两个层次，这种异体字可以涵盖结构范畴的全部异体字，因为结构不同则字的样态肯定不同；但在结构范畴里，仅有书写属性的变异就不能算是异体字了。字用范畴的异体字范围最广，它不仅涵盖记录同一个词的异体字样和异体结构，而且也包括不是记录同一个词但某些用法相同的字（部分同源字和同义字）。这种不是同一个词的"异体字"，放到字样范畴和结构范畴，就难以让人认可。有关"异体字"的种种争议，其实就是混同了三个范畴不同概念的结果，各自说的不是同一种"异体字"，当然会意见分歧了。如果有可能把三种不同的"异体字"重新归纳命名，比如文末所说的"同词字（同词异形字、同词异构字）"、"同用字（同词同用字、异词同用字）"等，那当然更为理想。但即使仍然都叫作"异体字"也未尝不可，只要区分不同的范畴，各自有符合特定范畴的明确定义，那种种不同的说法其实就并不矛盾，因为它们说的本来就不是一回事，这不是是非问题，而是视角问题，完全可以各不相干或互补共存，这样也就没有必要非说某某的"异体字"不是异体字了。大家说的都是异体字，只是说的角度或范畴不同而已，那还用得着争论不休吗！

二 关于"形体不同"

既称为"异体"，当然是"形体不同"的，可什么是"形体不同"呢？如果没有明确的标准，判断起来就有点难以把握。一般认为形体不同就是"写法不同"，如周祖谟先生说："音义相同而写法不同的字，这种字一般称为异体字。"[①] 吕叔湘先生说："异体字是一个字的不同写法。"[②] 蒋善国先生说："异体字是一个字的多种写法，是同音同义不

[①] 周祖谟：《汉字与汉语的关系》，载《问学集》，中华书局1966年版。
[②] 吕叔湘：《语文常谈》，生活·读书·新知三联书店1980年版。

形的字。"① 刘又辛先生说："凡是音义相同而写法不同的字，都叫作异体字。"②《现代汉语词典》也说："异体字就是跟规定的正体字同音同义而写法不同的字。"③ 所谓"写法"可以指"书写的方法"，书写的方法不同可能造成字的"形体不同"，但也不一定，例如写字时笔顺不同当然是写法不同，却可能写出形体相同的字。而且印刷术的发明和不断改进，使得汉字的形体并不一定要"写"，可见"写法"与"形体"实际上没有必然的一致性，不能说"形体不同"就是"写法不同"。

裘锡圭先生说"异体字就是彼此音义相同而外形不同的字"④，这个"外形不同"如果包括笔画的轻重、粗细、长短、曲直、连接方式的不同，甚至包括字块的宽窄、高低、正斜的不同，那可以说它是从"字样"角度来界定的。每个汉字都会有无数个不同的"外形"，因为手写汉字的"外形"实际上很少有能完全重合的。因此就字样而言的"异体字"可能是无穷无尽的⑤。

蒋善国先生又说："异体字，从广义方面说，是指今字体对古字体说的，如小篆对金甲文、隶书真书对小篆、行书草书对楷书，都是异体字，因为虽是一个同音同义的字，他们的形体却不一样。"⑥ 其实，所谓"今字体""古字体"这类"字体"并不等于"字的形体"。字体是指汉字书写的某种体式和风格，是就总体而言的。针对具体的字而言，字体不同当然会字形不同，但字形不同未必字体不同。所以"异体字"的"体"指的应该是"形体"，而不是"字体"或"书体"。如果把异体字的"形体不同"界定为"字体不同"，那就无法包括字体相同而形体不同的异体字，这当然不是蒋先生的原意。

《辞海》说异体字是"义同音同而笔画不同的字"⑦。如果这个"笔画不同"不包括笔画的轻重、粗细、长短、曲直等差异，而是指笔形的差异（点横竖折捺等的或有或无、或此或彼），那就比较有个性，属于不同的界定。否则，跟"外形不同"说也没有什么两样，甚至反而不如"外形不同"说严密，因为我们还应该考虑到"够""夠"等笔画相同而布局不同的情况。

上述种种说法都属于"外形"派，实际所指较"宽"。另有一派注重"结构"，实际所指较"窄"。如周秉钧先生说："异体字指的是一个字有几种不同结构，所表示的意义完全相同，在任何情况下可以互相代替。"⑧ 刘志基认为，"所谓异体字，指的是文字形体的异构，包括独体字造形的变异，合体字部件的增减、更替及位置关系的变化。如果一个字仅仅因为书体的不同（如篆体和隶体、隶体和楷体之类的差别）而形成某些写法上的

---

① 蒋善国：《汉字学》，上海教育出版社1987年版。
② 刘又辛：《大型汉语字典中的异体字、通假字问题》，载《文字训诂学论集》，中华书局1993年版。
③ 《现代汉语词典》，商务印书馆1996年版。
④ 裘锡圭：《文字学概要》，商务印书馆1988年版，第205页。
⑤ 据说湖南南岳衡山新建了个"万寿山"，上面展示出"寿"字的一万种写法。一个字就有成千上万种的写法，说汉字的外形异体"无穷无尽"应该不是夸张吧。
⑥ 蒋善国：《汉字学》，上海教育出版社1987年版，第83页。
⑦ 《辞海》"异体字"条，上海辞书出版社1989年版。
⑧ 周秉钧：《古汉语纲要》，湖南人民出版社1981年版。

差异，那就不能视之为异体。"① 刘先生又说："一般的书体差别并不构成异体，但如果书体演变造成了部件选择、部件数量、部件功能或构形模式、组合方式等形体属性的变化，那这些不同书体中相对应的同一个字就构成了异体字。"② 王宁先生指出："异构字也就是通常所说的异体字。这里称作异构字，是为跟异写字区分开。异构字在记录汉语的职能上是相同的，也就是说，音与义绝对相同，它们在记录言语作品时，不论在什么语境下，都可以互相置换。但异构字的属性起码有一项是不相同的，所以称为异构字。"③ 在"结构"派看来，如果字的构件或构成要素没有差别而仅仅是字体或外形不同的话不能算作异体字。

总之，关于"形体不同"的分歧，关键在于书写造成的外形差异算不算"异体字"。从结构的角度把"形体不同"限定为"结构不同"当然是可以的，但从字样的角度把"形体不同"定义为"外形不同"，做最宽泛的理解，承认"异体字"可以"无穷无尽"，在理论上也是可以成立的。因为它们的形"体"确实也"异"呀，为什么不能称为"异体字"呢？只是我们在论述时应该把各自的角度或立足点说清楚，不要把内涵不同的"异体字"当作同一概念。

三　关于"读音和意义相同"

一般认为异体字之间必须"读音和意义相同"，可究竟是其中的一个读音和一个义项相同就行了还是要全部的读音和意义相同，有的没有明说，有的说法存在着分歧。分歧的表现也在于或"宽"或"严"。

"严"的一派主张异体字的音义必须"完全相同"或"绝对相同"，最有影响的说法是以王力主编的《古代汉语》为代表的所谓异体字必须"音义完全相同，在任何情况下都可以互相代替"④，上举吕叔湘先生和王宁先生也都是持这种观点的，类似说法还有很多。⑤"宽"派所宽的程度也不相同，有的只说"同音同义"或"音义相同"而不做进一步的限定，如上举周祖谟、蒋善国等先生的说法；有的只强调"意义相同"或"用法相同"，对"读音"没有要求，如上举周秉钧先生的表述；有的则明确指出异体字包括音义全同的，也包括音义部分相同的，如李道明认为"异体字就是形体不同、音义完全相同或相包含、可互相取代的字"⑥。邵世强指出异体字"除全同异体外尚包括非全同异体，即在某音义项下可以互相代替的局部异体关系。此外，还包括古今字、繁简字、讹变字和

---

① 刘志基：《异体字手册评介》，《辞书研究》1989年第4期。
② 刘志基：《汉字异体字论》，参见李圃主编《异体字典》的"代前言"，学林出版社1997年版。
③ 王宁：《汉字构形学讲座》，上海教育出版社2002年版。
④ 王力主编：《古代汉语》，中华书局1999年版。
⑤ 例如郭锡良等说："异体字是音义完全相同，在任何情况下都可以代替的。"（《古代汉语》，商务印书馆1999年版）王元鹿说："异体字，就是读音、意义完全相同而形体不同的两个或几个字。"（《异体字的辨识和查检》，《中文自学指导》1988年第12期）张玉惠说："全同为异体字，不是完全而是部分用法相同的字互相通用，应称为通用字。"（《谈异体字与通用字的区别——兼论〈辞海〉中的异体字》，《辽松学刊》1985年第2期），等等。
⑥ 李道明：《异体字论》，《汉语大字典论文集》，湖北辞书出版社、四川辞书出版社1990年版。

一些笔形字形微异的字"①。裘锡圭的表述虽有宽严之分，也算是承认"广义"异体字的："严格地说，只有用法完全相同的字，也就是一字的异体，才能称为异体字。但是一般所说的异体字往往包括只有部分用法相同的字。严格意义的异体字可以称为狭义异体字，部分用法相同的字可以称为部分异体字，二者合在一起就是广义的异体字。"②

从1955年《第一批异体字整理表》的情况来看，异体字的音义关系本来就比较复杂，高更生先生经过分析归纳为五类③：1. 典型异体字（音义全同）；2. 包孕异体字（一字的音义被包含在另一字中）；3. 交叉异体字（音义有同有异）；4. 同音异义字；5. 异音异义字。20世纪80年代陆续出版的《汉语大字典》，所附《异体字表》的音义关系也是宽泛的。请看它的说明："本表采用由主体字统领异体字的编排方法，将同一主体字统领的简化字（限于1986年新版的《简化字总表》所收的简化字）、古今字、全同异体字（指音义全同而形体不同的字）和非全同异体字（指音义部分相同的异体字），集中在该主体字下编为一组，共收约11900组异体字。"④可见"异体字"的整理实践对音义关系的把握是从宽的。

我们认为，"严"派对异体字的表述显然只是一种理论预设，如果从异体字的实际用例中归纳的话，恐怕很少有音义"完全相同"或"绝对相同"的。所谓"可以互相代替"也是研究者或文献整理者的一种措施，对用字者来说，只有选择，不存在替换问题。选择用字会受到多方面因素的影响，如个人的文化素质和用字习惯、社会的用字时尚和规范意识、使用的特殊环境和特殊目的等，因而即使典型的异体字的使用也并不是毫无差别的。也许甲字记录过五个义项，而乙字只记录了两个义项，或者甲字产生于先秦而乙字产生于两汉，其间语音变化，它们的实际音值已经不同。即使在同一时代，异体字的使用及其所负载的实际音义在不同使用者或阅读者眼里也不可能完全一致，甚至连字典辞书对异体字的注音也有歧异的。所以对异体字的音义应该具体情况具体分析，界定时最好宽泛一点。对于"同词字"来说，只要甲字的本职音义和乙字的本职音义属于同一个词（或语素，下同）的音义系统，就应该算是"音义相同"；对于"同用字"来说，只要本职用法上具有相同的音义项，就也可以看作"音义相同"。

四 关于"异体字"的判定

我们在界定三个范畴的"异体字"时都用了个"本"字，这是为了把"借字"排除在异体字之外。借用的字也是可以跟别的字记录同一个词或具有相同用法的，但这不是借字本来的职能，所以借字跟本字或者借字跟借字是无法构成异体字关系的。在字用范畴，有所谓"包含异体字""交叉异体字"，涉及同源字（词）和同义字（词），但同源字、同义字跟异体字是从不同角度提出的交叉概念，只有语音相同（包括语音变体）的同源

---

① 邵世强：《谈大型辞书对异体字的处理》，《词典研究丛刊》，四川辞书出版社1986年版。
② 裘锡圭：《文字学概要》，商务印书馆1988年版。
③ 高更生：《谈异体字整理》，《语文建设》1991年第10期。
④ 《汉语大字典》（缩印本），四川辞书出版社、湖北辞书出版社1993年版。

字和同义字才有可能被当作异体字。

　　判断"异体字"时，还需要分离"同形字"。例如"雅"跟"鸦"有人说是异体字，因为它们是为同一个词语造的，有人说不是异体字，因为两字的用法不同或者职能有分化。其实我们可以把"雅"分离为两个字，"雅$_1$"表示乌鸦义，跟"鸦"是异体字；"雅$_2$"表示正大、美好义，是另一个词的借用字，跟"鸦"不是异体字关系。再如"草"与"艸"，有人说"草"是"艸"的异体字，因为两字的用法相同，字形也有联系；有人说"草"是"艸"的通假字，因为"草"的本义指"栎实"，跟艸义无关。其实我们也可以把"草"分离为两个字："草$_1$"指栎实，后为"皂（梍）"字所代；"草$_2$"指草木，跟"艸"构成异体字关系。许多如此之类有争议的"异体字"，一旦引进"同形字"观念加以分析，问题就会迎刃而解。

五　关于"异体字"的整理与规范

　　上述三个范畴的"异体字"，从理论上来说都是可以成立的。但实际上我们研究"异体字"的目的并不是针对这所有现象的，换句话说，我们对异体现象的整理和规范是有所选择的。因而人们实际整理出来的"异体字"并不等于理论上的"异体字"。例如字样范畴的"异体"总体上是无穷无尽的，因而无法作总体上的整理，实际所作的异体字样的整理往往限于一定范围，例如对某批出土文献中的古文字字样加以整理而形成字表，但我们无法对某个词或字的千姿百态的全部字样作出描写。

　　就研究"异体字"的实用目的而言不外乎两个，一是帮助阅读古代文献，让读者知道某个字跟某个字记录功能相当或具有相同的音义，《汉语大字典》所附异体字表大致就是出于这样的目的的；二是规范现代用字，让用字的人知道记录某个词某个义时该用哪个字，哪些功能相当的字已废除不用，《第一批异体字整理表》就是出于这样的目的。既然如此，如果在整理"异体字"时材料限定得过于严格（例如说必须音义全同才是异体字），或者放得过于宽松（例如把所有不同字样都搜集来作异体字），都是难以很好实现研究目的的。

　　我们认为，从帮助阅读古籍的目的出发，可以把书面文献中本职记录同一个词或具有相同用法而笔画或结构有差异的同音字都当作异体字，但应该按不同情况分别整理：1. 同词异体，包括结构不同和结构相同但有笔画差异两种情况；2. 异词异体，包括一词的音义涵盖另一词和两词的音义交叉两种情况。从规范现代用字的目的来看：1. 仅有形状或笔画差异的属于书写问题，用字规范可以不管（管也管不过来）；2. 本职记录同词而结构不同的字应该规范，规范结果是选用正体字，淘汰变体字；3. 本职记录异词而文献用法相同的字也要规范，一字的音义包含另一字的，可以选用包含字而废除另一字；音义交叉的字则要规定在相同的音义上应该用某字，但另一字并不废除，因为在别的音义上还要用它。可见实际整理和规范工作中所谓的"异体字"是个笼统的说法，它服务于古籍阅读和现代规范的实用目的，虽涉及字样、字构、字用三个角度而并不等于其中任何一个角度的"异体字"。材料的整理和概念的科学定义原本就不是一回事，因而我们不必用某个角度的概念来指责多角度的实际材料，也不必用多角度的实际材料来否定某个特定角度的概念。

六 关于"共时性"

　　一般认为,"异体字"属于共时现象,即所谓形体不同而音义相同必须是在同一时段。有的在定义中明确指出了这一点,如程希岚、吴福熙的《古代汉语》说:"在同一时期内,两个或两个以上不同形体的同音同义的字并存,叫作异体字。"[①]大部分的定义里虽然没有明确规定异体字必须共时,但实际上"共时性"是被当成异体字的重要属性的,所以常常有人拿它作为区别"古今字"的标准,说"古今字"是历时的,"异体字"则是共时的。看似区分清楚,其实无法别异。因为"古今字"和"异体字"并非同一层面用同一标准分出的类,正如我们不能把一群人区分为"老人"和"男人"一样,我们也没有必要把"古今字"和"异体字"对立起来加以区分,同一组字完全可以既是古今字,又是异体字,不能因为古今字是历时关系,就推论异体字一定是共时关系。可见异体字的所谓"共时性"其实是虚拟的,用作判断异体字的标准根本无法操作。首先,究竟多长时间算是"共时",从来就没有固定。"先秦"可以共时,"两汉"可以共时,"西汉""东汉"可以分别共时,"唐"是一个共时,"宋"是一个共时,"唐宋"也是一个共时,相对于"现代"而言,整个"古代"数千年都是一个共时,那"异体字"所"共"的"时"究竟是多长呢?其次,人们所列举的"异体字",事实上谁都没有就其时代性作出限定。例如上文提到的《第一批异体字整理表》和《汉语大字典》所附《异体字表》,其中构成异体字的时段谁能说清楚?既然并不清楚每个字的生存时段,却又断定它们是异体字,可见"共时性"并非异体字成立的先决条件。再次,如果真要考察异体字的时代性的话,恐怕很少有同时产生的。必须"共时"才算"异体",那记录同一个词而先后形成的字(如"恥"与"耻")或可能同时产生但却异时而用的字(如"線"与"綫")该叫什么字呢?特别是现代已经被废除不用的字跟现代还在使用的功能对应的字(如"淚"与"泪"),它们已经不"共时",那么该不该用"异体字"来指称它们呢?如果"淚""泪"这种现代不共时使用的字现在不能叫"异体字"的话,那《第一批异体字整理表》还能成立吗?我们并不主张把异体字完全看成历时现象,但至少不应该把历时现象完全排除在异体字研究范围之外。所以谈异体字最好泛时化,可以有"共时"的异体字,也可以有"历时"的异体字;可以从共时的角度归纳异体字的同用现象,也可以从历时角度探讨异体字的产生和演变。总之,共时性不是异体字的区别性特征,不是异体字的固定属性。

七 关于"异体字"的名称

　　虽然名称问题并非本质问题,可以不必深究,但从科学性上考虑,我们认为"异体字"这个名称还是值得商榷。"形体不同"不是异体字的本质属性,据此无法将别的关系

[①] 程希岚、吴福熙:《古代汉语》,吉林人民出版社1984年版。

字区别开来，因为任何两个自然的书写字样都可能"形体不同"。所以用"异体字"来指称"音义相同而形体不同"的字并非最佳选择。从研究的目的来说，我们也不是要认识这类字的"形体不同"，而是要认识它们的"音义相同"。科学研究的基本方法是异中求同、同中求异。面对一堆形体本来不同的字样，如果要研究它们的关系、对它们进行分类的话，无疑首先应该求其同，因而有"同音字""同义字""同源字""同部首字""同声符字"等归类，全都是从"同"的角度去命名的，为什么偏偏对音义相同的字就要从"异"的角度命名呢？这显然不符合术语系的一致性要求。估计"异体字"的名称是沿用《第一批异体字整理表》而来，但该表中的"异体字"实际上是指跟"正体字"对立的被淘汰字，并非指包括"正体字"在内的全组字之间的相互关系，后人盲目沿用，名不副实，结果造成混乱。

　　古人曾有"同字异形"或"一字异形"的说法，其中的"字"可以指一个"词"，也可以指一个结构的"字"（当然同时也是一个"词"），所谓"同字异形"实际上就相当于"同词异体"。"同字（词）"是其区别性特征，是本质所在，而"异形（体）"是依附于前者的，是次要的。我们认为这样命名抓住了本质，具有区别性特征，倒是可以沿用或套用的。因此，对于前述三个范畴具有不同含义的"异体字"，我们可以仿照古人的说法重新命名：将本职记录同一个词而外形特征不同的"异体字"改名为"同词异形字"，将本职记录同一个词而结构属性不同的"异体字"改名为"同词异构字"，将本职记录不同词但具有相同音义的"异体字"改名为"同用异词异形字"。这三个名称是分别针对不同情况而言的，不是同一总体的下位分类。字样范畴的"同词异形字"和字构范畴的"同词异构字"可以统称为"同词字"；在字用范畴，除了"同用异词异形字"外，当然还有不言而喻的"同用同词异形字"，照例也可以统称为"同用字"。这样，汉字的各种字际关系就都是从"同"的角度命名了。当然，这样定称只是一种理论上的表述，实际上"异体字"的名称已相沿成习，要改变是很困难的，也是没有必要的。

楚简"譏"字及相关诸字考辨

李运富

一 序 言

包山楚简和郭店楚简中有个"譏"字，还有许多形体相近或相关的字，现在我们把有关形体按构件的分布和辞例的用法整理如下：

（一）相关的未确释字

1. 辛——⬚⬚ 五行

2. 水 +［辛 + 水］——⬚⬚ 五行 ⬚（合文上部）性自命出

3. 業 + 攴——⬚⬚ 语丛四

4. ［業 + 攴］+ 米——⬚ 包山（原释"糤"）

5. 言 + 羑——⬚⬚⬚ 包山 ⬚ 五行 ⬚ 穷达以时 ⬚ 语丛一

6. 羑 + 戈——⬚ 性自命出

7. 羑 + 刀——⬚ 包山（原释"剚"）

8. 口 +［羑 + 戈］——⬚ 成之闻之 ⬚ 尊德义

9. 心 +［羑 + 戈］——⬚ 性自命出

（二）相关的已确释字

10. 羑（僕）+ 臣——⬚⬚⬚ 包山 ⬚⬚ 老甲 ⬚ 语丛二

11. ［羑 + 臣］+ 木——⬚⬚ 老甲

12. 邑 + 羑（僕）——⬚⬚⬚⬚⬚ 包山（第七形原释"業"）

13. 糸 + 羑——⬚ 包山

---

* 本文原载日本《中国出土资料研究》（ISSN 1343—009）第七号，中国出土资料学会编，2003 年 3 月 31 日出版发行，第 37—56 页。

14. 金 + 菐——[图] 包山

上列 14 组字的原形中都包含着一个上部作三点竖或四点竖的近似形体，为了指称方便，我们统一用"B"来表示这个形体。跟这个"B"形相近相关的字，古文字中有"菐（pu）""業""丵（zhuo）""對""辛（qian）"等，因而关于从"B"诸字的释读，围绕这些相关的字先后提出了十多种考释意见①。我们在《包山楚简"䜓"义解诂》②一文中初步认为从"言"从"B"之字的"B"相当于"菐"，并考定这个"䜓"字所记录的词的意义是对已知事情或证据的检查、勘验、核实、确认，但没有指明这个字的用法是本用还是借用，也没有说明它跟有关字词的关系，因为当时我们没有充分的证据来证明"䜓"字的本音本义。我们认为，对文本中疑难字词的考释，应该做到形、音、义（本义）、用（文本中记录的词义）四个方面都能得到合理的解释，而且这种解释能够涵盖所有的变体和全部的辞例，才能算是完全的和成功的考释，否则就是一种不完全考释或有疑问的考释。现有关于从"B"诸字的各种说法当然都是有某些理由的，但按照"完全考释"的要求检验，也都有欠缺或经不起推敲的地方，所以这些字的释读还需要进一步研究。本文拟先评论别人的观点，然后提出自己的一些处理意见。

二　众说述评

现在我们从"言+B"的释读出发，联系相关字形，分析时贤几种有代表性的观点，看看其中有哪些合理因素，又可能存在哪些问题。

（一）以"B"为"丵（對）"说

不少人认为"B"是"對"字的左边，所以把从"言"从"B"的原形楷定为"䜓""對"或"對"，各家都读为"對"，但释义有"应对""招供""作证""证实""查问"等不同说法③。刘信芳先生认为"言+B"就是"對"字的异体，解为对簿、对状、对证、查对之义④。这种释读只适合部分字形和部分辞例。就字形说，既然"言+B"读"對"音，那实际上应该是"B"与整个"對"字相当，严格来说当楷定为"謝"，或分析为从"對"省。因为"丵"不独用，在"對"字中不是音符，因而不能代表"對"的读音。"對"字原本从丵从土从又（或廾或殳），《金文编》（1985 年版）157、158 页所收"對"字有少数不从"土"的形体，可能是"對"的简写，也可能是"對"的声旁借用。这种不从"土"的"對"可以跟楚简中从"又"或从"廾"的"B"沟通；但无法

---

① 参见广濑熏雄《包山楚简に见ぇる证据制度について》，《楚地出土资料と中国古代文化》，郭店楚简研究会编，汲古书院 2002 年 3 月；许学仁：《战国楚简文字研究的几个问题——试读战国楚简〈语丛四〉所录〈庄子〉语暨汉墓出土〈庄子〉残简琐记》，《古文字研究》第 23 辑，中华书局 2002 年 6 月。
② 初稿首发于《简帛研究》网站 2002 年 9 月 7 日，修改稿正式发表于《古汉语研究》2003 年第 1 期。
③ 有关说法见许学仁《战国楚简文字研究的几个问题——试读战国楚简〈语丛四〉所录〈庄子〉语暨汉墓出土〈庄子〉残简琐记》一文注释 8 的介绍。
④ 刘信芳：《包山楚简司法术语考释》，《简帛研究》第二辑，法律出版社 1996 年版。

解释来自"對"的"B"何以会从"人"（刀）从"大"（矢），有时还"人"（刀）"又"并出，因为"人"（刀）、"大"（矢）的形体是"對"字无由演化的。忽视同功能字形的总体而仅仅根据其中个别形体的相似就把"B"跟"對"完全等同起来，是不符合构形系统性原则的。就用法来说，先秦文献中的"對"一般作"对扬"（见于金文）、"对答""对比"讲，罕见用于司法语义的例子。汉代以后"對"确实有了对簿、对状、对证、查对之类的意义，用来解释包山简的用例勉强可行，但读为"對"或者看作"對"的异体，根本无法讲通郭店楚简的相关用例。

（二）以"B"为"菐"说

葛英会先生认为"B"是"菐"字，所以把原形楷定为"䜐"，当作见于《集韵》的"䜐"，训"以言蔽也"。但他认为此义难通，故读作《尚书·康诰》"丕蔽要囚"的"蔽"，引《论语》"一言以蔽之"何晏注"蔽"犹"当"，而"当"《小尔雅》有"断"之训，所以确定"䜐"用为"断"义①。但"菐"声字借用为"蔽"字，古音屋部月部远隔，恐怕难以相通。而且把"䜐"读作"蔽"而训为"断"，只能勉强讲通包山简 15 反的"新俈迅尹不为其䜐"一句，包山简其他的用例都明显属于查核，不宜直接讲成断决。至于郭店楚简的用例就更不能讲成"断"了。所以葛先生释字为"䜐"，虽然没有从形体上详加论证，却是很有见地的（理由见第三部分），但还没有很好地解决义训上的问题。

（三）以"B"为"業"说

认为"B"是"業"，所以把原形楷定为"譕"，而以"業"声字阴阳对转而读作"验"。此说先由胡平生先生提出②，最近许学仁先生也赞成这一说法，并作了补充论述③。先秦文献中的"验"确有检验、验证的义项，且多与法律有关，而"验"字从"马"，《说文解字》训其本义为"马名"，可见这种用法属于借用。如果把包山楚简的"譕"当作"验"的本字倒是很合适的，但要解通郭店楚简中的全部用例就会很为难。而且更重要的是形体上讲不过去。有可能是"業"字的形体现在能见到的只有"業 業 業 業"（1981 年版《汉语古文字字形表》第 98 页）、"業"（《金文编》第 724 页）、"業"（《金文编》第 1186 页）、"業"（上博楚简《诗论》第 5 简）等，其基本构形是下部从木或从大，大、木在古文字中常互讹（如"樂"字下部既有从木的写法也有从大的写法），大又可以讹成交、火、矢，所以这些形体都是可以贯通的。在待释"B"字的各种写法中只有下部从"矢（大）"的写法跟"業"字相关，而其他各种写法与

---

① 葛英会：《包山楚简释词三则》，《于省吾教授百年诞辰纪念文集》，吉林大学出版社 1996 年版。下文所引葛先生的观点皆见此文，不再一一注明。

② 胡平生：《说〈包山楚简〉的"譕"》，《第三届国际中国古文字研讨会论文集》，香港中文大学，1997 年。

③ 许学仁：《战国楚简文字研究的几个问题——试读战国楚简〈语丛四〉所录〈庄子〉语暨汉墓出土〈庄子〉残简琐记》，《古文字研究》第 23 辑，中华书局 2002 年版。下文所引许学仁先生的观点皆见此文，不再一一注明。

"業"字是没有关系的,如果都是从"業",怎么解释这些无关形体的变异呢?也许有人会说"B"下的"廾"可以看作是"業"下"大"的变化,其实不然,我们知道"廾"变异为"大"是隶变的结果,隶变之前"廾"与"大"是没有关系的,而且即使是隶变,也只能"廾"变为"大",没有"大"变为"廾"的现象,这是不能逆推的。所以我们在做字形认同的时候,应该从相关字的总体着眼,并且要注意演变的方向和时代。

(四) 以"B"为"辯"字省形说

董莲池先生根据《古文四声韵》所收"辯"字有省与不省二体,且所从"辛"旁下作"人"形,因而认定楚简的"言+B"和《五行》中独用的"B"是"辯"字省形,这些"B"都应分析为上从"辛"下从"人",如"䇂"字的右边是由"辛"下的两斜笔和"人"字的两斜笔合笔交叉连写而成。他认为《说文》小篆从"言""辡"声的"辯"原本是两个带"辛"的罪人相与讼,所以"辡"下实省掉了两个"人"字,因其讼争,故又从"言"。至于意义,郭店简都读作"辨",训明察;包山简则或训明察,或训判决,或训审理,或训为辩解,或读为"徧"而训周遍①。董说是经过了认真考论的,初看好像形音义用都有着落。但仔细追究,也有难以信从的地方。第一,古文字中未见有从两"辛"两"人"的"辯"字,甲骨金文中倒是有上从两辛而下从两人或两大或两兄的字(见《汉语古文字字形表》97页,《金文编》152页,1993年版《甲骨金文字典》199页),但那个字公认为"竞",音义都跟"辯"字无关。另有跟"辯"同从"辡"声的"辦"字,所从"辡"字却没有两个人(见《金文编》289页,《汉语古文字字形表》163页,《甲骨金文字典》328页),而且"宰""辜"等字所从的"辛"表示罪人却也不从"人"。因此说"辯"所从之"辡"原本有两"人"而小篆省略了,缺乏实证。《古文四声韵》这种后代字书所收的字形可以作为线索和参考,如作为唯一的证据就显得薄弱。实际上古人写"辛"字有时在下面的竖画旁加一斜笔作装饰,后来讹变使得"辛"的下部有时候既像"刀"又像"人",《古文四声韵》《汗简》等所收"辛"和从"辛"之字的这类形体就是这么来的,其实并非从"人"或从"刀"。第二,董文认为"辯"是从"辛"从"人"从"言"会意,则其中上"辛"下"人"的构件不能表音。可是郭店简还有个"䇂"字,其左边正好是上辛下人,那这里是会意还是表音呢,怎么跟"辯"字的构形分析沟通呢?而且如果把"辯"看成会意字,那要把《五行》中独用的"B"直接释为"辯"就不可能是借音而只能是省写了,说"言+B"是"辯"省去了一个重复的构件还有可能,而把"B"也看作"辯"字之省,那恐怕省得有点过分了。第三,按照上"辛"下"人"的分析,即使同意董先生把"辛"下的两斜笔"V"和"人"形的两斜笔共四笔一经变作两个交叉斜笔连写的说法,也只能解释部分形体,像《五行》"䇂"下部根本不是交叉的两个斜笔,而是"又"字的一种常见写法,《包山》的"䇂"在交叉的两斜笔之下却另有"人(刀)"形,这些都是无法迁就合笔连写说的。至于说"䇂"、"䇂"等

---

① 董莲池:《释楚简中的"辯"字》,《古文字研究》第22辑,2000年7月。下文所引董莲池先生的说法皆见此文,不再一一注明。

只能认定为从"又"从"廾"的形体"当是受羍形影响而讹写造成的",则更有武断之嫌。再说意义,包山简"言+B"的用例语境其实比较统一,除137号简有点特殊之外,都是指对已知事情或证据的查验、核实,先秦的"辩"字虽有"明察""分辨""争辩"等义,却没有"调查、检验、查证、核实"的用法,所以并不完全适合包山简的辞例。

(五)以"B"为"羋(zhuo)"说

刘信芳先生原来是把"言+B"释作"諎"而看成"對"的异体字的,后来改释为"諽",即把"B"看成《说文解字》训为"丛生草"而"读若浞"的"羋"(zhuo)字。"諽"字从言羋声,借用为"督"字①。根据现代人归纳的古音音系,"羋"从纽药部,"督"端纽觉部,语音虽然隔了一层,总还可以算是相近。"督"字也确实有"查验、核实、考察"之类的用法,可以跟"察"同义,后代的"督察"即是同义复合词。所以用"督"来解读楚简的"言+B"大部分辞例是勉强能说得过去的。但是,"羋"(zhuo)的音义仅见于字书,文献中从无单用的例子,古文字中也只有《说文》所分析的小篆"叢"跟这个"羋"的所谓"丛生草"的意义相关,其他的"羋"形都被认为是"辛"的变体,表示"凿"具②。然则字书中"羋"(zhuo)的读音并没有语言实证,本身都成问题,怎么能拿来证明"諽"的读音而推知它是"督"的借字呢?另一方面,字形上被《说文解字》分析为"象羋岳相并出"的"丛生草"的"羋",怎么会变出从又、从廾、从人(刀)、从大(矢)的各种写法来了呢?其演变过程同样难以证实。

(六)以"B"为"帶"说

黄锡全先生把"B"的形体分析为"上面四短竖,中间一横,下面一个叉",认为这一形体来源于甲骨文中的"帶"(见《甲骨文编》附录789页或《甲骨文合集》20502、13945、26879等号),只是省去了字形的下部,还举了子犯编钟和古玺做例子,因而把原形楷定为"諦",训"审查"义③。《集韵·霁韵》:"谛,《说文》:'审也。'或从带。"原来"諦"是"谛"的异体字,所以有"审"义。"谛"与"审""察""督"皆有相同的义项,用来讲解楚简辞例不是不可以,但字形上难以说通。因为作"上面四短竖,中间一横,下面一个叉"的只是部分形体,还有下面并不是"叉"而是从"人(刀)"、从"大(矢)"、从"廾"或既有"叉"(实际上是"又")又有"人(刀)"的种种写法,怎么说明它们跟"帶"字的关系?而且黄先生所举用来类比的字形其实尚存争议,目前战国以前的文字里还没有发现已经确释而得到大家公认的"帶"字。楚简中倒是真有"帶"和从"帶"的字,但其"帶"字大都下从"巾",偶尔也有跟"![]"字所从"B"

---

① 分别见《包山楚简司法术语考释》,《简帛研究》第2辑,法律出版社1996年版;《释"諽"》,《简帛五行解诂》附录九,台湾艺文印书馆2000年版。

② 参见陈昭容《释古文字中的"羋"及从"羋"诸字》,《中国文字》新二十二期。转引自许学仁《战国楚简文字研究的几个问题——试读战国楚简〈语丛四〉所录〈庄子〉语暨汉墓出土〈庄子〉残简琐记》,《古文字研究》第23辑,中华书局2002年版。

③ 黄锡全:《楚简"諦"字简释》,《简帛研究》第2辑,广西师范大学出版社2001年版。

形相近的写法，但右下四点之间不是一笔，而是有点像"廾"的两笔，区别仍然很明显。所以要把"B"字跟"帶"字认同是很困难的。

（七）读"譏"为"察"说

裘锡圭先生将"譏"读作"察"，刘钊先生等依从并加补证。郭店楚简《五行》篇"思不清不![字]，……清则![字]，![字]则安"，马王堆帛书《五行》中相应的句子作"思不睛不察，……睛则察，察则安"，郭店简《五行释文注释》注释［七］说："裘按：帛书本与此字相当之字为'察'，简文此字似亦当读为'察'。此字在包山简中屡见，读为'察'，义皆可通。"又郭店简《语丛四》："![字]（窃）钩者或（诛），![字]（窃）邦者为者（诸）侯。者（诸）侯之门，义士之所廌（存）。"该篇注释［七］："裘按：此段内容与见于《庄子·胠箧》的下引文字基本相同：'彼窃钩者诛，窃国者为诸侯。诸侯之门，而仁义存焉。'简文第一、五二字左旁，与本书《五行》中应读为'察'的从'言'之字的右旁相近。包山楚简中应读为'察'的从'言'之字，其右旁并有与此字左旁极相似者，可知此字之音与'察'相近。'窃''察'古通，故此字可读为'窃'。"又郭店简《五行》："心曰唯，莫敢不唯；如（诺），莫敢不如（诺）。进，莫敢不进；后，莫敢不后。深，莫敢不深；![字]，莫敢不![字]。"注释［六三］："裘按：此句（指最后一句）首尾各有一从'水'的相同之字，似当读为'浅'。它们的右旁据帛书本当读为'察'。'察''窃'古通。'窃''浅'音近义通。《尔雅·释兽》'虎窃毛谓之虦猫'郭注：'窃，浅也。'""某读为某"实际上是"某借为某"的换一种说法，可见注者是把"言+B"当作"察"的借字的。广濑熏雄先生就直接说"言+B"是"察"的假借字①，反映的正是裘注的观点。这种释读由于有"言+B"字跟"察"字的异文为证，而且还发现了跟"察"读音相近形体也相关的"![字]"（窃）和"![字]"（浅），所以得到广泛赞同。如刘钊先生就认为裘说"有内容相同的帛书或传世典籍的对照，可以肯定是确切无疑的"②。

裘先生的说法对讲通有关辞例确实很管用，但还留下三个问题需要进一步证实。第一，如果"![字]"是"察"的借字，那"![字]"究竟是个什么字，它的本义是什么，文献中有这个词的用例吗？第二，如果"![字]""![字]""![字]"中的"B"是同一个构件，表示相同或相近的读音，那这个"B"究竟是什么字，本来应该读什么音，这个读音跟"察"相同或相近吗？第三，"![字]""![字]""![字]"中的"B"的各种不同形体（见序言第 2 组至第 5 组）是怎么变化来的，为什么会有那么大而整齐的差异？它们跟楚简中已经确释的读"pu"音的"B"（见序言第 10 至第 14 组）又是什么关系？为什么"言+B"中的"B"总体上会跟已知读"pu"音的"B"写法那么一致？这三个问题分别反映了义（构形本义）、音、形三个方面，总体来说就是一个字源问题。在没有回答这个问题之前，裘说也

---

① 参见广濑熏雄《包山楚简に见える证据制度について》，《楚地出土资料と中国古代文化》，郭店楚简研究会编，汲古书院 2002 年 3 月。

② 参见刘钊《利用郭店楚简字形考释金文一例》，《古文字研究》第 24 辑，中华书局 2002 年版。下文所引刘钊先生的意见除有另注者外皆见此文，不再一一出注。

只能算是假说。如果仅仅因为帛书本的异文就断定"䎱"当读为"察"，仅仅因为《庄子》的异文就断定"䎱"可读为"窃"，亦即"䎱"为"察"的借字、"䎱"为"窃"的借字，其实是难以让人信服的。顺便就可以举出个反证：上引《语丛四》"䎱邦者为者侯"《庄子·胠箧》作"窃国者为诸侯"，"邦"与"国"也是异文，我们能说"邦"是"国"的借字吗？显然不能①。而且这段话还见于《庄子·盗跖》篇，作"小盗者拘，大盗者为诸侯。诸侯之门，义士存焉"，然则"䎱"又与"盗"为异文，是否又该说"䎱"应读为"盗"呢？其实刘钊先生自己也明白异文不能证明同音或同字的道理，他曾否定有人根据帛书异文把郭店《五行》篇"不 B 于道"的"B"释为"辩"，理由就是"郭店楚简的'察'字在马王堆帛书中作'辩'是同义换用，并不能证明郭店简的'察'也应释'辩'"②，为什么到了"䎱"要读"察"、"䎱"要读"窃"时，就因为"有内容相同的帛书或传世典籍的对照，可以肯定是确切无疑的"了呢？作为异文，"甲"字可能是"乙"字的异体字或同义字，即使"甲"是借字，也不一定就是异文"乙"的借字，还有可能是借用为"乙"的某个同义字"丙"，"乙"也可能是借用为"甲"的某个同义字"丁"。例如《包山楚简》用来纪年的句子"东周之客许呈至胙于戚郢之岁"，其中的"至"字同书又作"归"字，这是一组很典型的异文材料，但我们不能据此认定"至"就是"归"的借字或者"归"是"至"的通假字。其实这里的"至"和"归"用的都是借字，"至"借为"致"，"归"借为"馈"，然则"至"和"归"本身并没有形音义上的关联，而是因为它们各自的本字"致"和"馈"具有同义关系才构成异文的。可见仅用异文来证明"䎱"是"察"的借字（通假字）是靠不住的。

那么，"䎱""䎱""䎱"三个字的偏旁"B"形体相近，是否就一定是同一个声符，它们的读音就一定得相同或相近、因而"䎱"就一定得读为"察"呢？恐怕也未必。首先，这三个字中被看作同一构件的"B"其实形体并不完全相同：左边从"水"的两个字样（第2组）右下也都明显从"水"；右边从"攴"的四个字样（第3和第4组）左下都明显从"大（矢）"；左边从"言"的字样较多（第5组），除包山简有个"䎱"的写法其右下跟从"攴"的"䎱"的左下偶然相同即都从"大"（矢）外，还有右下从"又"（"又"的左向斜笔跟上部的横画相连）从"廾"和同时从"又"从"人（刀）"的写法。就构形的系统性看，这三组字形中的"B"特别是下部从"水"的"B"形体上是很难沟通的。这样一来，要用"䎱""䎱"跟"䎱"所从"B"的同形关系证明"䎱"当读为"察"也就失去了依据。其次，即使这三个字中的"B"形体上可以认同，也不能证明它们的读音就一定相同或相近，因为汉字中存在大量的同形字和同形构件，即形体相同

---

① "国"应是从"或（域）"词分化出的派生词，跟先秦的"邦"同义，汉代因避讳而用"国"字代换了先秦的"邦"字。参见大西克也《"国"的诞生——出土数据中"或"系字的字义变迁》，《楚地出土数据与中国古代文化》，郭店楚简研究会编，[日本] 汲古书院，2002年3月。

② 刘钊：《释"𧵩"及相关诸字》，见《简帛研究》网站"作者文库"。

而读音和意义并不相同。且不说隶变以后的偏旁混同现象，战国以前同形字和同形构件就已经普遍存在了。如古文字中的"舟"是既可以表示船（读 zhou）也可以表示盘（读 pan）的，"幺"是既可以读"you"（幼小）也可以读"si"（丝线）的。楚文字"丑""升"不分，"贝""目"相混，"人""刀"难别，"夕""月"任作。就是我们现在讨论的"B"形，如果"𧥛"中的"B"因为跟"𧥛"和"𣂧"的"B"形近就应该读音相同的话，那楚简中还有一系列后来读作"pu"的从"丵"的字，如"僕""樸""鄚""鏷""纀"（第 10 至第 14 组）等，就更应该读音相同了，因为它们所从的"丵"从总体上来说跟"言+B"中的"B"形体几乎完全相同（参下文），那是不是这些公认读"pu"的字也应该读"察"？既然"僕"等可以跟"𧥛"等读音不同，为什么"𧥛"就一定要跟"𧥛""𣂧"读音相同或相近呢？第三，即使"𧥛""𧥛""𣂧"三字中的"B"确实读音相同，而且确实"'察''窃'古通，'窃''浅'音近义通"，那也只能证明"𧥛"有可能读为"察"，而不能证明"𧥛"必然要读为"察"。因为，如果"𧥛"是"察"的本字或异体字，那也符合这几个字读音相同相近的条件；如果"𧥛"是"察"的同源同义字（就像"命"跟"令"的关系），那同样符合这几个字读音相同相近的条件；甚至可以反过来，"察"是借字而"𧥛"是本字，那仍然符合这几个字读音相同相近的条件。

《郭店楚墓竹简·五行》篇"不 B 于道也"的"B"，马王堆帛书有异文作"辩"，因而关于这个"B"字的释读就存在两难选择：若强调这个"B"跟"言+B"等字的形体联系而读为"察"，就不得不舍弃异文，若强调异文而读为"辩"，又不得不放弃跟"言+B"等字的形体联系。刘钊先生认为这个"B"就是"𧥛"等合体字的偏旁，故"不 B 于道"即"不察于道"，"但是这个字在马王堆帛书中写作'辩'，于是有人认为郭店简的这个字也应释为'辩'。其实古代'察''辩'二字可以互训，皆有'分辩'之义。……郭店楚简的'察'字在马王堆帛书中作'辩'是同义换用，并不能证明郭店简的'察'也应释'辩'"①。上文已经提到，刘先生对"B"字异文的态度跟他强调"𧥛"等字的释读"有内容相同的帛书或传世典籍的对照，可以肯定是确切无疑的"的态度是矛盾的。裘锡圭先生针对原注释［五十］"简文此字当读作察"加按语说："此字之形与当读为'察'的从'言'之字的右旁有别。帛书本与之相当之字为'辩'。待考。"虽说是"待考"，但从裘先生强调"此字之形与当读为'察'的从'言'之字的右旁有别"来看，他其实是不同意"B"读作"察"而倾向于"B"读为"辩"的。但从前文的原形对照可以看出，这个"B"跟"当读为'察'的从'言'之字的右旁"的差别其实并不比"当读为'察'的从'言'之字的右旁"相互之间以及被认为跟"当读为'察'的从'言'之字"具有同一声符因而当读为"浅"和"窃"的几个字形之间的差别大。如果"𧥛""𧥛""𧥛"跟"𧥛""𣂧"这些显然差别很大的形体都能统一起来而"读作察"，那

---

① 刘钊：《释"償"及相关诸字》，见《简帛研究》网站"作者文库"。

《五行》的"✶"看起来不是跟"✶""✶""✶"等字的"B"更为接近吗，为什么反而说它们"有别"而不能读作"察"呢？这种对形近字时而求同时而求异的态度也是模棱的。既然刘先生认为异文不能证明"B"必读"辩"，形近才决定"B"应读"察"，而裘先生又倾向形近不能证明"B"必读"察"，异文才决定"B"当读"辩"，那就说明异文和形近字对于判定文字的释读作用都是很有限的。

因此，尽管"✶"有"察"作为异文，尽管还有"✶""✶"等形近字或同形构件可作旁证，"✶"是否就读作"察"仍然难以定论，关键还得从该字本身说明其形音义的来源，也就是得回答前面提出的那三个问题。

刘钊先生从读"察"出发，已经考证过从"B"诸字的字源，提出了一些有价值的线索，但似乎仍然存在一些问题。刘先生说："这个可用为'察''浅''窃'三个字声旁的'B'究竟是什么字呢？因为其形体与'察''浅''窃'三个字都无关系，所以显然只是一个用作声符的借音字。从这一角度出发，我们推测这个字有可能就是'辛'字的变体。'辛'本为'辛'的分化字。古文字中从'辛'或从与'辛'类似的形体的字，其上部在发展演变中都变为'✶'或'✶'，这一点与上引'B'字的特征正相符。'辛'字古音在溪纽元部，与精纽元部的'浅'和清纽月部的'察'音都不远，而'窃'字在典籍中又分别可与'察'和'浅'相通。正因为'辛'与'察''浅''窃'三字音都可通，所以'辛'字的变体也就自然可以分别用为'察''浅''窃'的声旁。"现在的问题是，第一，前文已经论述"✶"是否读"察"、"✶""✶""✶"三组字所从的"B"是否为同一构件都还未定，假定未知为已知并以此为前提推论"B"的形音，方法上值得考虑。第二，如果这种以假定为前提推出的读音在形体上能得到合理的解释，也还可备一说，但事实上很难证明"B"就是"辛"（下文用"辛"代替或包含）。刘先生说"古文字中从'辛'或从与'辛'类似的形体的字，其上部在发展演变中都变为'✶'或'✶'"，尽管用"都"有点以偏概全，但毕竟是能找到例字的（如"宰"下的"辛"就有这种写法），可是这只能证明"B"的上部是由"辛"或类似的形体变来的，却无从证明整个"B"等于"辛"，因为"B"的下部还有"又""廾""大（矢）""人（刀）""水"等其他构件。刘先生在上引文章中没有解释这些构件的来源，但在另一篇文章中提到一句"其下部的各种变体应是在发展演变中产生的类化或讹变"①，可是没有具体论述。我们认为文字的形体演变是有规律可循的，是要受到系统约束的，如果这些多出了许多构件的"B"都是"辛"的变体，那怎么能说明它的具体演变过程，如何能解释那么多已经认识的从"辛"的字为什么没有"B"这样的变体，而偏偏这几个未释字中的"辛"就统统变成了"B"。因此，我们认为"B"的上部可能与"辛"或类似的形体有关，而"B"的下部大都是与"辛"无关的另外的形体（《五行》中独用的"B"可能为"辛"的变体，参下文）。如果说楚文字中的"B"因上部的"辛"都省掉竖画而容易跟下部误会为一体的话，刘先生文中所举的几个金文字例，其中的"辛"可是完整无

---

① 刘钊：《释"償"及相关诸字》，见《简帛研究》网站"作者文库"。

缺的，显然跟"廾"是各自独立的构件，没有任何理由能把"廾"看作"辛"字变体的一部分。因此，即使"B"字的上部是由"辛"变来的，我们也只能承认"B"中包含有"辛"，但并不等于"辛"。形体上不相等，读音上能否等同呢？这也很难证明，因为"B"中的"辛"未必就是声符。"B"的基本形体是从"辛"从"又"或"廾"，以"又""廾"持"辛"，"辛"作为义符或形符的可能性比作声符的可能性要大得多。由此看来，刘钊先生的字源考证，还无法说明"䙫"组字何以能够读作"察"。

赵彤先生也试图从字源上解释"䙫"读"察"的理据。他认为这几组字中的"B"就是"祭"字，因为甲骨文的"祭"有"1 ◌ 2 ◌ 3 ◌ 4 ◌ 5 ◌"等写法，本像以手持肉之形，后加义符"示"。所从"肉"字往往横置（如2、3），与"口"相混同。战国文字的"口"形往往将上面的一横两端写出头作"廿"形，下面再加一横画即讹变成"B"的字形。4、5在"示"字两横之间加饰笔亦可讹变为"B"的字形。"䙫"所从的"B"下部显然是从"示"讹变来的。"䙫"所从的"B"下部则是由"廾"讹变来的。① 如果"B"确为"祭"字，那"䙫"当然能读作"察"了，"察"也从"祭"得声嘛。可是恕我孤陋寡闻，好像没有见过"示"能变成"水"的，也没有见过"廾"能变成"矢"的（"廾"可以变为"大"是隶变的结果），那么多已知的"祭"字和从"祭"的字，似乎也没有曾经讹变为"B"的。前面说过，汉字演变是有规律、有系统的，不能根据个别形体和局部笔画的相近相似就随便系联。即使形体上有可能发生讹变，也一定要有同字或同类字讹变的事实才能承认，例如"'口'形往往将上面的一横两端写出头作'廿'形"，这是事实，可以举出许多例证，但"廿"的"下面再加一横画即讹变成'B'的字形"就没有见过，"在'示'字两横之间加饰笔"也无实例。因而这样推测得来的字源恐怕是难以成立的。

（八）以"䙫"为"訃"而读"覆"说

前面提到，我曾经把《包山楚简》的"言+B"楷定为"䙫"，并论述其基本含义是"检查、勘验、核实、确认"，相当于"检察"之"检""察"，但没有肯定这个字到底是个什么字。蒙王宁先生（这位先生跟我的业师同姓同名）同意我的楷定和义训，并进一步申说"䙫"字何以会有这样的意义。他说："这个字确是从'羑'声，则不当读为'察'。由古文'撲'又作'扑'、'璞'又作'卜'、'樸'又作'朴'推之，此字当是'訃'之或体，在楚简中其义确实与'察'相同，但'訃'之本意是'告'或'告丧'，《集韵》'訃，告也。通作赴'，《玉篇》《广韵》训'告丧也。通作赴'，'赴'《说文》训'趋也'，是'訃''赴'皆无'察'义，故此楚简中的'訃'是个假借字可无疑义。《说文》：'察，覆审也'（《广韵》引《说文》作'察，覆也。'），由此笔者认为，楚简中的'訃'当读为'覆'，二字古音同滂母双声、屋觉旁转迭韵，音近而假。《尔雅·释诂》：'覆、察，审也。'是'覆'与'察'古义训相同，古'覆'亦训'察'，如《管

---

① 赵彤：《楚简中用作声旁的"祭"》，见《简帛研究》网站"作者文库"。

子·五符》'下愈覆鸷而不听从'尹注'覆,察也'是其证,则'覆''察'二字古可互训也。又《广雅·释言》'覆,索也',即检索、调查之意。是'覆'字古确有'检验、核实、确认'等含义,与'察'义相同。"①

今按,王宁先生虽然没有详论字形,但他同意我的楷定,认为"这个字确是从'粪'声,则不当读为'察'",从形体系统来看是比较客观的;他说"䜁"的"察"义来源于"覆"词也很值得重视。对这两点下文将作补充论证。但我们不同意"䜁"是"訃"的异体字的说法,也不信从"訃"是"覆"的假借字的说法。因为,第一,"覆"的本用指倾覆、覆盖,表示检验、核实义也属于借用,所以它不可能是"訃"的本字,不能说"訃"假借为"覆"。第二,根据《说文解字》,在古代的文字中除了表示土块的"圤"可以说是"墣"的异体外,其余"仆"(顿首)与"僕"(执事者)、"扑"("攴"的异体,小击)与"撲"(手相搏)、"朴"(树皮和树名)与"樸"(未加工的木材)都是不同的字,表示不同的词,文献中偶尔通用,古人都注明属于假借,形成异体字关系实际上只限于"繁简字"层面,而这已经是后代的事,不能拿来类推战国文字。何况文献中的"訃"根本没有"覆"(察)的用法,怎么能够断定就是具有"覆"(察)义的"䜁"的异体字呢!所以这样的字际关系表述值得商榷。

三 从"B"诸字的认同与别异

关于"言+B"字的释读除了上述八种主要的观点外,可能还有别的看法,真可谓众说纷纭,但似乎难求一家全是。它们或者把没有关系的"B"当作同一个字处理,或者只抓住个别或部分形体解释来源,而把无法解释却本来有关联的字形和变体撇开不管,或者把可能当事实,用未知证明未知,或者用后代的文字现象类推前代的文字演变,以致在字源的分析和辞例的解读上都或多或少存在一些疑问。我们认为,无论是对这些字形的认同还是别异,都必须联系所有相关的字形作总体分析,用系统论的原则和方法来处理其中的子项关系。如果把楚简中从"B"的字当作一个总体来观察的话,会发现其中的个体有的可以认同,有的应当区分,就是说"B"可能不只一个来源,而是属于不同的字源系统。这样一来,我们就不会被一种思路所局限,而是在上述研究的基础上全面衡量,综合取舍,对不同的字源分别作出不同的处理。我们的初步想法是:

(一)《五行》中两个独用的"B"可以看作"辛"的变体,借用为"辨"

刘钊先生、董莲池先生、许学仁先生都指出,古文字中的"辛"或与"辛"类似的形体有时可以在上面加饰笔而演变为"芊",如《金文编》526页"宰"字所从"辛"作"芊",而小篆的"辥"原来也是从"辛"的。这是事实,无须再证明。同时,许学仁还指出,古文字中的"辛"也可以在下面的竖画上加斜笔而类同刀形,如《古玺文编》

---

① 王宁:《申说楚简中的"訃"》,见《简帛研究》网站"学术争鸣",2002-09-15。下文所引王宁先生的观点皆见此文,不再一一注明。

1248号"✦"字，又如魏三体石经《尚书·无逸》古文"罪"所从"辛"作"✦"，还有《汗简》《古文四声韵》中的"辛"字及偏旁"辛"许多也是下面作刀形，其实并非"辛"字从"刀"，也不是像董莲池分析的那样从"人"，只是原来的竖画稍斜，再加上一装饰性的斜笔就变成了既像"刀"又像"人"的形状。设想一下，如果在演变成"✦"形的"辛"字下面也加上一个斜笔呢？那不正好就是第1组即《五行》中的"✦"吗！所以我们认为《五行》中两个独用的"B"应该是"辛"字的变体。《五行》的"辛"马王堆帛书有异文作"辯"，董莲池、许学仁二先生都认为是"辯"字之省，其实也可以看作"辯"或"辨"的借字。因为我们尚未发现战国以前有"辯"字或"辨"字，唯一可依据的材料是《古文四声韵》引古《老子》有从言从辛的"誩（辯）"字，这个"辯"字应该分析为从"言""辛（qiān）"声（金文中已经出现的"辨"字也可以分析为从"刀"从两个"辛"声），借声符字代替谐声字，是战国文本用字的普遍现象，如用"谷"为"欲"、用"者"为"诸"等，所以"辛"可以用为"誩"（辯）或"辨"。

楚简中从"言"从"B"的字之所以不释作"辯"，是因为那些"B"跟《五行》的"B"不一样，它们的上部虽然可以跟"辛"字变体的上部认同，而下部所从的"人（刀）"形是分离的，并且一般写作"又"，还有从"廾"从"大（矢）"的写法，这些写法都是难以归纳到"辛"的形体系统中的，所以"言+B"的"B"并非来源于"辛"。

（二）可以释作"浅"的那个字中的"B"或从"辛"省，或从"辛"省从"水"

上面已经说过，"辛"字及类似形体可以变体为"✦"或"✦"，所以我们同意刘钊先生把《古玺汇编》3982号的"✦"字释作"浅"，这个字的左部就是变体的"辛"字，全字从水辛（qiān）声，应该是"浅"的异体字。而楚文字中"辛"类的这种变体作构件时都简省作"✦"或"✦"（这是联系所有"B"的同形部分），故第2组郭店简《性自命出》的"✦"是"浅泽"的合文，上部的"浅"字就从"水"从简省的"✦"（辛）声。同组《五行》中作"浅"讲的"✦✦"，其右边的"B"上面是简省的声旁"辛"（✦），下面又再从"水"，可以看作义符累增，犹"州"之作"洲""然"之作"燃"，所以是"浅"字的另一个异体。刘钊先生认为楚简的"B"都是"辛"的变体，而《五行》两个"浅"中的"B"写法不同是因为辛字"所从的一竖笔两侧向上的斜笔因笔画割裂的原因个别的变成了点"。我们不同意其他字中的"B"也是"辛"的说法，理由已见前文。至于《五行》"浅"字的"B"也不等于"辛"，而是上"辛"下"水"，所谓"笔画割裂"比较勉强，因为从楚简其他"B"字可以看出，"✦"形就相当于"辛"形（不一定都是"qiān"字），是独立的部分，跟它下面的形体不是连着的整体。如果"浅"字右边的"B"真是"辛"字"两侧向上斜笔"的割裂，那就应该像"✦""✦"及"✦"中的"辛"那样，在割裂的四竖点之上与两横点之下不应该有一横，这一横本来就是"✦"形下面两侧向上斜笔及其竖画的省并，所以不可能再出现割裂的四点。而且，如果所有的"B"都是"辛"的变体，为什么其他字的"B"都没有"笔画割裂"，而偏偏"浅"字的两个"B"都同样地被"割裂"了？这种整齐的形体分布，除了来源不同外，没有别的更好的解释。许学仁先生也"颇疑其构形，从'水''辛'声"，并注引刘信芳"亦考订郭店《五行》46之'✱'字，应是以'辛'为基本声符"，但不知他们把右下部的"水"形是像刘钊先生一样当作"辛"的一部分，还是跟我一样看成累增的"水"旁。不过这个累增的"水"旁也可能是对"辛"字下部竖画及其斜笔的有意识改造，但既已改造成"水"，就跟上部分离成了两个构件，不能再把"水"看作"辛"的一部分，更不能把它跟"言+B"等字中的"B"认同为一。

（三）相当于"窃"字意义的那几个字中的"B"应该来源于"業"

许学仁先生也是持这种意见的，他说："郭店竹简《语丛四》中'窃'字从攴業声，当隶定为'斁'，古音'窃'声在月部，'業'声在怗部，'窃''業'月怗旁转，因得相假。"但他认为"言+B"中的"B"也是"業"，我们不同意（参第二部分第三条）。"怗"部也叫"叶"部或"盍"部，在各家的音系里都跟月部是旁转关系。后代读音跟"窃"相同的"怯"古音也是属叶部的，"業"字的繁形有增"去"为声符的，如《秦公簋》作"✱"，其实《中山王壶》的"✱"也可以看作从"去"得声，只是"大"为"業"和"去"的共享形体。可见"去"应该有接近"業"的读音，因而"業""窃""怯"古音都是相近的。就字形来说，"業"本像古代悬挂钟或磬的架子两端的柱子，上面是防止横梁滑落的短柱，下面是支架。木制的支架形也像"木"字的形状，所以"業"的下部原本作"木"形（如《郾王职剑》），也可以作"大"形（如《中山王壶》）或交叉形（如《晋公䀇》），"大"形又讹作"火"形（如《说文》"業"字古文）和"矢"形（如包山楚简"異"字下部或作大或作矢，故"✱"字所从的"業"下部也作矢形）。"業"字下部的这种变化有一个很好的类比材料，那就是"樂"，"樂"字下部也是像乐器的支架形，而写法也有作"木"、作"大"、作"矢"、作"火"的，可见把"✱"中的"B"认同为"業"，在形体演变上是绝对没有问题的。如此，第3组的"✱"字就应该是从"攴""業"声的字，这个字是否就是"窃"的异体还不敢肯定，但第4组包山楚简中从"米""✱"声的"✱"字应该就是"窃"的异体，因为"窃"原本也是从"米"的，而"✱"如果另有本义的话，则属于声旁字的借用。这两组四个相当于"窃"的字样，其中的"B"下面都作"矢"形，跟第2组相当于"浅"的字和第5组相当于"察"义的字形体上造成整齐分布，说明它们来源不同。至于《包山楚简》157号简的"✱"，其"B"旁下面也作"矢"，那可以理解为偶然同形，因为它们都是由"大"形变来的，但"大"形的功能并不一样，所以不能据此将所有从"言"从"B"的字都看作从"業"得声，因为"業"的构形是无法演变出"言+B"的"B"所包含的"又""廾""人""刀"等部件来的。

(四)"言+B"中的"B"应该来源于"僕",是"僕"的省变体

汉字中有"僕"等许多从"菐"(pu)得声的字,《说文解字》认为"僕"也是"从菐,菐亦声",那"菐"是什么字呢,却没有人说清楚。许慎说:"菐,渎菐也,从丵从廾,廾亦声。"徐铉注:"渎,读为烦渎之渎。一本注云:丵,众多也。两手奉之,是烦渎也。"段玉裁注:"渎菐,迭韵字。渎,烦渎也。菐,如《孟子》书之'僕僕',赵云'烦猥貌'。"这样的分析形义很难吻合,而且事实上文献中至今并未发现这个意义的"菐"或"渎菐",可见许慎等人的说法是靠不住的。金文中确曾出现过"从丵从廾"的字,如《伯晨鼎》《多友鼎》《王臣簋》等,但都用为"對",可能是"對"的省变体,也可能是另一字借用为"對",但都与"菐"无关。那么,这个常作偏旁而读"pu"音的"菐"是怎么来的呢?我们认为实际上就是"僕"字之省,按许慎的分析方法可以叫作"僕省声",而"僕"字本身并非形声字。甲骨文"僕"作"𦨻"形(参《古文字字形表》99页),"象身附尾饰,手捧粪箕以执贱役之人。金文字形渐变从'人',与小篆接近。"(《甲骨金文字典》204页)其实不只尾饰,还有"辛"形的头饰。后来省掉粪箕,把表示秽物的几点移到"辛"上("辛"上的几个点画也可以看作饰笔),象形的人换用义符"人"移到左边,捧箕的双手变从"廾",于是就成了金文中接近篆体的"僕"(参《金文编》158页)。当然这只是基本形体,还有许多变体,都是可以看出演变线索的(如《散氏盘》的"𤰞"字,"菐"下就是人身及饰尾的变形)。楚文字的"僕"(见第10组)另加"臣"作义符,而原来的繁化的"辛"形都省作"屮"或"丱","廾"也省换成"又",于是就有了从"臣""僕"声的"僕"。出于布局的美观和书写的便利,从"臣"的"僕"往往进一步简化掉"僕"字右下部的"又"(有时用"二"作省简符号代替),并把"臣"字放在右下,于是形成"𢓼""𢓽""𢓾"(右下的两斜竖为"臣"字之省)等字样,有时省"人"不省"又",作"𢓼"形,有时连"人"带"又"都省掉,作"𢓼"形。可见"僕"作声符时是可以省掉"人"旁的。包山简的"鄴"(见12组)也有省与不省的多种写法,如"𢓿"可以算是全形(用"又"代"廾"),只是"人"挪到了右下角,而"𢓿""𢓿"则是省略了"人"形的。因此,我们认为作为声符的"菐"(pu)其实就是"僕",汉字中并不存在独立的《说文》训"渎菐"的"菐"。"僕"字作为声符有许多变体,除上面提到的以外,还可以省掉右下部而将"人"移到右下,右下的"人"又可以换从"大"(讹成"矢"),也可以只省掉人形而下面仍从"廾","廾"又可以换从"又"。这些变体在已被确认为后来从"菐"(pu)得声的几组楚文字中都有出现(见10—14组)。如果比较第5组"言+B"及第6至第9组各字所从的"B"形,不难发现,后者的"B"跟前者的"菐(僕)"的写法总体上是对应的,它们都有下部或从又、或从廾、或从人(刀)、或从大(矢)、或既从"人"又从"又"、或仅留上部而省去下部所从等写法。因而这些"B"是绝对可以跟"菐"(僕)字认同的,它们都是从金文"僕"字演变而来的("辛"可以变成"丵",

"丵"可以省简；"廾"可以省为"又"，也可以全省；"人"可以下移，也可以省略；"人"与"刀"形近不分，"人"可以换成"大"，"大"与"矢"形近相混），各种写法都可以从金文的"僕"字得到解释。因此，我们说第 5 至第 9 组中"言＋B""B＋戈""B＋刀"等字的"B"来源于"僕"形体上是完全可以讲清楚的，不仅有从"僕"到"B"各种形体的演变线索，而且有已释的从"菐（僕）"得声的字的形体系统的事实证明。

那么，这个从"言""菐（僕）"声的"譄"字究竟是什么字，为什么会跟"察"构成异文呢？我们认为"譄"就是葛英会先生提到的《集韵》的"譄"。《集韵》训"以言蔽也"，实际上是用同义词"蔽"来作训释词，即"譄，蔽也"。之所以要加上"以言"，是因为"譄"字从"言"，为了强调形义之间的联系而已，这是《说文解字》以来形训家们的惯用方法。"蔽"由遮蔽义引申出概括义，由概括义引申出相当义，由相当义引申出审断义，所以《论语》"一言以蔽之"何晏注"蔽"犹"当"，而"当"《小尔雅》训为"断"。《尚书·康诰》"丕蔽要囚"、《宋史·志·刑法一》"自是，内外折狱蔽罪，皆有官以相覆察"，其中的"蔽"都是指审判定罪。"譄"训为"蔽"，是因为两字都有"审断"义，属义项交叉的同义词，而不是像葛先生说的那样"譄"读为"蔽"，若读为"蔽"，则字异而词同，《集韵》岂能以同词相训！但传世文献中不见"譄"或"譄"字，又怎么能够证明这个词具有"审断"的意义呢？而且"审断"的义项也不完全切合楚简"譄"字的用例，那"譄"词还有更能适合楚简用例的意义吗？这就得感谢王宁先生提到的"覆"了（尽管他错误地认为是"卜"假借为"覆"）。楚简"譄"和《集韵》"譄"所记录的词语应该就是《说文解字》和《尔雅》等工具书用"察""审"作同义词来互训的"覆"。《说文解字》："察，覆审也。"《尔雅·释诂》："覆、察，审也。"可见"覆"跟"察"和"审"同义，它们既可以表示"审断"（在这个义项上又与"蔽"字同义），也可以引申指一般情况下的检查、考核、观察、监督，还可以表示对特定事件或对象的查验、核实、确认。"覆"用来记录这个词项无疑属于假借字，从"僕"得声的"譄"或"譄"才是这个"覆"词的本字。"覆"与"僕"古音声母相同，韵部觉屋旁转相近，所以可以借用来记录同一个词。刘勋宁先生告诉我，这个词在他家乡陕西清涧方言中还保存着，而且发音就属于古代的觉部。① 如此我们认为"譄""覆"同词就更加没

---

① 刘勋宁先生看过本文初稿后给笔者写信说，他的家乡方言里就有这个表示"勘验、检查、核实"的词，读音正同"僕"，以前他不知道这个词的本字是什么，现在看来应该就是"譄"。而且他认为"僕"的古音本来就在觉部，后来才变为屋部的。下面是信的原文：[运富兄：昨晚上读大作读到 3 点半，只好吃安眠药睡觉。我完全同意你的观点。讲两件有趣的事情：一，20 多年前我到清涧县调查我的母语。一位红军时期的妇女主任向我讲述了当年一伙歹徒夜里到她家抢了她聘闺女得到的 120 块白洋。早晨人们到窑洞顶上去"pe 踪"。"pe 阳平"＝並母觉韵。与"樸素"的"樸"同韵异声——"pe 上声"＝滂母觉韵。我一直在寻找这个词的本字，可是找不到。现在我知道了，就是"譄"。"譄"的意思是"勘验，取证"，音义都与清涧话密合无间。二，你看到我写的《"樸"字的音》了吗？我写那篇文章的时候，同时查阅了汉赋和段玉裁、朱骏声的相关材料，因为那篇文章是普及性的，我没有把这些都写进去。从他们的材料我有一个体会，就是"菐"原来是"觉"部的，后来转到"屋"部。段朱的分辨是不清楚的。我批评了《辞海》是"皮相之见"，其实那条是段玉裁的。现在看来，就相当清楚了，"菐"谐声的字原来都在"觉部"，由于唇的挤压作用，转到"屋部"（开口度变小）。大概这在先秦时期已经发生了，所以有"覆"的产生和替代。]

有问题了。"覆"字所具有的"譲"词的意义不仅见于字典词书，我们从文献中也查到了不少实际用例。如：

《左传·定公四年》："晋文公为践土之盟，卫成公不在，夷叔，其母弟也，犹先蔡。其载书云：'王若曰，晋重、鲁申、卫武、蔡甲午、郑捷、齐潘、宋王臣、莒期。'藏在周府，可覆视也。"——"覆视"指查看、验核。

《韩非子·内储说下·说四》："韩昭侯之时，黍种尝贵甚，昭侯令人覆廪吏，果窃黍种而粜之甚多。"又《内储说下·似类三》："是以明主之论也，国害则省其利者，臣害则察其反者。其说在楚兵至而陈需相，黍种贵而廪吏覆。"——"廪吏覆"即"覆廪吏"，指查核仓库管理官员是否盗卖粮食。

《孔子家语·王言解》："其礼可守，其言可覆，其迹可履。"——"其言可覆"意思是说"那些话经得起检验"。

《史记·樊郦滕灌列传》："婴已而试补县吏，与高祖相爱。高祖戏而伤婴，人有告高祖（高祖时为亭长）重坐伤人。告故不伤婴，婴证之。后狱覆，婴坐高祖系岁余，掠笞数百，终以是脱高祖。"——夏侯婴为高祖作假证，解脱了高祖的罪责，后来案件得到查实，夏侯婴因此被关了一年多。"狱覆"应指案件得以查实，司马贞索隐引韦昭曰："高帝自言不伤婴，婴证之，是狱辞翻覆也。"恐不确。

《史记·酷吏列传》："是时天子方欲作通天台而未有人，温舒请覆中尉脱卒，得数万人作。"——"覆脱卒"指核查漏脱未上报的士兵。

"覆"的这类意义当然也是可以用"察"和"审"来表示的。正因为"覆""察""审"三字可以同义，所以文献中"覆察/察覆""审覆/覆审"经常同义连用（《说文》用来训释"察"的"覆审"就可以看作同义复合词），例如：

《三国志·魏书·梁习传》："又有高阳刘类，历位宰守，苛慝尤其，以善修人事，不废于世。……性又少信，每遣大吏出，辄使小吏随覆察之，白日常自于墙壁间窥闪，夜使干廉察诸曹，复以干不足信，又遣铃下及奴婢使转相检验。"——暗中观察、监视。

《晋书·陆云列传》："时晏信任部将，使覆察诸官钱帛，云又陈曰：伏见令书，以部曲将李咸、冯南、司马吴定、给使徐泰等覆校诸官市买钱帛簿。……今咸、南军旅小人，定、泰士卒厮贱，非有清慎素着，忠公足称。大臣所关，犹谓未详，咸等督察，然后得信，既非开国勿用之义，又伤殿下推诚旷荡之量。虽使咸等能尽节益国，而功利百倍，至于光辅国美，犹未若开怀信士之无失。……愚以宜发明令，罢此等覆察事一付治书，则大信临下，人思尽节矣。"——这里的"覆察""覆校""督察"皆同义，指检查、审核。

《清史稿·盛宣怀列传》："已而徐桐劾两局有中饱，适刚毅按事南下，衔命察覆。宣怀具以实对，奏上，被温旨。"——调查核实。

《新唐书·徐浩列传》："浩建言：'故事，有司断狱，必刑部审覆。自李林甫、杨国忠当国，专作威福，许有司就宰相府断事，尚书以下，未省即署，乖慎恤意。请如故便。'诏可。故详断复自此始。"——审核批准。

《宋史·志·职官·刑部》："比部、郎中、员外郎掌勾覆中外帐籍。凡场务、仓库出纳在官之物，皆月计、季考、岁会，从所隶监司检察以上比部，至则审覆其多寡登耗之数，有陷失，则理纳。"——审查核实。

《新唐书·萧瑀列传》:"瑀曰:'隋季内史诏敕多违舛,百司不知所承。今朝廷初基,所以安危者系号令。比承一诏,必覆审,使先后不谬,始得下,此所以稽留也。'"——检查、核对。

《宋史·志第一百一十四·职官一·门下省》:"凡断狱,岁疏其名数以闻,曰岁报;月上其拘释存亡之数,曰月报。狱成,移大理寺覆审,必期平允。"——审查核准。

"覆"不但能跟"察""审"连用,还能跟"按(案)""详""考""核""勘""检""查""讯""省""实"等许多相关词语连用,例子很多,不必赘举。这些用法从上古到清代一脉相承,绵延未绝,虽然针对的情况各不相同,但其基本含义都是检查、考察、核实、审定。从这些基本含义出发,可以根据语境作种种相关的引申。

如果认为"察""审"就能通释楚简中的"䞤",那"覆"字也是完全可以用来解读楚简之"䞤"的,因为"覆"不但具有"察""审"的意义,还有比"察""审"更丰富的用法。限于篇幅,这里就不一一串讲楚简的辞例了。总之,我们认为,把"䞤"看作从"僕"得声,读音跟"覆"相同或相近,用的就是见于《集韵》的"䞤"字,记录的就是文献中以检查核实审定为基本含义的"覆"词,这无论是字形字音,还是词义用例,都比其他说法有更充分的证据。

(五) 其他从"B"的字也属于从"僕"省的系列

首先看第6组《性自命出》的"𢽰"。这个字似乎也可以按照第8第9组分析为从"人"从"戠"省,但既然"䒑(僕)"有把"人"移到省体"莘"下的写法,不妨直接把它分析为从"戈""䒑(僕)"声,即把"人"看作"䒑(僕)"的一部分,而不作独立的另一构件。那么这个从"戈""僕"声的字,应该就是见于金文《𢽰钟》和《散氏盘》的那个从"戈""䒑"声的"戠"字。金文中的"戠"字一般释为后来的"撲",刘钊先生认为把从"戈"的字直接释为从"手"的字只是文意的推测,"字形上的根据并不充分"。从字形上看,"戠"与"撲"确实不能直接认同,但从功能上把它们看成异体字还是可以的,因为异体字在字形上本来就可以没有传承关系,义符也不一定都要相通,从不同角度选择不同构件也可以构成异体字。从"戈"选择的是动作的工具,从"手"选择的是动作的主体,对于"击伐"这样的词义来说,理据上都是说得过去的。我们说字形上的认同根据,那通常是对有传承演变关系的"异写字"而言,"异构字"虽然同记一个词,但形体上可以各有理据,不必相关联,如"邨"和"村"字形上就没有任何关联。至于"撲伐"是否就是《诗经》的"薄伐"或金文的"博伐",能认定当然更好,不能认定也并不影响将"戠"释作"撲"的结论,只要我们承认"撲"有"击伐"的意义,那它就有跟"伐"同义连用的合理性,并且这种连用能够将文例讲通,那就没有必要非认定它是"薄伐"或"博伐"不可。古代自有古代的组词用字习惯,不必每一个词语都得见于后代典籍,例如"对扬王休""麻夷彼氏""阱门又败"这些说法就罕见于后代典籍,我们不能因此而否定其中公认的文字释读。所以刘先生用"'撲伐'实际上并不见于典籍"来质疑"撲"字的释读,似乎也不足以取信。倘若"撲"在典籍中的所有用法或词义都不能讲通金文的辞例,那释"撲"就缺乏语言事实了,就真值得怀疑了。刘先生否定释"撲"的第三个理由是"'撲'无法读通散氏盘铭文",他认为散氏盘的"戮"应该读为"践"或"察",跟"履"或"审"同义,是勘察、查验的意思。这种文意理解是对的,但我们在前面已经说过"羑"不等于"辛","戮"从"羑"得声并不等于从"辛"得声,因而读为"践"或"察"缺乏语音根据。如果按"僕"省声而释作"撲"来处理,倒是可以证成刘先生对文意的理解。这里的"撲"肯定是借用,功能相当于楚简的"䚆",也就是文献中的"覆"。"覆"跟"察"和"审"都是同义词,既然刘先生承认"察"和"审"可以讲通散氏盘,"覆"当然也是能够讲通的。下面三个例子中的"覆"指的就是查验土地边界或实地考察土地山河情况的:

《史记·李斯列传》:"李斯子由为三川守,髃盗吴广等西略地,过去弗能禁。章邯以破逐广等兵,使者覆案三川相属,诮让斯居三公位,如何令盗如此。"

《魏书·辛绍先列传》:"长子子馥,字符颖,早有学行。……长白山连接三齐、瑕丘数州之界,多有盗贼。子馥受使检覆,因辨山谷要害宜立镇戍之所。"

《清史稿·朱士彦列传》:"寻命复偕侍郎敬征往勘。十三年,奏于家湾正坝虽合龙,请饬加镶追压,以免出险。覆讯挖堤诸犯,治如律。又偕敬征覆勘河、湖各工,请分别缓急,以次办理。"

这些辞例跟散氏盘的用法极其相似,可知散氏盘的"戮"当是从"僕"声,用同"覆"。既然如此,楚简中的"戮"当然也可以释作"撲"了。这个"撲"在《性自命出》里也用同"覆","考察"的意思。

再看第7组的"![]"和"![]",《包山楚简》原字表释作"判",不当。这两个字样的左边跟第12组的"![]"或"![]"的右边写法近似,下面既可以看作从"又"从"人"的连写,也可以看作从"廾",但都是"僕"的变体。所以这两个字样应该分析为从"刀""羑(僕)"声,实际上就是见于《兮甲盘》和《禹鼎》的那个带有羨笔"厂"的从"刀""羑(僕)"声的字,跟从"戈""羑(僕)"声的"戮"字为异体字,一般也释作"撲",但在金文里"撲伐"属本用,是击伐的意思,而在包山楚简中则用作姓氏或地名。

第8组的"![]"和第9组的"![]"虽然看起来应该跟第6组的"![]"结构模式相同,但实际上"![]"的左边能够跟"僕"认同,而前两字的左边却不能整体认同,因为从"羑(僕)"得声的字中,其"羑(僕)"没有从"口"从"心"的写法;除"羑(僕)"之外,也无法确认它们为别的字。所以为了保险起见,我们不把它们当左右结构,而把它们分析为从"口""戮"省声、从"心""戮"省声,其中的"羑"当然也是"僕"的省变体,因而这两组字的读音也跟"僕"相同或相近。在《成之闻之》和《尊德义》的辞例中,"![]"的用法也同"覆",检查、省察的意思。而《性自命出》"愠斯忧,忧斯慼,慼斯戁","慼"显然跟"忧""戁"相关。这个字也见于上博简《诗论》第四枚,原文说:"民之又(有)慼患也,上下之不和者,丌(其)甬(用)心也将可(何)女(如)?"其中的"慼患"范毓周先生读为"痌患"[1],指病患。如果此说可取,

---

[1] 范毓周:《〈诗论〉第四枚简释论》,见《简帛研究》网站"作者文库",2002–05–03。

则郭店简的"懋"也可读为"痡",忧则病,病则恐,其意通畅。"痡"古音滂纽鱼部,跟"僕"声字双声旁对转,故可借用。

对文本中的疑难字考释来说,根据语境讲出它的意义不是难事,难的是确定它究竟是个什么字;根据已知的意义猜测它是个什么字也不是最难的,最难的是能从形音义用各方面证明这个字。以上我们就楚简中未确释的 9 组字形作了形音义用多方面的分析,我们所提出的处理意见也并没有解决相关的全部问题,比如"斅"是否"竊"的异体,""和""的本义是什么,等等,都还需要进一步研究,但从总体上区分字形,从不同的来源说明其形音义关系,已基本厘清了楚简"B"形及从"B"诸字的来龙去脉。

附记:2002 年 7 月 6 日我应邀在日本的"中国出土资料研究会"的例会上做了题为《出土文本与汉语字用学》的报告,其中提到"謨"字的释读问题。后来东京大学的大西克也先生建议我把这个问题说得更详细一些,于是我决定把它抽出来写成专文。但写作时客居东京,资料不便,故多次向大西先生请询,蒙大西先生回答并寄来许学仁、刘钊、董莲池、刘信芳等先生的文章,以及《楚地出土数据与中国古代文化》(汲古书院 2002 年 3 月)论文集,使该文的写作得以顺利进行。又初稿完成后,蒙筑波大学刘勋宁先生惠览,并提供方言佐证及若干修改意见。谨此向大西克也先生和刘勋宁先生表示衷心的感谢。

从《说文》重文看汉字字际关系的研究*

张晓明

《说文解字》是我国第一部字典，它在某些字的正字字头下，字形说解之后，会附上另一个字形，并用"或""籀文""古文""俗""篆文"等标明其字体来源或字体类别，作者许慎把它们称之为重文。比如：

咳，小儿笑也。从口亥声。孩，古文咳，从子。
祺，吉也。从示其声。禥，籀文从基。
市，韠也。上古衣蔽前而已，市以象之。……韍，篆文市，从韋从犮。

这些字形按照许慎的标注可以分为古文、奇字、籀文、篆文、秦刻石、或体、通人、俗体、今文、转引十类。据《说文·叙》的记载，《说文解字》收正字9353个，收重文1163个。今天见到的版本中保存的重文实际数字要大于此，估计是由于传抄过程中后人不断增加收字而致。

表面看来似乎很容易判断正字与重文之间的关系：重文是小篆正字的另一种写法。按照许慎的标注，重文中有一部分出现在古文与籀文中；奇字指古代某种特殊的字体；秦刻石是秦朝时在石头上刻的文字；今文是指通行于当时的小篆字体；或体指当时这个字另外的小篆形体；俗体是民间流行的小篆字体；通人掌握的字，指来源于专家的字，主要有司马相如、扬雄、谭长、杜林四大家，也限于小篆。转引经书或其他来源的字，则可能为古文，也可能为小篆。[①] 但是，这只是初步的字体分类，古文与籀文的数量绝对不会是《说文》重文所收录的那几百个，而是远远大于这个数字，因为几乎每个小篆正字都会有相应的古文与籀文字形，那么为什么许慎只收录这些重文呢？

原因是：如果只是由于书写风格与体式不同而形成的不同字形不会被收入《说文》重文。用今人熟知的字形打个比方："大"字，隶书写作"大"，楷书写作"大"，行书写作"大"。这些形体不会被一般的字典作为重文收录，因为它们之间的不同只是书写风格与体式的不同。同样，在《说文》中，只是与小篆正字的书写风格与体式不同的古文与籀文也不会被收入《说文》重文。那么收入《说文》的重文与正字的关系究竟是什么呢？

以前，多数人认为重文现象就是异体字现象。蒋善国曾说："《说文》里面的'重'

---

* 本文原载《山东理工大学学报》（社会科学版）2004年第4期。

① 杨润陆：《怎样读〈说文解字〉》，河南人民出版社1994年版，第21页。

就是异体字。这种'重文'字形虽异，可是音义完全相同，是一个字的两种写法。"① 余国庆曾说："古文、籀文与篆文是属于不同时期的形体上的差异，或体、俗体则是同一时期的不同形体。所有《说文》的或体、俗体，都是一个字的不同形体，也就是异体字。"② 林清书指出："《说文解字》的重文实际上就是异体字。"③ 当然也有学者发现重文部分中有不属于异体字的情况。清代段玉裁在注释"氛"与"雰"时曰："雰与祥气之氛各物，似不当混而一之。"对于"罬"与"輟"，在注"輟"时曰："网部叚为罬之重文。"这说明段玉裁认为重文中存在音同义不同的非异体字现象。④ 沈兼士也对《说文》重文与正字的关系进行了分类与说明，指出："许书重文包括形体变易、同音通借、义通换用三种性质，非仅如往者所谓音义悉同形体变易是为重文。"⑤ 经过研究，我们认为《说文》重文中异体字占的比例很大，但是也包含有非异体字现象。这些字际关系有：

1. 异体字

异体字是指为了记录同一词而造的，在使用过程中记词功能没有分化的一组字符。⑥ 考虑到研究对象是《说文解字》，所以把"使用过程"截止到东汉。

例如：螾—蚓。《说文·十三上·虫部》："螾，侧行者。从虫寅声。蚓，螾或从引。"二字都是为了记录同一个词"蚯蚓"而造，记词功能未产生分化，是异体字。

又如：舊—鵂。《说文·四上·萑部》："舊，鵂鶹、舊畱也。从萑臼声。鵂，舊或从鸟休声。"二字也是为了记录同一个词而造，但是"舊"后来只用来表示"新舊"的"舊"的意义，不再表示原来的意义，二字的记词功能产生分化，不是异体字。

2. 同源字

同源字就是用来记录同源词的不同形体的汉字。同源词是指有同一语源，读音相同或相近，词义相通的词。⑦ 比如：休—庥。《说文·六上·木部》："休，息止也。从人依木。庥，休或从广。""休"的本义是"歇息"。《尔雅·释言》："庥，荫也。""庥"指"庇荫、歇息之处"。二字本义不同，却有同一语源，读音相同，是同源字。

有些同源字之间在记录词的功能上并不是一下子就有了明确的分工，在某一阶段，会存在几个同源字共同表达某些相同词义的现象，我们称这种现象是同源通用，如上文的"休"与"庥"在文献中就有通用现象。但是也并不是所有的同源字都通用，比如，穅—康。《说文·七上·禾部》："穅，谷之皮也。从禾从米庚声。康，穅或省作。"郭沫若认为"康"字上为庚，像有耳可摇的乐器，即钲，庚下数点表示乐器摇动时的声音。钲形中空，引申有虚的意义，孳乳为"穅"，训为"谷之皮"。二字音近义通，是同源字，但是二字在文献中还没有通用现象。

---

① 蒋善国：《说文解字讲稿》，语文出版社1988年版，第31页。
② 余国庆：《说文学导论》，安徽教育出版社1995年版，第191页。
③ 林清书：《〈说文〉重文的简化与繁化》，《龙岩师专学报》1995年第2期。
④ 段玉裁：《说文解字注》，上海古籍出版社1988年版，第20、729页。
⑤ 沈兼士：《沈兼士学术论文集》，中华书局1986年版，第239页。
⑥ 王宁：《汉字汉语基础》，科学出版社1996年版，第125、129、133页。
⑦ 蒋绍愚：《古汉语词汇纲要》，北京大学出版社1989年版，第194、215页。

3. 同义字

同义字是指记录同义词的字。同义词是指狭义的同义词，即声音不同而意义偶然相同或相近的词，没有同一来源，以区别于读音相同或相近、意义相通的同源词。[①] 如：澜—涟。《说文·十一上·水部》："澜，大波为澜。从水阑声。涟，澜或从连。""澜"的本义指"大波浪"，如《孟子·尽心上》："观水有术，必观其澜。"而"涟"则指"小波浪"，如《诗经·魏风·伐檀》："河水清且涟猗。"二字是同义字。

4. 同音字

同音字是指记录同音词的字。同音词在这里是指狭义的同音词，即意义毫无关系而声音偶然相同或相近的词，以区别于音近义通的同源词。如：舌—肣。《说文·七上·马部》："舌，舌也。舌体巳巳。从巳，象形。巳亦声。肣，俗舌从肉今。""舌"的甲骨文非象舌形，而是把箭放与器中之形，所以本义是"箭袋"。《玉篇》："肣，舌也。"二字本义不同，读音相同，是同音字。

汉字在使用过程中，有时不写本字而用一个音同或音近的字来代替，这种现象称为"同音假借"或"同音借用"。[②] 如：叟—傁。《说文·三下·又部》："叟，老也。从又灾。傁，叟或从人。""叟"甲骨文与小篆同，从又（手）持火于宀中，是"搜"的本字。"叟"后被假借作"老"讲。"傁"才是"年老的男人"意义的本字，从人叟声。在文献中"叟"常用作"傁"的同音借用字。但是并不是所有的同音字之间都发生借用的现象，例如上文的"舌"与"肣"是同音字，在文献中还没有发现借用现象。

除去以上四种，与《说文》重文字际关系联系密切的还有下面两种。

5. 分化字

所谓分化字，就是一个汉字因为引申或假借而造成用法的分化，为了区别，需要分开用两个或两个以上的字来记录，这组字就是分化字。[③] 从造成分化的原因来看，分化字可以分为同音分化与同源分化。由于同音假借而形成的分化是同音分化；由于词义引申而形成的分化，是同源分化。从分化字字形来源与形成时间上看，分化字可以分为异体分化与后出分化。

例如：冰—凝。《说文·十一下·仌部》："冰，水坚也。从水仌。凝，俗冰从疑。"二字的本义是"结冰"。"水受冷凝结成的固体"本写作"仌"，后来这个意义用"冰"字表示，"结冰"的意义就用凝来表示。如《易·坤》："履草坚冰，阴始凝也。"二字记词功能既然产生分化，就不再是异体字，而是分化字。分化后承担的意义是由本义引申发展而来的，属于同源分化。

又如：常—裳。《说文·七下·巾部》："常，下裙也。从巾尚声。裳，常或从衣。"二字的本义都是指古人穿的下裙。《逸周书·度邑》中"叔旦泣涕于常"即用本义。后"常"假借表"恒定、永久不变"的意思。如《荀子·荣辱》："仁义德行，常安之术也。"这个假借义成为其常用义，本义则只由"裳"来表示。二字记词功能既然产生分

[①] 陆宗达、王宁：《训诂方法论》，中国社会科学出版社1983年版，第55、183页。

[②] 王宁：《汉字汉语基础》，科学出版社1996年版，第125、129、133页。

[③] 同上。

化，就不再是异体字，而是分化字。属于同音分化。上文的"舊"与"鵂"也是同音分化。

"冰"与"凝"、"常"与"裳"、"舊"与"鵂"这类分化字，在未分化之前，它们的本义相同，记词功能也相同，应该属于异体字，后来分化产生，异体字的关系便宣告结束，而成为分化字，这种分化称之为异体分化。从这点也可以看出，异体字的概念应该是有历史性的。

如果一组分化字，是在其中一个（或称为发源字、源字）具有了常用的假借义或专用的引申义以后，又造一个新字，与发源字分别承担本义、引申义或假借义，这种分化称之为后出分化。如：它—蛇。《说文·十三下·它部》："它，虫也。从虫而长，象冤曲垂尾形。……蛇，它或从虫。""它"是象形字，为蛇形。后假借为代词，表示"别的、另外的"。如《诗经·小雅·鹤鸣》："它山之石，可以为错。"本义遂又加义符造"蛇"字。这是由于同音借用而形成的后出分化。

又如：匩—筐。《说文·十二下·匚部》："匩，饭器。筥也。从匚王声。筐，匩或从竹。""匩"本指方形的盛饭用具，后引申表示方正、端正，如《庄子·让王》："上漏下湿，匩坐而弦。"后由此又引申为匩正、纠正，如《左传·襄公十四年》："善则改之，过则匩之。""匩"的本义则加竹作"筐"来表示。后来"筐"泛指方形盛物竹器，如《诗经·召南·采蘋》："于以盛之，维筐维筥。"后又泛指竹柳编成的盛物器。这是由于词义引申而形成的后出分化。

那么，分化字和上文所讲的同源字、同音字有什么关系呢？这应该从两方面来分析：第一，同源字应该包括后出分化中的一部分，即因为词义引申义而形成的后出分化；由于同音借用而形成的后出分化，产生的分化字则不和发源字是同源字，而是同音字。例如上文的"它"与"蛇"。第二，同源字与同音字中也有一部分不是分化字。例如："张"与"帐"，它们虽然是同源字，但是从一开始就写成本义不同的不同汉字。所以，同源字、同音字与分化字是一组既有区别又有联系的概念，二者有交叉。同源字与同音字区分了汉字所记录的词的不同类别，分化字则着眼于汉字字形产生的原因与过程。

6. 同形字

同形字是指分别为两个不同的词造的字，形体却相同。造成同形字的原因有两个：一是在替不同的词造字时"不谋而合"，如："欬"的本义是指小儿笑，同时又是"欬"的异体字。《说文·八下·欠部》："欬，逆气也，从欠亥声。"从欠的字也可从口（如"歎"也可作"嘆"），所以"欬"作"咳"在字形理据上也讲得通，在文献中也能见到"咳"字形的这两种用法。二是在文字发展过程中字形起了变化，原来不同的字，变得形体一样了。例如："甲胄"的"胄"小篆从冃由声，"胄裔"的"胄"小篆从肉由声，隶变后义符都变为月，从此二字形体相同。[①]

《说文》中有些同音字现象，似乎可以从同形字角度来看。例如：捊—抱。《说文·十二上·手部》："捊，引取也。从手孚声。抱，捊或从包。"从同音字角度看，"捊"的本义是"引取"；"抱"的本义则是表示"用手臂围住"，如：《庄子·天地》："抱瓮而出

---

① 蒋绍愚：《古汉语词汇纲要》，北京大学出版社1989年版，第194、215页。

灌。"二字本义不同，读音相同，是同音字。《说文·衣部》："裦，怀也。"宋徐铉注："今俗作抱。""抱"与"裦"是异体字。但是，也可以这样看："抱"这个形体《说文》时期就是"捊"的异体字，这个"抱"字未通行，被淘汰了；到宋朝前后又给"裦"造了个异体字，也写成"抱"，偶合于原来的"捊"的异体字"抱"；因此这两个"抱"字应该是同形字。如果这样的话，"抱"就不是"捊"的同音借用字，而确实是它的异体字了。其他如䊆与茯，蜮与蝈，轇与鑣等也可能如此。

这种看法有一定道理，因为在字形理据上是讲得通的，但是同形字的不同的用法不应只从字形上找根据，还应该有文献参证，否则字形的说解就会限于主观和随意，因此在没有找到充足的文献参证之前，不能随意把这种情况按"同形字"来处理。

《说文》重文中既收录了正字的异体字，也收录了正字的同源字、同音字、同义字，造成这种复杂字际关系的原因却并不复杂。许慎运用形义统一的说形释义原则，记录和分析了文字的构意与词的本义，这种原则在收录重文时也得到了贯彻。收录重文主要是收集了本义相同的不同字体，即异体字。从这个环节看，《说文》是一部完整而彻底的字书。但是许慎著《说文》的目的是为了传播和解释古文经典，而文献用字为了适应语言的逐渐丰富和书面交流的日益频繁，减轻字与词的矛盾，逐步增强书面语记录口语的功能，就必须打破形义统一的原则，突破字形的束缚，背离字书的规定。[①] 面对文献用字的这种情况，许慎不得不加以反映。《说文》中的"读若"与"引经"中有一部分便是用来做这项工作的，重文中的一部分也是用来记录文字在文献中的实际使用情况的。从这个角度来讲，许慎《说文》重文也承担着其作为训诂专书的部分任务，收入了部分记词功能相同的非异体字，重文部分的面貌与性质因此不够明晰。

《说文》收录重文的体例在后代的字书字典中多有继承，其优点与缺陷也一直存在于后代字书字典的编纂中。即使同一部字书字典中，汉字收录的原则也不能够完全统一，这种现象不是少数。20世纪曾经对《汉语大字典》的字形演变收录、异体字收录等进行争论，主要原因就在于汉字字际关系的确定不够准确。

汉字字际关系的研究对于提高汉字字典的编纂水平，促进汉字学的深入发展有着重要的意义。当前看来，汉字字际关系的研究至少可以从两个角度进行。

一是对于汉字构形理据与记词功能的考察。这种研究重在揭示一个字形记词功能的发展变化，以及不同字形的记词功能之间存在的关系。在此基础上，可以深入研究记词功能的变化对汉字字形的影响，即语言与文字、汉语与汉字的相互关系。对于《说文》重文字际关系的研究就属于此类，这是由《说文》重文的特点所致。

二是对于书写风格与体式的考察。这种研究重在揭示一个字形形体演变的过程与规律，以及不同字形的书写风格与体式之间存在的关系。在此基础上，可以深入研究书写风格与体式对汉字字形的影响，即字形的笔画形态与组合方式、构件形态与组合方式及其变化过程与规律。目前已经做了一些这方面的初步工作，但还远远不够。

---

① 陆宗达、王宁：《训诂方法论》，中国社会科学出版社1983年版，第55、183页。

参考文献

[1] 杨润陆：《怎样读〈说文解字〉》，河南人民出版社 1994 年版。
[2] 蒋善国：《说文解字讲稿》，语文出版社 1988 年版。
[3] 余国庆：《说文学导论》，安徽教育出版社 1995 年版。
[4] 林清书：《〈说文〉重文的简化与繁化》，《龙岩师专学报》1995 年第 2 期。
[5] 段玉裁：《说文解字注》，上海古籍出版社 1988 年版。
[6] 沈兼士：《沈兼士学术论文集》，中华书局 1986 年版。
[7] 王宁：《汉字汉语基础》，科学出版社 1996 年版。
[8] 蒋绍愚：《古汉语词汇纲要》，北京大学出版社 1989 年版。
[9] 陆宗达、王宁：《训诂方法论》，中国社会科学出版社 1983 年版。

中国传统语言文字学字词关系研究述评*

韩 琳

瑞士语言学家索绪尔在《普通语言学教程》中指出："言语和文字是两种不同的符号系统，再现前者是后者存在的唯一理由。"① 表意文字"这个符号和整个词发生关系，因此也就间接地和它所表达的观念发生关系。这种体系的典范例子就是汉字"②。这两句话明确告诉我们，汉字是记录汉语的符号系统。汉语中字和词的关系着重体现为汉字个体字形与汉语基本表达单位——词的对应。汉字以字形承载了词的音和义。由于研究文献语言时必须通过书面语言形式即汉字来研究，古代汉语中又以单音词为主，绝大多数符合一字即一词的原则，所以字与词容易发生混淆。但作为表意文字的汉字有自身独特的发展规律和应用规律，现实中汉字和它记录的词之间并非简单的一对一关系。从先秦到清代，语言文字研究以文献解读为主要任务，一直把沟通基于同词的字之间的关系作为研究重点。其用"词"这个术语指的是虚词，并非我们这里所说的语词。小学家们的心目中"字"往往等同于"词"，字词关系研究多体现在疏通文献语言的具体实践中，贯穿于对字的形、音、义关系研究重心转移的过程中，表现在多层次、多角度字际关系概念的探讨中。

一 字书中"字"和经典中的"字"

字书中的"字"处于贮存状态，它尽可能全面地搜集用"字"这个书面符号记录的音和义，以求树立字的规范，为字的使用提供可供查检的依据。经典中的"字"处于使用状态，它进入到一定的语言环境中，已经成为义项固定的"词"。从先秦到清代，小学服务于经学，"字"不论处于什么状态，都成为读"经"的工具。许慎在《说文解字·叙》中说："盖文字者，经艺之本，王政之始，前人所以垂后，后人所以识古，故曰本立而道生。"许冲在《上说文解字表》中也说："盖圣人不空作，皆有依据。今五经之道昭炳光明，而文字者，其本所由生。"③ 在他们看来，文字——早期汉语字、词，经艺——六经群书的记载，文字连缀成经艺，经艺记载王政，整体贯通。清代朴学大师戴震在《古经解钩沉·序》中也表达了相类似的观点："经之至者，道也，所以明道者，其词也，所以成词者，未有能外小学文字者也。由文字以通乎语言，由语言以通乎古圣贤之心志，

---

* 本文原载《社会科学论坛》（学术研究卷）2008 年第 1 期。
① ［瑞士］费尔迪南·德·索绪尔：《普通语言学教程》，高名凯译，商务印书馆1996年版，第47页。
② 同上书，第 51 页。
③ 许慎：《说文解字》，中华书局1963年版，第 316、320 页。

譬之适堂坛之必循其阶，而不可以躐等。"① 这段表述告诉我们，由小学"文字"可通语言中的"词"，由"词"可通经典中蕴含的"道"。从中我们可以看到戴震心目中已将"词"作为"字"和"经"之"阶"，这个"词"虽然没有作为一个语言学概念提出来，但说明"字"和"词"的区分在表述者心目中是清楚的。戴震的学生段玉裁也曾有相关的阐述："昔东原师之言，仆之学，不外以字考经，以经考字"②，"训诂必就其原文，而后不以字妨经；必就其字之声类，而后不以经妨字；不以字妨经，不以经妨字，而后经明，经明而后圣人之道明"③。这说明在段玉裁的心目中，说"字"和说"经"是不同的，"凡说字必用其本义，凡说经必因文求义"④。"说经"就是解释经典中的"字"——词，脱离"经"的"字"和具体语言环境中的"字"是不同的。

与上述"字""词"观点相适应，存在两个领域的字词关系研究。

第一个领域是字书中对字的搜集。首先是异体字。"异体"概念最早见于《汉书·艺文志》："小学家首列《史籀》十五篇。……籀篇者，周时史官教学童书。与孔氏壁中古文异体。"⑤ 这里的"异体"指不同的字体。"孔子纯取周诗，上采殷，下取鲁，凡三百五篇，遭秦而全者，以其讽诵不在竹帛故也。"⑥ 依据这种说法，《诗经》经历秦火而得以保全的主要原因在于讽诵。师生口耳授受，自然难免异文异字。因此，"毛诗与三家诗既有今文古文之不同，复有本字借字之各别，异文异字更仆数难终也"⑦。这里的"今文古文"与前面提到的"古文异体"指的是同一类现象，即随时代而不同文字大类别，"本字借字""异文异字"则超出了这一范围，更多地指文献中同一记词职能但不同的字形。

历代字书对同职能异形字作了重点搜集。东汉许慎第一个用字典形式整理汉字并揭示汉字之间各种关系。《说文解字》540 部，每部末尾都用"文若干重若干"注明该部的正篆字数和重文字数，重文即同职能异形字。唐代颜元孙的《干禄字书》将同职能的异形字分为"俗、通、正"三类，而张参的《五经文字》则有"同、通、借、讹、俗、或、别、古今、相承、隶变、隶省"等说法，五代释行均的《龙龛手镜》，也收集了大量的同职能异形字，每字下都注明"正、同、通、俗"等分类属性，清代毕沅《经典文字辩证》将经典文字分为正、省、通、别、俗五类。上述字书分类体现出三个特点：一是以《说文》为字形规范的标准，《说文》所有为正，又在《说文》的基础上辨析省、通、别、俗等。这种分类说明，以《说文》正篆作为处理异体字的规范用字，成为通例；二是分类趋细，关注点不再局限于静态的字形之间的区别，而是延伸到动态的文字使用中的关系，上述"借""通"等分类集中说明这一点；三是字数越来越多，但汉字数量的增长并不意味着语词数量的增加，而体现了越来越普遍的同字同词而不同形体的现象。

---

① 戴震：《戴震文集·古经解钩沉序》，中华书局 1980 年版，第 146 页。
② 段玉裁：《说文解字注·陈焕跋》，上海古籍出版社 1981 年版，第 789 页。
③ 胡朴安：《中国文字学史》，商务印书馆 1998 年版，第 269 页。
④ 段玉裁：《说文解字注·九篇上》，上海古籍出版社 1981 年版，第 426 页。
⑤ 班固：《汉书·艺文志》，中华书局 1962 年版，第 1721 页。
⑥ 胡朴安：《中国训诂学史》，商务印书馆 1998 年版，第 6 页。
⑦ 同上。

第二个领域是经典传注中对字际关系的沟通。文字在产生之初，描摹物态象形表义，硬性规定符号指事表义，字和词的关系很单纯。但有形事物易描画，无形事物尤其是抽象的概念难以用象形和指事的方法呈现，因此借字表音应运而生。依据音同音近的条件，借用某个字或某种事物的图形来表示意义的现象在甲骨文时就大量存在。据吉林大学古文字研究室统计，假借字在甲骨文中所占的比例在90%以上（后姚孝遂修正为76%）。① 假借的结果即一字多词和一词多字。基于大量的文献解读经验，汉代经学大师郑玄对其中的字词关系体会得最为深刻："其始书之也，仓促无其字，或以音类比方假借为之，趋于近之而已矣。受之者非一邦之人，同言异字，同字异言，于兹遂生矣。"② 这段话中的"言"就是"词"，不仅解释了同词的本字和假借字之间的联系——"音类比方""趋于近之"，而且也指出了用方音记录语言而形成的一词多字或一字多词的现象。古代注释书中，沟通同职能字际关系不仅有与字书相同的用语"某，古字""某，今字""某，某，古今字""某，同某""某，通某""某，某之讹""某，俗作某"等，而且有体现文献解读特点的特殊用语。段玉裁在《周礼汉读考序》中着重谈到了这种现象："汉人作注，于字发疑正读，其例有三：一曰读如、读若；二曰读为、读曰；三曰当为。'读如''读若'者，拟其音也。古无反语，故为比方之词。'读为''读曰'者，易其字也。易之以音相近之字，故为变化之词。比方主乎同，音同而义可推也。变化主乎异，字异而义了然也。比方主乎音，变化主乎义。比方不易字，故下文仍举经之本字。变化字已易，故下文辄举所易之字。注经必兼兹二者，故有'读如'，有'读为'。字书不言变化，故有'读如'，无'读为'。'当为'者，定为字之误、声之误而改其字也。为就正之词。形近而讹谓之字之误；声近而讹谓之声之误。字误、声误而正之，皆谓之'当为'。凡言'读为'者，不以为误；凡言'当为'者，直斥其误。三者分而汉注可读，而经可读。"③ "比方之词""变化之词""就正之词"中的"词"指注经术语，这段话明确了两点：其一，区分注经术语角度，"比方之词"——拟音术语，"变化之词"——通字术语，"就正之词"——校勘术语；其二，辨别"注经"和"字书"不同的字词关系特点，即所谓"字书不言变化"，说明字书释字以同词同字而不同形的异体字为主，而经传释字以同词而异字的假借字为主。

二　字的形义关系和字的音义关系

汉字在产生之初"厥意可得而说"，奠定了表意文字的基础，随后在经传注释中才有了本字和假借字的沟通。本字是根据某一个词的意义而造的字，字形和字义是统一的。假借字是同音替代字，是经典中主要的用字现象，字的形体依据的词义并非经典中使用的意义，因此其形体和意义是脱节的。本字和假借字关系建立的基础就是用字同词。早在西汉

---

① 吉林大学古文字研究室：《古文字研究的现状及其展望》，载《古文字研究》第1辑，中华书局1979年版，第20页。
② 陆德明：《经典释文·序录》，载张能甫《历代语言学文献读本》，巴蜀书社2003年版，第183页。
③ 段玉裁：《周礼汉读考序》，载张能甫《历代语言学文献读本》，巴蜀书社2003年版，第237页。

初年，传注家就已经认识到经籍中这一特殊的用字现象，用形义相合的本字来改读形义脱节的假借字。如《诗经·周南·汝坟》："惄如调饥"。毛传："调，朝也。""朝"《说文》中作"鞄"，"舟"是"鞄"的声符，"周""舟"同音，所从之字得相假借。寻找本字，依据的是本字和假借字音同音近条件，在大量的训诂实践中，注释家对经传中"字"的研究，逐步突破了形义关系，向音义关系转移。首先是本字和假借字之间的音义关系。早在汉代，注释大师郑玄就已经认识到沟通本字与假借字要"就其原文字之声类，考训诂，捃秘逸"①。在其注释中用"某读为某""古声某某同"来沟通字的关系。如《诗·小雅·常棣》："每有良朋，烝也无戎。"毛传："烝，填。"郑笺："古声填、寘、臣同。"王念孙对此作了很高的评价："字之声同声近者，经传往往假借。学者以声求义，破其假借之字而读以本字，则涣然冰释。如其假借之字而强为之解，则诘籀为病矣。故毛公传《诗》，多易假借之字而训以本字，已开改读之先。至康成笺诗注礼，屡云某读为某而假借之例大明，后人或病康成破字者，不知古字之多假借也。"② 这种音义关系音、义之间没有必然联系，求"音"只是求与汉字形体相符合的"义"的手段。其次是同源字之间的音义关系。同源字的观念，最早可追溯到《释名》中的声训以及《说文》中的亦声字。宋代杨泉的《物理论》注意到从同一声符的一组字之间的关系，王圣美的"右文说"、王观国的《学林》、张世南的《游宦记闻》都"已确然能见声为义之纲领"。③ 这种音义关系的研究已经突破了字形的束缚，由就形以说音义转向就音以说形义，研究领域已经上升到语言的高度。清代训诂学家明确认识到这一点："上古但有语言，未有文字，语言每多于文字，亦先于文字。"因此提出"以声为义"达到窥"上古之语言"的目标。④ 他们将音韵作为贯穿文字、训诂的手段，提出了"声近义通"观念，王念孙《广雅疏证·自序》："窃以诂训之旨，本于声音。故有声同字异，声近义同。虽或类聚群分，实亦同条相贯。譬如振裘必提其领，举网必挈其纲。故曰'本立而道生'，'知天下至啧而不乱也'。"⑤ 音近义通是同源字联系的纽带，清代训诂学家们对这类字的研究主要体现在两方面，一是以声音为主，形体为辅，系联同源字，如段玉裁在《说文解字注》中提出的"凡从某声者皆从某义"。"声与义同原。故谐声之偏旁多与义相近。"⑥ 二是以声韵为钤键贯穿文字、训诂，如王念孙在《广雅疏证》所遵循的"以音求义，不限形体"。胡奇光在《中国小学史》中对这两方面细微差别作了进一步分析："段注释'形书'——《说文》，必倡导形音义三位一体观，要求兼顾语言与文字两个方面，而王疏证'义书'——《尔雅》，自要主张音义统一观，要求直接从语言出发，不要为形体所束缚。"⑦ 这两种研究理念和研究方法都深入到字源的研究，显示了字与词之间的内在的源流关系。具有这种

---

① 贾公彦：《周礼正义序》，载《十三经注疏》，中华书局1980年版，第636页。
② 王引之：《经义述闻序》，载《清人注疏十三经》第五卷，中华书局1998年版，第1页。
③ 胡朴安：《中国文字学史》，商务印书馆1998年版，第233页。
④ 胡奇光：《中国小学史》，上海人民出版社2005年版，第15页。
⑤ 王引之：《广雅疏证》，中华书局2004年版，第2页。
⑥ 段玉裁：《说文解字注·一篇上》，上海古籍出版社1981年版，第2页。
⑦ 胡奇光：《中国小学史》，上海人民出版社2005年版，第256页。

关系的字所记录的词可能不同，但在经典中经常作为同一个词通用。这种现象早在汉代就已存在，《周礼·春官·肆师》："凡师不功，则助牵王车。"注："故书'功'为'工'。郑司农云：'工'读为'功'。古者'工'与'功'同字。"这里的"同字"其实是"同词"，用"读为"来沟通"工""功"二字说明当时的注释家对这二字关系的认识仍然停留在"破假借"的层次，还看不到"工"与"功"音近义通的实质。清代训诂家对与音义关系密切相关的两种字际关系假借字和同源字在观念上区分得很清楚，但在疏通文献时常常不明确区分。如：《周礼·天官·女御》："以岁时献功事。"孙诒让正义："《烈女传·母仪传》云：'诗曰：妇无公事，休其蚕织。'彼公事即此功事。《管子·问篇》云：'问处女操工事者几何人。'工事亦即功事，公、功、工并声近义同。"同是"声近义同"，"公"和"功"的关系是假借字和本字的关系，"工"和"功"是同源字关系。有学者对《广雅疏证》用"通"联系的字际关系进行过专门考察，发现了主要表现为同源通用字和同音借用字两种字际关系。这些都说明，从音义关系角度出发去考察字词关系的复杂性。

正如胡奇光先生在评价段玉裁的小学成就时所说："文字的研究，一用上语言学观点，就会出现与以往不同的新见解。……从许慎到段玉裁，研究文字的角度已从文字学观点向语言学观点过渡，相应地，研究文字的主要方法也由就形以说音义转向就音以说形义。"[①] 从汉代到清代，随着小学家研究视角和研究方法的转变，字词关系研究逐步走向深入。

三 字的产生层面和字的使用层面

从汉代到清代，学者们在深入考察语言文字材料、从理论和方法上研究字和词的同时，从不同层面不同角度提出了很多概念。

首先，从字的产生角度，王筠提出了"分别文""累增字"的概念："字有不须偏旁而其义已足者，则其偏旁为后人递加也。其加偏旁而义遂异者，是为分别文。其种有二：一则正义为借义所夺，因加偏旁以别之者也。……一则本字义多，既加偏旁则只分其一义也。……其加偏旁而义仍不异者，是谓累增字。"[②]"累增字"是通过在原来字形上增加表意构件产生的字，"累"即叠加，揭示出字形中表意构件有重复。这样形成的字和原字是异体字关系。如爰与援，寽与捋。"分别文"是文字在使用的过程中兼职过多、职务分化而产生的新字，假借和引申是产生这些字的根本原因，因此新字与旧字之间的关系存在假借字和同源字两种。如冉与髯，娶与取。这两种概念的提出说明当时的小学家已经关注到汉字孳乳繁衍的现象，开始探讨其中蕴含的规律和机制。

其次，从字的使用角度，小学家们围绕"假借字"和"古今字"进行深入探讨。《说文解字·叙》："假借者，本无其字，依声托事，令、长是也。"这句话交代了假借字的两大要素：无本字和借同音字。关于假借字的讨论有两大焦点。一是假借和引申的关系问题。探讨这个问题要从许慎给假借字举的"令""长"两个例字说起。许慎的这两个例字

[①] 胡奇光：《中国小学史》，上海人民出版社2005年版，第235页。
[②] 王筠：《说文释例·卷八》，中华书局1987年版，第173页。

跟他的定义是矛盾的。它们只能说明词义引申现象，不能用来说明借字表音现象。词义引申是一种语言现象，借字表音是用文字记录语言的一种方法，二者有本质的不同。宋代，郑樵在《通志·六书略》中把假借分为"有义之假借"和"无义之假借"，① 所谓"有义之假借"就是引申。清代戴震在《答江慎修论小学书》中也曾说："一字具数用者，依于义以引申，依于声而旁寄，假此以施于彼曰假借。"② 把引申义和假借义混而为一，就不能准确解释词义。戴侗认识到这点，在《六书故·六书通释》中明确提出假借不应该包括引申："所谓假借者，义无所因，特借其声，然后谓之假借。"而引申则是"皆有本义，而所谓引而申之，触类而长之，非外假也。"③ 因此，他认为"令""长"不能用作假借的例子，像"豆"字本来当一种盛食器皿讲，又借为豆麦之豆才是真正的假借。段玉裁在这个问题上基本上接受了戴侗的观点，他在《说文解字注》中一再用实例申述了引申和假借相区别这个观点，但在实践中有时混淆了二者的界限，提出了"引申假借"的解释用语。朱骏声的主张和戴侗相同而又有所发展。他在《说文通训定声·自叙》中说："凡一意之贯注，因其可通而通之为转注；一声之近似，非其所有而有之为假借。就本字本训而因以辗转引申为他训者曰转注；无辗转引申而别有本字本训可指者曰假借。……假借数字供一字之用而必有本字，转注一字具数字之用而不烦造字。"④ 这里的"转注"就是词义引申。所谓"假借数字供一字之用"就是指因假借而形成的同词异字现象，"转注一字具数字之用"指因引申而造成的同字异词现象。这说明朱骏声主观上已经意识到字和词的不同，但实践中仍被"字"——词所依托的书面形式所迷惑。引申和假借在理论上应该严格区分，但有些词的意义引申非常复杂，引申的线索不易理清，很容易误认为假借。讨论的第二大焦点是假借和通假的区分问题。乾嘉时期的小学家多称"假借"，一般不用"通假"一词，而且谈"假借"也只是在"六书"的范围内。王引之在《经义述闻·经文假借》中，把假借分为两大类：一是"无本字而假借他字"，是造字之始的假借。另一类是古书中"往往而本字现存而古本则不用本字而用同声之字"的假借。但王氏并未把后者称为"通假"。后来，有人用"通假"一名，以别于假借。如清侯康在《说文假借例释》中说："何谓本？制字之假借是也；何为末？用字之假借是也，二者相似而实不同：制字之假借，无其字而依托一字之声或事以当之，以一字为二字者也。用字之假借，是既有此字复有彼字，音义略同，因而通假，合二字为一字者也。以一字为二字者，其故由于字少；合二字为一字者，其故反由于字多；故曰相似而实不同也。"⑤ 这里所说的"以一字为二字"其实就是今天所说的同字异词，"合二字为一字"即同词异字，由此可见当时"字""词"观念是缴绕不清的。晚清以后，"假借"和"通假"并用，但在人们的心目中有所不同，可又说不出所以然来。直到现在，在实际应用中，这两个概念仍常混用。古今字主要着眼于古代典籍中在同一个意义上古和今用字的不同。代表人物是郑玄

---

① 郑樵：《通志》，中华书局1987年版，第503页。
② 张能甫：《历代语言学文献读本》，巴蜀书社2003年版，第224页。
③ 戴侗：《六书故·六书通释》，清师竹斋李氏刻本，第23页。
④ 朱骏声：《说文通训定声》，中华书局1984年版，第11—12页。
⑤ 刘又辛：《通假概说》，巴蜀书社1987年版，第20页。

和段玉裁。郑玄遍注群书，明确具有古今用字不同的观念，较早提出并使用了"古今字"这个名称：《礼记·曲礼下》："君天下曰'天子'，朝诸侯，分职授政任功曰'予一人'。"郑注："《觐礼》曰：'伯父实来，余一人嘉之。''余''予'古今字。"郑玄所说的古今字，主要是指在汉语历史上，人们表示同一词先后使用了同音而不同形的汉字这一现象。段玉裁对古今字的观点基本是维护和阐发郑玄之说，不过，他从理论上强调了"古今无定时"，因而古今字的确定标准也因时而异："凡读经传者，不可不知古今字。古今无定时，周为古则汉为今，汉为古则晋宋为今，随时异用者谓之古今字。非如今人所谓古文、籀文为古文，小篆、隶书为今字也。"① 徐灏扩展了古今字的范围："古今字有二例：一为造字相承，增偏旁；一为载籍古今本也。"② 所谓"造字相承，增偏旁"，相当于王筠的"分别文""累增字"；"载籍古今本"则主要是指郑玄所说的古今字，也就是段玉裁解释为"凡言古今字者，主谓同音而古用彼而今用此异字"③ 的情况。因此，徐灏的古今字观念，其实就是郑玄、段玉裁和王筠两种观点的综合。假借字和古今字虽然同是用字领域的概念，但前者主要立足于形义关系，而后者立足于时间前后。不同的着眼点，说明小学家字词关系研究的不同视角，这也正是后世长期围绕字词关系概念的内涵和外延所进行争论的原因所在。

  总体说来，清代以前，字词关系研究主要成果集中在字词的存在状态、相关理论、方法和概念方面，关注的角度虽然由字的形体拓展到字的使用，但"字"的观念根深蒂固，"词"的观念只是存在于训诂家长期进行语言实践所形成的语感中，纯粹语言学领域的"词"的概念还比较模糊，没有建立起来，研究的范围也局限于零散的字与字之间的关系，多局部考证，个体归纳，欠整体把握和理论提升。王宁先生曾一针见血地指出这种现象形成的原因："'字'在小学家的心目中常常是'词'的同义语。正是他们忽略了作为语言载体的文字相对的独立价值，才经常弄得'字'与'词'混淆。"④

---

① 段玉裁：《说文解字注·三篇上》，上海古籍出版社1981年版，第94页。
② 徐灏：《说文解字注笺·一篇上》，载丁福保《说文诂林》，中华书局1988年版。
③ 段玉裁：《说文解字注·二篇上》，上海古籍出版社1981年版，第49页。
④ 王宁：《系统论与汉字构形学的创建》，《暨南学报》2000年第3期。

近代字词关系研究述评*

韩 琳 冀秀美

汉字与汉语的关系着重体现为个体字形与汉语基本表达单位词的对应。字词在语言产生之初应该是对应的。但作为表意文字的汉字,有自身独特的发展规律和应用规律,现实中汉字和它记录的词之间并不是简单的一对一关系。汉语中字词的复杂关系一直是语言文字研究中的一个重要课题。从先秦到清代,从字书到文献,对于建立在同词基础上的字际关系的沟通一直是小学家们研究的重点。但在小学家的心目中"字"常常是"词"的同义语,因此他们的研究局限于零散的字与字之间的关系,多局部考证,个体归纳,欠整体把握和理论提升。近代,随着语言文字学的创立,字词关系的研究取得了突破性的进展,体现出传统语言学向现代语言学迈进时的特色。本文在探讨近代语言文字学者字词关系研究的基础上,总结出这个时期字词关系研究的特点,目的在于从学术史的角度把握字词关系研究,以进一步总结规律,指导实践。

"中国语言学的发展,从十九世纪以前漫长的'小学',直到20世纪初章炳麟、黄侃诸大师创立'语言文字学'才开辟了新的境界。文字学开始注意出土文物中的古文字研究,训诂学力图打通文字、音韵、训诂三者的界限,摆正语言与文字的关系;音韵学企图总结清儒的研究结果,考古和审音并重。这样,便为中华人民共和国现代语言学的形成,奠定了良好的基础,无论资料、体系、理论或方法,都是值得人们珍视的。"[1] 近代的字词关系研究突出体现了三个特色:理论上,上升到语言的高度,从文字与语言的关系上把握字词关系;概念上,混淆了字与词的区别,体现了认识上的局限性;材料上,从个体字的分析延伸到字的系统分析;方法上,强调形音义相统一但侧重音义关系。

首先,从文字产生上即文字和语言的关系上把握字词关系。章太炎先生已深刻认识到文字是记录语言的符号,研究文字只是求音义的手段,而不是目的:"文字者,词言之符。"[2] "字之未造,语言先之矣。以文字代语言各循其声。"[3] 并意识到语言的发展是由简单到复杂,文字也随之由简而繁:"上世语言简寡,故文字少而足以达恉及其分析,非孳乳则辞不賉。若彼上世者,与未开之国相类,本无其事,故不必有其言矣。"[4] 在这点

---

* 本文原载《中国青年政治学院学报》2007年第4期。
[1] 严学宭:《方兴未艾的黄学》,《南京大学学报》1986年第1期。
[2] 章太炎:《文始·叙例》,上海人民出版社1999年版,第159页。
[3] 章太炎:《国故论衡》,上海古籍出版社2003年版,第36页。
[4] 章太炎:《检论·正名杂义》,《章太炎全集》第三卷,上海人民出版社1984年版,第491页。

上，黄季刚先生与其师一脉相承："文字之初，根基言语。""文字基于言语，言语发乎声音。"①"语言皆可以写出，其在古初，不过四百余字，而可以包括天下所有之音。其繁变之迹：一由少而多，二由简而繁，三由混涵而分明。然多定包含于少之中也。"②

　　正是因为站在语言的高度，本时期的字词关系研究表现出与前一时期不同的特点，清代以前字词关系研究的重点多停留在文字使用过程中出现的字际关系现象，而这一时期深入到文字的产生层次，讨论文字随语言而滋生的规律。章太炎先生"转注假借说"："余以转注、假借，悉为造字之则。泛称同训者，后人亦得名转注，非六书之转注也。同声通用者，后人虽通号假借，非六书之假借也。盖字者，孳乳而浸多。字之未造，语言先之矣；以文字代语言，各循其声。方语有殊，名义一也，其音或双声相转，叠韵相迤，则为更制一字，此所谓转注也。孳乳日繁，即又为之节制，故有意相引申，音相切合者，义虽少变，则不为更制一字，此所谓假借也。"③ 在此，章太炎先生在新的语言理论的指导下提出了汉字发展的两条重要规律，一即词的派生推动字的孳乳规律，另一即汉字滋生与节制的辩证统一规律。

　　承章太炎先生研究思路，黄季刚先生对文字和语言的关系从两个方面着重进行了探讨。一是着眼于汉字滋生，进一步阐述了"变易""孳乳"两大条例："叙云：'五帝三王之世，改易殊体。'谓之殊体者，其义不异，惟文字异耳。故观念既同，界说亦同，文字之变易也。最初造字，文字本无多义，然衍之既久，遂由简趣繁，由浑趣析。故观念既改，界说亦异者，文字之孳乳也。""古今文字之变，不外二例：一曰变易，一曰孳乳。变易者，声义全同而别作一字。孳乳者，譬之生子，血脉相连，而子不可谓之父。"④ 这里所说的"变易"指文字不随语言的变化而变化的纯字形改变，"孳乳"指文字随语言的发展而不断产生的规律。二是着眼于汉字节制，区分了"造字的假借"和"用字的假借"："盖假借有造字与用字之别。造字之假借者，可造而不造，如《说文叙》所举令长二字是。……用字之假借者，有其字而未用，《经典释文》引郑康成云：'其始书之也，仓促无其字，或以音类比方为之，趣于近之而已。'此则言用字之假借也。"⑤ 黄季刚先生区分了造字和用字两个层面的"假借"，之所以都用"假借"这一名称，是因为造字和用字都没有造成汉字数量的增长，集中体现了汉字的增长受人类智力水平制约的规律。

　　其次，在相关概念的运用上，本时期具有一个非常突出的特点，即将字等同于词，这种思想主要从以下两组概念反映出来。其一，将"语根"等同于"字根"。章太炎叙《文始》，将《说文》独体命以"初文"，合体象形、指事、声具形残字、同体复重字命以"准初文"，集为四百五十七条来探讨字词关系："讨其类物，比其声均，音义相雠，谓之变易；即五帝、三王之世改易殊体者。义自音衍，谓之孳乳。"⑥ 不仅将文字产生与语言

---

① 黄侃述，黄焯编：《文字声韵训诂笔记》，上海古籍出版社1980年版，第44页。
② 同上书，第60页。
③ 章炳麟：《国故论衡·转注假借说》，上海古籍出版社2003年版，第36页。
④ 黄侃述，黄焯编：《文字声韵训诂笔记》，上海古籍出版社1980年版，第29、34页。
⑤ 同上书，第182页。
⑥ 章太炎：《文始·叙例》，《章太炎全集》（七），上海人民出版社1980年版，第159页。

发展紧密联系起来，而且也体现出求语言文字之系统与根源的研究思路。黄季刚先生在《论学杂著》中重新阐述了这一宗旨："声义同条之理，清儒多能明之，而未有应用以完全解说造字之理者。侃以愚陋，盖尝陈说于我本师；本师采焉以造《文始》，于是，转注、假借之义大明；令诸夏之文，少则九千，多或数万，皆可绳穿条贯，得其统纪。"①"求其统系者，求其演进之迹也；求其根源者，溯其原始之本也。"②"原始之本"，黄季刚先生称为"语根"，在黄季刚先生相关论述中，"语根"的概念并不统一：有时指与字形之根相对立的概念："由象形、指事字以推寻言语音声之根，是求其语根也。""近时若章太炎《文始》，只能以言文字，不能以说语言。……故《文始》所言，只为字形之根源，而非字音字义之根源也。"③ 有时又混同于字形之根："不可分析之形体谓之文，可分析者谓之字。字必统于文。故语根必为象形指事。……盖文字之基在于语言，文字之始则为象形指事。故同意之字往往同音；今聚同意之字而求其象形指事字以定其语根，则凡中国之文字皆有所归宿矣。"④ 在讨论"语根"在语言学史上的地位时，将"语根"和"本字"相对照，提出"单独之本，本字是也；共同之本，语根是也"⑤。并将"求语根"作为训诂之次序的最高阶段。"语根"本是指言语音声之根，语言的发生历史久远，"语根"虽存在，但却是无形的。"字形之根"是有形的最小的形音义结合体，以"有形"溯"无形"，着眼于其间"根源"的共性，基于操作上的可控性，是可行的。章太炎先生以"初文""准初文"为语根、黄季刚先生相关论述中将"语根"与"字根"混同虽然基于概念的操作性，但也具有一定的迷惑性，反映出这一时期学者在字词关系认识上的局限。其二，将"引申"混同于"假借"。前文已经谈到，黄季刚先生区分了"用字之假借"和"造字之假借"。这种区分本是基于对文字运用过程中自我节制规律的认识。但这两种现象毕竟是本质不同的现象，都用"假借"一个名称，极容易引起混乱。这一阶段其他学者的相关论述也表现出同样的特点。如刘师培在《中国文学教科书·假借释例》中将假借划分为制字之假借、用字之假借、引申之假借三种情况："一曰制字之假借。上古字少，有假他字之义并借他字之声者，故以一字为二字。一曰用字之假借。用字之假借者，既有此字，复有彼字，音形偶同因而通假，合二字为一字者也。一为引申之假借。假借之例，其于音同义异而同用者固谓之假借，即凡字本义之外其余引申之义亦谓之假借。"⑥ 这里，"以一字为二字"即一字两用，指两个词由于声音相同而共用一个字形，相当于前人所说的"本无其字的假借"；"合二字为一字"即两个字由于声音相同而共同标识一个词。相当于前人所说的"本有其字的假借"。"引申之假借"指本义之外的引申意义和本义共同使用一个汉字。很显然，"引申之假借"是错误的提法，引申则词义发生变化，假

---

① 黄侃：《黄侃论学杂著》，上海古籍出版社1980年版，第94页。
② 黄侃述，黄焯编：《文字声韵训诂笔记》，上海古籍出版社1980年版，第193页。
③ 同上书，第199页。
④ 同上书，第53页。
⑤ 同上书，第60页。
⑥ 刘师培：《中国文学教科书·假借释例上》，《刘师培全集》第四卷，中共中央党校出版社1997年版，第231页。

借是借作他词而本词没有变动，二者本质不同。刘氏的观点与黄季刚的"造字之假借"和"用字之假借"有相通之处。"一字为二字""合二字为一字"的说法以及把词义引申和文字假借混同起来反映了此时期"字""词"观念的不透彻性。

再次，从字的系统上把握字词关系。与《转注假借说》相配合，章太炎进行了三个方面的语言实践："大凡惑并音者多，多谓形体可废，废则言语道窒，而越乡如异国矣。滞形体者，又以声音可遗，遗则形为糟粕，而书契与口语益离矣。余以寡昧，属兹衰乱，悼古义之沦丧，愍民言之未理，故作《文始》以明语原；次《小学答问》以见本字；述《新方言》以一萌俗。"①《说文》中的字及其记录的词是在长期历史发展中积淀下来的。纵向系联《说文》中的字（词），探讨文字因词的派生而孳乳浸多的规律，以明确语必有根，字必有本，而其根本皆在先古，是《文始》的主旨，着眼于文字滋生繁衍的纵向系统；用文字来统一方俗民语是《新方言》的宗旨，关注的是文字地域系统；求源要求汉字标准统一，而用字之假借使字（词）失其本源，《说文》贯穿了形义统一的原则，是求本字的依托，《小学答问》正体现了这一思路，集中反映了文字的使用系统。沿着章太炎先生对字词进行系统研究的思路，黄季刚先生也进行了这方面的实践。在《说文同文》和《字通》②中对文字的纵向滋生系统和横向通用系统进行了系联。《说文同文》联系的是因"孳乳"而产生的字，立足点在于出于同一语源而又记录不同词的字之间的关系；《字通》沟通的是文献中通用的文字，包括异体字通用，同源字通用，本字和假借字或假借字和假借字的通用，立足点在文献中同一个词但却用不同的字的现象。文字的系统研究使文字研究走出了个体研究格局，走向科学化、整体化、规律化，为字词关系研究开创了一条崭新的道路。

最后，从文字要素上把握字词关系。本时期语言文字研究者既看到了前人"牵拘形体"之误，又看到了"不限形体"之偏，因此主张分析字时形音义兼顾而又偏重于音义。如章太炎先生在《小学略说》说："盖文字之赖以传者全在于形，论其根本，实先有义，后有声，然后有形，缘吾人先有意想，后有语言，最后乃有笔画也（文字为语言代表，语言为意想代表）。故不求声义而专讲字形，以资篆刻则可，谓通小学则不可。三者兼明，庶得谓之通小学耳。""凡治小学，非专辨章形体，要于推寻故言，得其经脉，不明音韵，不知一字数义所由生。"③沈兼士先生既反对拘泥于形体："若徒执着形体，断不能得语言多面变动之势。"又主张充分利用文字形体的线索探求词的分化规律："古代声训，条件太简，故其流弊，易涉误会。矫正之方，端在右文。"④"欲匡救一般声训之流弊，而增加其可信之力，则不得不补充其条件。条件为何？即须以同声母字为声训对象之范围，如取声转，亦必音证义证兼具而后可。"⑤"虽然，欲冯古文字以考古语言，则舍形声字外，实无从窥察古代文字语言形音义三者一贯之迹，故右文之推阐，至少足以为研究周代

---

① 章太炎：《国故论衡》，上海古籍出版社2003年版，第10页。
② 黄侃笺识，黄焯编次：《说文笺识四种》，上海古籍出版社1983年版，第3、87页。
③ 章太炎：《国故论衡》，上海古籍出版社2003年版，第9页。
④ 沈兼士：《右文说及其在训诂学上之沿革与推阐》，载《沈兼士学术论文集》，中华书局1986年版，第75页。
⑤ 沈兼士：《声训论》，载《沈兼士学术论文集》，中华书局1986年版，第278页。

以来语言源流演变之一种有效方法。"① 为克服历代"右文说"牵拘形体和以偏概全的弊病，沈先生又提出了"音素"的概念："（一）于音符字须先审明其音素，不应拘泥于字形；（二）于音素须先分析其含义，不应牵合于一说。""因为形声字不尽属右文，声母无义的形声字大量存在，而又有同声之字义衍歧别，或同一义象之语，而所用声母不同。"②杨树达先生侧重于探讨、总结形声字记录语源时在形义构造上的规律，他在《积微居小学述林自序》中说："由此总纲推衍，我得条例若干条。一曰形声字中声旁往往有义。二曰，文字构造之初已有彼此相通借的现象。三曰意义相同的字，他的构造往往相同或相类。四曰象形、指事、会意、形声四书的字往往有后起的加旁字。加旁有二，一加形旁，二加声旁。会意、形声二书的字加形旁往往犯重复之病。五曰象形、指事、会意三书的字往往有后起的形声字，而许君或不知。"③

通过以上的论述我们看到，这个时期的字词关系研究，集中体现了传统语言学向现代语言学迈进时期的特色：正如赵诚先生在《传统语文学向现代语言学的发展——兼论黄侃的学术贡献》④ 所指出的那样："传统语文学在思维形式上有一个非常明显的特征，即认为任何事物的价值只存在于事物本身之中。就语言现象而言，任何一个字词句的形音义所具有的和所表现出来的价值，只存在于该字词句中。其研究方法也就注重于就某字论某字，就某词论某词，就某音论某音，就某义论某义。""现代语言学在思维方式上也有一个非常明显的特征，即认为任何事物的价值不仅存在于其本身，还存在于事物与事物之间的关系当中。就语言现象而言，任何一个字词句所具有的或表现出来的价值，不仅存在于该字词句本身，还存在于和其他字词句所形成的关系当中。就形音义而言也如此。有时候，某些价值在关系中就存在，离开了那种关系就因之而减弱或消失。所以，在这种思维形式的支配下，产生了另一种研究方法，即不仅研究某一语言现象本身，而且还研究某一语言现象和其他有关的语言现象之间的关系。"其一，不再局限于个体研究，而注重文字和文字、文字和语言的"关系"研究；其二，虽然"从产生的时间先后把字与词分开了"⑤，但具体的研究实践中，"字"与"词"仍然相混，尤其是将"语根"混于"字根"，将"假借"一词用来指称词义引申现象更为此期的字词关系研究打上了鲜明的时代烙印。

---

① 沈兼士：《右文说及其在训诂学上之沿革与推阐》，载《沈兼士学术论文集》，中华书局1986年版，第171页。
② 同上书，第122页。
③ 杨树达：《积微居小学述林·自序》，中华书局1983年版，第5页。
④ 郑远汉主编：《黄侃学术研究》，武汉大学出版社1997年版，第11页。
⑤ 刘世俊：《评清代小学家的字词观》，《宁夏大学学报》1987年第2期。

改革开放以来字词关系研究现状考察

韩 琳

字词关系是阅读和研究古代文献首要解决的问题，一直是语言文字研究的重点。从先秦到清代，小学家们在概念上迷惑于"词"的书面形式，用"字"来指称"词"，但又在实践上又意识到二者的不同，因此才会有"假借数字供一字之用""转注一字具数字之用"[①]一句中同一个"字"但不同内涵的现象。近代语言文字学者在字词关系研究上有了突破性的进展，虽然在概念的运用上仍然将字与词混同，但在文字的产生上明确区分了语言和文字，揭示了"字"随"词"的发展而产生的规律以及与此密切联系的"字""词"的系统性。改革开放以来，伴随训诂学的复兴，文献解读日益受到重视，在继承传统语言文字学研究理论和方法的基础上，字词关系研究视角日益拓宽，从理论到实践，从探讨同词字际关系概念到关注"字""词"两种语言单位之间的关系，都取得了很大的成绩。本文在总结这一时期字词关系研究成果的基础上，进一步分析了研究中存在的问题，目的在于引起语言研究者的普遍关注，使字词关系理论得到广泛的认同，以促进汉语言文字的研究和古典文献的研究整理。

一　字词关系概念的探讨

（一）传统概念的讨论

清代以前，联系字书及传注中的字词关系现象，研究者提出了古今字、通假字、异体字这些概念。改革开放以后随着古籍阅读的深入，这些概念的区分成为研究者首要关注的问题。根据《中国语言学论文索引》统计，从1980—1990年，汉字研究的论文有552篇，有关字词关系概念的文章有178篇，占到32％。[②] 这些讨论主要围绕古今字和通假字、异体字的区别展开。主要有宽严两种观点。一种从严，着眼于汉字孳乳繁衍的规律，认为古今字是为区别意义而产生的，类似于清代王筠所说的"分别文"以及裘锡圭先生后来提出的"分化字"，通假字和异体字不应包括在古今字内。这种观点以王力为代表，洪成玉、赵克勤分别对王力先生的古今字观点作过阐发。我们这里引用赵克勤的话说明这一问题。赵先生说："古今字是汉字在其历史发展中产生的。……古字和今字，只是在某一个

---

[*] 本文原载《辞书研究》2007年第6期。
[①] 朱骏声：《说文通训定声》，中华书局1984年版，第11—12页。
[②] 中国社会科学院语言研究所：《中国语言学论文索引（1981—1990）》，商务印书馆2005年版。

意义上先后产生的两种字形。今字产生以后，古字并没有被淘汰，而是减少了他所表示意义当中的一个，还保留着其他的意义。""今字的产生基本上就是依照形声字的构成方式，以原有的古字为声符，再加上义符组成的。""本有其字的通假，于古今字一般是没有什么关系的。""古今字与异体字是两个完全不同的概念。"① 另一种从宽，着眼于文献中的用字现象，认为今字的形成可以涉及多种文字现象，不能将通假字和异体字完全排除出古今字之外。这种观点以陆锡兴先生为代表。他说："古今字就是汉语同词先后异字的现象。如作为第一人称的'我'这个词，古汉语中先作'余'，后作'予'，'余''予'成为一对古今字。异字可以指形义不同的两个字，也可指形不同但义同的异体字。""两个形体不同的汉字，只要同音，不管意义相近或者意义无关的都可组成古今字。"按照这种观点，"古今字"不仅包括分别字，而且包括一部分通假字和异体字。陆先生进一步区分了提出这些概念的角度："古今字是同词前后文字异形，通假字是不用已出本字，而借用其他同音字。他们是从不同角度对某些同字现象作出的不同归类。他们不是平行关系，两者交叉重叠，你中有我，我中有你，因此，不可能把古今字和通假字作一个一刀切的划分。"② 这两种观点各有侧重，从严者关注的是这些文字现象的本质，属于一种静态的探讨；从宽者更加注重这些概念的运用，采用动态的观察方法，目的在于帮助读者历史主义地看待文献典籍中的用字现象，避免以今律古。古今字概念从宽还是从严，还应该结合文献来确定。

（二）新概念的提出

首先，王力先生明确提出了"同源字"概念。

"同源"反映的是词汇现象，而"同源字"反映的是字对词的记录现象："凡音义皆近，音近义同，或音同义近的字，叫同源字。这些字都有同一来源。或者是同时产生的，如'背'和'负'；或者是先后产生的，如'声'和'旌'。同源字，常常是以某一概念为中心，而以语音的细微差别（或同音），同时以字形的差别，表示相近或相关的几种概念。"③ 在此基础上，王力先生又区别了相关的文字现象："通假字不是同源字，因为它们不是同义或义近的字。""异体字不是同源字，因为它们不是同源，而是同字，即一个字的两种或多种写法。""还有一类很常见的同源字，那就是区别字"。

王力先生的同源字"义近"是指字所记录的词的词汇意义的相近，并没有看到同源字意义联系的实质。所以操作起来有时不好把握。王宁先生进一步指出，同源字意义相近，应该是它所记录的词的词义特点相近，因此区别了词汇意义和词源意义。同源字之间意义的相通应该是它所记录的词的词源意义相通。

其次，裘锡圭先生提出了同形字、通用字概念。

同形字："同形字的性质跟异体字正好相反。异体字的外形虽然不同，实际上只能起一个字的作用。同形字的外形虽然相同，实际上却是不同的字。""对同形字的范围，可

---

① 赵克勤：《古今字浅说》，《中国语文》1979 年第 3 期。
② 陆锡兴：《谈古今字》，《中国语文》1981 年第 5 期。
③ 王力：《王力语言学论文集》，商务印书馆 2000 年版，第 533 页。

以有广狭不同的理解。范围最狭的同形字只包括那些分别为不同的词造的、字形偶然相同的字。""范围最广的同形字，包括所有表示不同的词的相同字形。按照这种理解，被借字和假借字，也应该算同形字。"①

通用字："文字学上所说的'通用'，指不同的字在某种或某些用法上可以相替代的现象。可以通用的字就是通用字。文字学者讲通用，往往着眼于汉字从古到今的全部使用情况。"②"通用字之间的关系大体上可以分成下列四类：本字跟假借字，假借字跟假借字，母字跟分化字，同义换读字跟本字或其他性质的字。"

"同形字"关注的异词异字同字形，此概念的提出反映出研究者能够透过形式看本质，已经突破了词的书面形式"字"所带来的困惑，字词关系研究更加理性化、科学化了。"通用字"反映了文献中的同词异字现象，便于从整体上把握字和词，但用一个概念来涵盖诸多文字现象，其后果是造成概念的区别模糊，而用语含义不清晰。字典辞书中对"通""同"用语的使用就是一个证明。

二　字词关系概念的应用

概念的提出是为了应用。字词关系概念的进一步明确是围绕大型辞书异体字的整理进行的。

异体字从甲骨文开始就已经大量存在，历代字书收字不断增多，其中相当多数是辗转传抄而积累下来的异体字。探讨历代字书处理异体字的方法，对我们今天如何整理现代汉字以及现代字书如何处理历史传承的异体字是很有借鉴意义的。对异体字的深入探讨是围绕着《汉语大字典》异体字整理工作展开的。关于异体字的界定，有两种认识角度：一种是规范的角度，认为异体字是非"正体字"。"正体字"是符合社会某一历史阶段语言文字规范的正式场合用字。非"正体字"的内容很复杂，包括很多不同性质的文字现象，因此不能正确认识异体现象。另一种是从纯文字学的角度，认为异体字就是"一字异形"现象。以王力先生《古代汉语》为代表，强调音义完全相同，在任何时候都可以互相替代。这是学术界影响最大、最流行的一种看法。这种观点可以称得上是一种理想化的概念，强调"在任何时候都可以互相替代"，现实中实际符合这种条件的字并不多。因此，裘锡圭先生作了一些补充，将异体字分为狭义和广义："异体字就是彼此音义相同而外形不同的字。严格地说，只有用法完全相同的字，也就是一字的异体，才能称为异体字。但是一般所说的异体字往往包括只有部分用法相同的字。严格意义的异体字可以称为狭义异体字，部分用法相同的字可以称为部分异体字。二者合在一起就是广义的异体字。"③

20世纪90年代以来，王宁先生明确地提出"只有字形是汉字的本体"④，进而创建了汉字构形学理论，区别了异写字与异构字，并提出了形位、形位变体等概念。王宁先生

---

① 裘锡圭：《文字学概要》，商务印书馆1998年版，第209页。
② 同上书，第264页。
③ 同上书，第205页。
④ 王宁：《汉字构形学讲座》，上海教育出版社2002年版，第13页。

进一步指出:"构形和字用两方面加起来,才是对汉字记录汉语功能的全面研究。"① 汉字构形学理论认为汉字的构形是成系统的,异构字和异写字可以用系统方法进行认同别异的整理。在这个理论指导下,北师大汉字所已经完成了历代汉字的构形系统研究,李国英教授主持的"九五"规划重点科研项目"56000 汉字楷书字形整理"已经取得了一些阶段性成果。②

三 字词关系的总体关照

经过传统语言文字研究时期的积累,近代语言文字研究的突破,以及改革开放以来概念探讨角度的转换,字词关系研究终于上了一个新的台阶。以现代语言学理论为指导,研究者将汉语中的"字""词"提升到语言单位的高度,从要素到功能,全面来把握。字词关系研究上升到理论层次,操作性逐步增强。

(一) 裘锡圭先生的字词关系观念

字的假借是造成字词复杂关系的主要原因,裘锡圭先生对此有明确认识,如《文字学概要》第九章第三节就是"一词借用多字和一字借表多词的现象"。③ 假借字与本字的同词关系建立在音同音近的基础上,裘先生称为"音借",由此出发,他又提出了另外两种文字借用造成同字异词现象:"同义换读跟假借和形借一样,也是一种文字借用现象。一个词由于为另一个词造的文字的字形对它也适合而借用这个字形,是形借;由于另一个词的音跟它相同相近而借用这个词的文字,是假借;由于另一个词的意义跟它相同相近而借用这个词的文字,是同义换读。假借和同义换读也未尝不可以称为音借和义借。"④ 由"形借""音借""义借"形成的同字异词现象是汉字与拼音文字截然不同的一面,充分说明了造成复杂的汉语字词关系的根本原因。

不同的角度就会有不同的字词关系。上述"形借""音借""义借"建立在同字的基础上,探讨一个汉字记录不同语词的现象。转换一个角度,一个词为什么会有不同的词形(字)?裘先生探讨了这种现象产生的原因:"首先,由于汉字有异体。一个字有了异体,就意味着它所代表的词有了不同的书写形式;其次,由于用来表示某一个词的字是可以更换的。同一个词先后或同时有两个以上不同的字可以用来表示它的现象,是常见的。我们把这种现象称为一词用多字。具体地说,一词用多字,主要有下列四种情况:一,已有本字的词又使用假借字;二,同一个词使用两个以上的假借字;三,一个词本来已经有文字表示它,后来又为它或它的某种用法造了专用的分化字;四,已有文字表示的词又使用同义换读字。"⑤

---

① 刘延玲:《近五十年来异体字研究与整理状况综述》,《辞书研究》2001 年第 5 期。
② 同上。
③ 裘锡圭:《文字学概要》,商务印书馆 1998 年版,第 191 页。
④ 同上书,第 221 页。
⑤ 同上书,第 258 页。

(二）王宁先生的字词关系理论[①]

1. 字和词概念上的区别与联系

词是语言中最小的、可以独立运用的表意单位，因此也是语义训释的基本单位。它的内容是词义，外部形式是词形——口头形式音，书面形式字形。口语中的词是音与义的结合体，书面语中的词是音与义结合后再用字形来记录，笼统地说，就是形音义结合体。字指文字的每个个体，它记录了词，承受了在词中已经结合了的音和义，同时又以形体为自己的独有形式。词与字不是同一时期产生的，词的产生顺序与字的产生顺序也不一定一致。例如，就字的构形讲，独体字先于由它所构成的合体字产生，但在语言中，独体字所记录的词不一定先于合体字所记录的词产生。训诂材料都是用文字记录的书面材料，而且古代汉语又以单音节词为主，绝大多数符合一字即一词的原则。

2. 字与词使用上的不平衡关系

在使用过程中，字与词的对当关系是不平衡、不整齐的。由于通假和文字兼职现象的存在，加之异体字不可避免地出现，使同词异字和异词同字现象较多地存在。分析训诂材料时切忌任意地以字代词。当遇到同源字通用时，要认识到两词已经分化，当遇到因字的声借而产生的假借义时，更要认识到这是另一个词的意义由于文字的通用而转移到借用字上，假借义不是借用字本身的意义，把字词的对当关系简单化，在对待借字时便容易产生望形生训的错误，这在训诂上是一大禁忌。

3. 产生文献中字词不平衡关系的原因

词是语言本身的建筑材料，而字是记录语言的符号。字除了从词那里接受了已经结合起来的音与义外，还有它自身的形式——形。文字的发展，受到两个因素的制约。一个因素是语言，例如，新词派生推动字的孳乳，就是文字受语言制约的反映。另一个是字本身的发展和使用规律。如异体字、假借字的产生就是文字摆脱语言制约依照自身规律的发展变化。所以，字不等于词。

(三）李运富先生的字词关系观点

李运富先生先后撰写了《汉字的记录功能》《论汉字的字际关系》《论汉字的职能变化》《汉字语用学论纲》系列论文，从两方面进行字词关系理论建设，一是在全面清理以往字际关系术语和分类的基础上，进一步探讨汉字记录汉语的功能。认为清理字际关系应该和字的记录职能相联系，分文字系统和文献系统两个层面进行，其目的就是统一分类角度和标准，建立比较科学的字际关系类别和术语指称系统。二是从学科建设的角度，提出字词关系研究应该成为一门独立的汉字学科——汉字语用学（今改称"汉字职用学"），重点研究汉字使用职能和使用现象，即研究汉字记录汉语的规律。这门学科以字词关系、字际关系和汉字的职能为三大支柱，以个体汉字的使用职能、特定文本字的使用现象、现代的用字现象与用字规范为三大领域，以字用职能测查为主要研究手段。学科能否独立，需联系相关的学科进一步论证，但学科的框架全面而

[①] 王宁：《训诂学原理》，中国国际广播出版社1996年版，第35页。

切合实际，具体的途径也切实可行。

总之，裘锡圭先生和王宁先生的字词关系理论为字词关系的研究提供了总体思路和理论指导，李运富先生进一步提出了可供操作的程序和方法。字词关系研究有望在正确的理论和方法的指导下，得到更大的发展。

四 当前字词关系研究中存在的问题

（一）用语及概念须统一

无论是古代还是现代，有关同词的字际关系的用语名称虽然不少，也确实能表述某一方面的字际关系，但它们大都出于特定的目的，各自只适用于特定的场合，相互之间没有明确的并列关系和上下位关系，所指现象往往交叉重复而又不能涵盖全部。可见这许多的名称用语实际上并没有构成科学的体系，还难以承担系统地准确地描述汉字之间各种属性关系的重任。以"通""通用"为例。"通"是"通用"的简称。它们的使用范围很宽：可用于假借字和本字的关系；可用于正字法一类的著作，指正、俗体相并列；也可用于同源字之间、联绵词的不同写法之间、假借字之间、异体字之间、可互相代用的同义字之间等等。再如"假借"用语，朱骏声在《说文通训定声·自序》曾说："假借滥于秦火，传写杂而失真"，所说虽不免夸大，但也形象地反映了假借用语混乱的情况：朱骏声把词义依托同一词形的引申称作转注，而章太炎却把引申而不造字的节制字形之法称为假借。究其内涵和外延，二者无别，但却用了传统认为是相对立的两个用语。而另一方面，同称假借，有的是指诸多引申义依托同形，也有的是指意义不相关的同音字互相借用。在同音借用中，又有的指造字时"本无其字，依声托事"的假借，有的又指用字时本有其字，同音替代的假借。这里同一用语表示三种概念，而且第一种概念是词汇现象，第二、三种是文字现象，但这三种现象却同时通行。用语的混乱直接影响到古籍的正确理解。因此，我们必须对上述各种概念进行清理，按照汉语字词关系的实际情况重新建构类别系统和用语系统。

（二）有关理论及方法研究待加强

字际关系是字词关系研究的基础，辨别字际关系是一项硬功夫，需要借助相关理论和方法。字的假借和词的引申是性质完全不同的现象。但长期以来，由于缺乏对古代书面语体现出的引申规律的全面探讨和总结，有时会造成引申和假借难以分辨的情况。如陆宗达先生在《训诂简论》中在谈到许慎用字形结构确定本义、疏通引申义的线索时，举"西"字为例："（《说文》：）'西，鸟在巢上。日在西方而鸟栖，故以此为东西之西。''西'这个字，现在一般用作方向名词，许慎根据字形结构，指出上面的'弓'是'鸟'的简省的形状；下面的'囨'是鸟巢形状，表示了鸟在巢中停息休止的意义。所以'西'、'栖''棲'是一个字的三种不同写法。'西'呢？本来只是象征'停息'的意思，但是由于古代辨识方向，都是依太阳的升落来测量东西，又以星斗的方位来测量南北（因为太阳在东方升起，西方降落）所以太阳发动的地方就被定为东方；太阳停息（降落）的方向就被定为西方，这就是东西两个字的引申线索了。"① 这就是说许慎认为，表示方位的"西"是词义的引申，而很多学者认为东西方向的"西"是假借，例如，刘又辛在谈到通假字和本字的关系时就举到这个例子："'西'本象鸟栖巢形，是栖字的初文。后来'西'假借为西方的西，另造'栖'字以代'西'而成为栖巢的本字。"② 又如裘锡圭先生在《文字学概要》"文字的分化和合并"一节举"臧"和"藏"的例子来说明分散多义字职务的方法，认为古代常借用"臧"字来表示储藏的"藏"。而《字通》臣部记载了黄季刚先生的批注说："藏字《说文》所无，古通用臧。收藏之臧即由臧善引申，善乃臧之也。"③ 确定假借字的关键是与假借字相对的本字，裘先生之所以认为"臧"是借字，是因为从形体结构上来看"藏"从艸，本义应与草有关，所以补充说明道："司马相如《子虚赋》有草名'藏莨'，《汉书·司马相如传上》颜注引郭璞曰：'藏莨，草中牛马刍。'意即可供牛马食用的一种草。"④ 而黄季刚先生的判断依据的是《说文新附》："藏，匿也。"由此可见，假借和引申易混，不仅仅是引申规律不好把握的问题，更多的原因在于相关领域的研究滞后，如该例所说的字的本义的确定依据问题。

  章太炎先生为转注作结论时说："转注者，经以同训，而纬以声音，而不纬以部居，形体同部之字，声近义同，固亦有转注矣。"⑤ 这就是说，分析同源字，一方面要形音义相统一，以声音为统系，一方面要利用同训。这就涉及字、义、训的问题。字是词的记录单位，义是词形所负载的客观内容，训是对于这种客观内容的人为表述。古汉语以单音词为主，所以往往字就是词；义有词汇意义和词源意义，训有义训和声训，训释有词义训释和文义训释。在处理材料是如何正确把握字、义、训三者的关系？胡朴安先生在《中国文字学史》中有言曰："建类一首，同意相授，考老是也。此许叔重转注之界说。建类一首，谓同部也，同意相授，谓互训也。……转注者，文字由言语而来，制造文字，非一地亦非一人。当书同文之时，使无转注之法，以汇其通，则不同之文字，无法使之能同。唯有转注，可以收同文之效。故曰转注者，所以会文字之通也。"⑥ 这里以互训为转注，互训是建立在词同义的基础上，并不能说明文字之"通"。由此可见，训释规律直接影响着字词关系的判断。

  总之，字词关系研究就是汉字和汉语的关系研究，它在传统语言文字学丰厚的土壤上成长起来，又在现代语言文字学的滋养下延伸开来，内涵由模糊而渐清晰，视角由狭窄而渐宽广。传统与现代接轨的今天，字词关系研究面临着新的发展机遇。一方面，传统的概念、理论、方法亟待清理和总结，另一方面，古籍整理、古籍电子化和计算机切词为字词关系研究提供了新的发展空间。因此，应该大力加强字词关系研究。

---

① 陆宗达：《陆宗达语言学论文集》，北京师范大学出版社1996年版，第146页。
② 刘又辛：《假借概说》，巴蜀书社1987年版，第45页。
③ 黄侃：《说文笺识四种》，上海古籍出版社1983年版，第92页。
④ 裘锡圭：《文字学概要》，商务印书馆1998年版，第237页。
⑤ 章炳麟：《国故论衡》，上海古籍出版社2003年版。
⑥ 胡朴安：《中国文字学史》，商务印书馆1998年版，第6页。

汉字职用学史

王观国《学林》对汉字使用问题的探究

曹云雷　张素凤

一　引论

宋代是一个崇尚思辨的时代，也是一个学术变革的时代，语言学的研究亦呈现一种繁荣的景象。人们在思想上打破了千百年来唯《说文》是从的观念，疑古创新成为当时的一种风尚。但在中国语言学史上，历来对宋代语言学评价不高。宋代的语言学，正如王宁先生所说，是一个"被忽视的时代"，但是绝对不是一个可以忽视的时代。近年来，人们开始重新审视宋代语言学在中国古代语言学史上的作用和地位。学界对宋代语言学的研究，主要有以下几个关注点：（一）《广韵》研究。（二）《说文》二徐的研究，犹以徐锴为重。（三）王圣美右文说的研究。（四）古文字学的研究。（五）六书学。跟以上所举的这些焦点问题相比，宋代语言学中的其他可钻研的现象如语用方面、语音分歧方面、音义关系方面，却几乎被忽略了，要了解一个时代的语言学的面貌，不是仅仅一点或者五点就可以的，而是要全方位、多角度、多侧面地研究，这样才能对这个时代的语言状况有一个比较全面的了解。

对于汉字使用问题的研究，王宁先生早在1994年就提出"汉字字用学"的概念，她认为"汉字学既要弄清一个汉字字符原初造字时的状况——字源，又要弄清汉字在各个历史阶段书面的言语作品中使用的情况——字用"[①]。"确定了本字，又弄清了它的原初造字意图，便追溯到了汉字的字源。但是，汉字的使用过程中，随时发生着记录职能的变化，汉字字用学，就是汉字学中探讨汉字使用职能变化规律的分科。"[②] 为字用学的建立奠定了良好的基础。其后，李运富在《汉字语用学论纲》中针对建立汉字语用学的学理依据、汉字语用学的学科定义、汉字语用学的主要内容做了进一步的探讨。[③] 他指出，"字"的具体所指可以归纳出三种指称。①指称外部形态，即字样。②指称内部结构，即字构。③指称记录职能，即字用。因此汉字的本体研究从学理上来说，至少应该产生三种

---

* 本文由曹云雷《王观国〈学林〉对汉字使用问题的探究》节选改写而成，硕士学位论文，北京师范大学，2010年。

① 王宁：《〈说文解字〉与汉字学》，河南人民出版社1994年版。
② 同上。
③ 以下内容均引自李运富《汉字语用学论纲》，载《励耘学刊》（语言卷）2005年第1辑（总第1辑），学苑出版社2005年版。

平面的"学"。字用学属于汉字学本体研究的三大平面之一。"汉字语用学是研究汉字使用职能和使用现象的科学，也就是研究如何用汉字记录汉语以及实际上是怎样用汉字记录了汉语的科学。它既有个体的，也有总体的，既有共时的，也有历时的。'字用学'的全名之所以要叫'汉字语用学'而不取'汉字字用学'，一是为了显示所谓用字就是记录语言或者在语言中使用，离开语言就无所谓字用；二是为了避免'汉字'跟'字'重复。'汉字语用学'也可以叫作'汉语字用学'"。①并具体指出汉字语用学应包括的主要内容。

二　王观国和《学林》

《学林》（作者王观国，字彦宾，湖南长沙人，约宋高宗绍兴十年前后在世）共十卷358篇，内容涉及语言文字的研究、文献古籍的考证、诗词歌赋的理解、礼仪风俗的变迁、天文地理方志轶事，等等，十分丰富。其中关于语言文字部分涵盖文字、词汇、训诂、音韵、方言俗语、语言理论等多个方面，尤其是对于汉字使用问题的研究更是深入而具体。《四库全书总目提要》称其"书中专以辨别字体、字义、字音为主。自六经、史、汉旁及诸书，凡注疏笺释之家，莫不胪列异同，考求得失，多前人之所未发。……论其大致，则引据详洽，辨析精核者十之八九。以视孙奕示儿编，殆为过之。南宋诸儒讲考证者，不过数家，若观国者，亦可谓卓然特出矣"。本文拟运用李运富师关于汉字职用学的理论，挖掘王观国关于汉字使用职能的一些独特观点，为以后的汉语史研究提供新鲜的养分和依据，为汉字职用学提供一批新的材料，为《学林》一书的深入研究起到一个抛砖引玉的作用。

三　《学林》语言文字部分中关涉到的用字现象

语言文字部分共计202条，占全书的56.4%，除去极小一部分关于字音问题的内容，大部分都是王氏对用字问题的研究与思考。要考察王观国对用字问题的研究，首先要从他所关涉和注意到的用字现象入手。这些用字现象并非王氏有目的、有计划、成系统的观察所得，而多是作者平日阅读偶有所见，因此并无严密的系统性可言。下面就是笔者对王氏书中注意到的用字现象做的粗略归纳。

（一）个体字符职能或特定词项用字的历时测查

1. 根据字书对所收字符职能进行分析说明

釐：按字书，厘字，里之切。理也，福也；氂字，十毫也。所谓毫氂者，当用氂字。而太史公用釐字者，假借用之也。

複覆：……观国按：字书複有二义：扶又反者，其义则再也。若隐公四年《左

---

① 李运富：《汉字汉语论稿》，学苑出版社2008年版，第60页。近年来，李运富教授出于多种考虑将该学科定名为"汉字职用学"。

氏传》曰："诸侯複伐郑，"桓公元年《左氏传》曰："郑人请複祀周公之类是也。"音服者，其义则反也。若《周易·複卦》，《诗》"宣王複古"之类是也。……观国按：字书覆亦有二义，扶又反者，其义则盖覆也，音福者，其义则败也，倒也。

亟：……观国按：字书欺冀切者，数也；纪力切者，急也。……如此类亟字并音欺冀切，其义则皆数也。……如此类亟字并音纪力切，其义则皆急也。以此考之，则亟有二音，自分二义，各有区别矣。

以上各例是对字书所收字的职能归纳，也就是包括了词在不同时期的职能，因此具有泛时性。同样，"鲧""吊""假""副苹""断""蔡""欙""欿""艾"等条目内容都有对字书中某字的职能归纳，具有泛时性。

2. 对个体字符职能或特定词项用字进行历时测查

雅疋：君牙本君雅，古文用牙字，其实音雅，后之变古文为隶者，亦用牙字耳。古文惟用疋字为大雅、小雅之字，以雅为乌鸟，及后世变古文为隶古，又变隶古为今文，遂各用他音字或俗字以易之，而雅字遂专为大雅、小雅之雅矣。疋音雅，又音所菹切，又音山吕切，后世文士不复用此字者，盖后世书籍皆用今文而无古文。

伯：春秋成公二年《左氏传》曰："五伯之霸也，勤而抚之。"《史记·邹阳传》曰："诚能用齐、秦之义，后宋、鲁之听，则五霸不足称，三王易为比也。"……颜师古注曰：伯读曰霸。……观国按：霸、伯二字，古人通用。然《左传》曰："五伯之霸也，勤而抚之。"……则此伯字当音百，故曰五伯之霸也，一句之中，用伯、霸二字，则伯音百可知矣。其他散言五霸，则或用霸字，或用伯字，可通用也。

第一例对"雅""疋"及"牙"的职能关系及变化情况进行说明；第二例则侧重说明在"王霸"这一词项上用字情况。同样，"茇""上下""中兴""雇""进""茶""天禄""切""燚""欿""格""鲑""流连""翰猷""渑""奉廛萬""薄""摧""雕""能""趣趋""曾""湛""庆""鲧""柴""壶瓠""吴吴""方书""甄甑""茶""燚""徧""貙刘""鄑鄏""樵""於戏""敕""无亡無""奉廛万""禀稟""辨""摧""冰""称秤""景""尊""褟迭""曾""卅""丕""弯关贯""介参""蕴""赍赍""省文"等条目，都有对个体字符职能或特定词项用字的历时变化情况进行说解的内容。

（二）文献用字测查

1. 专书用字测查

鲧：鲧音衮，亦作鯀，其字皆从骨。诸字书皆曰"禹父名也"。鲧音衮，亦作鯀，其字皆从鱼，诸字书皆曰"鱼也"。禹父之名当用鯀，……故经书惟《尚书》多用俗字，如古文景字，《尚书》变为影；古文剌字，《尚书》变为勅；变尔女之女为汝，变多蓺之蓺为藝。秦始皇改皋为罪，《尚书》乃用罪字。汉文帝改對为對，《尚书》乃用對字。以至变说为悦，变枲为费，变鈷鈷为聒聒，变於乎为嗚呼，凡此皆用俗字代古文也。

该条目针对"鯀"的用字特点引发对《尚书》用字特点的分析，用大量例子说明《尚书》多用俗字的特点。

諮：《十月诗》曰："譖沓背憎，职竞由人。"毛氏传曰："噂犹噂噂，沓犹沓沓。"郑氏笺曰："噂噂沓沓，相对谈语，背则相憎。"释音曰："沓，徒合反。"观国按：字书，噂嗒，语多也。噂亦作譖，兹损切；嗒亦作諮，徒合切，其字从口，或从言，其义一也。《诗》人多用省偏旁之文，故用沓字，乃嗒之省文耳。

该条目针对"諮"的用字情况引发对《诗经》"多用省偏旁之文"用字特点的概括。同样，"周行""流离""孥帑""騩谖""椽缘绿""摴""刀"等条目都涉及《诗经》的用字特点。而"諮""伯""路""湨""榖""专劓鱄"等则涉及《左传》的用字特点，"古文""伯""溢鎰"等涉及《史记》的用字特点，"古文""路""交趾""摧""省文""耤"等涉及《汉书》的用字特点，"疑异""蕴"等涉及《易经》的用字特点，"疑异""仞"等条目中则涉及《孟子》的用字特点，"后汉一字名"则涉及《后汉书》的用字特点，"黠齮"涉及《晋书》的用字特点。

2. 不同文献用字比较

樵：《春秋》定公十四年五月，于越败吴于樵李。杜预注曰："樵李，吴郡嘉兴县南醉李城。"……啖助《春秋纂例》曰："于越败吴于雋李。"在《春秋》谓之樵李，在杜预注谓之醉李，在《春秋纂例》谓之雋李。盖樵与醉同音可通用，……樵在后也，雋乃樵之省文耳。

该条目把《春秋》和《春秋纂例》中"樵"的不同写法进行比较，并对各种字形在读音和形体方面的关系进行分析说明。

圄佋：《史记·贾谊传·鵩鸟赋》曰："拘士繫俗兮，圄若囚狗。"……《前汉·贾谊传鵩鸟赋》曰："愚士繫俗，佋若囚狗。"……观国按：《史记》"圄若囚狗"，《汉书》"佋若囚狗"。用字不同者，盖贾谊文当时相传非一本，其用字固有不同处，司马迁、班固各以其所传贾谊文篹而作史，故其用字有不同也。

省文：《史记》有《伍子胥传》，而《汉书·艺文志》阴阳家有《五子胥》十篇，用五字者，省文也。《史记·货殖传》曰："璿瑁、珠玑、齿革。"而《汉书·郊祀志》曰："毒冒、犀玉二十余物。"用毒冒字者，省文也。《史记·平准书》曰："皆仰给县官，无以尽赡。"而《汉书·食货志》曰"卬以给澹"，又曰"必卬于市"。用卬字者，省文也，用澹字者，假借也。……《史记·货殖传》"愈于纤啬"，而《汉书·食货志》曰："民俞贫困。"用俞字者，省文也。……《史记·游侠传》

"以睚眦杀人",而《汉书·孔光传》曰:"厓眦莫不诛伤。"用厓字者,省文也。

以上两例列举了《史记》和《汉书》不同用字现象,并对造成这种现象的原因或字形之间的关系进行说明。"容颂"条目下"观国按:《史记》用容字,《汉书》用颂字,其义一也"也对《史记》和《汉书》用字不同进行了举例说明。

同样,还对《论语》与《史记》("介鸡""不")、《论语》与《左传》("狃午""不")、《诗经》与《礼记》与《韩诗外传》("其记己异")、《诗经》与《礼记》与《毛诗》("木瓜诗")、《诗经》与《礼记》("其记己异""亟""幽黝""省文")、《诗经》与《左传》("其记己异""矜"),《诗经》与《汉书》("厓""省文")、《左传》与《礼记》("姓名异音"),《左传》与《国语》("疑异"),《左传》与《公羊传》与《谷梁传》("蔑""甯寧")、《尚书》与《左传》("其记己异""不")、《尚书》与《孟子》("其记己异")、《尚书》与《丧服四制》("其记己异")、《尚书》与《礼记》("其记己异""雅疋""省文")、《尚书》与《汉书》("省文")、《史记》与《周礼》("省文")、《史记》与《法言》("省文")、《史记》与《汉书》与《礼记》("厓")、《史记》与《汉书》与《左传》("專剸鱄"),《史记》与《汉书》("容颂""方俗声语""格""槀导""卢""羹""会缶""瓠""唊袴""嗛""甯寧""秸""姓名异音""赘肬")、《史记》与《文选》("射干")、《史记》与《蒙求》("疑异")、《前汉书》与《后汉书》("雇""皋")、《汉书》与《易经》("沬沫")、《汉书》与《礼记》("省文")、《汉书》与《说文》("古文")、《汉书》与《孟子》("省文")、《汉书》与《晋书》("胸胭""寧寧")、《汉书》与《唐书》("槀导")、《汉书》与《文选》("切""卢""甘泉赋""茸伹")、《鹖冠子》与《刘子》("疑异")的用字情况进行了比较。

(三) 专人用字测查

介鸡:《左传》云"季氏介其鸡",《史记》曰:"季氏芥鸡羽。"……司马迁改介为芥,而杜预用其说以训《左传》耳。观国按:介与芥本不相通用,介者,介胄之介也;介其鸡者,为甲以蔽鸡之臆,则可以御彼之金距矣。司马迁误改介为芥,而杜预循其误,既自以为疑,又增胶沙之说。夫以胶沙而播其羽,是自累也,又恶能胜彼鸡?大率司马迁好异而恶与人同。观《史记》用《尚书》《战国策》《国语》《世本》《左氏传》之文,多改其正文。改绩用为功用,改厥田为其田,改肆觐为遂见,改宵中为夜中,改方命为负命……如此类甚多。子长但知好异,而不知反有害于义也。

该条目由《史记》中"介鸡"的写法引发对司马迁"好异而恶与人同"的用字特点的总结概括,并列举多个用例加以佐证。同样,在"古文""厓""柴""吴吴""雏""嗛"等条目都涉及司马迁用字特点的说明。

伯:《前汉·元帝纪》曰:"汉家自有制度,本以霸王之道杂之。"又《十二诸侯年表》曰:"周厉王奔于彘,乱自京师始,而政由五伯。"又《郊祀志》曰:"合十七年而伯王出焉。"此班固用霸字又用伯字也。观国窃谓一篇文中当用一色字,用霸则不须用伯,用伯则不须用霸,今一篇文章既用霸又用伯,二字音义皆同,别无两意,何苦为此多歧也?

针对《汉书》中"王霸"词项的书写形式,说明班固"既用霸又用伯"的用字特点。同样,在"古文""聊胶""卢""莽""朐䏰""阌""庰""会缶""琥珀""无亡無""穀""啖袴""嗛""省文"等条目都涉及班固用字特点的说明。

此外,还谈到郑玄("柴"字下)、郭璞("流离")、宋玉("方俗声语")、秦始皇("鯀")、汉文帝("鯀")、隋文帝("孙休四子名")、武则天("孙休四子名")、王莽("襭迷")、唐明皇("鯀"和"於戏")等人的用字特点。

(四)某时某地用字测查

古文:秦时钟鼎篆铭有字皆篆为彐,如"有秦",篆为"彐秦"之类。后世字书彐字为又字,诸字书未尝读又为有也。

参:草书法,枭字与参字同形,故晋人书操字皆作掺,今法帖碑本中王操之书皆作掺之,……参挝者,击鼓也。文士用参挝字,或用为掺,或用为傪,皆读音七绀切,盖假借也。……古人草书缫字作缪字,盖缫音骚,乃绎茧为丝者;缪音衫,乃旌旗之斿也。又草书澡字作渗字,盖澡音早,而渗音所禁切也。又草书趮字作趁字,盖趮音躁,而趁音骏也。若据草书而改变隶体,则碍矣。又如草书方字类才字,故於字改为扵,游字改为逰。如此类甚多,皆非法也。

以上两例都是对某时某地用字情况的说明。同样,"雅疋""庆""鯀""辜孤""子贱""王乔""梗俑""留落""徧""貙刘""於戏""无亡無""渑""晸""黮䵬""辨""省文""称秤""卯"等条目内容都涉及对某时某地用字特点的说明。

四 王观国对用字原因的探讨

以上对王氏在《学林》一书中关涉和注意到的用字现象进行了简单分类,王氏不仅注意到了各种用字现象,更对这些现象背后的成因进行了深入本质的分析,他对用字原因的探讨可以分为以下几个方面。

(一)借用同音近音字引起用字不同

王氏于《学林》一书中表述借用的字际关系时,常用"本作、本用/当用""非~字也/以代~字也""假借/借用/借音用字""通用""通""代"等一系列词语来表示。很显然,字与字之间的关系以"借"来维系时,字符读音之间往往具有相同或相近的关系。

1. 本无其字的假借

　　雇：今按《前汉》顾山用顾字，《后汉》雇山用雇字，二字皆借用之字也。然顾音固，而雇本音户，为雇鸟之字，但借音顾耳。当用顾字为顾山、顾偫、顾赁之字，盖顾託、顾命，亦有倩託僦赁之意也。《说文》曰："雇音户，九雇，农桑候鸟"亦作䧇、鳸、鶚。《尔雅》曰："春鳸鳻鶞。"《尔雅·释音》曰："鳸音户。"《玉篇》曰："雇，乎古切，亦作䧇、鶚，今以为雇偫字。"《广韵》曰："雇，古暮切，本音户，九雇鸟也。"相承借为雇赁字，然则雇字本非雇偫雇赁之字，其曰相承借用，则是义无所考，但借用之耳。

　　柴：《史记·鲁世家》曰："伯禽率师伐之于肸，作肸誓。"裴骃注曰："《尚书》作柴誓。"然则司马氏假借用肸字，肸非古文柴字也，许慎《说文》作柴为北下来，与比下米一也。

显然，"顾"与"雇"、"肸"与"柴"读音相近，均为本无其字的假借字。同样，"聊胶""仞""皋""艾""胸䏶""蒢""庲""渑""専剌鱄""省文""耤""姓名异音""蕴""其记己忌"等条目内容都涉及因本无其字而借用同音近音字现象。

也有的用"母"或"母字"说明假借字与增加表义构件本字的关系。如"卢：……《汉书·扬雄甘泉赋》曰：'玉女欣视其青卢。'注曰：'卢，目童子也。'而《文选·甘泉赋》作青矑。按字书，矑，目童子也。班固亦省文用卢字耳。……卢者字母也，加金则为鑪，加火则为爐，加瓦则为甒，加目则为矑，加黑则为黸，凡省文者，省其所加之偏旁，但用字母，则众义该矣。亦如田者字母也，或为畋猎之畋，或为佃田之佃，若用省文，惟以田字该之，他皆类此"。同样，"会缶"条目把"垂"说成母字，"甀"看作后起分化字；"市"条目把"市"和"宋"说成母字，把"沛""柿"和"肺""秫""姊""柿""沛"看作后起分化字。当然，若母字在后起分化本字未出现前使用即为假借，在后起分化本字出现后使用则为通假。

　　卝：许慎《说文》曰："磺，胡猛切，朴也，亦作卝，古文也。故《周礼》有卝人掌金玉锡石之地。"郑氏注曰："卝之言矿也，金石未成器曰矿。"观国按：磺亦作礦，卝亦作鈝，则卝者古文礦字也。

显然，"卝"作为古文字形，在重造本字"磺""礦"出现前使用，为"本无其字"的假借。

2. 本有其字的通假

　　薄：《郊特牲》曰："薄社北牖，使阴明也。"郑氏注曰："薄社，商之社，商始都薄。"然则本用亳社字，记《礼》者，借用薄字耳。

该例中术语除了"借用"外，还有"本用"，说明这里的借用是本有其字的通假。同样,"鳌""鲧""葺佴""流离""路""摧""吴吴""雏""阕""省文""贯渍""阙地""进"等条目,除了用"借""假借"类术语外,也用"当用""本用""本作"等术语说明字际关系,说明这些借用字均为本有其字的通假字。

> 奉釐萬:……古之字画少者,易于讹改,故以点画多而同音者代之,如一二三四五六七八九十,则以壹贰三肆伍陆柒捌玖拾代之,百千则以伯仟代之,尺则以赤代之,疋则以匹代之,是以萬代之也。所代之字,初无意义,惟取点画之多耳。

> 矜:《小旻诗》曰:"战战兢兢,如临深渊,如履薄冰。"而春秋僖公二十二年《左传》引《诗》曰:"战战矜矜,如临深渊,如履薄冰。"乃改兢兢为矜矜者,兢兢戒慎之意,与矜矜不同。《左氏》改战战兢兢为矜矜,假借而已,释音当随其所用之字而训之,不当遽读矜为鳏也。

显然,"一""二""三"等"古之字画少者,易于讹改,故以点画多而同音者代之"是本有其字而不用,却用同音近音字"代"的原因之一。而"战战兢兢"中"兢"写作"矜"虽然没有用"本用"等术语明确说明,但我们可以断定,这里的"假借"实质是"本有其字"的通假。同样,"諸""甒瓿""挐挈""交趾""琥珀""溢镒""黳緌""穀""褖缘綠""參""假""木瓜诗"等条目内容都涉及有本字而不用,而借用同音近音字现象。

3. 音近义通的同源关系

> 彎闗貫:……而古人以闗、貫二字与彎通用之,……闗、貫二字,于字书未尝音作彎,古人假借依其声类而用之也,亦如藏者隐藏也,赃者贼赃也,臧者臧否也,史家于三字皆以藏字当之,盖藏、赃、臧三字义不同,亦不同音,是亦依其声类而借用之,取其意通而已。

> 矜:《烝民诗》曰:"不侮矜寡,不畏强御。"……春秋昭公元年《左氏传》亦引《诗》曰:"不侮鳏寡,不畏强御。"乃改矜寡为鳏寡者。《左氏》多假借改易《诗》《书》之字,取其意通而已。

同样,"辜孤""姓名异音""唊袴"等条目内容也涉及了借用音近义通的同源字现象。

"依其声类而借用之"反映了王氏对"借"这种字际关系的认识,即发生"借"之字际关系的两字间,不一定有严格意义上的同音关系,只是声类相同即可;"取其意通而已"说明在字义上具有某种共通点。显然,具有这两个特点可以判定为具有同源关系。可见王氏的"借用"针对非本字而言,非本字指不是为这个词所造的字,包括词义引申派生出的同源词。由此可知,王氏对同音借用中有音义联系的同源词已经予以关注。这种朦胧的意识发展到后来黄侃先生把借用分为两类:一为别字,一为通用字。现在王宁老师把借用分为同音借用和同源通用两类。

（二）减省构件引起用字不同

辂：……《前汉·娄敬传》曰："敬脱挽辂"。苏林曰："辂音冻洛之洛，一木横遮车前，二人挽之，一人推之。"孟康注曰："辂，胡格反。"按字书："辂，胡格反，挽车当胸横木也。"然则本用輅字，史家从省文用辂字耳。

会甀：《前汉·高祖纪》曰："十一年七月，淮南王布反。十二年十月，上破布军于会甀。"……观国按：《史记·高祖纪》："十一年七月，淮南王黥布反。十二年十月，击破布军会甄。"又《史记·黥布传》曰："西与上兵遇蕲西会甄。"……而《汉书·高祖纪》作甀者，省文也。《前汉·地理志》沛郡蕲县有垂乡。然则《地理志》用垂字者，亦省文也。凡省文，必存其母而省其枝叶。垂者母也，瓦甀枝叶也。班固于《地理志》省瓦甀而用垂可也，于《高祖纪》乃省垂而存甀，误矣。

显然，"然则本用輅字，史家从省文用辂字耳"属于减省间接构件的省文现象，"班固于《地理志》省瓦甀而用垂可也"则属于减省直接构件的现象。"于《高祖纪》乃省垂而存甀，误矣"则说明被省的常常是表义构件，表音构件不能省。这种省略的结果就是造成假借或通假用字现象。同样，"諸""觚甬""卢""流离""胸胫""樢""苴蒩""刀""省文""茸俱""蛾""蕴"等条目内容也谈到字形偏旁减省而引起的用字不同现象。

（三）字体变化引起用字不同

蕴：……《广韵》曰："蕴，藏也，俗作蘊。"《史记·酷吏义纵传》曰："敢行，少蘊藉。"……《史记·义纵传》用蘊藉，皆用俗书蘊字耳，盖变古文为隶，变隶为今文，书史中字多失其原，不足怪也。《南史》王蘊，字彦深，以俗书为名，尤不可。

尒爾：……而俗书爾字亦作尔如书珍为珎，书診为诊，书參为叁之类，皆因草书爾字为尔形，故隶书亦从而变之，然失字法益远矣。

辨：辨音卞，又音辬。《广韵》曰："辨，蒲苋切。"具也，俗作辦。然则古无从力之辦，止用辨字。《仪礼》中辨字甚多，皆不用从力之辦，惟用辨字耳。……辨者，字母也。隶书虽用辦字，及施于篆，止用辨字。亦如篆星为曐，篆梦为寢，篆奔为犇，篆塵为麤，篆雷为靁，篆原为厵，篆畞为畮，篆看为翰，篆頂为顛，篆曹为朁，篆强为彊，篆香为薌，篆雍为雖，篆集为雧，凡此皆字之有母者，隶文从省，而施于篆，则用字母也。

以上用字变化主要是因为字体演变引起某些构件变异为与之相近的其他构件，从而引起字形变化，成为另一个字，造成古今用字不同。同样，"断""敕""摧""参""称秤""雅疋""柴""无亡無""稾槀""穀""弈奕""撘""省文""冰""於戏"等条目内容也涉及因字体变换造成构件变化，从而造成古今用字不同。

（四）讹别引起用字不同

  疑异：《春秋》昭公七年《左氏传》曰："晋侯梦黄熊入于寝门。"而《国语》则言黄能，盖鳖三足为能，与熊大异。《左氏传》与《国语》皆左丘明所纂。《国语》传本讹谬最多，春秋传与经相传，当以春秋传为正也。……李瀚《蒙求》曰："周勃织畚。"按《史记》《汉书》周勃传，皆曰勃以织薄曲为生，未尝言织畚，而注《蒙求》者引《史记·周勃传》"勃少以织畚为事"，《史记》乌有是言耶？《周礼》："挈畚以令粮。"畚，草器，可以贮粮，而薄曲乃蚕具，非类之物也。……《易》曰："异为宣发。"而今世所传王弼《易》曰："异为寡发。"盖俗书寡字下为四点，作宣，与宣字相疑；考其义，则宣髪之义为多也。

  其中"熊"作"能"，"畚"作"薄"，"宣"作"寡"，是因为字形或读音相近而在传抄过程中产生错讹。同样"子贱""贳滇""羹""景""褵疊""盼盻盻""蕴"等词条都用"讹""误"说明字形的讹变或意义的误用。

  黯黮：《颜氏家训》谓："晋羊曼称为黮伯，黮者多饶积厚。"……黯从黑，黮从重，二字虽同音榻，而义各不同。《玉篇》《广韵》皆曰："黯，羊曼，为黯伯也。黮，积厚也。"盖羊曼为黯伯，从黑，而《颜氏家训》乃用从重之黮，是以颜氏推其义不行也。颜氏所引乃盛弘志《晋书》，用从重之黮，已为误。今世所行《晋书》，乃唐太宗所修，于《羊曼传》用从黑之黯，为不误矣。

  同样，"荼""鲇""憮憮""摳馇""胄胄""茸俖""疑异""甘泉赋""称秤"各条都分析了因讹误而不同版本用字不同的现象。

（五）字义转移引起用字不同

  奉鼟萬：……《说文》曰："草，自保切，栎实，可以染帛为黑，故黑色曰草。"后世既用皁字，故草字用为草木之字。《说文》曰："雅，乌加切，楚乌也。秦谓之雅。"后世既用鸦字，故雅字用为雅正之字。《说文》曰："创，楚良切，伤也。"书史多用此字，如后世既用疮字，故创字用为创造之字，凡字之变古者类如此。

  以上"草""雅""创"的常用意义改变引起相关语词古今用字不同。

（六）使用异构字引起用字不同

1. 共时异构字

  徧：许慎《说文》曰："徧，方见切，帀也。"《广韵》曰："徧，方见切，周也，俗作遍。"……凡此皆用徧字，不用俗书遍字也。……然则汉人亦皆用徧字，至后世乃多用俗书遍字。陆德明撰《诸经音义》，于徧字下注曰"音遍"，又于见字下皆注曰"贤遍反"。又如乐章次第谓之遍迭，皆用俗书遍字，至今用之者多也。……然则隋、唐以来，用俗书者始多。

雕：……观国按：字书偏旁从隹与从鸟者多通用，故雞与鷄同，翟与鴗同，雁与鴈同。然则雕与鵰同也。

"徧"与其"俗书""遍"属于表音构件相同，表义构件意义相近，因此为异构字。同样，"雞"与"鷄"，"翟"与"鴗"，"雁"与"鴈"均为表音构件相同，表义构件意义相近的异构字。此外，"敕"条目下"敕"与"勅"也属于这种异构字。

2. 历时异构字

也有的异构字为历时性的，即原来只有一个母字作为本字，后来通过增加表义构件或重新造字来分担母字的职能，形成后起本字。母字与后起本字成为古今字。这种用字现象王氏也已注意到，并且用"加""增"等术语予以说明。

"景：古之日影字不从彡，只用景字。……凡此所用景字，盖谓日影也，后人加彡而为影，故许慎《说文》无影字。"

同样，"暴""尊"条目用"加"或"增"说明古字形通过增加构件创造出后起分化本字。在"古文"条目下所列举的"囲"与"咆"，"粟"与"囧"，"葳"与"點"，"哭"与"囚"，"蓁"与"益"，"墜"与"地"，"屮"与"草"，"懱"与"悚"，"帚"与"禹"，"桒"与"刊"，"悳"与"德"，"愁"与"莎"，"娶"与"要"，"继"与"绝"，"山"与"邻"，"煭"与"然"，"或"与"堪"，"巛"与"坤"，以及"省文"条目下"立"与"位"，王氏把这些字组中前者都看作后者的"古文"，这些字音都是与音义相切合的本字，因此我们称其为历时异构字。

（七）有意改字引起用字不同

1. 为谐音而改

古文：……开元十四年，明皇以《洪范》无偏无颇声不协，诏改为无偏无陂。盖《古文尚书》曰："无偏无颇，遵王之义。"明皇以颇字与义字不协韵，故改为无陂，与义字协声，于文义虽亦通，而改作之讥，未能免也。

2. 为避讳而改

琥珀：……琥珀又为虎魄字，盖假借用之。唐高祖之祖名虎，唐人讳虎字，故唐人文字皆改虎为武，而讳虎珀为武魄也。

改地名：……盖不以国者，虑废国之号也；不以山川者，虑废山川之号也。鲁有具山、敖山，鲁献公名具，鲁武公名敖，鲁既讳献、武之名，则具、敖二山其名废矣。……汉文帝名恒，改恒山为常山。汉光武帝叔父名良，改寿良县为寿张县。汉殇帝名隆，改隆虑县为林虑。北齐文宣太子名商，改商州为赵州。隋炀帝名广，改广平郡为永平。凡此类，皆以名而废国邑山川之号也。又有以率意而改作者，秦始皇以望气者言金陵有天子气，故东巡以厌之，而改金陵为秣陵。汉光武更芒县为临睢。汉安帝以孝德皇后葬于清河郡之厝县，而改名甘陵，又改千乘郡之狄县为临济。始皇忌金陵之气，而不务修德，海内分崩。汉安帝忌夷狄之称，而权归邓氏，王度以仳。……且地名者，古所得也，既以恶忌而改之，又以名讳而改之，又以率意而改焉，不亦太多事耶？

3. 为好恶而改

介鸡：《左传》云"季氏介其鸡"，《史记》曰："季氏芥鸡羽。"……司马迁改介为芥，而杜预用其说以训《左传》耳。观国按：介与芥本不相通用，介者，介胄之介也；介其鸡者，为甲以蔽鸡之臆，则可以御彼之金距矣。司马迁误改介为芥，而杜预循其误，既自以为疑，又增胶沙之说。夫以胶沙而播其羽，是自累也，又恶能胜彼鸡？大率司马迁好异而恶与人同。观《史记》用《尚书》《战国策》《国语》《世本》《左氏传》之文，多改其正文。改绩用为功用，改厥田为其田，改肆觐为遂见，改宵中为夜中，改方命为负命……如此类甚多。子长但知好异，而不知反有害于义也。

改地名：……广平国有曲周县，又有曲梁县，王莽恶曲字，改曲周为直周，改曲梁为直梁。太原郡有阳曲县，隋文帝自以姓杨，心恶阳曲之号，乃改为阳直。中山国有曲逆县，又有安险县，又有苦陉县，汉章帝心恶曲、逆、险、苦之字，故改曲逆为蒲阴，改安险为安憙，改苦陉为汉昌。若此类皆出于心有恶忌而改之者。凡内不足者，外多疑丑，其是之谓乎？

同样，"古文""鲦""曲逆""阕""琥珀""於戏""穀"等条目内容均涉及用"好""喜""恶"等说明因好恶导致古今用字不同。

4. 为其他原因而改

禚叠：……许慎《说文》曰："叠，古理官决罪，三日得其宜乃行之，从晶从宜。"王莽以为叠三日太盛，改为三田，今为迭字，非古也。古之战陳字，只用陳字，不从车，……晋王羲之作《字篇》，始变为阵字，非古也。马廄之廄其字从广下从毇，后世俗书多误为广下既，非也。字为俗书改其体者甚多，如顧之顾，霸之霸，獻之献，國之国，廟之庙，亂之乱，殺之煞，趨之趋，錢之钱，齊之齐，學之斈，齋之斋，臺之台，寶之宝，驢之驴，棲之栖，監之监，甕之瓮，麥之麦，總之摠，遲之迟，著之着，槕之栗，飯之飰，備之俻，凡此皆流俗不晓义理者咸用之。而字书如《广韵》《集韵》亦有取而附在正字之下者，皆非法也。如世俗书蠶字作蚕，蚕乃音脾也；书船字作舡，舡乃音江也；书本字作夲，夲乃音滔也；书體字作体，体乃音坌也；书商字作商，商乃音的也，又如宜、寳、富、寇皆从宀，而俗书为冝、冥、冨、冦。况、冲、梁、凉皆从水，而俗书为况、冲、梁、凉。廚、廳皆从广，而俗书为厨、廳。博、協皆从十，而俗书为愽、協。凡此类皆失字之本体者也。又如烝字音气，出于道书；梵字扶泛切，出于释典；乜字弥也切，出于番姓；如此猥酿增益者，又不可胜纪，字学之敝甚矣。

四　小结

综上所述，王观国《学林》中涉及的汉字使用问题非常广泛，各种用字测查与分析混合在一起。通过梳理，我们把它概括为：对个体字符职能或词项用字的归纳、文献用字的测查、专人用字的研究以及某时某地用字特点的分析。这些研究方法的总结对于我们今后的用字研究角度和方法的选择具有一定的启示。同时，我们进一步对隐含在其中的用字原因进行了分析梳理，从中抽绎和总结出作者有关字用学思想。古今用字不同的原因可以大致概括为：借用同音近音字引起用字不同；减省构件引起用字不同；字体变化引起用字不同；讹别引起用字不同；字义转移引起用字不同；使用异构字引起用字不同；有意改字引起用字不同。这些引起用字不同的原因种类划分的标准不同，所以各种类之间互有交叉，因此同一个用字现象可能同时涉及两种或多种原因，如"减省构件"与"借用同音近音字"常常相兼。此外，王氏所言之"借"除了包括我们常说的"假借"和"通假"外，还包括用来记录音近义通的同源词的"兼用"。

《段注》"古今字"的字用学思想浅析[*]

钟 韵

一

汉字职用研究是近年来汉字研究的热点前沿问题，作为一门"学"[①]，它最早由王宁先生提出："汉字字用学就是汉字学中探讨汉字使用职能变化规律的分科。"[②] 李运富先生进一步通过论证建立汉字职用学的学理依据、学科定义和主要内容使得汉字职用研究更加理论化、系统化，同时指出汉字职用研究可以从"字用"和"用字"两种角度入手："字用"研究主要从字出发研究字符先后记录过哪些词项，考察字符的本用、兼用、借用职能等；"用字"研究主要从词出发考察语词先后使用哪些字符记录，梳理所涉字际关系、字词关系等[③]。

传统训诂学家一向较为重视沟通字符与词语间的关系，尤其是通过使用"古今字"等表述用语沟通相同词语在不同时代的用字差异，虽然多数都是零散的、限于具体语境的，尚未上升到理论高度，但从古人的"古今字"材料入手，挖掘和研究前人对用字研究的潜理论，对梳理学术史的演变脉络、建立健全汉字职用学的理论体系，无疑具有重要意义。

在清代的"古今字"研究中，段玉裁的成就最为突出，作为乾嘉学派的代表人物，段玉裁在学术研究上不仅有深厚的考据功底，更具有充分的理论自觉，这在他的训诂学、《说文》学研究中体现得十分明显。段玉裁在其代表作《说文解字注》中进行了大量的"古今字"训释，共有1100多组"古今字"字组被指论，不计重复有900多组字；同时他也对"古今字"的理论进行深入探讨，对"古今字"现象进行了分析和界定，主张以"用"为切入点去理解"古今字"，在一定程度上超越了传统训诂思路，立足"用字"对"古今字"相关现象进行研究。段玉裁这种朴素的用字研究思想，使"古今字"问题超出

---

[*] 本文原载《励耘语言学刊》2015年第2辑（总第22辑），学苑出版社2015年版。属钟韵：《清代"古今字"学术史研究》，的部分成果，博士学位论文，北京师范大学，2015年。

[①] 原称"汉字字用学"或"汉字语用学"，李运富认为前者重复了"字"字，后者易与语言学的"语用学"发生混淆，而且这两个名称难以涵盖字的职能和词的用字两个方面，故以"汉字职用学"定称，可简称为"字用学"。

[②] 王宁：《〈说文解字〉与汉字学》，河南人民出版社1994年版，第47页。

[③] 李运富：《汉字语用学论纲》，载《励耘学刊》（语言卷）2005年第1辑（总第1辑），学苑出版社2005年版，第1页。李运富：《汉字学新论》，北京师范大学出版社2012年版。

了训诂的实用目的而具有了理论研究价值，本文拟就此进行阐释。

二

在"古今字"问题上，清代以前的学者进行过大量的训诂实践，但是对"古今字"本身的解释却较少，原因在于多数学者都立足于训诂去看待"古今字"，更注重古字与今字之间在功能上的等同。在对"古今字"现象进行解释时，段玉裁没有单纯依照传统的训诂思路去进行分析，而是从词语用字研究的角度进行阐释。段玉裁对"古今字"现象的阐释包括：立足用字给"古今字"定性、立足用字描述"古今字"的相对时间关系、立足用字揭示古今用字的"行、废"结果、多角度解释"古今字"的成因。

（一）立足用字给"古今字"定性

段玉裁是首次详细定义"古今字"的学者，《说文解字注》中多次明言了"古今字"的内涵，在这些阐释中可以看出，段玉裁的"古今字"界定是立足于词语用字角度的。

（1）《亼部》"今"字注："古今人用字不同，谓之古今字。"

（2）《八部》"余"字注："凡言古今字者，主谓同音，而古用彼今用此异字，若《礼经》古文用'余一人'，《礼记》用'予一人'。"

（3）《言部》"谊"字注："凡读经传者，不可不知古今字……随时异用者谓之古今字。非如今人所言古今籀文为古字，小篆隶书为今字也。"

这些对"古今字"的界定，说明了"古今字"字组在功能上的一致，但更最突出的词是"用"——"古今人用字""古用彼今用此异字""随时异用者"，都是在说明"用"的不一致，段玉裁在这里提出的"用"，实际上就是"用字"，即把"古今字"现象的实质定性为前后不同时代使用了不同的字。可以看出，段玉裁是把"词语用字"作为立足点，才能使原本为训诂概念的"古今字"转化成实际中的用字变化现象，也把"字"的使用和"字"的产生两个问题区分开来。

（二）立足用字描述"古今字"的相对时间关系

段玉裁对"古今字"时间维度上的关系也是立足于"用字"来考虑的。关于词语用字的古今变化，段玉裁有"文字古今转移无定"的说法，具体是指"古今字"中"古、今"不是绝对的时间概念，而是相对的。

（4）《亼部》"今"字注："今者对古之称，古不一其时，今亦不一其时也，云是时者，如言目前，则目前为今，目前已上皆古，如言赵宋，则赵宋为今，赵宋已上为古，如言魏晋，则魏晋为今，魏晋已上为古。"

（5）《言部》"谊"字注："《周礼·肆师》注：'故书仪为义。'郑司农云：'义读为仪。古者书仪但为义，今时所谓义为谊。'按此则谊义古今字，周时作谊，汉时作义，皆今之仁义字也。……凡读经传者，不可不知古今字，古今无定时，周为古则汉为今，汉为古则晋宋为今，随时异用者谓之古今字。"

在这些阐释中，古字和今字的判定不是依据产生时代的先后，而是依据其使用时代的前后，即立足于用字的时代去判定"古、今"，以具体时代的用字习惯为参考，那么周代的用字相对于汉代的用字就是古字，汉代的用字相对唐宋就是古字，即便某一词的用字出现反复的现象，也是要依据时代去判定哪个是古字、哪个是今字。正是因为以"用字"为出发点，关注实际的用字状况、历时用字现象的客观事实，所以段玉裁讨论"古今字"时代关系时可以摆脱了文献训诂那种"固定化"的思维，提出"古、今"时代的相对性。

（三）立足用字揭示古今用字的"行、废"结果

"某行某废"是段玉裁在《说文解字注》中专门用来描述历时用字变化的独特表述方式①，可以理解"行、废"为段玉裁对古字与今字关系的进一步说明，也是对用字变化结果的说明。

(6)《㢟部》："㢟，长行也。"《段注》：《玉篇》曰："今作引。"是引弓字行而㢟废也。

(7)《門部》："鬭，遇也。"《段注》：叠韵。凡今人云鬭接者，是遇之理也。《周语》："谷雒鬭，将毁王宫。"谓二水本异道而忽相接合为一也。古凡鬭接用鬭字，鬥争用鬥字。俗皆用鬭为争竞，而鬥废矣。

(8)《共部》："龔，给也。"《段注》：《糸部》曰："给，相足也。"此与《人部》"供"音义同。今供行而龔废矣。

(9)《女部》："姪，厶逸也。"《段注》：厶作私，非也，今正。厶音私，奸衺也。逸者，失也。失者，縱逸也。姪之字今多以淫代之，淫行而姪废矣。

上所举的"引"和"㢟"，"鬥"和"鬭"，"供"和"龔"，"姪"和"淫"既有"古今字"的关系，又有"行、废"关系，"古今字"和"行、废"都可以指称某个词先后使用过的不同字，如果只是表述同样的现象，实际上是没有必要增加一种新的说法的。段玉裁专门去描述古字与今字之间"行、废"关系，是因为通过对"行、废"的说明，更能够解释用字变化的结果。"古今字"训诂中的今字和古字多是针对注文和经文的用字，在文献中同时出现古字和今字时，才能利用"古今字"来沟通和解释，那么"古今字"仍然是在训诂视角下，为了达到训诂目的而使用的用语，其针对的多半是文献中某字的理解；段玉裁的"行、废"则是脱离了文献训诂的，行字、废字是从社会实际的用字习惯中总结出来的。为了区别这种文献中的用字和现实通行的用字规律，段玉裁就开发了"行废"这种独特的表述用语，这样一来对历时用字的指称就不再限于对文献的训释，

---

① 需要注意的是，段玉裁的"行废"虽然主要针对"字"来讲，但有时候也用来指某个字"字义"的行废，比如《木部》"核"字："今字果实中曰核，而本义废矣。"

而成了对一般性规律的说明、对整个社会用字现象的说明。

（四）多角度解释古今用字不同的原因

"古今字"是"古用彼今用此异字"，对于词语古今异字的成因，段玉裁在一些"古今字"训释中进行了简单的说明，具体包括四种：词义变化、语音变化、文字借用、字形错讹。段玉裁对"古今字"成因的讨论可以说就是他对用字变化动因的揭示，归纳起来说，主要有两个方面：一是由于语言变化而发生的字词对应关系的变化，词义变化、语音变化、文字借用，都是由于词语本身发生变化而导致的用字变化；二是受到文字自身形体的演变规律的影响，字形的错讹就属于这方面。

1. 词义变化

（10）《禾部》："穅，谷之皮也。从禾米，庚声。康，穅或省。"《段注》：……穅之言空也，空其中以含米也。凡康宁、康乐皆本义空中之引伸。今字分别，乃以本义从禾，引伸义不从禾。

这组古今字，是由于词义引申、字形孳乳分化而造成的。段玉裁在阐释时用"今字分别，乃以本义从禾，引伸义不从禾"，即以"本义""引申义"说明词义的分化，又用"分别"说明字的分化。古时字少、词义也比较概括，随着语言的不断发展，意义不断细化，词的用字也会随着发生变化。段玉裁认为"康宁"之义是由"谷壳""空中"义引申而来，为了承担引申义而分化字形，所以有了"康""穅"这组古今字。

2. 语音变化

（11）《矛部》："矜，矛柄也。从矛，令声。"《段注》：《方言》曰："矛，其柄谓之矜。"……字从令声，令声古音在真部，故古叚矜为怜。《毛诗·鸿雁传》曰："矜，怜也。"言叚借也。《释言》曰："矜，苦也。"其义一也。……《毛诗》与天、臻、民、旬、填等字韵，读如邻，古音也。汉韦玄成《戒子孙诗》始韵心，晋张华《女史箴》、潘岳《哀永逝文》始入蒸韵。由是巨巾一反仅见《方言》注、《过秦论》李注、《广韵·十七真》，而他义则皆入蒸韵，今音之大变于古也。矛柄之字改而为穜，云"古作矜"，他义字亦皆作矜，从今声，又古今字形之大变也。

在"矜"字下段玉裁言"今音之大变于古"，又言"古今字形之大变也"，认为"矜""矜"这组字是由于语音变化而引起的古今用字的变化。假借记录"怜悯"义的"矜"本从令声，与"怜"同为真部字，后语音逐渐发生变化，到了汉代有与"心"相韵的情况，晋代时则又有入蒸韵的情况，"心"为古侵部字，蒸韵在上古也与侵部音相近，为了适应这种语音上的变化，表示"怜悯"义的"矜"的字形也发生了变化，所从声符从原真部字的"令"声变成侵部的"今"声，因此造成了"矜""矜"这组古今字。

3. 文字借用

(12)《朿部》:"棘,小枣丛生者。"《段注》:……古多叚棘为亟字,如"棘人栾栾兮""我是用棘""匪棘其欲",皆是。

(13)《心部》:"惑,乱也。"《段注》:乱者,治也。疑则当治之。古多叚或为惑。

以上两例是由音同借用引起的古今用字变化,也是《段注》所标记的最为常见的造成古今用字变化的原因。段玉裁用来说明用字变化的"借用"包括我们现在"假借"和"通假"两种,但是在表述上是没有区别的,或用"叚",或用"借",或"叚借"连用。例中"棘"和"亟"古音相同,均为见纽职部,"匪棘其欲"等句中"棘"是"亟"的通假字,借用表"急速"义;"或"和"惑"古音都在职部,"或"本义为"邦国",表"疑惑"义则为假借,"或"和"惑"是假借字和后造本字的关系。

4. 字形讹误

(14)《广部》:"庑,开张屋也。"《段注》:谓屋之开张者也。……今字作㡣,殊误。

(15)《艸部》:"藿(萑),薍也。"《段注》:……今人多作萑者,盖其始假雎属之萑为之,后又误为艸多儿之萑。

这两组古今字是由于字形错讹而引起的用字变化,"庑""㡣"是部件摆放上发生了变化,"禾"的错位,导致原声符"㡣"被拆散;"萑"与"萑"本各有其义,"萑"《说文》训"艸多儿",后来"萑"中间的构件"丫"(形似"艹")渐脱,便误为从"艹"的"萑"字。构件的位移和脱落常导致原本的构形理据丧失,因此段玉裁多用"误"字来表述这种用字的变化。字形讹误是汉字在发展变化中由书写因素导致的字形变化,往往与语言的变化关系不大,多半是由于追求书写美观或简便而造成的。段玉裁把字形讹误也看作一种导致用字变化的因素,说明他在关注语言和文字关系的同时,也看到了汉字本身的变化规律。

三

从段玉裁就"古今字"相关用字现象的挖掘与解释,我们可以看到段玉裁与前人"古今字"研究的区别主要在于其用字研究思想。而段玉裁的用字研究思想主要体现在三个方面:

首先,立足于用字研究的角度界定和阐释"古今字"现象,即有词语用字分析的自觉意识。段玉裁的学术特点在于充分的理论自觉性,对字词辩证互动关系的理性认识是他研究"古今字"背后的潜理论。这种理论意识,足以解释为什么是由段玉裁首次定义"古今字"、为什么他要特别提出"行、废":前人只重训释,并不看重现象背后的理性规律，而段玉裁则自觉地从词语用字的角度来探求"古今字"这一训诂现象背后的潜理论，把"训诂"中的用字现象和社会实际的用字规律区别开来，并且把一般社会用字规律当成主要研究目标。

其次，段玉裁提出词语用字的研究需要有历时的视角。用字现象的发展和变化是"随时而变"的，认识这一点，段玉裁才在解释"古今字"时多次提出时代性的问题，即要以历时的视角和发展的眼光去看待用字现象的变化和用字结果的形成，不要把"古、今"等问题绝对化，根据立足时代的不同去说明用字现象才能对其中诸如"行、废"这样用字的规律有更深入的认识。

最后，揭示古今用字不同的成因，说明了词语用字的研究不只是训诂解释问题，还需要理性的分析。在讨论"古今字"成因时，段玉裁的角度是多样的，即从词义、语音、文字等多个角度综合对"用字"现象进行的研究，既考虑到"文字"本身发展变化的规律性特点，也要考虑文字和语言之间的相互影响变化的关系。

段玉裁率先从词语用字的角度去理解"古今字"现象，在他对"古今字"现象的分析中蕴含了丰富而具有理性的用字研究思想，段玉裁的这些思想是具有开创性的，为我们现在汉字职用学的理论建设提供了宝贵的启示。

参考文献

［1］王宁：《〈说文解字〉与汉字学》，河南人民出版社1994年版。

［2］李运富：《汉字语用学论纲》，载《励耘学刊》（语言卷）2005年第1辑（总第1辑），学苑出版社2005年版。

［3］李运富：《汉字学新论》，北京师范大学出版社2012年版。

郑玄《周礼注》从历时角度对字际关系的沟通[*]

李玉平

郑玄在《周礼注》中直接使用了大量的沟通字际关系用语[①]对经文用字进行沟通,对这些用语进行全面考察分析可以进一步揭示郑玄关于字际关系沟通的观念,为科学的汉字字际关系研究提供有价值的借鉴经验。所谓沟通字际关系的用语是训诂用语中的一种,训诂用语除了用来沟通字际关系外,还包括校勘、注音、释义、解句、分析篇章等用语。沟通字际关系的用语特点是不直接注音释义,而是提出相关的字来间接达到注音释义以解读文献的目的。因为它提到相关的字,我们可以从中归纳相关字的字际关系和分析注家对字际关系的认识,所以提出来做专题研究[②]。

《周礼注》中的沟通字际关系用语就其沟通角度来说可以分为从泛时角度沟通的字际关系用语和从历时角度沟通的字际关系用语两种。所谓从历时角度的沟通字际关系用语就是郑玄着眼于沟通经文用字和注文用字之间具有历时使用关系的用语,除此之外的沟通字际关系用语我们都统称之为从泛时角度沟通的字际关系用语[③]。

由于郑玄用来沟通字际关系的用语往往不是专门的术语,而是兼有其他的训释功能,因而在具体分析其沟通字际关系用语功能时,我们的做法是将其相关材料都先选取出来,形成语料库,然后从各类用语中离析出其用于沟通字际关系的用语功能。

根据我们的测查,《周礼注》中郑玄直接使用的从历时角度沟通的训诂用语(我们称为"古今沟通类用语")共有18例,从形式上大致可以分为以下六种类型:

A. "A,今之B"型(共4例)

(1)《天官冢宰·亨人》[④]"职外内饔之爨亨煮"注:"爨,今之竈。"[⑤]

(2)《天官冢宰·酒正》"四曰酏"注:"酏,今之粥。《内则》有黍酏,酏饮,粥稀者之清也。"[⑥]

---

[*] 本文原载《古汉语研究》2009 年第 3 期。
[①] 本文不称"沟通字际关系术语"是因为郑玄的沟通字际关系用语中还包括很多算不上术语的程式化用语。
[②] 李运富:《论汉字的字际关系》,载《语言》第 3 卷,首都师范大学出版社 2002 年版。
[③] 历时和泛时的称法源自王宁先生在训诂学课上所讲。
[④] 为节约篇幅,例证出处略去书名号中"周礼"二字,只列其下具体篇名,如《周礼·天官冢宰·亨人》,省称为《天官冢宰·亨人》,下同。
[⑤] (唐)贾公彦:《周礼注疏》,《十三经注疏》,上海古籍出版社 1997 年版,第 662 页。
[⑥] 同上书,第 669 页。

(3)《地官司徒·叙官》"囿人"注："囿,今之苑。"①
(4)《夏官司马·叙官》"司甲"注："甲,今之铠也。"②

B. "A 古文为 B"型（共 7 例）

1. "A,古文 B"式（1 例）

(5)《春官宗伯·保章氏》"以志星辰日月之变动"注："志,古文識。識,记也。"③

2. "A,古文为 B"式（1 例）

(6)《天官冢宰·庖人》"宾客之禽獻"注："獻,古文为獸。杜子春云：'当为獻。'"④

3. "A,古文或作 B"式（1 例）

(7)《冬官考工记·槀氏》"槀氏"注："槀,古文或作歷。"⑤

4. "A,古文 B 假借字"式（4 例）

(8)《冬官考工记·玉人》"衡四寸"注："衡,古文横假借字也。衡谓勺径也。"⑥
(9)《冬官考工记·矢人》"以其筍厚为之羽深"注："筍读为槀,谓矢幹,古文假借字。"⑦
(10)《冬官考工记·匠人》"置槷以县"注："故书槷或作弋,杜子春云：'槷当为弋,读为杙。'玄谓槷,古文臬假借字。于所平之地中央,树八尺之臬,以县正之,视之以其景,将以正四方也。《尔雅》曰：'在墙者谓之杙,在地者谓之臬。'"⑧
(11)《冬官考工记·弓人》"宽缓以荼"注："荼,古文舒假借字。郑司农云：'荼读为舒。'"⑨

---

① （唐）贾公彦：《周礼注疏》,《十三经注疏》,上海古籍出版社 1997 年版,第 700 页。
② 同上书,第 832 页。
③ 同上书,第 819 页。
④ 同上书,第 661 页。
⑤ 同上书,第 916 页。
⑥ 同上书,第 923 页。
⑦ 同上书,第 924 页。
⑧ 同上书,第 927 页。
⑨ 同上书,第 937 页。

C. "A，今 B 字"型（共 2 例）

1. "A…，今'…B…'字也。"式（1 例）

(12)《春官宗伯·甸祝》"禂牲、禂马"注："禂读如伏诛之诛，今侏大字也。为牲祭，求肥充；为马祭，求肥健。"①

2. "A，今 B 字也"式（1 例）

(13)《冬官考工记·辀人》"左不楗"注："书楗或作券。玄谓券，今倦字也。"②

D. "古者，A 为 B"型（共 2 例）

1. "古者 A 与 B 同字"式（1 例）

(14)《春官宗伯·肆师》"凡师不功"注："故书功为工，郑司农'工'读为'功'。古者工与功同字。"③

2. "古者书 A 但为 B"式（1 例）

(15)《春官宗伯·肆师》"治其礼仪"注："故书仪为義，郑司农云'義'读为'仪'。古者书'儀'但为'義'，今时所谓'義'为'誼'。"④⑤

E. "故字 A 为 B"型（共 2 例）

1. "故字 A 为 B"式（1 例）

(16)《夏官司马·圉师》"夏庌马"注："故字⑥庌为訝。郑司农云：'当为庌。'玄谓庌，庑也。庑，所以庇马者也。"⑦

---

① （唐）贾公彦：《周礼注疏》，《十三经注疏》，上海古籍出版社 1997 年版，第 815 页。
② 同上书，第 914 页。
③ 同上书，第 770 页。
④ 此处注文有争议，有的学者认为是郑玄引用郑司农的注释，本文不同意其说，遵从李学勤主编点校本第 508 页中的观点，认为是郑玄直接使用的沟通用语。
⑤ （唐）贾公彦：《周礼注疏》，《十三经注疏》，上海古籍出版社 1997 年版，第 770 页。
⑥ 阮元校勘记引段玉裁《周礼汉读考》的观点："'字'当为'书'。"我们遵从李学勤主编点校本第 868 页中的观点，保留经文原字，不将"字"改为"书"。
⑦ （唐）贾公彦：《周礼注疏》，《十三经注疏》，上海古籍出版社 1997 年版，第 861 页。

2. "A，其故B字也"式（1例）

（17）《秋官司寇·掌客》"牲三十有六"注："牲当为腥，声之误也。腥谓腥鼎也。于侯伯云'腥二十有七'，其故腥字也。"①

F. "古书'…A…'多作B字"型（共1例）

（18）《春官宗伯·占梦》"乃舍萌于四方"注："玄谓舍读为释，舍萌犹释菜也。古书'释菜''释奠'多作'舍'字。"②

下面我们来分析以上所列古今沟通类用语的功能。
A 型

从中不难看出，郑玄是在说明这样的一个事实，由于时代不同，人们指称同一事物所使用的词也发生了变化。换言之，指称同样一个事物汉代以前用甲词表示，到了郑玄时代则用乙词表示。例（1）中同样是指称用砖、坯、金属等制成的生火做饭的设备，汉代以前就叫作"爨"，而郑玄时代则叫作"竈"；例（4）中同样指称围在人体外面起保护作用的、用金属、皮革等制成的装备，汉代以前叫作"甲"，而郑玄时代可能一般就叫作"铠"。因此郑玄就用"古之……，今之……"这种用语来加以沟通，实际上是沟通指称同一事物古今使用的不同的词。例（2）（3）亦如此。

B 型

该类型是我们搜集的所有《周礼注》中使用的"古文"例子。其中有四条都是与"假借字"一起搭配使用的。例（5）是说"志"是古文的"識"，"識"就是"记"的意思；例（6）是说"獻"古文写作"獸"，杜子春认为应当写作"獻"；例（7）是说"枑"，古文有的写作"歷"，但并不是所有的"古文"都这么写。例（8）（9）（10）（11）中"古文"虽与"假借字"搭配使用，但实际各自承担的职能是不同的。"古文"指出了古文用的字与郑玄时代的字不同，着眼的是从历时角度的沟通，帮助读者理解文献，目的是告诉读者，文献中用这两个不同的字要表达的含义是相同的，也就是说语境中的两个字在记录某个义项上具有历时使用关系；而"假借字"则着眼的是从泛时角度沟通两个字的关系，目的是要告诉读者，之所以会造成这两个字使用不同的原因。因为关于"假借字"，郑玄自己曾经有过论述（陆德明《经典释文》及张守节《史记正义·论音例》都曾引用过）："其始书也，仓促无其字，或以音类比方，假借为之，趣于近而已。受之者非一邦之人，人用其乡，同言异字，同字异言，于兹遂生矣。"这段论述正是说明"假借字"形成的原因。

关于《周礼注》中"古文"的含义，学界有争议，主要有两种观点：一种意见认为《周礼注》中"古文"与《仪礼注》《礼记注》中的相同，即指所谓的古文经的文字，或

---

① （唐）贾公彦：《周礼注疏》，《十三经注疏》，上海古籍出版社1997年版，第900页。
② 同上书，第808页。

称"孔氏古文""孔子壁中书""东方六国文字""六国文字"等,这种"古文"主要来源为汉武帝时鲁恭王坏孔子宅所得壁中书。代表者如张舜徽《郑学丛著·郑学叙录》①、孟世凯《务实经学大师郑玄》②、李林先生《论郑玄的训诂术语》③ 等。另一种意见认为《周礼注》中的"古文"是"古本故书"的意思,与《仪礼注》《礼记注》中的"古文"不同。代表者如齐佩瑢《训诂学概论》④。

应当说,仅仅从《周礼注》中的材料来看,我们很难证实《周礼注》中的"古文"与《仪礼注》《礼记注》中"古文"的含义有什么区别和联系,这是需要更进一步的考察才能作出结论。但从《周礼注》文本材料中至少能够推断出"古文"是古汉字的一种,与郑玄时所见的经文本用字不同,而且两种文字具有在记录某一义项或词项上的历时使用关系。再有,《周礼注》中"古文"与其中大量使用的"故书"应当说是判然有别的,我们不同意李林先生将二者功用等同的观点⑤。一个明显的例证就是上面所列的第(10)条,里面同时有"故书"和"古文"两个术语出现,假如二者功能相同的话,还有必要同时使用两次吗?显然不是这样的。从我们对《周礼注》中涉及沟通字际关系的216条故书类术语用例⑥的考察结果来看,《周礼注》中的"古文"与"故书"的含义也是不相同的,测查结果如下:

故书类术语的类型(共216例)主要有三大类型:"故书"类、"今书"类和"A,书或作B"类。

一、"故书"类(共211例)。该类又可分为两大类型13种具体形式。

(一)"故书A(或)作B"型:1."A故书作B"式。如《天官冢宰·太宰》"二曰嫔贡"注:"嫔,故书作宾。"⑦ 2."故书A作B"式。如《天官冢宰·笾人》"羞笾之实,糗饵、粉餈"注:"故书餈作茨,郑司农云:'……茨字或作餈,谓干饵饼之也。'"⑧ 3."CA故书作CB"式。如《天官冢宰·小宰》"四曰听称责以傅别"注:"傅别,故书作傅辨。郑大夫读为'符别',杜子春读为'傅别'。玄谓……傅别,谓为大手书于一扎,中字别之。"⑨ 4."故书A或作B"式。如《地官司徒·师氏》"使其属帅四夷之隶"注:"故书隶或作肆,郑司农云:'读为隶。'"⑩ 5."A,故书或作B"式。如《冬官考工记·鲍人》"鲍人之事"注:"鲍,故书或作鞄。"⑪

---

① 张舜徽:《郑学丛著》,齐鲁书社1984年版,第7页。
② 王振民:《郑玄研究文集》,齐鲁书社1999年版,第2页。
③ 李林:《郑玄训诂术语研究》,硕士学位论文,北京师范大学,1985年,第43—44页。
④ 齐佩瑢:《训诂学概论》,中华书局1984年版,第169—170页。
⑤ 李林:《郑玄训诂术语研究》,硕士学位论文,北京师范大学,1985年,第43—44页。
⑥ 统计数字并非所有《周礼注》中的"故书"用例,而是"故书"前后的语言单位中具有某个单字的形音义对应关系或正误对应关系的例子。
⑦ (唐)贾公彦:《周礼注疏》,《十三经注疏》,上海古籍出版社1997年版,第648页。
⑧ 同上书,第672页。
⑨ 同上书,第654页。
⑩ 同上书,第731页。
⑪ 同上书,第917页。

（二）"故书 A（或）为 B"型：1. "故书 A 为 B"式。如《天官冢宰·凌人》"凌人掌冰正"注："故书正为政……政当为正，正谓夏正。"① 2. "A 故书为 B"式。如《夏官司马·羊人》"凡沈辜、侯、禳、衈、衅"注："衅，故书为觑。郑司农云：'觑读为渍，谓洫国宝、渍军器也。'玄谓衅，衅材、禋祀、栖燎，实材。"② 3. "AC 故书为 BC"式。如《天官冢宰·小宰》"七事者，令百官府共其财用"注："'七事'，故书为'小事'。杜子春云：'当为七事，书亦或为七事。'"③ 4. "故书 CA 为 CB"式。如《春官宗伯·巾车》"孤乘夏篆"注："故书夏篆为夏缘。郑司农云：'夏，赤色。缘，缘色。或曰：夏篆，篆读为圭瑑之瑑，夏篆，毂有约也。'玄谓夏篆，五彩画毂约也。"④ 5. "故书 AC 为 B"式。如《春官宗伯·巾车》"锡面朱緫"注："故书朱緫为繐……郑司农云：'繐当为緫，书亦或为緫。'"⑤ 6. "故书 A 或为 B"。如《天官冢宰·醢人》"雁醢"注："故书雁或为鹑。杜子春云：'当为雁。'"⑥ 7. "故书 A 或为 B……，今书多为 A……"式。如《地官司徒·乡师》"巡其前后之屯"注："故书屯或为臀。郑大夫读屯为课殿，杜子春读为在后曰殿，谓前后屯兵也。玄谓前后屯，车徒异部也。今书多为屯，从屯。"⑦ 8. "故书 AC 或为 BC"式。如《春官宗伯·大宗伯》"以實柴祀日、月、星、辰"注："實柴，實牛上柴也。故书'實柴'或为'寔柴'"。⑧

二、"今书"类（共 3 例）。即《地官司徒·乡师》"巡其前后之屯"注："故书屯或为臀……今书多为屯，从屯。"⑨《地官司徒·均人》"则公旬用三日焉"注："旬，均也。读如营营原隰之营。《易》'坤为均'，今书亦有作旬者。"⑩《春官宗伯·小祝》"置铭"注："铭，今书或作名。郑司农云：'铭，书死者名于旌，今谓之柩。'"⑪

三、"A，书或作 B"类（共 2 例）。即《秋官司寇·叙官》"薙氏"注："书薙或作夷……玄谓薙读如鬀小儿头之鬀，书或作夷，此皆剪草也，字从类耳。"⑫《冬官考工记·叙官》"无以为威速也"注："速，疾也。书或作数。"⑬

关于郑玄"故书"术语的含义，观点不一，主要有唐·贾公彦《周礼注疏》之"'古文'即'故书'"说⑭、清·阮元《周礼注疏校勘记序》之"'故书'谓初献于秘府

---

① （唐）贾公彦：《周礼注疏》，《十三经注疏》，上海古籍出版社 1997 年版，第 671 页。
② 同上书，第 843 页。
③ 同上书，第 654 页。
④ 同上书，第 824 页。
⑤ 同上书，第 823 页。
⑥ 同上书，第 675 页。
⑦ 同上书，第 714 页。
⑧ 同上书，第 757 页。
⑨ 同上书，第 714 页。
⑩ 同上书，第 730 页。
⑪ 同上书，第 812 页。
⑫ 同上书，第 869 页。
⑬ 同上书，第 907 页。
⑭ 同上书，第 648 页。

所藏之本"说、清·宋世犖《周礼故书疏证》之"'故书'即秘府所藏之古文"说①、清·徐养源《周官故书考》之"'故书'犹言'旧本',也是校过的本子,有杜子春及郑兴父子所据之本,有郑玄所据之本,都不一定是秘府旧本,只不过比'今书'所出略前"说②、今人王锷"'故书'是刘歆校勘以前的本子"说③等,此不详列。

  结合前面对《周礼注》中具体用例的考察,我们可以看出,《周礼注》中的"故书""今书"目的都是要展示旧本和新本在用字上的不同,郑玄在此基础上择优而从,同时提供学者以选择判断的余地。其中"书或作"则当是无法判定是"故书"还是"今书"的本子所从之字。"故书"类术语并不是要沟通字之间的同功能关系,因为在郑玄使用了术语"故书"后,一般都还会用其他沟通术语进行专门的字际关系沟通。如《天官冢宰·凌人》"凌人掌冰正"注:"故书正为政,政当为正,正谓夏正。"虽然使用了"故书"术语,但目的并非在沟通字际关系,而后面的"政当为正,正谓夏正"才是在沟通字际关系;《天官冢宰·职币》"皆辨其物而奠其录"注:"故书録为禄"④ 下,郑玄又引用杜子春的沟通意见:"杜子春云:'禄当为録,定其録籍。'"可见郑玄所引用的意见才是在沟通字际关系;又《天官冢宰·染人》"夏纁玄"注:"故书纁作黰"⑤ 下,郑玄又引用郑司农的意见:"郑司农云:'黰读当为纁,纁谓绛也。'"沟通字际关系。例皆如此,这与我们前面所列"古文"的使用情况截然不同。

  由此,我们认为清代徐养源之说比较可信,王锷之说大体与之相同。"故书"是郑玄使用的校勘术语,其本质上属于文献学术语;"古文"则是沟通历时使用的字际关系术语,其本质上属于训诂学术语。二者功能不同。

  C 型

  例(13),郑玄意在言,"券"字在这里记录词义的职能现在是用"倦"字承担记录的,应当按照"倦"的义项去理解文献。"×,今×字也"意在沟通这两个字在某个义项上的历时使用关系;例(12),注下贾公彦疏:"'玄谓禂读如伏诛之诛'者,此俗读也。……此从音为诛。"可见后面的"今侏大字也"中的"侏"才具体沟通"禂"所要取的含义。阮元《校勘记》中举例证明"侏"有"大"的含义,可能是"俦"的异体字。也就是说"禂"读音和"伏诛"的"诛"相同("读如"是拟音),就是现在的"侏大"的"侏"字,只不过以前用"禂"(章母幽部),现在用"侏"(章母侯部),二字古音相近,在记录"肥大"这一义项上,具有历时使用关系。

  D 型

  例(14),"故书功为工",即先列出版本用字有"工"与"功"之别,而且"工"的版本比较早一些;再引郑司农将"工"读为"功",说明"功"是郑玄时代前后的用

---

① 王锷:《三礼研究论著提要》,甘肃教育出版社 2001 年版,第 96 页。

② 徐养源:《周官故书考》,皇清经解续编卷五百十六。王锷:《三礼研究论著提要》,甘肃教育出版社 2001 年版,第 99 页。

③ 同上书,第 99 页。

④ (唐)贾公彦:《周礼注疏》,《十三经注疏》,上海古籍出版社 1997 年版,第 683 页。

⑤ 同上书,第 692 页。

字；最后才说"古者工与功同字"，明确地说明了古代"工"与"功"是同一字，这样实际上是说"工"与"功"字具有历时使用关系。例（15）说的更明白，古代写"儀"只写作"義"，而今天所说的"義"在古代则相当于"誼"的含义。那么"義"与"儀"、"誼"与"義"都分别在记录不同的义项上构成历时使用关系。

E 型

例（16），按段玉裁的观点是应当把"故字"改为"故书"的，虽然这样改可以，但我们认为不改也可以，"故字"意思就是说"以前的字"，很清楚是在沟通"斿"与"訝"之间具有的历时使用关系。否则例（17）中"牲……其故腥字也"也得改成"其故……书也"，显然是不适合的。因此我们主张不改，认为这两条也是郑玄沟通历时使用的字际关系用语。

F 型

例（18），郑玄用"读为"从泛时角度沟通"舍"和"釋"的关系，而用"古书'……A……'多作 B 字'"的形式从历时角度来沟通"舍"和"釋"的关系。舍（書母鱼部）、釋（書母鐸部）二字古音相近，应当是同词异字关系，后来分化各自表示不同的词，二者就成了同义词了。如现在鐸、擇、籜等声音仍然与"舍"声音很近。因此，我们认为郑玄这里的"古书……"仍然目的在于沟通两个字的历时使用关系。

经过上面分析我们可以看出，除了 A 型之外，其他五种形式都是郑玄直接使用的从历时角度对字际关系进行沟通的用语。这些用语总体上有以下两个特点：

1. 形式不一，缺乏概括

同样是沟通两个字在记录某一义项上具有历时使用关系，却用了"A 古文（为）B""A，今 B 字""古者，A 为 B""故字 A 为 B""古书'…A…'多作 B 字"五类用语，而且每类下面又分若干小的形式。尤其是后四种类型基本上没有实质上的区别，只是个别例子提供了郑玄判断的两个字有历时使用关系的依据，如例（15）（18）。这说明郑玄对这方面的用语概括是不够的，随文注释时的体例还不成熟，而这是不利于读者阅读经文的。因为每使用一次新的注释用语，读者就要分析一下其含义，妨碍理解效率。

2. 对所用沟通字际关系用语，缺乏必要的说明

郑玄《周礼注》中所用沟通字际关系用语，多无相关说明，这也说明了当时注释体例还不够成熟。而在其他注书中有部分例外，如《礼记·礼运》"故圣人耐以天下为一家"郑注："耐，古'能'字。传书世异，古字时有存焉，则亦有今误矣。"郑玄对"A，古 B 字"的形式作了相关说明；另郑玄曾对从泛时角度沟通字际关系的术语"假借字"也有过说明（见前文）。

可见，东汉时代的郑玄已经很关注历时角度的字际关系沟通了，并且有了明确的相关用语，这是十分可贵的。那么他是否是第一个关注历时角度沟通的人呢？回答是否定的，这从他在注释中引用前人的沟通材料就可断定，其注释中曾经引用比他早的郑众（郑司农）的从历时角度沟通的材料共 5 条：①"古书 A 作 B"式。《天官冢宰·大宰》"三曰官聯"注："郑司农云：'聯读为连，古书連作聯。聯谓连事通职，相佐助也。'"[①]

[①] （唐）贾公彦：《周礼注疏》，《十三经注疏》，上海古籍出版社 1997 年版，第 645 页。

②"A，今时谓之B"式。《地官司徒·封人》"置其絼"注："郑司农云：'絼，著牛鼻绳，所以牵牛者，今时谓之雉，与古者名同。皆谓夕牲时也。'"① ③"古者AB同字"式。《春官宗伯·小宗伯》"掌建国之神位"注："故书位作立，郑司农云：'立读为位，古者立、位同字。古文春秋经"公即位"为"公即立"。'"② ④"A读为B，书亦或为×，古文也"式。《春官宗伯·小史》"叙昭穆之俎簋"注："郑司农云：'几读为轨，书亦或为簋，古文也。'"③ ⑤"A，古字也，B，今字也，同物同音"式。《夏官司马·弁师》"诸侯之繅斿九就"注："郑司农云：'繅当为藻。繅，古字也，藻，今字也，同物同音。'"④

很明显，郑众已经明确使用了从历时角度沟通字际关系和词际关系的用语。其中①③④⑤条属于沟通字际关系的例子，应当说就是郑玄从历时角度沟通字际关系用语的第B.C.D.F几种类型的来源；第②条则是郑玄从历时角度沟通词际关系用语A型的来源。可见郑玄是继承了郑众的从历时角度沟通字（词）际关系的观念及训释用语。

而且，在第③④条中，郑众已经使用了"古文"这一术语。只不过他第③条中所指称的对象明显应当是汉代今古文之争中的"古文经"，第④条中则与郑玄所用含义相同。不管怎样，在这两条中，郑众也利用术语"古文"进行了历时的字际关系沟通，这就应当是郑玄注《周礼》使用几处"古文"的来源。

综上研究，我们认为郑玄在《周礼注》中继承了以往注释家（主要是郑众）的历时沟通观念，继续使用或改造其历时沟通用语，并以此在注文中对经文用字进行历时沟通，也为后来明确创造术语"古今字"⑤ 来沟通这类字际关系奠定了基础。当然这类用语还很不完善，反映了这类沟通字际关系用语的初期发展过程。其用语主要形式有"A古文（为）B""A，今B字""古者，A为B""故字A为B""古书'…A…'多作B字"。其中"古文"不同于《仪礼注》和《礼记注》中的"古文"，应当是比郑玄所见古文经《周礼》文字更早的文字，但不一定是《周礼》的更早版本中的文字，因为不同版本的文字沟通职能郑玄另有术语"故书"承担。"古文"与"故书"职能不同，前者是历时沟通字际关系术语，后者是郑玄使用的沟通《周礼》不同版本用字的术语。

【附记】本文写作曾受到业师李运富先生的指导，谨致谢忱。

参考文献

[1] 李运富：《论汉字的字际关系》，载《语言》第3卷，首都师范大学出版社2002

---

① （唐）贾公彦：《周礼注疏》，《十三经注疏》，上海古籍出版社1997年版，第720页。
② 同上书，第766页。
③ 同上书，第818页。
④ 同上书，第854页。
⑤ 郑玄只使用过1次"古今字"术语，见《礼记·曲礼》"曰予一人"注："《觐礼》曰：'伯父实来，余一人嘉之。'余、予，古今字。"该术语为后来注家广为使用。

年版。

　　[2]（唐）贾公彦：《周礼注疏》，《十三经注疏》，上海古籍出版社1997年版。

　　[3] 李学勤：《周礼注疏》（标点整理本），《十三经注疏》（标点整理本），北京大学出版社1999年版。

　　[4] 张舜徽：《郑学丛著》，齐鲁书社1984年版。

　　[5] 王振民：《郑玄研究文集》，齐鲁书社1999年版。

　　[6] 李林：《郑玄训诂术语研究》，硕士学位论文，北京师范大学，1985年。

　　[7] 齐佩瑢：《训诂学概论》，中华书局1984年版。

　　[8] 徐养源：《周官故书考》，上海古籍出版社1996年版。

　　[9] 王锷：《三礼研究论著提要》，甘肃教育出版社2001年版。

　　[10]（清）孙诒让：《周礼正义》，中华书局1987年版。

　　[11] 陆宗达、王宁：《训诂与训诂学》，山西教育出版社1994年版。

　　[12]（清）段玉裁：《周礼汉读考》，皇清经解刻本。

　　[13] 王宁：《训诂学原理》，中国国际广播出版社1996年版。

　　[14] 李运富：《论汉字职能的变化》，《古汉语研究》2001年第4期。

论郑玄《周礼注》从泛时角度对字际关系的沟通[*]

李玉平

郑玄在《周礼注》中直接使用了大量的术语对经文用字进行沟通，这些术语沟通的字际关系或是性质不同（有的沟通的是文字系统的字际关系、有的是文献系统的字际关系[①②]），或是字际关系类别不同（如通假字、假借字、异体字、同源字等），或是沟通角度不同（有的是从泛时角度沟通的字际关系术语，有的是从历时角度沟通的字际关系术语[③]）。本文属于从郑玄的沟通角度研究他对文献字际关系的分析。

我们曾经专文讨论过郑玄从历时角度对字际关系的沟通[④]，这里则专门讨论郑玄从泛时角度对字际关系的沟通。希望通过历时和泛时两个角度的分析，能够全面揭示东汉学者郑玄关于字际关系的分析观念。

探讨古代学者对字际关系的研究，主要是要探讨当时学者使用了何种术语或用语对字际关系进行了怎样的揭示。由于郑玄用来沟通字际关系的术语往往不是专职的术语，而是兼有其他的训释功能，因而，在具体分析其沟通字际关系术语功能时，我们不得不将其相关材料都先选取出来，形成语料库，然后从某类术语中离析出其沟通字际关系功能。

郑玄从历时角度对字际关系进行沟通是很明确的，在《周礼注》中主要用语有"A古文（为）B""A，B字""古者，A为B""故字A为B""古书'…A…'多作B字"等几种[⑤]，与历时观念相应，郑玄《周礼注》中从泛时角度（即不强调文字使用的历时关系，而是共时或共时历时相结合的研究）进行字际关系沟通时也使用了不少沟通术语，从名称上总结大致有读如类、读为类、读曰类、之言类、假借字类、字之误类、声之误类、当为/当作类、某与某音相似（近）类、其他类10类[⑥]。这些术语的具体表述形式如

---

[*] 本文原载《励耘学刊》（语言卷）2013年第2辑（总18辑），学苑出版社2014年版。原题注：初稿完成于2003年6月，属于硕士毕业论文《郑玄〈周礼注〉对字际关系的沟通》中的一部分，发表时有许多删改增订。文章曾受业师李运富先生指导，谨致谢忱。文中错误概由本人负责。

① 本文赞同李运富（2002）《论汉字的字际关系》中关于"汉字的字际关系应该分别从文字系统（构形系统）和文献系统（字用系统）两个角度来描述"的意见，本文的分析术语及术语内涵也参考该文，文中不赘述。

② 李运富：《论汉字的字际关系》，载《语言》第3卷，首都师范大学出版社2002年版；又收入李运富《汉字汉语论稿》，学苑出版社2008年版。

③ 初稿写作时我们"泛时"和"历时"的概念源于王宁先生的训诂学课，现查更早提出"泛时"概念的是陈保亚《论语言研究的泛时观念》，见《思想战线》1991年第1期。

④ 李玉平：《郑玄〈周礼注〉从历时角度对字际关系的沟通》，《古汉语研究》2009年第3期。

⑤ 同上。

⑥ 凡3例以上的单独列类，否则都归入其他类。统计数据依照我们所选字表。

何、功能如何、沟通了怎样的字际关系等,下面我们分别进行分析。

一 读如类

62例,约占郑玄笺注中使用"读如"总数的57%。

我们统计郑玄在笺注中明确使用"读如"共109例,其中《毛诗笺》6例,《仪礼注》9例,《礼记注》35例,《周礼注》59例①。如果加上省略了"读"的"读如"形式3条,则我们统计《周礼注》使用"读如"共有62例。

(一)《周礼注》"读如"的具体表述形式

读如类术语在郑玄注释的使用过程中有所变化,从形式上又可分为以下9小类。

1. "A读如B"式。共3例。如《天官·叙官》②"胥十有二人"注:"胥读如谞,谓其有才智。"③

2. "A读如'……B……'之B"式。共28例。如《天官·大宰》"八曰斿贡"注:"斿,读如囿游之游。"④

3. "(A)读如'……B……'之B"式。共2例。如《秋官·叙官》"萍氏"注:"郑司农云:'萍读为蛢,或为萍号起雨之萍。'玄谓今《天问》'萍号'作'萍'。《尔雅》曰:'萍,蓱,其大者曰蘋。'(萍)读如'小子言平'之平。"⑤

4. "(A读)如'……B……'之B"式。共2例。《夏官·大司马》"攠铎"注:"(攠读)如涿鹿之鹿。"⑥

5. "A……读如'……B……'之B"式。共4例。如《天官·疡医》"疡医掌肿疡、溃疡、金疡、折疡之祝药劀杀之齐"注:"祝当为注,读如注病之注,声之误也。注谓附著药。"⑦

6. "A读如'……A……'之A"式。共18例。《天官·大宰》"六曰主以利得民"注:"利读如上思利民之利,谓以政教利之。"⑧

7. "A……读如'……A……'之A"式。共1例。即《地官·小司徒》"四丘为甸"

---

① 统计数据借助文渊阁《四库全书》电子版(上海人民出版社和迪志文化出版有限公司,1999),下同,不再标注。《周礼注》中"读如"的使用次数,后文中李林(1985)、江中柱(1994)、杨天宇(2007)皆统计为58例,张能甫(1998)统计为56例,李玉平(2003/2006)统计为62例。这些数据都不含杜子春使用的2例和郑众使用的26例"读如"。

② 为节约表述,本文材料皆略去《周礼》书名而直接称引其中篇目。如《周礼·天官冢宰·叙官》简称为《天官·叙官》,下同。

③ (清)阮元:《校勘本〈十三经注疏〉》(上、下),上海古籍出版社1997年版,第640页。

④ 同上书,第648页。

⑤ 同上书,第868页。

⑥ 同上书,第838页。

⑦ 同上书,第668页。

⑧ 同上书,第648页。

注:"甸之言乘也,读如衷甸之甸。"①

8. "(A)读如'……A……'之A"式。共3例。如《春官·叙官》"韎师"注:"(韎)读如韎韐之韎。"②

9. "A……(读)如'……A……'之A"式。共1例。即《考工记·鲍人》"则是以博为帴也"注:"郑司农云:'帴读为翦,谓以广为狭也。'玄谓,翦者,(读)如俴浅之浅,或者读为羊猪戋之戋。"③

(二)《周礼注》"读如"类术语的功能分析

关于"读如"的功能研究常常是与"读为"放在一起的,乾嘉以来许多学者都曾对此有过研究,已颇尽郑意,但也有不足。当代张舜徽(1984)④ 汇集《周礼注》"读如"材料33例,洪诚先生(1984)⑤ 的论述也很公允,李林(1985)⑥、江中柱(1994)⑦、张能甫(1998)⑧、李玉平(2003/2006)⑨、刘忠华(2004)⑩、杨天宇(2007)⑪ 后又有进一步的分析。本文在以往研究基础上,结合上面统计数据,分析郑玄"读如"类术语的功能如下:

1. 沟通字际关系术语。共32例。约占总数的51.6%。其中包括:(1)沟通假借字和后造本字。共5例,约占8.1%。如《天官·叙官》"胥十有二人"注:"胥读如谞,谓其有才智。"⑫ 胥本义是蟹酱(《说文》:"胥,蟹醢也。从肉、疋声。"),表示"有才智"义,"胥"是假借字,而"谞"是后造本字(《说文》:"谞,知也。从言,胥声。")。(2)沟通通假字和本字。共23例,这是"读如"在《周礼注》中最主要的沟通字际关系功能,约占37.1%。如《天官·大宰》"八曰斿贡。"注:"斿,读如囿游之游。游贡,燕好珠玑琅玕。"⑬ 阮元校勘记引段玉裁《周礼汉读考》云:"燕好、珠玑、琅玕,皆游观之物。"⑭ 先秦旌旗之流字作"斿",游观字作"游"。因而经文的"斿"是通假字,郑玄列出其本字"游"字。(3)沟通本字和通假字。共1例。如《夏官·叙官》"司爟"

---

① (清)阮元:《校勘本〈十三经注疏〉》(上、下),上海古籍出版社1997年版,第712页。
② 同上书,第754页。
③ 同上书,第917页。
④ 张舜徽:《郑学丛著》,华中师范大学出版社2005年版,第66—70页。
⑤ 洪诚:《洪诚文集》,江苏古籍出版社2000年版,第173—182页。
⑥ 李林:《论郑玄的训诂术语》,硕士学位论文,北京师范大学,1985年。
⑦ 江中柱:《〈周礼〉汉注"读为(曰)"、"读如(若)"新探——略兼及〈说文〉"读若"例》,《湖北大学学报》(社会科学版)1994年第3期。
⑧ 张能甫:《关于郑玄注释中"读为""读如"的再思考》,《古汉语研究》1998年第3期。
⑨ 李玉平:《郑玄〈周礼注〉对字际关系的沟通》,硕士学位论文,北京师范大学,2003年。李玉平:《郑玄〈周礼注〉"读如"类沟通字际关系术语分析》,《台州学院学报》2006年第1期。
⑩ 刘忠华:《"读如"的训诂作用再探》,《古籍整理研究学刊》2004年第6期。
⑪ 杨天宇:《郑玄三礼注研究》,天津人民出版社2007年版,第634—670页。
⑫ (清)阮元:《校勘本〈十三经注疏〉》(上、下),上海古籍出版社1997年版,第640页。
⑬ 同上书,第648页。
⑭ 同上书,第651页。

注:"故书爟为燋……爟读如予若观火之观。今燕俗名汤热为观,则爟火谓热火与?"① 本来"爟"应当为"热火"的本字,但可能该字生僻,因而郑玄引用人们熟知的文献通行用字"予若观火"中的"观"来解读,反而会更容易理解,而在表示这个含义上,"观"字却是个通假字,郑玄后面又引用了"今燕俗名汤热为观"进一步说明。(4) 沟通通假字和通假字。共1例。如《夏官·司弓矢》"恒矢、庳矢"注:"庳读如痹病之痹,痹之言伦比。"② 这里的"庳"读如"痹"("痹"的俗字),两个字都是借字;"痹"与"比"音近通假,因此后面的"痹之言伦比"所沟通的"比"字才是本字。(5) 沟通古本字和重造本字。共1例。如《秋官·叙官》"庶氏"注:"庶读如药煮之煮,驱除毒蛊之言。"③ 贾公彦疏曰:"意取以药煮饭去病,去毒蛊亦如是"。许慎《说文解字》:"庶,屋下众也。从广、炗。炗,古文火光字。"于省吾④认为"庶"字是从火石、石亦声的会意兼形声字,即古文"煮"之本字,本意是以火燃石而煮,根据古人实际生活而象意依声以造字。因古籍中每借"庶"为"众庶"之"庶",又别制"煮"字以代之。因此在"煮"这个义项上,"庶"是古本字,而"煮"则是重造本字。(6) 沟通同源字。共1例。《秋官·叙官》"薙氏"注:"书薙或作夷……薙读如鬀小儿头之鬀,书或作夷,此皆剪草也,字从类耳。"⑤ 这里"读如"给出"薙"的同源字"鬀",让读者明确二字具有的共同的词源意义。剪草称"薙",剪头称"鬀",同样一个动作只是在不同事物上的应用,因而后面郑玄说"字从类耳"。同源字不是同功能字,沟通同源字的目的不是要按相关的同源字去解读原文,这里的"薙氏"就不能按"鬀氏"来理解。因而同源字关系不是同功能的文献用字关系,注释中沟通这种关系意在帮助读者更好地理解被释字,这跟前几种字际关系需要易字来解读原文显然是不同的。

  2. 拟音术语。共10例,约占17.7%。这类"读如"的特点是读如字只是为帮助读出被读如字的读音。读如的字大都是为时人所熟知读音的字,而且常常还指出是在某个明确语句中的某个字的读音。如《春官·甸祝》"禂牲禂马"注:"禂读如伏诛之诛,今侏大字也。为牲祭,求肥充;为马祭,求肥健。"⑥ 贾公彦疏:"'玄谓禂读如伏诛之诛'者,此俗读也。……此从音为诛。"后面的"今侏大字也"中的"侏"才具体沟通"禂"所要取的含义。阮元《校勘记》中举例证明"侏"有"大"的含义,可能是"俷"的异体字。

  3. 释义术语。这类术语共7例,约占11.3%。这类"读如"的特点是读如字和被读如字是同一个字,这种字大都是一音多义,并且都是在具体语境中确定被读如字的意义。如《天官·大宰》"六曰主以利得民"注:"利读如上思利民之利,谓以政教利之。"⑦

---

① (清)阮元:《校勘本〈十三经注疏〉》(上、下),上海古籍出版社1997年版,第831页。
② 同上书,第856页。
③ 同上书,第868页。
④ 于省吾:《甲骨文字释林》,中华书局1979年版,第431—435页。
⑤ (清)阮元:《校勘本〈十三经注疏〉》(上、下),上海古籍出版社1997年版,第869页。
⑥ 同上书,第815页。
⑦ 同上书,第648页。

"利"字单音多义,"上思利民"之"利"与"以利得民"之"利"同义,这类"读如"是释义。

4. 拟音兼释义的术语。共 13 例,约占 21.0%。该类特点也是读如字与被读如字相同,但这种字是多音多义的①,因而该类"读如"是既拟音又释义的,因为读音不同,意义也就有差别。如《地官·小司徒》"四丘为甸"注:"甸之言乘也,读如衷甸之甸。"②"甸"字多音多义③,这里是读成《左传·哀公十七年》"良夫乘衷甸两牡"之"甸"的读音,并取其意义。"衷甸"即"中乘",古代指两马一辕的卿车,是对前面"甸之言乘也"的具体解释。

(三)《周礼注》"读如"类术语的两个变体:"读若"和"谓若"

1. "A 读若'……B……'之 B"式。共 1 例。郑玄一共在注释中使用了 4 次"读若"。其中,《周礼注》1 次,《仪礼注》中 3 次。《周礼注》中的"读若"属于沟通字际关系术语。《考工记·梓人》"上两个与其身三,下两个半之"注:"个读若齐人搤幹之幹,上个、下个皆谓舌也。"④"读若"指出"个"是个通假字,本字当是《公羊传·庄公元年》中"(齐侯)使公子彭生送之,于其乘焉,搤幹而杀之"⑤ 中的"幹"字,音义都当按照"幹"字理解,唐贾公彦疏持此说。孙诒让《周礼正义》中也称:"后郑意,此上下两个夹身为之,若两胁然,故以搤幹拟其音,而其义亦现。"⑥ 可见"读若"确实沟通了通假字和本字。

2. "A 谓若'……A……'之 A"式。共 1 例。郑玄注释中使用"谓若"54 例⑦,其中《周礼注》中有 11 次。其中只有 1 次具有沟通字际关系功能。《考工记·庐人》"刺兵欲无蜎"注:"(故书)蜎或作绢……蜎亦掉也,谓若井中虫蜎之蜎。"⑧ 其中"谓若"的功能是拟音兼释义。"蜎"有两个读音:yuān,xuān。这里是明确了"蜎"读第一个读音,即孑孓,蚊子的幼虫,通称"跟头虫",在水中动摇不定,不时地作掉头掉尾之状。因而,郑玄称"蜎亦掉也",可见术语"谓若"既有拟音又有释义的作用。

由上面的分析可以看出,"读如"类术语的功能比较多。但最主要的还是充当沟通字际关系术语;其次是拟音兼释义、拟音,再次是释义。在作为沟通字际关系术语的"读如"中又以沟通通假字和本字的居多。

---

① 我们判断某字是否多音,主要根据该字在东汉以前的文献用例,后出的音义用例不算在内。
② (清)阮元:《校勘本〈十三经注疏〉》(上、下),上海古籍出版社 1997 年版,第 712 页。
③ 读音 1:《说文》:"甸,天子五百里,从田,包省。"林义光《文源》:"《说文》从勹之字,古作从人,甸当与佃同字……从人田,田亦声。"读音 2:《周礼》"若大甸"郑玄注:"甸读曰田。"
④ (清)阮元:《校勘本〈十三经注疏〉》(上、下),上海古籍出版社 1997 年版,第 926 页。
⑤ 同上书,第 2224 页。
⑥ (清)孙诒让:《周礼正义》,王文锦、陈玉霞点校本,中华书局 1987 年版,第 3394 页。
⑦ 李玉平:《郑玄的注释用语"谓若"及其对后代的影响考察》,《宁夏大学学报》(社会科学版)2013 年第 4 期。
⑧ (清)阮元:《校勘本〈十三经注疏〉》(上、下),上海古籍出版社 1997 年版,第 926 页。

二 读为类

共 81 例，约占郑玄笺注中使用"读为"总数的 52%。

我们统计郑玄在笺注中明确使用"读为"共 157 例，其中《毛诗笺》7 例，《仪礼注》16 例，《礼记注》63 例，《周礼注》71① 例。如果加上"读为"省略形式及变体 10 例，则我们统计《周礼注》使用"读为"共有 81 例。

（一）《周礼注》"读为"的具体表述形式

1. "读为"型。共 78 例。（1）"A 读为 B"式。共 45 例。如《天官·大宰》"以时颁其衣裘"注："颁读为班。班，布也。"② （2）"A 读为'……A……'之 A"式。共 6 例。如《天官·外府》"外府掌邦布之入出"注："布…读为宣布之布"③。（3）"（A 读为）'……A……'之 A"式。共 2 例。这 2 例我们认为是承上文省略沟通术语和被沟通字。《秋官·叙官》"冥氏"注："郑司农云：'冥读为冥氏春秋之冥。'玄谓（冥读为）冥方之冥，以绳縻取禽兽之名。"④《秋官·壶涿氏》"以炮土之鼓驱之"注："故书炮作泡，杜子春读'炮'为'苞有苦叶'之'苞'，玄谓（炮读为）'燔之炮之'之'炮'，炮土之鼓，瓦鼓也。"⑤ （4）"A 读为'……B……'之 B"式。共 14 例。如《春官·肆师》"祭表貉"注："貉读为十百之百。"⑥ （5）"A（读为）'……B……'之 B"式，共 1 例。该例我们认为是承上省略术语"读为"之例。《考工记·弓人》"凡昵之类不能方"注："故书昵或作樴，杜子春云：'樴读为不义不昵之昵，或作翾，翾，黏也。'玄谓樴（读为）脂膏腒败之腒，腒亦黏也。"⑦ （6）"A 读亦为 B 也"式。共 3 例。如《地官·土均》"与其施舍"注；"施读亦为弛也。"⑧ 这种形式主要是上文有"A 读为 B"的内容，承上而言才有"A 读亦为 B 也"这种形式。（7）"A 读为 B，声之误也"式。共 3 例。如《地官·旅师》"而用之"注："而读为若，声之误也。"⑨ （8）"A 读为'……B……'之 B，齐语声之误也"式。共 1 例。《春官·司尊彝》"郁齐献酌"注："献读为摩莎之莎，齐语声之误也。"⑩ （9）"A 读为 B，字之误也"式。共 2 例。如《春官·男巫》"春招弭"

---

① 以往统计郑玄《周礼注》"读为"数据：李林（1985）为 92 例（含"读曰"）、江中柱（1994）为 75 例、张能甫（1998）为 79 例、李玉平（2003）为 80 例。这些数据都不含杜子春、郑兴和郑众使用的"读为"。
② （清）阮元：《校勘本〈十三经注疏〉》（上、下），上海古籍出版社 1997 年版，第 648 页。
③ 同上书，第 679 页。
④ 同上书，第 868 页。
⑤ 同上书，第 889 页。
⑥ 同上书，第 770 页。
⑦ 同上书，第 935 页。
⑧ 同上书，第 746 页。
⑨ 同上书，第 745 页。
⑩ 同上书，第 774 页。

注:"弭读为秋,字之误也。"① (10) "A读'……B……'之B"式。共1例。《考工记·弓人》"老牛之角紾而昔"注:"郑司农云:'紾读为抮缚之抮,昔读为交错之错,谓牛角觓理错也。'玄谓昔读履错然之错。"②

2. "读当为"型。共3例。(1)"A读当为B"式。共1例。《考工记·鞾人》"上三正"注:"三读当为参"③。(2)"A读当亦为B"式。共1例。《春官·大祝》"右亦如之"注:"右读亦当为侑"④。(3)"AC读当为BC,字之误也"式。共1例。《春官·大司乐》"九磬之舞"注:"九磬读当为大韶,字之误也。"⑤

(二)《周礼注》"读为"类术语的功能分析

上面已经提到关于"读为"的功能研究很多,当代比较集中研究郑玄《周礼注》中的"读为"的有张舜徽(1984)⑥、洪诚《训诂学》(1984)⑦、李林(1985)⑧、宋秀丽(1986)⑨、江中柱(1994)⑩、张能甫(1998)⑪、李玉平(2003)⑫、杨天宇(2007)⑬、刘忠华(2007)⑭ 等,目前以张能甫、杨天宇二先生的分析最为翔实细致,但杨先生只分析了郑玄《周礼注》使用的"读为"材料43例。我们分析"读为"的功能如下:

1. 沟通字际关系术语:(1)沟通通假字和本字。共57例,约占总数的72%。如《天官·宫伯》"以时颁其衣裘"注:"颁读为班,班,布也。"⑮ "颁"本义是大头貌(《说文》:"颁,大头也,从页,分声。"),这里表示"公布"的意思,是个通假字;"班"本义是分瑞玉,引申可以指分开、公布的意思。可见表示"公布"这个义项时,"颁"是通假字,"班"是本字,"读为"起了沟通通假字和本字的作用。再如,《考工记·弓人》"老牛之角紾而昔"注:"郑司农云:'紾读为抮缚之抮,昔读为交错之错,谓牛角觓理错也。'玄谓昔读履错然之错。"⑯ 这一单用术语"读"例子,是术语"读为"的省略。因为上文有郑司农用"读为"沟通的材料,下文承上省略"为"字。这里是指

---

① (清)阮元:《校勘本〈十三经注疏〉》(上、下),上海古籍出版社1997年版,第816页。
② 同上书,第934页。
③ 同上书,第918页。
④ 同上书,第811页。
⑤ 同上书,第790页。
⑥ 张舜徽:《郑学丛著》,华中师范大学出版社2005年版,第75—77页。
⑦ 洪诚:《洪诚文集》,江苏古籍出版社2000年版,第173—182页。
⑧ 李林:《论郑玄的训诂术语》,硕士学位论文,北京师范大学,1985年。
⑨ 宋秀丽:《"读为、读曰"考》,《贵州大学学报》1986年第2期。
⑩ 江中柱:《〈周礼〉汉注"读为(曰)"、"读如(若)"新探——略兼及〈说文〉"读若"例》,《湖北大学学报》(社会科学版),1994年第3期。
⑪ 张能甫:《关于郑玄注释中"读为""读如"的再思考》,《古汉语研究》1998年第3期。
⑫ 李玉平:《郑玄〈周礼注〉对字际关系的沟通》,硕士学位论文,北京师范大学,2003年。
⑬ 杨天宇:《郑玄三礼注研究》,天津人民出版社2007年版,第591—633页。
⑭ 刘忠华:《"读为"的训诂作用再探》,《陕西理工学院学报》(社会科学版)2007年第4期。
⑮ (清)阮元:《校勘本〈十三经注疏〉》(上、下),上海古籍出版社1997年版,第658页。
⑯ 同上书,第934页。

出"昔"当读成本字"履错然"的"错"字,即后来"皵"的源字①,本义是树皮粗糙而坼裂,后引申指各种表皮的皲裂。在这个义项上,"昔"是个通假字,而"错"字则是本字。(2) 沟通假借字和后造本字。共 11 例,约占总数的 14%。如《春官·大宗伯》"则摄而载果"注:"果读为裸"②。"果"本义是指果实,这里记录的是"裸祭"的含义,是假借字;后来又造了"裸"字专门记录这个含义。因此"读为"起了沟通假借字和后造本字的作用。《周礼·大行人》"王礼再裸而酢"注:"故书裸作果"③ 也是佐证。

2. 拟音术语。共 2 例,约占总数的 3%。读为字只是比拟被读为字的读音,而不是解释其意义。如《秋官·掌客》"米百有二十筥"注:"米禾之秉筥,字同数异。禾之秉,手把耳;筥读为栋梠之梠,谓一稯。"④"筥"本义指圆筥篓,一种盛米饭等的竹器。该处注文的前面有"米横陈于中庭,十为列,每筥半斛"。句中的"筥"用的就是本义。而此处注文又说明了指称"米"与"禾"的量词"筥"文字相同,但实际上所指的数量是不一样的,因而称用于"禾"的"筥"读音与"栋梠"的"梠"字相同,其数量是"一稯"。"梠"的本义是屋檐(《说文》:"梠,楣也。"),与表示"禾稻"数量的词无关,因而此处只是拟音。"读为"起拟音的作用。

3. 释义术语。共 4 例,约占总数的 5%。该类出现在"A 读为'……A……'之 A"式中,是在具体的语境中解释意义。这类"读为"的特点是读为字和被读为字是同一个字,这种字或是单音单义,或是单音多义。如《天官·外府》"外府掌邦布之入出"注:"布,泉也。布读为宣布之布,其藏曰泉,其行曰布,取名于水泉,其流行无不徧。"⑤ 这里的"读为"并不是拟音,因为"布"是单音字,又是个常用字,不存在读音误读的问题。这里的"读为"是释义,取"宣布"的"布"(使政令流传四方)与表示"钱币"的"布"(钱币流通)有共通之处"流布"之义。

4. 拟音兼释义术语。共 5 例,约占总数的 6%。该类也出现"A 读为'……A……'之 A"式中。这种字一般是多音多义的,因而在具体的语境中确定其读音也就明确了其意义,因为义随音转。如《春官·典同》"陂声散"注:"玄谓……陂读为险陂之陂,陂谓偏侈,陂则声离散也。"⑥ "陂"字多音多义,这里当读今音"bì",义"倾斜"。因而这里的"读为"兼有拟音和释义的作用。

由上面的分析我们可以看出,"读为"最主要的功能就是沟通通假字和本字的关系,其次是沟通假借字和后造本字,另外还有拟音、释义、拟音兼释义等功能,目的都是要帮助读者阅读和理解文献。

另外,我们认为,"读为"与"声之误""字之误""当为"合用的情况,往往是"读为"的功能和其他术语的功能结合的结果。这几个术语的功能,详参下文论述。

---

① 段玉裁就认为"错"字"盖读同鞍皵之皵",见《周礼正义》,第 3536 页,孙诒让引。
② (清)阮元:《校勘本〈十三经注疏〉》(上、下),上海古籍出版社 1997 年版,第 763 页。
③ 同上书,第 891 页。
④ 同上书,第 900 页。
⑤ 同上书,第 679 页。
⑥ 同上书,第 798 页。

三 读曰类

共 10 例，占郑玄笺注中使用"读曰"总数的 37%。

我们统计郑玄在笺注中明确使用"读曰"共 27 例，其中《毛诗笺》6 例，《仪礼注》2 例，《礼记注》9 例，《周礼注》10 例[①]。

（一）《周礼注》"读曰"的具体表述形式

1. "A 读曰 B"式。共 9 例。如《春官·小宗伯》"若大甸"注："甸读曰田"[②]。
2. "A 读亦曰 B"式。共 1 例。这种情况中的"亦"字一般是承接上文而加入的。《春官·司几筵》"昨席莞筵纷纯"注："昨读亦曰酢。"[③]

（二）《周礼注》"读曰"类术语的功能分析

《周礼注》中"读曰"的研究，一般与"读为"的研究紧密相关。张舜徽（1984）[④]、洪诚《训诂学》（1984）[⑤]、李林（1985）[⑥]、宋秀丽（1986）[⑦]、江中柱（1994）[⑧]、张能甫（1998）[⑨]、李玉平（2003）[⑩]、杨天宇（2007）[⑪] 等，我们根据实际例证归纳，证明《周礼注》中的"读曰"全都是沟通字际关系术语，具体包括：

1. 沟通通假字和本字。共 9 例。这是"读曰"最主要的功能。如《春官·小宗伯》"若大甸"注："甸读曰田。"[⑫] 根据上下文判断，这里的"甸"指的是"畋猎"的意思，这个含义在当时是用"畋"的古字"田"表示的，在表示这个含义上"田"是本字，而"甸"则是通假字。"读曰"就是要指出二者关系。类似的例子又如《春官·鬯人》"庙用脩"注："脩读曰卣，卣，中尊，谓献象之属。"[⑬]《春官·司几筵》"昨席莞筵纷纯"注："昨读亦曰酢。"[⑭]

---

① 以往统计郑玄《周礼注》"读曰"数据：江中柱（1994）、李玉平（2003）为 10 例、张能甫（1998）为 9 例。这些数据都不含杜子春使用的"读曰"1 例。
② （清）阮元：《校勘本〈十三经注疏〉》（上、下），上海古籍出版社 1997 年版，第 767 页。
③ 同上书，第 775 页。
④ 张舜徽：《郑学丛著》，华中师范大学出版社 2005 年版，第 77 页。
⑤ 洪诚：《洪诚文集》，江苏古籍出版社 2000 年版，第 178 页。
⑥ 李林：《论郑玄的训诂术语》，硕士学位论文，北京师范大学，1985 年。
⑦ 宋秀丽：《"读为、读曰"考》，《贵州大学学报》1986 年第 2 期。
⑧ 江中柱：《〈周礼〉汉注"读为（曰）"、"读如（若）"新探——略兼及《说文》"读若"例》，《湖北大学学报》（社会科学版），1994 年第 3 期。
⑨ 张能甫：《关于郑玄注释中"读为""读如"的再思考》，《古汉语研究》1998 年第 3 期。
⑩ 李玉平：《郑玄〈周礼注〉对字际关系的沟通》，硕士学位论文，北京师范大学，2003 年。
⑪ 杨天宇：《郑玄三礼注研究》，天津人民出版社 2007 年版，第 591—633 页。
⑫ （清）阮元：《校勘本〈十三经注疏〉》（上、下），上海古籍出版社 1997 年版，第 767 页。
⑬ 同上书，第 771 页。
⑭ 同上书，第 775 页。

2. 沟通源本字和分化本字。共1例。《春官·大司乐》"兴、道、讽、诵……"注："道读曰导，导者，言古以剀今也。"① "道"本义是指道路，引申可以指"导引"。这里的"道"就是这个含义，后来这个含义就专门造一个"导"字来表示。在表示这个义项上，"道"是源本字，"导"是分化本字。"读曰"沟通了这两个字的关系。

"读曰"类术语全都是沟通字际关系术语，而其中又以沟通通假字和本字的功能为主，占总数的90%。

四 之言类

共54例。占郑玄笺注中使用"之言"类术语总数的23%。

我们统计郑玄在笺注中明确使用"之言"类术语共234例，其中含"之为言"② 7例：《毛诗笺》1例，《周礼注》2例（含引用文献1例），《仪礼注》4例（含引用文献1例），《礼记注》无"之为言"用例；含"之言"227例：《毛诗笺》51例，《周礼注》52例，《仪礼注》17例，《礼记注》107例③。

（一）《周礼注》"之言"类术语的具体表述形式

1. "之言"型。共52例。（1）"A之言B也"式。共38例。如《天官·叙官》"膳夫"注："膳之言善也，今时美物曰珍膳。"④ （2）"A之言B也，C也"式。共3例。如《天官·宰夫》"以待宾客之令，诸侯之复"注："复之言报也，反也。"⑤ （3）"A之言B"式。共10例。如《春官·大宗伯》"以禋祀祀昊天上帝"注："禋之言烟。"⑥ （4）"A之言'……B……'"式。共1例。《夏官·司弓矢》"恒矢、庳矢"注："庳读如痹病之痹，痹之言'伦比'。"⑦

2. "之为言"型。共2例。《夏官·叙官》"校人"注："校之为言校也，主马者必仍校视之。"⑧《地官·州长》"以礼会民而射于州序"注："《射义》曰：'射之为言绎也，

---

① （清）阮元：《校勘本〈十三经注疏〉》（上、下），上海古籍出版社1997年版，第787页。
② "为言"也就是"言"，因而"之为言"与"之言"含义相同。该形式可能要比"之言"早出（详参拙文《试析郑玄注释术语"之言"的来源》，载《古籍研究》卷上，安徽大学出版社2006年版）。但作为训诂术语来说则是非典型形式。因为郑玄使用这种形式较少。
③ 李云光（1966/2012）曾罗列"之言"类术语用例不少，但没有统计使用数量；张舜徽（1984）曾罗列"之言"用例：《仪礼注》17条，《周礼注》33条，《礼记注》83条，《毛诗笺》39条；李林（1985）统计"之言"（含"之为言"）用例：《仪礼注》21条，《周礼注》50条，《礼记注》102条，《毛诗笺》52条；李玉平（2003/2007）总结《周礼注》"之言"类术语共53例，李玉平（2007）曾统计郑玄各注释书中"之言""之为言"的使用数据，但仍不够准确。
④ （清）阮元：《校勘本〈十三经注疏〉》（上、下），上海古籍出版社1997年版，第640页。
⑤ 同上书，第655页。
⑥ 同上书，第757页。
⑦ 同上书，第856页。
⑧ 同上书，第832页。

绎者，各绎己之志。'"①

（二）《周礼注》"之言"类术语的功能分析

段玉裁说："凡云'之言'者，皆通其音义以为诂训，非如'读为'之易其字，'读如'之定其音。"② 又云："凡云'之言'者，皆就其双声叠韵以得其转注假借之用。"③ 孙诒让《周礼正义》中也说，郑玄的"之言"皆"以声类为训"，"并取声义相实"④。中国台湾学者李云光（1966/2012）⑤、张舜徽（1984）⑥ 等的研究比较深入，李玉平（2003/2007）⑦ 曾专门分析《周礼注》"之言"类术语的功用，这里简要总结如下：

1. 沟通字际关系术语。（1）沟通通假字和本字。共13例，约占总数的25%。如《春官·大卜》"三曰咸陟"注："陟之言得也，读如王德翟人之德。"⑧ 这里的"陟"与"得"古音相同，记录的是"得到、应验"的意思，其本字应当是"得"字。"之言"起沟通通假字和本字的作用。（2）沟通异体字和通行字。共1例。如《地官·叙官》"迹人"注："迹之言跡也，知禽兽处。"⑨ 其中"迹"与"跡"都是表示足迹、踪迹的本字，二者是异体字的关系。但可能汉代"跡"字更通行，因而郑玄使用"之言"进行沟通。（3）沟通假借字和后造本字。共2例。约占总数的4%。如《地官·叙官》"卝人"注："卝之言矿也，金玉未成器曰矿。"⑩ "卝"本义可以指古时儿童束发成两角的样子（《汉语大字典》），读音冠；段玉裁《周礼汉读考》中则认为"卝"本古文"卵"字，古音如"关"或"鲲"，又被假借来表示"矿石"的含义。由于"卝"字形记录职能过多，因此后来为这一含义专门造了本字"矿"字。因而这里"之言"起了沟通假借字和后造本字的作用。（4）沟通同源字。共35例，约占总数的66%。如《天官·叙官》"膳夫"注："膳之言善也，今时美物曰珍膳。"⑪ "膳夫"的"膳"本义应当是指精美的食物，"善"字是它的同源字，这里用术语"之言"来沟通二字的关系，目的是要揭示"膳"字所取的词源意义，而不是文献中所使用了的意义。

2. 拟音兼释义的术语。共2例，约占总数的4%。这种情况的"之（为）言"沟通

---

① （清）阮元：《校勘本〈十三经注疏〉》（上、下），上海古籍出版社1997年版，第717页。
② 参见段玉裁《说文解字注》第3页"祼"字注。
③ 参见段玉裁《周礼汉读考》（《皇清经解》卷六百三十五，皇清经解刻本，第159、160册，卷二）第2页《周礼·地官·卝人》"卝人中士二人"注下文。
④ （清）孙诒让：《周礼正义》，王文锦、陈玉霞点校本，中华书局1987年版，第25页。
⑤ 李云光：《三礼郑氏学发凡》，嘉新水泥公司文化基金会，1966年；又上海华东师范大学出版社2012年版，第361—395页。
⑥ 张舜徽：《郑学丛著》，华中师范大学出版社2005年版，第71—72页。
⑦ 李玉平：《郑玄〈周礼注〉对字际关系的沟通》，硕士学位论文，北京师范大学，2003年。李玉平：《简析郑玄〈周礼注〉"之言"类术语》，《现代语文》2007年第7期。
⑧ （清）阮元：《校勘本〈十三经注疏〉》（上、下），上海古籍出版社1997年版，第803页。
⑨ 同上书，第700页。
⑩ 同上书，第700页。
⑪ 同上书，第640页。

用字与被沟通字相同，但后面一般有对语句的进一步说明，以确定被沟通字的读音和意义。如《夏官·叙官》"校人"注："校之为言校也，主马者必仍校视之。"① "校"是个多音多义字，《汉语大字典》列有较早的读音四个：jiào，xiào，jiǎo，qiāo。要明确其具体读音也就明确了其意义，而且后面又有"主马者必仍校视之"的说明。"校视"的"校"字后来有的写作"挍"，即"比挍"之"挍"的本字，读jiào。这样就既明确了"校人"的"校"的读音又明确了其意义。陆德明、阮元也都认为作"校之为言挍也，主马者必仍挍视之"。文理更明。但"挍"字分化出来专门表示"比挍"之义，出现较晚，《说文》没收此字。钱大昕《十驾斋养新录》卷三《陆氏释文多俗字》中说："《说文·手部》无挍字，汉碑木旁字多作手旁，此隶体之变，非别有挍字。"② 可见这里的"之为言"的作用兼有拟音和释义的作用。

从我们的统计分析可以看出，《周礼注》中"之言"类术语的最主要功能是沟通字际关系术语，其中又以沟通同源字最多，其次是沟通通假字和本字。沟通同源字的"之言"目的是要揭示被释字的词源意义，这种情况不属于沟通文献使用中的字际关系术语，它指出的是贮存状态下的文字系统的字际关系，与"之言"的其他几种沟通字际关系功能不同，处于不同的系统中。"之言"除了作沟通字际关系术语外，还有拟音兼释义的功能，只占4%。

五 假借字类

共4例。约占郑玄笺注中使用假借字类术语总数的67%。

郑玄在其注释中共使用"假借字"术语6例，除《周礼注》中4例外，《礼记注》中还有2例。

（一）《周礼注》"假借字"类术语的具体表述形式

1. "A，古文B假借字也"式。共1例。《考工记·玉人》"衡四寸"注："衡，古文横假借字也。衡谓勺径也。"③

2. "A，古文B假借字"式。共2例。《考工记·匠人》"置槷以县"注："故书槷或作弋……槷，古文臬假借字。"④《考工记·弓人》"宽缓以荼"注："荼，古文舒假借字。郑司农云'荼读为舒'。"⑤

3. "A读为B……古文假借字"式。共1例。《考工记·矢人》"以其笴⑥厚为之羽

---

① （清）阮元：《校勘本〈十三经注疏〉》（上、下），上海古籍出版社1997年版，第832页。
② 参见钱大昕《十驾斋养心录》，上海书店出版社、影印商务印书馆1983年版，第62页。
③ （清）阮元：《校勘本〈十三经注疏〉》（上、下），上海古籍出版社1997年版，第923页。
④ 同上书，第927页。
⑤ 同上书，第937页。
⑥ 原书作"笴"作"筶"，从阮元所引段玉裁《周礼汉读考》说改。孙诒让《周礼正义》依"筶"字训解，认为"筶"字别有本义，但不可考，也是通假为"橐"，不直训为"矢幹"，其说亦通。但我们认为"笴"（古音歌部）与"橐"（宵部）相差较远，不从其说。

深"注:"笱读为稾,谓矢榦,古文假借字。"①

(二)《周礼注》"假借字"类术语的功能分析

关于假借字,郑玄自己曾经有相关论述,唐代陆德明与张守节都曾引用,文字稍有不同②。陆德明《经典释文·序录》:"郑康成云:'其始书之也,仓卒无其字,或以音类比方假借为之,趣于近之而已,受之者非一邦之人,人用其乡,同言异字,同字异言,于兹遂生矣。'"③当代李云光(1966/2012)④、李玉平(2003/2013)⑤⑥等曾集中关注郑玄假借字术语的用例。总结郑玄的"假借字"所沟通的字际关系包括以下三种情况:

1. 沟通假借字和后造本字。如《考工记·匠人》"置槸以县"注:"故书槸或作弋,杜子春云:'槸当为弋,读为杙。'玄谓,槸,古文臬假借字。于所平之地中央,树八尺之臬,以縣正之,视之以其景,将以正四方也。《尔雅》'在墙者谓之杙,在地者谓之臬。'"⑦郑玄同意《尔雅》之说,认为"臬"是"表示测量日影的标杆"这一含义的本字,"槸"(即杜子春所说的"杙"字)是个借字,但"槸"字早于"臬"字记录这一义项。

2. 沟通通假字和本字。如《考工记·矢人》"以其笱厚为之羽深"注:"笱读为稾,谓矢榦,古文假借字。"⑧"笱"本指一种竹制的捕鱼工具,这里被临时借用来表示"矢榦";"稾"的本义是"禾秆",引申可以指"箭榦"。"笱"古音属侯部⑨,"稾"古音属宵部,音近可相通假。郑玄即是认为在记录"箭榦"这个含义上,本字当是"稾","笱"是个通假字,因而称其为"假借字"。再如《考工记·弓人》"宽缓以荼"注:"荼,古文舒假借字。郑司农云'荼读为舒'。"⑩"荼"本义是苦荼,被临时通假来表示"徐缓、舒缓"的含义,这个含义的本字是"舒",古文中多相假借,因而郑玄称"荼"为"古文假借字",并引用郑司农的沟通材料加以证明。

3. 沟通同义字。如《考工记·玉人》"衡四寸"注:"衡,古文横假借字也。衡谓勺径也。"⑪郑玄认为是"假借字"关系,实则不然。"衡"本义是古代绑在牛角以防触人的横木,引申指平衡等含义,也引申出表示与"纵"相对的"横"的含义,自然也可以

---

① (清)阮元:《校勘本〈十三经注疏〉》(上、下),上海古籍出版社 1997 年版,第 924 页。
② 张守节《史记正义论例谥法解·论音例》稍异,文作:"郑康成云:'其始书之也,仓卒无字,或以音类比方假借为之,趣于近之而已,受之者非一邦之人,其乡同音异,字同音异,于兹遂生。'"
③ 迪志文化出版有限公司、书同文计算机技术开发有限公司:《文渊阁〈四库全书〉电子版》,上海人民出版社和迪志文化出版有限公司 1999 年版。
④ 李玉平:《简析郑玄〈周礼注〉"之言"类术语》,《现代语文》2007 年第 7 期,第 146—149 页。
⑤ 李玉平:《郑玄〈周礼注〉对字际关系的沟通》,硕士学位论文,北京师范大学,2003 年。
⑥ 李玉平:《郑众、郑玄"六书"观探隐》,《天津师范大学学报》(社会科学版)2013 年第 3 期。
⑦ (清)阮元:《校勘本〈十三经注疏〉》(上、下),上海古籍出版社 1997 年版,第 927 页。
⑧ 同上书,第 924 页。
⑨ 本文分析上古音都依据郭锡良《汉字古音手册》,北京大学出版社 1986 年版。下同。
⑩ (清)阮元:《校勘本〈十三经注疏〉》(上、下),上海古籍出版社 1997 年版,第 937 页。
⑪ 同上书,第 923 页。

表示横跨某个空间的含义;"横"本义是门前的栏木,引申可以指与"纵"相对的"横",也可以指横穿或跨越某个空间。这里郑玄称"衡谓勺径也",就是指勺子的直径长度,这个含义既可以用"横",也可以用"衡"来记录,可以说这两个字是经引申后形成的同义字关系。只不过记录这一含义"衡"字可能要早于"横"字。据《汉语大字典》和何琳仪《战国古文字字典》举例,"衡"字金文及战国文字都有大量使用,但却没有同一时期的"横"字用例,由此推测,"横"字可能出现较晚①。但郑玄可能没有弄清二字的引申同义关系,二字声音相同(匣纽阳部),便称为"假借"。

我们认为前两种情况都属于郑玄用"假借字"术语所要沟通的内容,第三种情况应当是郑玄对"衡"与"横"字际关系分析的失误,才列入"假借字"中的,而并不是郑玄主观上要用"假借字"这个术语来沟通同义字关系。

六 字之误类

共19例。约占郑玄笺注中使用"字之误"类术语总数的35%。

我们统计郑玄在其笺注中共使用"字之误"类术语55例,除了《周礼注》中使用外,还有《毛诗笺》3例,《仪礼注》3例,《礼记注》30例②。

(一)《周礼注》"字之误"术语的具体表述形式

1. 单独使用。共1例。"A,其B字之误与?"式。《春官·肆师》"共设匪甕之礼"注:"匪,其筐字之误与?"③

2. 与"当为"类术语合用。共12例。其中与"当为"合用10例,与"当作"合用1例,与"宜为"合用1例。(1)"AB当为AC,字之误也"式。如《天官·疡医》"以五气养之"注:"五气当为五穀,字之误也。"④ (2)"A当为B,字之误也"式。如《地官·大司徒》"其植物宜膏物"注:"膏当为藁,字之误也。"⑤ (3)"A当作B,字之误也"式。如《天官·夏采》"以乘车建绥复于四郊"注:"故书绥作禭……则旌旗有是绥者,当作緌,字之误也。"⑥ (4)"A皆宜为B,字之误也"式。如《夏官·校人》"八丽一师,八师一趣马,八趣马一驭夫"注:"八皆宜为六,字之误也。"⑦ (5)"AB读当为

---

① 何琳仪:《战国古文字字典——战国文字声系》(中华书局1998年版)中收有"衡"字多种字形,但却没有收有"横"字字形。
② 李云光(1966/2012)第二章第五节"以字形校之"中曾集中关注,李玉平(2003)曾搜集分析《周礼注》"字之误"术语18例,杨天宇(2007)曾分析郑玄《三礼注》中"字之误"类术语34例,其中分析《周礼注》中"字之误"术语10例。
③ (清)阮元:《校勘本〈十三经注疏〉》(上、下),上海古籍出版社1997年版,第769页。
④ 同上书,第668页。
⑤ 同上书,第702页。
⑥ 同上书,第694页。
⑦ 同上书,第860页。

BC，字之误也"式。如《春官·大司乐》"九磬之舞"注："九磬读当为大韶，字之误也。"①

3. 与"读为"合用。共 2 例。《春官·男巫》"春招弭"注："弭读为袚，字之误也。"②《春官·司尊彝》"诸臣之所昨也"注："昨读为酢，字之误也。"③

4. 与其他术语合用。共 4 例。(1) "AC 实作 BC，A，字之误也"式。《天官·内司服》"缘衣"注："言缘衣者甚众，缘字或作税，此缘衣者实作褖衣也。……缘，字之误也。"④ (2) "变 A 言 B，字之误"式。《考工记·弓人》"引如终绁"注："变'譬'言'引'，字之误。"⑤ (3) "A，或作 B，字之误也"式。《春官·司服》"则希冕"注："希读为絺，或作黹，字之误也。"⑥ (4) "A、B……字、声之误，A 当为 C，B 当为 D。"式。共 1 例。如《考工记·梓人》"觗三升……则一豆矣"注："觗、豆，字、声之误，觗当为觯，豆当为斗。"⑦

（二）术语"字之误"的功能分析

关于术语"字之误"的功能分析，李玉平（2003）⑧、杨天宇（2007）⑨ 曾集中深入关注。我们考察《周礼注》中"字之误"术语最主要是和"当为"类术语结合使用的，约占总数的 67%（其中包括"读当为"1 例），其次是和"读为"合用约占 11%，与其他术语合用的情况占 17%，单独使用的只有 1 例。可见这个术语一般是不单独使用的，主要还是作为"当为"和"读为"类术语的辅助性术语使用。"字之误"术语在沟通字际关系上的主要功能有：

1. 沟通因形近而讹误的正误字关系。表中这类情况共有 13 例，占总数的 68%。其中"字之误"单独使用 1 例。其余的与"读为"或"当为"结合使用。如上文提到的"绥—綏""匪—筐""八—六""九磬—大韶""昨—酢""褖—缘""裸—埋""希—黹""巫—筮""庐维—雷雍""暴—恭""搏—膊"等都是因形近而误。

2. 沟通因上下文有相关干扰信息而导致舛误的正误字关系。共 4 例，约占 21%。其中与"当为"结合使用 3 例，其他 1 例。如《天官·疡医》"以五气养之"注："五气当为五穀，字之误也。"⑩ 经上文已经有"以五味、五穀、五药养其病"之语，又有"以五气、五声、五色眡其死生"之文，下文叙述"以五（穀或气）养之，以五药疗之，以五味节之"时出现错误。又如《考工记·弓人》"引如终绁"注："变'譬'言'引'，字

---

① （清）阮元：《校勘本〈十三经注疏〉》（上、下），上海古籍出版社 1997 年版，第 790 页。
② 同上书，第 816 页。
③ 同上书，第 773 页。
④ 同上书，第 691 页。
⑤ 同上书，第 936 页。
⑥ 同上书，第 781 页。
⑦ 同上书，第 925 页。
⑧ 李玉平：《郑玄〈周礼注〉对字际关系的沟通》，硕士学位论文，北京师范大学，2003 年。
⑨ 杨天宇：《郑玄三礼注研究》，天津人民出版社 2007 年版，第 749—763 页。
⑩ （清）阮元：《校勘本〈十三经注疏〉》（上、下），上海古籍出版社 1997 年版，第 668 页。

之误。"① 上文有"譬如终绁",上下文又都有"引"字出现,下文再出现"(引或譬)如终绁"时,重述出现字误。

3. 沟通通假字与本字的关系。共 2 例,约占 11%。这类"字之误"实为"声之误"。与"读为""当为"合用各 1 次。如《春官·男巫》"春招弭"注:"弭读为敉,字之误也"。② "弭"与"敉"声音相同(都是上古明纽支部字),古可通用。"弭"本义是指没有装饰的弓,这里借来表示"安抚"的意思,是通假的用法,本字当作"敉"。如果说是"误"的话,当属郑玄所说的"声之误"类。《地官·大司徒》"其植物宜膏物"注:"膏当为藁,字之误也。"③ 也当属"声之误",膏(见纽宵部)藁(见纽幽部)声同韵近,可相通假。

七 声之误类

共 22 例。约占郑玄笺注中使用"声之误"类术语总数的 27%。

我们统计郑玄在其笺注中共使用"声之误"类术语 82 例,除了《周礼注》中使用外,还有《毛诗笺》1 例,《礼记注》59 例④。

(一)《周礼注》"声之误"术语的具体表述形式

1. 与"当为"合用的类型:共 16 例,约占 74%。(1)"A 当为 B,声之误也"式。共 12 例。如《天官·内饔》"豕盲眡而交睫腥"注:"腥当为星,声之误也。肉有如米者似星。"⑤(2)"A 当为 B,读如'……B……',声之误也"式。共 1 例。《天官·疡医》"疡医掌肿疡、溃疡、金疡、折疡之祝"注:"祝当为注,读如注病之注,声之误也。注谓附着药。"⑥(3)"A 亦当为 B,声之误也"式。共 1 例。《秋官·掌客》"受牲礼"注:"牲亦当为腥,声之误也。"⑦(4)"A、B……字、声之误,A 当为 C,B 当为 D"式。共 1 例。如《考工记·梓人》"觓三升……则一豆矣"注:"觓、豆,字、声之误,觓当为觯,豆当为斗。"⑧(5)"'……A……',又声之误,当为 B"式。共 1 例。《考工记·梓人》"饮一豆酒"注:"一豆酒,又声之误,当为斗。"⑨

2. 与"读为"合用的类型:共 5 例,约占 22%。(1)"A 读为 B,声之误也"式。

---

① (清)阮元:《校勘本〈十三经注疏〉》(上、下),上海古籍出版社 1997 年版,第 936 页。
② 同上书,第 816 页。
③ 同上书,第 702 页。
④ 李云光(1966/2012)第二章第六节"以字音校之"中曾集中关注,李玉平(2003)统计分析《周礼注》"声之误"术语为 23 例,杨天宇(2007)曾分析郑玄《三礼注》中"声之误"类术语 65 例,其中分析《周礼注》中"声之误"术语 20 例。
⑤ (清)阮元:《校勘本〈十三经注疏〉》(上、下),上海古籍出版社 1997 年版,第 662 页。
⑥ 同上书,第 668 页。
⑦ 同上书,第 902 页。
⑧ 同上书,第 925 页。
⑨ 同上书,第 925 页。

共4例。如《地官·旅师》"而用之"注："而读为若，声之误也。"① （2） "A读为'……B……'，齐语声之误也"式。共1例。《春官·司尊彝》"郁齐献酌"注："献读为摩莎之莎，齐语声之误也。"②

3. 单独使用的类型：共1例，约占4%。"A，'……B……'，声之误也"式。共1例。《春官·郁人》"与量人受举斝之卒爵而饮之"注："斝，受福之嘏，声之误也。"③

（二）《周礼注》术语"声之误"的功能分析

关于术语"声之误"的功能分析，李玉平（2003）④、杨天宇（2007）⑤ 曾集中深入关注。总体来看，《周礼注》中"声之误"最主要是和术语"当为"结合起来使用，其次是和术语"读为"结合使用，单独使用例子极少，可以看作是前两种情况的特例。这个术语明确指出了"当为"和"读为"所沟通的两个字之间具有在声音上的相同相近关系，因而才会产生误用。这里的所谓"误"实际上就是"通假"，因而"声之误"的主要功能就是沟通通假字和本字，不过把通假的原因解释为"声之误"而已。我们可以看一下这《周礼注》22例"声之误"所涉及的两个字之间的古音关系对比。出现一次的如：腥（心纽耕部）—星（心纽耕部）、豆（定纽侯部）—羞（心纽幽部）、祝（章纽觉部）—注（章纽侯部）、授（禅纽幽部）—受（禅纽幽部）、句（见纽侯部）—絇（见纽侯部）、思（心纽之部）—司（心纽之部）、而（日纽之部）—若（日纽铎部）、余（余纽鱼部）—馀（余纽鱼部）、信（心纽真部）—身（书纽真部）、斝（见纽鱼部）—嘏（见纽鱼部）、献（晓纽元部）—莎（心纽歌部）、駔（从纽鱼部）—组（精纽鱼部）、炮（并纽幽部）—包（帮纽幽部）、祊（帮纽阳部）—方（帮纽阳部）、辩（并纽元部）—贬（帮纽谈部）、里（来纽之部）—已（余纽之部）；出现2次的，如：衍（余纽元部）—延（余纽元部）、牲（山纽耕部）—腥（心纽耕部）、豆（定纽侯部）—斗（端纽侯部）。

由上面统计我们可以看出"声之误"沟通的字之间都具有音同或音近的特点：或是声韵全同（13例），或是声同韵近（2例），或是声近韵同（4例），或是声近韵通（3例）。正是具备声音上的相同相近关系，因而才能够导致误用或相通假。

八 当为/当作类术语

共50例。约占郑玄在笺注中使用"当为/当作"类术语总数的21%。

我们统计郑玄在其笺注中共使用"当为/当作"类术语240例，其中主要包括"当为""当作""宜为"三种形式。（1）"当为"用例：《周礼注》郑玄使用46例（另引用

---

① （清）阮元：《校勘本〈十三经注疏〉》（上、下），上海古籍出版社1997年版，第745页。
② 同上书，第774页。
③ 同上书，第770页。
④ 李玉平：《郑玄〈周礼注〉对字际关系的沟通》，硕士学位论文，北京师范大学，2003年。
⑤ 杨天宇：《郑玄三礼注研究》，天津人民出版社2007年版，第724—763页。

杜子春 104 例，引用郑司农 30 例），《毛诗笺》20 例，《仪礼注》15 例，《礼记注》100 例。（2）"当作"用例：《周礼注》郑玄使用 2 例（另引用杜子春 4 例，引用郑司农 3 例），《毛诗笺》43 例，《仪礼注》6 例，《礼记注》6 例。（3）"宜为"用例：《周礼注》中使用 2 例①。

（一）《周礼注》"当为/当作"类术语的具体表述形式

1. "当为"。共 46 例。（1）单独使用。共 21 例。①"A 当为 B"式。如《天官·内饔》"凡掌共羞、脩、刑……"注："共，当为具。"② ②"A 当为'……B……'之 B"式。如《春官·肆师》"及其祈珥"注："祈当为进机之机。"③ ③"A 读亦当为 B"式。如《春官·大祝》"右亦如之"注："右读亦当为侑。"④（2）与"字之误"合用。共 9 例。①"AB 当为 AC，字之误也"式。如《天官·疡医》"以五气养之"注："五气当为五谷，字之误也。"⑤ ②"A 当为 B 字之误"式。如《天官·典丝》"则受良功而藏之"注："良当为苦字之误。"⑥ ③"A 当为 B，字之误也"式。如《地官·大司徒》"其植物宜膏物"注："膏当为藳，字之误也。"⑦ ④"A 皆当为 B，字之误也"式。如《春官·簭人》"一曰巫更……九曰巫环"注："此九'巫'皆当为筮，字之误也。"⑧（3）与"声之误"合用。共 15 例。①"A 当为 B，声之误也"式。如《天官·内饔》"豕盲眡而交睫腥"注："腥当为星，声之误也。肉有如米者似星。"⑨ ②"A 字当为 B，声之误也"式。如《春官·大祝》"二曰衍祭"注："衍字当为延……声之误也。"⑩ ③"A 亦当为 B，声之误也"式。如《秋官·掌客》"受牲礼"注："牲亦当为腥，声之误也。"⑪ ④"'……A……'，又声之误，当为 B"式。共 1 例。《考工记·梓人》"饮一豆酒"注："一豆酒，又声之误，当为斗。"⑫（4）与"字、声之误"合用。共 1 例。"A、B……字、声之误，A 当为 C，B 当为 D"式。共 1 例。如《考工记·梓人》"觚三升……则一豆矣"注："觚、豆，字、声之误，觚当为觯，豆当为斗。"⑬

2. "当作"。共 2 例。（1）单独使用。共 1 例。"A 当作 B"式。《地官·小司徒》

---

① 郑玄《周礼注》使用"当为/当作"类术语，李林（1985）统计为 37 例，李玉平（2003）统计为 49 例。杨天宇（2007）分析了《三礼注》中 130 条"当为"类术语材料，其中《周礼注》39 条。
② （清）阮元：《校勘本〈十三经注疏〉》（上、下），上海古籍出版社 1997 年版，第 662 页。
③ 同上书，第 768 页。
④ 同上书，第 811 页。
⑤ 同上书，第 668 页。
⑥ 同上书，第 690 页。
⑦ 同上书，第 702 页。
⑧ 同上书，第 805 页。
⑨ 同上书，第 662 页。
⑩ 同上书，第 810 页。
⑪ 同上书，第 902 页。
⑫ 同上书，第 925 页。
⑬ 同上书，第 925 页。

"施其职而平其政"注："政当作征。"① （2）与"字之误"合用。共1例。"A 当作 B，字之误也"式。《天官·夏采》"以乘车建绥复于四郊"注："故书绥作襓……则旌旂有是绥者，当作綾，字之误也。"②

3."宜为"。共2例。（1）"A 皆宜为 B，字之误也"式。例如《夏官·校人》"八丽一师，八师一趣马，八趣马一驭夫"注："八皆宜为六，字之误也。"③ （2）"ABC 宜为 DBE，盖近之矣"式。如《秋官·掌客》"铏四十二"注："铏四十二宜为三十八，盖近之矣。"④

（二）《周礼注》"当为/当作"类术语功能分析

关于郑玄《周礼注》中"当为/当作"类术语的研究，李林（1985）⑤、李玉平（2003）⑥、杨天宇（2006/2007）⑦⑧曾集中深入关注。我们分析认为，该类术语是以"当为"的使用为主，约占92%，"当作"与"宜为"都用得比较少，都各占4%。就整体来看，"当为/当作"类术语与"字之误"合用的约占22%，与"声之误"合用的约占30%，与"字、声之误"合用的只有1次，占约2%，单独使用的最多，占约46%。

术语"当为/当作"与"字之误""声之误"合用所沟通的字之间的关系情况已见前文分析；考察"当为/当作"类术语单独使用的情况，发现这23条术语所沟通的字之间：（1）要么具有音同音近的特点，共16例，占70%。如①声韵全同的有"政—正"⑨（章纽耕部）、"狄—翟"⑩（定纽锡部）、"右—侑"⑪（匣纽之部）、"授—受"（禅纽幽部）⑫、"宾—傧"⑬（帮纽真部）、"三—参"（心纽侵部）⑭、"政—征"⑮（章纽耕部），②声音相近的有"展（端纽元部）—襢（禅纽元部）"⑯、"祈（群纽文部）—幾（群纽微部）"⑰、

---

① （清）阮元：《校勘本〈十三经注疏〉》（上、下），上海古籍出版社1997年版，第713页。
② 同上书，第694页。
③ 同上书，第860页。
④ 同上书，第900页。
⑤ 李林：《论郑玄的训诂术语》，硕士学位论文，北京师范大学，1985年。
⑥ 李玉平：《郑玄〈周礼注〉对字际关系的沟通》，硕士学位论文，北京师范大学，2003年。
⑦ 杨天宇：《郑玄注〈三礼〉所用"当为"术语释例》，载《社会·历史·文献——传统中国研究国际学术讨论会论文集》，上海人民出版社2006年版。
⑧ 杨天宇：《郑玄三礼注研究》，天津人民出版社2007年版，第724—763页。
⑨ （清）阮元：《校勘本〈十三经注疏〉》（上、下），上海古籍出版社1997年版，第671页。
⑩ 同上书，第691页。
⑪ 同上书，第811页。
⑫ 同上书，第897页。
⑬ 同上书，第897、898页。
⑭ 同上书，第918页。
⑮ 同上书，第713页。
⑯ 同上书，第691页。
⑰ 同上书，第768页。

“运（匣纽文部）—煇（晓纽微部）”[①]、“付（帮纽侯部）—祔（並纽侯部）”[②]、“蚤（庄纽幽部）—爪（精纽幽部）”[③]；（2）要么具有形近的特点，有2例，约占8%。如“書—晝”[④]“四十二—三十八”；（3）甚至有的是形、音皆近，共5例，占22%。如“共（群纽东部）—具（群纽侯部）”[⑤]、“齊（从纽脂部）—齏（精纽脂部）”[⑥]、“施—弛”[⑦]（皆书纽歌部，声韵全同）、“珥—衈”[⑧]（皆日纽之部，声韵全同）等。

结合上面“字之误”“声之误”以及单独使用的“当为/当作”类术语的分析，我们总结“当为/当作”类术语的功能分析如下：

1. 沟通形近而讹的误字和正字关系。凡是形近的皆属于这一类。被释字是形近而误的误字，训释字是记录词项的正字。共10例，约占总数的20%。其形式有“当为/当作”和“宜为”单独使用的各1例、有与“字之误”合用的8例。

2. 沟通通假字和本字。凡是音同音近或形音皆近的都属于此类。这一类的被释字是由于音近而通假的字，郑玄指出是音近而误，实际上是指出了两个字具备通假的条件——声音相近。共37例，约占74%。其中有“当为/当作”单独使用的20例，有与“声之误”合用的15例，有与“字、声之误”合用的1例，有与“字之误”合用的1例。

3. 沟通因上下文有相关干扰信息而导致舛误的正误字关系。共3例，约占总数的6%，都是与“字之误”合用的例子。

（三）“当为”类术语的变体

1. “A，实B字（也）”式。共2例。《地官·媒氏》“入币纯帛”注：“纯，实缁字也。古缁以才为声。”[⑨] 又如《地官·泉府》“买者各从其抵”注：“抵实柢字。”[⑩]

2. “AC实作BC”式。共1例。《天官·内司服》“缘衣”注：“言缘衣者甚众，缘字或作税，此缘衣者实作禒衣也。……缘，字之误也。”[⑪] “某实（作）某”式的功能与术语“当为”的功能基本相当，但语气上比“当为”更为肯定。

---

① （清）阮元：《校勘本〈十三经注疏〉》（上、下），上海古籍出版社1997年版，第803页。
② 同上书，第811页。
③ 同上书，第907、910页。
④ 同上书，第837页。
⑤ 同上书，第662页。
⑥ 同上书，第675页。
⑦ 同上书，第710页。
⑧ 同上书，第768、882页。
⑨ 同上书，第733页。
⑩ 同上书，第738页。
⑪ 同上书，第691页。

九　某与某音声相似（近）类术语

共 5 例。约占郑玄在笺注中使用某与某音相似（近）类术语总数的 36%。

我们统计郑玄在其笺注中共使用某与某音相似（近）类术语 14 例。这类术语包括"音声相近""声相近""音声相似""音相似""声相似""读声相似""声如"等形式。具体可以分为三类：（1）"（音）声相近"用例：《毛诗笺》1 例，《周礼注》1 例，《礼记注》4 例，《仪礼注》1 例；（2）"（读）（音）声相似"用例：《毛诗笺》1 例，《周礼注》2 例（另引用郑司农 4 例，杜子春 1 例）；（3）"声如"用例：《毛诗笺》1 例，《周礼注》2 例（另引用郑司农 1 例），《礼记注》1 例。

（一）《周礼注》某与某音声相似（近）类术语的具体表述形式

1. "A、B、C、D，声相近"式。共 1 例。《天官·内司服》"褘衣、揄狄、阙狄、鞠衣、展衣"注："玄谓，褘、揄、狄、展，声相近。"[①]

2. "A，声如 B"式。共 2 例。例如《春官·小宗伯》"甫竁"注："郑大夫读'竁'为'穿'，杜子春读'竁'为'毳'，皆谓葬穿圹也。今南阳名穿地为竁，声如腐脆之脆。"[②] 又《天官·醢人》"豚拍"注："郑大夫、杜子春皆以'拍'为'膊'，谓胁也。或曰豚拍，肩也。今河间名'豚胁'声如'锻镈'。"[③]

3. "A 音声与 B 相似"式。2 例。如《天官·酒正》"辨四饮之物：一曰清，二曰医，三曰浆，四曰酏"注："糟音声与酒相似，医与臆亦相似，文字不同，记之者各异耳，此皆一物。"[④]

（二）《周礼注》某与某音声相似（近）类术语的功能分析

这类术语作用很明显，就是要说明某两个或几个字之间具有声音相近关系，因而可相通假。具体来说其功能有：

1. 沟通本字和假借字关系。如《天官·酒正》"辨四饮之物：一曰清，二曰医，三曰浆，四曰酏"注："糟音声与酒相似，医与臆亦相似，文字不同，记之者各异耳，此皆一物。"[⑤] 郑玄目的是要说明，这里的"医"是指酒醴一类的东西，用的是本字，与郑司农所说的《礼记·内则》"饮重醴，稻醴清糟，黍醴清糟，粱醴清糟，或以酏为醴，浆、水、臆"中的"臆"是同一种东西，但在记录这一词义上，"臆"是个假借字。郑玄不但说明二者是本字和假借字的关系，而且说明了他们能够相假借的条件——声音相近。

[①]（清）阮元：《校勘本〈十三经注疏〉》（上、下），上海古籍出版社 1997 年版，第 691 页。
[②] 同上书，第 768 页。
[③] 同上书，第 674 页。
[④] 同上书，第 669 页。
[⑤] 同上书，第 669 页。

2. 沟通假借字和本字关系。如《天官·内司服》"袆衣、揄狄、阙狄、鞠衣、展衣"注："玄谓，狄当为翟。袆衣，画翬者；揄翟，画摇者；阙翟，刻而不画。此三者皆祭服。……展衣以礼见王及宾客之服，字当为襢，襢之言亶，亶，诚也。……袆、揄、狄、展，声相近"① 综合注文的上下文看，这里的"袆、揄、狄、展，声相近"不是说"袆、揄、狄、展"几个字声音相近，而是说这几个字分别与"翬、摇、翟、襢"声音相近，因而可相通假。也就是有这样几对关系：翬（本字）——袆（假借字）、摇（本字）——揄（假借字）、翟（本字）——狄（假借字）、襢（本字）——展（假借字）。"声相近"则指出了这些字可以相通假的条件——声音相近。又《天官·醢人》"豚拍"注："郑大夫、杜子春皆以'拍'为'膊'，谓胁也。或曰豚拍，肩也。今河间名'豚胁'声如'锻镈'。"② 这里的"声如"也是如此，目的是用方音证明"胁"与"镈"音近，因而与"膊"音近，因而可相通假，即"膊"是本字，而经文的"拍"字是个假借字。

3. 沟通同源字。如《春官·小宗伯》"甫窆"注："郑大夫读'窆'为'穿'，杜子春读'窆'为'封'，皆谓葬穿圹也。今南阳名穿地为窆，声如腐脆之脆。"③ "脆"字有的版本作"脃"（《说文》："小耎易断也，从肉从绝省。"）"脃"与"脆"是异体字关系），有的版本作"臑"（《说文》："耎易破也，从肉毳声。"）。又《说文》："穿，通也。窆，穿地也。从穴毳声。"可见，穿、脆、脃、窆、臑声近义通。郑玄同意郑兴、杜子春的意见，皆谓"窆"是指穿圹，而且称"今南阳名穿地为窆"。可见其字取"脆（或脃、臑）"字"易破"的含义。因而这里的"声如"用南阳方音指出了这几个同源字具备声近的条件，因而引出同源字，帮助读者理解文意④。

十 其他类术语

共 6 例。某些沟通字际关系术语使用次数很少，只有一两次。

在郑玄其他注释书中也不多见。我们不将其单独列为一类，都归入"其他类"。以往学者关注不多。下面分析这类术语的具体表述形式及其功能。

1. 《周礼注》"AB 同"式。共 2 例。约占郑玄注释中使用数量的 20%。如《天官·外府》"共其财用之币赍"注："赍、资同耳。其字以齐次为声，从贝变易。"⑤《考工记·冶氏》"重三锊"注："许叔重《说文解字》云：'锊，锾也。'…锊、锾似同矣。"⑥ 除了《周礼注》外，"AB 同耳"形式，郑玄还在《仪礼注》中使用 1 例，《礼记注》中使用 2 例；"AB 似同矣"只有《周礼注》中使用；类似形式还有"AB 同也"的使用：

---

① （清）阮元：《校勘本〈十三经注疏〉》（上、下），上海古籍出版社 1997 年版，第 691 页。

② 同上书，第 674 页。

③ 同上书，第 768 页。

④ （清）孙诒让：《周礼正义》，王文锦、陈玉霞点校本，中华书局 1987 年版，第 1456—1459 页。

⑤ （清）阮元：《校勘本〈十三经注疏〉》（上、下），上海古籍出版社 1997 年版，第 679 页。

⑥ 同上书，第 915 页。

《毛诗笺》《仪礼注》中各 2 例,《礼记注》中 1 例。

《周礼注》"AB 同"式功能分析:

这类术语的作用是沟通异体字的关系,郑玄认为某两个字只是字形书写不同,实际上都是记录某一义项的本字,因而称其"某某同"。

2.《周礼注》"A 即 B"式。共 2 例。约占郑玄注释"A 即 B"式用例的 50%。(1)《春官·大胥》"春入学舍采"注:"舍即释也。"① (2)《考工记·韗人》"韗人为皋陶"注:"郑司农云:'韗,书或为鞠,皋陶,鼓木也。'玄谓鞠者,以皋陶名官也。鞠即陶,字②从革。"③ "A 即 B"形式主要沟通同义词之间的关系,因此不仅仅是沟通字际关系,类似用例郑玄在注释中使用共约 21 例。其中《毛诗笺》1 例,《仪礼注》1 例,《礼记注》6 例,《周礼注》13 例,但就只沟通单音节同义字(词)的字际关系而言,则只有《周礼注》中 2 例,《礼记注》中 2 例。

《周礼注》"A 即 B"式的功能分析:

这一术语的作用是沟通同义字的关系。从文中这两个例子来看,郑玄使用这样的术语时,目的不过是说某两个字含义相当,可以置换进经文中去,理解文义。(1)《春官·大胥》文中的"采"是"菜"的假借字,"舍采"即"释菜"。古书中"舍"与"释"经常互换使用,意义相当。如《周礼注》中,已有多次说明。《春官·占梦》"乃舍萌于四方"注:"舍读为释,古书'释菜''释奠'多作'舍'字。"④ 又《春官·甸祝》"舍奠于祖庙"注:"舍读为释。"⑤ 又《春官·大史》"舍箅"注:"舍曰释。"⑥ 又《礼记·月令》:"仲春之月,命乐正习舞释菜。"⑦ 《礼记·文王世子》:"始立学者既兴器用币,然后释菜。"⑧ 可见"舍"与"释"可以互换,在语境中是同义字关系,郑玄的注释"舍即释"也就是要指明二字是同义字。⑨ (2)"鞠即陶"一例中,郑玄的意见是"鞠"与"陶"就是同义字,只不过,"陶(制品)"用在鼓上,因而"字从革"作"鞠"。此二字现在也有的称之为广义分形字。郑玄这里的目的只是想要说明二者的同义关系。

3.《周礼注》"A、B 互言"式。共 1 例。约占郑玄"A、B 互言"用例的 25%。《秋官·柞氏》"夏日至,令刊阳木而火之。冬日至,令剥阴木而水之"注:"刊、剥互言耳。"⑩ 郑玄在注释中共使用"互言"24 例,其中《毛诗笺》2 例,《周礼注》7 例,《仪

---

① (清)阮元:《校勘本〈十三经注疏〉》(上、下),上海古籍出版社 1997 年版,第 794 页。

② 李学勤主编标点本《周礼注疏》,北京大学出版社 1999 年版,第 1112 页。"鞠即陶字","即"原作"则",按阮校:"贾《疏》述注云'鞠即陶字',《仪礼·大射仪》疏引此注同,当据正。"据改。

③ (清)阮元:《校勘本〈十三经注疏〉》(上、下),上海古籍出版社 1997 年版,第 918 页。

④ 同上书,第 808 页。

⑤ 同上书,第 815 页。

⑥ 同上书,第 818 页。

⑦ 同上书,第 1362 页。

⑧ 同上书,第 1406 页。

⑨ (清)孙诒让:《周礼正义》,王文锦、陈玉霞点校本,中华书局 1987 年版,第 1815—1817 页。

⑩ (清)阮元:《校勘本〈十三经注疏〉》(上、下),上海古籍出版社 1997 年版,第 888 页。

礼注》4例，《礼记注》11例。其中涉及沟通单字之间关系的用例，《周礼注》1例，《仪礼注》中2例，《礼记注》中1例。

《周礼注》"A、B互言"式功能分析：

根据该例分析，"互言"就是指明在上下文语境中"刊"与"剥"是同义字关系，为行文有所变化而换字，二字互换位置句意相当。

4.《周礼注》"A，B字磨灭之余"式。共1例。《春官·司几筵》"其柏席用萑黼纯"注："柏，椁字磨灭之余。"① 郑玄在其他注书中没有同样表达，类似的表达还有1例，即《礼记·檀弓下》"衣衰而缪绖"注："衣当为齌，坏字也。"②

《周礼注》"A，B字磨灭之余"式功能分析：

沟通因形近而误的正误字关系。根据该例分析，郑玄是要说明"柏"与"椁"是形近字，本为"椁"，因长时间磨损以致误识读成"柏"字。段玉裁《周礼汉读考》云"郑君谓'椁'字磨灭成柏，亦字之误也"。因此这例说明也可以列入前面"字之误"一类中。

综合上面我们对郑玄《周礼注》中10类从泛时角度进行字际关系沟通的术语及其功能分析，我们发现如下一些规律和特点：

一、郑玄从泛时角度沟通字际关系术语涉及的字际关系种类是多样的（如假借字和后造本字关系、通假字和本字关系，通假字和通假字关系、古本字和重造本字关系、同源字关系、同音字关系、同义字关系、系源本字和分化字关系、异体字和通行字关系、正误字关系、异体字关系等），因此所用沟通术语种类及其具体形式也是多样的，不如从历时角度沟通字际关系那样单一。

二、除了读为、读曰、假借字、字之误等外，许多术语功能常常不是单一的从泛时角度沟通字际关系的术语，而是兼有沟通字际关系和词际关系功能。如读如、之言、当为/当作、声之误、某与某音相似（近）、其他类，等等。

三、郑玄从泛时角度沟通字际关系的术语大多是从语音角度关注的字际关系类型，如读为、读曰、读如、之言、假借字、声之误、某与某音相似（近）等，而从字形角度关注的术语相对较少，如字之误、当为/当作、其他类等。

四、郑玄从泛时角度沟通字际关系术语沟通某种字际关系常常使用多种术语，如同样沟通通假字和本字之间的关系，除了使用"假借字"之外，还使用了读为、读曰、读如、当为/当作、声之误等术语。

五、同从历时角度沟通字际关系术语一样，郑玄从泛时角度沟通字际关系的术语，除了"假借字""字之误""声之误"和其他类术语为首次使用外，都是从之前学者那里继承而来的。如读如类术语、读曰类术语和当为/当作类术语都源自于杜子春，读为类术语始于郑兴，之言类术语来源于《礼记》等经典文献及许慎《说文解字》中的"之为言"，某与某声相似（近）类术语来源于郑司农，等等。

总体来看，郑玄在沟通字际关系理论和实践方面，吸收了以往学者的宝贵经验，在继

---

① （清）阮元：《校勘本〈十三经注疏〉》（上、下），上海古籍出版社1997年版，第775页。
② 同上书，第1316页。

承的基础上又有所发展，取得了令人瞩目的成就。沟通字际关系术语的体系，到郑玄时已经初具规模了，沟通字际关系的实践，在此时也已达到较高的水平。郑玄兼收并蓄，博采众长，成为汉代训诂学的集大成者，也是当时沟通字际关系研究的集大成者。其沟通字际关系的观念、理论、术语、方法、沟通实践等各个方面无论是在当时，还是对以后，都产生了极其巨大的影响。他所使用的术语、方法许多都为后人所沿用发展，有的甚至到今天还有人在沿用。如"古今字""假借字"，等等。

但是，同时我们也应当看到，由于郑玄的沟通字际关系理论和实践还处于初期阶段，因而有许多不完善的地方，有待进一步的发展。如：1. 有的一个术语可以指称多种字际关系，同时还可以指称非字际关系的其他内容，有的是沟通同一种字际关系却使用了多种术语，因而让读者对术语的功用容易产生混淆。2. 没有相应的沟通字际关系术语的说明，不便于对字际关系沟通的理解。3. 沟通字际关系形式不规整，变化太多，使读者很难准确把握其形式规律。4. 沟通字际关系的表述不完整，有省略的情况，给读者理解字际关系沟通造成障碍。

我们也发现，系统的、科学的术语体系对于清楚准确地描写文献字际关系、文字系统字际关系是至为重要的。郑玄术语虽然已经初步形成体系，但内部存在着许多混乱，或是术语有交叉，或是术语层次不清，或是术语功能过多，这都给沟通实践和字际关系描写带来巨大不便。因此，我们对《周礼注》沟通字际关系工作的研究结果，最重要的是能够对当前的沟通字际关系研究提供指导和借鉴，以及对当前字用学术语建设、理论研究、沟通字际关系工作有所启迪。因此我们建议：1. 现代沟通字际关系术语应当力求科学化、系统化、功能单一化。不成系统的术语很难将复杂的字际关系表述清楚，科学化、功能单一化的术语才能准确表述各种字际关系。这方面业师李运富先生做了不少创建性的工作[①]，对推进现代字际关系研究起到了重要作用。2. 沟通字际关系方面的系统科学研究还很缺乏，需要用科学化、系统化的术语将以往的沟通字际关系成果整理出来。我们通过对郑玄一部注释书中的沟通字际关系材料的研究，进一步了解了郑玄在沟通字际关系理论、术语、方法等方面的成就和不足，能够从中获取字际关系研究的许多经验教训，总结出许多规律，对未来的字际关系研究有着重要的指导意义。3. 进行沟通字际关系操作时，应当对自己所用术语有明确说明或凡例。不论是训诂专书还是注释书中的沟通字际关系操作，都应当有沟通者的术语说明，或是发凡体例，并且在具体操作时严格按照这些标准去执行，这样，不论是对读者还是沟通者来说，都能够做到有据可依，避免歧解。

[①] 李运富：《论汉字的字际关系》，载《语言》第 3 卷，首都师范大学出版社 2002 年版；又收入李运富《汉字汉语论稿》，学苑出版社 2008 年版。李运富：《汉字语用学论纲》，载《励耘学刊》（语言卷）2005 年第 1 辑（总第 1 辑），学苑出版社 2005 年版；又收入李运富《汉字汉语论稿》，学苑出版社 2008 年版。李运富：《汉字学新论》（第九章"汉字关系"），北京师范大学出版社 2012 年版。

参考文献

［1］李运富：《论汉字的字际关系》，载《语言》第3卷，首都师范大学出版社2002年版；又收入李运富《汉字汉语论稿》，学苑出版社2008年版。

［2］李玉平：《郑玄〈周礼注〉从历时角度对字际关系的沟通》，《古汉语研究》2009年第3期。

［3］（清）阮元：《校勘本〈十三经注疏〉》（上、下），上海古籍出版社1997年版。

［4］张舜徽：《郑学丛著》，华中师范大学出版社2005年版。

［5］洪诚：《洪诚文集》，江苏古籍出版社2000年版。

［6］李林：《论郑玄的训诂术语》，硕士学位论文，北京师范大学，1985年。

［7］江中柱：《〈周礼〉汉注"读为（曰）"、"读如（若）"新探——略兼及〈说文〉"读若"例》，《湖北大学学报》（社会科学版）1994年第3期。

［8］张能甫：《关于郑玄注释中"读为""读如"的再思考》，《古汉语研究》1998年第3期。

［9］李玉平：《郑玄〈周礼注〉对字际关系的沟通》，硕士学位论文，北京师范大学，2003年。

［10］李玉平：《郑玄〈周礼注〉"读如"类沟通字际关系术语分析》，《台州学院学报》2006年第1期。

［11］刘忠华：《"读如"的训诂作用再探》，《古籍整理研究学刊》2004年第6期。

［12］杨天宇：《郑玄三礼注研究》，天津人民出版社2007年版。

［13］于省吾：《甲骨文字释林》，中华书局1979年版。

［14］李玉平：《郑玄的注释用语"谓若"及其对后代的影响考察》，《宁夏大学学报》（社会科学版）2013年第4期。

［15］宋秀丽：《"读为、读曰"考》，《贵州大学学报》1986年第2期。

［16］刘忠华：《"读为"的训诂作用再探》，《陕西理工学院学报》（社会科学版）2007年第4期。

［17］（清）孙诒让：《周礼正义》，王文锦、陈玉霞点校本，中华书局1987年版。

［18］李云光：《三礼郑氏学发凡》，嘉新水泥公司文化基金会，1966年；又华东师范大学出版社2012年版。

［19］李玉平：《简析郑玄〈周礼注〉"之言"类术语》，《现代语文》2007年第7期。

［20］迪志文化出版有限公司、书同文计算机技术开发有限公司：《文渊阁〈四库全书〉电子版》，上海人民出版社和迪志文化出版有限公司1999年版。

［21］李玉平：《郑众、郑玄"六书"观探隐》，《天津师范大学学报》（社会科学版）2013年第3期。

［22］杨天宇：《郑玄注〈三礼〉所用"当为"术语释例》，载《社会·历史·文献——传统中国研究国际学术讨论会论文集》，上海人民出版社2006年版。

［23］李运富：《汉字语用学论纲》，载《励耘学刊》（语言卷）2005年第1辑（总第1辑），学苑出版社2005年版；又收入李运富《汉字汉语论稿》，学苑出版社2008年版。

［24］李运富：《汉字学新论》（第九章"汉字关系"），北京师范大学出版社2012年版。

郑玄《周礼注》"读如"类沟通字际关系术语分析*

李玉平

郑玄在《周礼注》中直接使用了大量的术语对经文用字进行沟通，这些术语沟通的字际关系或是性质不同（有的是文字系统的字际关系、有的是文献系统的字际关系①），或是字际关系类别不同（如通假字、假借字、异体字、同源字等），或是沟通角度不同（有的是从泛时角度沟通的字际关系术语，有的是从历时角度沟通的字际关系术语）。由于郑用来沟通字际关系的术语往往不是专职的术语，而是兼有其他的训释功能，因而我们在具体分析其沟通字际关系术语功能时，只有将其相关材料都先选取出来，形成语料库，然后从某类术语中离析出其用于沟通字际关系的术语功能。本文就是试着用这种方法从《周礼注》使用的"读如"类术语中离析出其用于沟通字际关系的用例，看一下汉代注释家是如何在注书中进行字际关系沟通的。

《周礼注》中的"读如"类术语从沟通角度来说应当属于泛时角度字际关系沟通术语，所谓泛时，就是说注家用这个术语进行沟通时忽略所要沟通的两个字之间的历时使用关系而关注那两个字之间的职能对应关系。经过考察，我们从《周礼注》找出郑玄使用的"读如"类术语用例62条，从形式上来分，主要有以下九种类型：

1. "A 读如 B"式　共3例

即，P640② "胥十有二人"注："胥读如谞，谓其有才智，为什长。"

P754 "鞮鞻氏"注："鞻读如屦③也。鞮屦，四夷舞者所屝也。"

P909 "则无槷而固"注："槷读如涅，从木埶省声。"

2. "A 读如'……B……'之B"式　共28例

如，P648 "八曰斿贡"注："斿读如囿游之游。游贡，燕好珠玑琅玕也。"

P774 "凡酒脩酌"注："脩读如滌濯之滌。"

3. "（A）读如'……B……'之B"式　共2例

即，P868 "萍氏"注，郑司农云："萍读为蛢，或为萍号起雨之萍"，郑玄："今《天问》'萍号'作'萍'。《尔雅》曰：'萍，蓱，其大者蘋。'（萍）读如'小子言平'之平。"

P910 "去一以为隧"注，郑司农云："隧谓车舆深也。读如钻燧改火之燧。"郑

---

* 本文原载《台州学院学报》2006年第1期。

① 本文分析字际关系所用术语为李运富先生在文《论汉字的字际关系》中提出的术语。

② 所标页码为上海古籍出版社《周礼注疏》（1999年）中的页码，下同。

③ 上海古籍出版社1999年本中"屨"为"屦"，据孙诒让校改。

玄："（隧）读如邃宇之邃。"

4."（A读）如'……B……'之B"式 共2例

即，P838"攠铎"注，郑司农云："攠读如弄。"郑玄："（攠读）如逐鹿之鹿。"

P907"欲其掣尔而纤也"注，郑司农："掣读为纷容掣参之掣。"郑玄："（掣读）如桑螵蛸之蛸。"

5."A……读如'……B……'之B"式 共4例

如，P803"三曰咸陟"注："陟之言得也，读如王德翟人之德。言梦之皆得，周人作焉。"

P868"司烜氏"注，郑司农："当为烜。"郑玄："烜，火也，读如卫侯燬之燬。故书燬为烜。"

6."A读如'……A……'之A"式 共18例

如，P648"六曰主以利得民"注："利读如上思利民之利，谓以政教利之。"

P801"掌鼙鼓"注："鼓读如庄王鼓之鼓。"

7."A……读如'……A……'之A"式 共1例

即，P712"四丘为甸"注："甸之言乘也，读如衷甸之甸。"

8."（A）读如'……A……'之A"式 共3例

如，P754"䍋师"注，杜子春："读䍋为蒛茎著之蒛。"郑玄："（䍋）读如䍋輨之䍋。"

P845"士以三耦射豻侯"注："《大射礼》'豻'作'干'，（豻）读如宜豻宜狱之豻。豻，胡犬也。"

P935"欲小简而长"注，郑司农："读为捆然登陴之捆。"郑玄："（简）读如简札之简。"

9."A……（读）如'……A……'之A"式 共1例

即，P917"则是以博为帴也"注，郑司农："帴读为翦，谓以广为狭也。"郑玄："帴者，（读）如俴淺之俴[1]，或者读为羊猪笺之笺。"

下面我们来看一下"读如"类术语的功能：

关于"读如"的功能研究常常是与"读为"放在一起的，乾嘉以来许多学者都曾对此有过研究，已颇尽郑意，但未免失之笼统，或失之主观[2]。当代研究者则当属洪诚先生《训诂学》[3]中的论述较为公允，张能甫先生1998年发表的《关于郑玄注释中"读为""读如"的再思考》[4]一文又有进一步的分析。但洪氏仍是从总体上对郑玄术语用法的论述，并非专书"术语"的统计分析；张先生的分析也是就《三礼注》中所有术语"读如"来谈的，而且在做法上也并非是要从中离析出郑玄用于沟通字际关系的术语。本文在借鉴前贤的基础上，结合上面统计数据，分析如下：

---

[1] 原书作"俴淺之淺"，据阮校改。
[2] 限于篇幅，相关研究状况另文论述。
[3] 参见《洪诚文集》，江苏古籍出版社2000年版，第173—182页。
[4] 参见《古汉语研究》1998年第3期。

1. 沟通字际关系术语。共 32 例。约占总数的 51.6%。

1）沟通假借字和后造本字。共 5 例，约占 8.1%。如 P640 "胥十有二人"注："胥读如諝，谓其有才智，为什长。"表示"有才智"这个含义，本来借"胥"字表示（胥本义是蟹酱，《说文》："胥，蟹醢也。从肉、疋声。"），后来才造出本字"諝"来专门记录这一义项。《说文》："諝，知也。从言，胥声。"类似例句再如：

P875 "以比追胥之事"注："胥读如宿偦之偦，偦谓司搏盗贼也。"

P927 "去一以为晋围"注："晋读如王搢大圭之搢，矜所捷也。"

2）沟通通假字和本字。共 23 例，这是"读如"在《周礼注》中最主要的沟通字际关系功能，约占 37.1%。如 P648 "八曰斿贡"注："斿，读如囿游之游，游贡，燕好珠玑琅玕。"阮元校勘记引段玉裁《周礼汉读考》云"燕好珠玑琅玕皆游观之物"，先秦旌旗之流字作"斿"，游观字作"游"。因而经文的"斿"是通假字，郑玄列出其本字"游"字。其他如：

P668 "疡医掌肿疡、溃疡、金疡、折疡之祝药劀杀之齐"注："祝当为注，读如注病之注，声之误也。注谓附著药。"

P737 "緫布"注："緫读如租穄之穄，穄布谓守斗斛铨衡者之税也。"

3）沟通本字和通假字。共 1 例。如 P831 "司爟"注："故书爟为燋……爟读如予若观火之观。今燕俗名汤热为观，则爟火谓热火与？"本来"爟"应当为"热火"的本字，但可能该字生僻，因而郑玄引用人们熟知的文献通行用字"予若观火"中的"观"来解读，反而会更容易理解，而在表示这个含义上，"观"字却是个通假字，郑玄后面又引用了"今燕俗名汤热为观"进一步说明。

4）沟通通假字和通假字。共 1 例。如 P856 "恒矢、庳矢"注："庳读如痺病之痺，痺之言伦比。"这里的"庳"读如"痺"（"痹"的俗字），两个字都是借字；"痺"与"比"音近通假，因此后面的"痺之言伦比"所沟通的"比"字才是本字。

5）沟通古本字和重造本字。共 1 例。如 P868 "庶氏"注："庶读如药煑之煑，驱除毒蛊之言。"贾公彦疏曰："意取以药煮饭去病，去毒蛊亦如是。"《说文》："庶，屋下众也。从广、炗。炗，古文火光字。"于省吾《甲骨文字释林》认为"庶"字是从火石、石亦声的会意兼形声字，即古文"煮"之本字，本意是以火燃石而煮，根据古人实际生活而象意依声以造字。因古籍中每借"庶"为"众庶"之"庶"，又别制"煮"字以代之。因此在"煮"这个义项上，"庶"是古本字，而"煑"则是重造本字。

6）沟通同源字。共 1 例。如，P869 "薙氏"，郑玄注："书薙或作夷……薙读如鬀小儿头之鬀，书或作夷，此皆剪草也，字从类耳。"这里郑玄的"读如"实际上是给出"薙"的同源字"鬀"，让读者明确二字具有的共同的词源意义。剪草称"薙"，剪头称"鬀"，同样一个动作只是在不同事物上的应用，因而后面郑玄说"字从类耳"。同源字不是同功能字，沟通同源字的目的不是要按相关的同源字去解读原文，这里的"薙氏"就不能按"鬀氏"来理解。因而同源字关系不是同功能的文献用字关系，注释中沟通这种关系意在帮助读者更好地理解被释字，这跟前几种字际关系需要易字来解读原文显然是不同的。

2. 拟音术语。共 10 例，约占 17.7%。这类"读如"的特点是读如字只是为帮助读出被读如字的读音。读如的字大都是为时人所熟知读音的字，而且常常还指出是在某个明确语句中的某个字的读音。

如，P815"禂牲禂马"注："禂读如伏诛之诛，今侏大字也。为牲祭，求肥充；为马祭，求肥健。"贾公彦疏："'玄谓禂读如伏诛之诛'者，此俗读也。……此从音为诛。"后面的"今侏大字也"中的"侏"才具体沟通"禂"所要取的含义。阮元《校勘记》中举例证明"侏"有"大"的含义，可能是"侅"的异体字。再如：

P836"教茇舍"注："茇读如莱沛之沛，茇舍，草止之也。军有草止之法。""沛"字也只是拟音，而不解释词义。

P838"擁铎"郑司农云："擁读如弄。"郑玄："玄谓（读）如'涿鹿'之鹿。掩上振之为擁，擁者，止行息气也。""读如"也只是取"鹿"的读音。

3. 释义术语。这类术语共 7 例，约占 11.3%。这类"读如"的特点是读如字和被读如字是同一个字，这种字大都是一音多义，并且都是在具体语境中确定被读如字的意义。如 P648"六曰主以利得民"注："利读如'上思利民'之利，谓以政教利之。""利"字单音多义，"上思利民"之"利"与"以利得民"之"利"同义，这类"读如"是释义。再如：

P737"凡珍异之有滞者"注："故书滞或作廛……玄谓，滞读如沉滞之滞。"

P754"轵师"注，杜子春："读轵为疾茎著之疾。"郑玄："（轵）读如轵榦之轵。"

4. 拟音兼释义的术语。共 13 例，约占 21.0%。该类特点也是读如字与被读如字相同，但这种字是多音多义的①，因而该类"读如"是既拟音又释义的，因为读音不同，意义也就有差别。如 P712"四丘为甸"注："甸之言乘也，读如'衷甸'之甸。""甸"字多音多义②，这里是读成《左传·哀公十七年》"良夫乘衷甸两牡"之"甸"的读音，并取其意义。"衷甸"即"中乘"，古代指两马一辕的卿车，是对前面"甸之言乘也"的具体解释。再如：

P902"辟行之"注："辟读如辟忌之辟，使皆知王之所好者而行之，知王所恶者辟而不为。""辟"是多音多义字，这里也是在语境中释义。

P846"作大夫介"注："作读如作止爵之作。""作"字也是多音，可通假为多个字，如通假为"詛"（《诗经·大雅·荡》："侯作侯祝。"）、"詐"（《管子·法法》："倨傲易令、错仪、画制作议者尽诛。"）、斮（《礼记·内则》："肉曰脱之，鱼曰作之。"）等，这里则通过"读如"明确了其音义。

下面我们考察一下与"读如"比较类似的两个术语："读若"和"谓若"。

《周礼注》中的"读若"只有一个用例，我们称为"术语"，是出于两点考虑：第一，"如"与"若"基本含义相同，因此"读若"可以就认为是"读如"。第二，连同《仪礼注》中的另一例（P1062"车秉有五籔"注："秉、籔数名也。秉有五籔，二十四

---

① 我们判断某字是否多音，主要根据该字在东汉以前的文献用例，后出的音义用例不算在内。

② 读音 1：《说文》："甸，天子五百里，从田，包省。"林义光《文源》："《说文》从勹之字，古作从人，甸当与佃同字……从人田，田亦声。"读音 2：《周礼》"若大甸"郑玄注："甸读曰田。"

斛也。籔读若不数之数。今文籔或为逾。"①）在内，其用法也完全可以被"读如"所包含。因此，我们完全可以把它看作是"读如"的一个变体而称为术语，只不过用例太少。至于"谓若"，则不是孤例，但这个术语一般研究资料很少提及。

我们考察郑玄《周礼注》中郑玄使用"谓若"共17次。如：

P670"宾客之陈酒亦如之"注："谓若归饔饩之酒，亦自有奉之者，以酒从往。"

P672"羞籩之实"注："羞籩，謂若《少牢》主人酬尸，宰夫羞房中之羞于尸、侑、主人、主婦，皆右之者。"

P702"设其社稷之壝而树之田主，各以其野之所宜木"注："所宜木，谓若松柏栗也。若以松为社者，则名松社之野，以别方面。"

P826"掌四方之志"注："志，记也。谓若鲁之《春秋》、晋之《乘》、楚之《梼杌》。"

P816"祭祀，则共匰主及道布及蒩馆"注："玄謂……蒩之言藉也，祭食有当藉者。館所以承蒩，谓若今筐也。"

由此可见，"谓若"也完全可以看作郑玄的训诂术语之一，其主要功能是用举例说明的方式对文意进行训释。但上列材料中的"谓若"很明显不是在沟通字际关系，因而这里不作进一步的分析；只有P926的一例我们认为可能是沟通了字际关系，提出来在下面加以分析。

对《周礼注》中的"读若""谓若"分析：

1．"A读若'……B……'之B"式　共1例

P926"上两个与其身三，下两个半之"注："个读若齐人搚幹之幹，上个、下个皆谓舌也。"

"读若"的功能：沟通字际关系术语。

这里是沟通通假字和本字，指出"个"是个通假字，本字当是《公羊传》中"桓公朝齐，齐侯使公子彭生搚幹而杀之"中的"幹"字，音义都应当按照"幹"字理解。贾公彦疏持此说，孙诒让《周礼正义》中也称："后郑意，此上下两个夹身为之，若两胁然，故以搚幹拟其音而其义亦现。"可见"读若"确实是沟通了通假字和本字。

2．"A谓若'……A……'之A"式　共1例

P926"刺兵欲无蜎"注："（故书）蜎或作绢……蜎亦掉也，谓若井中蟲蜎之蜎。"

"谓若"的功能：拟音兼释义。

孙诒让《周礼正义》认为"谓"可能是"读"之误②。我们不同意其观点，认为它和"读若"一样，都是郑玄训释术语，在该例中的作用则与"读如"相当，拟音兼释义。《汉语大字典》"蜎"有两个读音：yuān，xuān（通"翾"）。这里是明确了"蜎"读第一个读音，即孑孓，蚊子的幼虫，通称"跟头虫"，在水中动摇不定，不时地作掉头掉尾之

---

① 《礼记注》中郑玄没有使用术语"读若"。

② （清）孙诒让：《周礼正义》（全14册），中华书局1987年版，第3409页。

状。因而，郑玄称"蜎亦掉也"，可见此例"谓若"既有拟音又有释义的作用①。

由以上分析可以看出，"读如"类术语的功能比较多。但最主要的还是充当沟通字际关系术语；其次是拟音兼释义、拟音，再次是释义。在作为沟通字际关系术语的"读如"中又以沟通通假字和本字的居多。至于与"读如"类术语相关的两个术语"读若"和"谓若"，前者只有1例，属于沟通字际关系术语；后者主要功能是用举例说明的方式对文意进行训释，只有1例的作用是拟音兼释义，不属于沟通字际关系术语。

参考文献

[1]（汉）郑玄、（唐）贾公彦：《周礼注疏》附（清）阮元《周礼注疏校勘记》，《十三经注疏》本，上海古籍出版社1997年版。

[2]（汉）郑玄、（唐）贾公彦：《周礼注疏》，《十三经注疏》标点本，李学勤主编，北京大学出版社1999年版。

[3]（清）段玉裁：《周礼汉读考》六卷，皇清经解刻本。

[4]（清）孙诒让：《周礼正义》（全14册），中华书局1987年版。

[5] 张舜徽：《郑学丛著》，齐鲁书社1984年版。

[6] 齐佩瑢：《训诂学概论》第三章"术语"，北京国立华北编译馆1943年版，中华书局1984年版。

[7] 陆宗达、王宁：《训诂与训诂学》，山西教育出版社1994年版。

[8] 洪诚：《洪诚文集》，江苏古籍出版社2000年版。

[9] 李林：《郑玄训诂术语研究》，北京师范大学硕士学位论文，1985年6月。

[10] 王宁：《训诂学原理》，中国国际广播出版社1996年版。

[11] 王宁主编：《汉字学概要》，北京师范大学出版社2001年版。

[12] 李运富：《论汉字的字际关系》，载《语言》第3卷，首都师范大学出版社2002年版。

[13] 李建国：《汉语训诂学史》（修订版），上海辞书出版社2002年版。

---

① 当然如果将这一例"谓若"的用法也看作是举例说明的话也说得通，但我们认为它同时也有拟音兼释义的作用。

试析郑玄《周礼注》中的"古文"与"故书"*

李玉平

《周礼注》中使用了大量的"故书",也使用了很少的几例"古文"。这两个术语各自的含义和功用是怎样的?具体使用形式如何?来源何自?这些问题,应当说以往许多学者都曾有过探讨,基本得其要旨,但又都似乎显得有些粗略。本文认为有更进一步详细揭示的必要,这将有助于我们对这些问题的深入理解和研究。

一 以往关于《周礼注》中"古文"和"故书"的主要观点

关于《周礼注》中"古文"含义的争议,主要有两种观点:

1. 认为《周礼注》中"古文"与《仪礼注》中的相同,即指所谓的古文经的文字,或称"孔氏古文""孔子壁中书""东方六国文字""六国文字"等。这种"古文"主要来源为汉武帝时鲁恭王坏孔子宅所得壁中书。很多学者都持这种观点,如张舜徽《郑学丛著·郑雅·纂集略例》中认为"古文"是指汉以前的字体;周大璞先生的《训诂学初稿》中也没有区分《周礼注》的"古文"与《仪礼注》中的"古文",我们认为他们的观点是认为二书的"古文"是相同的;孟世凯《务实经学大师郑玄》一文中认为古文字是战国时期的六国文字[1]。李林先生《论郑玄的训诂术语》[2] 一文中也没有区分《周礼注》"古文"与其他两礼中"古文"的区别。而且认为"古文"与"故书"都是指郑玄用以表示古今文经用字不同的,这一点则又与以往大多学者认为"古文"与"故书"不同的观点是相左的。

2. 《周礼注》中的"古文"是"古本故书"的意思,与《仪礼注》中的"古文"不同。如齐佩瑢先生就持此观点。他在《训诂学概论》中说:"汉儒传经,有古今文之别;今文为隶书,古文为六国时书;古文经出自孔壁鲁淹及河间中秘藏,《汉书·艺文志》已经著录,计有《尚书古文经》、《礼古经》、《春秋古经》、《论语古》、《孝经古孔氏》……等数种。故康成注《礼》有今古文之语。……《易》费氏、《诗》毛氏、《礼·周官》……等书,虽也属古文学派,但是字体方面,并非与孔壁古文为一系,而且其中的《周官》无今文,所以《周礼》郑玄《注》只称'故书作某'。……《天官庖人注》:'獻,古文为獸。'此古文非壁中书,大概是古本故书的意思。"

---

* 本文原载《古籍整理研究学刊》2005年第5期。

[1] 参见王振民主编《郑玄研究文集》,齐鲁书社1999年版。

[2] 李林:《郑玄训诂术语研究》,硕士学位论文,北京师范大学,1985年,第43—44页。

关于郑玄"故书"术语的含义也观点不一，主要有如下诸说：

1. 贾公彦《周礼·天官·大宰职注》疏："言故书者，郑注《周礼》时有数本，刘向未校之前，或在山岩石室有古文，考校后为今文，古今不同，郑据今注，故云'故书作……'"① 后来的许多学者都同意此说，认为这里所说的"古文"就是所谓的"故书"，"今文"即《周礼注》所谓的"今书"。

2. 阮元《周礼注疏校勘记序》：郑玄"云'故书'者，谓初献于秘府所藏之本也。其民间传写不同者，则为今书。"

3. 清代宋世荦《周礼故书疏证》中认为："某所称'故书'即秘府所藏之古文。其书或即'故书'，或乃先师所传之隶古定，为故书之异读字，而非当世传写本之今文。今文在《乡师》《均人》《小祝》注谓之今书，与'书或为''故书'异文，判然各别。秘府只此一本，故注载'故书'无异文，隶古定所读不能无异，'故书'或每有两字并见。"②

4. 清代徐养源《周官故书考》一书则论述更加详备，认为《周礼》自刘歆以来，只有古文之学，无所谓今文，不像《仪礼》自有古今文两家之学，因而《周礼注》只称"故书""今书"，与《仪礼注》所称"古文""今文"不同。且《周礼》只有秘府所载河间献王所献者为祖本，也有古文本，与孔壁诸经同，但都不为郑兴郑众父子所见到。《周礼注》所说的"故书""今书"犹言"旧本""今本"。所谓的"故书"也是校过的本子，有杜子春及郑兴父子所据之本，有郑玄所据之本，都不一定是秘府旧本，只不过比"今书"所出略前，因而称其为"故书"，"今书"则是郑玄所见到的当时传写之本。而且"故书""今书"可能都无法确定是哪家的本子，郑玄也无法一一弄清，因为除了前面所说的之外，还有贾逵、马融诸家所校的本子。

5. 今人王锷《三礼研究论著提要》中总结前贤诸说，认为"故书"是刘歆校勘以前的本子，"今书"为郑玄当时所见到的本子，即"故书""今书"为古文经的不同传本而已，也就是徐养源所谓的旧本、今本，而不是贾公彦所说的"古文""今文"。郑玄作注时，以故书本为注本，因而当经文从"今书"时，则在注释中存"故书"之异文。

那么，《周礼注》中的"古文"和"故书"到底是什么含义呢？我们对此做了全面的考察。

二　我们关于《周礼注》中"古文"和"故书"的考察

郑玄在《周礼注》中直接使用的"古文"③用例，共有7处，从形式上可分为以下四种类型：

---

① （清）段玉裁：《说文解字注》，上海书店出版社1992年版，第648页。
② 参见《续修四库全书总目提要》，第96页。
③ 《周礼注》中没有使用术语"今文"的用例。

1. "A，古文 B" 式（1 例）
(1) P819①"以志星辰日月之变动"注："志，古文識。識，记也。"
2. "A，古文为 B" 式（1 例）
(2) P661"宾客之禽献"注："献，古文为獸。杜子春云：'当为献。'"
3. "A，古文或作 B" 式（1 例）
(3) P916"槀氏"注："槀，古文或作歷。"
4. "A，古文 B 假借字" 式（4 例）
(4) P923"衡四寸"注："衡，古文横假借字也。衡谓勺径也。"
(5) P924"以其笴厚为之羽深"注："笴读为稾，谓矢幹，古文假借字。"
(6) P927"置槷以县"注："故书槷或作弋，杜子春云'槷当为弋，读为杙。'玄谓槷，古文臬假借字。于所平之地中央，树八尺之臬，以县正之，视之以其景，将以正四方也。《尔雅》曰：'在墙者谓之杙，在地者谓之臬。'"
(7) P937"宽缓以荼"注"荼，古文舒假借字。郑司农云'荼读为舒'。"

分析以上《周礼注》中的"古文"用例，其中四条都是与"假借字"一起搭配使用的。

例（5）是说"志"是古文的"識"，"識"就是"记"的意思；例（6）是说"献"古文写作"獸"，杜子春认为应当写作"献"；例（7）是说"槀"，古文有的写作"歷"，但并不是所有的"古文"都这么写。例（8）（9）（10）（11）中"古文"虽与"假借字"搭配使用，但实际各自承担的职能是不同的。"古文"指出了古文用的字与郑玄时代的字不同，着眼的是从历时角度的沟通，帮助读者理解文献，目的是告诉读者，文献中用这两个不同的字要表达的含义是相同的，也就是说语境中的两个字在记录某个义项上具有历时使用关系；而"假借字"则着眼的是从泛时角度沟通两个字的关系，目的是要告诉读者，之所以会造成这两个字使用不同的原因。因为关于"假借字"，郑玄自己曾经有过论述（陆德明《经典释文》及张守节《史记正义·论音例》都曾引用过）："其始书也，仓促无其字，或以音类比方，假借为之，趣于近而已。受之者非一邦之人，人用其乡，同言异字，同字异言，于兹遂生矣。"这段论述正是说明"假借字"形成的原因。

由此来看，《周礼注》中的"古文"与《仪礼注》中"古文"是不同的。《仪礼注》中的"古文"指古文经的文字，与"今文"对照十分鲜明，这已经是共识。而《周礼注》中只有"古文"，没有"今文"的用例，足见不是古今文经的对照，只是个别古今不同形体的文字职能对应问题。我们应当能够肯定"古文"是古汉字的一种，与郑玄时所见的经文本用字不同，而且两种文字具有在记录某一义项或词项上的历时使用关系。另外，《周礼注》中"古文"与其中大量使用的"故书"应当说是判然有别的，我们不同意李林先生将二者功用等同的做法。一个明显的例证就是上面所列的第（10）条："置槷以县"注"故书槷或作弋，杜子春云：'槷当为弋，读为杙。'玄谓槷，古文臬假借字。"这里面同时有"故书"和"古文"两个术语出现，假如二者功能相同的话，还有必要同

---
① （汉）郑玄、（唐）贾公彦：《周礼注疏》附（清）阮元《周礼注疏校勘记》，《十三经注疏》本，上海古籍出版社 1997 年版，下同。

时使用两次吗？显然不是这样的。从我们对《周礼注》中涉及沟通字际关系的 216 条"故书"类术语用例的考察结果来看，《周礼注》中的"古文"与"故书"的含义也是不相同的，测查结果如下：

《周礼注》中使用的"故书"类术语从形式上可以分为三大种类型①：

（一）"故书"类（共 211 例）

1. "故书 A（或）作 B"型

1.1　故书 A 作 B

（1）"A 故书作 B"式

如，P648"二曰嫔贡"注："嫔，故书作賓。"

（2）"故书 A 作 B"式

如，P672"羞籩之实，糗饵、粉餈"注："故书餈作茨，郑司农云：'……茨字或作餈，谓干饵饼之也。'"

（3）"CA 故书作 CB"式

如，P654"四曰听称责以傅别"注："傅别，故书作傅辨。郑大夫读为'符别'，杜子春读为'傅别'。玄谓……傅别，谓为大手书于一扎，中字别之。"

1.2　故书 A 或作 B

（1）"故书 A 或作 B"式

如，P731"使其属帅四夷之隶"注："故书隶或作肆，郑司农云：'读为隶。'"

（2）"A，故书或作 B"式

如，P917"鲍人之事"注："鲍，故书或作鞄。"

2. "故书 A（或）为 B"型

2.1　故书 A 为 B

（1）"故书 A 为 B"式

如，P671"凌人掌冰正"注："故书正为政……政当为正，正谓夏正。"

（2）"A 故书为 B"式

如，P843"凡沈辜、侯、禳、衅、积"注："积，故书为眦。郑司农云：'眦读为渍，谓洫国宝、渍军器也。'玄谓积，积材、禋祀、栖燎，实材。"

（3）"AC 故书为 BC"式

如，P654"七事者，令百官府共其财用"注："'七事'，故书为'小事'。杜子春云：'当为七事，书亦或为七事'"。

（4）"故书 CA 为 CB"式

如，P825"孤乘夏篆"注："故书夏篆为夏缘。郑司农云：'夏，赤色。缘，缘色。或曰：夏篆，篆读为圭瑑之瑑，夏篆，毂有约也。'玄谓夏篆，五彩画毂约也。"

（5）"故书 AC 为 B"式

如，P823"锡面朱緫"注："故书朱緫为繱……郑司农云'繱当为緫，书亦或为

---

① 我们这里将"今书""书或作"两种情况也归入"故书"类。统计数字是手工测查，可能并不完全准确。

總'。"

2.2 故书 A 或为 B

（1）"故书 A 或为 B"

如，P675"鴈醢"注："故书鴈或为鶉。杜子春云：'当为鴈。'"

（2）"故书 A 或为 B……今书多为 A……"式

如，P714"巡其前后之屯"注："故书屯或为臀。郑大夫读屯为课殿，杜子春读为在后曰殿，谓前后屯兵也。玄谓前后屯，车徒异部也。今书多为屯，从屯。"

（3）"故书 AC 或为 BC"式

如，P757"以實柴祀日、月、星、辰"注："實柴，實牛上柴也。故书'實柴'或为'賓柴'"

（二）"今书"类（共 3 例）

（1）P714"巡其前后之屯"注："故书（巡作述），屯或为臀。郑大夫读屯为课殿，杜子春读为在后曰殿，谓前后屯兵也。玄谓前后屯，车徒异部也。今书多为屯，从屯。"

（2）P730"则公旬用三日焉"注："旬，均也。读如薗薗原隰之薗。《易》'坤为均'，今书亦有作旬者。"

（3）P812"置銘"注："銘，今书或作名。郑司农云：'铭，书死者名于旌，今谓之柩。'"

（三）"书或作"类（"故书或作""今书或作"中的"书或作"除外，共 2 例）

（1）P869"薙氏"注："书薙或作夷……玄谓薙读如鬀小儿头之鬀，书或作夷，此皆剪草也，字从类耳。"

（2）P907"无以为戚速也"注："速，疾也。书或作數。"

将"古文"用例与上面"故书"用例的具体使用形式相对照，就已经可以看出二者的使用区别是明显的。"故书"类术语用例的三大类型中，"故书"和"今书"两种类型目的都是要展示旧本和新本在用字上的不同，郑玄在此基础上择优而从，也同时提供学者以选择判断的余地；而"书或作"类则当是无法判定是"故书"还是"今书"的本子所从之字。"故书"类术语并不是要沟通字之间的同功能关系，因为在郑玄使用了术语"故书"后，一般都还会用其他沟通术语进行专门的字际关系沟通。如，

P671"凌人掌冰正"注"故书正为政，政当为正，正谓夏正"。显然，这里虽然使用了"故书"类术语，但目的并非在沟通字际关系，而后面的"政当为正，正谓夏正"才是在沟通字际关系；再如 P683"皆辨其物而奠其錄"注"故书錄为禄"，郑玄又引用杜子春的沟通意见"禄当为錄，定其錄籍"。可见引用的意见才是在沟通字际关系；同样，P692"夏纁玄"注"故书纁作𪉩"，郑玄又引用郑司农的意见"𪉩读当为纁，纁谓绛也"。也是如此。这样的例子比比皆是。而"古文"的使用则截然不同，明确指出了古文用的字与郑玄时代的字不同，即语境中的两个字在记录某个义项上具有历时使用关系，参见前文例证。

由此，综合上述研究，对于前面所列诸家关于"古文"和"故书"的讲法，我们认为齐佩瑢先生的"古文"说法和徐养源、王锷两位先生的"故书"说法比较符合实际情况①。郑玄在《周礼注》中的"古文"不同于《仪礼注》中指古文经的"古文"，应当是指比郑玄所见古文经《周礼》文字更早的文字写法，即不一定是指《周礼》的更早版本中的文字，因为不同版本的文字沟通职能郑玄另有术语"故书"承担。"古文"与"故书"职能也不相同，前者是历时沟通字际关系术语，其本质上属于训诂学术语；后者是郑玄使用的沟通《周礼》不同版本用字的术语，其本质上属于文献学术语。

三 余论：关于《周礼注》中"古文"和"故书"的来源问题

下面，我们再谈一些关于郑玄所用术语"古文"和"故书"的来源问题。

（一）郑玄并非是第一个使用"古文"术语的人。尚且不说他之前就曾经有过古文经学的辉煌时期，刘歆、贾逵、马融、许慎等人都肯定用过此术语"古文"，如许慎《说文解字》中就大量使用了"古文"。只是各家所用术语的具体所指可能还有一定的差别。就《周礼注》而言，郑玄就在注释中引用了前人郑众（司农）使用"古文"的沟通材料。如：

A. P766"掌建国之神位"注，郑玄"故书位作立"，郑司农"立读为位，古者立、位同字。古文春秋经'公即位'为'公即立'"。

B. P818"叙昭穆之俎簋"注，郑司农云"几读为軌，书亦或为簋，古文也"。

很明显，郑众已经明确使用了"古文"这一术语。只不过他 A 条中所指称的对象明显应当是汉代今古文之争中的"古文经"，B 条中则与郑玄所用含义相同。但不管怎样，在这两条中，郑众也是利用术语"古文"进行了历时的字际关系沟通，这应当就是郑玄注《周礼》所用几处"古文"的来源。

（二）郑玄也不是第一个使用"故书"和"书或作"的人。他之前的郑众就曾使用过这两个术语。

1. 郑众使用的"故书"（共 3 例）

（1）P699"泉府"注："郑司农云'故书泉或作钱'。"

（2）P773"其朝践用两大尊"注："郑司农云'……故书践作饯，杜子春云"饯当为践"'。"②

（3）P907"取诸圜也"注"郑司农云'……故书圜或作员，当为圜'。"

2. 郑众使用的"书或作"（共 4 例）

（1）P907"牙也者，以为固抱也"注："郑司农云'牙读如跛者訝跛者之訝，谓轮輮也。世间或谓之罔，书或作輮'。"

（2）P907"欲其微至也"注："微至，至地者少也。非有他也，圜使之然也。郑司农

---

① 王锷先生的总结也基本是徐养源的观点。

② 此处从（2）（3）皆从汉·郑玄、唐·贾公彦：《周礼注疏》，《十三经注疏》标点本，李学勤主编，北京大学出版社 1999 年版。中标点分别见该书第 517 页和第 1069 页。

云'微至，书或作危至'。"

（3）P909"萬之以眡其匡也"注："故书萬作禹。郑司农云'读为禹，书或作矩'。"

（4）P913"軓前十尺，而策半之"注："十或作七。合七为弦，四尺七寸为钩，以求其股，股则短矣，'七'非也。郑司农云：'軓，谓式前也。书或作𨊠。'玄谓軓是。軓，法也。谓輿下三面之材，輢式之所尌，持车正也。"

可见，由《周礼注》本身的材料也能看出，郑玄所用术语是来源有自的，并非其一人所独创。

参考文献

[1]（汉）郑玄、（唐）贾公彦：《周礼注疏》附（清）阮元《周礼注疏校勘记》，《十三经注疏》本，上海古籍出版社1997年版。

[2]（汉）郑玄、（唐）贾公彦：《周礼注疏》，《十三经注疏》标点本，李学勤主编，北京大学出版社1999年版。

[3]（清）徐养源：《周官故书考》，上海古籍出版社1996年版。

[4]（清）孙诒让：《周礼正义》（全14册），中华书局1987年版。

[5]张舜徽：《郑学丛著》，齐鲁书社1984年版。

[6]齐佩瑢：《训诂学概论》，北京国立华北编译馆1943年初版，中华书局1984年版。

[7]李林：《郑玄训诂术语研究》，硕士学位论文，北京师范大学，1985年。

[8]王宁：《训诂学原理》，中国国际广播出版社1996年版。

[9]王锷：《三礼研究论著提要》，甘肃教育出版社2001年版。

[10]李运富：《论汉字的字际关系》，载《语言》第3卷，首都师范大学出版社2002年版。

[11]李建国：《汉语训诂学史》（修订版），上海辞书出版社2002年版。

[12]（清）皮锡瑞：《经学历史》，中华书局1959年版。

略论"古今字"观念的产生时代问题*

李玉平

关于"古今字"观念的产生时代问题,学界关注很多,目前的意见主要有以下五种:(1)清代段玉裁认为"古今字"概念始自先秦的《尔雅》和西汉的《毛传》①。(2)认为"古今字"概念产生于西汉。杨润陆(1981)②指出:"古今字的概念产生于训诂学盛行的汉代。"并引《汉书·儒林传》:"孔氏有古文《尚书》,孔安国以今文字读之,因以起其家。"称"所谓今文字读之,就是用汉代通行的文字来解释六国时的文字,用汉代通行的语言解释六国时的语言。这是今字释古字的开始,也是古今字的概念产生的开始"。此后,也有学者发展此派观点,主要有:①洪成玉(1992)③提出"古今字"术语最早出自《汉书·艺文志》中"孝经家"部分的《古今字》(一卷)一书,作者大约为西汉末年。张劲秋(1993)、洪成玉(2009)说同;②孙雍长(1994)指出"西汉人所说'古文''今文',与后来所说的'古今字',虽不完全是一回事,却是其概念的滥觞。"后孙雍长(2006)重申此说。(3)认为"古今字"概念源自东汉郑玄。如洪成玉(1981)曾称:"古今字这个术语,最早是由东汉经学家郑玄提出来的。"后有张世英、许威汉(1982)、张庆利(1986)、庞玉奇(1990)、赵克勤(1994)等主此说。(4)笼统称汉(东汉)魏训诂学家提出古今字概念。如陆锡兴(1981)。(5)认为"古今字"来源于东汉郑众。此说当发端于清段玉裁④,李玉平(2003)曾称"郑司农已经明确使用了'A,古字也,B,今字也,同物同音'这样的术语,这才是后来郑玄用'古今字'作为沟通字际关系术语的真正来源"。刘新春(2003)称"郑众已经充分意识到经籍中存在古今字的

---

* 本文原载《天津大学学报》(社会科学版)2015年第5期。

① (清)段玉裁《说文解字注·第五卷·亏部》[1]204 "亏"下:"《释诂》、《毛传》皆曰:'亏,於也。'凡《诗》、《书》用'亏'字,凡《论语》用'於'字。盖'于''於'二字在周时为古今字,故《释诂》、《毛传》以今字释古字也。"又同书[1]311《第七卷·舛部》"舞"下:"《尔雅》曰:'翿,纛也。'《毛传》曰:'翿者,纛也,翳也。'《羽部》曰:'翳者,翳也,所以舞也。'《人部》曰:'儛者,翳也。'按或用羽,或用犛牛尾,或兼用二者。翿、儛、翢实一字。纛俗作蠹,亦即翳字,《尔雅》、《毛传》皆以今字释古字耳。"关于《尔雅》的时代,《段注》[1]653 "绥"字注:"'绥'见《玉藻》、《尔雅》,非至秦汉乃有此名。"很明显,段玉裁的意思"绥"字早在秦汉之前的《礼记·玉藻》和《尔雅》中就已经有了,据此可断定段玉裁认为《尔雅》当属先秦典籍。

② 杨润陆:《论古今字》,载陆宗达主编《训诂研究》第1辑,北京师范大学出版社1981年版,第290页。

③ 洪成玉:《古今字概述》,《北京师范学院学报》(社会科学版)1992年第3期。

④ 今考此说,清段玉裁已经注意到了。如段氏《说文解字注·第七卷·禾部》[1]252 "稾"字下:"郑司农以汉字通之。于《稾人》曰:'稾读为犒师之犒。主穴食者,故谓之。'于《小行人》曰:'稾当为犒,谓犒师也。盖汉时盛行犒字,故大郑以今字易古字,此汉人释经之法也。'"

现象，只是他还没有使用'古今字'这个术语。"李运富师（2007）亦赞同此说，认为古今字观念形成于东汉时期，较早论述古今字现象的学者是东汉初期的郑众。

可见，关于"古今字"观念到底起源于何时，当前学界尚无统一意见。我们认为，探讨这一问题，关键应该注意三方面问题：一是古人何时有古今语言和文字对比的观念，二是古人何时开始有了"字"的观念尤其是以"字"表示单个汉字的观念，第三才是古人何时开始有"古今字"的观念。以下分别讨论。

一 古人何时有古今语言和文字对比的观念

要有古今语言和文字对比的观念，必然已有古今事类对比观念，其本质是要有历史观念，而历史观念的本质是时间先后的认识观念。我们认为这样的观念应该很早，大概有人类历史的时候就有了。因为上古人民的生活方式，很早就已经是"日出而作，日落而息"了。这当然也就有了时间观念。有了时间观念，也就有了历史观念。从有文字记载的历史来看，我国殷商时代甲骨文中就不仅有"𣆪（旦）"①"𣊭（暮）"，而且也有"𠮷（古）""𠆢（今）"字。先秦典籍中已经有了不少反映古今语言和文字对比观念的著录。反映古今语言观念的，如：

(1)《尚书·周书·毕命》："不由古训，于何其训。"
(2)《尚书·周书·吕刑》："若古有训，蚩尤惟始作乱，延及于平民，罔不寇贼。"
(3)《尚书·商书·说命下》："王，人求多闻，时惟建事，学于古训乃有获。"
(4)《诗经·大雅·烝民》："小心翼翼，古训是式。"
(5)《左传·桓公二年》："嘉耦曰妃，怨耦曰仇，古之命也。今君命大子曰仇，弟曰成师，始兆乱矣。"
(6)《左传·闵公二年》："君行则守，有守则从。从曰抚军，守曰监国，古之制也。"
(7)《左传·僖公二十五年》："周礼未改，今之王，古之帝也。"
(8)《孟子·滕文公上》："夏曰校，殷曰序，周曰庠，学则三代共之，皆所以明人伦也。"
(9)《孟子·滕文公上》："夏后氏五十而贡，殷人七十而助，周人百亩而彻，其实皆什一也。"
(10)《谷梁传·宣公十五年》："古者三百步为里，名曰井田。"
(11)《尔雅·释诂》："古，故也。"
(12)《尔雅·释诂》："故，今也。"
(13)《礼记·文王世子》："古者谓年龄，齿亦龄也。"

---

① 古文字资料皆引自《古文字诂林》，上海教育出版社1999年版，下同。

(1)至(4)例中涉及的"古训"主要指先王之遗典、制度、法则等,然这些内容实则和古代的训教紧密相关,而训教则属于语言的范畴。(5)至(13)例说明先秦时期已经有了明确的古今语言不同的观念:如(5)说明当时就认为"嘉耦曰妃,怨耦曰仇"这是古代命名的方法;(6)中则说明按古制跟从国君出去打仗叫"抚军",留在后方守卫叫"监国";(7)中说明当时的"王"就相当于古代的"帝";(8)(9)是孟子对夏、商、周三个时代对学校和什一税制名称的不同的对比①;(10)说明古时候"三百步为里",与当时的长度单位不同;(11)(12)中《尔雅》对词语"古"和"故"的解释,体现古今的观念,而且《释诂》的篇名也反映了这种观念。唐陆德明《尔雅音义》引东汉许慎《说文解字》云:"诂,故言也。张揖《杂字》云:'诂者,古今之异语也。'"宋邢昺《尔雅注疏》:"释,解也。诂,古也。古今异言,解之使人知也。"可见战国末期的《尔雅》是专门设《释诂》一篇来解释古今语言的差异;(13)中则说明古时称"年"为"龄","齿"也是"龄"。这都是在说明古今语言的不同。

先秦时期也已经有了一些关注文字发展历史的内容,可以反映当时人们的古今文字对照的观念。例如:

(14)《周易·系辞下》:"<u>上古结绳而治,后世圣人易之以书契</u>,百官以治,万民以察,盖取诸《夬》。"

(15)《荀子·解蔽》:"故好书者众矣,而仓颉独传者,壹也。"

(16)《礼记·中庸》:"今天下车同轨,<u>书同文</u>,行同伦。"

(17)《韩非子·五蠹》:"<u>古者苍颉之作书</u>也,自环者谓之私,背私谓之公。"

(18)《吕氏春秋·君守》:"仓颉作书。"

(14)中反映出先秦时期对文字发展历程的认识,文字(书契)由上古的结绳演变而来;(16)中反映周王朝曾经做过文字统一工作②,其文字当然与未统一之前有所不同,反映了对古今文字变化的认识;(15)(17)(18)则反映了先秦对汉字起源的认识理念,即文字是由古时的仓颉所造。

从以上这些材料来看,先秦时期已经有了初步的古今语言和文字对比的观念,尤其是这种观念已经反映到了训诂专书《尔雅》当中,这说明当时具有这种观念不是个别现象,而是带有时代共识性质了;先秦时期也有了文字发展的历史观,但尚无明确的"古今字"对比观念。

二 古人何时开始有了"字"的观念

之所以说,先秦时期尚且没有明确的"古今字"观念,是因为,我们认为当时还没有"字"的观念。

---

① 王力:《中国语言学史》,复旦大学出版社2010年版,第1页。
② 何九盈:《中国古代语言学史》(第4版),商务印书馆2013年版,第83页。

据考察，"字"虽然出现很早，殷商时期《字己父觯》有"㝌"，然其本义并非指"文字"，而是指"（怀孕）生育"之义。《易·屯》："女子贞不字，十年乃字。"由此引申出几个先秦时期常用意义是①：（1）可指乳哺；养育。如《诗·大雅·生民》："诞寘之隘巷，牛羊腓字之。"（2）指抚爱；爱护。《尚书·康诰》："于父不能字厥子，乃疾厥子。"（3）取表字。《楚辞·离骚》："名余曰正则兮，字余曰灵均。"《礼记·曲礼上》："男子二十，冠而字……女子许嫁，笄而字。"《礼记·檀弓上》："幼名、冠字、五十以伯仲、死谥，周道也。"

先秦时期却没有用"字"来表示"文字"义的用例。郑玄曾多次在注中提到一个观点，就是"古曰名，今曰字"，也就是上古没有用"字"表示文字的观念。《周礼·春官·外史》"掌达书名于四方"注："谓若尧典、禹贡、达此名，使知之。或曰：古曰名，今曰字，使四方知书之文字，得能读之。"《周礼·秋官·大行人》"九岁属瞽史，论书名"注："书名，书文字也。古曰名，聘礼曰百名以上。"《仪礼·聘礼》"百名以上书于策，不及百名书于方"注："名，书文也，今谓之字。"《论语·子路》："必也正名乎？"皇侃义疏引郑玄注："正名谓正书字也。古者曰名，今世曰字。"

明顾炎武《日知录》②卷二十一也曾言："春秋以上言文不言字。如《左传》'于文，止戈为武''故文反正为乏''于文，皿蟲为蠱'及《论语》'史阙文'、《中庸》'书同文'之类，并不言字。《易》'女子贞不字，十年乃字'、《诗》'牛羊腓字之'、《左传》'其僚无子，使字敬叔'皆训为乳。《书康诰》'于父不能字厥子'、《左传》'乐王鲋，字而敬，小事大，大字小'亦取爱养之义。惟《仪礼·士冠礼》'宾字之'、《礼记·郊特牲》'冠而字之，敬其名也'与文字之义稍近，亦未尝谓文为字也。"

那么以"字"表示"文字"的观念最早是什么时候呢？顾炎武认为最早是从秦代开始的。《日知录》卷二十一③："以文为字乃始于《史记》。秦始皇琅邪台石刻曰'同书文字'。……此则字之名自秦而立，自汉而显也与？许氏说文序，此十四篇，五百四十部九千三百五十三文，解说凡十三万三千四百四十一字。以篆书谓之文，隶书谓之字。张揖《上博雅表》凡万八千一百五十文，唐玄度《九经字样序》凡七十六部，四百廿一文，则通谓之文。三代以上言文不言字④，李斯程邈出，文降而为字矣。"

我们考察文献，发现在西汉以前很难见到有用"字"表示"文字"含义的用例。在西汉初董仲舒《春秋繁露》中仍称文字为"文"而不称"字"。如卷十一《王道通三》："古之造文者，三画而连其中，谓之王。三画者，天、地、与人也。而连其中者，通其道也。取天地与人之中以为贯而参通之，非王者孰能当是。"⑤董仲舒对文字的构形分析，仍称"文"而不称"字"。确如顾炎武所言，最早以"字"表示文字概念的可信用例当

---

① 参见《汉语大词典》。
② （清）顾炎武著，黄汝成集释：《日知录集释》，岳麓书社1994年版，第751页。
③ 同上。
④ （清）阎若璩《尚书古文疏证》卷七补充说："三代以上言名不言字。"
⑤ 迪志文化出版有限公司、书同文计算机技术开发有限公司：《文渊阁〈四库全书〉电子版》，上海人民出版社和迪志文化出版有限公司1999年版。

是始于《史记》所引的李斯《琅邪台刻石》：

(19) 器械一量，同书文字。(《秦始皇本纪》)

不过这里的"字"还无法确定是指单个的文字，而从《史记》中另外一些史料可以推知的是，确实秦代应该已经有了明确的以"字"指文字，甚至指单个文字的概念。例如：

(20) 悬千金，其上延诸侯游士宾客，有能增损一字者，予千金。(《吕不韦列传》)
(21) 一法度衡石丈尺，车同轨，书同文字。(《秦始皇本纪》)

尤其(20)所记吕不韦修《吕氏春秋》事（约前239前后），应该比李斯《琅邪台刻石》（前219）要早一些，而且已经用以数词"一"修饰"字"，可见"字"指单一的文字单位是可信的。而且今传本《商君书》中也有类似用法：

(22) 有敢剟定法令损益一字以上，罪死不赦。……有擅发禁室印、及入禁室视禁法令、及禁剟一字以上，罪皆死不赦。(《商君书·定分》)

《商君书》成书时代有争议，此书虽未必早于《吕氏春秋》，但反映秦统一前后的观点应该还是可信的，里面两次提到"一字"，也可以佐证秦代已明确用"字"指单个文字的概念。

因此，"字"在西汉时被用来表示"文字"或单个文字的概念就很平常了。除了上述例子外，《史记》中还有的用例如：

(23) 夫贤主所作，固非浅闻者所能知，非博闻强记君子者所不能究竟其意。至其次序分绝，文字之上下，简之参差长短，皆有意，人莫之能知。(《三王世家》)
(24) 然建最甚，甚于万石君，建为郎中令，书奏事，事下，建读之日，误书马字，与尾当五，今乃四，不足一。(《万石君传》)
(25) 作七十列传，凡百三十篇，五十二万六千五百字。(《太史公自序》)
(26) 夏，汉改历，以正月为岁首，而色上黄，官名更印章以五字。(《封禅书》)

除了(23)外，(24)至(26)，都是用"字"表示单个文字的概念。又如：

(27) 托名西汉伏生《尚书大传》："尧八眉，舜四瞳子，禹其跳，汤扁，文王四乳。八者，如'八'字者也。"
(28) 刘向《古列女传》卷二之十《柳下惠妻》："门人从之以为诔，莫能窜一字。"

（29）刘向《古列女传》卷五之十三《珠崖二义》："关吏执笔书劾，不能就一字，关侯垂泣，终日不能忍决。"

上述（27）（28）（29）中的"字"也是指单个文字的概念。这样的认识概念很重要，因为这是后来产生"古今字"观念的重要基础，因为古今字认识观念，不是古文经文本和今文经文本的对照，而是单个汉字的古今对应问题。由上述材料我们也可以得出结论：秦朝因为统一六国，为削除六国各自文化的影响而采取"书同文字"的政策，统一文字，其中的"文"，是以秦国的大篆为中心，统一的主要是字体，而其中的"字"，则专指单个的文字，主要是关注的是字形。也即《说文解字·叙》中所称的"诸侯力政，不统于王。……言语异声，文字异形，秦始皇帝初兼天下，丞相李斯乃奏同之，罢其不与秦文合者"。

既然在秦以前并没有用"字"表示文字的观念，自然也不可能有"古今字"的观念，因此我们认为在秦以前所涉及文字古今发展演变的观念，是一种"古今名"观念，即后来所说的"古今语"，关注的是名称和事物之间的关系问题；而"古今文"的观念则关注的是书写文本形式（字体）的问题，都与"古今字"关注的单个文字古今对照问题有不同，但二者都是"古今字"观念产生的先导。

1. 先秦至东汉的"古今语"观念

关于古今语的观念很早就有了。前面例（5）至（13）所涉文例都是这方面的证据。类似用例再如：

（30）《尹文子·大道上》："故古语曰：'不知无害为君子，知之无损为小人。工匠不能，无害于巧；君子不知，无害于治。'此言信矣。"

（31）《列子·杨朱篇》："杨朱曰：'古语有之："生相怜，死相捐。"'此语至矣。"

《尹文子》和《列子》中都提到"古语"，自然是对应当时的语言"今语"来说的。"古语"的观念到西汉时期仍有沿用。如：

（32）《汉书·韩安国传》："安国曰：'不然。臣闻利不十者不易业，功不百者不变常，是以古之人君谋事必就祖，发政占古语，重作事也。'"

（33）《诗经·大雅·行苇》："或献或酢，洗爵奠斝。"西汉毛亨传："斝，爵也。夏曰醆，殷曰斝，周曰爵。"

毛亨的注释意见说明他明确知道不同的时代对同一种器具的指称所用语词不同。周代的"爵"，在之前的夏代叫"醆"，商代叫"斝"。西汉后期已经明确提出"古今语"的概念。如：

(34) 西汉扬雄《方言》卷一："敦、丰、厖、夻、幠、般、嘏、奕、戎、京、奘、将,大也。凡物之大貌曰丰;厖,深之大也;东齐海岱之间曰夻,或曰幠;宋鲁陈卫之间谓之嘏,或曰戎;秦晋之间,凡物壮大谓之嘏,或曰夏;秦晋之间,凡人之大谓之奘,或谓之壮;燕之北鄙,齐楚之郊或曰京,或曰将,皆<u>古今语</u>也。初别国不相往来之言也,今或同。而旧书雅记故俗语,不失其方,而后人不知,故为之作释也。"

(35) 扬雄《方言》卷一："假、佫、怀、摧、詹、戾、艐、至也。邠唐冀兖之间曰假,或曰佫;齐楚之会郊或曰怀;摧、詹、戾,楚语也;艐,宋语也。皆<u>古雅之别语</u>也,今则或同。"

(36) 扬雄《方言》卷四："襌衣,江淮南楚之间谓之褋;关之东西谓之襌衣。有袌者,赵魏之间谓之袏衣,无袌者谓之裎衣,<u>古</u>谓之深衣。"

东汉也有沿用,如:

(37) 东汉班固《汉书·艺文志》:"《书》者,古之号令,号令于众,其言不立具,则听受施行者弗晓。古文读应尔雅,故解<u>古今语</u>而可知也。"

《方言》明确提出"古今语"的概念是对《尔雅》以来古今语观念的进一步提炼和概括,班固《汉书》的观点则是对古今语观念的进一步继承。但这都还不是在文献注释中反映出的观点。文献注释中古今语观念,我们认为较早是西汉末刘歆的弟子杜子春(约前30—约58)关注到的。这一点业师李运富先生已经提到①,例如:

(38)《周礼·春官·大祝》"七曰奇拜"注:"杜子春云:'奇读为奇偶之奇,谓先屈一膝,今雅拜是也。'"②

(39)《周礼·春官·内史》"以方出之"注:"杜子春云:'方,直谓今时牍也。'"③

例(38)(39)中,郑玄所引用的杜子春注释中明确将《周礼》时代的语言词汇与当时东汉时期的语言词汇相对照解读,并以"今"标注,可见其明确的古今语注释观念。其后杜子春的弟子郑众④以及后来的郑玄都继承了杜子春的这种古今语对照注释的观念⑤。而且郑玄还明确使用"至今语犹存"的表达。如:

(40)《礼记·礼器》:"三代之礼一也,民共由之,或素或青,夏造殷因。"注:

---

① 李运富:《"余予古今字"考辨》,《古汉语研究》2008年第4期。
② (清)阮元:《校勘本〈十三经注疏〉》(上、下),上海古籍出版社1997年版,第810页。
③ 同上书,第820页。
④ 参见贾公彦《周礼注疏》"序《周礼》废兴"引《马融传》。
⑤ 李运富:《"余予古今字"考辨》,《古汉语研究》2008年第4期。

"……变白黑,言素青者,秦二世时,赵高欲作乱,或以青为黑,黑为黄,民言从之,至今语犹存也。"①

"至今语犹存"就是"至今语言中仍然保存着",里面明确反映了郑玄的古今语对照训释观念。

2. 西汉的"古今文"观念

开始的"古文""今文"观念应是指文献书写形式,而不是仅仅指古代文字,更不是指单个的文字概念。这一点,我们从西汉初期《史记》中的"古文"用例中很容易看出。

(41) 孔子所传宰予问《五帝德》及《帝系姓》,儒者或不传。余尝西至空峒,北过涿鹿,东渐于海,南浮江淮矣,至长老皆各往往称黄帝、尧、舜之处,风教固殊焉,总之不离古文者近是。(《五帝本纪》)

(42) 群儒既已不能辨明封禅事,又牵拘于《诗》《书》古文而不敢骋。上为封禅祠器示群儒,群儒或曰"不与古同"。(《孝武本纪》)

(43) 余读谍记,黄帝以来皆有年数,稽其历谱谍终始五德之传,古文咸不同,乖异。(《三代世表》)

(44) 儒者断其义,驰说者骋其辞,不务综其终始,历人取其年月,数家隆于神运,谱谍独记世谥,其辞略,欲一观诸要难。于是谱十二诸侯,自共和讫孔子,表见《春秋》、《国语》学者所讥盛衰大指著于篇,为成学治古文者要删焉。(《十二诸侯年表》)

(45) 群儒既已不能辨明封禅事,又牵拘于《诗》《书》古文而不能骋。(《封禅书》)

(46) 余读《春秋》古文,乃知中国之虞与荆蛮、句吴兄弟也。(《吴太伯世家》)

(47) 学者多称七十子之徒,誉者或过其实,毁者或损其真,钧之未睹厥容貌,则论言弟子籍,出孔氏古文近是。(《仲尼弟子列传》)

(48) 自此之后,鲁周霸、孔安国,雒阳贾嘉,颇能言尚书事。孔氏有古文《尚书》,而安国以今文读之,因以起其家。(《儒林列传》)

(49)(迁)年十岁则诵古文。(《太史公自序》)

(50) 周道废,秦拨去古文,焚灭《诗》《书》,故明堂石室金匮玉版图籍散乱。(《太史公自序》)

文献中"古文"含义并不单一,祝鸿熹、叶斌(1995)②总结王国维先生关于文献中"古文"的意见,谓"古文"含义有5种:(1)指战国时东方六国文字的字体;(2)用战国时东方六国文字字体写就的六艺之书;(3)用战国时东方六国文字字体写就的孔子

---

① 李学勤等:《十三经注疏·礼记正义》(上、中、下),北京大学出版社1999年版,第743页。
② 祝鸿熹、叶斌:《王国维对古文献所称"古文"的卓识》,《杭州大学学报》1995年第2期。

壁中书；(4) 用西汉时行用字体抄写的壁中书抄本；(5) 古文经学派。并谓《史记》中10例"古文"的含义指第二种。我们也可以看出，《史记》里的"古文"是绝不同于后来的"古今字"中的"古字"的。孙雍长（1994）等以古文、今文为古今字概念的滥觞是不足信的①。

3. "古今字"观念的产生

在较早的材料中，是到了东汉班固《汉书》里才大量地将"古文"与"字"联系起来。例如：

（51）是时美阳得鼎，献之……张敞好古文字，按鼎铭勒而上议曰："臣愚，不足以迹古文。……"（《汉书·郊祀志》）

（52）古文《尚书》者，出孔子壁中。武帝末，鲁共王坏孔子宅，欲以广其官，而得古文《尚书》及《礼记》、《论语》、《孝经》，凡数十篇，皆古字也。……刘向以中古文校欧阳、大小夏侯三家经文，《酒诰》脱简一，《召诰》脱简二。率简二十五字者，脱亦二十五字，简二十二字者，脱亦二十二字，文字异者七百有余，脱字数十。《书》者，古之号令，号令于众，其言不立具，则听受施行者弗晓。古文读应尔雅，故解古今语而可知也。（《汉书·艺文志》）

（53）《尔雅》三卷二十篇。《小尔雅》一篇，《古今字》一卷。……《孝经》者，孔子为曾子陈孝道也。……汉兴，长孙氏、博士江翁、少府后仓、谏大夫翼奉、安昌侯张禹传之，各自名家。经文皆同，唯孔氏壁中古文为异。"父母生之，续莫大焉。""故亲生之膝下"，诸家说不安处，古文字读皆异。（《汉书·艺文志》）

（54）古者八岁入小学，故《周官》保氏掌养国子，教之六书，谓象形、象事、象意、象声、转注、假借，造字之本也。汉兴，萧何草律，亦著其法，曰："太史试学童，能讽书九千字以上，乃得为史。又以六体试之，课最者以为尚书、御史、史书令史。吏民上书，字或不正，辄举劾。"六体者，古文、奇字、篆书、隶书、缪篆、虫书，皆所以通知古今文字，摹印章，书幡信也。古制，书必同文，不知则阙，问诸故老，至于衰世，是非无正，人用其私。故孔子曰："吾犹及史之阙文也，今亡矣夫！"盖伤其浸不正。《史籀篇》者，周时史官教学童书也，与孔氏壁中古文异体。《苍颉》七章者，秦丞相李斯所作也；《爰历》六章者，车府令赵高所作也；《博学》七章者，太史令胡母敬所作也；文字多取《史籀篇》，而篆体复颇异，所谓秦篆者也。是时始造隶书矣，起于官狱多事，苟趋省易，施之于徒隶也。汉兴，闾里书师合《苍颉》、《爰历》、《博学》三篇，断六十字以为一章，凡五十五章，并为《苍颉篇》。武帝时司马相如作《凡将篇》，无复字。元帝时黄门令史游作《急就篇》，成帝时将作大匠李长作《元尚篇》，皆《苍颉》中正字也。《凡将》则颇有出矣。至元始中，征天下通小学者以百数，各令记字于庭中。扬雄取其有用者以作《训纂篇》，顺续《苍颉》，又易《苍颉》中重复之字，凡八十九章。臣复续扬雄作十三章，凡一百

---

① 李运富：《早期有关"古今字"的表述用语及材料辨析》，载《励耘学刊》（语言卷）2007年第2辑（总第6辑），学苑出版社2008年版。

二章，无复字，六艺群书所载略备矣。《苍颉》多古字，俗师失其读，宣帝时征齐人能正读者，张敞从受之，传至外孙之子杜林，为作训故，并列焉。（《汉书·艺文志》）

（55）孔氏有古文《尚书》，孔安国以今文字读之，因以起其家，逸《书》得十余篇，盖《尚书》兹多于是矣。（《汉书·儒林传》）

从以上班固《汉书》中材料可以看出：

（一）当时"古文"虽与"字"多相联系，但多仍指古文经，而多次出现的"古文字"实际是指"古文经中的文字"，"文"仍主要指文献形式，而其中的"字"才是指"文字"概念。尤其是例（52）中同时谈到"古文""字""古字"和"古今语"等概念，区别十分明显。

（二）有的"文"已经开始指"文字"这样的概念。例（49）中的"六体者，古文、奇字、篆书、隶书、缪篆、虫书，皆所以通知古今文字"。其中"古文"与"奇字"等其他五体相并列，已经很明显是指一种文字形体了。

（三）可以确定，刘歆之前已经有了明确的古今字观念。李运富师①等以为古今字概念起源于郑众，似乎稍晚。即使与郑众同时代而稍年长于他的班固，其《汉书》中也多次提到"古字"之例，除（54）外，又如《汉书》卷三十六："初《左氏传》多古字古言，学者传训故而已。"等等。且班固《汉书·艺文志》采自刘歆《七略》，其中明确提到有《古今字》一卷，刘歆记载了不知著者姓名的《古今字》一卷，可见明确提出"古今字"观念的学者，要比刘歆、班固、郑众等人还要早一些。

（四）那么比刘歆要早，又早多少呢？洪成玉先生主张"古今字"概念起源于西汉末，似嫌仍有些保守。我们赞同杨润陆（1981：290）的意见，认为至少在西汉孔安国时已经有了古今字观念。杨先生所论不详，今补证如下：

①前文提到秦代如吕不韦、李斯等时已经有了明确的以"字"指单个文字的观念，而且这一概念在西汉初期也非常普遍，这为"古今字"概念的产生奠定了必备的基础。因为古今字着眼的就是单个文字的古今对比。

②西汉初多承袭秦时文字。有历时比较的观念。如例（54）中多次提到秦代李斯所作《苍颉》一书，"文字多取《史籀篇》"，西汉时又对《苍颉》多次调整和参考，"汉兴……断六十字以为一章""皆《苍颉》中正字也""又易《苍颉》中重复之字"，又称"《苍颉》多古字"。可见，西汉初已经具有了单个"字"数量多少和历时比较的观念。

③使西汉学者集中关注到古今文字不同的，的确应是古文经的出现。其中代表人物就是西汉初期的孔安国。《史记》中提到他时还只是说他"以今文读"古文《尚书》，到了《汉书》中才称其"以今文字读"古文《尚书》。前者只是说明两种文本的对照，后者则明确指出关注两种文本字形的不同了。但《汉书》所出稍晚，其说是否可信呢？且看下面证据：

---

① 李运富：《早期有关"古今字"的表述用语及材料辨析》，载《励耘学刊》（语言卷）2007年第2辑（总第6辑），学苑出版社2008年版。

（56）孔安国《尚书序》："至鲁共王好治宫室，坏孔子旧宅，以广其居，于壁中得先人所藏古文虞夏商周之书及传《论语》《孝经》，皆科斗文字。王又升孔子堂，闻金石丝竹之音，乃不坏宅，悉以书还孔氏。科斗书废已久，时人无能知者，以所闻伏生之书考论文义，定其可知者，为隶古定，更以竹简写之，增多伏生二十五篇。……其余错乱摩灭，弗可复知，悉上送官，藏之书府，以待能者。"①

（57）孔臧《孔丛子·连丛子上·与侍中从弟安国书》："《河图》古文，乃自百篇邪？如《尧典》，说者以为尧舜同道，弟素常以为杂有《舜典》，今果如所论。及成王道雷风，周公信自在，俗儒群驱，狗吠雷同，不得其仿佛，恶能明圣道之真乎？知以今雠古之隶篆，推科斗，已定五十余篇，并为之《传》云。其余错乱文字，摩灭不可分了，欲垂待后贤，诚合先君阙疑之义。"②

例（56）孔安国描述了自己参照伏生今文本《尚书》整理孔子壁中发现的古文本《尚书》的过程，其中需要对比其字体、字形的异同以及文本的错简、损毁、磨灭等情形；且从（57）孔臧给孔安国的信中，也明确提到孔安国"以今雠古之隶篆，推科斗，已定五十余篇，并为之《传》云。其余错乱文字"等，可见孔安国确实曾对比古今文字字形的差异，不仅仅是文本字体的差异。

不仅如此，孔安国也曾关注《孝经》古今文字差异的问题。如：

（58）孔安国《古文孝经孔氏传》："逮乎六国学校衰废，及秦始皇焚书坑儒，《孝经》由是绝而不传也。至汉兴建元之初，河间王得而献之，凡十八章，文字多误，博士颇以教授。后鲁共王使人坏夫子讲堂，于壁中石函得古文《孝经》二十二章，载在竹牒，其长尺有二寸，字科斗形。鲁三老孔子惠抱诣京师，献之天子，天子使金马门待诏学士与博士群儒，从隶字写之，还子惠一通，以一通赐所幸侍中霍光。"③

孔安国称河间王所献《孝经》"文字多误"，并指出孔子壁中书所出古文《孝经》的字体形态为"科斗形"，转写文本是汉代的通行文字隶书（"从隶字写之"），这很显然是要进行古今文字对比的，在这种对比中自然就有单个文字的对照比较关系。而例（53）所称"《古今字》一卷"列在《孝经》家，称"诸家说不安处，古文字读皆异"也说明当时西汉学者对古文《孝经》的重视和对其中古今文字比较之细致。又（52）"武帝末，鲁共王坏孔子宅，欲以广其宫，而得古文《尚书》及《礼记》、《论语》、《孝经》，凡数十篇，皆古字也"。众多孔子壁中书的出现，就使得学者集中地将其中的文字与今文经相对照，"皆古字也"一语正是对比比较结果的说明。

---

① 李学勤等：《十三经注疏·尚书正义》，北京大学出版社1999年版，第14页。
② 迪志文化出版有限公司、书同文计算机技术开发有限公司：《文渊阁〈四库全书〉电子版》，上海人民出版社和迪志文化出版有限公司1999年版。
③ 同上。

最后，综合以上分析，我们认为"古今字"观念一定要在秦代有了"字"指代单个文字的概念之后才会产生，大约产生在西汉武帝末，孔子壁中书出之时，代表人物即孔安国。这种认识观念有张敞、刘向等继其后，刘歆又大倡其说，在东汉古文经学大兴时，"古今字"观念遂大显，代表人物有班固、郑众、许慎、郑玄等。段玉裁认为先秦时《尔雅》中已经有"古今字"观念有些过早，当时应该还只是"古今语"观念，杨润陆（1981）所持"古今字"观念产生时间是适当的，其他学者以为西汉末或东汉时才有"古今字"观念，则有些过晚。

参考文献

[1]（清）段玉裁：《说文解字注》，上海书店出版社1992年版。

[2] 杨润陆：《论古今字》，载陆宗达主编《训诂研究》第1辑，北京师范大学出版社1981年版。

[3] 洪成玉：《古今字概述》，《北京师范学院学报》（社会科学版）1992年第3期。

[4] 张劲秋：《古今字四题》，《安徽教育学院学报》1993年第2期。

[5] 洪成玉：《古今字辨正》，《首都师范大学学报》（社会科学版）2009年第3期。又收入洪成玉：《汉语语法散论及其他》，中华书局2009年版。

[6] 孙雍长：《"古今字"研究平议——兼谈字典词书中对"古今字"的处理》，《五邑大学学报》（社会科学版）1994年第5期。

[7] 孙雍长：《论"古今字"暨辞书对古今字的处理》，《辞书研究》2006年第2期。

[8] 洪成玉：《古今字概说》，《中国语文》1981年第2期。

[9] 张世英、许威汉：《古今字刍议》，《语文学习》1982年第3期。

[10] 张庆利：《古今字臆说》，《绥化师专学报》（社会科学版）1986年第2期。

[11] 庞玉奇：《古今字浅议》，《内蒙古电大学刊》1990年第8期。

[12] 赵克勤：《古代汉语词汇学》，商务印书馆1994年版。

[13] 陆锡兴：《谈古今字》，《中国语文》1981年第5期。

[14] 李玉平：《郑玄〈周礼注〉对字际关系的沟通》，硕士学位论文，北京师范大学，2003年。

[15] 刘新春：《古今字再论》，《语言研究》2003年第4期。

[16] 李运富：《早期有关"古今字"的表述用语及材料辨析》，载《励耘学刊》（语言卷）2007年第2辑（总第6辑），学苑出版社2008年版。

[17] 李运富：《"余予古今字"考辨》，《古汉语研究》2008年第4期。

[18] 李圃等：《古文字诂林》，上海教育出版社1999年版。

[19] 王力：《中国语言学史》，复旦大学出版社2010年版。

[20] 何九盈：《中国古代语言学史》（第4版），商务印书馆2013年版。

[21]（清）顾炎武著，黄汝成集释：《日知录集释》，岳麓书社1994年版。

[22] 迪志文化出版有限公司、书同文计算机技术开发有限公司：《文渊阁〈四库全书〉电子版》，上海人民出版社和迪志文化出版有限公司1999年版。

［23］（清）阮元：《校勘本〈十三经注疏〉》（上、下），上海古籍出版社 1997 年版。

［24］李学勤等：《十三经注疏·礼记正义》（上、中、下），北京大学出版社 1999 年版。

［25］祝鸿熹、叶斌：《王国维对古文献所称"古文"的卓识》，《杭州大学学报》1995 年第 2 期。

［26］李学勤等：《十三经注疏·尚书正义》，北京大学出版社 1999 年版。

早期有关"古今字"的表述用语及材料辨析

李运富

一

关于"古今字",现代人有两种看法:一种认为是历时文献中记录同词同义而先后使用了不同形体的一组字,先使用的叫古字,后使用的叫今字,合称古今字;另一种认为是为了区别记录功能而以原来的某个多功能字为基础分化出新字的现象,原来的母字叫古字,后来分化的新字叫今字,合称古今字。这两种观点从字例来说,前者包括后者,即凡具有分化关系的一组字往往也具有先后同用关系,因而都可以属于古今字;但古今字决不限于具有形体分化关系的字,而且形体分化的古今关系跟汉字使用的古今关系有时并不一致,所以从理论来说,它们属于两个不同的学术系统,前者意在沟通文献中不同用字的相同功能,以便正确解读文献,属于训诂学的范畴;后者意在探讨汉字孳乳演变的原因,以便描写汉字发展繁衍的规律,属于汉字学的范畴。

历史地看,"古今字"是传统训诂家们在注解文献时提出的一个概念,其内涵跟现代人的第一种观点基本相符。现代人的第二种观点实际上跟传统的"古今字"不是一回事,为了避免混淆,在阐述第二种观点所指的文字分化现象时,最好不要使用"古今字"这个具有训诂意义的概念,更不能以今律古,把古代注释家所标注的"古今字"都看成母字与分化字。关于这些思想,已经有很多学者从不同角度进行过不同程度的论述,如裘锡圭[1]、蒋绍愚[2]、王宁[3]、陆锡兴[4]、杨润陆[5]、龚嘉镇[6]、刘新春[7]、孙雍长[8]等,著作检查即见,毋庸赘引。

当我们把"古今字"还原为传统的训诂学概念后,研究的重点就在训诂学家们是如何认识古今字的,这属于学术史的范畴。我们一贯强调,学理求通,学史求真。那么,

---

* 本文原载《励耘学刊》(语言卷)2007年第2辑(总第6辑),学苑出版社2008年版。
① 裘锡圭:《文字学概要》,商务印书馆1988年版。
② 蒋绍愚:《古汉语词汇纲要》,北京大学出版社1989年版。
③ 王宁、林银生、周之朗、秦永龙、谢纪锋:《古代汉语通论》,北京师范大学出版社1996年版。
④ 陆锡兴:《谈古今字》,《中国语文》1981年第5期。
⑤ 杨润陆:《论古今字的定称与定义》,《古汉语研究》1999年第1期。
⑥ 龚嘉镇:《古今字说》,载向光忠主编《文字学论丛》第1辑,吉林文史出版社2001年版。
⑦ 刘新春:《古今字再论》,《语言研究》2003年第4期。
⑧ 孙雍长:《论"古今字"及辞书对古今字的处理》,《辞书研究》2006年第2期。

"古今字"的学史之"真"已经求到了吗？综观今人的各种论述，检核古人的各种材料，我们觉得，有关"古今字"的某些结论和评价恐怕并不符合学术史的真实，或者存在一定的疑问，还有许多值得进一步讨论的地方。限于篇幅，本文只就早期有关"古今字"的表述用语及材料进行若干辨析。

二

就目前材料来看，东汉初期的郑众（？—83）就已经具有"古今字"的观念。这一点刘新春（2003）早已指出："郑众已经充分意识到经籍中存在古今字的现象，只是他还没有使用'古今字'这个术语。在训诂实践中郑众对古今字已经有了清醒的认识。"他举的例子有：《周礼·饎人》："饎人：奄二人，女饎八人，奚四十人。"郑玄注引郑司农（郑众官任司农，故称郑司农）云："故书饎作糦。"《周礼·宗伯》："小宗伯之职，掌建国之神位，右社稷，左宗庙。"郑司农云："立读为位，古者立、位同字，古文《春秋经》'公即位'为'公即立'。"《周礼·宗伯》："凡国之大事治其礼仪以佐宗伯。"郑司农云："义读为仪，古者书仪但为义，今时所谓义为谊。"据此刘氏总结说："从中我们可以看出郑众对古今异字现象已经有了自己的看法，他所说的'古文某，今作某''故书某作某'实际上就是古今字，只是他没有运用这一术语罢了。"

今按，刘新春所举各例引用郑玄的注释不完整，导致其中郑司农的注跟原文用字对不上号，如原文并没有"立"字"义"字，可郑司农的注却有针对"立"和"义"的。为了正确理解这几个注例跟"古今字"的关系，我们根据阮元校勘本《十三经注疏》①把它们补引如下：

（1）《周礼注疏》卷九："饎人：奄二人，女饎八人，奚四十人。"郑玄注："郑司农云：饎人，主炊官也。《特牲·馈食礼》曰'主妇视饎爨'。故书'饎'作'糦'"。（701）

（2）《周礼注疏》卷十九："小宗伯之职，掌建国之神位，右社稷，左宗庙。"郑玄注："故书'位'作'立'。郑司农云：'立'读为'位'，古者'立''位'同字，古文《春秋经》'公即位'为'公即立'。"（766）

（3）《周礼注疏》卷十九："凡国之大事，治其礼仪以佐宗伯。"郑玄注："故书'仪'为'义'。郑司农云：'义'读为'仪'。古者书'仪'但为'义'，今时所谓'义'为'谊'。"（770）

从上述引例可见，刘新春除了所引注文跟原文不能对应外，还存在其他方面的问题。首先，他说郑司农"所说的'古文某，今作某''故书某作某'实际上就是古今字"，但郑司农并没有"古文某，今作某"这样的表述，是为无中生有。其次，他说"'故书某作

---

① （清）阮元：《十三经注疏·附校勘记》，中华书局1979年影印版。本文所引各种注释材料皆据本书，括号内的数字为本书页码。

某'实际上就是古今字",也很不准确,实际上"故书某作某"主要是个校勘术语,指的是不同版本之间的文字差异,不等于"古今字"(详见后文论证)。再次,他为郑司农"没有使用'古今字'这一术语"感到遗憾,而把"古文某今作某""故书某作某"看作郑司农表述古今字的术语,说明他没有真正理解郑司农的古今字思想,忽略了郑司农表述古今字关系的真正"术语"和典型材料。当然,说"术语"未必够格,最好是说"表述用语",这里权且沿用刘新春的说法,也是一般的说法。其实,古人对古今字现象的表述不限于"古今字"这一典型术语,绝大多数情况下是用古、今用字对举(包括暗含对举)的类似表述来指称的,这些古、今对举的表述如果确实指古今字现象,就应该算是古今字的术语。在上述三个引例中,如果说"故书'饎'作'䭈'"可以看作版本校勘术语的话,那"古者'立''位'同字"和"古者书'仪'但为'义',今时所谓'义'为'谊'"的表述倒是应该看作古今字用语的。所谓"古者'立''位'同字",即都用"立"字,意味着今字"立""位"分用,那么在"wèi"(位置)这个词项上,古用"立"今用"位",构成古今字。"书'仪'"的"书"不同于"故书"的"书",后者指书本,前者指书写,文本中写哪个字,实际上就是用哪个字。所以"古者书'仪'但为'义'"意思是今天用"仪"字表示的词项古代文献用没有"亻"旁的"义"字表示;"今时所谓'义'为'谊'"意思是今天用"义"字表示的词项古代文献用"谊"字表示。其中揭示了古"义"今"仪"、古"谊"今"义"两组古今字关系。

当然,仅靠这两条材料,是难以说明"在训诂实践中郑众对古今字已经有了清醒的认识"的。实际上除了刘新春提到的这两条材料外,郑司农对于古今字还有更多的注释沟通,其中不乏典型的表述用语和明确的内涵界定。今补充如下:

(4)《周礼注疏》卷十九:"凡师不功,则助牵主车。"郑玄注:"故书功为工。郑司农'工'读为'功',古者'工'与'功'同字。"(770)

(5)《周礼注疏》卷三十二:"诸侯之缫斿九就,瑉玉三采,其余如王之事,缫斿皆就,玉瑱玉笄。"郑玄注:"……缫斿皆就,皆三采也。每缫九成,则九旒也。公之冕用玉百六十二。玉瑱,塞耳者。故书'瑉'作'璊'。郑司农云:'缫'当为'藻'。'缫',古字也,'藻',今字也,同物同音。'璊',恶玉也。"(854)

(6)《周礼注疏》卷五:"辨四饮之物:一曰清,二曰醫,三曰浆,四曰酏。"郑玄注:"郑司农说以《内则》曰:'饮,重醴,稻醴,清酒,黍醴,清酒,粱醴,清酒。或以酏为醴,浆、水、臆。'《周礼·酒正》'后致饮于宾客之礼'有'醫、酏、糟'。糟音声与酒相似,醫与臆亦相似,文字不同,记之者各异耳,此皆一物。"(669)

(7)《周礼注疏》卷二十六:"史以书叙昭穆之俎簋。"郑玄注:"故书'簋'或为'几'。郑司农云:'几'读为'轨'。书亦或为'簋',古文也。"(818)

例(4)跟例(2)一样,"古者'工'与'功'同字",意思是现代的"功"古代也用"工"表示,"工""功"构成古今字关系。

例(5)是郑玄在对整段文字作过解释并指出"故书'瑉'作'璊'"后,才引用郑司农的话，那么按理后面都应该是郑司农说的。特别是最后"璊，恶玉也"，显然是郑司农对"故书"中的"璊"所做的解释，郑玄的本子没有"璊"字，当然不会对"璊"字加以解释。所以可以确认这段话是郑司农说的，那其中"缲，古字也；藻，今字也"这样典型的古今字术语就属于他的发明，特别是"同物同音"也就是"同义同音"的表述更进而揭示了古今字概念的实质。

例（6）的注释语中没有"古""今"字样，但对照例（5）的表述，我们可以判断这里也是在分析古今字关系。即《周礼》用"糟"，《礼记》用"湑"；《周礼》用"醫"，《礼记》用"臆"。它们音声"相似"，义"皆一物"，但"文字不同"，故"记之者各异"，这种"异"有时代先后之别，所以构成古今字关系。阮元校勘记引段玉裁《周礼汉读考》云："今《内则》'湑'作'糟'，疑是用《周礼》改也。司农云'糟音声与湑相似'，谓之相似，则非一字也。'湑'之本义当是艸类。从艸酒声。故沈重音子由反。'糟'，曹声，古读如擎。同在第三部。'糟'是正字，'湑'是假借字。……'醫'是正字，'臆'是假借字。今本《内则》作醷者，俗制也。"可见这是由本字和通假字构成的古今字。

例（7）有点复杂。按照现在的引文，我们可以推知，郑玄所据的版本作"簋"，郑司农所据的"故书"版本作"几"，同时他看到有的版本作"簋"。郑司农认为，"几"应该读为"轨"，而作"簋"的是"古文"。那这"古文"指什么呢？有两种可能。一是指用字关系，即"轨"为今字，"簋"为古字。但似不符合用字实际，因为在俎簋的意义上先秦多借用"轨"字，后来才通用"簋"字。如出土的战国晚期的"轨敦"就自铭"轨"字。《仪礼》"宰夫设黍稷六簋于俎西"郑玄注："古文簋皆作轨。"二是指"古文"版本，即郑司农的注本作"几"，他在注释"几"的时候，说明有的书作"簋"，这个"书"应是泛指郑司农当时能见到的各种版本，大概嫌"书亦或为"太泛，故又进一步指出作"簋"的书就是"古文"版本。当然，由于《周礼》只有古文学派，所以这个"古文"不可能指学派版本，只能指版本的时代性而言，"古文"版本相当于"旧版本"（说详后文）。这样虽然勉强可通，但《周礼》注中"书亦或为某"出现30余次，其他都不再具体说明版本情况，为何独有此例需要说明作"簋"的是"古文"版本呢？可见这两种理解都有困难。阮元校勘记引段玉裁《周礼汉读考》云：原文"簋"当作"轨"。郑注当作："故书轨或为九。郑司农云：'九读为轨。书亦或为轨，簋古文也。'""簋古文也"四字句绝，谓此轨字乃簋之古文。不径易九为轨者，簋秦时小篆必从周人作轨也。按照段玉裁的校改，则"轨"为古文，"簋"为今文，指的就不是版本问题，而是客观存在的古今字关系了。虽然"簋古文也"不太符合郑玄注释古今字的习用格式"某，古文某也"（例见下文），但这毕竟是郑司农的注释，不必跟郑玄强求一致。郑司农在"书亦或为某"后，常常对"某"作进一步解释，所以这里指出"书亦或为轨"的"轨"是"簋"的古字，当按"簋"字理解。

从以上所引郑司农确认的古今字材料和有关表述可以看出，他所谓的古今字应该具备五个条件：1. 同义（"同物""一物"），2. 同音（"同音""音声相似"），3. 不同字（"文字不同"），4. 使用时代有先后（"记之者各异"），5. 属于通行的文字现象。概括起来可以说，古今字是指不同时代记录同一词项所常用的不同字。

三

比郑众晚百年左右的郑玄（127—200），在郑众的基础上，对古今字的认识无疑会有所进步。正如大家所津津乐道的，是郑玄首先使用了"古今字"这个表示字组关系的术语，其注例如下：

(1)《礼记·曲礼下》："君天下曰天子，朝诸侯、分职授政任功曰予一人。"郑玄注："《觐礼》曰：'伯父实来，余一人嘉之。''余''予'，古今字。"(1260)

就是说，在表达第一人称代词"yú"这个词项上，《仪礼·觐礼》用"余"，《礼记·曲礼》用"予"，它们具有先后关系，所以是"古今字"。

但实际上，郑玄的这条注释材料是有疑问的，需要加以说明才能成立。

问题首先出在引例上。郑玄用《仪礼》作"余"《礼记》作"予"来证明"余予古今字"，但查中华书局影印阮元校勘本《十三经注疏》，其《仪礼注疏·觐礼第十》原文为："天子曰：非他。伯父實来，予一人嘉之；伯父其入，予一人將受之。"(1089) 明明用"予"，跟《礼记·曲礼》中的"予"一致，怎么能证明"余、予古今字"的关系呢？是否刻印错误或版本不同？可阮元在此并没有提出校勘，而且遍查其他版本的《仪礼》，也全都作"予一人"，没有作"余一人"的[①]，甚至其他语句中表"我"意义的字也全都作"予"，没有作"余"的。《礼记·曲礼下》"予一人"的郑玄注虽引《觐礼》"余一人嘉之"，但孔颖达的正义却引作"予"："知儐者之辞者，以《觐礼》云：儐者曰：'伯父实来，予一人嘉之。'此经亦称'予一人'，故知儐者辞。"(1260) 尽管孔颖达未对郑玄引文的差异作出说明，但我们相信他看到的《仪礼》版本是不作"余"的，所以才会不照录郑玄的引文。因此，我们只能推断《仪礼·觐礼》本来就是用"予"，郑玄的引文缺乏依据。

段玉裁也似乎发现了这个引文问题，在《说文解字注》八部"余"字下说："余、予古今字。……若《礼经》古文用'余一人'，《礼记》用'予一人'。"在予部"予"字下说："予我之予，《仪礼》古文、《左氏》皆作'余'。郑曰：余、予古今字。"他的意思是，《仪礼》的"古文"版本用"余"，跟我们今天看到的版本用"予"者不同，而郑玄引用的正是"古文"版本。《仪礼》确实有古文版本和今文版本的不同，但如果古文版本作"余"而今文版本作"予"的话，郑玄的《仪礼》注是应该会说明的。例如《仪礼·觐礼》"尚左"注："古文尚作上。""四傳儐"注："今文傳作傅。"就以本句"伯父實来，予一人嘉之"而言，郑玄的注中特别说明"今文實作寔，嘉作賀"，如果"予""余"有今文、古文的版本差异，郑玄注为何只说明"實""嘉"二字的版本差异却不指

[①] 如丛书集成本《仪礼（附校录）》（中华书局 1985 年影印，底本为士礼居丛书本），作"予一人"。卢文弨辑《仪礼注疏详校》（丛书集成本，中华书局 1985 年影印）这句话未出校，说明他所见的本子都作"予一人"。四部丛刊本也作"予一人"。

出"予"字有今古文的不同呢？这里不仅郑玄的注没有涉及"予"字有作"余"字者，贾公彦的疏也没有就"予"的使用发表看法，而实际上贾公彦是非常注意郑玄关于《仪礼》"古文""今文"版本的注释体例的。例如《仪礼·丧服》"冠六升""衰三升"郑玄注："布八十缕为升，升字当为登。登，成也。今之《礼》皆以登为升，俗误已行久矣。"《仪礼注疏》卷二十八贾公彦疏："云'今之《礼》皆以登为升，俗误已行久矣'者，案郑注《仪礼》之时，古今二《礼》并观，叠古文者，则从经今文，若叠今文者，则从经古文。今此注而云'今之《礼》皆以登为升'，与诸注不同，则今古《礼》皆作升字，俗误已行久矣也。若然，《论语》云'新谷既升'，升亦训为成。今从登不从升者，凡织纴之法，皆缕缕相登上乃成缯布，登义强于升，故从登也。"（1098）意思是，如果古文、今文两家版本用字有不同，郑玄综合的版本取今文的话，就在注里指出古文作某，取古文的话，也在注里指出今文作某。这里古文版本、今文版本都作"升"，而郑玄从意义分析认为今文版本应该作"登"，只是因为"俗误"才形成现在的样子。连这种版本讹误混同的情况郑注和贾疏都加以说明，如果《仪礼》的"予一人"是从今文而古文版本作"余一人"的话，那郑玄的注是一定会"叠出"的，否则就不合他的注释体例；如果真的不合体例，贾疏也不会轻易放过，一定会在疏中指出来。可《仪礼》的郑玄注和贾公彦疏都没有提及"予"有作"余"者，那就只能说明《仪礼》的古文和今文在"予"的使用上没有差异。段玉裁想用"古文"来掩盖郑玄的失误是徒劳的。

　　既然《仪礼》中的第一人称代词确实不用"余"字而用"予"字，跟《礼记》一样，没有古今用字的差别，那么如果执着于这两部书的话，就会推不出"余予古今字"的结论。怎么看待郑玄的这个失误呢？我们认为，这只是郑玄引例的偶然失察，并不影响他对"余予古今字"性质的判定，因为在更广泛的古代文献中，"余、予"确实具有前后用字不同的现象。例如十三经，除《周易》没有"余""予"二字外，《尚书》《诗经》《论语》《孟子》《三礼》《公羊传》《谷梁传》的第一人称代词都用"予"而不用"余"①，《左传》的第一人称代词则用"余"而不用"予"。所以如果从《尚书》《诗经》等早期文献与《左传》的用字看，可以说"予、余古今字"；以《左传》为古，以晚于《左传》的书本为今的话，也可以说"余、予古今字"；而且，汉代以后又习用"余"字，这样《孟子》《公羊传》等战国文献跟汉代文献又回到"予"古"余"今了。甚至唐朝以后，"余""予"混用，而"予"有时多于"余"，反又成了"余"古"予"今。这种随时异用、古今不定的现象正好说明郑玄对"余、予"古今字关系的认识是从总体的用字习惯着眼的，只要求有相对的时间差，至于谁先谁后，具体什么时限，哪本书跟哪本书不同等，并不太拘泥。郑玄甚至认为，有的古字和今字可以在同一时代、同一版本中出现，也不影响它们在通行性上的古今关系，例如《礼记·礼运》"故圣人耐以天下为一家"郑玄注："耐，古'能'字，传书世异，古字时有存焉，则亦有今误矣。"（1422）在通行今字的时代，"古字时有存焉"，可见对古今字的时代差异不必抠死。郑玄虽然没有对"予""余"的具体使用情况调查清楚，但他感觉从普遍的用字现象来说，"余、

---

① 《诗经·谷风》有"伊余来塈"一例，马瑞辰《毛诗传笺通释》原文注文皆作"予"，因而可疑。《孟子》引用"书曰'洚水警余'"，但传世《尚书》本作"洚水警予"，也可疑。

予"具有古今对应的关系，因而认定它们是古今字，所以就凭印象随便举了个例子，没想到这个例子恰好举错了。但即使《仪礼》中没有我义的"余"字，也不影响他对"余予古今字"关系的判定。其实"余予古今字"包含"予余古今字"的意思，并不一定"余"古"予"今，"余"字也不一定非要出于《仪礼》，就郑玄当时的用字情况看，应该是"予"为古字，"余"为今字。正因为"余、予"的古今关系变动不居，所以郑玄、孔颖达、段玉裁的说法会不一致，引例也常出现差错。例如孔颖达在《礼记·玉藻》"凡自称，天子曰予一人"的疏证里说："'凡自称，天子曰予一人'者，按《曲礼下》云天子曰'余一人'，予、余不同者，郑注《曲礼》云：'余、予古今字耳。'盖古称予，今称余，其义同。"(1485)《曲礼下》明明作"予一人"，郑玄注也正是针对"予"字而言的，孔氏却误引作"余一人"；段氏以"余"为古字，"予"为今字，而孔氏却说"古称予，今称余"，两人相反。由此可见，郑玄的偶然失误也并非不可谅解。

孔颖达说"盖古称予，今称余，其义同"，表述"予""余"的关系用"称"而不用"文"或"字"，就是说，"余""予"的不同，是称谓的不同，而不是用字的不同。这就把郑玄的"古今字"理解成了"古今语"，从而引出"余予古今字"表述的第二个疑问："余""予"究竟是古今字关系还是古今语关系？

其实产生这个疑问的并不止孔颖达一人，与他同时的颜师古也不同意把"余、予"看作古今字。其《匡谬正俗》① 卷三云：

> 予，郑玄注《曲礼下篇》："予，古余字。"因郑此说，近代学者遂皆读予为余。案《尔雅》云："卬、吾、台、予、朕、身、甫、余、言，我也。"此则"予"之与"余"义皆训我，明非同字。许慎《说文》："予，相推予也。""余，词之舒也。"既各有音义，本非古今字别。《诗》云："迨天之未阴雨，彻彼桑土，绸缪牖户。今女下民，或敢侮予。"……《楚辞》云："帝子降兮北渚，目眇眇兮愁予。袅袅兮秋风，洞庭波兮木叶下。"……历观词赋"予"无"余"音。若以《书》云"予一人"，《礼》曰"余一人"，便欲通之以古今字，至如《夏书》云"非台小子，敢行称乱"，岂得便言"台、余"古今字耶？邶《诗》云"人涉卬否，卬须我友"，岂得又言"卬、我"古今字乎？

颜氏所引郑玄注"予，古余字"虽跟郑玄注原文"余、予古今字"的表述字面不符，但意思并不违背，因为如前所论，郑玄说"余予古今字"其实是包括"予余古今字"的。不过，颜师古并不承认"余、予"属于"古今字"关系，所以对郑玄的注提出了批评。颜师古对"古今字"可能有自己的认识，其是非优劣当另文讨论。这里要说的是，他拿来批评郑玄"余予古今字"的理由其实并不很充分。第一，郑玄没有说过"古今字"必须原本"同字（词）"，古今字属于用字现象，构造上同音同义的异体字可以形成古今字，本来"各有音义"的字由于固定的兼用或借用习惯也可以在某个意义上构成古今字关系，因此"余、予"作为古今字不仅可以在使用上"义皆训我"，而且可以在结构上"各有音

---

① 丛书集成初编本：《匡谬正俗》，中华书局1985年版，第24页。

义",颜氏引《尔雅》《说文》来证明余、予"本非古今字别"是牵强的。第二,颜引《诗经》和《楚辞》的用韵只证明"予"读上声,难以证明"予"无"余"音。"予""余"的上古音按现在的标准都是喻四、鱼部,差别仅在于声调的一上一平。况且,"予""余"表示第一人称代词的意义时都属于借用(也可以看作音符构字),而文字借用是允许读音相近的。所以"古今字"虽然要求"同物同音",但"同物(义)"是绝对的,而"同音"却是相对的,可以包括"音声相似"的情况,所以不宜抠得太死:只要使用中记录的是同一个词项就行,既然用字时代不同,读音稍有差异是合乎情理的。正因为使用中记录的是同一词项,即使认定它们在这个意义上同音也是可行的,所以"近代学者遂皆读予(我义)为余",如《周礼》陆德明音义:"予一人,依字音羊汝反,郑云'余、予古今字',则同音馀。"这是比较圆通的处理办法,是不应该遭到非议的。第三,颜氏以"台、余""卬、我"等古今语作比较,否定"余、予"的古今字性质,实有抬杠之嫌,因为前者的语音差别比后者大得多(台,之部;卬,阳部;我,歌部;而予、余皆在鱼部),它们之间缺乏可比性。总之,颜师古把自己的古今字观强加于郑玄,或有不合则加批评,这不符合历史辩证法。相对来说,在对待"余予古今字"的问题上,还是段玉裁的理解比较切合郑玄的实际:"凡言古今字者,主谓同音而古用彼今用此异字。……余、予本异字异义,非谓予、余本即一字也。颜师古《匡谬正俗》不达斯恉,且又以予上声、余平声为分别,又不知古音平上不甚区分,重悮驰缪。"①

"余、予"的随时异用、古今不定,也说明它们确实是"古今字"关系,而不是"古今语"关系。因为古今语的不同通常是不可逆转的,很难想象有了新的词语,还会反复交替地使用旧词语。语言是不断向前发展的,而文字的使用却是有习惯的。颜师古、孔颖达把文献中交替出现的"余、予"看成古今语,既不符合语言发展的规律,也不会符合郑玄的本意。

其实,郑玄(包括郑司农)对古今字和古今语的区别是有明确认识的,这从他们的注释用语和表述方式上可以看出来。郑玄等注释"古今语"时,除了"某,某也"等一般方式外,也标明"古"或"今",并用"名""谓""称""曰"等配合说明,但整个注释语绝不出现"文""字"或"书"等表明文字性质的字眼。例如:

《周礼注疏》卷一"大府"郑玄注:"大府,为王治藏之长,若今司农矣。"(642)

《周礼注疏》卷四"职外内饔之爨亨煮"郑玄注:"爨,今之竈。"(662)

《周礼注疏》卷五"四曰酏"郑玄注:"酏,今之粥。"(669)

《周礼注疏》卷九"囿人"郑玄注:"囿,今之苑。"(700)

《周礼注疏》卷十二"置其絼"郑玄注引郑司农云:"絼,著牛鼻绳,所以牵牛者。今时谓之雉,与古者名同。"(720)

《周礼注疏》卷十二"为畿封而树之"郑玄注:"畿上有封,若今时界矣。"(720)

---

① 参见段玉裁《说文解字·八部》"余"字注,上海古籍出版社1981年版,第49页。

《周礼注疏》卷二十八"司甲"郑玄注："甲，今之铠也。"（832）
《仪礼注疏》卷二十四"百名以上书于策"郑玄注："名，书文，今谓之字。"贾公彦疏："郑注《论语》亦云'古者曰名，今世曰字。'"（1072）

以上"大府/司农""爨/竈""酏/粥""囿/苑""緌/雉""封/界""甲/铠""名/字"各组名词或单音，或复音，分别表达的都是同一事物，可语音上差别很大，各自都是不同的词语，郑司农所谓"今时谓之雉，与古者名同"措辞不准确，其实并非指名称相同，而是说所指的事物相同。这些不同的词语具有古今对应关系，注释家就利用这种对应关系以今释古，帮助现代人理解古代的词语。对此，贾公彦的疏有很多精当的说明。如"爨"之与"竈"，贾公彦疏："云'爨，今之竈'者，《周礼》《仪礼》皆言'爨'，《论语》王孙贾云'宁媚于竈'，《礼记·祭法》'天子七祀'之中亦言'竈'，若然，自孔子已后皆言'竈'，故郑言'爨，今之竈'。""囿"之与"苑"，贾公彦疏："此据汉法以况古。古谓之囿，汉家谓之苑。"表达同一事物而古今使用不同的名称，这是语言变化的结果（包括事物本身的变化而引起语言变化的情况），跟文字的使用无关。所以这类古今对应的词语可以叫作"古今语"，而不属于"古今字"。郑玄等注释"古今语"时绝不使用"文""字"或"书"来表述，这种几乎没有例外的注释表述特点，正说明郑玄对"古今语"（同一事物的名称不同）和"古今字"（同一词语的用字不同）的区别是有清醒认识的，因而他所说的"余予古今字"既然称为"字"，就一定是指同一词项的古今用字不同，而不是像孔颖达、颜师古等所理解的同一事物的古今用语不同。

总之，我们认为郑玄把"余""予"看成"古今字"，跟郑众的古今字思想是一致的，因为它们在记录第一人称代词时同音（音声相似）、同义，而且是不同时代所使用的不同字。有了这些条件，也就符合郑众的古今字标准了。

由于"古今字"这个术语是郑玄首先使用的，所以不少人把郑玄看作揭示古今字现象的发明人，这是混同"术语"与"现象"的结果，不符合学术史的研究实际。刘新春（2003）虽然看到郑玄之前的郑众"对古今字已经有了清醒的认识"，但他也十分看重"古今字"这一术语，不仅为郑众"还没有使用'古今字'这个术语"感到遗憾，而且盛赞郑玄"使用了'古今字'这一术语，并在自己的训诂实践中运用它来解释书中文字的古今异用现象"。实际上，遍注群经的郑玄就只使用过上面引述的这一次"古今字"术语，并没有"在自己的训诂实践中运用它（按，应指'古今字'术语）来解释书中文字的古今异用现象"。郑玄对"书中文字的古今异用现象"的说明除了使用过这一次"古今字"外，大多是继承郑众古字、今字对举或分言的表述方式，当然也还使用过一些别的表述方式，其实并无固定的"术语"。例如：

(2)《周礼注疏》卷四十："终日驰骋，左不楗。"郑玄注："杜子春云：'楗读为寒。……书楗或作券。'玄谓：'券'，今'倦'字也。"（914）
(3)《诗·小雅·鹿鸣》："视民不恌，君子是则是效。"郑玄笺："'视'，古'示'字也。"（406）
(4)《礼记·曲礼上》："幼子常视毋诳。"郑玄注："'视'，今之'示'字。"

（1234）

（5）《周礼注疏》卷二十五："乃舍萌于四方。"郑玄注："……玄谓'舍'读为'释'，'舍萌'犹'释菜①'也。古书'释菜''释奠'多作'舍'字。"（808）

（6）《礼记·礼运》："故圣人耐以天下为一家。"郑玄注："耐，古'能'字，传书世异，古字时有存焉，则亦有今误矣。"（1422）

上述例（2）"玄谓券，今倦字也"意思是说，古"书或作券"的"券"字相当于汉代（今）的"倦"字，古今用字不同而已。例（3）说"视，古示字也"，例（4）说"视，今之示字"，同一个"视"，或言"古示字"，或言"今之示字"，看似不严密，但仔细思辨，其实也不相混，关键在"之"的有无。无"之"，"示"不属"古"，"古示字"意为古书中表达今"示"义的字。有"之"，"示"即属"今"，"今之示字"意为相当于现代的"示"字。后"之"虽可省，而前"之"不可增。《礼记正义》曰："古者观视于物，及以物视人，则皆作示傍著见；后世已来，观视于物，作示傍著见，以物示人单作示字。故郑注经中视字者，是今之以物示人之示也。是举今以辨古。"例（5）说"古书'释菜''释奠'多作'舍'字"，意思是今天"释菜""释奠"的"释"在古书中多用"舍"字记录，这不是具体版本的校勘，也是就用字现象而言。例（6）"耐，古'能'字"是说"耐"是古代用来表示今天"能"词项的字。"释"与"舍"、"耐"与"能"古代同音或音近，可以通假使用，都构成古今字关系。

郑玄表示古今字关系最常用的说法是"某，古文某"，例如：

（7）《周礼注疏》卷二十六"以志日月星辰之变动"郑玄注："志，古文识。识，记也。"（819）

（8）《周礼注疏》卷四十一"衡四寸"郑玄注："衡，古文横，假借字也。"（923）

（9）《周礼注疏》卷四十一"以其笴厚为之羽深"郑玄注："笴，读为藁，谓矢干。古文假借字。"②（924）

（10）《周礼注疏》卷四十一"置槷以县，视以景"郑玄注："故书槷或作弋。杜子春云：'槷当为弋，读为杙。'玄谓：槷，古文臬，假借字。"（927）

（11）《周礼注疏》卷四十二"宽缓以荼"郑玄注："荼，古文舒，假借字。"（937）

所谓"志，古文识"，意思是："志"是古代文献中表示"识记"这个词项常用的字符。显然这已经不是具体的版本校勘工作，而是用字现象的归纳。所以贾公彦的疏说：

---

① "释菜"原作"释采"，此据阮元校勘记改。
② 阮刻本"笴"原作"笴"。校记云："唐石经诸本同误也。《汉读考》笴作笴，注及下凡相同同。云：矢干曰藁，曲竹捕鱼曰笱，萧豪尤侯合音最近，故易字而云笴者，古文假借字。若如今经作笱，本训矢干，何必易为藁云古文假借乎？"

"云'志，古文识，识，记也'者，古之文字少，志意之志与记识之志同，后代自有记识之字，不复以志为识，故云'志，古文识，识即记'也。"所谓"衡，古文横，假借字也"，意思是："衡"是古代文献中相当于现代"横"的用字，这是个假借字。也可以简单地理解为"'衡'就是古代文献中'横'的假借字"。余例类推。这些"古文"都泛指古代文献，不是具体的某个版本，因而它揭示的是古今不同的常见用字现象，不是个别的版本异文。用"古文"联系起来的两个字的关系都符合上述"古今字"的条件，因而都是指的古今字。

上述可见，郑玄具有自觉的古今字观念是无可怀疑的，但他的思想来源于郑众，有关古今字的内涵和范围是郑众界定的，郑玄在理论上没有超出郑众的地方。比较来说，郑玄的贡献有两点：1. 在引述郑众的古今字材料之外，新发现了一些古今字材料；如"余—予""券—倦""视—示""舍—释""耐—能""志—识""衡—横""笰—㡛""埶—臬""荼—舒"等。2. 在继承郑众表述古今字关系用语的同时，改造和创设了一些新的表述方式。如郑众说"某，古字也""某，今字也"，郑玄改为"某，古某字""某，今某字"；郑众说"某，某古文也"，郑玄改为"某，古文某"。将古字和今字合起来称为"古今字"则是郑玄的发明，尽管他本人只用过一次，却一直为后人所沿用。当然，我们也不能因此过高地评价郑玄，甚至把古今字的发明权都归于郑玄。郑众虽然没有使用过"古今字"这个术语，但他并非没有表述古今字关系的术语；而且古今字关系也并不一定要用"古今字"这个术语来表示。所以对于古今字的研究事实和某个人在研究史上的贡献，不能光凭术语，还需要根据材料进行认真辨析和全面综合。

四

注释中沟通古今字关系固然要出现"古"或"今"字，但有"古"或"今"字的注释并不一定都是在讲古今字。古人注释言"古""今"者，所指可能是古今文字的字体，可能是古文文字的结构，可能是古今文版本，也可能是古今语词，而不一定是古今用字的问题。古今语词跟文字无关，因而注释中不会使用"文""字"表述，所以跟"古今字"的注释是容易区别的，这在前面我们已经说过。但如果注释语中既有"古"或"今"，又有"文"或"字"，问题就比较复杂了，比如"古文""今文"，既可以指古今字而言，也可能不是指古今字而言，需要根据注释目的和文献材料认真辨析才行。上一节我们举过郑玄用"古文"表述古今字的例子，而实际上"古文"还有更复杂的含义，特别是跟经学版本关系密切，容易混淆。

孙雍长（2006）说："早在西汉，经学中便已有了今、古文之分，如《史记·儒林列传》：'孔氏有古文《尚书》，而安国以今文读之。'西汉人所说'古文''今文'，与后来所说的'古今字'虽不完全是一回事，却是其概念的滥觞。因为所谓以'今文'读'古文'《尚书》，并不只是指字体的古今不同，而主要还是指用后世的'分别文''通假字'或'异体字'等形式的'今文'去读以'初文''古字'为主，一字多用的'古文'典籍。"这里就牵涉到"古今字"跟"古文""今文"的关系问题。我们承认古今字概念的形成跟"古文""今文"有关，但不同意简单地把"古文""今文"跟"古今字"对应起来，混为一谈。首先，"古文"典籍中不一定都是"初文""古字"或"一字多用"，"分别文""通假字"或"异体字"也不只出现在"今文"中。其次，汉代的"古文""今文"有多种含义，不同含义的"古文""今文"跟古今字的关系也不同，应该分别对待。其中最基本的两个含义是，一指字体，汉代通行的隶书叫今文，秦代以前的书体叫古文。二指经籍版本，由汉儒口授而用当时隶书记录下来的或由此演变而成的经籍版本叫今文，各地发现的由先秦遗留下来用先秦字体书写的或源此而成的经籍版本叫古文。有的经书古文版本和今文版本都不只一种。作为版本的古文、今文不等于字体的古文、今文，字体可以转换，版本是无法转换的。事实上古文经发现以后大都"隶古定"转换成了隶书文本，但它们的版本来源仍然属于"古文"。在经学中，所谓"古文""今文"大都是指版本而言，一般不单独指字体和字符。所以"孔氏有古文《尚书》，而安国以今文读之"，无论"读之"是根据今文版本的隶体字去认读古文版本的古体字，还是用今文版本的某个字符去解读古文版本的某个字符，都不影响其中"古文""今文"作为版本概念的性质，因为字体和字符依附于版本而存在，也就是版本里面包括字体和字符。同一种"古文"版本，可以字体相同，也可以字体不同（转写）；"古文"版本的来源虽然早于"今文"版本，但古文版本中的字符的产生和使用不一定都比今文版本的字符早，也就是说，今文版本中可以出现早用的古字，古文版本中可能出现晚起的今字。所以，版本概念的"古文""今文"既不同于字体概念的"古文""今文"，也不同于字符使用关系的"古今字"，它们彼此之间只有异同关系，没有源流关系，不能说"古文、今文"是"古今字"的"滥觞"。

  值得注意的是，版本关系既可以从来源看，也可以从书写形成的时代看，这就导致"古文""今文"在指称版本时含义也是不确定的。例如贾公彦疏解《周礼》郑玄注"嫔，故书作宾"时说："言'故书'者，郑注《周礼》时有数本。刘向未校之前，或在山岩石室有古文，考校后为今文。古今不同，郑据今文注，故云'故书作宾'。"①我们知道，从来源看，《周礼》只有"古文"，没有"今文"。可这里把经过刘向整理转写的来源于"古文"的本子也叫"今文"，就主要是从版本书写的时代上说的。其实，郑玄所谓"故书"，并不等于"古文"。郑玄的"故书"主要指郑兴、郑众、杜子春等人注释过的书，应该属于刘向整理后的"今文"，当然也可以指刘向整理前的"古文"；与"故书"相对的是"今书"，大概指郑玄时通行的各种版本。阮元《周礼注疏校勘记序》认为郑玄"云'故书'者，谓初献于秘府所藏之本也。其民间传写不同者，则为今书"。②我们觉得不妥，郑玄注中凡言"故书某作某"的，一定会接着引用杜子春、郑兴、郑众对后一个"某"的注释，可见这些"故书"就是指杜、郑等的注本，而不是专指原来用古文字体书写的"古文"本。《周礼》注中的"古文"在指称版本时跟"故书"一样，也不同于一般的相对今文经学的古文，而是相对于经过整理转写的本属于古文学派的"今文"而言

---

① 见《周礼注疏卷二·天官冢宰·大宰》"以九贡致邦国之用：一曰祀贡，二曰嫔贡，……"注疏。阮刻本，第648页。

② 关于《周礼》注中"故书""今书"的所指，还有很多不同说法，本文不一一辨正。详见李玉平《试析郑玄〈周礼注〉中的"古文"与"故书"》所引，《古籍整理研究学刊》2005年第5期。

的。郑众引用别的版本一般说"书亦或为","书"是笼统的泛指；偶尔也说"故书""古书"，指的则是更前的版本，其中也包括来自古文而经过整理的"今文"和未经刘向整理的古文字体的"古文"。可见，"故（古）书""今书"属于时代性的泛指，而"古文""今文"既可指来源不同的版本，也可指时代不同的版本，彼此关系错综复杂，只有采用多角度的观察方法，才能正确理解经典注释中所用各种名称的实际所指。就郑玄注释中的"古文"而言，除了上节举过的用来表述古今字关系的例子外，更多的是用来指称古文版本。不过，《周礼》注中的"古文"是指时代在前的版本，相当于"旧版本"，而《仪礼》注中的"古文"则是指来源于古文字体的版本，相当于"古文学派的版本"。先看《周礼》注中指称版本的"古文"：

（1）《周礼注疏》卷四"宾客之禽献"郑玄注："献，古文为獸。"杜子春云："当为献。"（661）

（2）《周礼注疏》卷四十"栗氏"郑玄注："栗，古文或作歷。"（916）

所谓"献，古文为獸"，意思是：这个句子中的"献"字，早先的版本写作"獸"。所谓"栗，古文或作歷"，意思是：这里的"栗"字，有的旧版本写作"歷"。这显然是在做版本校勘工作，所以前例又引杜子春的说法对版本异文作出取舍："当作献。"其实，"古文"是指古今字而言还是指古今版本而言，在整个注释的目的和表述上也是有区别的，前者意在沟通不同用字的相同功能，表述用语一般是"某，古文某"，如上节例（8）"衡，古文横"；后者意在比较文字异同并加以校勘，表述用语一般是"某，古文为某"或"某，古文作某"。"古文"后面有无"为"或"作"字，意思截然不同。"古文为獸"，"獸"是"古文"中的用字；"古文横"，"横"不是"古文"中的用字而是今文用字。可见这两种表述方式的实际内涵是不同的。

就经学来源而言，《周礼》只有古文学派，所以《周礼》注中的"古文"在版本意义上不可能指版本来源而言，一定是指版本的时代性而言。这跟《仪礼》注中的"古文"含义不同，《仪礼》在经学上有今古文之别，郑玄注《仪礼》是古今兼容，综合为一种新的版本，所以注中说"古文"指的就是古文学派的版本，"今文"即今文学派的版本，都是就版本来源而言的。关于《仪礼》郑玄注中"古文""今文"的含义及其注释体例，贾公彦的《仪礼》疏有详细说明：

《仪礼注疏》卷一："布席于门中，闑西阈外，西面。"郑玄注："古文闑为槷，阈为蹙。"贾公彦疏："云'古文闑为槷，阈为蹙'者，遭于暴秦，燔灭典籍，汉兴，求录遗文之后，有古书、今文。《汉书》云：鲁人高堂生为汉博士，传《仪礼》十七篇，是今文也。至武帝之末，鲁恭王坏孔子宅，得古《仪礼》五十六篇，其字皆以篆书，是为古文也。古文十七篇与高堂生所传者同，而字多不同，其余三十九篇绝无师说，秘在于馆。郑注《礼》之时，以今、古二字并之。若从今文不从古文，即今文在经，'闑''阈'之等是也，于注内叠出古文，'槷''蹙'之属是也。若从古文不从今文，则古文在经，注内叠出今文，即下文'孝友时格'郑注云：'今文格为瑕.'又《丧服》注'今文无冠布缨'之等是也。此注不从古文埶爇者，以埶爇非门限之义，故从今不从古也。《仪礼》之内，或从今，或从古，皆逐义强者从之。若二字俱合义者，则互换见之，即下文云'壹揖壹让升'注云'古文壹皆作一'，《公食大夫》'三牲之肺不离赞者辩取之一以授宾'注云'古文一为壹'，是大小注皆叠。今古文二者俱合义，故两从之。又郑叠古今之文者，皆释经义尽乃言之。若叠今古之文讫，须别释馀义者，则在后乃言之，即下文'孝友时格'注云'今文格为瑕'，又云'凡醮不祝'之类是也。若然，下记云'章甫殷道'，郑云：'章，明也。殷，质言以表明丈夫也。甫，或为父，今文为斧。'事相违，故因叠出今文也。"（946）

可见《仪礼》注中的"古文""今文"原本是校勘术语，指的是不同字体来源版本的文字差异，并不拘泥造成差异的时代性和字符音义的对应性。例如：

(3)《仪礼注疏》卷二十六下"以瑞玉有缫"注："今文玉为圭（璧），缫或为璪。"①（1089）
(4)《仪礼注疏》卷二十七"迎于外门外"注："古文曰迎于门外也。"（1091）
(5)《仪礼注疏》卷三十"齐牡麻绖，冠布缨"注："今文无冠布缨。"②（1104）
(6)《仪礼注疏》卷三十五"东乡"注："今文乡为面。"（1130）
(7)《仪礼注疏》卷三十五"决用正，王棘若檡棘"注："古文王为玉（三），今文檡为也（泽）。"③（1131）
(8)《仪礼注疏》卷三十七"主人拜稽颡，成踊"注："今文无成。"（1141）

其中"玉"之与"圭（璧）"，"乡"之与"面"，属于同义词关系；"王"之与"玉（三）"属于正误字关系；而"外门外"与"门外"，"冠布缨"和"成"字的有无，属于衍漏字关系。可见，这些所谓"古文""今文"，其首要功能在于版本异文的校勘，而不在于揭示古今用字的音义对应关系。

如果"古文""今文"是着眼于版本来源的话，就难以表示绝对的时代先后关系，某些来源于篆书而经过整理改写的"古文"派版本，未必比来源于隶书的某些"今文"派版本更早，反之亦然。如果古文、今文版本互相吸收融合，那就更加难以客观反映用字的时代先后关系了。因此，即使"古文""今文"版本的不同用字具有同音同义的关系，有

---

① 阮刻本作"圭"，校记云："严本通解同，毛本圭作璧。"
② 原文被"疏"间为两段，"注"在第二段后，作："疏衰裳，齐牡麻绖，冠布缨，削杖，布带，疏屦，期者。[疏]……传曰：问者曰：何冠也？曰：齐衰大功，冠其受也；缌麻小功，冠其衰也。带缘各视其冠。"郑玄注："缘如深衣之缘，今文无冠布缨。"注文格式特殊，今引其要。
③ 阮刻本作"古文王为玉，今文檡为也"，校记云："玉，徐本集释俱作玉，通解毛本作三。""檡为也，徐本作'泽为也'，毛本集释通解俱作'檡为泽'。张氏曰：注曰'今文泽为也'，案杭本云'檡为泽'，从杭本。按，'也'疑'宅'字之误。"

时也难以断定它们就是古今字，尽管它们有的确实是古今字，但作注者的意图仍然是版本校勘，而不是有意识的古今字分析。例如：

（9）《仪礼注疏》卷二十六下"天子赐舍"郑玄注："今文赐皆作锡。"①（1088）

（10）《仪礼注疏》卷二十七"大史是右"郑玄注："古文是为氏也。"（1092）

（11）《仪礼注疏》卷二十七"尚左"郑玄注："古文尚作上。"（1093）

（12）《仪礼注疏》卷二十七"祭地瘗"郑玄注："古文瘗作殪。"（1094）

（13）《仪礼注疏》卷三十五"缀足用燕几"郑玄注："今文缀为对。"（1129）

（14）《仪礼注疏》卷三十五"为铭各以其物……书铭于末"郑玄注："今文铭皆为名，末为旆也。"②（1130）

（15）《仪礼注疏》卷三十五"环幅不凿"郑玄注："古文环作还。"（1130）

（16）《仪礼注疏》卷七"君子欠伸，问日之早晏"郑玄注："古文伸作信，早作蚤。"

以上注例都是用"为"或"作"来表述的，形式上跟古今字的注例有明显区别。其中"赐/锡""氏/是""上/尚""殪/瘗""缀/对""铭/名""末/旆""环/还""信/伸""蚤/早"，前者为"古文"版本的用字，后者为"今文"版本的用字，它们在具体的版本异文中是同音同义的，但并不意味着它们具有跟"古""今"版本一致的先后用字关系。如例一的版本异文是古"赐"今"锡"，而实际上古书的一般用字情况是古"锡"今"赐"，即假借字"锡"代表的是先秦的用字现象，后造本字"赐"反而应该是汉代的用字现象。当然，"古今无定时"，在具体文本中"赐"成为"锡"的古字、"锡"变作"赐"的今字也是可能的。但我们认为，在上述材料中，作注者的本意并不在说明"赐""锡"的时代先后关系，只是客观反映它们在不同字体来源版本中的用字事实而已。所以贾公彦疏解例（16）曰："云'古文伸作信，早作蚤'者，此二字古通用，故《大宗伯》云'侯执信圭'，为信字。《诗》云：'四之日其蚤，献羔祭韭。'为蚤字。既通用，叠古文者，据字体，非直从今为正，亦得通用之义也。"就是说，尽管"伸"和"信"、"早"和"蚤"可以通用，可以看作古今字，无须勘"正"，但郑玄注释仍然要用"作"来"叠古文"，因为他是"据字体"，目的存在版本之异，而非通文字之用。

尽管"古文""今文"指称版本异文与指称古今用字目的不同，表述用语也有区别，但并非毫无关系。因为"古今字"存在于古文版本和今文版本中，当古文今文的版本跟音义相同的不同字形的使用在时代的先后关系上一致时，所谓"古文""今文"就既可指版本而言，也可指字符关系而言。例如《仪礼注疏》卷六"视诸衿鞶"郑玄注："'视'

---

① 阮刻本作"今文赐皆作锡"，校记云："严本集释同，毛本无皆字。"今按，以下文接着有"赐伯父舍"句，故郑注上句连而言之。

② 阮刻本作"今文铭皆为名，末为旆也"，校记云："毛本末作未，徐本集释未作末，通解未为二字未刻，余与徐本同。案未乃末字之误。"

乃正字，今文作'示'，俗误行之。""今文作'示'"本来是版本问题，但正好也反映了"视"跟"示"的古今对应关系，从"俗误行之"可见汉代在显示的意义上是通行"示"的。所以对这个"今文"就既可从特定的今文版本理解，也可从当时一般文献的用字来理解。贾公彦疏云："'视乃正字，今文作示，俗误行之'者，案《曲礼》云'童子常视毋诳'，注云：'视，今之示字。'彼注破视从示，此注以视为正字，以示为俗误。不同者，但古文字少，故眼目视瞻与以物示人皆作视字，故此注云视乃正字，今文作示，是俗人以今示解古视，故云误也。彼注云'视，今之示字'者，以今晓古，故举今文示而言。两注相兼乃具也。"（973）同样是"视"与"示"，一处按版本校勘用语注释，一处按沟通古今字关系用语注释，"两注相兼"就兼顾了个别版本的校勘和时代用字的习惯两个方面。

正是在这种具有明确时代关系的古文版本和今文版本的比较中，注释家逐渐认识到有些字在不同时代具有比较固定的音义对应关系，因而把这种既有时代先后关系又音义相同的对应字组用"古""今"加"文""字"的表述方式特别标示出来，这就产生了自觉的古今字观念。这种观念的形成在只通今文经的经学家那里是难以发生的，只有到了东汉的古文经学家，他们往往同时研读今文经，并且习惯把古文经和今文经的不同版本加以对照比勘，从中发现古今对应关系，并扩大到普遍用字规律的认识，才会最终形成古今字观念。

古今字观念的形成是以摆脱版本的束缚为标志的，即使涉及"古文""今文"，也不再专指个别的版本异文，而是反映某种带有规律性的用字现象。例如前文所举郑司农"古者书仪但为义，今时所谓义为谊"的表述，就不再限于某个具体的版本，而是对"古者"（前代）和"今时"（后代）在表达"仪"和"义"两个意义时分别使用不同字符这种现象的基本归纳，即古用"义"今用"仪"、古用"谊"今用"义"。这种用字现象在许多书里都能找到例证，反映的是比较固定的对应关系。又如郑司农云："立读为位，古者立、位同字，古文《春秋经》'公即位'为'公即立'。""古者立、位同字"（都写作"立"），意味着"今时立、位不同字"（分用），那么在表达"位"的意义时，古写作"立"，今写作"位"，从而构成古今字。郑司农本在为《周礼》作注，却引"古文《春秋经》"为例，可见已经不是同书版本的校勘问题，意在说明这种古今对应的现象很普遍。再如郑司农说："繅当为藻。繅，古字也，藻，今字也，同物同音。"这里既有"古""今"的不同，还有"同物同音"的限制，而且也不是针对具体的版本异文，因为"繅""藻"的古今对应在文献中常见，并不限于《周礼》。例如《礼记》陆德明音义："藻音早，本又作繅。"（1256）"繅，本又作璪，亦作藻，同子老反。"（1433）《仪礼注疏》卷十九"取圭垂繅"郑玄注："今文繅作璪。"（1047）又"圭与繅皆九寸"郑玄注："古文繅或作藻，今文作璪。"（1072）如此甚多，说明"繅""藻"（璪）在时代不同的文本中常互作。至于郑玄所分析的古今字，如"余—予""券—倦""视—示""舍—释""耐—能""志—识""衡—横""筥—䈰""墊—臬""荼—舒"等，也是不同时代的常见用字现象，并不限于个别版本。由此看来，我们可以认为，不同时代的古今版本异文，有个别现象，也有常见现象；有音义对应的，也有音义不对应的。而所谓古今字，则只反映不同时代的常见用字现象，音义总是对应的。这种古今对应用字的常见性和固定性也应该看作古今字的一个条件。

五

现在我们来概括一下前文的主要观点。

1. 古今字观念形成于东汉时期。较早论述古今字现象的学者是东汉初期的郑众（司农），他虽然没有使用"古今字"这个术语，但有其他表述古今字关系的用语，而且对古今字的内涵做了基本的界定。东汉晚期的郑玄，在古今字的理论阐述上并未超过郑众，但他首次使用了"古今字"这个组合术语，还使用过其他一些不同于郑众的古今字表述方式，在具体古今字例的分析上也有所扩充。

2. 从郑众和郑玄的有关表述及字例分析看，古今字要表述的问题是，就某个词项而言，不同时代通行用什么字（并非某个时代只能用什么字）。古字和今字的关系要符合五个条件：第一，同义（同物）；第二，同音（包括音近）；第三，不同字；第四，用字时代有先后，先后时差是相对的；第五，不是个别版本的异文，而是常见的用字现象（不一定全部）。注释家指明古今字，是想用常见的文字对应关系来确定具体文本中某个用字所代表的词项。

3. 郑众和郑玄等注释家对古今字关系的表述方式多种多样，或古、今分言，或古、今对举，或古、今连用，但一定在整个表述中出现"文"或"字"。这一点跟用今词释古词的古今语对举现象有明显区分，古今语对释的时候可以出现"古"和"今"，但一般不会使用"文"和"字"，除非把某组古今语误会为古今字。

4. 古今字观念的产生受到汉代今古文经学的影响，但古今字不等于"古文"和"今文"。所谓"古文""今文"具有多种含义：第一，指称字体。秦代以前的字体叫古文，汉代的隶书叫今文。第二，指称版本。版本中又有两组对应关系，一是古文学派的版本跟今文学派的版本对称古文、今文；二是古文学派版本系统内部未经整理转写的版本跟经过整理转写之后的版本对称古文、今文。第三，指称文献中的用字。同一词项，古代文献用某字叫古文某，后代文献用某字叫今文某。只有第三种含义的"古文""今文"指的是古今字。同一个字在不同时代的字体变异或写法不同，不是郑众等人所说的古今字。异时版本之间同一位置的用字不同，可能跟古今字相关，但郑玄等人的注释目的究竟在沟通古今字还是在校勘版本异文，其表述用语也是有区别的：校勘版本异文时一般用"某，古文（今文）作（为）某"的方式，沟通古今字时则一般使用"某，古文（今文）某"或"某，今（古）之某字"的方式。

5. 后人对郑众、郑玄等注释家有关古今字的用语和材料多所误解和误用，评价也或有不实，值得引起我们注意。

参考文献

［1］裘锡圭：《文字学概要》，商务印书馆 1988 年版。
［2］蒋绍愚：《古汉语词汇纲要》，北京大学出版社 1989 年版。

［3］王宁、林银生、周之朗、秦永龙、谢纪锋：《古代汉语通论》，北京师范大学出版社 1996 年版。

［4］陆锡兴：《谈古今字》，《中国语文》1981 年第 5 期。

［5］杨润陆：《论古今字的定称与定义》，《古汉语研究》1999 年第 1 期。

［6］龚嘉镇：《古今字说》，载向光忠主编《文字学论丛》第 1 辑，吉林文史出版社 2001 年版。

［7］刘新春：《古今字再论》，《语言研究》2003 年第 4 期。

［8］孙雍长：《论"古今字"及辞书对古今字的处理》，《辞书研究》2006 年第 2 期。

魏晋南北朝"古今字"训诂论略

蒋志远

自汉代以降，训诂工作的一项重要内容就是对"古今字"问题进行注释，因此"古今字"学术史也是训诂学史的一个组成部分。相关考察表明，"古今字"是肇源于汉代的指论历时同词异字问题的训诂概念，东汉郑众、郑玄的文献注释中已开始出现少量的"古今字"注释，到唐代，"古今字"已成为经、史、子、集各类文献注释中常见的训诂体式，各家创作的训条数以千计，其发展极为繁盛。然而"古今字"训诂从汉代的滥觞到唐代的繁荣之间是如何传承并发展壮大的？现有研究成果尚不足以回答，因为介于汉唐之间，长达三百余年的魏晋南北朝仍是"古今字"学术史研究的薄弱环节，除张揖《古今字诂》曾有洪成玉[1]、苏天运[2]等学者讨论过外，尚存大量研究空白。

我们认为，魏晋南北朝上承两汉、下启隋唐，属于"训诂的深入与扩展期"[3]，对"古今字"训诂的发展意义重大。考察该时期"古今字"训诂的传承和发展，将有利于学界充分了解这一训诂体式从产生到发展的整体轨迹以及该时期先贤的注释成就。有鉴于此，我们利用古籍数据库对魏晋南北朝的"古今字"训诂材料进行了全面整理，希望以此为基础考察该时期"古今字"训诂的传承和发展。

一 魏晋南北朝"古今字"训条的分布

根据李运富[4]的研究，东汉古文经学家郑众较早注意到"今文经"和"古文经"之间的部分版本异文系历时的同词异字，于是率先以"某，古字""某，今字"的形式予以标注，其后郑玄又首用"古今字"来指称这类问题。东汉之后，中国进入以分裂为主的魏晋南北朝时期，是时"博士失其官守垂三十年，今文学日微，而民间古文之学乃日兴月盛……汉家四百年学官今文之统已为古文家取而代之以矣"[5]。在古文经学兴盛的背景下，该时期的学者师法汉儒，广泛开展了包括"古今字"训诂在内的文献注释活动。我

---

* 本文原载《励耘语言学刊》2015 年第 2 辑（总第 22 辑），学苑出版社 2015 年版。

[1] 洪成玉：《古今字概述》，《北京师范学院学报》1992 年第 3 期。
[2] 苏天运：《张揖〈古今字诂〉研究》，硕士学位论文，北京师范大学，2009 年。苏天运：《〈古今字诂〉佚文辑校》，载《励耘学刊》（语言卷）2011 年第 1 辑（总第 13 辑），学苑出版社 2011 年版，第 244—277 页。
[3] 王宁：《训诂学》，高等教育出版社 2010 年版，第 20 页。
[4] 李运富：《早期有关"古今字"的表述用语及材料辨析》，载《励耘学刊》（语言卷）2007 年第 2 辑（总第 6 辑），学苑出版社 2008 年版，第 66—89 页。
[5] 王国维：《观堂集林》，中华书局 1959 年版，第 189 页。

们在"瀚堂典藏"数据库中检索发现，该时期有 15 位学者注释过"古今字"问题，他们创作的 301 则相关训条当中，一共指论了 310 组"古今字"，具体分布如表 1 所示。

表 1

注释者	虞翻	孙炎	如淳	孟康	韦昭	晋灼	颜之推	崔譔	郭璞	张揖	李登	吕忱	何承天	字书①	顾野王	总计
训条数	4	1	2	6	5	22	1	1	32	51	29	6	6	27	108	301
字组数	4	1	2	6	5	22	1	1	33	59	29	6	6	27	108	310

从来源上看，出自传世文献如《国语注》《颜氏家训》《尔雅注》《方言注》《山海经注》《穆天子传注》的"古今字"仅有 38 则，占总比重的 12.6%；而其余 263 则，占总比重 87.4% 之多的"古今字"训条都是从隋唐以来的引文或古本残卷中辑佚而来。从这一数据看，魏晋南北朝"古今字"训条主要存在于佚文之中，这批材料的学术价值，不能因其所属原著的散佚而受到忽视。

从训条所属的体裁看，该时期的"古今字"注释分别见于随文注释和训诂专书两种训诂材料之中。就前者而言，被注释的字组所记词义一般要受到上下文的限定而比较具体，比如虞翻、韦昭、如淳、孟康、晋灼、郭璞等家针对《周易》《国语》《尔雅》《汉书》《穆天子传》《山海经》等文献中具体字词的"古今字"训注都属此类，这些训条有 74 则，占总比重的 24.6%；就后者而言，因为训诂专书中的被训释字组所记词义一般没有上下文的限定，所以各家的释义也就相对笼统、概括，比如张揖《古今字诂》、李登《声类》、吕忱《字林》、何承天《纂文》、佚名《字书》、顾野王《玉篇》（《原本〈玉篇〉残卷》）就属此类，这些训条有 227 则，约占总比重的 75.4%。

二 魏晋南北朝"古今字"训诂的继承性

总体上看，魏晋南北朝的"古今字"训诂和汉代有十分明显的继承关系。在观念上，各家对"古今字"概念"历时同词异字"的性质认识和汉儒保持着一致，他们都基于"古字"和"今字"的同用关系来注释字词；在行文上，各家都是用"古今字"或其术语变体关联例字，不论"古字""今字"对举，还是单言"某，古（今）字"以赅对举，其思路都和汉儒一脉相承。

"古""今"对举，是在训条中同时举出"古字"和"今字"。汉儒郑玄曾在《礼记·曲礼》"君天下曰天子，朝诸侯、分职、授政、任功曰'予一人'"下注云"《觐礼》曰'伯父实来，余一人嘉之'，余、予古今字"，这是用典型术语"古今字"进行总体的对举，意在说明二者的历时用字差异，具体哪个是古字、哪个是今字，作者并未严格限定；而《周礼·夏官·弁师》"诸侯之缫斿九就，珉玉三采，其余如王之事，缫斿皆就，玉瑱玉笄"下郑玄所引郑众（郑司农）"缫当为藻。缫，古字也；藻，今字也，同物同

---

① 《字书》作者不详，暂列书名。

音"的指论,则是分用"古字"和"今字"逐一注明例字的地位。这种对举的方式在魏晋南北朝的用例如:

(1)【已而有娠,遂产高祖】① 应劭曰"娠,动。怀任之意。《左传》曰'邑姜方娠'"。孟康曰"娠音身,汉史身多作娠,古今字也"。(《汉书》卷一颜师古注)
(2)【郁陶、繇,喜也】孟子曰"郁陶,思君"。《礼记》曰"人喜则斯陶,陶斯咏,咏斯犹"。犹即繇也,古今字耳。(《尔雅》卷一郭璞注)
(3)【安跱】《字诂》"古文峙,今作跱",同。直耳反。《广雅》"跱,止也"。谓亭亭然独止立也。(《慧琳音义》卷一)
(4)【是捄】《字诂》"古文捄、捄二形,今作救",同。居又反。救,助也。(《慧琳音义》卷九)

例(1)和例(2)中出现的"古今字"用语,注释意图和郑玄《礼记注》中是一致的。从上下文看,例(1)正文中的"娠"表{孕妊}。颜师古所引孟康注释云"娠音身",首先指出这两个字同音。而"汉史身多作娠"则表明在孟康治《汉书》的魏晋时期,{孕妊}已通常由"身"字记录,和《汉书》中"多作娠"的习惯迥异,所以他用"古今字"关联"娠"和"身"是{孕妊}的历时不同用字。例(2)正文出自《尔雅·释诂》,而晋人郭璞注中所云"人喜则斯陶,陶斯咏,咏斯犹"出自《礼记·檀弓》的"人喜则斯陶,陶斯咏,咏斯犹,犹斯舞,舞斯愠,愠斯戚,戚斯叹,叹斯辟,辟斯踊矣",郑玄注云"犹当为摇,声之误也。摇,谓身动摇也。秦人'犹''摇'声近",孔颖达疏云"'咏斯犹'者,摇动身也。咏歌不足,渐至自摇动身体。'犹斯舞'者,舞,起舞也。摇身不足乃至起舞,足蹈手扬,乐之极也"。根据郑玄和孔颖达的意见,这里的"犹"实际可通"摇",表示{摇动},而这一动作又和人的喜悦是存在关联的,所以郭璞针对《尔雅》"郁陶、繇,喜也"说"犹即繇也,古今字耳",意指{喜}上"犹"和"繇"具有古今同用关系。

例(3)和例(4)都是《慧琳音义》对魏张揖《古今字诂》中训条的转引。苏天运②考证此书系"专门收集汉魏文献训诂中涉及古今不同用字的材料,并以今字为字头进行分部编排的训诂工具书",例中将"古字"和"今字"对举的思路,和汉代郑众相仿。例(3)中的"古文峙,今作跱"意指"古"时由"峙"字记录的词义,在"今"天则由"跱"字承担。结合张揖《广雅》"跱,止也"以及玄应"亭亭然独止立也"的说解,可知{独立}上"峙"是"古字","跱"是"今字"。例(4)情况类似,但张揖指出在{救}上"今字""救"同时对应着"捄""捄"两个"古文",实际上对举了两组"古今字"。

上述对举的训条在魏晋南北朝为数有限,而单举"古字"或"今字"以赅对举的情

---

① 【 】内为古籍中的大字正文,外为注文,下同。
② 苏天运:《张揖〈古今字诂〉研究》,硕士学位论文,北京师范大学,2009年,第114页。

况更为常见，因为只要点明字组中的"古字"或"今字"，另一方的地位便是不言自明的。这种凝练的"古今字"注释风格在汉代即普遍存在，《诗经·大雅·韩奕》"夙夜匪解，虔共爾位"，郑玄笺云"古之恭字或作共"，说明"共"是"古字"，同时暗指着"恭"是"今字"；而《说文解字·水部》云"灋，刑也。平之如水，从水。廌，所以觸不直者去之，从去。法，今文省。佱，古文"，实际关联了三组"古今字"，即灋—法、佱—灋以及佱—法。魏晋南北朝的这类训条例如：

(5)【失得】如字。孟、马、郑、虞、王肃本作矢。马、王云"离为矢"，虞云"矢，古誓字"。(《经典释文》卷二)

(6)【甿隶之人，而迁徙之徒也】善曰：……如淳曰"甿，古文氓。氓，人也"。(《文选》卷五十一李善注)

(7)【仙】《声类》云"今偓字"。(《大广益会玉篇》卷三)

(8)【曺】《字书》"今蠽字也"。(《原本〈玉篇〉残卷》卷九)

(9)【蹉】本或作跢。《字林》云"皆古嗟字"。(《经典释文》卷二十九)

(10)【餔】補湖反。《国语》"亲载以行，国之孺子无不餔也"。野王案，《广雅》"餔，食也"，《楚辞》"餔其糟，歠其醨"是也。《尚书大传》"春食餔子"，郑玄曰"餔子，小子也"。《说文》"日加申时食也"。野王案，今为晡①字，在日部；古文为盙字，在皿部。(《原本〈玉篇〉残卷》卷九)

例(5)出自《经典释文》，其中的"虞"指孙吴学者虞翻。陆德明首先比对了包括虞本在内的五种《周易》注，发现他们对于"失得勿恤"一句都写作"矢得"，其中马(融)、王(肃)由"矢"的本义{箭}解释"矢"当训为"离"，而虞翻指出在{誓}上"矢"为"誓"的"古字"，相应的"誓"就是"今字"了。

例(6)原文出自《文选》所录贾谊《过秦论》。其中的"甿"，《说文》训"田民也"。这句话中的"甿隶之人"，是说陈涉为"田民、徒隶一类的人"。李善所引，是曹魏学者如淳的注，"甿，古文氓"意指后代由"氓"记录的词义{田民}，在"古"时由"甿"承担。说"甿"是"氓"的古文，即指出甿——氓在{田民}上是"古今字"。

例(7)是见于宋代《大广益会玉篇》中的魏李登《声类》的佚文。《声类》今已不存，而我们根据这则引文可以推断李登原书曾指出"仙"的职能和"今"，也就是魏时读者熟悉的"偓"字相同，单言"偓，今仙字"便指出了在{偓}上仙——偓是"古今字"，简洁明了。

例(8)是《原本〈玉篇〉残卷》所引魏晋佚名训诂专书《字书》的内容。我们推断《字书》原本应有"曺，今蠽字也"这样的训释指出"今字""蠽"和"古字""曺"功能相同。值得注意的是，以现代学术眼光看，"曺"字上部实际上是"棘"之讹变，"曺""蠽"实为同一字种。但从《字书》的注释来看，作者显然从心理上觉得"曺"

---

① "晡"原本作"脯"，据下文"在日部"改。

"䰞"的形体差异已达到影响理解的程度，便把它们看作两个字来关联，这种思路和《说文》关联正篆"回"与"古文""囬"的"古今字"指论十分相似，从细节上反映着魏晋南北朝学者"古今字"观念的继承性。

例（9）是《经典释文》对《尔雅·释诂》"嗟、咨，䟆也"的注释，陆德明在此转引了晋吕忱《字林》的"古今字"注释。从《尔雅》的上下文看，"䟆"在此承担的职能是｛叹词｝。《经典释文》首先就"䟆"在其他版本《尔雅》中的异文"跐"提出校勘意见，接下来说"《字林》云'皆古嗟字'"，这表明吕忱原书曾指出过在这个意义上"䟆"和"跐"是"古字"，而这个意义在后代由"嗟"承担，也就是说䟆—嗟以及跐—嗟是两组"古今字"。

例（10）来自清末罗振玉、黎庶昌自日本访得，据考证是梁顾野王《玉篇》原作的《原本〈玉篇〉残卷》，这则训条以"今为某字"和"古文为某字"的方式关联了两组"古今字"。从书证用例看，顾野王列举了"餔"的两种用法，其一是"国之孺子无不餔也"以及"餔其糟"中的"餔"，承担的词义均为｛喂食｝，与第一段"野王案"所引《广雅》"食也"之训相应；其二，是《说文》中"餔"字"日加申时食也"的训释，这个"餔"所记词义为｛夕食｝。从第二段"野王案"判断，这里两则"古今字"指论都针对｛夕食｝而言。"今为晡字"说明梁代此义由"晡"字承担；而"古文为䪳字"则说明在较"餔"更"古"的时期，｛夕食｝曾由"䪳"记录，如此则关联了餔—晡、䪳—餔两组"古今字"。

以上可见，魏晋南北朝各家都继承着汉儒开创的"古今字"训诂传统，不是闭门造车式地孤立研究。这种继承性并非偶然，它和魏晋南北朝的语文生活背景以及当时盛行的古文经学有密切联系。在文献依靠手写传播的时代，随着语文习惯的变迁，文献中层层累积的前代用字习惯便可能成为后人的阅读障碍，这一矛盾在汉代有，魏晋南北朝亦然。所以各家在注释文献的过程中，首先就有着疏解历时同词异字问题的客观需求。同时，魏晋南北朝的学术风尚是与汉代一脉相承的古文经学，在郑众、郑玄等汉代古文经学家的示范性影响下，魏晋南北朝学者沿用"古今字"训诂疏解当时文献中的历时同词异字问题是顺理成章的事。

三 魏晋南北朝"古今字"训诂的发展

在继承的基础上，魏晋南北朝学者也不断发展着"古今字"训诂。这种发展一方面表现为对"古今字"现象的不断探索发掘，另一方面表现为对"古今字"训诂样式的推广普及。

魏晋南北朝以国家大分裂、人口大迁徙、民族大融合为社会背景，该时期的语文习惯也经历了深刻的变迁，其中汉字和汉语词之间记录关系的动态变化，决定着文献中的历时同词异字问题是推陈出新、层出不穷的。从材料看，该时期学者对"古今字"的注释并不是一味地转引、承袭汉儒旧说，据我们统计，在魏晋南北朝学者指出的310组"古今字"中，竟有284组不与汉代重合，约占总比重的91.6%[①]。这部分成果涉及的材料有的是汉儒未曾发现的，也有的是魏晋之后逐渐产生的，足见学者们在继承先贤"古今字"训诂成果的基础上有所发展，使学界对这一语文现象的认识积少成多。

此外，随着魏晋南北朝参与"古今字"训诂学者队伍的不断壮大，这一训诂体式的运用领域和服务范围也得到进一步的拓展。汉代实践过"古今字"训诂的学者仅有5位，他们所论588组"古今字"中，许慎《说文解字》一书就占了562组[②]，其余各家提供的新字组极少。就随文注释的训诂材料而言，汉儒郑众、郑玄、马融等人的"古今字"训诂基本都是为《周礼》《礼记》《毛诗》和《尚书》等儒家经典服务，包含"古今字"注释的训诂专书只有《说文解字》一部。整个汉代的"古今字"训条数量虽然多，但从事这一注释活动的学者却很少，训条的分布也极不平衡。反观训诂文献散佚严重的魏晋南北朝，我们从各种佚文当中尚能找到分属15家的301则训条，可见该时期的"古今字"训诂家的队伍是不断壮大的。更值得注意的是，魏晋南北朝的"古今字"训诂除了注释儒家经典之外，还在《山海经》《穆天子传》《国语》《汉书》等子、史类文献的注释中得到推广，随着该时期字书、韵书、雅书的分立，《古今字诂》《声类》《字林》《篆文》《字书》等专书训诂中"古今字"也已成为通行的注释体例。虽然目前已无法收齐魏晋南北朝所有的"古今字"训条，但管中窥豹，该时期"古今字"注释的规模较之汉代应是有过之而无不及。

从以上这些表现来看，魏晋南北朝学者师古而不泥古，他们在继承"古今字"训诂的同时积极探索又发现许多新的"古今字"现象，并将这一训诂样式发展成注释各种文献中历时同词异字问题的通行体例。我们认为，这种在继承基础上的发展，是"古今字"训诂在汉代缘起和唐代繁荣之间一个至关重要的过渡环节。一方面，魏晋南北朝学者使得古文经学家发明的"古今字"训诂传统薪火相传；另一方面，他们推广"古今字"训诂的成功实践，又成为隋唐以降学者效法的榜样。认识到该时期学者为"古今字"训诂所作出的努力，我们才能够合理地解释"古今字"训诂活动是如何从东汉的细流涓涓发展到隋唐以降的波澜壮阔。

四 小结

通过对魏晋南北朝"古今字"训条的整理和考察，我们对该时期的"古今字"训诂情况有了如下几点认识。

第一，魏晋南北朝的训诂文献流散严重，其"古今字"训条多是吉光片羽式的佚文。但从收集到的15家301则"古今字"训条看，该时期的"古今字"训诂活动比较活跃，是"古今字"学术史研究不可或缺的一环。

第二，魏晋南北朝学者的"古今字"观念和注释思路都继承自汉儒，各家所用"古字"与"今字"对举，以及单指一方以赅对举的注释形式，都意在沟通不同汉字的历时

[①] 蒋志远：《唐以前"古今字"学术史研究》，博士学位论文，北京师范大学，2014年，第133页。

[②] 同上。

同用关系。这种继承，是和当时文献手写传播以及古文经学兴盛的文化背景密切相关的。

第三，魏晋南北朝学者在继承汉儒的基础上也不断地发展着"古今字"训诂。他们一方面继续发掘新的"古今字"现象，指论了大量前人不曾言及的字组，另一方面扩大了"古今字"训诂的运用范围，使得"古今字"训诂在该时期已经成为遍布经、史、子类文献注释和字书、雅书、韵书当中的通行注释体例。这种广泛运用，为隋唐之后"古今字"训诂的繁荣发展打下了基础，具有承上启下的重要意义。

参考文献

［1］洪成玉：《古今字概述》，《北京师范学院学报》1992年第3期。
［2］苏天运：《张揖〈古今字诂〉研究》，硕士学位论文，北京师范大学，2009年。
［3］苏天运：《〈古今字诂〉佚文辑校》，载《励耘学刊》（语言卷）2011年第1辑（总第13辑），学苑出版社2011年版。
［4］王宁：《训诂学》，高等教育出版社2010年版。
［5］李运富：《早期有关"古今字"的表述用语及材料辨析》，载《励耘学刊》（语言卷）2007年第2辑（总第6辑），学苑出版社2008年版。
［6］王国维：《观堂集林》，中华书局1959年版。
［7］蒋志远：《唐以前"古今字"学术史研究》，博士学位论文，北京师范大学，2014年。

颜师古和郑玄、段玉裁的古今字观念比较*

关 玲

"古今字"这个概念原本是一个训诂术语，其目的是沟通古今的不同用字。我们对颜师古的训诂著作中涉及的古今字问题进行穷尽式的搜集和分析，发现颜师古对古今字的注释术语最常用的是"某，古某字"，在引用他人观点时也会提到"某某，古今字"。颜师古在《匡谬正俗》中提到古今字应该符合三个条件：①通行时代有先后之别；②代表的词项相同；③读音相同相近。在《汉书注》中颜师古的这一观念得到了贯彻。我们从《汉书》颜注中找到139组古今字材料，颜师古所注的古今字最多的是异体字和异体字关系，共有90组，占全部材料的64.75%，以后依次是：本字和通假字关系，共有24组，占17.27%；同义字和同义字关系，共有16组，占全部的11.51%；古本字和重造本字关系，共有5组，占3.60%；假借字和假借字关系，共有2组，占1.44%；通假字和通假字关系，共2组，占1.44%。

颜师古上承郑众、郑玄，下启段玉裁、王筠，是承上启下时期的重要代表。将颜师古跟前后的郑玄和段玉裁等进行比较，可以展现"古今字"历史的大体面貌。"古今字"从郑玄首次提出，发展到唐代已经在理论和实践中有所丰富，再到清段玉裁手中得到细致阐述，具有历史的继承性。

一 颜师古和郑玄的古今字观念的比较

1. 以郑众、郑玄为代表的早期古今字观念

训诂学中的"古今字"是指历时文献中记录同一词项而先后使用了不同形体的一组字，先使用的叫古字，后使用的叫今字，合称古今字。李运富认为，"古今字"这一现象，是郑众最先发现的。郑众在对古今字的注释中，已有明确的界定和典型的表述用语。如：

《周礼注疏》卷三十二："诸侯之缫斿九就，珉玉三采，其余如王之事，缫斿皆就，玉瑱玉笄。"郑玄注："……缫斿皆就，皆三采也。每缫九成，则九斿也。公之冕用玉百六十二。玉瑱，塞耳者。故书'瑱'作'璑'。郑司农云：'缫'当为'藻'。'缫'，古字也，'藻'，今字也，同物同音。'璑'，恶玉也。"（854）

《周礼注疏》卷二十六："史以书叙昭穆之俎簋。"郑玄注："故书'簋'为

---

* 本文由关玲《颜师古古今字研究》节选改写而成，硕士学位论文，北京师范大学，2009年。

'几'。郑司农云：'几'读为'轨'。书亦或为'簋'，古文也。"（818）

在对上述材料进行分析后，李运富进一步认为，郑众所谓的"古今字"应该具备五个条件：1. 同义（"同物""一物"）；2. 同音（"同音""音声相似"）；3. 不同字（"文字不同"）；4. 使用时代有先后之别（"记之者各异"）；5. 属于通行的文字现象。概括起来可以说，古今字是指不同时代记录同一词项所用的不同字。

李运富还将郑玄与郑众的古今字观念进行了比较。

比郑众晚百年左右的郑玄，对"书中文字的古今异用现象"的说明除了使用过一次"古今字"（"余""予"古今字）外，大多是继承了郑众古字、今字对举或分言的表达方式，当然也还使用过一些别的表述方式，其实并无固定的"术语"。例子如下：

《周礼注疏》卷四十："终日驰骋，左不楗。"郑玄注："杜子春云：'楗读为骞。……书楗或作券。'玄谓：'券'，今'倦'字也。"

《诗·小雅·鹿鸣》："视民不恌，君子是则是效。"郑玄笺："'视'，古'示'字也。"

《礼记·曲礼上》："幼子常视毋诳。"郑玄注："'视'，今之'示'字。"

《周礼注疏》卷二十五："乃舍萌于四方。"郑玄注："……玄谓'舍'读为'释'，'舍萌'犹'释菜'也。古书'释菜''释奠'多作'舍'字。"

《礼记·礼运》："故圣人耐以天下为一家。"郑玄注："耐，古'能'字，传书世异，古字时有存焉，则亦有今误矣。"

而郑玄最常用的表述方式是"某，古文某。"例子如下：

《周礼注疏》卷二十六："以志日月星辰之变动。"郑玄注："志，古文识。识，记也。"

《周礼注疏》卷四十一："衡四寸。"郑玄注："衡，古文横，假借字也。"

李运富在对上述郑玄所确认的古今字材料进行分析后得出结论：郑玄具有自觉的古今字观念是无可怀疑的，但他的思想来源于郑众。有关古今字的内涵和外延的界定是郑众提出的，郑玄在理论上没有超出郑众。但是郑玄对古今字的研究也有自己的贡献，主要有两点：1. 在引述郑众的古今字材料之外，新发现了一些古今字材料；如"余—予""券—倦""视—示""志—识"等。2. 在继承郑众表述古今字关系用语的同时，改造和创设了一些新的表述方式。如郑众说"某，古字也""某，今字也"，郑玄改为"某，古某字""某，今某字"；郑众说"某，某古文也"，郑玄改为"某，古文某"。将古字和今字合起来称为"古今字"则是郑玄的发明，尽管他本人只用过一次，却一直为后人所沿用。

2. 颜师古和郑玄的古今字观念的比较

依据李运富的研究方法和研究成果，我们将郑玄的古今字观念和颜师古的古今字观念进行比较，看两者之间是否具有历史继承性。

①在表述方式上：

颜师古对古今字的表述除了少数引述他人观点时直接使用"古今字"术语，其他均用"某，古某字"。这一点是继承郑玄的"某，古某字"而来。而郑玄曾经使用过的"某，古文某"等其他表述方式则没有在颜师古的著述中出现过。可见，颜师古对古今字的表述方法更加单一化、专门化。

②在对古今字的阐述上：

郑玄没有对古今字范围加以界定，表述也是举例性质。颜师古在《匡谬正俗》中对郑玄的"余、予古今字"的观点进行批驳，并提出理由，认为古今字应该符合词项相同、读音一致的要求（"各有音义，本非古今字别"）。表面上看，颜氏和郑玄的观点并不一致。但是，正如段玉裁批驳颜师古时所说，颜氏在这里认为"予"无"余"音，是审音不详，造成谬误。实际上"予""余"可以看作音同，那么颜师古的古今字观念与郑玄并不相悖。

颜师古对于古今字的贡献有三点：1. 发现了一些郑玄未发现的古今字材料。颜师古共注出139组古今字，其中有130多组古今字都是郑玄所未提及的。2. 开始尝试对古今字进行一些理论阐述。3. 表述用语更加规范。颜师古标明古今字的用语简单划一，他所使用的术语除只有"古今字"和"古某字"，而没有用到"今字""古文"等说法，而且颜师古总是用"今字"来注释"古字"。这些表明他使用的用语比前代更加规范化。

二　颜师古和段玉裁古今字观念的比较

1. 从《段注》看段玉裁的古今字观念

段玉裁第一次从理论上阐释了古今字的概念，他认为，古今字不是古今字体的不同，而是读音相同、时代不同的用来记录同一个词项的不同用字，古今字的古和今是相对而言的，没有固定的时代。

段玉裁的古今字理论主要散见于他的《说文解字注》中。在《说文解字注》中，段玉裁指出了古今字的古、今相对关系，古字与今字之间的意义关系，古今字不同于字体演变以及古今字之间的对应关系等，这些论述具有开创性及经典性的意义，多为后学所引用。此外，他还在具体实践中提供了丰富的例证，涵盖了古今字的各种不同情况。可以说，段玉裁在理论和实践两个方面取得了古今字研究显著的成果。

段玉裁的古今字理论可以概括为以下几个主要方面：

（1）古今字的含义。段玉裁在"今字"下注："古今人用字不同，谓之古今字。"又"余"字下："余予古今字。凡言古今字者，主谓同音，而古用彼今用此异字，若《礼经》古文用余一人，《礼记》用予一人，余予本异字异义，非谓予余本即一字也。"

（2）古今字的古和今是相对的时间概念。段注"今"字下："今者，对古之称。古不一其时，今亦不一其时也。云是时者，如言目前，由目前为今。目前以上皆古。如言赵宋，则赵宋为今，赵宋已上为古。如言魏晋，则魏晋为今，魏晋以上为古。……张揖作《古今字诂》是也。自张揖之后，其为古今字又不知几更也。"

（3）古字与今字之间的数量关系。段注"盗"字下："古字少而义赅，今字多而义别。"

（4）古今字不是文字的形体演变。段玉裁在他著述的《经韵楼集》中提到："凡郑言古今字者，非如《说文解字》谓古文、籀、篆之别，谓古今所用字不同。"

（5）古字与今字之间的对应关系。古今字之间绝大多数是一一对应的关系，但也有一些特殊的情况：

第一，某字既为前者之古字，又为后者之今字。如："连"字下段注："联连为古今字，连辇为古今字。假连为联，乃专用辇为连。""翦"字下段注："前，古之翦字，今之剪字。"

第二，一个古字对应几个今字。如："夌"字下段注："凡夌越字当作此。今字或作凌，或作淩而夌废矣。……《广韵》'陵'下云：犯也、侮也、侵也，皆夌义之引伸。今字概作陵矣。"则"夌"为古字，"淩""凌""陵"为今字。

第三，几个古字对应一个今字。如："盉"字下段注："调声曰龢，调味曰盉，今则和行而龢盉皆废矣。"则"龢""盉"为古字，"和"为今字。

"我们今天研究段玉裁的古今字理论，至少可以得到如下启示：其一，古今字是客观存在的语言文字现象，研究这种现象，对于阅读古代文献和研究古代语言文字都有十分重要的意义；其二，段玉裁在前人基础上做了大量研究工作，方法科学，结论可信，他在文字学史上第一个全面系统地论述古今字问题，对我国语言文字理论的研究做出了重要贡献；其三，段注古今字理论也是存在缺陷的，而这些也给其他《说文》研究者留下了问题，并引起他们对古今字研究的兴趣……"[①]

2. 颜师古和段玉裁的古今字观念的比较

颜师古和段玉裁前后相差了1100多年，他们在古今字理论上的观点又是否具有继承性呢？我们运用比较的方法来研究这个问题。

①从表述方式上看：

颜师古注释古今字时用语比较单一。在少数引述他人观点的时候用到"某某古今字"，其他更多数的时候用"某，古某字"。

段玉裁对古今字的表述方式则很多。如直接使用"古今字""今古字"；"古字""今字"对举使用；单用"今"，如"今某字、今作某、今字、今之……"；单用"古"，如"古之、古者、古作……"

②从古今字的内容上看：

颜师古观念中的古今字应符合以下条件：古字和今字代表的词项相同；古字和今字读音一致；古字和今字的产生时代不同。

段玉裁所谓的古今字就是记录同一个词项的不同时代的声音相同或者相近的不同用字。因此，一组古今字的古字和今字之间必须具备四个条件：一、记录同一个词项；二、声音相同或相近；三、处于不同的时代；四、古字和今字的字形不同。可见，颜、段所定义的古今字内涵基本一致，只是段玉裁关于古今字的理论更加详尽。

---

① 张铭：《段注古今字研究》，硕士学位论文，新疆师范大学，2006年。

③从所注释的古今字的字际关系上看：

颜师古在《汉书注》中提到的古今字，不计重复共有 139 组，逐一分析这些用例得出的结论是：

异体字和异体字关系，共有 90 组，占全部材料的 64.75%；本字和通假字关系，共有 24 组，占 17.27%；同义字和同义字关系，共有 16 组，占全部的 11.51%；古本字和重造本字关系，共有 5 组，占 3.60%；假借字和假借字关系，共有 2 组，占 1.44%；通假字和通假字关系，共 2 组，占 1.44%。

《段注》中共有 782 组古今字。其中属于异体字和异体字关系的共 271 组，占全部材料的 34.65%；属于同义字和同义字关系的共 146 组，占全部材料的 18.67%；属于古本字和重造本字关系的共 49 组，占 6.27%；属于源本字和分化本字关系的共 29 组，占 3.71%；属于本字和通假字关系的共 218 组，占 27.88%；属于假借字和后造本字关系的有 53 组，占 6.7%；属于通假字和通假字关系的共 5 组，占 0.64%；属于假借字和假借字关系的共 11 组，占 1.41%。

可以看出，在《汉书注》和《说文解字注》中所涉及的古今字的字际关系比较复杂。但字际关系分布趋势大致相同，都是异体字和异体字关系的古今字最多的，其次是本字和通假字关系，再次是同义字和同义字关系。其他几种字际关系的材料所占的比例都较小。

④从古字和今字的对应关系上看：

《汉书注》和《说文解字注》中的古今字的"古字"和"今字"绝大部分情况都是一一对应，但都有一特殊情况：

《颜注》在表达同一词项时，有两个古字对应一个今字的情况；《段注》在表达同一词项时，"古字"和"今字"的对应情况更加复杂：有一个古字对应若干今字，有一个今字对应若干古字，也有三个以上的字形构成不同时代的古今字。

从上面的分析可以看出，颜师古和段玉裁的古今字观点是一脉相承的，虽然段玉裁曾经批评过颜师古在论述古今字时"不知古音平上不甚区分"，但是这只是对于古音的看法不同，他们的观念在总体上还是趋于一致的。

综合上面的分析，我们看到，郑众、郑玄最早提出古今字，此后的训诂学家直到段玉裁，他们说解古今字基本承袭了郑玄的方法，具有历史继承性。

论王筠的"古今字"观念

蒋志远

一

"古今字"是中国传统语言文字学领域中一个有着较长历史的术语，它产生于汉代，最初是由传统训诂学家提出来的，指的是同一个词在不同时间有不同书写形式的"同词异字"现象。这一点裘锡圭[1]、杨润陆[2]、洪成玉[3]等学者在论著中都有论及，毋庸赘引。但是到了现代，学者们对"古今字"的认识和古人已有了分歧。裘锡圭指出："近年来，还有人明确主张把'古今字'这个名称专用来指有'造字相承的关系'的字。他们所说的古今字，跟古人所说的古今字，不但范围有大小的不同，而且基本概念也是不一致的。"[4]

我们同意裘锡圭的意见。既然现代学者对"古今字"的认识与古人已有着较大差别，那么我们若是从学术史的角度对"古今字"这一术语进行考察，在涉及某位古人的"古今字"观念时，就应当立足于文献材料，仔细分析古人的著作，实事求是地还原古人的思想面貌，得出客观的、符合史实的结论。

王筠字贯山，号箓友，山东安丘人。他是享誉学界的"说文四大家"之一，于"《说文》学"领域极有建树。王筠凭借数十载钻研《说文》及经史辞章的功力，撰有《说文释例》《说文句读》《文字蒙求》《说文系传校录》等数十部著作，在学术史上有着重要的地位。令人瞩目的是，王筠在《说文释例》里首次论述了"分别文"和"累增字"两种汉字发展演变现象，为汉语文字学研究做出了巨大贡献，受到后世学者们的推崇。综观相关著作，我们发现今人在谈及王筠的学术思想时，多是强调其"分别文""累增字"的理论贡献，而对于王筠的"古今字"观念往往语焉不详。更令人感到遗憾的是，部分学者由于在处理"分别文""累增字"与"古今字"的关系问题时未能深入考辨，从而使其论述有失公允。出于对"古今字"学术史"求真"的愿望，本文就通过对王筠著作中"古今字"术语用例的分析，考察王筠的"古今字"观念，并试分析王筠的"古今字"

---

* 本文原载《大庆师范学院学报》2010年第2期。
① 裘锡圭：《文字学概要》，商务印书馆1988年版。
② 杨润陆：《论古今字的定称与定义》，《古汉语研究》1999年第1期。
③ 洪成玉：《古今字辨正》，《首都师范大学学报》2009年第3期。
④ 裘锡圭：《文字学概要》，商务印书馆1988年版，第273页。

二

"古今字"术语产生于汉代,并为历代学者所使用。至清代中期,随着乾嘉之学的繁荣,在大量的训诂考据活动中,古今同词异字的现象已引起了清儒们的广泛关注。在王筠之前,段玉裁、王念孙等人在著作之中已有针对"古今字"现象的论述。对此,已有不少现代学者撰有专文研究,故不赘言。

和"分别文""累增字"不同,王筠在其著作中并没有专设"古今字"这一章节对该术语进行解释梳理,因而现代关注王筠"古今字"的研究不多。但我们注意到,"古今字"术语及其相关论述却往往散见于王筠的说解和注释之中,这使得我们能够从中获得一定的线索,分析王筠的"古今字"观念。

(1) 辵部"迹"之或体"蹟",《玉篇》在足部,引《诗》"念彼不蹟",而用《毛传》之说曰"不蹟,不循道也",与"迹"训"步处"义既不同。其"蹟"字之下,即出"跡"字,"迹""跡",古今字也。①

(2) 观"戜"下引"西伯既戜黎",为"戜"引之也;"䣱"下引"西伯戡䣱",为"䣱"引之也,改易之文多矣,"戜""戡"要当是古今字。②

(3) 酉部收"酒"字,而两字说解大同,则"酉""酒"是古今字,与豆部"梪"字同。③

(4) 《说文》:"臽,山间陷泥地,从口,从水败皃,读若'沇州'之'沇',九州之渥地也,故以'沇'名焉。"王筠注:直是古今字。古人词不促迫,故递云"读若"而已。④

(5) 《说文》:"雀,依人小鸟也,从小、隹,读与'爵'同。"王筠注:案"爵""雀"盖古今字也。⑤

(6) 《说文》:"箅,箕属,所以推粪之器也,象形。"王筠注:《集韵》"箅",吕静作"箔","箔"见竹部,大箕也。是"箅""箔"为古今字也。⑥

(7) 《说文》:"梳,山樗也,从木尻声。"王筠注:小徐作"樗",说见上文"樗"下。《唐风传》:"栲,山樗。"《释木》同。"梳""栲",古今字。⑦

(8) 《说文》:"酅,炎帝太嶽之允,甫侯所封,在颍川。从邑无声,读若

---

① (清)王筠:《说文释例》卷六,中华书局 1987 年版。
② (清)王筠:《说文释例》卷十三,中华书局 1987 年版。
③ (清)王筠:《说文句读》卷九,中国书店 1983 年版。
④ (清)王筠:《说文句读》卷三,中国书店 1983 年版。
⑤ (清)王筠:《说文句读》卷七,中国书店 1983 年版。
⑥ (清)王筠:《说文句读》卷八,中国书店 1983 年版。
⑦ (清)王筠:《说文句读》卷十一,中国书店 1983 年版。

'许'。"王筠注：颍川郡许县。二《志》同，但云在颍川者。"䜣""许"，古今字也。《集韵》引《说文》作"鄦"，以"䜣"为或字。①

（9）《说文》："鄲，国也，从邑覃声。"王筠注：段氏曰："《诗》《春秋》《公》《谷》皆作'谭'，说文不收，盖许所据作'鄲'也；《齐世家》讹作'郯'，可证司马所据正作'鄲'。许书有'谭长'，不以古字废今字也。"筠案，古今字各适其用，许君不改其姓为"鄲"，是其明证。②

例（1）是指《说文》辵部的"迹"字下有或体"蹟"字，训"步处"；而"蹟"字《玉篇》收在足部，训释和《说文》不同。《玉篇》"蹟"字之后收有"跡"字，王筠认为"迹""跡"是"古今字"的关系。查《玉篇》"跡"字下，其训释为"《左氏传》曰'车辙马跡焉'"，可见此处"马跡"，就是"马步处"。材料中可以看到"迹""跡"这一对"古今字"的关系实质，是在记录意为"步处"的词语时，不同的文献使用了两个不同的字符。

例（2）是王筠对《说文》两条说解之中同引《尚书·商书·西伯戡黎》之文，却有用字差异现象的观察。《说文》"戓"字下引"西伯既戓黎"和"䥺"下引"西伯戡䥺"，两条引文之中，记录同一个动词时，用了"戓""戡"两个不同字符。对此，王筠认为这种文献用字改换的情况是很多的，"戓"和"戡"属于"古今字"现象。

例（3）较为复杂。王筠注意到了《说文》对于"酉"与"酒"、"豆"与"梪"的说解相仿，认为它们是"古今字"。对此，我们需要结合相关材料分析。"酉""酒"二字《说文》在训释上是有相似之处，王筠认为"'酉'乃古'酒'字也"③，并举殳季良壶、齐侯甗铭文为例，认为其中"酉"字"皆旨酒也"④，也就是说，表示"酒"这个词时，古代文献是用了"酉"这个字符的。"豆"字《说文》训"古食肉器也"；"梪"训"木豆谓之梪"。对此王筠引用《尔雅·释器》"木豆谓之豆、竹豆谓之笾、瓦豆谓之登"，下云："上古未知范金和土之时，先有木豆，追有竹豆、瓦豆，遂于木豆字加木为'梪'以为区别。而经典竟无'梪'字，则用古文也。"⑤ 这里说明的问题是，上古的"豆"最初应是木质的，而后来有了竹、瓦质地的豆之后，就出现了专表木质豆的"梪"字，而经典之中，用的都是比"梪"更古的"豆"字。在《说文释例》中，王筠也提到："经多笾、豆对言，《生民》又以豆、登对言，则豆专为木器又甚明矣。"⑥ 由此可见"豆"与"梪"记录的都是一个词。例（3）中的"古今字"，其实质也是在不同的历史时期，文献同词异字的现象。

例（4）需要详加考察。此例之中，王筠认为"冘"和"沈"构成"古今字"。按，

---

① （清）王筠：《说文句读》卷十二，中国书店1983年版。
② 同上。
③ （清）王筠：《说文句读》卷二十八，中国书店1983年版。
④ 同上。
⑤ （清）王筠：《说文句读》卷九，中国书店1983年版。
⑥ （清）王筠：《说文释例》卷八，中华书局1987年版。

今大徐本《说文》"沇"字下有徐铉校语"口部已有，此重出"。对此，段玉裁曰："按口部小篆有'㕣'，然则铉时不从水旁也。"① 王筠认为"段氏、严氏据大徐此说，谓篆当作'㕣'，是也"。② 另外，对于《说文》所言"读若沇州之'沇'"，他认为："'沇'之古文当作'㕣'……'读若某'即其重文者。……且九州之渥地，故以'沇'名，岂非沇州为陷泥地，固以'㕣'名乎？"③ 由此我们不难看出，王筠认为"㕣"是"沇"的古字，义为"山间陷泥地"，所以"沇州"就是"㕣州"。

例（5）的情形是比较清楚的。"爵"字和"雀"字的上古音都属于精母药部字，古人常借"爵"来表示"雀"。此例"古今字"，其实质是指汉字之间读音相近而互相借用，从而产生的文本用字差异的现象。

例（6）、例（7）情形相似，其中的"古今字"也都属于不同时期文献之中同词异字的情况。《集韵》收有"箪"，训"箕属"；亦收有"藩"，下云"《说文》：'箕属，所以推弃之器也，官溥说。'吕静作'藩'，又姓。"我们看到，《集韵》中"藩"字之训释与《说文》"箪"字相同。这里需要说明的是，今本《说文》多作"推弃"，段玉裁依《篇韵》改为"推粪"，王筠从之。此处文虽小异，但不影响我们认定不同时代字书中"箪""藩"二字符记录着同一名词的事实。同样，各种文献中"枫""槕""樗""栲"四字辗转为训，都是表示同一种树名，所以"枫""栲"这对"古今字"记录的亦是同一个词。

例（8）和例（9）有联系。例（8）中"䜌"和"许"是"古今字"，二者都是记录同一国名的不同的字。例（9）中王筠注引段玉裁之语，认可段氏对于"鄿"和"谭"是"古字"和"今字"的判断。实际上，"鄿""谭"二字的关系，和例（8）的情况是极为相似的。值得注意的是，王筠针对段氏"不以古字废今字"的论述提出了"古今字各适其用"的观点。与此相关的是，他在《说文释例》中说："'䜌'读若'许'，第谓其音同耳。而经典无不借用，惟《史记·郑世家》尚有'鄦'字……《叙》（指许慎《说文解字后叙》，作者按）中溯其得姓之由曰'……俾侯于许'，不作'䜌'。夫以'五经无双'之许君，而于其姓尚且从众，不敢擅改，可知考古义当严，适用时当通。"④ 可见王筠认识到同词异字的"古今字"，虽然它们在声音和意义上的相同性可以考证，但是"古今字"在具体的字用上，是要受到社会历史习惯等因素影响的，所以"古字"和"今字"并不能随意替换使用，《说文》中的用字情况即是例证。

限于篇幅，上述九例仅举出了王筠有关"古今字"论述的一小部分。从材料出发，我们总结了几点王筠所论"古今字"的性质：第一，"古今字"在字音（古音）上是相同的；第二，构成"古今字"关系的字在文献当中记录的是同一个词；第三，构成"古今字"关系的字形体不同；第四，"古今字"往往存在于不同的版本文献，这些不同的版本往往具有时代差异；第五，部分"古今字"在具体文献环境中往往有着特定的用途，

---

① （清）段玉裁：《说文解字注》，上海古籍出版社1981年版，第62页。
② （清）王筠：《说文句读》卷三，中国书店1983年版。
③ （清）王筠：《说文释例》卷十九，中华书局1987年版。
④ （清）王筠：《说文释例》卷十一，中华书局1987年版。

受到社会历史习惯等因素的制约，不能任意替换使用。

三

从材料中可以看到，王筠所说的"古今字"，实际上包含了多种文献中存在的历时同词异字现象，这和汉代学者指称同词异字现象的"古今字"是很相似的。现代人如果从学术史的角度出发评价王筠的学术思想，在涉及王筠的"古今字"观念、"古今字"和其他术语的关系等问题时，理应正视这一史实。然而我们看到洪成玉先生在其新作《古今字辨正》一文中，在涉及王筠的文字学观念，特别是王筠"古今字"与"分别文""累增字"的术语关系等方面，尚有部分值得商榷之处。例如洪先生在文中提到："清人师承汉学……他们在研究实践中注意到，绝大多数古今字中，古字和今字之间存在着有规律的造字现象。于是渐渐地把古今字的含义，集中并缩小到有造字相承关系的古今异字上。其中，具有代表性看法的，就有王筠、徐灏等人。"①

我们认为，这种看法失之偏颇。如果承认清人师承汉学，那么清人王筠理应受到汉人"古今字"的观念的影响。而文章却又认为王筠是将"古今字含义缩小到有造字相承关系的古今异字上"的代表人物，也就是说王筠的"古今字"观念较之汉人有着明确的发展，这一点我们从王筠使用"古今字"术语的材料中没有找到充分的证据。

而王筠对汉字之间"造字相承关系"的观察、理解，是集中体现在他对"分别文""累增字"二术语的论述当中的。例如他在《说文释例·分别文、累增字》一章之首，就开宗明义地说：

> 字有不须偏旁而义已足者，则其偏旁为后人递加也。其加偏旁而义遂异者，是为分别文。其种有二：一则正义为借义所夺，因加偏旁以别之也（"冉"字之类）；一则本字义多，既加偏旁分其一义也（"公"字不足兼"公侯"义）。其加偏旁而义仍不异者，是谓累增字。其种有三：一则古义深曲，加偏旁以表之者也（"哥"字之类）；一则既加偏旁，即置古文不用者也（今用"復"而不用"复"）；一则既加偏旁而世仍不用，所行用者反是古文也（今用"因"不用"㘽"）。②

从王筠这段论述来看，"字有不须偏旁而义已足"是判断一个汉字在发展中是否出现了"分别文""累增字"现象的前提，"偏旁为后人递加"，则是"分别文""累增字"的共同性质，它们都以偏旁的添加为重要标志。而随后的举例论述，则都是对汉字添加偏旁的不同情形进行分类考察。所以从总体上看，王筠论述的"分别文""累增字"，其实质是汉字在发展过程中为了满足记录词语的要求而产生的增加偏旁的造字现象。

对于王筠这段话，洪先生在其文中评曰："王筠所说的分别字，就是古今字。此外，

---

① 洪成玉：《古今字辨正》，《首都师范大学学报》2009年第3期。
② （清）王筠：《说文释例》卷八，中华书局1987年版。

他还从造字角度提出了累增字这一术语。累增字其实也是古今字。"①

　　对于这种观点，我们不敢苟同。首先，从术语的层次上来看，"分别文""累增字"是王筠对于汉字加偏旁之后"义遂异"以及"义仍不异"两种情况提出的，这二者属于同一层次，它们同是从造字的角度提出的。其次，王筠本人在论及"分别文（洪先生称'分别字'）""累增字"二术语时，是没有使用"古今字"这一术语的，故"王筠所说的分别字，就是古今字"以及"累增字其实也是古今字"这样的论断，从王筠的论述材料来看是不能成立的。再者，仅从上文所举的九例材料来看，王筠所说的"古今字"并非都与汉字造字活动有关。

　　值得注意的是，洪先生谈王筠的学术思想，在论及"古今字"时，实际上是用一个先入为主的"古今字"观念（即"古今字"是"造字相承关系的古今异字"）在比照王筠的论述。李运富先生曾指出："关于'古今字'，现代人有两种看法：一种认为是历时文献中记录同词同义而先后使用了不同形体的一组字……另一种认为是为了区别记录功能而以原来的某个多功能字为基础分化出新字的现象……历史地看，'古今字'是传统训诂家们在注解文献时提出的一个概念，其内涵跟现代人的第一种观点基本相符。现代人的第二种观点实际上跟传统的'古今字'不是一回事。"② 从方法上看，洪先生的做法实际上忽略了王筠对于"古今字"术语的使用情况，而以今人之见曲解了古人的原意，所以其得出结论自然也与真实的王筠"古今字"观念相去甚远。

　　需要明确的是，我们从上文所举的例子中可以看到王筠论"古今字"，是从沟通字词关系的角度出发的，其目的是为了疏通因为文本用字不同而造成的理解障碍。但是"分别文""累增字"，则是专门就汉字字符增加偏旁的造字演变活动而言的。"古今字"与"分别文""累增字"在王筠的术语体系中并存，但是他们在术语标准和观察角度等方面都不同，故各属于不同的层次。不同层次的术语之间是不能"画等号"的。

四

　　最后，我们概括一下前文的主要观点：

　　1. 王筠所论的"古今字"，指的是记录一个词，不同时期的文献中使用了不同的字符这一现象。王筠的"古今字"观念实质上与汉代学者"同词而古今异字"的"古今字"观念相仿。

　　2. 王筠的"古今字"术语，是基于汉字字符与汉语词语的对应关系层面而言的，它并不针对汉字的造字演变活动。王筠使用"古今字"术语，是以沟通字词关系，扫除文献阅读障碍为目的的。

　　3. "分别文""累增字"二术语是专门针对汉字增加偏旁这一造字活动提出的，它们二者属于汉字造字发展研究的范畴。

---

　　① 洪成玉：《古今字辨正》，《首都师范大学学报》2009年第3期。
　　② 李运富：《早期有关"古今字"的表述用语及材料辨析》，载《励耘学刊》（语言卷）2007年第2辑（总第6辑），学苑出版社2008年版。

4. "古今字"和专门论述汉字造字演变的术语"分别文""累增字"并不处在同一理论层面上。"分别文""累增字"是造成"古今字"现象的原因之一,但并非所有的"古今字"现象都是由于汉字的造字发展造成的。

5. 现代学者在叙述学术史时,应当实事求是地分析文献材料,客观地反映王筠的学术观念,避免误解、误评。

参考文献

[1] 裘锡圭:《文字学概要》,商务印书馆1988年版。
[2] 杨润陆:《论古今字的定称与定义》,《古汉语研究》1999年第1期。
[3] 洪成玉:《古今字辨正》,《首都师范大学学报》2009年第3期。
[4] (清)王筠:《说文释例》,中华书局1987年版。
[5] (清)王筠:《说文句读》,中国书店1983年版。
[6] (清)段玉裁:《说文解字注》,上海古籍出版社1981年版。
[7] 李运富:《早期有关"古今字"的表述用语及材料辨析》,载《励耘学刊》(语言卷)2007年第2辑(总第6辑),学苑出版社2008年版。

论王筠"古今字"观念的历史继承性[①]

蒋志远

一

中国的典籍浩如烟海，在漫长的历史当中，不同时期的文人记录同一个词往往有不同的用字习惯。这种习惯一方面与当时的语文生活相适应，另一方面随着典籍的流传又会给后人造成理解的障碍。因此，自汉代训诂大兴以来，疏通这种因用字习惯差异产生的书面阅读障碍就是训诂家的一项重要工作。基于这种背景，"古今字"便应运而生，它最初由汉代训诂家提出，是指称"历时同词异字"现象的专门术语，也是千余年来中国语言文字学领域中的一个重要概念。

根据李运富[②]、苏天运[③]、关玲[④]、刘琳[⑤]等学者的研究，自汉代郑众（郑司农）用有效术语指称"古今字"现象，郑玄正式使用"古今字"术语以来，到清乾嘉学者段玉裁之时，"古今字"都是一个用于沟通字词关系的训诂术语，指称的都是上述"历时同词异字"的文献用字差异现象，其概念传承稳定。然而现代学者对于"古今字"则呈现出两种不同的理解，有学者坚持传统的"古今字"观，主张从训诂的角度认识这一"历时同词异字"的现象，也另有学者主张立足"造字相承"关系审视"古今字"，将其理解成一个指称汉字增加偏旁构造出新字的文字学术语。

在这样"一个术语，两种解读"的背景下，有部分学者认为，清代学者王筠倾向于着眼汉字孳乳演变在谈"古今字"，他对"分别文"理论的阐发变更了"古今字"术语的内涵。如孙雍长认为"王筠的'古今字'概念主要还是指'区别文'，但是不同历史时期所产生的异体字，也包括在王筠的'古今字'范围之内"[⑥]、李淑萍认为"王筠借由分析古字和今字的关系，从中归纳出文字发展的规律，提出'分别文''累增字'的概念……王筠提出'分别文''累增字'之说，特别留心古今字体上的关联，着重于汉字形

[①] 本文原载《求索》2013年第2期。论文写作过程中得到李运富教授的指导，谨致谢忱，文责自负。
[②] 李运富：《早期"古今字"概念有关用语及材料辨析》，载《励耘学刊》（语言卷）2007年第2辑（总第6辑），学苑出版社2008年版，第2页。
[③] 苏天运：《张揖〈古今字诂〉研究》，硕士学位论文，北京师范大学，2006年。
[④] 关玲：《颜师古的古今字研究》，硕士学位论文，北京师范大学，2006年。
[⑤] 刘琳：《〈说文段注〉古今字研究》，博士学位论文，北京师范大学，2004年。
[⑥] 孙雍长：《论"古今字"暨辞书对古今字的处理》，《辞书研究》2006年第2期。

体的增益与孳乳演变，因此，王筠在古今字研究上的贡献，应当肩负着'概念转向'的桥梁地位"①，等等。

二

客观地看，倘若如上述学者所言，王筠对"古今字"这个业已流传千余年的传统术语有改换定义、新其面目的主张，那我们应该可以从他的著述中找出相应的阐述。然而我们翻阅了王筠的代表作，如《说文释例》《说文句读》《文字蒙求》《菉友蛾术编》之后看到，王筠对于"古今字"的讨论都是散见于他的说解和注释当中，并无专门篇幅谈论"古今字"，也更谈不上他对于这个术语有"独辟蹊径"的论述。

我们认为，这种状况并不意味着王筠对于"古今字"没有清晰的认识。从这些散见的材料看，王筠有关"古今字"的论述主要可分为两类：其一是对涉及"古今字"现象的有关字例、文句用术语直接点明阐述；其二是对于前人"古今字"言论的转引，并在此基础上加以点评。这两类材料对于我们探讨王筠的"古今字"研究有着不同层面的意义。就其前者而言，它是王筠"古今字"主观认识的直接体现，我们曾就这部分的材料进行过分析②，结果表明王筠指论"古今字"字例，是以沟通字词关系，扫除文献阅读障碍为目的的。他所论的"古今字"，指的是记录一个词，不同时期的文献中使用了不同的汉字这一现象，并不专门针对汉字的孳乳造字活动。而就其后者而言，王筠援引前人的见解，意在取前人"古今字"研究成果为己所用，或于注释中说解字词关系，或为自己的进一步研究提供佐证与铺垫。虽然这类材料不是王筠自己对"古今字"例作出的判断，但这种转引实际上体现着他对前人"古今字"观念的认同和继承，从而也是我们考察其"古今字"观念的重要线索，其重要性不应被忽视。因此，我们将从学术史的角度出发，进一步就王筠转引的前人"古今字"论述加以整理和分析，以求能够从新的角度审视王筠"古今字"观念的客观面貌。

综观王筠的主要著作，我们看到他对于前人"古今字"论述的转引，在数量上是分布不均的，其中以《说文句读》出现较多，《说文释例》则为数有限，而《文字蒙求》《菉友蛾术编》等甚至未现一例。对于这一现象的原因，我们认为和各部著作的内容以及创作动机的差异有关。

从体例上看，《说文释例》和《菉友蛾术编》都是王筠个人治学心得的总结和汇编，其内容丰富多样，"古今字"仅是其讨论的九牛一毛，所以对于前人"古今字"论述的转引极为有限；而《文字蒙求》是王筠应好友陈山嵋之请为陈氏幼孙编纂的启蒙性识字读本，其编纂力求言语浅易、循循善诱，亦无法涉及"古今字"等理论问题。

而《说文句读》则不然，其书在体例上是就《说文解字》随文加注，通过荟萃前贤之说并间下己意进而疏解许说。因此，在注释的过程中遇到同词异字的问题，王筠往往会

---

① 李淑萍：《清儒古今字观念之传承与嬗变——以段玉裁、王筠、徐灏为探讨对象》，《文与哲》（台湾）2007年第11期。

② 蒋志远：《论王筠的"古今字"观念》，《大庆师范学院学报》2010年第2期。

引用前人的看法（其中就包含"古今字"看法），或直引以为说解，或在引用的同时附加自己的判断，或以他山之石为自己论述的凭据。我们认为《说文句读》当中的这部分内容从数量上和内容上都可以反映王筠"古今字"观与前人时贤的密切联系，因此我们的相关考察就以此为材料来源。

三

王筠治《说文》之学皓首穷经，著述旁征博引，材料例证颇为丰富。单就《说文句读》中王筠转引的前人"古今字"见解来看，论时代跨度之大，则上抵汉魏，下至乾嘉；论材料来源之广，则博采数十家之言。如此丰富的材料涉及了绝大多数在"古今字"学术史上有重要影响的学者，而这也从侧面反映了王筠对于历代训诂家"古今字"学术思想的充分接受、继承，对于我们研究"古今字"术语传承的脉络有重要意义。由于篇幅所限，本文在此以时代为顺序，将《说文句读》中转引的诸家"古今字"见解以及王筠的相关论述择要分析如下。

（1）郑众 郑玄

【位，列中庭之左右谓之位。从人，立□。】① 汪本、竹君本皆空一格，盖是声字。许君盖以位为立之分别文也。《小宗伯·掌神位》注："故书位作立，郑司农曰古者立、位同字，古文《春秋经》'公即位'作'公即立'。"（《说文句读》第八上）

【谊，人所宜也。】此仁义之古字。《周礼·肆师》注："古者书仪但为义，今时所谓义为谊。"（《说文句读》第三上）

按，"古今字"的观念形成于东汉，这一时期"古今字"研究的代表人物是郑众（郑司农）和郑玄。其中郑众的时代更早，他的"古今字"言论主要记载在《周礼》郑玄注的引文当中。李运富曾指出，郑众虽未使用"古今字"这个术语，但他对"古者立位同字"的表述，实际已是指称"古今字"的用语②。由前例可见，王筠首先对于《说文》中"位"字的说解内容提出了校勘意见，推断今本《说文》有"声"字之脱文，并据此分析许慎本是将位字看成从立得声的形声字。而因为"位"是由"立"字增旁而造，于是他推断许慎业已认识到"位"和"立"的联系，即"位"是由"立"增加偏旁而造出，这也合乎王氏所提之"分别文"。而为了证明这一观点，王筠则援《周礼》郑玄注为证。在其所引之语中，郑玄指出的是不同文献版本对于"立""位"二字有用字差异；而郑司农谓"古者立位同字"，则是说明汉代由"位"记录的词义在古时亦可由"立"字记录。而后例中《周礼·肆师》注中之语，实际也是郑玄引用的郑众言论。王筠的解说

---

① 【 】内为《说文》正文，其余为王筠注语，下同。
② 李运富：《早期"古今字"概念有关用语及材料辨析》，《励耘学刊》（语言卷）2007 年第 2 辑（总第 6 辑），学苑出版社 2007 年版。

事实上是阐述"谊"和"义"在词项"仁义"上构成"古今字"的关系，亦即"仁义"在汉时由"义"字记录，而在更古时则由"谊"字记录。从这些转引都可以看出，王筠的"古今字"论断往往基于前人的研究，并不是向壁虚造的。

（2）张揖

【蛹，蛹也】《释虫》文。郭注"蚕蛹"。孙叔然曰"蛹即是雄，蛹即是雌"。筠案：吾乡谚语，凡草木虫之有茧自裹者皆谓之蛹，无茧者皆谓之蛹。如蜻蜓在水中未蜕时及蝉之为复育时，皆名之。又《颜氏家训》"《庄子》'蛹二首'，蛹即古虺字，见《古今字诂》"。案：此别为一义。（《说文句读》第十三上）

按，三国魏时的张揖著有《古今字诂》，后亡佚，其内容散见于其他著作的引文当中。苏天运根据辑佚材料分析，《古今字诂》是"专门搜集汉魏文献训诂中涉及古今不同用字的材料，并以今字为字头进行分部编排的训诂工具书"[1]。而就《古今字诂》残存的内容来看，其中就有收录历时同词异字的"古今字"内容。此例中，王筠所论反映出"蛹"字的两个义项，即《尔雅·释虫》中的"蛹"，指的是不结茧的昆虫幼体；《颜氏家训》中的"蛹"，指的是一种蛇类。凭借对《古今字诂》的引用，王筠意在说明在表示"别为一义"，也就是在"蛇类"义上，"蛹"与"虺"构成"古今字"。此即是王筠借助前人"古今字"论述点明文献字词关系的又一体现。

（3）郭璞

【謡，喜也。】此即《释诂》"繇，喜也"。郭所据本以同音之繇易之。注曰："《礼记》曰'人喜则斯陶，陶斯咏，咏斯犹'。犹即繇也，古今字耳。"案：郑君破犹为摇。（《说文句读》第二上）

按，此例中王筠的转引，其目的是试图推断出《说文》的"謡"和《尔雅·释诂》的"繇"在表示"喜也"一义上功能相同。他的证明线索，是先依《尔雅》不同版本的异文推定"繇"同"繇"，再依郭璞注对"犹"与"繇"是"古今字"的判断确定二者在记录"喜也"时同功能，进而再根据《礼记》郑玄注破读的音近线索，推断"犹"同"摇"，亦同"謡"。由此可见，郭璞在《尔雅》注中的"古今字"见解成了王筠这一系列推断中的重要环节。

（4）陆德明

【廟，尊先祖皃也。从广，朝声。庿，古文。】《士冠礼》"筮于庿门"。《诗·清廟》释文："廟本又作庿，古今字也。"（《说文句读》第九下）

按，此例，王筠是对《说文》中"廟"字下所录古文"庿"字进行专门说解。他首

---

[1] 苏天运：《张揖〈古今字诂〉研究》，硕士学位论文，北京师范大学，2006年。

先举出文献中"庿"字的用例,并引用陆德明于《经典释文》中论述"庿"和"廟"是"古今字"的论断,验证二者在"宗庙"义上构成的"历时同词异字"的关系。

(5)颜师古

【絫,增也。】……《司马相如传》"絫台增成",颜注:"絫,古累字。"案,今作累者,乃借纍为之,又省之也。(《说文句读》第十四下)

按,颜师古的"古今字"见解主要表现在他的《汉书》注中。如材料所示,王筠在《说文》"絫"字的说解之后举出了此字在《汉书·司马相如传》中的用例,并附带了颜师古判断"絫"是"累"古字的注语,就"纍"与"累"的关系进行了考辨。在《汉书》之例中,"絫"字记录的是"积聚"之义。颜师古的"古今字"注语表明,在后代此义亦由"累"字记录。王筠则接续颜氏之语解释了这组"古今字"的成因,即"絫"之义后来借用"纍"字表示,而"纍"字后又省为"累",所以颜师古说"絫"是"累"的古字。从这条材料可以看到,王筠在沟通字词关系时于转引前人"古今字"见解之外,亦有进一步阐释并解释"古今字"成因的旨趣。

(6)段玉裁

【鞁,履空也。】系传曰:"犹言履殻也。"段氏曰:"空、腔,古今字。"

【聯,即连也。】依元应引补。"即"者,以合并之词为区别之词也。段氏谓聯为连之古字、连为輦之古字,是也。然许君区别之者,恐人合輦、聯为一字也。《辵部》连下云"负连也"者,"连"是古语,"负挳"是汉语。而古无挳字,故仍作"负连",要是担运之义,此自为一事。聯即连也者,周谓之聯,汉谓之连。借用负连之字,而改力展切之音,此则连属之义,又自为一事。《春官·巾车》"连车组挽",《释文》如此,说曰"音輦,本亦作輦"。郑注"人挽之以行",是"连车"仍以负连得名也,此连、輦一字之说也。《天官》八法,三曰"官聯",郑司农云"聯读为连,古书连作聯,聯,谓连事通职相佐助也",此聯、连一字之说也。(《说文句读》第十二上)

按,段玉裁所著《说文解字注》是王筠之前清代《说文》学的一座丰碑。在书中段玉裁将其"古今字"见解贯穿于诸多注条,体现着他对前代"古今字"学术观念的继承和总结。较段玉裁稍晚的王筠在写《说文句读》之时,就有申发、补苴段注的初衷,因此在《说文句读》中他转引段玉裁的"古今字"观点为数不少。以上二则材料中,前者是王筠直引段氏之语作注,此为书中常例;而后者,则是王筠间接引入段氏"古今字"观点,再综合诸家之言以及自身判断,对段氏观点进行疏证、阐发,此为特例,其中王筠所据段玉裁"古今字"观点的原文分别是"连,即古文輦也"[①]以及"周人用聯字,汉

---

① (清)段玉裁:《说文解字注》,上海古籍出版社1988年版,第73页。

人用连字,'古今字'也"①。而王筠在赞同段玉裁关于"连"与"辇"、"联"与"连"两组"古今字"的判断后,对段氏所论给予了补充说明。首先,王筠明确了这两对"古今字"中"连"字分别所记录的词义,即"连"与"辇"②所记"担运"之义为"一事","联"与"连"所记"连属"之义"又为一事";其次,他对于这两组"古今字"功能进行了分析,即"连"与"辇"于"担运"义上功能相同,在文献中有换用之例;"联"与"连"在"连属"义上功能相同,但是汉代则假借本记录"负连"之义的"连"字记录此义,因此"连"在假借义"连属"上与"联"形成了"古今字"关系;最后,他还由其他典籍古注引证了段玉裁的观点,即由《经典释文》所论"本作辇",以及《周礼》郑玄注提供"连车"有"负连"(人拉车)意味的信息,推断"连"和"辇"同义,另外由郑司农所论"古书'连'作'联'",证明后代由"连"记录的"连属"之义,古代由"联"字记录。

四

如上文所论,我们可以看出王筠在著述中谈论"古今字"问题并不是自出机杼、一意孤行,其所论往往以前人见解为基础,在继承的同时加以发展扩充。这些都从侧面反映着他对"古今字""历时同词异字"之观念的历史继承性。

从王筠引用的材料来源看,其中郑众、郑玄、张揖、颜师古、段玉裁等人都是在"古今字"学术史上有重要地位的训诂家,他们是正统"古今字"观念的代表,也是该术语内涵千余年来保持历时传承稳定的重要环节。结合上文所述,我们之所以很难从王筠的著作中找到专门的"古今字"论述,正是由于王筠的"古今字"观念一本前贤,因此他在处理"古今字"问题时多是点到为止,不必多费笔墨。所以想要从王筠著作中找到"独辟蹊径"的"古今字"观点并论证王筠改换了"古今字"的定义是不切实际的。

此外,以上数条材料之中共有 10 组"古今字"例。对于这些"古今字"的成因,王筠在说解"立"与"位"之时用到了他发明的"分别文"理论。亦即"位"是在"立"的基础上增加偏旁孳乳而成,而新造的"位"字分担了"立"字所记的一个词项。而同理,"义"与"仪"、"空"与"腔"的关系用"分别文"理论亦是可以解释的。然而值得注意的是,若论其余"古今字",如"义"与"谊"、"魄"与"怕"、"犹"与"繇"、"庿"与"廟"、"絫"与"累"、"连"与"辇"、"联"与"连"的成因,"分别文"的理论就不适用了。

王筠指论的"古今字"指称的是"历时同词异字"现象,其成因是多种多样的。传统训诂家重视的是沟通"古字"与"今字"之间存在的字词对应关系,而对其成因的解释则着墨不多。王筠用"分别文"成功解释了部分有"造字相承"关系的"古今字"成因,可谓是其"古今字"研究的一大特色,然而这并不意味着他改换了这一术语的定义。尽管我们也看到王筠从文字借用以及省文的角度阐述了"絫"与"累"这对"古今字"

---

① (清)段玉裁:《说文解字注》,上海古籍出版社 1988 年版,第 591 页。
② 《说文·车部》:"辇,挽车也。从车,从㚘在前引之。"

的成因，但面对纷繁复杂的用字现象，王筠没有也不可能对"古今字"的形成有面面俱到的解释。因此认为王筠对"分别文"理论的运用是立足于"造字相承"理解"古今字"，或者说王筠研究"古今字"时"特别留心古今字体上的关联，着重于汉字形体的增益与孳乳演变"，都有违王筠的学术思想，是值得商榷的。

我们的调查结果显示，王筠对于"古今字"性质的认识和研究是匠心独具的。在继承、吸收前代学者"古今字"训诂成果的同时，王筠格外地留意自己在文字学上的创建，因此才开拓了以"分别文""累增字"理论解释"古今字"成因的研究新范式。"古今字"与"分别文""累增字"尽管在具体材料上有交集，王筠的确也利用了这部分材料进行说解，但这些术语之间不同的理论范畴以及层次属性是不容混同的。值得我们注意的是，在目前学术界对"古今字"内涵理解歧异的背景之下，研究者如果疏于辨析和审视王筠著作中论述角度的差异，则对"古今字"术语持文字学认识者就很有可能先入为主地将王筠所展示的这部分材料套入现代人"'古今字'即造字相承问题"的观念，认为王筠把"古今字"概念从训诂学范畴变更到了文字学范畴，从而曲解了王筠"古今字"研究的真实面目。

综上所述，我们通过对王筠著述中部分转引前贤"古今字"论述材料的分析，明确了其"历时同词异字"的"古今字"观念的历史继承性，这对于实事求是地评论王筠在"古今字"学术史上的位置，正本清源地理解"古今字"术语的内涵将是大有裨益的。

参考文献

［1］李运富：《早期"古今字"概念有关用语及材料辨析》，《励耘学刊》（语言卷）2007年第2辑（总第6辑），学苑出版社2008年版。

［2］苏天运：《张揖〈古今字诂〉研究》，硕士学位论文，北京师范大学，2006年。

［3］关玲：《颜师古的古今字研究》，硕士学位论文，北京师范大学，2006年。

［4］刘琳：《〈说文段注〉古今字研究》，博士学位论文，北京师范大学，2004年。

［5］孙雍长：《论"古今字"暨辞书对古今字的处理》，《辞书研究》2006年第2期。

［6］李淑萍：《清儒古今字观念之传承与嬗变——以段玉裁、王筠、徐灏为探讨对象》，《文与哲》（台）2007年第11期。

［7］蒋志远：《论王筠的"古今字"观念》，《大庆师范学院学报》2010年第2期。

［8］（清）段玉裁：《说文解字注》，上海古籍出版社1988年版。

从"分别文""累增字"与"古今字"的
关系看后人对这些术语的误解*

李运富　蒋志远

一　引言

"古今字"在传统语言文字学领域有着悠久的历史,它最早由汉代训诂家们提出,指的是文献中记录同一个词项而不同时代使用了不同字符的"历时同词异字"现象。但是现代学者对"古今字"则有两种不同的理解。一部分学者认同"古今字"指文献用字的"历时同词异字"现象;另一部分学者则认为"古今字"专指有"造字相承"关系的字。对于后者,裘锡圭曾指出:"近年来,还有人明确主张把'古今字'这个名称专用来指有'造字相承的关系'的字。他们所说的古今字,跟古人所说的古今字,不但范围有大小的不同,而且基本概念也是不一致的。"[①] 我们同意裘锡圭的看法,也认为着眼于"造字相承"来理解"古今字"是不符合前人"古今字"观念的。那么这种违背古人"古今字"观念的思想是怎样形成的呢,这就有必要考察"古今字"术语的传承及其与相关概念的牵连情况。

从有关的研究成果来看[②],自汉代郑众、郑玄提出"古今字"(含同义的不同表述),直到清代段玉裁、王筠之时,"古今字"都是用于沟通字词关系的训诂术语,指称"历时同词异字"的文献用字现象,其概念传承稳定。学者们除了在文献注释中大量分析"古今字"实例,也有专门讨论"古今字"问题和集中描写"古今字"现象的,如魏张揖的《古今字诂》、唐颜师古的《匡谬正俗》、清段玉裁的《说文解字注》等。稍晚于段玉裁的王筠,在研究汉字"重文"时从造字角度发现通过添加偏旁而增繁文字的"分别文""累增字"现象,并偶尔用"分别文"或"累增字"指称"古今字"的"今字"。那么,王筠的"分别文""累增字"是否就等于"古今字",后人把"古今字"限定于形体上有"造字相承"关系的"分别文"和"累增字"是否承袭了王筠的观点?出于"学史求真"

---

* 本文原载《苏州大学学报》(哲学社会科学版)2013年第3期。
① 裘锡圭:《文字学概要》,商务印书馆1988年版,第273页。
② 参见李运富《早期"古今字"概念有关用语及材料辨析》(《励耘学刊》(语言卷)2007年第2辑,学苑出版社2008年版)、苏天运《张揖〈古今字诂〉研究》(硕士学位论文,北京师范大学,2006年)、关玲《颜师古的古今字研究》(硕士学位论文,北京师范大学,2006年)、刘琳《〈说文段注〉古今字研究》(博士学位论文,北京师范大学,2004年)、蒋志远《论王筠的"古今字"观念》(《大庆师范学院学报》2010年第2期)。

的愿望，本文从辨析"分别文""累增字"与"古今字"的关系入手，还原古人各种表述的本义，继而考察"古今字"被误解的真实过程。

二 "分别文""累增字"与"古今字"的关系

"分别文""累增字"是王筠在《说文释例》中用专章阐述的新发明。《说文释例》卷八"分别文、累增字（原注：此亦异部重文，以其由一字递增也，别辑之）"："字有不须偏旁而义已足者，则其偏旁为后人递加也。其加偏旁而义遂异者，是为分别文，其种有二：一则正义为借义所夺，因加偏旁以别之也（冉字之类）；一则本字义多，既加偏旁则只分其一义也（佽字不足兼公侯义）。其加偏旁而义仍不异者，是谓累增字，其种有三：一则古义深曲，加偏旁以表之者也（哥字之类）；一则既加偏旁，即置古文不用者也（今用復而不用复）；一则既加偏旁而世仍不用，所行用者反是古文也（今用因不用𡇮）。凡此类者，许君说解，必殊别其文。"① 由此可见"分别文""累增字"是从《说文》"重文"中的"异部重文"里"别辑"出的两种类别，反映着一个汉字"递增"偏旁后造出新字的规律，新字的记词功能若与原字有差异就构成"分别文"，反之则构成"累增字"。这一发明的实质，是把在《说文》中处于平面静态的一部分"异部重文"从造字的角度进行动态分析，从而使"分别文""累增字"超越"重文"研究的视域而成为专门探讨造字孳乳问题的汉字学理论。② 而"古今字"并非王筠自创的术语，他也没有对"古今字"作专门的解说和阐述，从他使用"古今字"分析的实例以及对郑众、郑玄、张揖、郭璞、陆德明、颜师古、段玉裁等前人的"古今字"言论的转引来看③，他的"古今字"观念基本是继承前人而来，指的仍然是"历时同词异字"的用字现象。

在王筠的眼里，"分别文""累增字"是从造字角度说的文字增繁现象，而"古今字"是从用字角度说的文献字词关系。它们角度不同，功能不同，所以在王筠的学术体系中并存并用，可以交叉说明（如"累增字"的后两类就分析了造字后的用字情况），但不能互相取代。实际上王筠对它们的使用也的确各有侧重，凡用"古今字"表述的字例意在沟通文献历时字词关系，目的是"通意义"，即古今两字功能相同；用"分别文""累增字"指称的则意在说解原字与后出字之间的"造字相承，增偏旁"的关系，目的是"明孳乳"，即后出字与原字形义相关。具体分析王筠的注例和用语习惯，也能证明"分别文""累增字"与"古今字"确实是不能等同的两组概念，主要证据有：

1. "古今字"（含单用的"古字"和"今字"）指称的字例可以没有"增偏旁"的形体关系。例如：

《说文句读》第二上："噊，喜也。"此即《释诂》"鉥，喜也"。郭所据本以同

---

① （清）王筠《说文释例》卷八，中华书局1987年版。
② 详参李运富、蒋志远《论王筠"分别文"、"累增字"的学术背景与研究意图》，载《励耘学刊》（语言卷）2012年第2辑（总第16辑），学苑出版社2013年版。
③ 参见蒋志远《王筠古今字研究》（硕士学位论文，北京师范大学，2008年）附表。

音之繇易之，注曰："《礼记》曰'人喜斯陶、陶斯咏、咏斯犹'，犹即繇也，古今字耳。"

《说文句读》第四上：案爵、雀盖古今字也。

《说文句读》第四下：《集韵》芈，吕静作籓，籓见《竹部》，"大箕也"。是芈、籓为古今字也。

《说文释例》卷七：儔与《羽部》翿，说皆曰"翳也"。翿下引《诗》作翿。《释言》："翢，纛也；纛，翳也。"《释文》纛字又作翿，《说文》无纛，而翳、纛又当是古今字。

《说文释例》卷十七：《出部》𣥺下云："槷𣥺，不安也。"……《易·困卦》上六《释文》云"臲卼"。……槷𣥺即上之臲卼，古今字也。

《菉友蛾术编》卷下：《洛神赋》、《名都篇》皆曹子建作也。赋曰"命俦啸侣"，诗曰"鸣俦啸匹旅"，两句同义。鸣、命叠韵，侣今字，旅古字也。

上举"犹/繇""爵/雀""芈/籓""翳/纛""槷𣥺/臲卼""侣/旅"被王筠称为"古今字"，这些字因为没有"造字相承增偏旁"的形体关系，显然不属于"分别文"或"累增字"。

2."古今字"就文献中某个词项的一组用字而言，通常是一对一的；"分别文""累增字"就孳乳造字而言，如果某个字孳乳出多个字，则多个字可以同时称"皆"为某个字的分别文或累增字，这时的"分别文"或"累增字"不能改用"古今字"或"今字"。例如：

《说文句读》第八上：甽、伸皆当为申之分别文。申、甽下皆曰"神也"。

《说文句读》第十二下：婿，字与淆同，皆省之分别文也。

《说文句读》第十三下：疑畕是古文，畺、疆皆其累增字。

《说文句读》第十三下：恊、協、协三字，则祇是劦之分别文。

《说文句读》第十四下：枲、垒皆厽之分别文耳。

《说文释例》卷八：《匕部》顷下云"头不正也"，《人部》倾、《阜部》陁皆曰"仄也"。……云不正，则凡不正者之统词矣。仄亦不正也。知倾、陁皆为顷之分别文。

3."本字"① 与"分别文""累增字"的关系有时并不相当于"古今字"的关系，因为造字的孳乳顺序与用字的时间顺序不一定相同，只有当"分别文"或"累增字"跟"古文"对言时，才可能会相当于"古今字"的"今字"。例如：

---

① 这个"本字"是王筠使用的术语，指孳乳分化出新字的母字，跟一般相对于通假字而言的本字含义不同。本文除引用王筠原文外，使用王筠这个"本字"概念时加引号，以区别一般的本字。

《说文句读》第十下："㽙，进也。从卒，从中，允声。《易》曰：㽙升大吉。"《升卦》文。今作允。案㽙即允之累增字也。故《从部》㒦下云"允，允进也"。是允本有进义。

　　《说文句读》第十二上：摜与《辵部》遦，皆贯之分别文。古有习贯之语而无专字，借贯为之，后乃作遦、摜以为专字，写经者苦其繁，故今本仍作贯也。

　前例"㽙即允之累增字也"，则"㽙"的增旁造字在后，但实际用字关系是"今作允"，就是说"㽙"用为古字，而"允"用为今字，明显跟"允—㽙"的累增时序不同。后例"遦、摜"是"贯"的分别文，可"写经者苦其繁，故今本仍作贯也"，也就是本字"贯"被用为今字，分别文"遦、摜"反倒成了古字。可见"本字—累增字""本字—分别文"的关系不等于"古字—今字"的关系。
　4."古今字"着眼文献用字和功能沟通，所以"古今字"出现的语境常有文献注释和字词关系方面的表述；"分别文""累增字"着眼文字孳乳，所以提到它们时常有"后作""后起"之类表示文字产生之类的用语。例如：

　　《说文句读》第二上：《苍颉篇》："啁，嘲也。"……以嘲释啁，乃以今字释古字之法，汉人多有之。

　　《说文句读》第三上："卤，言之讷也。"卤、讷，古今字也。《檀弓》"其言呐呐然，如不出诸其口"变卤之形为呐，《谷梁集解·序》《释文》引字书云"讷或作呐"。许君以讷说卤，此以异部重文为说解之例。

　　《说文句读》第五上：《酉部》收酒字，而两字说解大同，则酉酒是古今字，与《豆部》桓字同。

　　《说文句读》第九上：《汉书·儒林传》："鲁徐生善为颂。"此颂皃之本义也。借为雅颂。《诗序》曰："颂者，美盛德之形容。"以容说颂，以今字解古字也。

　　《说文句读》第九下："厕，清也。"《广韵》引作"圊也"，此以今字代古字，使人易晓也。

　　《说文句读》第十上：《毛传》："威，灭也。"……案毛以今字释古字。

　　《说文句读》第十上："爎，火爇车网绝也。"爇一引作燥，亦通。网一引作辋，则以今字改之，取易晓也。

　　《说文释例》卷七：《夰部》睪与部首䀠，盖古今文。䀠，左右视也，苟非有所惊愕，何为左右视哉？是足赅举目惊睪然之义矣。

　　《说文释例》卷十三：《荀子·臣道》："边境之臣处，则疆垂不丧。"注："垂与陲同。"按，此以今字释古字也。

　　《说文释例》卷十三：观"戜"下引"西伯既戜黎"，为戜引之也；"𢧵"下引"西伯戡𢧵"，为𢧵引之也。改易之文多矣，戜、戡要当是古今字。

　　《说文释例》卷十六："巘"下云"瓛也"……说解中以今字说古字亦时有之。

　　《说文释例》卷十八："髟"下云"长发猋猋"，《玉篇》"长发髟髟也"，两书皆是，不可互改也。许君用弞者，发明假借；……顾氏用訡者，直解之也，正如《史记》、《汉书》之同文者，此用古字、彼用今字，对勘之而自明。

上述各例皆注明为"古今字"，讲的都是文献用字和典籍解读（释义）问题，目的在"使人易晓"，与汉字的滋生构造无关。而下面的注例则不同：

《说文句读》第五上：案《诗·采薇》"象弭鱼服"，服为古字，箙则后作之专字也。（按，王筠所谓"专字"指的就是"分别字"。）
《说文句读》第八上：《广韵》袀下引《左传》"均服"，而云"字书从衣"，则本经不从衣可知。是知在《左传》则均为正字，袀为后人分别字。（可见王筠的"分别字"不限于"增偏旁"，也包括"改换偏旁"。）
《说文句读》第十一下：虹之籀文从申，云"申，电也"，知申是古电字，电则后起之分别文。
《说文句读》第十二下：古袛有尃字，嫥则后起之分别文。
《说文释例》卷一：要之毌字足该贯义，贯盖后起之分别文矣。
《说文释例》卷十二：《说文》爰、援下皆曰"引也"，是爰为古文，援为后来分别文。
《毛诗重言》中篇：《节南山》"维石巖巖"，《传》："积石皃。"《释文》："巖本或作巗。"案：巖者古字，巗则后作之分别文。

上述注例都提到"分别文"，但"分别文"前面大都有"后起""后作""后来""后人"等修饰语，可见"分别文"是后来构造产生的，这就不只是用字问题，而重在说明这个字是为了"分别"而滋生出的"专字"，讲的是字的来源（包括产生动机和产生方式），而不是如何解释或如何使用这个字。

那么"分别文""累增字"是否跟"古今字"毫无关系呢？也不是的。因为"分别文""累增字"其实不是个组概念，不是指一组字的双方，而是指后出的单方。跟它们相对的另一方（王筠叫"本字"或"正字"）由于时间在前，一般就成为"古字"，所以上举"分别文"也大都相对于"古字"而言。如果这种"古字"跟后起的"分别字"或"累增字"在使用上意义相当，那就构成了"古今字"关系。所以表面上看起来"古字—分别文"和"古字—今字"好像没有什么区别，都可以反映"古今字"的事实，这可能正是后人把"分别文""累增字"等同于"古今字"的内在原因吧。可实际上"分别文"虽然处于跟"古字"对应的"今字"的位置，却并不能取代"今字"而表达"古今字"的含义，因为"其加偏旁而义遂异者，是为分别文"，"义遂异"是"分别文"的特点，而"古今字"是"音义同"的，所以只有"加偏旁而义仍不异"的"累增字"才可能同时是"古今字"。比如"采"曾经代表{采}、{彩}、{寀}、{睬}等词项，后出的专字有"採""彩""寀""睬"等。当我们说"採"是"分别字"的时候，只能相对于"采"的{彩}、{寀}、{睬}等词项而言，但它们之间并不是"古今字"关系，如"採—采{彩}"不是"古今字"。如果就"古今字"而言，只能是"採—采{採}"或

"彩—采｛彩｝"等，而它们各自音义同，当然不可能是"分别文"。

那怎么理解王筠在分析"古今字"的时候，常拿"分别文"放在"今字"的位置来跟"古文"相对呢？我们认为，与其说王筠这里的"分别文"表述不准确，毋宁多想想王筠可能有深意。其深意就在，这里的"分别文"不是用来取代"今字"以表述"古今字"关系的，而是用来说明"今字"的来源的。比如"嚴者古字，巖则后作之分别文"，这个句子要表述的不仅是"嚴—巖"为"古今字"关系，更主要的目的在于揭示这个今字"巖"是由于要区别"嚴"所负载的别的词项而产生的一个"分别文"，也就是由"嚴｛严肃｝"等词项的"分别文""巖"充当了"嚴｛山岩｝"这个"古字"的"今字"。可见这里的"古今字"是针对｛山岩｝词项而言，"分别文"是针对｛严肃｝等词项而言，它们不在同一个术语系中。

在涉及"古今字"的时候，王筠不仅用"分别文"或"专字"来说明"今字"的构造来源或文字属性，也用"汉字（汉代产生的字）""俗字""借字"等术语从别的角度加以说明；不仅说明"今字"，有时也说明"古字"的来源或属性，使用的术语有"假借字""通借字""借"等。不只是从用字时代上摆出"古今字"关系，而且进一步从其他角度说明其中"古字"和"今字"的来源或属性，这正是王筠对"古今字"研究高出前人的地方。例如：

《箓友蛾术编》卷上：以婉说娿，乃以汉字说古字。

《说文句读》第十四上："轨，车徹也。"《释文》《众经音义》皆引作辙，乃以俗字易古字，使人易晓也。

《说文释例》卷七：《玉篇》："熖，火焰也。"焰即熖之俗字，此以俗字释古字之法也。

《毛诗重言》中篇：《长发》"敷政優優"，《传》："和也。"《说文》引作"布政憂憂"，《左传》引布字同。憂者古字，優则借字。

《说文释例》卷八："像"下云："象也，从人、象，象亦声。"小徐祇云"象声"。《易》曰"象也者，像也"，乃以中古分别字释上古假借字也，许君则颠倒用之。

《说文句读》第十上：《楚词·远游》"时暧曃其曭莽兮"，《注》云"日月晻黮而无光也"。党、曭古今字是也，缘借党为鄙既久，故加日以别之。

《说文释例》卷十五："作，起也，从人乍声。"钟鼎文以"乍"为"作"，然则"乍"是上古通借字，"作"是中古分别字。

《说文句读》第七下：主者，古文假借字也。宝则后起之分别字也。

《说文句读》第八上：堇当是古文借字，《广部》"廑，少劣之居"则后起之专字。

《说文句读》第八上：玄是古借字，袨则后作之专字也。

《说文句读》第九上："髻，簪结也。"……《士冠礼》注亦云"古文紒为结"，可知结为古文假借字，紒、髻则后起之专字也。

《说文句读》第九上："髲，用梳比也。"比，今作篦。用梳比次第之以成髻，因谓之髥也。《周礼》作次，盖古借字，髥则后起之专字。

《说文句读》第九下：溜者，古文借字；廇者，中古所作之专字；《左·宣二年传》"三进及溜"，则俗字也。

《说文句读》第十上：盧，《书·文侯之命》："盧弓一，盧矢百。"古假借字也，玈则继起之分别字。

《说文句读》第十三下：强者，古假借字，勥则后起之专字也。

上述可见，"分别文（专字）""累增字"确实经常使用于"古今字"场合，但它们不是用来取代"古今字"的同义术语，而是像"汉字""俗字""假借字""通借字""借字"等一样，是从不同角度用来进一步说明"古今字"的"古字"或"今字"的形体来源、构造时代、使用属性、社会评价等内容的。所以王筠眼中的"分别文""累增字"绝不等同于"古今字"。

三 后人的误解

如果忽略"古今字"与"分别文""累增字"不同的立足平面和使用目的，由于术语的配搭和材料的交重，这几个异质的概念确实容易混同并进而产生误解。根据我们的考察，将"古今字"和"分别文""累增字"等同起来并误解"古今字"只限于"造字相承关系"的观念滥觞于清人徐灏。

徐灏的代表作《说文解字注笺》较王筠的《说文释例》晚出数十年，该书就段玉裁《说文解字注》为笺，对"古今字"例多有指点，并间下己意。其中较为知名的一段出现在"佑"字条下：

"佑，助也。从示，右声。"注曰：古只作右。○笺曰：右、佑古今字。凡古今字有二例：一为造字相承，增偏旁；一为载籍古今本也。（《说文解字注笺》卷一上）

这段笺语在指明右、佑是"古今字"外，还明确主张把"古今字"种类二分为"造字相承，增偏旁"和"载籍古今本"。对此，洪成玉[1]、孙雍长[2]、李淑萍[3]等学者都曾指出，所谓"造字相承，增偏旁"，即是脱胎于王筠的"分别文""累增字"；而"载籍古今本"，则是归纳段玉裁"凡言'古今字'者，主谓同音而古用彼今用此者异形""古今无定时，周为古则汉为今，汉为古则晋宋为今，随时异用者谓之古今字"等论点而成。段玉裁和王筠本来都是面对所有"古今字"立论的，现在却让他们各自代表一部分而加合起来才等于"古今字"。徐灏这样做一方面是出于对王筠"分别文""累增字"的误解

---

[1] 参见洪成玉《古今字概述》，《北京师范学院学报》（哲学社会科学版）1992年第3期。
[2] 参见孙雍长《论"古今字"暨辞书对古今字的处理》，《辞书研究》2006年第2期。
[3] 参见李淑萍《清儒古今字观念之传承与嬗变——以段玉裁、王筠、徐灏为探讨对象》，《文与哲》2007年第11期。

而将"造字相承,增偏旁"的文字孳乳现象全部当成"古今字";另一方面却无法用"分别文""累增字"涵盖所有的"古今字"事实,只好再用"载籍古今本"来作为补充。

但"造字相承增偏旁"属于汉字孳乳的构形问题,"载籍古今本"属于不同时代的用字问题,"二例"不是符合逻辑的类别划分。一方面,所谓"载籍古今本"反映的是段玉裁的"古今字"观念,即"历时同词异形"现象,它不能构成"古今字"的下位概念;另一方面,"造字相承,增偏旁"说的是汉字"由一字递增"的历时孳乳现象,它可以解释部分"载籍古今本"的成因,却无法和"载籍古今本"相提并论。由于角度不同,"载籍古今本"和"造字相承增偏旁"可以指向同一组材料,如上例"右—佑",在"佑助"的意义上,古本用"右"今本用"佑",这是"载籍古今本",而换个角度看,右、佑之间又是"造字相承增偏旁"的关系。由此可见,徐灏提出的两种"古今字"类别可针对同一材料而论,它们不属同一个逻辑层面,是不能成立的。

如果仅仅是分类不当,最多导致材料归属的混乱,不会引起概念内涵的改变。但徐灏表面上将"古今字"分为两类(两个角度),而实际上却只关注一个角度,造成了"古今字"范围缩小的事实。据刘伊超统计,《说文解字注笺》中徐灏共指明314组"古今字",其中80%以上的"今字"和"古字"都属"造字相承,增偏旁"之类[1]。李淑萍的调查也指出,徐灏着重关注的是"造字相承增偏旁"现象,对"载籍古今本"语焉不详,甚至连《说文解字注》中段玉裁明言的"古今字",如余和予、谊和义、容和颂之类,他的笺语都未予继承[2]。由此可见,徐灏讲"古今字"是以有"造字相承增偏旁"关系的字为重点的,这容易给后人造成"古今字"即指"造字相承增偏旁"现象的错觉。如洪成玉认为:"徐灏虽然提出了'古今字有二例',但从他在《说文解字注笺》中对古今字的分析来看,主要倾向于前一例,即把'造字相承,增偏旁'的看作是典型的古今字。……'古今字有二例'其价值祇存在于'造字相承,增偏旁'。"[3]

受徐灏影响,在传统的"古今字"认识之外,开始有学者明确地将"古今字"定义成具有"造字相承关系"的字,这就不仅仅是误解"分别文"和"累增字"了,而是进一步改变了"古今字"的内涵。正如前引裘锡圭之言:"他们所说的古今字,跟古人所说的古今字,不但范围有大小的不同,而且基本概念也是不一致的。"

持这种不一致的"古今字"观念的学者,以王力的意见最具代表性,影响较大。他在《同源字典·序》中说:"清儒在文字学上的成就是空前的……王筠讲分别字、累增字,徐灏讲古今字,其实都是同源字。那么为什么他们写不出一部同源字典或语源字典来呢?这是由于他们是从文字的角度上研究问题,不是从语言的角度研究问题。"[4] 这段话中,王筠的"分别字(文)""累增字"已与徐灏的"古今字"等同,被认为都是"从文字的角度研究问题","其实都是同源字"。尽管王筠的"分别文""累增字"不全是"同

---

[1] 参见刘伊超《〈说文解字注笺〉古今字研究》,硕士学位论文,北京师范大学,2003年。
[2] 参见李淑萍《清儒古今字观念之传承与嬗变——以段玉裁、王筠、徐灏为探讨对象》,《文与哲》2007年第11期。
[3] 洪成玉:《古今字概述》,《北京师范学院学报》(哲学社会科学版)1992年第3期。
[4] 王力:《同源字典》,商务印书馆1982年版,第1页。

源字"，但它们源自"异部重文"研究，说是"从文字的角度研究问题"当然过得去，可徐灏讲的"古今字"却未必如此。《说文解字注笺》一方面将"造字相承增偏旁"的"分别文""累增字"全部归入"古今字"，同时对"幨—簾""磎—溪"① 这样由其他原因造成的"古今字"也间有关照，尽管它们不是论述的重点。从总体上看，徐灏眼里的"古今字"和专指"造字相承"现象的"分别文"（也包括"累增字"）仍有一定区别。

王力主编的《古代汉语》教材也设有"古今字"一节②，其中更为明确地指出"古今字"的产生，是由于"古字'兼职'多"，后起的"今字"只是"分担其中一个职务"，认为"'责、舍'等是较古的字，'债、捨'等是比较后起的字。我们可以把'责债''舍捨'等称为古今字。……'责''舍'所移交给'债''捨'的只是它们所担任的几个职务中的一个"。发端于徐灏的"古今字"偏解至此已演变成脱离传统观念的误解，反映文献异时用字现象的"古今字"变成了立足"造字相承关系"重新定义的新术语。随着《古代汉语》教材的推广，这一主张在高校教学中几乎成了共识。如洪成玉认为："王力先生主编的《古代汉语》出版，该教材专门设立章节，介绍古今字的内容。……是近二三百年来对古今字研究的总结，反映了迄今为止最新的研究成果。"③ 从此以后，学术界把训诂学属语"古今字"当作汉字学术语用来专门探讨孳乳造字问题的情况屡见不鲜。

更有甚者，学者们执持以上误解后的观念反过来评价前人的"古今字"研究。如洪成玉认为，"（王筠）没有囿于汉人关于古今字的见解，也没有因袭段玉裁的说法。他在分析了古字和今字的关系以后，提出了分别文的说法"④，"王筠所说的分别字，就是古今字，此外，他还从造字角度提出了累增字这一术语，累增字其实也是古今字"⑤；李淑萍认为"王筠借由分析古字和今字的关系，从中归纳出文字发展的规律，提出'分别文''累增字'的概念"⑥，"王筠提出'分别文''累增字'之说，……着重于汉字形体的增益与孳乳演变，因此，王筠在古今字研究上的贡献应当肩负着'概念转向'的地位"⑦，等等。但我们看到"分别文""累增字"是王筠从"异部重文"中发现的类别，其实和"古今字"在学术来源上并无联系。他的"古今字"观念和汉人以及段玉裁是一致的，并未因"分别文""累增字"现象的发明而改变。所以不论是抛开王筠的论述将"分别文""累增字"与"古今字"强画等号，还是把它看作"古今字""概念转向"的始作俑者都是有失公允的。而对于徐灏的"古今字"，孙雍长曾说："（徐灏）对王筠的看法不以为然，认为'古今字'概念不应限于造字问题，不应将'载籍古今本'中的用字问题排除

---

① 徐灏在《说文解字注》"帘"字下笺曰："幨、簾古今字耳，古无竹帘，以布为之，故从巾。"同书"磎"字下徐灏笺曰："今字作溪。"
② 参见王力《古代汉语》（第一册），中华书局 1999 年版，第 171 页。
③ 洪成玉：《古今字辨正》，《首都师范大学学报》（哲学社会科学版）2009 年第 3 期。
④ 同上。
⑤ 同上。
⑥ 李淑萍：《清儒古今字观念之传承与嬗变——以段玉裁、王筠、徐灏为探讨对象》，《文与哲》2007 年第 11 期。
⑦ 同上。

在外，所以提出'古今字有二例：一为造字相承，增偏旁；一为载籍古今本也'。"① 而事实上王筠从未把"古今字""限于造字问题"，反而是徐灏过分强调"分别文""累增字"这类"造字相承"问题，而对"载籍古今本"语焉不详，以致误导后人对"古今字"概念产生歧解。凡此种种，或誉或毁，皆难符事实，所谓"以今律古""强人就己"者莫过于是。我们认为这种不从客观材料出发，无视古人原意而以误解后的今人观念评论学术史的研究态度是值得商榷的。

---

① 孙雍长：《论"古今字"暨辞书对古今字的处理》，《辞书研究》2006年第2期。

论王筠"分别文、累增字"的学术背景与研究意图

李运富　蒋志远

一　引言

清代"朴学"之风盛行，是我国传统语言文字学发展的高峰时期。清代学者继承和发扬汉唐以来的优秀学术成果，多有增益之功，因此这一时期的学术成就在历史上具有承前启后的重要意义。在文字学领域，王筠对于"分别文、累增字"问题的发现与阐述，就是清代学者研究汉字发展演变的重要成果之一，后代学者对此给予了高度的重视。

综观有关著述，从研究思路上看，后代学者就"分别文、累增字"开展的研究工作大致有两种类型。一是在理论应用方面，以"分别文、累增字"理论为阶梯，进一步探究汉字关系及汉字孳乳演变的规律；二是在学史总结方面，讨论王筠发明"分别文、累增字"的重要意义，评价它在学术史当中的地位和价值。相对来说，从"分别文、累增字"角度研究汉字孳乳规律的成果较多，各种相关问题都有论述；而在学史总结方面，一般从"古今字"角度对"分别文、累增字"的学术贡献加以品评，很少有人对王筠提出"分别文、累增字"的缘起和目的进行研究。因此，本文拟在正确理解王筠著作文本的基础上探求"分别文、累增字"的理论背景，进而分析王筠提出这两个术语的真实目的。

二　"分别文、累增字"的理论背景

作为清代"《说文》四大家"之一，王筠治《说文》可谓孜孜不倦。其成果除《说文韵谱校》《说文系传校录》《文字蒙求》外，更有代表作《说文句读》《说文释例》传世。其中成书于道光十七年（1837年）的《说文释例》，一改传统《说文》学著作随《说文》正文加注的模式，以不同的研究主题为纲，围绕主题汇集例证并阐发己意，可谓别具一格。《说文释例》自序言："筠少喜篆籀，不辨正俗。年近三十，读《说文》而乐之。……羊枣脍炙，积二十年，然后于古人制作之义、许君著书之体、千余年传写变乱之故、鼎臣以私意窜改之谬犁然辨晢，具于匈中。爰始条分缕析，为之疏通其义。体例所居，无由沿袭前人，为吾一家之言而已。"[①] 其整合《说文》条理线索、发掘内涵的旨趣

---

* 本文原载《励耘学刊》（语言卷）2012年第2辑（总第16辑），学苑出版社2013年版。

① （清）王筠：《说文释例》卷一，中华书局1987年版。

于此可见一斑。

我们所关注的"分别文、累增字"问题，王筠是在《说文释例》卷八的第一章"分别文、累增字"内集中讨论的。在该章的开篇，王筠鲜明地提出自己对于这两种现象的论断，进而列举了众多《说文》中的例子来佐证。为研究论述的方便，先抄录章首的有关表述于下（括号内为原书正文下的小字注释）：

> 分别文、累增字（此亦异部重文，以其由一字递增也，别辑之。）
>
> 字有不须偏旁而义已足者，则其偏旁为后人递加也。其加偏旁而义遂异者，是为分别文，其种有二：一则正义为借义所夺，因加偏旁以别之也（冉字之类）；一则本字义多，既加偏旁则只分其一义也（公字不足兼公侯义）。其加偏旁而义仍不异者，是谓累增字，其种有三：一则古文深曲，加偏旁以表之者也（哥字之类）；一则既加偏旁，即置古文不用者也（今用復而不用复）；一则既加偏旁而世仍不用，所行用者反是古文也（今用因不用捆）。凡此类者，许君说解，必殊别其文。①

此论标志着"分别文、累增字"理论的问世，其相关背景理论应是"重文"而非"古今字"，因为王筠在章题注释中说"分别文、累增字"是"别辑"的"异部重文"，且该章排在卷六"同部重文"和卷七"异部重文"之后。

所谓"同部重文"，实际上就是《说文》中标明的"重文"。"同部"的"部"，指许慎所立的《说文》540部；而"重文"则与"正篆"相对，指《说文》各部"正篆"字头之下所附的"古文""或体""籀文"等数类与"正篆"所记音义对应但形体不同，且于各部字数统计时算入"重×"的字。

王筠讨论"同部重文"的目的，是要通过汇集今本《说文》中的"正篆"及其所辖"重文"在《玉篇》中分属异部的例子，从而试图论证今本《说文》"正篆"下之"重文"多是由后代抄手将本应分属异部的同音同义字"妄为迻并"② 而成的。

有学者早已指出，王筠这一探求《说文》原貌的构想尚有较大缺陷③，但是就这些论述而言，我们从另一角度可以看出他对"重文"的理解，即是把"重文"看作"同音同义"的通用字。正是因为从"同部重文"中把握了"重文""同音同义"的实质，他才推而广之，发现"异部"之间也存在"同音同义"的字际关系，并且认为这些"同音同义"的"重文"是许慎有意安排在"异部"的。所以他说：

> 《说文》者，主分别之书也。汉碑之存于今者，皆出东汉，其体雅俗杂陈，半不合于六书。群言淆乱之时，许君发愤有作，又恐竹帛迻誊，易滋鱼豕，故即同音同义之字，不尽使之类聚。④

---

① 参见王筠《说文释例》卷八，中华书局1987年版。
② 参见王筠《说文释例》卷六章首，中华书局1987年版。
③ 参见单周尧《读王筠〈说文释例·同部重文篇〉札记》，载《古文字研究》第17辑，中华书局1989年版。
④ 参见王筠《说文释例》卷六，中华书局1987年版。

这些没有"类聚"在同部中的"同音同义"字，就构成"异部重文"。"异部重文"是王筠的一个重要发现。他在《说文释例》卷七"异部重文"专节中用241组实例证明这种现象的客观存在，并且揭示了《说文》将"重文"安排于"异部"的目的或用意：

> 许君之意，苟其为字也，两体明白，即别隶之，以觊传之永久而不误。而义既同，其声又同，细心人读之，无难知为一字也。①

王筠对"异部重文"的阐述，体现了他对《说文》材料的总体把握以及对具体汉字音义关系的洞悉，被黄侃先生誉为"不刊之作"②。根据王筠的说法，同音同义的"重文"而安排于"异部"，主要是为了"别"形体。"异部重文"之间形体差异的类型有多种，"分别文"即是其一。王筠正是在讨论"异部重文"的形体关系时，进一步发现了"分别文"现象，故在卷七末尾的一条"异部重文"例字后分析说：

> 首部𣃔，截也，或作𠛝；斤部断，截也，古文作𢫺、𠸿。截义既同，而𣃔之或体从專，断之古文从𠈃，𠈃为叀之古文，專本从叀，是𣃔、断一字也。筠案：一字递增，是分别文也。③

可见在考察"𣃔""断"这一组"异部重文"时，王筠已经意识到这组字另有"分别文"的性质。因此紧接着上文所引的这段话，王筠便开始在卷八首章专门讨论由"一字递增"造成的"异部重文"之例，也就是"分别文、累增字"。而上文所引卷八首章中王筠对章题的注解，也正反映本章的著述思路与卷七的一脉相承。

由此我们可以推论：王筠对于"分别文"以至"累增字"的认识，和他对"异部重文"中"由一字递增"这种类别的观察有很深的渊源。王筠正是在观察"异部重文"的基础上，才进一步发现并总结了"分别文"和"累增字"现象。我们可以将王筠从"重文"到"分别文、累增字"研究的思维脉络归纳为下图。

需要说明的是，一般认为《说文》的"重文"等于现代的"异体字"，其实不然，《说文》的"重文"大多数是异体字，但也有同义换读字、通假字、同源字等④，实际上只是功能基本对应的通用字，并非严格意义的异体字。王筠将"分别文、累增字"看作"异部重文"，那么他对"重文"的理解应该也是宽泛的，不能用严格的异体字概念来要求。

另外，既把"分别文"归属于"音义相同"的"重文"，又说"分别文""加偏旁而

---

① （清）王筠：《说文释例》卷七，中华书局1987年版。
② 黄侃：《文字声韵训诂笔记》，上海古籍出版社1983年版，第94页。
③ （清）王筠：《说文释例》卷七，中华书局1987年版。
④ 参见沈兼士《汉字义读法之一例——说文重文之新定义》，收录于《沈兼士学术论文集》，中华书局1986年版；张晓明《〈说文〉小篆"重文"研究》，硕士学位论文，北京师范大学，1998年；黄天树《〈说文〉重文与正篆关系补论》，载《语言》第1卷，首都师范大学出版社2000年版。

```
         重文
        /    \
     同部重文   异部重文
              |
           由一字递增
              ↓
           分别文、累增字
```

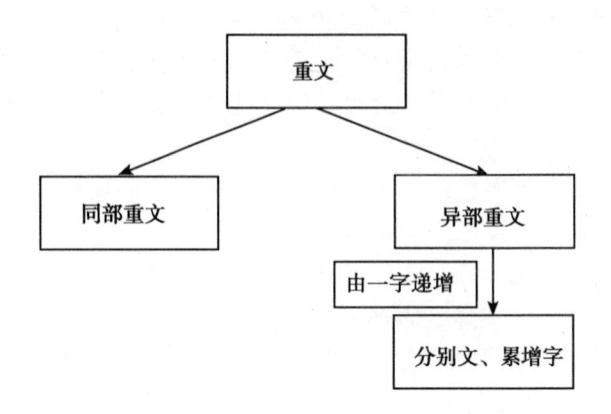

义遂异",这里的"同""异"表述上似有矛盾。我们的理解是,"音义相同"就同一个词项而言,"加偏旁而义遂异"就同形"本字"的不同词项而言。例如"莫"包含"莫$_1$"(黄昏)、"莫$_2$"(否定词)、"莫$_3$"(代词)等多个同形词项,说"暮"为"莫"的"分别文",是指"暮"把"莫$_1$"从形体上跟意义不同的"莫$_2$""莫$_3$"分别开;说"暮"为"莫"的"重文",是指"暮"跟"莫$_1$"这个词项音义相同。可见实际上两种说法角度不同,针对的词项不同,所以并不矛盾。

三 "分别文、累增字"的研究意图

如上所述,王筠的"分别文、累增字"是在研究《说文》"异部重文"时提出的概念,理论上属于"异部重文"的下位分类,应该放在"重文"的框架下进行论述。可王筠把"分别文、累增字"单独提出来作为卷八的章节,而与卷六"同部重文"、卷七"异部重文"并列,这是为什么呢?

我们认为,王筠这样安排是有深意的。他在分析"分别文、累增字"与"本字"的"重文"属性时,发现它们有一个特殊的地方,即都是"由一字递增"而形成,其中暗含着文字形体由少而多的发展规律,可以进一步探讨汉字"递增"的缘由和方式,这些内容已经超出"重文"分类的视域,于是王筠把"分别文、累增字"从"重文"中特意"别辑"出来进行专门研究,以便弄清楚汉字形体用"递增"方式孳乳演变的具体情况。

正是出于探究汉字孳乳演变的意图,王筠把平面静止的"重文"关系研究转向了历时动态的滋生造字研究。因此,他对"分别文、累增字"的研究就不仅仅是按照"重文"的标准作出"音义相同"的简单判断,而是在更广阔的视野里,对这两类"重文"现象的成因、构造方式以及使用关系,作了更加全面、更加深入的考察和分析。

王筠认为,"字有不须偏旁而义已足者,则其偏旁为后人递加也"是这两类"重文"动态滋生的共同特征,而它们的区别则在于"递加"偏旁造出的新字与"本字"在所记意义上存在着不同关系:"加偏旁而义遂异者"是"分别文";"加偏旁而义仍不异者"是"累增字"。如上文所论,指称两个字是否属于"本字"与"分别文、累增字"的关系,除了观察形体上的"造字相承"特征外,还要结合二字所记的词项具体分析。王筠的有关分析不仅见于《说文释例》，也见于《说文句读》等。

"分别文"顾名思义，即新字有分别"本字"某些词项功能的作用。王筠认为，新字的"递增"方式虽然相同，但为什么要"递增"的动因是不同的，有的"正义为借义所夺，因加偏旁以别之也"，有的"本字义多，既加偏旁则只分其一义也"。正是这不同的原因推动着汉字孳乳增繁。例如：

    a.《易》曰"象也者，像也"，乃以中古分别字释上古假借字也。①
    b. 或者，封域也。古邦、封通用，故许君以邦释國。而金刻國字皆作或，知國亦或之分别文。②
    c. 女部娶，为取之分别文，故说之曰"取妇也"。③

第一类"正义为借义所夺，因加偏旁以别之也"如例a、b所示，当"本字"记录有假借义时，"分别文"可以区别记录"本字"的假借义或本义（"正义"）。例a中，"象"字记录有"象$_1$"（大象）、"象$_2$"（相似）等同形词项，根据汉字形义同一的原则，"象$_1$"是其本义，"象$_2$"是假借义。王筠说"以中古分别字释上古假借字"，是指后世在"象"的基础上增加偏旁造出"像"记录"象$_2$"后，因为"象""像"都记载词项"象$_2$"，所以《易》用"像"解释"象"。而例b中，"或"字亦记载着同形的"或$_1$"（封域）、"或$_2$"（副词）等同形词项，同样根据形义同一的原则，"或$_1$"当是"或"的本义，后由在"或"基础上造出的"國"字记录，而"或"专用于记录"或$_2$"。王筠正是根据"或""國"都记载词项"或$_2$"，所以认定二者是"本字"与"分别文"关系。值得注意的是，上文中提到的"象$_1$"与"像"、"或$_2$"与"國"，虽然它们在形体上有"由一字递增"的特征，但因为它们并未记录共同的词项，因此不能视作"本字"与"分别文"。例a、b所反映的情形若从历时角度的字际关系④来看，则"象"与"像"在"相似"义上构成"假借字"与"后起本字"的关系；"或"与"國"在"封域"义上构成"古本字"与"重造本字"的关系。

第二类"本字义多，既加偏旁则只分其一义也"如例c所示，当"本字义多"时，后世往往会在"本字"基础上"加偏旁"造出"分别文"区别记录"本字"的部分词义（"分其一义"）。例c中，"取"字《说文》训"捕取也，从又，从耳，《周礼》曰'获者取左耳'"，其构形理据即是以手取耳，"割取"是其本义。后此义引申出"娶妇"义，后人遂将"取"字添加偏旁"女"，造出"分别文""娶"来专门记录它。所以，结合《说文》"娶，取妇也"的训释可见，就"娶妇"义而言，"取""娶"都是其本字，而从历时角度字际的关系来看，"取"和"娶"之间则构成"源本字"与"分化本字"的

---

① （清）王筠：《说文释例》卷八，中华书局1987年版。
② （清）王筠：《说文句读》卷六（下），中华书局1987年版。
③ （清）王筠：《说文释例》卷八，中华书局1987年版。
④ 本文分析汉字字际关系的理论框架和用语参考李运富《论汉字的字际关系》，载《语言》第3卷，首都师范大学出版社2002年版。

关系。

综上所述，我们可以将王筠所论的"分别文"各种情形以及其内部的字际关系归纳为下表。

分别文的构造动因	正义为借义所夺，因加偏旁以别之也		本字义多，既加偏旁则只分其一义也
具体情况	分别文记录假借义	分别文记录本义	分别文记录引申义
举例	象/像（相似）	或/國（封域）	取/娶（娶妇）
字际关系	假借字—后起本字	古本字—重造本字	源本字—分化本字

"累增字"的定义为"其加偏旁而义仍不异者"，是指"本字"与在其基础上"加偏旁"构成的"累增字"二者所承担的记录职能一致。新造的"累增字"没有将"本字"所记的部分词项分别开，这是它与"分别文"明显的区别。应当注意的是，王筠论"累增字""其种有三"，实际上是从两个角度来阐述的："古义深曲，加偏旁以表之者"，这是从动机的角度说"累增字"为何产生，即"累增字"要使"本字"字义更加明确；而"既加偏旁，即置古文不用者"以及"既加偏旁而世仍不用，所行用者反是古文也"则是从使用的角度说"累增字"产生之后是否会替代"古文"（从造字的角度说就是"本字"）。例如：

  d. 皅下云"艹华之白也"；艹部葩下云"华也"，只云"皅声"。皅下云"白"者，字隶白部也，不为异。①
  e. 口部因、手部捆，皆曰"就也"。②

例 d、e 摘自《说文释例》卷八"累增字"一节，其中王筠指论"葩"与"捆"分别是"皅"与"因"的"累增字"。例 d 中，王筠认为《说文》训"皅，艹华之白也"，是许慎将"皅"字归在白部，因而说解上有对"白"义的照应。而实际上"皅""葩"同是"艹华"之义，二字音义相同，不存在形体所记词项上的差异，所以"葩"是基于"皅"字增添偏旁"艹"而造的"累增字"。同样，"因""捆"二字音义相同，后者也是在前者基础上增添偏旁"手"而造的"累增字"。

但"葩"与"捆"这两个"累增字"在造出后的命运是截然不同的。从文献测查的结果来看，"葩"产生后即替代了"本字"（古文）"皅"，"皅"字后世就不再使用；但是"捆"产生后没能替代"本字""因"，成为不被社会接受而仅存于字书当中的"死字"。从本质上来看，"累增字"与"本字"在记词功能上是一致的，其差异就在于"累增字"为了使"本字"所记词义更加凸显，而在形体上较"本字"增加了偏旁。因此就文献系统的字际关系角度而言，"皅"与"葩"、"因"与"捆"这样的"本字"与"累

---

① （清）王筠：《说文释例》卷八，中华书局1987年版。
② 同上。

增字"都属于异体字和异体字的关系。综上所述，我们可以将王筠所论"累增字"的具体情形及其内部的字际关系归纳为下表。

累增字的构造动因	古义深曲，加偏旁以表之	
累增字的使用情况	既加偏旁，即置古文不用也	既加偏旁而世仍不用，所行用者反是古文也
举　　例	吧/葩（艹华）	因/捆（就也）
字际关系	异体字—异体字	

可见，无论是"分别文"还是"累增字"，王筠在指出其"加偏旁"的构造方式的基础上，重点探讨的是它们的产生动因，或加偏旁以别借义，或加偏旁以分引申义，或加偏旁以显本义。这些都属于汉字滋生发展的问题。即使在"累增字"部分谈到"使用"现象，也是着眼于字符的存废，反映的是汉字系统中个体成员的发展变化，其意图并不在揭示不同时代文献用字上的同功能替换关系。

王筠对具体材料的分析和表述，使用"分别文"和"累增字"的区别一般比较严格，但个别字例也有值得商榷的。例如：

f.《说文》爰、援下皆曰"引也"，是爰为古文，援为后来分别文。①

"皆曰'引也'"，说明"其加偏旁而义仍不异"，则"爰、援"应当属于"累增字"，可王筠说"援为后来分别文"。也许是考虑到"爰"还有别的意义和用法（比如借用为虚词）需要"分别"吧，但"因、捆""皆曰'就也'"，而且"因"也有"捆"所不具备的其他义项和用法，可王筠把"捆"当作"因"的典型"累增字"处理，明显跟把"援"当作"爰"的"分别文"原则不一致。当然这个别材料的归类失当并不影响"分别文、累增字"总体上属于通过"加偏旁"而"一字递增"的孳乳造字现象。

四　结语

综上所述，所谓"分别文、累增字"原是王筠研究《说文》"重文"时发现的一种有规律的汉字滋生现象，即"由一字递增"而产生新的"重文"。"重文"只是平面的静止关系，而"分别文、累增字"的提出则揭示了构造"重文"的手段和"重文"之间历时性的动态关系，包括"古本字—重造本字""源本字—分化本字""假借字—后起本字"等。这些历时性的字际关系，不仅反映出汉字滋生发展的部分规律，也与不同时代汉字的使用规律密切相关，因而常被人等同于"古今字"。但实际上，王筠专门讨论"分别文、累增字"既不再以"重文"为目标，因为前面讨论过的"重文"已经成为背景知识；也不是为了研究"古今字"，因为《说文释例》中"古今字"的概念同时存在而所

---

① （清）王筠：《说文释例》卷十二，中华书局1987年版。

指着眼点不同①。因此，研究"分别文、累增字"，一方面要还原王筠提出这组概念的理论背景，另一方面要明确王筠的研究目的不在"重文"，也不在"古今字"，这样才能真正认识到王筠"分别文、累增字"对于揭示汉字滋生发展规律和有关历时字际关系的学术价值。

参考文献

［1］李运富：《论汉字的字际关系》，载《语言》第 3 卷，首都师范大学出版社 2002 年版。

［2］李运富：《论汉字的记录职能》，《徐州师范大学学报》2003 年第 1—2 期。

［3］李运富：《早期有关"古今字"的表述用语及材料辨析》，载《励耘学刊》（语言卷）2007 年第 2 辑（总第 6 辑），学苑出版社 2008 年版。

［4］蒋志远：《王筠"古今字"观念》，《大庆师范学院学报》2010 年第 2 期。

［5］蒋志远：《王筠古今字研究》，硕士学位论文，北京师范大学，2011 年。

［6］刘琳：《〈说文段注〉古今字研究》，博士学位论文，北京师范大学，2007 年。

［7］黄天树：《〈说文〉重文与正篆关系补论》，载《语言》第 1 卷，首都师范大学出版社 2000 年版。

［8］张晓明：《〈说文〉小篆"重文"研究》，硕士学位论文，北京师范大学，2001 年。

［9］单周尧：《读王筠〈说文释例·同部重文篇〉札记》，载《古文字研究》第 17 辑，中华书局 1989 年版。

---

① （清）王筠提到"古今字"时往往着眼于古籍注释，指功能相当的前后不同用字；讲"分别文、累增字"则着眼于字形"递增"，指新造功能相当的字。在"递增"造字的层面，跟新造字相对的称"本字"，在"替换"用字的层面，跟分别文、累增字相对的称"古文"。累增字与本字的关系大致可以属于古今字，但分别文与本字的关系不宜简单看作古今字。关于"分别文、累增字"与"古今字"的实际关系，我们将另文论述。

章太炎古今字观念正析*

蒋志远

一

古今字从汉代产生直到清代乾嘉时期一直是个稳定传承的训诂概念，指称一个词语历时所用的不同汉字，使用在前的叫古字，使用在后的叫今字，合称古今字。而自从清人徐灏杂糅段玉裁、王筠相关学说率先误解古今字为文字学范畴孳乳造字问题开始，逐渐有部分现代学者认为古今字中的古字、今字就专指汉字孳乳过程中的母字和分化字[①]，并据此框约学术史，认为清代"古今字的含义开始渐趋一致，定位于分别字"[②]，以至于把包括章太炎在内的先贤古今字注释工作等同于他们的造字孳乳研究加以评述，令人难安。实际上，清末之后训诂范畴的正统古今字观念在以章太炎为代表的主流学者中从未式微，而与徐灏以降的有关曲解泾渭分明。

二

目前，学界对章太炎古今字注释的研究非常有限，基本都针对《章太炎说文解字授课笔记》（以下简称《笔记》）中的材料，其研究思路或欠客观，结论不无矛盾。例如有的学者统计"《笔记》涉及古今字有182例"[③]；而另有学者称"据我们粗略统计，钩稽

---

* 本文原载《民俗典籍文字研究》总第18辑，商务印书馆2016年版。

① 相关前期研究参见李运富《早期"古今字"概念有关用语及材料辨析》，载《励耘学刊》（语言卷）2007年第2辑（总第6辑），学苑出版社2008年版，第66—89页；李运富《汉语学术史研究的基本原则》，《湖北师范学院学报》2010年第4期，第31页；李运富、蒋志远《从"分别文""累增字"与"古今字"的关系看后人对这些术语的误解》，《苏州大学学报》2013年第3期，第133—138页；李运富、蒋志远《论王筠"分别文""累增字"的学术背景与研究意图》，载《励耘学刊》（语言卷）2012年第2辑（第16辑），学苑出版社2013年版，第146—157页；蒋志远《论王筠"古今字"观念的历史继承性》，《求索》2013年第2期，第166—168页；蒋志远《也谈古代汉语教材中的"古今字"问题》，《郑州师范教育》2013年第4期，第133—138页；蒋志远《论王筠的"古今字"观念》，《大庆师范学院学报》2010年第3期，第86—89页；蒋志远《唐以前训注古今字研究》，博士学位论文，北京师范大学，2014年；蒋志远《魏晋南北朝古今字训诂论略》，载《励耘语言学刊》2015年第2辑（总第22辑），学苑出版社2015年版，第39—48页。

② 洪成玉：《古今字辨正》，《首都师范大学学报》（哲学社会科学版）2009年第3期，第94页。

③ 吴叶霞：《〈章太炎《说文解字》授课笔记〉述例》，硕士学位论文，杭州师范大学，2011年，第17页。

古今字 716 事"①。二者同样是对《笔记》古今字条目的整理，统计结果竟相差五百多则，不免让人生疑。因未见整理明细，我们无从细究个中是非，但可以肯定的是，如果学者们抛开章太炎的古今字注释用语，先入为主地怀着自身认可的某种"古今字"定义如"'古今字'是语义发展推动的文字现象"②或"章太炎经常用'假借'来标明古今字"③等去书中筛选所需条目，各家统计结果莫衷一是是不足为奇的。

此外在《笔记》的薋字头下，朱希祖和钱玄同都有"薋、蒺古今字"记录④，有学者将之归为章氏"汉字学术语"的用例，评曰"古字与今字、古字与后起字之别在于字形产生的先后不同，所记的词和所用的字形皆有源流关系，古字是源，今字、后起字是流"⑤。我们认为，这种把"今字"等同于"后起字"的评述仍有用文字学范畴的"古今字指具有造字孳乳关系的字"等成见框约前人注释之嫌，即便所论能偶合个别材料，也未必能真实反映章氏古今字观念，试看章太炎的以下"古今字"注释：

(1)【语心之容，命之曰心之行】⑥ 容借为欲，同。从谷声，东侯对转也。《乐记》"感于物而动，性之欲也"，《乐书》作"性之颂也"。颂、容古今字。颂借为欲，故容亦借为欲。(《庄子解故》)

例 (1) 中的颂本义是｛仪容｝、容本义是｛容纳｝，二者本为两个不同的词而造，彼此并无造字相承关系，章氏的注释意在指出二者由于音近可借作本由欲承担的词义｛欲｝，所以颂——容在｛欲｝上有历时同用关系，构成古今字。可见，这里的"古今字"很难说是"汉字学"术语，颂——容"记的词和所用的字形"显然并非"皆有源流关系"。可见章太炎的古今字观念，是不能拘泥于著作中的个别注释材料，用今人所谓指造字孳乳问题的文字学范畴古今字观念一概而论的。

王力曾指出："当我们读古书的时候，所应注意的不是古人应该说什么，而是古人实际说了什么。如果先主观地肯定了古人应该说什么，就会想尽各种方法把语言了解为表达了那种思想，这有牵强附会的危险；如果先细心地看清了古人实际上说了什么，再来体会他的思想，这个程序是比较科学的，所得的结论也是比较可靠的。"⑦ 正因为如此，我们无权怀着今人古今字观念去章氏著作中找材料证明他"应该说什么"，而必须以具体用语为标志，从章太炎的各种著作中择取注释材料，进而客观总结其古今字观念。

---

① 叶斌、付哲婷：《〈章太炎说文解字授课笔记〉的方法创新》，《杭州师范大学学报》2013 年第 3 期，第 79 页。
② 吴叶霞：《〈章太炎《说文解字》授课笔记〉述例》，硕士学位论文，杭州师范大学，2011 年，第 18 页。
③ 同上。
④ 章太炎：《章太炎说文解字授课笔记》，中华书局 2010 年版，第 30 页。
⑤ 万献初：《章太炎在汉字理论上的贡献》，《长江学术》2006 年第 4 期。
⑥ 【】内为典籍原文，外为注文，下同。
⑦ 王力：《王力语言学论文集》，商务印书馆 2000 年版，第 516 页。

三

被誉为"朴学殿军"的章太炎治学极其严谨，自言著作"皆持之有故，言之成理，不好与先儒立异，亦不欲为苟同"①，他对文献的注释、纂集、考证工作都是在继承包括"古今字"注释在内的中国传统小学研究范式的基础上进行的。虽然章氏对古今字概念本身没有专门阐释，但他对这一问题的注释却散见于著作的字里行间。

从用语上看，章氏的古今字注释既有同时对举古字、今字的，也有用"古/今（某）字""古文（作）某（字）""古/今字作（为）某""古/今作某"等单指某字为另一字之古/今字以赅对举的，例如：

（2）昔者宋趼语心之容，命之曰心之行。容者，思也。或曰欲也。（《乐记》"感于物而动，性之欲也"，《史记·乐书》引之，作"性之颂也"。颂、容古今字，皆与欲双声对转相通。）（《检论·议王》）

（3）《说文》无葴，《方言》"葴、敕、戒，备也"……葴必是蒥之误……《说文》"蒥，具也"，从用，苟省声。苟，自急敕也。《方言》以备训蒥，以今字训古字也。（《小学答问》）

（4）【且相与吾之耳矣】《晋语》云"暇豫之吾吾"，吾与虞同，如驺虞亦作驺吾也。古作吾、作虞，今则作娱，言直以哭为娱戏也。（《庄子解故》）

例（2）至例（4）是对举的情况。例（2）和前文例（1）出自不同的著作，但所涉文献及字例相同，都是用"古今字"指出颂——容在｛欲｝上是古今字，可见章氏对这组古今字关系的重视。例（3）之中，章氏先校勘《方言》应有"蒥、敕、戒，备也"之训，后指出扬雄是用今字备来解释古字蒥，如此在｛警戒｝上蒥——备是古今字。例（4）不但是对举，而且章氏指出了两组古今字，即表示｛娱戏｝的今字娱，对应着吾、虞两个古字。

（5）【無不忘也，無不有也】忘借为亡，古無字，与有对文。（《庄子解故》）

（6）【民相连而从之】《释文》："司马云：'连读曰辇。'"连，本古文辇字。司马犹知其本。（《庄子解故》）

（7）【地有人聚】人借为夷。《海内西经》"夷羿"作"仁羿"，古文仁、夷皆作尸，故得相通，脂、真亦相转也。夷可借仁为之，亦可借人为之。（《庄子解故》）

例（5）至例（7）都是单言"古"以赅对举，例（5）中，章氏指出原文中的忘和有相对，表示｛无｝，原文中的"古"字忘，和今字无在此意义上是同功能的。例（6）

---

① 章炳麟：《自述学术次第》，载《章太炎学术文化随笔》，中国青年出版社1999年版，第322页。

中章氏注曰"连本古文辇字",即指出"古"时《庄子》中表示{人力车}的连,和后代行用的辇同用,连—辇是古今字。例(7)之中,章氏指出了人、仁、夷、尸四字音近可通,而后代由仁、夷记录的{夷族},在"古文"行用的前代,曾由尸字记录。由此可知在他看来{夷族}上有尸—夷、尸—仁两组古今字。

(8)【天知予僻陋慢訑】慢借为谩。《说文》谩、訑皆训欺,訑即詑之今字。(《庄子解故》)

(9)【知虽落天地,不自虑也……】落即今包络字。(《庄子解故》)

(10)《周语》称鲧为崇伯,禹嗣其位,故曰崇禹。崇即崇高,今字作嵩。(《訄书·辨乐》)

(11)然既音难,其在语末者,或为商度,或为问讯。今字作呢。呢本尔字也(古音尔在泥母,与然字音难双声相转,犹臡从难声,今读泥也)。(《新方言·释词》)

(12)问曰:《说文》"戚,戉也",言亲戚者,当为何字?答曰:戚从尗声,古音本昌六切。亲戚之字耤为俶。《说文》"俶,至也",亲、俶同谊。今字乃为亲戚。(《小学答问》)

例(8)至例(12)都是单言"今"以赅对举。例(8)中章氏援引《说文》指出訑表示{欺},而它相对于詑而言是今字,即{欺}上,詑—訑是一组古今字。例(9)中章氏云落"即今包络字",指《庄子》中前人用于表示{包罗}的落,其功能和"今"人用的络一致,落—络在{包罗}上是古今字。例(10)中,章氏指出"崇伯""崇禹"中的崇表{崇高},该义上嵩是崇的"今字",所以崇—嵩是古今字。例(11)中,章氏指出在"语末"表示"商度""问询"的{语气词}上,古代用然字,而在"今"天用呢字,所以然—呢在此义上构成古今字。例(12)中,章氏指出"亲俶"今天通常写作"亲戚",而结合《说文》的训释,在{至}上戚是"今字",俶则是古字。

四

前文展述了章太炎著作中的部分古今字注释。从总体上看,章氏指明某两个字是古今字意在关联一个词在不同时代因为各种缘故所用不同汉字之间的同功能关系,通过词义的关联来疏通文献理解的障碍,属于训诂活动。对于训诂活动来说,用读者熟悉的字去解释生僻难懂的字是首要的,而至于这种历时用字差异现象的成因分析则不是迫切的。

章氏尽管对于古今字的概念没有专门的界说,但他所秉持的训诂范畴的古今字观念,实际上是远绍汉儒,并和段玉裁等乾嘉学者保持一致的正统观念。《周礼·夏官·弁师》:"诸侯之缫斿九就,瑉玉三采,其余如王之事,缫斿皆就,玉瑱玉笄。"郑玄注曰:"……郑司农云:'缫当为藻。缫,古字也;藻,今字也,同物同音。'"可见郑众(郑司农)古今字注释已有"同物同音"属性论述,"同物"说明缫—藻记录的都是{置玉之垫},"古"人用缫记录,而"今"也就是汉人习惯用藻记录,至于这个词义缘何会先后由两字记录，以及两字产生顺序的先后，则不是论述的重点。这种观念同样反映在郑玄的古今字注释之中，从他在《礼记·曲礼下》"君天下曰'天子'，朝诸侯、分职、授政、任功曰'予一人'"下所注"《觐礼》曰：'伯父实来，余一人嘉之。'余、予，古今字"可见，他注释｛人称代词｝上古今字组余—予的旨趣就在于功能的关联。至段玉裁云"凡言古今字者，主谓同音而古用彼，今用此异字。若《礼经》古文用'余一人'。《礼记》用'予一人'。余、予本异字异义。非谓予余本即一字也"①，精辟地总结了传统古今字训诂是字"用"注释的内涵和特质，即指明两个字异时同用，疏通阅读障碍。从注释实践上看，章太炎的古今字注释完全与上述先贤合辙，这种观念传承的真实性，是不能用业已经过曲解的指称造字孳乳问题的文字学范畴"古今字"观念误读的。

从理论框架上看，古今字和"变异""孳乳"等研讨文字发展的概念在章太炎的学术体系中是在不同的理论层面上并存并用的。"变异""孳乳"之名分别源自《说文》"五帝三王之世，改易殊体"以及"字者，孳乳而浸多也"②，前者关系到字形改易，后者关系到派生造字，蕴含着章氏探究词义发展与文字形体演变之间关系的旨趣。相比之下，他所运用的训诂范畴古今字就是"不与先儒立异"的继承和沿袭，而不是今人所言"古字与今字之别在于字形产生的先后不同""古字是源，今字是流"，因为章氏并无意用古今字概念来探讨文字的孳乳演变。

再来比较一下章太炎所秉持的训诂学范畴的古今字，和今人所谓反映汉字造字源流关系的文字学范畴"古今字"所涉字际关系的区别。根据李运富的研究，汉字对于所记词义而言，有本字、借字之别，所以记录一个词义的两个汉字之间不外乎本字—本字、本字—借字、借字—借字三种基本关系，其中又包含如下表所示七种具体情形③。

基本关系	本字—本字	本字—借字	借字—借字
具体情形	异形本字—异形本字	本字—通假字	通假字—通假字
	古本字—重造本字	假借字—后造本字	假借字—假借字
	源本字—分化本字		

从材料上比较，部分现代学者所论指称造字孳乳范畴的"古今字"，强调的都是"今字"在"古字"基础上增加或改易偏旁造出新字，分担"古字"部分职能的现象。从理论上看，这种后造的"今字"所分担的词义不外乎就是"古字"的本义、引申义或假借义，那么这种"古字"和"今字"之间的字际关系只会涉及如表中阴影部分所示古本字—重造本字、源本字—分化本字、假借字—后造本字三种情形。

但我们看到，章太炎所注释的古今字中，除了涉及上述三种之外，还有异形本字—异形本字（｛高｝上崇—嵩）、本字—通假字（｛至｝上娍—戚）、通假字—通假字（｛欲｝上容—颂）、假借字—假借字（｛语气词｝上然—呢）等多种情形，可见他的古今字观念，

---

① （清）段玉裁：《说文解字注》，浙江古籍出版社2006年版，第49页。
② 参见黄侃述，黄焯编《文字声韵训诂笔记》，上海古籍出版社1983年版，第29页。
③ 参见李运富《汉字学新论》，北京师范大学出版社2012年版，第236—240页。

是不能用今人观念中的造字孳乳范畴的古今字概念能框约的。

五

我们结合具体训释材料分析了章太炎古今字注释的训诂范畴归属，分析了章氏古今字认识和今人所谓指论文字孳乳问题的"古今字"之间的本质区别，并且从学术史的角度探讨了章氏古今字认识和郑众、郑玄、段玉裁所持正统古今字观念之间的继承性。事实表明，在徐灏之后的清末以至民国，学界对古今字这一概念的认识并未如某些学者所说"渐趋一致，定位于分别字"，章太炎的古今字观念就是极好的例证。

而即便某些现代教材受徐灏误导把古今字作为文字学概念引介，某些学者把这种误导看作研究新成果进行推广，认为"古今字这个术语所特有的内涵，究竟应如何认识，如何界定，当然是可讨论的，但不能泥古不化，也不能把它当作一个古今杂糅的词组，把什么有可能存在古今关系的文字现象都往古今字中装"①时，持正统古今字的观念的学者不但并未式微，而且一直在呼吁客观看待古今字问题、客观对待学术史。例如刘又辛指出："（古今字）跟假借字、异体字、同源字划分的标准不同，因此不能拿古今字跟假借字、异体字、同源字相对立；不能说某某是古今字，不是假借字等等。如果这一点不搞清楚，就会把几个术语纠缠在一起，越说越糊涂。"②裘锡圭指出："说某两个字是古今字，就是说它们是同一个词的通行时间有先后的两种书写形式……近年来，还有人明确主张把'古今字'这个名称专用来指有'造字相承的关系'的字。他们所说的古今字，跟古人所说的古今字，不但范围有大小的不同，而且基本概念也是不一致的。"③蒋绍愚指出："从'古今字'这个名称本身看，古人并不专用来指本原字和区别字……如果我们用'古今字'来称本原字和区别字，容易引起概念的混淆。"④李运富指出："训诂学意义上的'古今字'被改造成了文字学意义上的'古今字'，殊不知此'古今字'已非彼'古今字'，既然已经偷换成今人的概念，那为什么还要用古人的名义呢？除了窜乱学术史外，似乎没有别的积极意义。"⑤

六

最后，我们总结一下本文的主要观点：

第一，章太炎的古今字是训诂学概念，不是指论造字孳乳问题的文字学概念。这些古今字注释散见于诸多著作之中，注释用语灵活多变，注释目的在于关联一个词因各种缘故历时所用的不同汉字，但这种同词异字现象的成因不是他的注释重点。

---

① 洪成玉：《古今字字典自序》，载《古今字字典》，商务印书馆2013年版，第2页。
② 刘又辛：《谈谈假借字、异体字、古今字和本字》，《西南师范学院学报》1984年第2期。
③ 裘锡圭：《文字学概要》，商务印书馆1988年版，第273页。
④ 蒋绍愚：《古汉语词汇纲要》，商务印书馆2005年版，第209—210页。
⑤ 李运富：《汉语学术史研究的基本原则》，《湖北师范学院学报》2010年第4期。

第二，章太炎学术思想中的古今字概念和他研讨词汇发展与文字字形演进关系的"变易""孳乳"概念共存，并且在不同的理论层面各司其职。章氏无意用古今字概念阐论文字孳乳的源流。

第三，章太炎的古今字观念和郑众、郑玄等汉儒，以及段玉裁等乾嘉先贤是一脉相承的，而和徐灏以降误会古今字为造字孳乳概念的有关曲解是泾渭分明的。

第四，章太炎是正统古今字观念在清末至民国延续的重要代表学者。他的观念表明徐灏之后学术界对古今字的认识并未统一到造字孳乳范畴，正统古今字观念并未因某些曲解的干扰而式微。时至今日，认同和秉持这一观念的近现代学者从未放弃呼吁正确认识古今字以及匡正有关曲解。

第五，考察和描写学术史，特别是古今字学术史，应当从先贤的具体注释入手总结归纳他的观念，从学者们的观念异同来总结学界对这一问题认识的状况，不宜先入为主地怀着某些特定的"古今字"定义去框约前人，越过先贤具体论述误读和误写学术史。

参考文献

[1] 章炳麟著，徐复注：《訄书详注》，上海古籍出版社 2000 年版。
[2] 章太炎讲授，王宁主持整理：《章太炎说文解字授课笔记》，中华书局 2010 年版。
[3] 章太炎撰，庞俊、郭诚永疏证：《国故论衡疏证》，中华书局 2011 年版。
[4] 章炳麟：《章太炎全集》，上海人民出版社 1986 年版。
[5] 李运富：《汉字汉语论稿》，学苑出版社 2008 年版。
[6] 李运富：《汉字学新论》，北京师范大学出版社 2012 年版。
[7] 王宁：《古代汉语》，高等教育出版社 2012 年版。
[8] 裘锡圭：《文字学概要》，商务印书馆 1988 年版。
[9] 蒋绍愚：《古汉语词汇纲要》，商务印书馆 2005 年版。

黄侃的"古今字"和"后出字"

温 敏

"古今字"用语最早见于汉代的训诂材料，以沟通字词关系、帮助解读文献为目的。而现代关于古今字的性质却有两种看法：一种属"用字观"，认为古今字是历时文献中记录同词同义而使用了不同形体的字。一种属"造字观"，认为"古今字是汉字在孳乳过程中产生的一种历史现象"[1]，"一个字往往兼表几个意义，后来为了把这几种意义加以区别，就另造新字来代表其中的某一项意义。就这一意义来说，先造字和后起字的关系就是古今字的关系"[2]。两种说法在学理上无所谓是非，但在学史上应该还原其真实渊源。做到这一点，需要对历代各家的"古今字"材料及其蕴含的古今字观念作全面调查分析。

晚清民国时期是我国从传统训诂学进入现代语言文字学的过渡时期，其间也有许多"古今字"的材料和论述，但学界关注并不多。本文以黄侃先生的《说文同文》《字通》为主要语料，探讨黄侃先生的"古今字"观念及其与"后起字"的关系。

一 黄侃的"古今字"

黄侃治学态度谨严，"不满五十不著书"，他对"古今字"并没有专文具体阐释，需要我们从其论著材料中来探究其对"古今字"的认识。有关章黄涉及语言文字学的论著，李运富（2004）[3]有详细介绍，本文以沟通"字词关系"的《说文笺识四种》中的《说文同文》（以下简称同文）和《字通》为主要考察对象。《同文》《字通》是黄焯对黄侃在《说文解字》批注中的相关术语整理汇编的结果，"先叔父季刚尝就其（说文）音义之相同或相通者，类聚而比次之……今特录出以饷世之治说文者"。可见，"音义相同或相通"是两书能够类聚的基础，"音义"即字符所记，我们取其中的有关"古今字"的相关术语进行辨析。

书中表明"古今字"关系的术语比较复杂，没有"某某古今字"的指认形式，大多单举"古"或"今"。可以分为两类，一类使用"古某字""今（之）某字""古（即）用某"等术语；一类使用"古文某""某之古文"等术语。我们严格以上述术语为标记词，共搜集字组201例。下文分述之。

---

[1] 朱星：《古代汉语》，天津人民出版社1980年版。
[2] 朱星：《古代汉语》，天津人民出版社1980年版。
[3] 李运富：《章太炎黄侃先生的文字学研究》，《古汉语研究》2004年第2期。

(一)“古(今)某字”类

此类术语还包括“古某某字”“古之某字”“某之古字”“古(字)但作某”“今(俗)作某”“古以为某字”等。指认材料中包括转引自《说文》《说文解字注》的古今字组,也有不少新指认的古今字组。

《同文》《字通》主要沟通各种字际关系,并没有具体的语境和观念的阐释,其“古今字”也是如此。汉字记词有本用和借用,相应汉字的使用属性就是本字和借字。黄侃指认的“古今字”之间的关系也不外乎本字与本字、本字与借字、借字与借字的关系。①

1. 本字与本字

即古字与今字都是记录同词的本字。如:

(1)賜,古货字(《字通·貝部》)

(2)鞊,即今絨字。(《字通·革部》)

(3)粧,此今之光餤字。(《字通·炎部》)

这三组表述用语不全相同,而字际关系一致。例(1)指“賜”是记录{货物}词的古字,“货”是今字。《说文·贝部》:“賜,资也。从貝、爲声。或曰:此古貨字。”段注:“按爲化二聲同在十七部。貨古作賜。犹訛譌通用耳。”例(2)指记录{绒}词时“鞊”是古字,“绒”是今字。“鞊”“絨”采用了不同的形旁和声旁。例(3)指在{光焰}义上,“粧”是古字,“餤”是今字。《说文》:“燅,炎光也。从炎。西声。臣铉等曰:舌非声,当从甛省。”段注:“各本篆体作粧。解云舌声。铉疑当是甜省声。非也。此与木部之栝皆从西之误。今正。谷部曰。西,舌皃。读若三年导服之导。一曰读若沾。古音在七八部。导服即禫服也。铉曰以冄切。”段玉裁指出“舌”即“西”之误,读若“沾”。由于时代语音的变化,今字“餤”比古字“粧”标音度更高。这几组字都是记录某词的异构本字,属于本字和本字的关系。

本字与本字关系,还包括源本字和分化本字关系,如“㬎—顯”;古本字和重造本字关系,如“午—杵”。

2. 本字与借字

即记录同词时,其中一个用的是本字,而另一个用借字。如:

(1)傍,即今旁侧字。(《字通·人部》)

(2)詇,即今央求、央告字。(《字通·言部》)

例(1)、(2)中采用“今某某字”指称,古字分别为“傍”“詇”,今字则为“旁”“央”,形式上具有字形上的联系,但和现代部分学者指的“增加或改换偏旁形成的今字”不同,今字反而减省偏旁,可见“古今字”和“孳乳累增(改换)偏旁”的现象是性质

① 详参李运富《汉字学新论》,北京师范大学出版社2012年版。

不同的。"旁"的本义是"大"。《说文》:"旁,溥也。从二,阙,方声。"段注:"司马相如封禅文曰'䨦魄四塞'。"张揖曰:"䨦,衍也。广雅曰:䨦、大也。按䨦读如滂。与溥双声。后人训侧。其义偏矣。"《说文》:"傍,近也。"段玉裁"傍"下注:"古多假並为之。如《史记·始皇纪》'並河以东'、《武帝纪》'並海'是也。亦假旁为之。"记录{旁侧}义,"傍"是本字,"旁"是借字,但今字用了借字。《说文》:"䛜,早知也。从言、央聲。""央,中央也。"央求央告的本字应是从言的"䛜",则今字"央"也是借字。

(3) 秅,即今借字。(《字通·耒部》)

"秅"的本义是"天子亲耕之田"。《说文》:"秅,帝秅千畝也。古者使民如借。故谓之藉。"段注:"郑注周礼、诗序云:藉之言借也。借民力治之,故謂之藉田。……亲耕不能终事。故借民力而谓之藉田。言藉者,歉然於当亲事而未能亲事也。"《说文》:"借,假也。"可见在{借}义上,古字"秅"是本字,今字"借"是通假字。

3. 借字与借字

即记录同词的古字和今字都是借字。如:

(1) 必同八。必或即畢之古字。(《说文同文·八部》)

"必—畢"同为帮母质部,都可用来记录{全、尽}义,但都不是本字,而是借字。《说文》:"必,分极也。"段注:"凡高处谓之极。立表为分判之准。故云分极。"本义和{全、尽}无关。《墨子·所染》:"五入必,而已则为五色矣。"孙诒让间诂:"必,读为畢。"这里的"必、毕"皆取{全、尽}义,《尔雅·释诂》:"畢,尽也。"但"畢"的本义也与此无关,《说文》:"畢,田网也。"因而"畢"表{全、尽}义也是借字。可见黄侃指认的"必—畢"古今字属于借字和借字的关系。

4. 同义字与同义字

有时所谓古字和今字所记录的原本并非同一词语,只是在文中表达的义项相同。如果仅仅是义项相同而语音不同,那只能算是记录了两个同义词的同义字;而如果将读音本来不同的某个词读成另一个词的音,有人就称其为"同义换读"。如:

(1) 犧,古字只做獻。(《字通·牛部》)

《说文》:"犧,宗庙之牲也。从牛、羲声。"本义为{宗庙祭祀用的牲畜}。《说文》:"獻,宗庙犬名羹獻,犬肥者以獻之。"段注:"獻本祭祀奉犬牲之偁。引伸之为凡荐进之偁。"可见这是"犧"的本义和"獻"的引申义同义,在文献中都可以记录{供祭祀用的牲畜}义,故二者属于同义字和同义字关系。

(2) 皂,又读若香。按又读即古香字。(《字通·皂部》)

《说文》:"皀,谷之馨香也。象嘉谷在裹中之形,匕,所以扱之。又读若香。"段玉裁"皀"下注:"许书中卿鄉字从皀声,读若香之证也。"《说文》:"香,芳也。从黍。从甘。《春秋传》曰:黍稷馨香。"按,"皀—香"都有馨香、芳香义,是同义字和同义字关系;"皀"音"皮及切",本与"香"不同音,但有时"又读若香",则属于同义换读。

上述"古(今)某字"用语指称的古今字组,从内含义上看,多是记录的同一个词,或不同词的同一词项;从外延上看,包括异构本字、本字和借字、借字和借字等关系。可见黄侃"古某字"术语标记的"古今字"反映的是不同时代的同功能用字现象,与把"古今字"看作为分担词的本义、引申义、假借义而另造分化字的"造字观"不合。

(二)"古文某"类

"古文"术语在自汉至清的使用中,含义所指多有不同,"或沟通古今字,或注释古今语,或校勘版本异文"[①],故须小心辨析。在黄侃的"古文某"类术语中,还有"古(文)以为某字""古文某作某""古文以某为某""古文(当)作某""古或以为某"等。我们搜集到含"古文"类表述用语而属于古今字的字组共有80例。如:

(1)曳同條。据说解是由为曳之古文。言由声者,犹裘言求声之比。又雲作云、靁作畾、暘作旸、渊作㕲、樞作㲳皆其例。(《说文同文·马部》)

"由为曳之古文"指在{新生枝条}义上,"由"是古字,"曳"是今字。这是根据古今文版本作出的判断。《说文》:"曳,木生條也。从马、由声。《商书》曰:'若颠木之有曳枿。'古文言由枿。"段注:"商书曰'若颠木之有曳枿',《般庚》上篇文。今书作由蘖,许木部作曳櫱。枿即櫱,蘖之异体也。曳者,生也。《左传》史赵曰:'陈,颛顼之族也。岁在鹑火,是以卒灭,陈将如之。今在析木之津,犹将复由。'此以生灭对言,由即曳之假借。《诗序》曰:'由仪,万物之生各得其宜也。'此以生释由,以宜释仪。由亦曳之假借。"可见"由—曳"这组古今字表{新生枝条}义时,古字是借字,今字是本字。

(2)𨵿,即進之古文。(《字通·门部》)

《说文》:"𨵿,登也。从门二,二,古文下字。读若军敶之敶。臣错曰:二字短下画,为下字,字从此。直刃切。"《说文》:"進,登也。从辵閵省声。即刃切。"二者音近,在记录{登}义上构成异构古今字,前者属于会意,后者属于形声造字。

(3)夋,当为豥之古文。夋下亦豕字。(《说文同文·互部》)

---

① 李运富:《早期有关"古今字"的表述用语及材料辨析》,载《励耘学刊》(语言卷)2007年第2辑(总第6辑),学苑出版社2008年版。

《说文》："夋，豕也。从彑、下象其足"。"夋—貑"在记录{豕}时，都是本字，只是结构方式不同。"夋"为象形字，而"貑"是形声字。

(4) 毌，即串字。读若冠，则即冠之古文。冠之语即由毌来。(《字通·毌部》)
(5) 乃，曳词之难也，象气出之难。按乃即难之古文，形亦因厂而变，厂即曳字也。(《字通·乃部》)
(6) 伋，即眾之古文。(《说文同文·伋部》)
(7) 矢，即镝之古文。或通作鍉、与箭同。(《字通·矢部》)

所列"毌""乃""伋""矢"等古文都是突出"冠""气""人""矢"的形象特点，而所对应的今字多采取形声或会意的结构方式。

表达"古今字"概念黄侃多用"古（今）某字"类术语指称，着眼点在古字、今字的功能沟通；而用"古文某"类术语，则似乎在强调古字的版本来源，或"古字"跟"今字"的形体差异。在我们搜集到的 80 例"古文"字组中，强调形体差异的"古文"共有 69 例，占 86%，这些"古文"较多地保留文字象形的特点，所以黄侃先生单列以示其别。

二 黄侃的"后出字"

黄侃在《论学杂著》"论字体八类"中，将字体划分为两大类八小类：第一类《说文正字》：正、同、通、借。第二类《说文》后出字：讹、变、后、别。[①] 在这个系统中没有"古今字"的位置，可见黄侃并不把"古今字"看作汉字的一种属性类别。有人认为，这个系统中的"后"指的就是"古今字"，那么黄侃观念里的"古今字"就应该是具有"后起字""后出字"的造字现象。如韩琳："共收集到以'后'沟通的字际关系 190 组。与'后'类材料类同的用语表达方式有'古''今'两种，基本上和'后'的情况一致。"[②] 但根据我们的考察，黄侃用"后 X"类系联的字组（本文统称"后出字"）跟用"古今"类指称的字组（本文统称"古今字"）并不完全相符，如果同一字组同时使用这两类术语，那其关注的内容或者说用语的意图往往不同，因而这两类用语是否为同一性质的东西，还值得思考。例如下面一组同时指称的材料：

(1) 夆同遏。夆古皆以为鏠字。同犯。(《说文同文·夂部》)
鏠，夆之後出。(《字通·金部》)

这一组"夆—鏠"，同时用"古皆以为某字"和"后出"术语关联。但是二者的立足点和观察点不同，前者是说古代用"夆"相当于今天的"鏠"字，都可记录{犯}义

[①] 黄侃：《黄侃论学杂著》，上海古籍出版社 1980 年版，第 13 页。
[②] 韩琳：《〈黄侃手批说文解字〉字词关系研究》，中央民族大学出版社 2007 年版。

词项，所以"夆—鏠"是"古今字"关系。《说文》："夆，牾也"。段注："夆训牾，犹逢、迎、逆、遇、遻互相为训。……夆，古亦借为鏠峯字。"《金部》"鏠"字注："凡金器之尖曰鏠。俗作锋。古亦作夆。"可见作为"犯"义的古今字，古字"夆"是借字，今字"鏠"是本字。而说"鏠，夆之后出"，是指由于"夆"记录意义繁多，专为"兵耑"义造"鏠"，"鏠"是后出字。这里关注的是"鏠"的构造时代及其跟"夆"的渊源关系，即"鏠"是"夆"的分化字。

有关"后出字"，《黄侃年谱》曾论："七曰后，菄之为东风菜加艸之字，崧嵩为崇高山专造之字，凡由正字引申义或别义而加偏旁以为之者皆是也。"可见"后出字"指的是在"正字"基础上"加偏旁"而造的专用字，那么就应该相当于王筠提出过的"分别文"。而根据李运富、蒋志远的研究，王筠的"分别文"跟"古今字"是并行异指的两套术语，材料上可能有两属现象，但概念上不容混同。因为"古今字"的古字和今字在具体语境中是同音同义的同一词项，而"分别文"跟"正字"却是"义遂异"者。① 既然"后出字"相当于"分别文"，尽管命名角度不同，用意可能有别，但它们都不等于"古今字"应该是可以肯定的。"古今字"一般指具体语境中的某个词项的用字而言，音义单一等同；而"分别文"或"后出字"关注的是新字的产生时代和途径，功能上跟"正字"往往并不等同，很多情况下记录的并不是同一词。

我们还注意到，黄侃虽然说"凡由正字引申义或别义而加偏旁以为之者皆是"后出字，但实际上他指认的"后出"字并不限于"加偏旁为之者"，更换偏旁甚至没有形体相承关系的字也可能被称为"后出"字，因此黄侃的"后出字"既不等于"古今字"，其实也并不等于"分别文"。例如：

（2）茜后出有蒨。（《字通·艸部》）

《说文》："茜，茅蒐也。"茜即茜草，是一种能做染料和入药的草。"蒨"不见于《说文》。《礼记·杂记上》："其蒨有裧，缁布裳帷，素锦以为屋而行。"郑玄注："蒨，载柩将殡之车饰也。蒨取名于橇与蒨，读如蒨饰之蒨。蒨，染赤色也。""茜""蒨"形体上没有关系，不属于"分别文"；意义也不相同，"茜"是一种草，"蒨"是载柩车上的车盖，所以它们也不会是古今字关系。实际上"蒨""茜"音义相关，清母双声，文部耕部旁转，具有共同的词义特点［以赤色染］，所以｛蒨｝、｛茜｝应是同源词关系，说"蒨"是"茜"的"后出字"，等于说"蒨"是"茜"的派生词。

（3）癹，即今抛字。后出字作礮。（《字通·癹部》）

《说文》："癹，物落上下相付也。"引申为"抛"义。说"癹，即今抛字"，意为古字"癹"相当于今字"抛"记录的意义。后来｛抛｝派生出新词｛礮｝，意为"以机发

---

① 李运富、蒋志远：《从"古今字"跟"分别文""累增字"的关系看后人对这些概念的误解》，《苏州大学学报》2013年第3期。

石的兵器",并专造"礅"字来记录。《玉篇·石部》:"礅,礅石。"那么"殳—抛"是古今字,记录的是同一个词,而"殳—礅"记录的是不同的词,不能算古今字。同时,"殳—礅"形体上没有"相承"和"加偏旁"关系,也不当属于分别文。

(4) 淋,别义后出作潊。(《字通·水部》)

"淋"的本义是"以水浇"。《说文》:"淋,以水浇也。从水、林声。一曰:淋淋,山下水皃。"段注:"郭璞注《三倉》曰:'淋,漉水下也。'……'山下水皃',谓山下其水也。與下文'决,下水也'義同。"可见,"淋"记录有"用水浇"和"山水奔流"二义。而后出字"潊"记录的是不同于这两个意义的"别义",《玉篇·水部》:"潊,潊滟,水溢貌;又水波貌。"

(5) 撮,后出作嘬。别义有小义,后出作蕞。(《字通·手部》)

《说文》:"撮,四圭也。一曰两指撮也。"《汉书·律历志上》:"量多少者不失圭撮。"颜师古注引应劭曰:"四圭曰撮,三指撮之也。""撮"记录的"四圭(量度单位)"含[聚合]义素(三指聚合撮物),"嘬"义为"聚唇吸呫",也有[聚合]义素,如《韩非子·说林下》:"于是乃相与聚嘬其母而食之。"因此"撮""嘬"音近义通,应该是同源字,而不是同音义的古今字。又"撮"的"以指抓取"具有"小""少量"义,由此派生出"蕞"。《广韵》:"蕞,小貌。"后出之"蕞"也是说的词语派生,而非就用字而言。

据张艳考察,黄侃的"后出字"多为后产生的字。如:"(《字通》)'后'着眼于《说文》后出字,后出字仅有 26 个是《说文》中所收的字,其余都未在《说文》中收录。"[1] 据韩琳考察,"后出字"跟"正字"的关系包括三类:异体字共 24 组;同源字共 134 组;假借字与后出本字共 13 组。[2] 我们从字词关系角度将"后出字"关联的字组分为两类,一类是记录同词关系,共有 71 组;一类记录异词,共有 100 组。异词中包括同源异词和假借异词。

三 结语

最后,我们总结一下本文主要观点:

第一,黄侃的"古今字"观念蕴含于关联的字组间,和注疏材料中的随文释义不同,关注的是字词的一般现象。术语多用"古某字""古文某""古用作某",材料上既有转引《说文》《段注》的,也有新指认的字组,观念上和自汉至清一脉相承的"用字观"一致。

---

[1] 张艳:《说文字通字词关系考察》,硕士学位论文,中央民族大学,2014 年。
[2] 韩琳:《黄侃说文解字字词关系研究》,中央民族大学出版社 2007 年版。

第二，黄侃的"后出（起）字"包括两类，一类在同词的前提下说明今字的产生时代和途径；一类是从词语派生的角度来说明后出，这时原字和后出字记录的不是同词关系。"后出字"既不等于"古今字"，也不等于"分别文"。

第三，"后出字"和"古今字"材料上可能出现两属情况，所以对同一组字既可以用"古今字"类术语指称，也可以用"后出字"类术语指称，但这不意味着这两种概念具有交叉或包含关系。"古今字"类术语从同词用字的角度表述；"后出字"类则重在说明文字的滋生时代和途径，二者的立足点、研究目的、概念内涵都不相同。

参考文献

[1] 黄侃：《说文笺识》，中华书局2006年版。
[2] 李运富：《章太炎黄侃先生的文字学研究》，《古汉语研究》2004年第2期。
[3] 李运富：《汉字学新论》，北京师范大学出版社2012年版。
[4] 韩琳：《〈黄侃手批说文解字〉字词关系研究》，中央民族大学出版社2007年版。
[5] 蒋志远：《章太炎古今字观念正析》，载《章黄学术思想研讨会暨陆宗达先生诞辰110周年纪念会论文集》，北京师范大学，2015年。

黄季刚"用字之假借"阐释

韩 琳

黄季刚先生把假借分为造字的假借和用字的假借:"盖假借有造字与用字之别。造字之假借者,可造而不造,如《说文叙》所举令长二字是。……用字之假借者,有其字而未用,《经典释文》引郑康成云:'其始书之也,仓促无其字,或以音类比方为之,趣于近之而已。'此则言用字之假借也。"[①] 这两种假借虽然都以不造字为造字,但实质不同。造字的假借是引申义共形,用字的假借是同音借用字与本字共形。本文立足于"用字的假借",将黄季刚先生相关论述与《字通》[②]相结合,力图进一步挖掘其中蕴含的理论与方法,从整体上把握黄季刚先生的假借观念。

一 "用字之假借"理论阐述

汉字是表意文字,最初的造字遵循形义统一的规律。"本字"就是从这个角度提出的概念。其特点即形声义相应:"六书之中,惟象形、指事字形声义三者多相应,其他则否。盖象形指事之初作,以未有文字时之言语为之根,故其声义必皆相应,而即所谓本字也。"[③] 随着社会的发展,语言逐渐丰富,书面交流日益频繁,表意文字已经不能适应需要,因此,汉字的表音趋向越来越明显。反映在造字上,首先是形声字代替象形、指事和会意成为主要的造字手段,后出的派生字大部分是用形声方法来造的;反映在用字上,假借—同音替代现象大量产生。联系"本字"和"假借字"之间的纽带是声音。"凡言假借者,必有其本,故假借不得无根,故必有其本音、本形、本义在其间也。"[④] "不有本音之学,则本字无从推得。"[⑤] "本字"的形义相符合,假借字的形与义相脱节。因此,音义关系超越形义关系受到普遍的关注。

随着假借字的日益增多,字书与文献用字已有许多地方不能统一。造形与用字的矛盾越来越突出:"自古文章用字,正假相兼,用字与造字不能相应,亦即文字与文词不能相应。是故文字有本字、假借字之分;义训有本义、引申义、假借义之别;声音与义训同

---

[*] 本文原载《励耘学刊》(语言卷) 2009 年第 2 辑(总第 10 辑),学苑出版社 2009 年版。
[①] 黄侃:《文字声韵训诂笔记》,黄焯编,上海古籍出版社 1983 年版,第 183 页。
[②] 黄侃:《说文笺识四种》,黄焯编次,上海古籍出版社 1983 年版。
[③] 黄侃:《文字声韵训诂笔记》,黄焯编,上海古籍出版社 1983 年版,第 53 页。
[④] 同上书,第 56 页。
[⑤] 同上书,第 55 页。

符，亦有音同、音近、音转之异。形、音、义既皆有变迁，于是求本字、本音、本义之说起。"① "夫文字与文辞之不可并为一谈者久矣。……形音义三者不可分离，此论其理也；论其势则非至于分离不可。今应由已分离之时探究至未分离之时者，小学之事也。如以未分离之字，释已分离之字，则大误矣。"②

虽然假借使字的形义脱节，对汉字的形义统一规律形成强大的冲击，但它毕竟不能改变汉字的性质。汉字的顽强表意性使汉字始终未能发展成拼音文字，仅仅处于音意并存的状态，仍然保持着尚形的特点。因此，在研究古代文献词义时，从形义矛盾的情况中追溯其音义线索，认识其演变规律，把声音这个要素考虑进去，仍可以探求到形义统一的原始状态。

二 与假借相关的字词关系

本字和假借字通用，立足于借字，则会产生同字异词；立足于本字所记录的词，则会产生同词异字。

（一）同字异词

造字讲求字的形义相符，用字注重字的表词功能。一个字被假借，不管假借为一个字还是几个字，都会记录不同的词，造成同字异词现象。例如：

【嚛借为爎】"嚛"是指味道过于浓烈而刺激口腔。音晓母沃部。《说文》："嚛，食辛嚛也。"段注："嚛谓辛螫。"章太炎《新方言·释器》："今人谓味过厚烈为嚛。""嚛"假借"爎"字。《说文》："爎，火皃。《周书》曰'味辛不爎'。"段注："《吕览·本味篇》'味辛而不烈'，《周书》作'不爎'，字异义同。""爎"来母萧部。与"嚛"韵旁对转。"爎"一字记录两词。

【澜，浼借字】《说文》："浼，汙也。诗曰：'河水浼浼。'《孟子》曰：'汝安能浼我。'"这里两处引经，引《孟子》说明本义。引《诗》说明假借义。《孟子·公孙丑上》："尔焉能浼我哉？"赵岐注："恶人何能汙于我邪？"《诗经·邶风·新台》："新台有洒，河水浼浼。"朱熹注："浼浼，平也。""浼"的"河水平"义是假借"澜"字。《说文》："澜，水流浼浼皃。"段注："澜浼古今字。《邶风》浼浼即澜澜之假借也。"这样，"浼"字兼职。

【泄漏字本作渫】【呭亦借泄】"泄"本是水名。借作"呭"。义即"话多"。《诗经·大雅·板》："天之方蹶，无然泄泄。"王先谦三家义集疏："鲁，泄亦作洩，齐韩作呭。呭，多言也。《诗》曰：'无然呭呭。'""泄"又有"泄漏"义，《玉篇》："漏也。"《韩非子·说难》："夫事以密成，语以泄败。"这个意义与"泄"本义不符合，是借"渫"字。"泄"喻母合韵，"渫"喻母曷韵，声音很近。《说文》："渫，除去也。"本是治井、淘去泥污之义。《广韵·薛韵》："渫，治井。亦除去。"《易·井》："井渫不食，

---

① 黄侃：《文字声韵训诂笔记》，黄焯编，上海古籍出版社1983年版，第182页。
② 同上书，第185页。

为我心测。"孙星衍集解引向秀曰:"渫者,浚治去泥浊也。"淘井是为出水,引申为气体或液体泄漏。《集韵·薛韵》:"渫,漏也。或作泄、洩。""泄"一字三词。

【雕,刁悍当作此】【鐎即刁斗字】"刁"本作刀,为区别而作"刁"。"刁斗"本是古代军中所使用的一种有柄的小斗,白天可供一人烧饭,夜间敲击以巡更。《集韵》:"古者军有刁斗,以铜作鐎,受一斗。昼炊饮食,夕击行夜。"本字作"鐎",《说文》:"鐎,鐎斗也。""刁悍"义本字作"雕"。是一种大型的猛禽。《玉篇》:"雕,鹫也。能食草。"《急就篇》卷四:"鹰鹯鸧鸹鵽雕尾。"颜师古注:"雕,亦大鸷鸟也。""刁悍"义是由"鸷鸟"义引申而来。

【格式当作垎】【格鬥当作挌】《说文》:"格,木长貌。"徐锴系传:"亦谓树高长枝为格。"《汉书·司马相如〈上林赋〉》:"夭蟜枝格,偃蹇杪颠。"《说文》:"垎,水干也。一曰坚也。"段注:"谓土中之水干而无润也。干义与坚义相成。水干则土必坚。"干结的土壤成块状,成样式,今"格式"义当借"垎",由"水干土坚"义此引申而来。《玉篇》:"垎,式也。"《隋书·高祖纪下仁寿四年》:"自古哲王,因人作法,前帝后帝,延革随时,律令格式,或有不便于事者,宜依前敕修改,务当政要。"隋唐以来,法有律、令、格、式之别,"格"指官吏处事的规例;"式"指则例。"格式"通指有关官署制度组织、官员职权等的法规。后来"格式"专指规格样式。"格"另有"格斗"义。是借"挌"字。《说文》:"挌,击也。"《广韵》:"斗也。"段注:"凡今用格斗字当作挌。"《逸周书·武俦》:"追戎无恪,穷寇不格。"孔晁注:"格,斗也。"

以上例子说明,假借造成同字异词现象,假借字可以记录本字的本义,如"泄泄""格斗""刁斗",也可以记录本字的引申义,如泄漏、刁悍、格式。

(二) 同词异字

这里要讨论的是一个假借字对应多个本字或一个本字有多个假借字而形成的同词异字现象。

1. "本字不定于一"

"如一通假字,既指一文为本字矣,虽更一文以为本字,亦可成立。缘初期象形指事字,音义不定于一,一字而含多音,一形而包数义,如一一推寻,亦难指适。且古时一字往往统摄众义,如拘泥于一形一义而不知所以通之,则或以通义为借义。"[1]"故求本字时不能拘定于一本。"[2]

【庄子缘督当作裻裻】"督"是督察义。借为"裻""裻"。《说文·衣部》:"裻,衣躬缝。读若督。"《玉篇》:"裻,衣背缝也。"朱骏声通训定声:"裻与裻同字。"《说文》:"裻,新衣声。一曰背缝。"邵瑛群经正字:"据《说文》,'裻'当为衣背缝正字。'裻'为异文。今经典只作裻。"段注:"古多假督为裻。"段:"督者,以中道察视之,人身督脉在一身之中。衣之中缝谓之裻缝。"徐灏笺:"人身任脉循背而行谓之督脉,居中之义也。"《庄子·养生主》:"缘督以为经。"王夫之解:"身后之中脉曰督。"

---

[1] 黄侃:《文字声韵训诂笔记》,黄焯编,上海古籍出版社1983年版,第183页。

[2] 同上书,第263页。

【灌注字借为盥或祼】"灌"本为水名,古音见母寒部。《说文》:"灌,水。出廬江雩婁,北入淮。"《广韵》:"灌,浇也,溃也。""灌注"义借自"盥"和"祼"。"盥"字是"澡手"义,从臼、水、皿会意。罗振玉《增订殷墟书契考释》:"(甲文)象仰掌就皿以受沃。"《论语·八佾》:"禘自既灌而往者。"朱熹集注:"灌者,方祭之始,以鬱鬯之酒灌地以降神也。"这里的"灌"是"祼"的借字。《说文》:"祼,灌祭也。""祼"是古代酹酒灌地的祭礼。《书·洛诰》:"王入太室灌。"孔颖达疏:"祼者,灌也。王以圭瓒酌鬱鬯之酒以献尸,尸受祭而灌之于地,因奠不饮,谓之祼。""盥"与"灌"同音,"祼",见母歌韵,与"灌"双声旁对转。

【济渡字㞢之借】【隮即济度字】"济"本水名。《广韵》:"济,渡也。"《书·盘庚中》:"若乘舟,汝弗济,臭厥载。"孔传:"言不徙之害。舟在水中流不渡,臭败其所载物。"黄季刚先生认为"济渡"义借自"㞢"。《说文》:"㞢,不行而進謂之㞢。"李白《行路难》:"长风破浪会有时,直挂云帆济沧海。""济"精母灰部,"㞢"从母寒部。纽同类,韵旁转。"济渡"与"济度"义同,《易·既济》:"既济。"郑玄注:"济,度也。"《三国志·魏志·陈思王植传》"西济关谷,或降或升。"此"济度"又借"隮"。《说文》:"隮,登也。《商書》曰:'予顛隮。'"

从以上例子看出,"本字不定于一"概括出几种同词异字现象。第一,本字—假借字,如督—襦裋,灌—盥祼,济—㞢隮;第二,异体字—异体字,如襦—裋;第三,同源字—同源字,如盥—祼。一个假借字之所以会有两个以上的本字,主要受两种因素影响:一是几个本字之间的关系,如"襦裋"是异体关系,"盥祼"是同源关系;二是对假借意义的多角度理解,"济渡"字既作"㞢"又作"隮"。

2. 借字不定于一

【滌滌山川当作薇】【《孟子》若彼濯濯当作薇】《说文》:"薇,草旱尽也。诗曰:'薇薇山川。'""薇"是光秃无草木貌。"滌""濯"都是洗涤、洒扫义。"滌,洒也。"《玉篇》:"滌,洗也。"《仪礼·少牢·馈食礼》:"乃官戒宗人命滌,宰命为酒,乃退。"郑注:"滌,溉濯祭器。""濯,滌也。"《广雅·释诂二》:"濯,洒也。"《诗·大雅·泂酌》:"泂酌彼行潦,挹彼注兹,可以濯罍。"毛传:"濯,滌也。""薇""滌"二字都音定母萧部,"濯"音澄母沃部,古音澄归定。"滌""濯"二字都借为"薇"。今《诗经·大雅·云漢》:"旱既大甚,滌滌山川。""滌滌"借为"薇薇"。《孟子·告子上》:"是以若彼濯濯。"赵岐注:"濯濯,无草木也。"

【口爽者借为齼】【痛楚作齼】《说文》:"爽,明也。"《淮南子·精神》:"使口爽伤。"高诱注:"爽,病。病伤滋味也。"《诸子平议·老子》:"五味令人口爽。"余樾注:"爽者,口病之名。""爽"疏母唐韵,"齼"初母模韵,纽同类韵对转。"口爽"义借为"齼"。《说文》:"齼,齿伤酢也。读若楚。"朱骏声通训定声:"齼亦作齺。今酸楚字以楚为之。""楚"与"齼"同音。《说文》:"楚,叢木。一名荆也。""痛楚""酸楚"借作"齼"。《史记·孝文本纪》:"夫刑至断肢体,刻肌肤,终身不息,何其楚痛而不德也,岂称为民父母之意哉!"

【嬯即㜪臺字、亦即蚩蚩(《诗·卫风·氓》"氓之蚩蚩")字】"嬯,迟钝也。"《玉篇》："嬉，钝劣也。"段注："今人谓痴如是。""蚩"与"嬉"古音同韵，《说文》："蚩，蟲也。""蚩"假借为"嬉"。《释名·释姿容》："蚩，痴也。"《诗·卫风·氓》："氓之蚩蚩，抱布贸丝。"毛传："蚩蚩，敦厚皃。""嬉"又假借"臺"字。《说文》："臺，观四方而高者。与室屋同意。"《左传·昭公十年》："王臣公，公臣大夫，大夫臣士，士臣皁，皁臣舆，舆臣隶，隶臣僚，僚臣仆，仆臣臺。"孔颖达疏："臺，给台下微名也。"《诗·小雅·正月》："并其臣仆。"郑玄注："人之尊卑有十等，仆第九，台第十。"《文选·张衡〈东京赋〉》"逮舆臺"张铣注："舆臺，贱称。"以上的例子说明一个本字使用时可以有多个假借字，同一本字说明其意义相同，但它们之间并不通用。下面一些例子也是同一个本字多个假借字，但却给人以"借之借"的印象，有人称之为递借，其实是一本多借的曲折反映。

【怒子《群书治要》引桓谭《新论》当作帑】《说文》："怒，恚也。""帑，金币所藏也。"《左传·襄公二十八年》："以害鸟帑。"孔颖达疏："帑者，细弱之名。于人则妻子为帑，于鸟则鸟尾为帑。妻子为人之后，鸟尾亦鸟之后，故俱以帑为言也。"朱："假借为奴字，亦作孥。"《礼记·中庸》："乐尔妻帑。"郑玄注："古者谓子孙曰帑。"陆德明释文："本又作孥。"《小尔雅·广言》："孥，子也。"桓谭《新论》："以为先帝怒子，非所宜，言大不敬。"这里，"怒子"之"怒"当借"孥"。如上所述，"帑"常借为"孥"，因此，才会认为"当作帑"。

【華鄂当作剽】《说文》："剽，刀剑刃也。"徐锴系传："今俗作锷。""鄂，江夏县。"《诗·小雅·常棣》："鄂不韡韡。"郑注："承華者鄂。"李富孙异文释："萼，本字……鄂，假借字。"《玉篇》："萼，花萼也。"花与萼相连，常喻指兄弟。《文选·谢瞻〈于安城答灵运〉》："華萼相光饰，嘤嘤悦同響。"吕延济注："華萼，喻兄弟也。""華鄂"之"鄂"是"萼"的假借字，说"華鄂当作剽"是指出同一词项上的两个借字。

假借拓宽了字的记录功能，形成同字异词、同词异字现象。有时"借"和"被借"一字兼，使字在功能上具有某种多向性、灵活性，丰富了汉语的表达手段，也使字词关系更加复杂。

【闒即疲薾字】【泥之正当作薾】《说文》："闒，智少力劣也。"章太炎《国故论衡·辨诗》："夫观王粲之《从军》，而知杜甫之卑闒。"引申为"弱"。《广雅·释诂一》："闒，弱也。"假借作"薾"。薾，华盛。《诗》曰："彼薾维何。"《文选·谢灵运〈过始宁墅〉》："淄磷谢清旷，疲薾慙贞坚。"李善注："《庄子》曰：'薾然疲而不知所归。'""闒"也可假借作"泥"。"泥"本古水名。《尔雅·释兽》："威夷，长脊而泥。"郭璞注："泥，少才力。"钱大昕《答问七》："'泥'当为'闒'，声相近而借用也。""泥"又可借用为"薾"。《诗·大雅·行苇》："方苞方体，维叶苨苨。"陈奂传疏："苨苨，盛茂皃也。"马瑞辰传笺通释："泥即苨之假借。"《广雅·释训》："苨，茂也。""苨"实际上是"泥"假借为"薾"后的后出分化字。这个例子，可以看作同字异词和异字同词的综合：（1）同字异词，"泥"可借为"闒""薾"；（2）同词异字，"闒"既可借为"泥"又可借为"薾"；"薾"既是"泥"的本字，又可借作"闒"。从本借关系来说，是同词异字；从一字多功能来说，是同字异词。

三　两种特殊的假借类型

（一）双声叠韵之字有本字

　　双声叠韵字多为连绵词，又称"连语""连字"，"连语，由双声以定声，由叠韵以定韵。"① 是古代汉语中一种特殊的双音节词。黄季刚先生认为双声叠韵字中有假借现象："双声叠韵字虽不可分别解释然各有其本字。""自王君而来，世多谓双声叠韵之字无本字，则其所误者大矣。"②"中国文字之连语，亦可随举一义以表义，如参差、窈窕皆可单用，而其义仍无别异。其有例外，必由外国语转化而来，如《说文》玉部珊瑚、璧珋是也。"③ 这段话告诉我们双声叠韵字分为两类。第一类，组成双声叠韵字的单字记录的是语素，语素是语言中最小的音义结合体，两个语素联缀表达完整的意义。有时组成双声叠韵的字是假借字，顺着假借字提示的语音信息，可以找到本字。第二类，组成双声叠韵字的单字记录的是音节，不可分释，如外语音译字。下面举例说明由假借字形成的双声叠韵字。

　　【觳觫乃慤悚之借】《说文》："觳，盛觵卮也。一曰射具。"《孟子·梁惠王上》："吾不忍其觳觫。"赵歧注："觳觫，牛当到死地处恐貌。"《集韵》："觫，惧死貌。""觫"当是类化作用产生的形声字。"慤"溪母屋部，"觳"匣母屋部，"悚"溪母东部，"觫"心母屋部。"觳觫"借自"慤悚"。《说文》："慤，谨也。"《玉篇》："悚，惧也。"《广韵·肿韵》："悚，怖也。"

　　【虇㒄即權輿灌渝字】"虇，弓曲也。""㒄，弓弩尚弦所居也。""虇㒄"是弓弩尚弯曲之处，即"權輿""灌渝"本字。朱骏声通训定声："虇，字亦作蘿。初生句曲，引而渐长。"草芽破土而出，成弯曲状，故引申为始。《尔雅·释草》："蒹、蕼、葭、芦、菼、薍，其萌蘿。"郝懿行义疏："《说文》'薎'字解云：'灌渝。读若萌。'是'薎，灌渝'即《尔雅》'萌，灌渝。'……牟廷相《方雅》云：《说文》之'灌渝'，《释草》作'蘿蒳'，《释诂》作'權輿'，并同声假借字也。按《大戴礼·诰记篇》云：'孟春百草權輿，是草之始萌通名權輿矣。'"

　　【荏染即栠姌】《说文》："栠，弱皃。"段注："《大雅》《小雅》皆言'荏染柔木'，毛传：'荏染，柔木也。'《论语》：'色厉而内荏。'孔曰：'荏，柔也。'按：此'荏'皆当作'栠'。桂荏谓蘇也。经典多借荏而栠废也。"《玉篇》："姌，长貌。""荏染"是"栠姌"的假借字，联合表示软弱义。

　　【馮翼当作㱃薏】"馮，马行疾也。"《楚辞·天问》："馮翼惟像，何以识之？"朱熹集注："馮，满也；翼之言盛也。谓气化充满盛作。""馮翼，氤氲浮动之皃。"《说文》

---

① 黄侃：《文字声韵训诂笔记》，黄焯编，上海古籍出版社1983年版，第149页。
② 同上书，第226页。
③ 同上书，第56页。

"富""薏"都训满。假借为"馮翼",表达一个完整意义。

【拘觑即苟且】《说文》:"觑,拘觑。未致密也。""苟,草也。""且,荐也。""苟且"与"拘觑"是同音假借。《墨子·经下》:"说在宜欧。"孙诒让间诂:"经典凡言姑且苟且者,并谓粗略不精。"《文选·陆机〈五等论〉》:"为上无苟且之心,群下知胶固之意。""苟且"引申又含"委曲"义。《文选·干宝〈晋纪总论〉》:"而苟且之政多也。"吕延济注:"苟且,犹曲从。"

【瞜娄即模棱】"棱"即方而有四角的木头。《说文》:"棱,柧也。"唐玄应《一切经音义》卷十八引《通俗文》:"木四方为棱,八棱为柧。""模"本义是模仿,效法。《说文》:"模,法也。""模棱"即态度或意见等不明朗,不加可否。黄季刚先生认为"模棱"即"瞜娄",《说文》:"瞜,瞜娄,微视也。"微视则不清,"模棱"即用来形容含糊不清。

以上例子说明双声叠韵字存在假借现象,假借字与本字同语素。假借字和本字音同音近,而双声叠韵字上下字的结合也是建立在语音的基础上:"双声叠韵之字诚不可望文生训,然非无本字,而谓其义即存乎声,即单文觭语义又未尝不存乎声也。"[1]

(二)语词之字有本字

《字通》"丂"下黄按:"此最古之语词。凡乎、兮、矣、于、曷诸正字,所、攸、何诸借字皆系于此字。"由此推出,语词分层次:最古的语词"丂"——语词正字——语词借字。

"丂"是气出受阻之义。《论变易孳乳二大例》:"'丂',古文以为'于'字,'于'者,象气之舒于,此可知'于'即'丂'之变易矣。然从'于'出者,有'乎',语之余也;有'兮',象气越于余也;有'余',语之舒也;有'秂',二余也;有'粤',于也。自'于'以下,《说文》列为数字,而声或尚同,或已转;使推其本原,固一字也。后世造字,因声小变而别造一文,又此例之行也。"[2] 这段话指出了"丂"字的一系列变易字"丂、于、兮、余、秂、粤",黄季刚先生称为"语词正字",指从形体上能找到语词理据的字。联系相关的材料考察,形体上有语词依据的字有以下几种:

从口:"哉,言之间也。从口戈声。"
从欠:"欤,安气也。从欠舆声。"
"歔,言意也。从欠从卤,卤亦声。"
从乃:"卤,气行貌。从乃卤声。"
从曰:"曷,何也。从曰,匄声。"
从兮:"乎,语之余也。从兮,象声上越扬之形。"
从八:"余,语之舒也。从八,舍省声。"
"曾,词之舒也。从八从曰,囟声。"

---

[1] 黄侃:《文字声韵训诂笔记》,黄焯编,上海古籍出版社1983年版,第228页。
[2] 同上书,第6页。

从厶：："矣，语已词也。从矢厶声。"

"语词借字"指借用来表示语词的字，从材料上看，又分为两种情况：

其一，语词借字有本字，如：

以"余"为本字："台训余者借为朕实当为余。""予我字当作余。"

以"曷"为本字："曷按凡何胡诸字用为疑问词者皆此字也。"

以"矣"为本字："语词之也即矣字。"

以"乎"为本字："语词之疾借为乎。"

以"欤"为本字："邪语词当作欤。"

有时语词借字的本字不定于一，例如：

【哉则词也以此为正字】【语词之则本字作曾曷】《说文》："则，等画物也。"义即按等级区分物体。引申为规则、法则。朱骏声通训定声："则，助语之词，实为曾。""曾"与"则"义相当，主要表现于两点：一、表示相承的副词。《广韵·登韵》："曾，则也。"《淮南子·修务》："三代与我同行，五伯与我齐智，彼独有圣智之实，我则无有间里之闻，穷巷之知者何？"高诱注："曾，则也。"二、表示疑问的代词。相当于"何""怎"。《论语·八佾》曰："曾谓泰山不如林放乎？"邢昺疏："曾之言则也。""曷"也用为疑问代词。《说文》："曷，何也。"也相当于"怎"。《淮南子·精神》："人之耳目，曷能久熏劳而不息乎？""哉"多用为句末，表示感叹、疑问、反诘语气。《尔雅·释诂下》："哉，间也。"郝懿行义疏："经典以为语已之词。"《经传释词》卷八："哉，犹矣也。""则"用为句末语气词的情况不多，《诗·小雅·正月》："彼求我则。"马瑞辰传笺通释："则字为句末语气词。"

其二，语词借字无本字，而指出其另一借字。如：

【语词之豈当作其】"豈"即"愷"字的象形初文。"其"即"箕"字的籀文。二字都用作语词，相通处主要表现在语气副词：1. 表示揣度。《经传释词》卷五："其，犹殆也。"《左传·成公三年》："王送知罃曰：'子其怨我乎？'"《释词》："岂，犹其也，殆也。"《助字辨略》卷三："《史记·〈封禅书〉》：'此其所谓无其德而用事者邪？'……此岂字，亦辞之未定，犹云殆也。"2. 表示反诘。《左传·僖公五年》："晋不可启，寇不可翫，一之谓甚，其可再乎？"《诗·郑风·褰裳》："子不我思，岂无他人？"3. 表示祈使。《左传·隐公三年》："吾子其无废先君之功！"《国语·吴语》："天王岂辱裁之！"

【兄亦即语词况字】"兄"《说文》训为"长"，本义为兄弟的"兄"。《说文》："况，寒水也。"这二字都借为语词，有两种用法：一是表示程度的副词，相当于"滋""更"。《墨子·非攻下》："王兄自纵也。赤鸟衔珪，降周之岐社。"孙诒让间诂："兄，与况同。益也。"二是用为连词，相当于"况且"。《管子·大匡》："虽得天下，吾不生也。兄与我齐国之政邪？"明刘绩补注："兄，古况字。"

假借字是文献阅读时的一大障碍，"中国文字用字皆正假兼行，凡训诂之难于推求、文义之难于推寻，皆假借之事为之也"。[①] 从以上分析可以看出，黄季刚先生的语言文字

[①] 黄侃：《文字声韵训诂笔记》，黄焯编，上海古籍出版社1983年版，第19页。

学思想中贯穿着强烈的寻根意识:"既有假字,必有其根;推其字根,即推其本字也。"①"单独之本,本字是也;共同之本,语根是也。"② 循语音线索寻求假借字的本字仅是实现其根源意识的第一步,研究汉字系统的音义根源才是其语言文字研究的根本目的所在。

参考文献

[1] 黄侃:《文字声韵训诂笔记》,黄焯编,上海古籍出版社1983年版。
[2] 黄侃:《说文笺识四种》,黄焯编次,上海古籍出版社1983年版。

---

① 黄侃:《文字声韵训诂笔记》,黄焯编,上海古籍出版社1983年版,第53页。
② 同上书,第60页。

黄季刚字词关系研究方法要略

韩 琳

黄季刚先生指出："用字之理与造字之理不必符同。""《说文》明造字之理，用字之理以《尔雅》为最古。治小学者，须求用字之理与造字之理相比较。"① 这两句话把汉字分成两大领域。造字领域的字以《说文解字》为依托，是词的记录符号："语言先于文字，故吾人语言多不能书出者以此。夫言不空生，论不虚作，万无无此语言而虚造此字者。"②《尔雅》类聚了文献中的词——使用状态的字，这个领域的字有自身独特的发展规律。随着社会的发展，汉字表音趋向日益明显，文献中借字表音现象使汉字形义脱节。这样，主要基于音的联系的"用字"和基于音义联系的"造字"不一致，使字词关系复杂化，增加了文献理解和阅读的难度。黄季刚在批注《说文解字》时用"正""同""通""借""讹""变""后""别"等用语揭示字词关系，本文联系黄季刚相关理论对其中蕴含的方法进行概括和总结，以期全面理解和把握黄季刚语言文字学的精髓。

一 "《说文》为专讲文字根源之书，本之以驭其变。"③

东汉许慎著《说文解字》，自其诞生以来，就一直被认为是治小学的"主中之主"，受到普遍的重视。"它的价值经年不衰，原因在于一点，即许慎抓住了汉字的根本问题，将形义统一的原则贯穿全书。为了体现这一原则，他在一形多用、数形互用的纷繁现实中，牢牢地抓住了本字；又在一词多义、义随字移的复杂情况里，牢牢地抓住了本义。正因为《说文解字》为探求本字本义揭示了不可缺少的依据，才使它具有了'源'和'母'的价值。"④

黄季刚先生以《说文》为研究字词关系的基石，为之确定了两个对应面：

一是从字的角度，以《说文》的本字本义和经典文献的同字引申义及借字借义相对照："小学者，所以研究形音义三者之变也，向使三者终古斠若画一，则小学之事盖亦简且易矣。惟自古文章用字，正假相兼，用字与造字不能相应，亦即文字与文词不能相应。

---

* 本文原载《励耘学刊》（语言卷）2007 年第 1 辑（总第 5 辑），学苑出版社 2007 年版。
① 黄侃：《文字声韵训诂笔记》，黄焯编，上海古籍出版社 1983 年版，第 237—238 页。
② 同上书，第 55 页。
③ 同上书，第 29 页。
④ 陆宗达、王宁：《〈说文解字〉与本字本义的探求》，载《训诂与训诂学》，山西教育出版社 1996 年版，第 409 页。

是故文字有本字假借字之分，义训有本义引申义假借义之别，声音与义训同符，亦有音同、音近、音转之异。形音义既有变迁，于是求本字本音本义之说起。夫文字以代语言，文字既有古今之分，欲译昔言以为今语，是必有赖于训诂学也。"① 二是从字书的角度，以《说文》"说字"之书与《尔雅》"用字"之书相比较："文字之形音义有变迁而训诂以立。若文辞之有变迁，则与训诂异趣。盖文字重论原理，而文辞则承习惯，二者不相侔也。故以《说文》释古籍者，必不可通。以《说文》明造字之本，而非解用字之义故尔。《尔雅》虽明用字之义，然所释之字有限，故若不通文字之变，徒据《说文》《尔雅》以释古籍之文，必窒碍难通矣。"②

下面，我们从《说文》的某些训释体例出发，联系相关材料，说明黄季刚先生在字词关系研究中对《说文解字》一书的应用。

（一）读若

作为《说文》的一个重要体例，"读若"受到《说文》研究者的普遍重视。对"读若"的研究结果表明，"读若"字主要有两个作用，一是明音，一是明字。黄季刚先生已经认识到这种区别："读若中有但拟其音，亦有通其字。"③ "通其字"的主要内容即辨明字际关系。在《黄侃手批说文解字》字词关系批语中，能在"读若"中找到线索的条目有很多，主要分两类。

1. 与"读若"字相同的类聚

用来指出假借字，也有同源字、异体字，例如：

【叡节概亦即此字】"概"的本义即平斗斛，指古代量谷物时刮平斗斛的器具。也用为动词"刮平"。《管子·枢言》："釜鼓满，则人概之；人满，则天概之。""节概"一词指人的一种气度，节操，有坚贞义。与"平斗斛"义不相涉。《说文》"读若"提示出此词的本字："叡，奴探坚意也。貝，坚宝也。读若概。"徐锴系传："叡，叡奴，深坚义。""叡""概"同为见母，韵部曷没旁转。

【芮同蒳】"芮芮"指草初生柔细的样子。《说文》："芮芮，草生皃。"段注："芮芮与茸茸双声，柔细之状。"柔细是小草的状态，《说文》："蒳，草之小者。读若芮。""芮"日母没部，"蒳"见母曷部，二字同源。

【讙同嚾】《说文》："嚾，呼也。读若讙。"段注："《说文》无唤字，然则嚾唤古今字也。"王筠句读："玄应谓嚾讙一字。"

2. 与"读若"有关的类聚

以"读若"作为联系字词关系的线索，读若字多为后出字：

【少今或谓跌为蹉即此字】《说文》："少，蹉也。读若撻。"徐灏注笺："止之引申为不行，反而为少，则为蹉而行也。"叶德辉《读若考》："此蹉之本字，篆作蹉，见足部，

---

① 黄侃：《文字声韵训诂笔记》，黄焯编，上海古籍出版社1983年版，第182页。
② 同上书，第185页。
③ 同上书，第93页。

云践也。又作踏，则隶俗字也。少撻音近。"朱骏声通训定声："字亦作蹥。"《玉篇》："蹥，足跌也。"杨树达《积微居小学述林》卷四："今长沙言仆地曰蹥。"读若字"撻"提示音近，"蹥"与之同声符，与"少"亦音近，意义也源于"少"。

【趆即鏓而乘他车之正字】《说文》："鏓，金声也。读若《春秋传》曰'鏓而乘他车'。"《左传·昭公二十六年》："苑子刜林雍，断其足，鏓而乘于他车以归。"杜预注："鏓，一足行。"按照黄说，"鏓"为"趆"借字。《说文》："趆，行皃。"《集韵》："行缓皃。"后又承借字形体而后造"蹬"字。《广韵·清韵》："蹬，一足跳行。"段注："盖即胫字，亦或作踁。"清雷浚《说文外编》卷十二："《说文》无'蹬'字，今《左传》作'鏓'，是谓同音通用。"

【䀠即《诗·无羊》"其角濈濈"字】《说文》："䀠，众口也。读若戢。"《说文》："戢，藏兵也。"段注："聚与藏义相成，聚而藏之也。"《尔雅·释诂上》："戢，聚也。""濈"以"戢"为声符，义也有"聚"义。《说文》："濈，和也。"《诗·小雅·无羊》："尔羊来思，其角濈濈。"毛传："聚其角而息，濈濈然。"段注："毛意言角之多，聚而和也。""䀠"众口会意，与"濈"同音，义相通。

（二）引经

《说文》说解多引经文，黄季刚先生认为其作用在于证明本字本义："《说文》一书，为说解文字而作。其中，间有引经之处，乃以经文证字体，非以字义说经义也。……大氐许书所见诸经，字体不一，其有合于九千之文者，则引入本书，以为信征。"① 但材料中反映出，"引经"作用不仅仅"以经文证字体"，有的也"明字"，尤其是"读若"中的引经。

1. 以经文证字体

《说文》："黼，合五采鲜色。《诗》曰：'衣裳黼黼。'"段注："黼，《曹风·蜉蝣》：'衣裳楚楚。'传曰：'楚，鲜明皃。'许所本也。黼其正字，楚其假借字。"黄按："楚楚作黼。"

《说文》："呭，多言也。《诗》曰：'无然呭呭。'"王筠句读："'无然呭呭'，《大雅·板》文，彼作'泄'。《孟子》同，言部引作'詍'，《释训》释文：'泄泄或作呭呭。'"《玉篇·口部》："呭，呭呭，犹沓沓也。"黄按："呭同沓詀詍，借泄。"

2. 以经文明假借

《说文》："浼，汙也。《诗》曰：'河水浼浼。'《孟子》曰：'汝安能浼我。'"引《诗》是讲"浼"的借义。黄按："瀰，浼借字。"《说文·水部》："瀰，水流平缓貌。"段注："一说瀰、浼古今字，故以浼浼释瀰瀰。'河水浼浼'见《邶风·新台》。浼之本义训污，《邶风》之'浼浼'即'瀰瀰'之假借。"引《孟子》是以经文证字义，《孟子·公孙丑上》："尔焉能浼我哉？"赵岐注："恶人何能污于我邪？"黄按："瀼同浼。"

《说文》："受，物落，上下相付也。读若《诗》'摽有梅'。"段注引诗："见《周（召）南》。毛曰：'摽，落也。'……毛诗'摽'字，正'受'之假借。"《说文》："摽，

---

① 黄侃：《文字声韵训诂笔记》，黄焯编，上海古籍出版社1983年版，第88页。

击也。""摽""暴""殳"同音並母豪部。今成语"自暴自弃"之"暴"即假借"殳"。黄按:"暴弃当作殳。"

(三) 一曰

"一曰"是对《说文》正篆字形的另一种解释。所以,黄按:"是故《说文》每字下'某也,某也'之文,皆为'从'字以下之文而设。'一曰'诸文,亦同斯例。"① 但同时又指出"一曰"之伪:"或者不察声音通假之原,见一新义与《说文》本字不相附,因而补之。盖自大徐本说解已多著'一曰'之文,其后益以泛滥矣。"材料中,"别义同"多建立在"一曰"意义上,在第二章对"同"类字的分析中已经谈到,这里不再重复。

"同"类字中,有"一曰"提示线索的字组很多。

1. "一曰"义为引申义

《说文》:"陪,重土也。一曰满也。""一曰"义上,"陪富"同源。

《说文》:"撝,裂也,一曰手指也。""劈撝破判"本义同,"撝摩"一曰义同。

《说文》:"誓,失气言。一曰不止也。""誓誓譶"本义同,"誓憺憎憼"一曰义同。

《说文》:"欥,幸也。一曰口不能言。""祈覬欥歔"本义同,"吃欥"一曰义同。

因为一曰义多为本义的近引申义,所以,依本义和一曰义的不同字组间常可看到清晰的意义联系。如:

《说文》:"賸,物相增加也。一曰送也,副也。""戴賸"本义同,"賸送"一曰义同。二义间有因果联系。

《说文》:"劋,硊刺也。一曰劋,劫人也。""劋硊"本义同,"劋劼"一曰义同。二义间意义相因。

2. "一曰"义为假借义

【悑弭训止者皆此字】《说文》:"悑,愚也。一曰止也。"朱骏声通训定声:"假借为弭。""弭,弓無缘,可以解彎紛者。"《尔雅·释器》:"弓有缘者谓之弓,无缘者谓之弭。"郭璞注:"弭,今之角弓也。"郝懿行疏:"弭是弓末之名,非即弓名。弭之言已也止也,言弓体于此止已也。""悑"的"一曰"义"止"当借于"弭"。

(四) 训释

训释是古代训诂材料的主要形式。其中保留了训诂家对词义的研究成果。词义训释从训释的途径和目的角度可划分为形训和声训两大类。黄季刚先生认为义训非完全之训诂,声训为完全之训诂:"义训者,观念相同,界说相同,特不说两字之制造及其发音有何关系者也。……只以其观念相同,可以相训,而非完全之训诂也。完全之训诂必义与声皆相应。……《说文》义训只居十分之一二,而声训则居十分之七八。故凡也字上之说解字与声音相关者,皆不可忽略。总之,以义训者,苟取以相明,惟声训乃真正之训诂。"②

---

① 黄侃:《文字声韵训诂笔记》,黄焯编,上海古籍出版社1983年版,第83页。

② 同上书,第190页。

字是词的记录符号，与训释有间接的关系。材料中，与字际关系相关的训释类聚有"训同"和"训借"两种。

1. 训同

一般是在《说文》训释的基础上沟通字的音义关系。或者是本义，或者是一曰义。如：

【猶训玃者同禺猴】《说文》：''猶，玃屬。一曰隴西謂犬子為猶。''《尔雅·释兽》：''猶如麂，善登木。''郝懿行义疏：''猶之为兽，既是猴属，又似麂形。''"郦（道元）所说猶猶，即《尔雅》之'猶'，其谓之猶，俗名猴为猶狨，猶、猴声转。''《说文》：''禺，母猴屬，頭似鬼，从由从内。''"猶"萧韵，"禺""猴"侯韵，三字音近义通。

【㔽训利者亦与銛同】《说文》：''㔽，斛旁有㔽。一曰突也。一曰利也。《尔疋》曰：'㔽谓之疀，古田器也。'''段注：'''庣'，各本作'㔽'，今正。斛旁有庣，谓斛中有宽于方尺之处；若作有㔽，是斛外有物名㔽矣。''"㔽"即古锹锸字。《尔雅·释器》：''㔽谓之疀，古田器也。''郭璞注：''皆古锹锸字。''义同"銛"。"銛，锸属。''锹锸刃利，"㔽""一曰利也"即源于此。《尔雅·释诂二》：''銛，利也。''"㔽"透母豪部，"銛"见母曷部。

除《说文》训释之外，"训同"的"训"有的还依据《尔雅》《广雅》等，这些多为《说文》本义的引申义，如：

【撥训除则由发来同發】《说文》：''撥，治也。''《尔雅·释诂三》：''撥，除也。''《史记·太史公自序》：''秦撥去古文，焚灭《诗》《书》。''"除"义实为"治"义的引申。《说文》：''發，躲發也。''义即发射。《史记·李将军列传》：''其射，见敌急，非在数十步之内，度不中不發，發即应弦而倒。''发射即除去，《广雅·释诂二》：''發，去也。''二字古音相同。

【澊如《广雅》训泥则同㲿涅】《说文》：''澊，荥澊也。''朱骏声通训定声：''荥澊，叠韵连语。小水之兒。''李孝定《甲骨文字集释》按语：''《说文》：'荥，绝小水也。……'是'澊'当以'绝小水'为本义。今人谓淖为泥澊，乃澊之引申义。''《广雅·释诂三》：''澊，泥也。''"㲿"是"泥"的异体字。"泥涅澊"三字双声，意义相通。

2. 训借

【厤训调者即秝之借】《说文》：《说文·甘部》"厤，和也。从甘厤。厤，调也。''段注：''说从厤之意。厂部曰：'厤，治也。'秝部曰：'秝，稀疏适也。'稀疏适者，调和之意。此从甘厤之意。''

【繩训戒者当作懲】

"繩"本义是绳索。《尔雅·释训》：''绳绳，戒也。''《诗·大雅·下武》：''绳其祖武。''毛传：''绳，戒也。''"戒"义借自"懲"。《说文》：''懲，忞也。''《玉篇》：''戒也。''《诗·周颂·小毖》：''予其懲而毖后患。''郑玄笺：''懲，艾也。''"绳"神纽登部，"懲"澄纽登部。古音神纽澄纽均归定纽。二字古音全同。

从以上例子可以看出，《说文》的训释是建立"同"类关系的基础。《尔雅》等训释有释引申义，有释假借义。所以，据之以类聚"同"类字，必须详审。

以上的分析，说明一个道理："治《说文》欲推其语根，宜于文字说解及其所以说解三者细加推阐。"① "治《说文》者，一贵明其字例，二贵明其词例。必于此两端憭然于胸，乃知《说文》说解几无一字虚设也。"②

二 "小学必形、声、义三者同时相依，不可分离，举其一必有其二。"③

（一）形、音、义互求

研究小学最正确的方法是形、音、义三者紧密结合。许慎著《说文解字》，首开形、音、义三结合方法研究的先河。后代学者并没有沿着这条道路继续前进，在具体的语言文字实践中，各有所偏。清代段玉裁以声音通文字，王念孙以声音通训诂，不仅未能真正做到形、音、义三者互求，而且又走到"不牵拘形体"的极端。章太炎先生本着"形体声类，更相扶胥"的宗旨，在形、音、义互求的道路上向前推进了一步。黄季刚先生在论述"近代小学所遵循的途径"时对此作了总结："段氏则以声音之道施之于文字，而知假借引申与本字之分别。王氏则以声音贯串训诂，而后知声音训诂之为一物……若由声韵训诂以求文字推演之迹，自太炎师始。……故自明以至今代，其研究小学所循途径，始则徒言声音（陈、顾、毛、江），继以声音贯穿训诂（段、王），继以声音训诂以求文字推衍之迹（章）。由音而义，由义而形，始则分而析之，终则综而合之，于是小学发明已无余蕴，而其途径已广乎其为康庄矣。"④ 季刚先生正是沿着师辈开创的这条康庄大道在语言文字学领域取得了辉煌的成就。其字词关系材料中体现出的"形以明义，义由声出，比而合之，以求一贯，而剖解始精密矣"⑤ 的思路和方法就是最有力的证明。

（二）以声音贯穿文字训诂

形、音、义三者虽互相依存，但它们的作用却各有不同。黄季刚先生认为声音在三者是纲领和锁钥："音韵之学，最忌空谈音理，必求施之文字、训诂，则音韵不同虚设；而文字训诂亦非以音韵为之贯串，为之钤键不可。二者有一不明，则不足以论小学，不足以谈古籍。然则，音韵之与文字、训诂，犹人身有脉络关节也。"求文字的系统与根源，声音是关键："文字根于言语，言语发乎声音，则声音者，文字之钤键，文字之贯串。故求文字之系统，既不离乎声韵；而求文字之根源，岂能离乎声韵哉？求其统系者，求其演进之迹也；求其根源者，溯其原始之本也。"⑥ 声音的关键作用主要从以下三方面体现出来：

---

① 黄侃：《文字声韵训诂笔记》，黄焯编，上海古籍出版社1983年版，第60页。
② 同上书，第86页。
③ 同上书，第48页。
④ 同上书，第4页。
⑤ 同上书，第8页。
⑥ 同上书，第34、193页。

1. 形、音、义的发生顺序

关于形、音、义的发生，在黄先生之前主要有两种说法：段玉裁主张"义—音—形"的顺序，认为形、音、义发生顺序与学者的研究顺序正相反："文字之始作也，有义而后有音，有音而后有形，音必先乎形。"① "圣人之制字，有义而后有音，有音而后有形。学者之考字，因形以得其音，因音以得其义。"② 刘师培持"物—义—声"的顺序，认为音义本一源："意义由物起，既有此物，既有此意；既有此意，既有此音。""义本于声，声即是义。声音、训诂本出于一源。"③ 这种观点与戴东原"训诂音声，相为表里"的论断不谋而合。黄季刚先生在强调形音义三者"有其一必有其二，譬如束芦，相依而住"的基础上，提出"声—义—形"的顺序："三者之中，又以声为最先，义次之，形为最后。凡声之起，非以表情感，即以写物音，由是而义傅焉。声、义具而造形以表之，然后文字萌生。昔结绳之世，无字而有声与义；书契之兴，依声义而构字形。……因此以谈，小学徒识字形，不足以究言语文字之根本，明已。"④ 声音是文字训诂的统帅和根本，也是探讨语言的切入点："夫文字虽至四万有余，而不出声音四百之外。以有限之音驭繁多之文字，是则必相联贯而有系统可寻。故吾国文字，音近者义往往相近，由声音为维系语言文字之重要资料也。"⑤

2. 语言文字之研究次序

汉字是一个整体，它的形、音、义，必须以声音为枢纽，用声音统摄字形的发展和意义的变化。因此，从语言文字研究的次序来讲，声音要素的加入，无疑将会推动研究的不断深入。因此，黄季刚先生认为"求训诂之次序有三：一为求证据，二为求本字，三为求语根"⑥。这一顺序实际上概括了语言文字研究由表及里、由简单到复杂的发展顺序。"求证据"在于引经典以证明字义与词义，概括了语言文字研究"求实不蹈虚"的特点；"求本字"是循音统形，即摆脱字形束缚，沿声音线索从文字假借上寻求本字本义，用古音假借的原则来统驭许多不同形体的字，这一条例，实际上是把文字当作有声语言处理，相比于语言文字研究的初步"求证据"而言，显然上了一个新台阶；"求语根"是根据音义相联、音可相承的原则，突破汉字形体的局限，从义和音结合成词的特点，探讨汉语的构词规律。这是语言文字研究的最高阶段，相比于"求本字"而言，无疑又开拓了新的境界。"单独之本，本字是也；共同之本，语根是也。"⑦ 依这三个次序走下去，将会深入到语言文字的实质，而这一次序的完成熟悉音理是先决条件。

3. 形声字声符问题

随着汉字的发展，形声字成为主要的造字方法。但形声字的研究却远远滞后于象形、指事、会意等。黄季刚先生认为形声字问题是文字学的主要问题，解决这个问题，音韵是

---

① （清）段玉裁：《说文解字注》，上海古籍出版社1988年版，第682页。
② （清）段玉裁：《广雅疏证序》，中华书局2004年版，第1页。
③ 刘师培：《正名隅论·刘师培全集》第三卷，中共中央党校出版社1997年版，第223、228页。
④ 黄侃：《黄侃论学杂著》，上海古籍出版社1980年版，第93页。
⑤ 黄侃：《文字声韵训诂笔记》，黄焯编，上海古籍出版社1983年版，第199页。
⑥ 同上书，第195页。
⑦ 同上书，第60页。

关键:"故文字者言语之转变,而形声者文字之渊海。形声不明,则文字之学不明。然则形声一书,非以音韵解而决之,不足以索其隐也。"① 从声韵研究形声字的切入点即声符。

(1) 关于形声字声符的表音作用,提出了"形声字子母必须相应说":"凡一字中,点画带有声音者,形声也,是谓有声字。声音不在点画中者,象形、指事等是也,是谓无声字。有声之字必从无声,则有声之字无声之子,无声之字有声之母。子生于母者也,子所得音,母必有之;母无其音,子安得从,故形声子母必相应也。顾形声之子间有声类与母不同者,必通转同也。与音韵不同者,必声母多声也。然则能知子母同音相应者,音韵之功也。"② 这段话在强调音韵在声符示音功能上的重要作用的基础上,重点交代了三个问题:一、声符的源泉:象形、指事等"无声字";二、声符的正则:应与形声字的声音相应;三、声符的变则:声符有变转的可能性。这样,形声字的声符和象形指事字的声音相联系,而象形、指事字以未有文字时之言语为之根,故其声义必皆相应。因此,形声字声符的示音功能是声符示源功能的基础。

(2) 关于形声字声符的示源功能,提出"凡形声字以声兼义为正例,以声不兼义为变例"之说。具体又分为以下三个小点:

1) 声符必兼义

声兼义问题,古人早有发现,因此有"右文说"的诞生。但"右文说"又将声兼义现象绝对化,黄季刚先生在肯定其合理成分,即对后世以声音贯穿训诂的启示作用的基础上,也指出其以偏概全,拘执于形体的错误:"宋人王子韶有右文之说,以为字从某声,即从某义,展转生说,其实难通。如知众水同居一渠,而来源各异,则其谬自解矣。故治音学者,当知声同而义各殊之理。"③"凡繁变之物,不可以一理解,此因执形以求,固有是误。"④ 在此基础上,为形声字声符多兼义现象找到了发生学上的依据:"凡形声义三者必须相应。形声之字虽以取声为主,然所取之声必兼形、义方为正派。盖同音之字甚多,若不就义择取之,则何所适从也。右文之说固有至理存焉。"⑤ 声符兼义问题揭示了声符字与它构成的形声字的源流滋生关系。但一个"必"字将声符兼义现象绝对化了。下文将与声符假借现象作联合说明。

2) 引申义可为义源

同源字的意义关系是否必须依据本义,黄季刚先生通过翔实的分析给这个问题找到了答案。如:"禳,除也。从襄。襄,汉令解衣耕谓之襄。""解衣耕"是一种耕作方法。即除去田地板结的干土,在下面湿润的土地上下种,然后再将干土敲碎覆盖。因此,"襄"意义引申为"除去"。"禳"义源于此,即一种旨在祝告除灾的祭祀。这就是"声之取义虽非其本义,而可以引申者"。⑥

---

① 黄侃:《文字声韵训诂笔记》,黄焯编,上海古籍出版社1983年版,第35页。
② 同上书,第36页。
③ 黄侃:《黄侃论学杂著》,上海古籍出版社1980年版,第98页。
④ 黄侃:《文字声韵训诂笔记》,黄焯编,上海古籍出版社1983年版,第49页。
⑤ 同上书,第38页。
⑥ 同上书,第40页。

3）声符有假借

形声字声符间接的表义作用通过声符的假借表现出来。黄季刚先生通过研究《说文》，对这种现象有深刻的认识："或以字体不便，古字不足，造字者遂以假借之法施之形声矣。假借与形声之关系盖所以济形声取声之不足者也。是故不通假借者，不足以言形声。顾假借施于形声愈繁，而取声本义愈不可得，故假借者，六书之痈疽也。惟凡言假者，定有不假者以为之根；凡言借者，定有不借者以为之本。则此类形声必当因声以推其本字，本字既得，则形声义三者仍当相应。"① 声符假借和声符必兼义一样，隐含着音义的绝对关系问题。章太炎先生在《文始·略例庚》针对"右文说"有这样一段话："夫同音之字，非止一二，取义于彼，见形于此者，往往而有，……盖同韵同纽者，别有所受，非可望形为谳。"② 在《文字声韵训诂笔记》"右文说之推阐"条，黄焯先生对此进一步作了分析："章说谓同音之字取义于彼见形于此者往往而有，非可望形为谳，其说诚然。推究其理，盖不外二途，或缘音近，用代本字；或本无字，只表音素。""若夫右文说者亦须先明二事：一，于音符字须先审明其音素，不应拘泥于字形。盖音素者，语言之本质；音符者，字形之迹象。音素即本真，而音符有假借。"③ 从这里我们认识到，黄季刚先生所谓的声符假借包含着有其音必有其义的理念，声符与字义不符必循声音线索去寻找相符者，这种情况在形声字的初创时期是可能的，黄季刚先生"声符必兼义"的发生学原理即可说明。但随着形声造字方法的广泛使用，"声符"的选择自由度日趋增强，形声字的形体不排除音义偶然结合的可能性，所以，"只表音素"的现象是不容否认的。因此，我们认为声符假借说和声符必兼义说一样是有针对性的，只适用于文字初创时期的形声字。一分为二地分析，声符假借原理为语源研究昭示了一条特殊门径：拨开形体的迷雾，以声音为线索，破译出声符所代表的本字，找到整个形声字与这个本字的源流孳生关系。这个原理对同源字的音义关系的探求应该有一定的启发意义。

参考文献

[1] 黄侃：《文字声韵训诂笔记》，黄焯编，上海古籍出版社1983年版。
[2] 陆宗达、王宁：《〈说文解字〉与本字本义的探求》，载《训诂与训诂学》，山西教育出版社1996年版。
[3]（清）段玉裁：《说文解字注》，上海古籍出版社1988年版。
[4]（清）段玉裁：《广雅疏证序》，中华书局2004年版。
[5] 刘师培：《正名隅论·刘师培全集》第三卷，中共中央党校出版社1997年版。
[6] 黄侃：《黄侃论学杂著》，上海古籍出版社1980年版。
[7] 章太炎：《章太炎全集》（七），上海人民出版社1999年版。

---

① 黄侃：《文字声韵训诂笔记》，黄焯编，上海古籍出版社1983年版，第39页。
② 章太炎：《章太炎全集》（七），上海人民出版社1999年版，第160页。
③ 黄侃：《文字声韵训诂笔记》，黄焯编，上海古籍出版社1983年版，第213页。

评 述

"字用学"的构建与汉字学本体研究的"三个平面"
——读李运富先生《汉字汉语论稿》*

陈 灿

新近出版的《汉字汉语论稿》①（以下简称《论稿》），是李运富先生的学术论文选集。《论稿》内容大致涉及文字学、词汇训诂学、语法修辞学、综合应用四个方面。细细品来，我们在感受作者思维的缜密与创新的同时，还可以体会到作者对汉字汉语理论的独特思考。本文拟就《论稿》中文字学方面的论文谈谈自己的粗浅感受。

我们知道，传统语言文字学分为音韵学、训诂学、文字学三大门类，但文字学与训诂学的界限并不十分清楚。近代以来，文字学研究的对象被限定在汉字字形本体，这以唐兰先生的《中国文字学》为典型代表。唐先生在书中发出宣言："我的文字学研究的对象，只限于形体，我不但不想把音韵学找回来，实际上，还得把训诂学送出去。"② 其后，文字学限于汉字形体研究成为汉字学学科的传统，翻翻众多的汉字学教材，我们就可以对此有一个明显的印象。然而，近年来学术界逐渐发现，这样的学科体系并不能解决所有的语言文字问题，因为有些重要的语言文字现象在这样的学科体系中找不到位置，例如汉字汉语的关系就处于文字学和训诂学两属又两不属的尴尬境地。这已经引起部分学者的注意和研究，"字用学"的提出便是学者们所做的一个探索。

最早提出"字用学"名称的是王宁先生。王先生从个体汉字形义演变的角度区分了字源和字用，认为确定本字和弄清原初造字意图属于"字源学"，而根据本字来确定借字或从本字出发探究字的分化孳乳则属于"字用学"。并且指出："汉字学既要弄清一个汉字字符原初造字时的状况——字源，又要弄清汉字在各个历史阶段书面的言语作品中使用的情况——字用。"③ 她下定义说："汉字字用学，就是汉字学中探讨汉字使用职能变化规律的分科。"④ 这些论述引起了人们对于汉字汉语关系的注意，为字用学的建立指明了方向。受此启发，李运富先生认为，如果把字用学看作汉字学的分支学科，那么从学科系统性考虑，还可以从平面的角度来看待文献用字，"因而研究本字也应该属于字用学"。这就在更宽泛的概念上理解了字用学。在《汉字语用学论纲》一文中，李运富先生正式提出"汉字语用学"，并为其作了界定："汉字语用学是研究汉字使用职能和使用现象的科

---

* 本文原载《语文知识》2008年第4期。
① 李运富：《汉字汉语论稿》，学苑出版社2008年版。
② 唐兰：《中国文字学》，上海古籍出版社1979年版，第5页。
③ 王宁：《说文解字与汉字学》，河南人民出版社1994年版，第34页。
④ 同上书，第47页。

学,也就是研究如何用汉字记录汉语以及实际上是怎样用汉字记录了汉语的科学。"此外,作者还详细阐述了建立汉字语用学的学理依据、学科定义和主要内容,认为汉字语用学的主要内容包括汉字的记录单位、记录方式、使用属性、字词对应关系、同功能字际关系、用字现象的测查描写、用字规律的归纳总结、用字变化的原因分析,等等。这是第一次对"字用学"的研究内容进行初步构拟,体现了作者对汉字汉语关系和字用研究的深入思考。《论稿》中《论汉字的记录职能》《论汉字职能的变化》《论汉字的字际关系》等文章还分别对汉字记录职能、汉字职能的变化、字际关系等问题进行分析梳理,使人们对汉字语用学的研究内容有了更感性、更深入的了解。这是改善以前字用学停留在感知阶段、尚缺乏理论的阐发和系统的构拟这一现状而跨出的重要一步。

字用学的建构,是以汉字学的本体研究为基础的。李运富先生站在学科体系的高度,把字用学放在汉字学本体研究的大背景下考虑,首先对汉字学的本体属性进行了全面分析。关于汉字学本体的研究,一般认为包括两个层面:形体和结构。形体的研究主要是书法和字体问题,相关论著及研究成果均很多,《论稿》中涉及较少。至于汉字结构的研究,传统"六书"说影响学界两千多年,直到王宁先生提出"汉字构形学",其理论和方法才有了新的突破。在《汉字构形学讲座》[①]中,王先生为汉字构形系统的分析和描写创设了一套基本概念和可操作的程序,已被学界广泛接受,成为分析汉字理据、进行汉字教学的新的指导思想。李运富先生的博士论文《楚国简帛文字构形系统研究》[②]便是对王先生所提出的汉字构形理论的具体运用,并有所深入和完善。收录于《论稿》的《从楚文字的构形系统看战国文字在汉字发展史上的地位》《现代形声字的判定及类义符和类声符》《字理与字理教学》《论汉字结构的演变》等文章都体现了李先生对汉字构形理论的运用和发展。形体和结构无疑是汉字学本体研究的两大领域,而李先生提出的"字用学"理论,则为更全面地认识汉字提供了一个新的角度。作者在《汉字语用学论纲》中说:"从字形本体出发,我们所说的'汉字'应该是指记录汉语的视觉构形符号,它的内涵至少可以归纳出三种指称:1. 外部形态,即字样;2. 内部结构,即字构;3. 记录职能,即字用。"因此,作者把字用职能纳入汉字学本体研究的范畴,认为汉字学应该区分为三个平面,形成三个学术系统,建立三个分支学科,即汉字样态学、汉字构形学和汉字语用学。

正因为汉字的"字"具体不同的内涵和实质,从而决定了汉字学研究必然要区分不同的观察角度,形成不同的学术系统。根据上面所说的三种指称内涵,汉字的本体研究从学理上来说至少应该产生三种平面的"学"。即:(一)从外部形态入手,研究字样含义的"字",主要指字样的书写规律和变异规律,包括书写单位、书写方法、书写风格、字体类型、字形变体等,这可以形成汉字样态学,也可以叫作汉字形体学,简称为字样学或字形学。(二)从内部结构着眼,研究字构含义的"字",主要指汉字的构形理据和构形规律,包括构形单位、构件类别、构形理据、组合模式以及各种构形属性的变化等,这可

---

① 王宁:《汉字构形学讲座》,上海教育出版社2002年版。
② 李运富:《楚国简帛文字构形系统研究》,1996年5月通过博士论文答辩,1997年10月由湖南岳麓书社正式出版。

以叫作汉字构形学或汉字结构学,简称为字构学。(三)从记录职能的角度,研究字用含义的"字",主要指怎样用汉字来记录汉语,包括记录单位、记录方式、使用属性、字词对应关系、同功能字际关系等,这可以叫作汉字语用学,简称为字用学。①

这是第一次提出将"汉字语用学"作为汉字学本体研究的一门学科,并进一步将"字样、字构、字用"确立为汉字学本体研究的三个平面。任何一个理论都不是凭空产生的。统观《论稿》文集及作者其他相关著述,我们可以从中找到三个平面理论形成的轨迹。

1997年,李运富先生的博士论文《楚国简帛文字构形系统研究》正式出版,其中在探讨单个字样的整理原则时,将字样转写(楷定)的方式分为三种:笔画对应转写、构件对应转写、功能对应转写。三种转写其实就隐约对应三个平面,笔画转写是针对字样层面(字形)而言的,后二者则分别对应结构层面(字符)和职能层面(字用)。在探讨功能对应时,作者亦曾明确提出"同字形、同字符、同字用"的说法。同年发表的论文《战国文字"地域特点"质疑》,在探讨用来指称材料范围的国别文字或时代文字之间有无总体性的本质差别时,作者回答说:"这需要在个体字符和局部现象研究的基础上对各个地域或各个时段的成批文字材料作全面的字形、字用、字体分析和数据测查,然后作系统的总体比较。"这里的"字形"主要指结构,"字体"主要指样态,说明作者初步有了从字样、字构、字用三个角度来认识汉字的思想火花。《论汉语字词形义关系的表述》认为汉字的意义应该分为三个层次来表述:构件义、字形义、字符义,这三个层次虽然不等于"字构、字样、字用"的划分,却也是暗中受到这种思想支配的。其后,这种"字样、字构、字用"三分的思想在作者其他论文中得到进一步发展。虽然有时作者并不着意区别"字样"和"字构"(必要时才明确区分),而将其统称为"构形",但"字用"已然独立出来,常常跟"构形"并列,或者"字形、字构、字用"三者并列。如《论汉字的字际关系》(2002)一文针对有关字际关系的术语在层次、属性、标准、内涵等方面"没有构成科学的体系,还难以承担系统地准确地描述汉字之间各种属性关系的重任"的现状,对相关概念作了清理,按照汉字字际关系的实际情况重新建构类别系统和术语系统,并根据汉字的存现环境,分别从文字系统(构形系统)和文献系统(字用系统)两个角度来描述汉字的字际关系。《论汉字的记录职能》(2003)一文在探讨通过字形寻求字符的本用职能时,提出通过对造意和实义的不同范畴进行归类来区分:"造意属于构形系统,而实义属于字用系统。"《论出土文本字词关系的考证与表述》(2005)指出对文本字词的考释有"完全考释"和"非完全考释",认为就"完全考释"而言,应该从字形出发,结合字用,弄清各种字词关系,同时要使用科学术语来正确表述字词关系,使所考字词在"形音义用"各方面都能得到科学合理的解释。其中,"形音义"的考证是关于字符构形属性的考证,"用"的考证则是关于字符职能属性的考证。值得一提的是,此文与《楚国简帛文字构形系统研究》中关于转写等相关内容一样,都致力于从三个平面的角度,把出土文字资料的研究和整理工作上升到理论高度,并提出一些可操作的理论原则和方法,这在目前学术界比较少见。

---

① 《论稿》,第58—59页。

经过上述学术探索与实践，作者对汉字学本体的三分法以及在此框架内建立字用学的思考逐渐成熟，相关理论在《汉字语用学论纲》（2005）中有详细阐述。正是基于汉字学本体三个平面理论的认识，作者对汉字学史上一系列存在争议的问题进行了重新审视和分析。下面略举数端：

1. 关于汉字数量的统计。每个时代的通用汉字可以通过基本语料统计出大致可信的数据，但汉字的总体到底有多少，至今没有经得起检验的数量。李运富先生《论汉字数量的统计原则》（2001）一文指出，这个问题的症结在"首先应该确定究竟怎样才算一个'字'，字的定义不明确，要进行统计就无法操作"。于是文章从"字样、字构、字用"三个范畴来定义汉字，认为字样和字用层面的"字"数只能在小范围的特定材料内进行测查，无法就汉字的总数做出统计，因为汉字的外形和用法就总体来说是无法穷尽的。所以"统计汉字应该从构形系统出发，坚持字形单位原则和构造功能原则，即根据字形的构造功能归纳成不同的字形单位，然后对单位的正体作出统计"。这就把汉字的数量问题限定在"字构"层面，统一按结构功能的异同来确定字位，从而使汉字数量的统计原则变得明确而具有可操作性。

2. 关于汉字的性质。学术界对汉字的性质曾提出过五花八门的看法，一直争论不休。李运富先生《汉字性质综论》（2006）一文对各种看法进行了具体分析，归类阐明各种说法的具体含义和实际所指，认为其中的许多分歧在于材料范围不同、观察角度不同、表述层面不同，而对事物性质的认识可以多角度、多层面分析，但应该总体表述。"汉字具有字形（外部形态）、字构（内部结构）、字用（记录职能）三个不同侧面，因此，我们也应该从这三个方面来考察、归纳和表述汉字的性质"，所以作者分别描述了汉字外形、结构、职能三方面的属性，并综合起来给汉字定性，认为"汉字是用表意构件兼及示音和记号构件组构单字以记录汉语语素和音节的平面方块型符号系统"。这样，那些仅针对汉字部分材料或仅从某个角度出发而各执一端的分歧争议就和平化解了。

3. 关于汉字的起源。针对目前学术界有关汉字起源问题的种种说法，李运富先生在《论"汉字起源"的具体所指》（2006）一文中指出，要解决"汉字起源"问题的争议，首先要明确"汉字"和"起源"的具体所指。"起源"的所指包括"源创者""源处""源素""源体""源式""源头""源流"等内容，而"汉字"也可以从汉字符号、汉字要素、汉字单位等角度分别界定。明确了具体所指，才不至于在讨论问题时偷换概念，引起争议。其中关于汉字的"要素"，李先生不同意常见的"形音义"三要素说，而提出了新的"形（形体）、意（构意）、用（职能）"三要素论。这新的三要素实际上就是基于对汉字外部形态、构形理据、功用职能三个平面的认识。作者认为，"汉字起源"主要是指"个体汉字"或"基础汉字""形""意"要素的来源，它们都来源于客观事物；至于"文字体系"的形成，那是以完整记录语言的"功用"为前提的，不属于"个体汉字"或"基础汉字"的起源问题。这篇文章内容丰富，涉及"汉字"及"汉字起源"的方方面面，但作者的基本思想也是从汉字形体、构意、功能三项要素出发来分析和解决问题的。

4. 关于异体字。异体字的研究近年来成为汉字学界的一个热点问题，由于对异体字"形体不同""读音和意义相同""共时性"等属性的不同理解或误解，各家对异体字的认识见仁见智。李运富先生《关于"异体字"的几个问题》（2006）一文指出，要避免争议，"关键在于首先要弄清楚'异体字'的'字'究竟指什么。'字'所指不同，'异体'所指当然也会不同"。作者认为没有必要把"异体字"规范为一个概念，而应该从字样、字构、字用三个角度来分别界定异体字的内涵和外延：字样范畴的"异体字"是指本来记录同一个词的所有外形不同的字样，包括笔画、笔形、笔势、构件、交接、书写风格、字体等各方面的差异；字构范畴的"异体字"是指本来记录同一个词而结构属性不同的一组字，包括构件不同、构件数量不同、构件功能不同、构件布局不同等结构方面的差异；字用范畴的"异体字"则是指本有用法相同而形体不同的一组字。这样，我们对异体字的判别、整理和规范就应该根据不同的层面、不同的目的而采取相应不同的标准和原则。

由上可见，李运富先生运用"字样、字构、字用"三个平面理论对汉字学史上诸如汉字的数量、汉字的起源、汉字的性质、异体字等没有定论的概念和现象进行梳理和重新认识，有效地避免了因不分范畴或混淆范畴而导致的不必要的混乱，使原本争议不断的问题逐渐清晰。正如作者所说："汉字学的具体问题都应该分别放到这三个范畴内加以分析和解释"，事实证明，李运富先生提出的汉字本体分"字样、字构、字用"三个平面的理论体系对于分析和解决汉字的实际问题是非常有效的，因而也是科学的。

总之，《论稿》中与文字学有关的论文体现了李运富先生对汉字学本体研究和汉字学学科体系的新探索。作者注重对汉字学本体，尤其是字用的研究，从"字用"这个新视角来认识"汉字"，初步建立了"汉字语用学"的学科理论；明确提出汉字学本体研究的"字样、字构、字用"三个平面的理论体系，从而使"汉字汉语关系"这一曾被学科体系忽略的重要现象找到其学科归属，使汉字学学科体系更为完善；更重要的是，作者运用这个理论解决了许多汉字学史上长期存在争议的基础理论问题。通读《论稿》，我们可以看出作者从摸索与研究字用学到提出字用学学科理论的过程，从不自觉地运用"字样、字构、字用"三个平面去分析汉字学基本理论问题，到自觉运用这个理论方法去分析相关问题的过程。虽然就目前来看，无论是"汉字语用学"理论，还是以此为基础构建的"字样、字构、字用"三个平面的汉字学理论都处于初始阶段，其系统性与科学性还需接受更多检验。但事实证明，提出"汉字语用学"这一学科理论、以"字样、字构、字用"作为汉字学本体研究的三个平面，对于更全面地认识汉字学的本体、更清晰地认识汉字学中相关基础理论问题，都具有理论和实践上的双重意义。

内容丰富、观点新颖、学理与学史并重
——李运富先生《汉字汉语论稿》述要*

张素凤

学苑出版社于2008年1月出版了李运富先生的《汉字汉语论稿》，这部近60万字的著作由作者精选的60篇论文组成，涉及文字、词汇、训诂、语法、修辞及综合应用等多方面的内容。《论稿》对汉语文字学领域的许多热点问题和争议问题具有独到见解，也发掘了不少无人注意或注意不够的冷僻问题和疑难问题，内容丰富，观点新颖，论述严密，是一部学理与学史并重、理论与实际结合、值得汉语言文字学研究者参考的著作。

下面对《论稿》的主要内容和基本观点作概略评述。

一　文字学

（一）汉字学基础理论

关于汉字的起源，学术界历来众说纷纭，如仓颉造字说、图画说、八卦说、结绳说、书契说、起一成文说、远古陶符说、记录语言说等。李运富先生认为，这种种不同的说法主要是由于"汉字"与"起源"的具体所指不同，各人所说的不是一回事，就难免说不到一块儿。所以讨论汉字起源问题，首先得确定"汉字"与"起源"的具体所指。《论"汉字起源"的具体所指》一文就是这种观点的阐述。文章指出"起源"包括"源出""源头""源流"等不同内容，从不同角度观察"起源"会有不同的结果；"汉字"也可以从"汉字符号""汉字属性""汉字单位"等角度分别界定和指称，同样具有多种内涵。在界定有关概念的具体所指后，文章从"源出"（"源素""源体""源式""源创者""源处"）角度分析了基础汉字的起源，从"源头""源流"角度分析了系统汉字的起源。这样，关于汉字起源的问题，就有了一个比较清晰而全面的认识，可以避免各种不必要的争议。

一般认为汉字具有"形、音、义"三要素。李先生在上文讨论汉字属性时指出，汉字的"形、音、义"并不处于同一平面，也不都是必不可少的（有时只表音，有时只表义），所以不宜并称为"三要素"。汉字真正的三要素不是"形、音、义"，而应该是"形、意、用"。所谓"形"是汉字成立的前提，是视觉感受到的直接印象，是每个汉字任何时候都具备的外部形态。所谓"意"指的是汉字的"构意"，它直接来源于对客观事物（包括抽象概念）和语言音义的认识，是体现在汉字内部结构上的构形理据；"意"在

---

* 本文原载《励耘学刊》（语言卷）2008年第1辑（总第7辑），学苑出版社2008年版。

汉字的初创时期具有普遍性，但汉字形体变化以后可能需要重新分析。所谓"用"指的是汉字的功用或职能，汉字可以只表示语言的意义信息，也可以记录语言的表达单位，包括语音单位和音义结合体。传统所谓"音、义"处于"用"的层面，其隐显强弱因时因用而异。李先生对汉字"形、意、用"三要素的看法是全新的。基于这样的认识，李先生强调，汉字的本体研究应该分为形体、结构和功用三个平面或角度，无论是共时系统的描写，还是历时演变的沟通，都应该从这三个方面进行，许多有争议的问题，也应该放到不同的层面去分别讨论。现在有些文字现象和相关理论说不清楚，有不少文字问题存在争议，李先生认为大都是由于把不同层面的东西混为一谈的结果。他在北京师大举办的"中国传统语言学高级研讨班"上所做的学术报告《汉字学研究的三个平面》首次明确提出"三平面"理论，本书收录的一系列汉字学文章，大都是沿着这一思路展开的。如形体方面有《汉字形体的演变与整理规范》，结构方面有《论汉字结构的演变》《现代形声字的判定及类义符和类声符》《字理与字理教学》，功用方面有《论汉字的记录职能》《论汉字职能的变化》《论汉字的字际关系》。

《汉字性质综论》《论汉字数量的统计原则》《关于"异体字"的几个问题》则是运用汉字研究三平面的理论来解决实际问题的典型例子。学术界对汉字的性质一直争论不休，出现"表意文字""表音文字""意音文字""音节文字""语素文字""表词文字"等各种说法。李先生《汉字性质综论》一文对各种说法产生的背景和具体内涵进行了分析和评价，梳理出对汉字定性的有效标准，然后根据三平面理论从外形、结构和职能三个角度给汉字定性。即从外形上把汉字叫作"方块型文字"，以区别于英文等"线型文字"；从构造上把汉字叫作"表意主构文字"，以区别于英文等"表音主构文字"；从记录职能上把汉字叫作"语素音节文字"，以区别于英文等"表词文字"。这种对汉字性质的多角度描述真正抓住了汉字的属性特点，是个比较全面而客观的认识，许多拘泥一点或角度不同的争议可以因此消除。汉字的个体单位究竟有多少，从来没有定数。李先生认为数量本身因"字"的定义不同、材料范围不同、实际需要不同是很难统一的，但每种数量统计的原则必须明确一致、科学可信，否则没有任何意义。《论汉字数量的统计原则》一文按照三平面理论提出了形体原则、结构原则、功能原则，认为形体原则和功能原则只适用于小范围的具体文本或材料的字数统计，只适用于展示字形或归纳义项等特定目的，要在大范围或总体上对汉字数量进行一般的统计，则应该运用结构原则，因为我们说记录汉语有多少个"字"，实际上是从构造的角度说的，意为构造过多少个字符，而不是指写过多少个形体，也不是指用字记录过多少个词或义项。"异体字"的争议也是汉字学界的热点，李先生认为"异体字"实际上也处于三个平面，不同平面的"异体字"具有不同的内涵，彼此并不矛盾，没有争论的必要。他谈《关于"异体字"的几个问题》时，就是从不同平面来处理"异体字"的属性、定名、定义以及如何整理规范的，让人耳目一新。

在汉字属性三个平面的研究中，字用层面最为薄弱。有鉴于此，李先生提出应该建立"汉字语用学"。《汉字语用学论纲》一文就是在三平面理论基础上首次对汉字功用平面所做的理论性建构，该文阐述了建立汉字语用学的学理依据、学科定义、主要内容等，是该分支学科开始走向理论化、系统化、科学化的标志。

（二）出土文字

李先生对楚国文字进行过全面而系统的研究，其专著《楚国简帛文字构形系统研究》分析总结了楚文字的构形现象和构形规律，并且把楚文字与同时期别国文字、不同时期的楚文字分别作横向和纵向比较，从而对战国文字在汉字发展史上的地位有了一个更为全面客观的认识。收录于本书的《战国文字"地域特点"质疑》和《从楚文字的构形系统看战国文字在汉字发展史上的地位》，也是这方面的研究成果。

一般认为，战国时期的汉字因政体不同、地域不同而分成了不同的"系"，并说各个系别的文字都有各自的"特点"。李先生敏锐地看到，这些所谓"系"别"特点"在研究方法上存在问题，因为是先有了国别分域的意识，先把材料按国别地域分为若干"系"，然后再去寻找各系文字的"特点"，而并不是根据实际存在的文字特点来分域划系。这种先入为主的做法导致的有关结论混淆了材料范围跟文字系统的关系、混淆了普遍现象跟独有特点的关系、混淆了综合文化属性跟文字专业属性的关系、混淆了不同层次类别的关系、混淆了个体与总体、局部与全部的关系，难以信从。所以李先生提出《战国文字"地域特点"质疑》，提出《汉字史研究的方法论原则》，并《从楚文字的构形系统看战国文字在汉字发展史上的地位》。李先生认为，研究汉字发展史，要克服先入为主的成见，要避免非文字因素的干扰，从文字符号本身的属性出发，圈定范围，逐字逐类逐层全面地描述现象、揭示规律、提供数据，然后将不同范围的文字材料按一定的步骤逐字逐类逐层直至总体加以分别比较，根据其异同情况并合区别，归纳出各种相应的结论。就是说，系统、本体、比较，是汉字史研究的基本方法。他的这几篇文章都体现了汉字史研究的基本方法。

对出土文字而言，考释疑难字词是一项基本功，考释方法的总结十分重要。李先生曾在《古汉语研究》上发表过四篇《楚国简帛文字丛考》（本书未收录），提出"构形系统分析考字法"。本书收录的《论出土文本字词关系的考证与表述》及《楚简"谍"字及相关诸字考辨》在出土文字考证实践的基础上，对出土文本字词的考证方法和要求进行了更加深入的思考，提出了"完全考释""非完全考释""证据链"等全新的观念，认为考释古文字要有"系统证据"，"要像公安局破案一样建立证据链"，只有在字词的"形、音、义、用"各方面都能作出合理的解释说明，才算是确切无疑的"完全考释"。对"非完全考释"而言，其"形、音、义、用"的证明可以有某些缺失，但至少不应该出现矛盾和反证，这样才能避免顾此失彼，才能尽量增强结论的可信度。

（三）汉字学史

上面关于汉字学理的研究中大都也涉及汉字学史的内容，主要是总结相关专题前人的研究成果。本书还收录一篇专门研究汉字学史的文章，即《章太炎黄侃先生的文字学研究》。文章认为章、黄在音韵学和训诂学上的成就有目共睹，得到充分肯定。相对而言，由于章、黄对甲骨文金文等出土文字有一些过激言论，人们对其文字学方面的研究成就不够重视，甚至有人完全否定。李先生就章、黄的文字学研究情况做了考察，根据当时的特殊背景和章、黄为人处世的原则，客观分析章、黄对出土文字的真实态度及其原因，并从总体上讨论了章、黄文字学研究中几个比较突出的特点：（1）材料上以文献文字为正统，对出土文字持慎重态度；（2）方法上以关系论为主导，归纳了汉字的属性关系、表达关系和演变关系；（3）目标上以语言学为归宿，研究文字只是研究语言的手段。结合历史探究竟，透过现象看本质，这种实事求是地评价学术人物和学术观点的研究态度值得借鉴。

二　词汇学与训诂学

（一）古汉语词汇学

二十年前，古汉语词汇学还没有独立的地位。由于传统训诂学也以词义作为主要研究对象，所以有些人认为，训诂学可以包括词汇学，既然有训诂学，就不必再有词汇学；也有人认为，传统训诂学的本质就是词汇学，今后应该发展为现代意义的历史词汇学（或文献词义学）。李先生在《古汉语词汇学与训诂学关系谈》中对这些观点逐一辨析，指出两者在研究对象、研究范围、研究目的和研究方法上的区别，认为古汉语词汇学与训诂学是相关而两属的不同学科，应该在训诂学之外建设独立的古汉语词汇学。

《古汉语词汇学说略》进一步就如何创建古汉语词汇学的学科体系和理论框架提出自己的看法，具体讨论了"词汇的构成及其发展""词义的系统及其演变规律""词与词、义与义之间的关系"等内容。其中不少观点值得重视，例如把一般归入语法学的"构词法"当作词汇学的内容，并且提出新的"修辞构词法"，认为"语音构词"和"修辞构词"都与语法无关，将"构词法"归入语法学值得商榷。该文还较早注意到词义的系统性问题，认为以前有关词义的各种名目没有一个整体的框架维系，词义与词义不是有机地联结在一起，而是一些各不相干的散体。于是文章设置义位、义系、义族、义群、义域等单位概念，用宇宙构成譬况词义系统的构成，即相关相近的星团、星协和个体的星系构成规模更大的银河系，无数银河系和个体的星团、星协甚至星系共同构成整个宇宙天体；同样，相关相近的义族、义群和个体的义系构成规模更大的义域，一定数量的义域和个体的义群、义族甚至义系共同构成整个词义系统。在这个系统中，义位、义系、义族、义群、义域等单位并不是单线条断层次的递归关系，而是多线条超层次的立体关系，不同的单位可以处于同一层次，同一单位又可以递属不同层次。因而词义系统是个立体式的网络。

古汉语词汇学迟迟未能独立，没有形成系统，既与学科认识有关，也与研究方法有关。因此，李先生又指出《古汉语词汇学研究中的几个问题》，一是以今律古，缺乏历史观念；二是不考虑研究项目在整个词汇体系中的地位，立目、分类缺乏科学性和系统性；三是详于平面的描述分类，而疏于历史的探源演绎；四是孤立地封闭式地进行研究，而忽略了人类思维、民族心理、社会生活等文化要素和相关的其他学科对古汉语词汇的影响。每个问题都有明确的观点和具体的论证。例如在词汇历史的探源方面，文章以复音单纯词为例，认为汉语里原始的第一批语词应该都是单音节的，至少语素是单音节的，而复音单纯词是通过如下途径逐渐形成的：（1）由单音节词裂变而成；（2）把单音词的前附辅音或后附辅音音节化而成；（3）音译外语词而成；（4）由于修辞的运用凝固而成；（5）通过象声手段形成；（6）由同义语素融合而成。

词汇研究中的"以今律古，缺乏历史观念"问题，实际是针对学术史而言的。"以今律古，缺乏历史观念"，就难免误解古人的原意，造成学术史的偏差。例如古人的"联绵字"相对于"单字"而言，指的是意义上结合紧密、训诂中易生误解的复音词，其中既有复音单纯词，也有合成词；"连语"则是同义复合词或同义词的连用，王念孙所谓"凡连语之字皆上下同义，不可分训"意思是连语由两个意义相同的语素或词构成，不能将同义语素或同义词分别训解为不同的意义。可长期以来，今人都把古代的"联绵字""连语"等同现代的"复音单纯词"，并错误地解读王念孙的原话。李先生在《"离黄"及相关语词考——"联绵词"性质略辨》《是误解，不是"挪用"——也谈古今联绵字观念上的差异》《王念孙父子的"连语"观及其训解实践》等文章中，对这几个概念的内涵外延以及种种误解的来龙去脉进行了详尽的梳理和辨正，指出王念孙的"连语"不等于传统的"联绵字"，而传统的"联绵字"也不等于今天的"复音单纯词"，它们本是处于不同体系中的不同概念，今人混为一谈，完全是出于误解。

在传统语言学中，还有"兼言""并言""并及""连类而及""复语""连文"等说法。现代人一般不提"兼言""并言""并及"，而将其辞例归入"连类而及"，同时又将"连类而及"看成"偏义复词"，有的还跟"复语""连文"等混为一谈。于是这几个相关术语就笼而统之地变成了一个概念，似乎反映的都是同一种语言现象。李先生在《论意域项的赘举、偏举与复举》中对上述术语所反映的语言现象仔细分析甄别，根据其辞例性质的不同分为三类：第一类属于异意域相关信息项的赘举，第二类属于同意域相关信息项的偏举，第三类属于同义域相同信息项的复举。其中只有第一类的一部分相当于现代的"偏义复词"，第三类相当于"同义复词"或"同义连用"，而第一类的一部分和整个第二类都属于修辞表达的问题，与词汇构成无关。通过这样的辨析，不仅使纷纭复杂的传统语言学术语得到梳理，也使古典文献中相关语言现象得到合理解释。

（二）训诂学

传统的训诂工作只有一些表述解释内容的程式化用语，缺乏学科意义的理论术语。后世学者已经对传统的训诂工作用语进行过清理，并创建许多新的术语用以描述训诂现象和解释训诂原理。但由于种种原因，有关训诂学的术语还存在概念欠明确、分类不合逻辑等现象。李先生在训诂学方面比较注重学科术语的关系研究，希望能建立科学的术语系统。例如现代训诂学经常使用"形训""声训""义训""互训""反训""递训""直训""义界"等术语，一般把它们都看作训释方式，也有被当成训诂方法的，总之是看作同一平面的东西，或可此可彼，混而不分。李先生认为，这些概念角度不同，层次不同，范围不同，很难构成一个完整的系统。于是，他在《训诂材料的分析与汉语学术史的研究》中对这些术语的内涵和逻辑关系进行梳理归类。指出"训诂方法"不同于"训释方式"，训释方式是对已知词义的表述和说明；训诂方法是对未知意义的探求或未定意义的证明。训释方式可以分为词训、句训和综合训释，人们常说的"直训"属于词训方式，"义界"属于句训方式；训诂方法可以分为"形训""音训""义训""文训"等。而"互训""反训""递训"则既不属于训释方式也不属于训诂方法，它们与"同训""异训"一样，是不同训条之间的关系，把它们混同于训释方式的说法是不合逻辑的。

训诂工作的评价是训诂学的一项重要内容。以前多见对训诂材料得失的原因分析，如"滥言通假""望文生训""不明古义"等，却很少归纳出可以实际操作的评判标准和原则，因而要判断一条注释或训诂材料的是非优劣对普通读者来说并非易事。李先生以中学语文教材的文言文注释为例，指出文言文注释存在的问题有注释对象方面的，有注释内容方面的，有注释理据方面的，有注释结论方面的，也有注释表述方面的，呼吁作注者要慎于选择，用注者要学会评判。在《中学语文教材文言文注释应注意的几个问题》中明确提出了评判注释结论的原则和标准，就是要从语言文字规律（包括构词规律、句法规律、表达规律及文字和语音规律）、文情语境（包括话题主旨、文脉思路、上下文关系、本句意思是否顺畅等）、逻辑事理和客观实际等几个方面来评判验证：符合语言文字规律、文情语境、事理逻辑、客观实际的注释是好的正确的注释，否则是值得商榷和需要纠正的注释。

李先生还认为，如何评判前人留下的文献训诂材料，特别是札记式的考证材料，不能局限在传统的理论和方法上，不能光看它讲没讲通，还应该深入到训诂的思维活动中，用形式逻辑的规律和要求来检验和衡量它的整个思维过程。为了揭示训诂与逻辑的这种关系，李先生以《毛诗平议》为例，连续发表了三篇文章，从论据（证据）、证明（论证）和结论（论题）三个角度，系统分析俞樾训诂考证材料中存在的问题，为评判考据式训诂材料的是非优劣建立了客观的判断标准和方法，即论据要真实，并符合"充足理由律"；证明过程要符合"同一律"和"不矛盾律"；结论要符合题旨、符合事理、符合语法、符合文情（上下文语境）、符合原文（原句字词）、符合章法（篇章结构）等。李先生自觉把训诂学与现代形式逻辑结合起来，既有利于传统训诂学的阐释，也更容易为具有现代学术背景的读者接受。

李先生这些论述对现代人利用古今注释时如何鉴别正误具有实际指导意义。他本人也运用上述原则和标准，敏锐地发现了大量古代训诂材料和今人注释材料中存在的问题，并且凭借其深厚的文献功底和缜密的逻辑训诂方法对相关词语重新作出令人信服的诠释。除上述集中考释《毛诗平议》和中学语文教材文言文注释中的疑难词语外，还有一些单篇论文解决了许多文献阅读中的疑难问题，如《"乐岁终身苦"新解》《〈孟子〉"蹴尔而与之，乞人不屑也"疑诂》《〈左传〉札记》《〈尚书〉〈论语〉札记十则》《读〈尚书易解〉，解〈尚书·酒诰〉》《"中""身""年"音义关系小考》《〈诗经·邶风·北风〉新解》《〈诗经·豳风·九罭〉新解》《〈包山楚简〉"䭑"义解诂》等都是他训诂考证方面的成果。

三　语法和修辞

（一）语法方面

文言文常在主谓之间用"之"字。这个"之"字的功用，一般认为是取消句子的独立性。李先生对主谓间"之"字用法作了全面考察，并把间"之"与不间"之"的主谓短语进行比较，写成《"之"在主谓间的作用》《间"之"主谓结构的语法功能》，归纳出主谓间"之"字的语法功能主要是舒缓语气，而"取消句子独立性决不是在主谓间用'之'字的目的，当然也不是它的主要功能"。进而《也谈"M1 之于（与）M2"》，认为"M1 之于（与）M2"这个结构也是主谓性质，"于（与）"具有动词功能，"之"也是用在主谓结构之间的语气助词。

古代汉语中"请"是个具有复杂语义关系和众多表层结构的特殊动词，以前，人们往往从句子成分的省略和"请"字本身的词义上来解释这些现象，结果很不理想。李先生《〈左传〉谓语"请"字句的结构转换》利用乔姆斯基的"转换生成语法"，抓住谓语请字句的三种深层语义结构，把纷繁复杂的八种"请"字句表层结构联系起来，进行科学的转换生成解释，使人们对所有谓语请字句的含义及相互关系有了更准确、更清楚的认识。"请"除作谓语外，也还常作状语。一般把作状语的"请"笼统地称为"表敬副词"，说它除表示敬意外没有任何实际意义。李先生认为，"请"作状语时，所表示的客气、礼貌或尊敬有两种情况，一是附带的对听话者表示尊敬，一是专门的对动词涉及的人表示尊敬。只有后者才能算修饰动词的表敬副词，因为这时的"表敬"处于主要的中心地位，是中心义素；而前者跟谓语"请"字"表敬"一样，是次要的，它还有别的义素，而且别的义素处于主要地位，这就不能把它看成"表敬副词"，而只能看成一种"敬语"。敬语是一种表达风格，能作敬语的不限于副词，动词、助动词、代词、形容词等都有敬语词。敬语词除了表示敬意外，另有独立的中心义素，表敬不是它的词汇意义；而表敬副词则主要是表示敬意，修饰动词，再没有别的词汇意义或别的中心义素。状语"请"既然有不同的中心义素，当然应该看作不同的义位，分列为不同的义项。所以李先生通过《状语"请"字的意义分析》，为我们展示了状语"请"的五种不同的表义情况。

"必也正名乎"之类的句式长期被人们误解。李先生从语境分析入手，归纳《〈论语〉里的"必也，P"句式》的全部用例，发现其中具有假设推论关系，即凡"必也，P（P 指代'必也'后面的部分）"都是放在否定性语意之后，"必也"是对前文否定语意所作出的不得已的假设性肯定，"P"则是在假设的情况下所引出的结果。因此，"必也"与"P"构成假设复句，"必也"是一个分句，后面当加逗号。这种观点一反现代人把"必也"当作"P"状语的看法，使《论语》中所有"必也，P"句的意义关系得到合理解释。这是利用语法分析解决文献训诂问题的典范。

大部分古代汉语教材都把使动和意动看作词类活用现象，李先生《试谈使动、意动用法的归属和注释问题》一文通过缜密的逻辑分析指出，把使动用法和意动用法归属于词类活用是不妥当的。使动用法和意动用法不是指某个词，不是词类的活用，而是指主动宾之间的特殊语义关系。因此，李先生指出，不能用解说词类活用的术语"（活）用如（作、为）"来注释使动用法和意动用法，不要把使动句和意动句的语法意义当作使动词和意动词的词汇意义，不要用有歧义的"以……为……"句注释意动句，不要用"使＋名（代）词＋使成式动词"的句式注释使动词。在此基础上，李先生《使动、意动误例辨》一文，分析了常见文言教材和各种注释把非使动句意动句误作使动句意动句，以及把使动句误作意动句或把意动句误作使动句的情况。这对古代汉语的教学和文献语义的理解都有积极意义。

（二）修辞方面

李先生对汉语修辞学素有研究，曾出版过《二十世纪汉语修辞学综观》《古汉语同义修辞》等专著，也发表过不少修辞学史方面的论文。但收入本文集的并不多，主要涉及"省略""意域项偏举""信息修辞"等。

"省略"是汉语常见的一种表达现象，可研究者大都从句法结构的角度来判断和分析省略。李先生认为，"省略"不完全是语法现象，而是一种综合性的语文现象，归根结底恐怕主要还是一种行文或说话的表达方法。省略的语意内容一般是明确的，但是由于显示条件的不足，有时也可能难于辨明；对省略内容的添补，可以用词或词组，也可以用分句、单句、句组甚至语段；判定省略与否的主要依据是语意逻辑上该不该有，而不是句法结构的完整不完整。因此，跟一般从句法角度谈句子成分的省略不同，李先生《省略新论》一文以人们很少论及的语句（包括分句、单句、句组或语段）省略为例，根据语意和逻辑来判定"省略"与否，而从修辞的角度来分析省略的意图、条件及效果的好坏。

《现代汉语表达中的"意域项偏举"》以一则笑话引出日常言语交际中的"意域项偏举"现象，即在某种特定的语意范围内，构成该意域的相关相类的信息项表达时不必一一列出，而只选其中有代表性的项目陈述，以达到突出重要信息和简化语码符号的目的；解码时通过意域项的相关相类性加以联想补充，就可以获得完全信息。文章不同意用"空符号"理论解释这种现象，而从修辞表达角度对"意域项偏举"现象进行深入分析，使人们对这种生活中常用却不知道所以然的语言现象有了理性的认识。前面提到的《论意域项的赘举、偏举与复举》一文以古汉语材料为对象，且着重辨析词语结构，但也涉及修辞表达问题，可以跟这篇文章联系起来理解，相得益彰。

《信息修辞论略》一文讨论了言辞与信息的关系，以及如何利用言辞的调整来改善信息传达的修辞手段。文章认为，提供的信息量不多不少，能切合题旨（交际目的）与情境（言语场合）的需要，主次分明，安排合理，这是讲究信息修辞的任务和要求，也是衡量信息修辞得当与否的标准。信息修辞是个比较新的角度，值得未来继续关注。

修辞方面还有《散文名篇〈春〉修辞解析疑误二则》一文，纠正了语文教学中对《春》的两处表达现象的错误理解。于细微处见理论，于细微处见功夫，修辞分析关注实际教学语料，更有教育意义。

四 综合应用

李先生不仅在文字、词汇、训诂、语法、修辞等学术领域有深入的研究和独到的见解，还能走出学术象牙塔，把语言文字学理论与现代语文应用结合起来，直接为社会生活服务。前面已有多篇论文涉及语文教学领域，如《字理和字理教学》《中学语文教材文言文注释应注意的几个问题》《散文名篇〈春〉修辞解析疑误二则》等，而《传统语言文字学在现代语文教学中的应用》也从文字、训诂、音韵、语法、修辞等几个方面谈了现代语文教学如何利用传统语言文字学理论和方法的问题。

除教学领域外，还有三篇重要文章与语文知识的应用相关。《试论地名标准化"语文标准"的原则问题》结合"全国政区名称用字读音审定工作国家级审定原则"的讨论，从"语文标准"角度为我国"地名标准化"的制定提供理论依据。文章认为，地名的标准化，无论是命名取义，还是用字和读音，都主要是语言文字方面的问题，应该遵循语言文字的科学规律；而地名的语文标准具有自身的特殊要求，其组词习惯、用字和读音等的规范，都不宜生搬硬套通用语言文字的规范标准。为此，李先生在分析地名实例的基础上，提出了地名标准化遵循"语文标准"的六项具体原则：理据性原则、区别性原则、同一性原则、规范性原则、简易性原则、习惯性原则。该文的基本观点得到国家有关职能部门重视，曾获全国第二届语言文字应用研究优秀论文奖。

《谈古籍电子版的保真原则和整理原则》一文则是将语文知识应用于古籍电子化的实践成果。所谓古籍电子化，是指利用现代信息技术，将历来以抄写本、刻铸本、雕版、活字版、套版及铅字印刷等方式所呈现的古代文献，转化为电子媒体的形式。李先生结合参与《文渊阁四库全书电子版》的工作实践，认为在古籍电子化的工作中，无论是图形版，还是全文版，抑或是专用字库，保真原则和整理原则都应该相辅而行，根据不同的目的可以有所侧重，但绝对不能偏废。一味追求完全保真，事实上做不到，即使能做到，也会徒增许多困难，而对于应用来说，其实又没有必要，可谓得不偿失；但如果无视古籍的内容真实，一味实行整理，甚至主观地随意篡改增删，致使其电子成品与古籍原件比较已面目全非，那也是不可取的。

还有《生活中的语言困惑》一文，也很有意思。它结合生活中的语言实例，陈述了名词修饰语的间接性、语言类别的非逻辑现象以及数量结构的界限模糊等问题。有关困惑点的分析和语言原理的阐释，能帮助人们正确理解和恰当运用生活语言。

李运富先生对汉字学理论的贡献[*]

张道升

汉字是中华文化的一部分，同时又是记录汉语的工具、反映其他文化信息的重要载体，所以汉字从创制以来就有专门研究，汉字学史悠久漫长，汉字学研究成果汗牛充栋。但以前的汉字学研究多受"六书"局限，也受苏俄和西方文字学思想束缚，在汉字本体的分析和解释上存在不少误区，许多基础理论问题长期争论不休，致使汉字学理论在应用领域缺乏有效的指导，因而在现代学术体系中没有合理的地位。

李运富先生在师从著名学者王宁先生完成博士学业以后，主要致力于汉字学的教学和科研工作，先后出版《楚国简帛文字构形系统研究》（岳麓书社1997年版）、《汉字构形原理与中小学汉字教学》（长春出版社2001年版）、《汉字汉语论稿》（学苑出版社2008年版）、《汉字学新论》（北京师范大学出版社2012年版）等文字学方面的专著，并发表相关学术论文数十篇（详见文末附录）。在这些论著中，李先生对汉字学的本体属性进行了全面分析，并从汉字实际出发，突破传统研究方法和成见，全面、系统而独创性地阐述了汉字学体系及相关理论。

宏观上，李运富先生以汉字材料的全面介绍和科学整理为基础，创建了立足"三个平面"、多角度讨论问题的立体式研究思路和知识体系新框架。李先生多次强调："汉字"作为记录汉语的书面符号只是个笼统说法，它的实际内涵至少可以归纳出三种指称：1. 外部形态，即字样；2. 内部结构，即字构；3. 记录职能，即字用。可见汉字不是汉语的翻版，汉字具有自身的发展规律和独立的属性系统。汉字的属性表现在形体、结构和职能三个方面，因而汉字学也应该分为三个平面，形成三个学术系统，建立三个分支学科：1. 从外部形态入手，研究字样含义的"字"，主要指字样的书写规律和变异规律，包括书写单位、书写方法、书写风格、字体类型、字形变体等等，这可以形成汉字样态学，也可以叫作汉字形体学，简称为字样学或字形学；2. 从内部结构着眼，研究字构含义的"字"，主要指汉字的构形理据和构形规律，包括构形单位、构件类别、构形理据、组合模式以及各种构形属性的变化等等，这可以叫作汉字构形学或汉字结构学，简称为字构学；3. 从记录职能的角度，研究字用含义的"字"，主要指怎样用汉字来记录汉语，包括记录单位、记录方式、使用属性、字词对应关系、同功能字际关系等，这可以叫作汉字语用学，简称为字用学。在这三个平面中，字用层面的研究最为薄弱，为此李先生写了《汉字语用学论纲》一文，专门阐述建立汉字语用学的学理依据、学科定义、主要内容等，使该分支学科开始走向理论化、系统化、科学化，从而健全了三个平面的理论建构。

---

[*] 本文原载《求索》2012年第9期。

李先生的《汉字学新论》正是以"三个平面"理论为纲来构建新的汉字学框架和处理汉字学知识系统的。

微观上，李运富先生从不同平面着眼，深入探讨汉字起源、汉字属性、汉字关系、汉字文化、《说文解字》与"六书"、汉字考释方法、汉字史研究方法、汉字教学方法等各种有争议的具体问题，提出了许多令人耳目一新的独到见解。现将李先生的主要创新观点简介如下：

1. 汉字起源

在《论汉字起源的具体所指》中，李先生认为要弄清楚汉字的起源问题，首先必须对"起源"进行界定，否则各人所说的"起源"含义不同，就很难说到一块儿去。通常所谓"起源"只是个笼统的说法，实际可以分离为许多不同的内容。"汉字起源"的具体所指，应该包括基础汉字的"源出"（原始出处及创造者）、"源素"（构造成分）、"源体"（形体的来源）、"源式"（最初的创造方式）和系统汉字的"源头"（最初的基础汉字）、"源流"（源头汉字发展为主流汉字的过程）等内容。李先生指出，从汉字的基本属性出发，汉字的源头可以上溯到8000年前，最初创制的一批汉字主要是数字、名物字和起标记作用的字，汉字的形体主要来源于客观事物的形象和情景，最初的造字方式是"依类象形"，其后"形声相益"即直接根据语言的音义构字，才摆脱客观事物的局限，使汉字的记录职能迅速形成系统。这个从"文"到"字"再到"书"的过程，正是汉字初期发展的"源流"。李先生关于汉字起源问题的认识清晰而全面，可以避免各种不必要的争议。

2. 汉字属性

一般将汉字定义为记录汉语的书面符号，李先生认为这种说法只看到汉字跟汉语相适应的一面，而忽略了汉字跟汉语不相应的一面。首先，在汉字的起源阶段，汉字主要用来在没有"共同语言"的人与神之间、部落与部落之间沟通思想，传达信息，目的并不是为了记录某一种语言。即使跟汉语结合以后，初期阶段的汉字所记录的汉语也是不完整的。其次，跟西方表音文字对比着来看，汉字记录汉语也不是偏重语音的，因为不同的汉字可以读相同的音，同一个汉字又可以被各种方言或异语读出不同的音。汉字记录汉语主要是记"词"记"义"，因而可以不依附"口语"而独立存在。这种不追随语言，甚至能够控制语言的汉字系统，跟西方的表音文字完全记录口语的语音是不同的。所以李先生将汉字谨慎地界定为：汉字是汉族人创造的，不受时空限制而能表示一定的意象信息（事物和观念），也能记录汉语（词、语素和音节）的平面视觉符号。

一般认为汉字具有"形、音、义"三要素。李先生指出，汉字的"形、音、义"并不处于同一平面，也不都是必不可少的（有时只表音，有时只表义），所以不宜并称为"三要素"。汉字真正的三要素不是"形、音、义"，而是"形、意、用"。所谓"形"是汉字成立的前提，是视觉感受到的直接印象，是每个汉字任何时候都具备的外部形态。所谓"意"指的是汉字的"构意"，它直接来源于对客观事物（包括抽象概念）和语言音义的认识，是体现在汉字内部结构上的构形理据；"意"在汉字的初创时期具有普遍性，但汉字形体变化以后可能需要重新分析。所谓"用"指的是汉字的功用或职能，汉字可以只表示语言的意义信息，也可以记录语言的表达单位，包括语音单位和音义结合体。传统所谓"音、义"处于"用"的层面，其隐显强弱因时因用而异。

关于汉字的性质，李先生对各种不同说法产生的背景和具体内涵进行了分析和评价，梳理出汉字定性的有效标准，即根据三平面理论，通过总体比较，分别描述汉字在外形、结构和职能方面的区别性特征，从而给汉字多角度的定性：从外形上把汉字叫作"方块型文字"，以区别于英文等"线型文字"；从结构上把汉字叫作"表意主构文字"，以区别于英文等"表音主构文字"；从记录职能上把汉字叫作"语素音节文字"，以区别于英文等"表词文字"。这种对汉字性质的多角度描述比较全面而客观，可以消除因拘泥一点或角度不同而形成的各种争议。以上各种观点，见于《汉字学新论》第一章。

对汉字属性的认识直接影响汉字个体单位的确定，汉字数量会因"字"的定义不同、材料范围不同、实际需要不同而有不同的统计结果。每种数量统计的原则必须明确一致、科学可信，否则没有任何意义。李先生《论汉字数量的统计原则》一文按照三平面理论提出了形体原则、结构原则、功能原则，认为形体原则和功能原则只适用于小范围的具体文本或材料的字数统计，只适用于展示字形或归纳义项等特定目的，要在大范围或总体上对汉字数量进行一般的统计，则应该运用结构原则，因为我们说记录汉语有多少个"字"，实际上是从构造的角度说的，意为构造过多少个字符，而不是指写过多少个形体，也不是指用字记录过多少个词或义项。

3. 汉字关系

对于各种字际关系，前人有许多术语表述，如"通假字""异体字""古今字""正俗字""繁简字"，还有"正、同、通、借、讹、变、后、别"等类别划分，名目繁多。李先生认为，这些术语名称确实能表述某一方面的字际关系，但它们大都出于特定的目的，各自只适用于特定的场合，相互之间没有明确的并列关系和上下位关系，所指现象往往交叉重复而又不能涵盖全部。可见这许多的名称术语实际上并没有构成科学的体系，还难以承担系统地准确地描述汉字之间各种属性关系的重任。因此，李先生对上述各种概念进行了清理，按照汉字字际关系的实际情况重新建构类别系统和术语系统。这个系统体现在《汉字学新论》的第九章，还有《论汉字的字际关系》等论文中。李先生的字际关系也是分为三个平面的：书写平面有同样字与异样字、同形字与异形字；结构平面有同构字和异构字；职能平面就储存状态的字词关系言，有同音字、同义字、音义皆同字、音义相关字，就使用中字与词项的对应关系言，有异字同用关系，有同形异用关系。这些汉字关系针对不同属性和不同角度而言，判断标准并不一致，分在不同的平面中彼此界线了然，而混到同一平面内，就难免彼此交叉或相互包含，争议往往由此产生。

例如"异体字"，顾名思义，就是形体不同的字。但这样定义没有价值，因为几乎所有的汉字个体都是形体不同的。所以异体字的本质属性是"功能相同"而不是"形体不同"，研究异体字得跟汉字的属性与功能相联系，也就是得进入三个平面。而在不同的平面上，"异体字"可以作出不同的理解，具有不同的内涵和外延，没有必要拘泥一种界定而争论不休。就功能上的"音义相同"而言，除了需要排除借用外，本用职能的相同与否应该联系引申和派生情况灵活理解，并且不必考虑所谓"共时性"，因为"共时"的绝对范围无法确定，而相对历时的"异体字"普遍存在。对于异体字的整理和规范，则要明确服务于什么目的，目的不同，整理的原则和规范的对象就会不同。整理和规范的异体字实际材料，往往是满足某种需要的结果，跟"异体字"的理论界定不一定等值。这种看法可以非常有效地避免用材料指责理论或用理论局限材料的弊端。

4. 汉字文化

前些年汉字学领域对"汉字文化"炒得很热，似乎汉字包括了所有文化，分析汉字可以获得整部中华文明史，因而纷纷提出要建立"汉字文化学"。李先生则冷静地指出，事实上所谓"汉字文化学"并没有新的内容，无非是把原来汉字形体分析中本已存在或本应涉及的文化因素抽出来按"农业""服饰""战争""祭祀""酒""玉"等分成若干文化类项，或者把词义等语言单位表达的内容也混入"汉字文化"，殊不知这样的文化类项是变动不居无穷无尽的，而且不是以研究汉字为目的的。汉字固然与"文化"相关，但相关未必都要成"学"，人类社会中没有任何事物不与"文化"相关，例如桌子、椅子、杯子、房子、车子……交通标志、数学符号、八卦图形、艺术绘画……都能分析出若干种文化现象，难道都要建立起"××文化学"？所以李先生认为在没有独立对象和明确范围的情况下，先不必忙于建立所谓"汉字文化学"。

但这并不意味着研究汉字可以排斥文化。事实上汉字与汉字之外的文化项具有互证关系，可以互相利用。既然是"互相利用"，就有个研究立场的问题。李先生说，如果用汉字来证文化，目的是说明文化现象，那应该属于文化学（实际上还要具体到某个文化项的学科）；如果用别的文化现象来证汉字，目的在阐释汉字现象，那应该属于汉字学。很明显，站在汉字学的立场，我们需要做的应该是用其他文化项（不确定）来阐释汉字现象，而不是用汉字的材料来归纳其他文化现象——这样做不是没有价值，而是超出了汉字学的范围。这就指明了对于"汉字学"而言，分析"文化"现象应该作为阐释汉字现象的手段，而不是汉字学研究的目的。即使作为手段运用，也不应该流于泛滥，而要从汉字的"形体"出发，紧扣着"字"的属性来进行。汉字具有外形、结构、职能三个方面的属性，那么我们就应该从汉字的外部形态、内部结构和字符职能三个方面着眼，看这些属性的形成受到哪些文化因素的影响。正是基于这样的认识，李先生在《汉字学新论》中专设"汉字文化"一章，站在"汉字学"的立场，就文化与汉字的关系、汉字学如何利用文化事项阐释汉字现象等问题，作了比较全面的论述。

5.《说文解字》与"六书"

一般认为，"六书"是关于汉字构造和结构分析的系统理论，许慎的《说文解字》就是按照"六书"的类型来分析和解释每一个汉字的。李先生经过考察，提出《〈说文解字〉的析字方法和结构类型非"六书"说》，认为《说文解字》只是在叙言中介绍过汉字教学的"六书"，并没有说要按照"六书"来分析汉字的结构类型。实际上许慎用以分析汉字的方法应该叫"构件分析法"，即根据认知需要把每个汉字的形体拆分为若干构件（包括独立构件），说明每个构件的构造功能、同形成分和变异来源，无法说明的以"阙"为代号。根据许慎的分析方法推算和分析实例归纳，汉字的结构类型可以概括为二十种：独体字四种（象形独体字、标志独体字、代号独体字、变异独体字），合体字十六种（形形合体字、义形合体字、音形合体字、标形合体字、代形合体字、义义合体字、音义合体字、标义合体字、代义合体字、音音合体字、标音合体字、代音合体字、标标合体字、代标合体字、代代合体字、多功能合体字）。这二十种类型可以用来分析古今一切汉字，李先生《汉字学新论》的"汉字结构"部分就实践和检验了这二十种结构类型。

至于"六书",虽然与《说文解字》相关,但并非完全对应。这是因为《说文解字》属于学术系统,而"六书"属于教学领域。从"六书"出现的语境推断,它应该属于古代小学教育中的一门教学科目,"六书"之名是对该科目知识内容的概称。"六书"的具体内容涉及汉字的形体来源、理据构造、类聚关系、用字法则等,构成汉字基础知识的教学体系,但不是单一理论的学术类型系统。"六书"长期被看作六种造字方法或六种结构类型,并不符合"六书"的原始功能。"六书"所选择的知识要点和拟定的名目非常适合基础教育的需要,"六书"的主要价值不在理论方面而在教学领域。现代的汉字教学存在诸多偏误,回归或借鉴传统"六书"可能是一条很好的出路。当然,这不是说"六书"跟学术毫无关系,在学术史上,"六书"引起了汉字理论的各种专题研究,从而产生"六书学"。但"六书学"不等于"六书",它偏离了"六书"的教学领域,或出于误解,或出于借题发挥。李先生的这些观点振聋发聩,确实属于《"六书"性质及价值的重新认识》。

6. 古文字考释方法

对出土文字而言,考释疑难字词是一项基本功,考释方法的总结十分重要。李先生发表过《楚国简帛文字丛考》(1—4),提出"构形系统分析考字法"。后来在《论出土文本字词关系的考证与表述》及《楚简"䑿"字及相关诸字考辨》等文章中,对出土文本字词的考证方法和要求进行了更加深入的思考,提出了"完全考释""非完全考释""证据链"等全新的观念,认为考释古文字要有"系统证据","要像公安局破案一样建立证据链",只有在字词的"形、音、义、用"各方面都能作出合理的解释说明,才能算是确切无疑的"完全考释"。对"非完全考释"而言,其"形、音、义、用"的证明可以有某些缺失,但至少不应该出现矛盾和反证,这样才能避免顾此失彼,才能尽量增强结论的可信度。例如《包山楚简》中的"䈞"字,原注释隶定为"广"下"炙",释为"庶"而借作"炙"。李先生认为这样的结论没有形成证据链,在形、音、义、用的某些方面得不到合理说明,因此进行重新考释,最后将相关字词的对应关系整理如下:

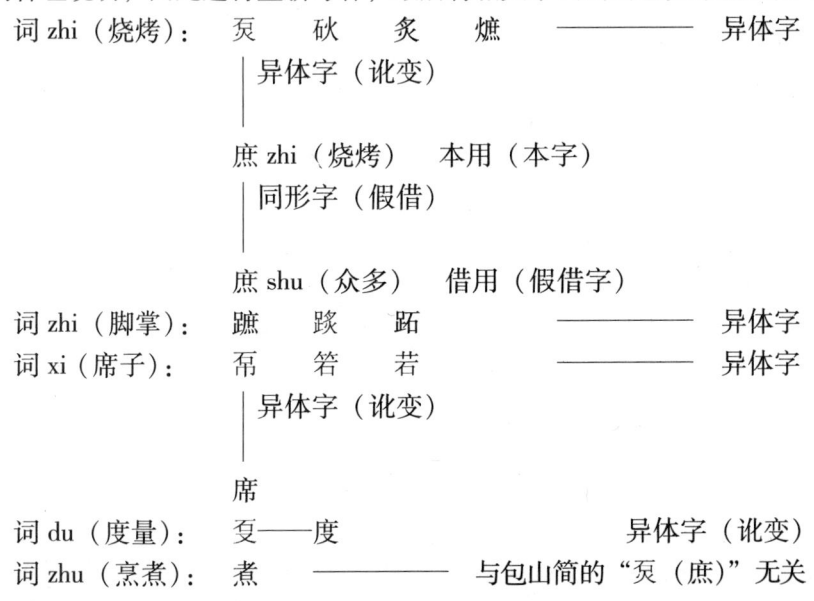

词 zhi(烧烤): 炙 砍 炙 燨 ———— 异体字
　　　　　　　│异体字(讹变)
　　　　　　　│
　　　　　　　庶 zhi(烧烤)　本用(本字)
　　　　　　　│同形字(假借)
　　　　　　　│
　　　　　　　庶 shu(众多)　借用(假借字)

词 zhi(脚掌): 蹠 跖 跖 ———— 异体字

词 xi(席子): 帚 筶 若 ———— 异体字
　　　　　　　│异体字(讹变)
　　　　　　　│
　　　　　　　席

词 du(度量): 夂——度 　　　　　　　异体字(讹变)

词 zhu(烹煮): 煮 ———— 与包山简的"炙(庶)"无关

这样的考释就不是单个字形单方面的证据了，而是通过相关字词的彼此呼应，提供了链条式的系统证据，在这个系统中，每个字的形、音、义、用都是清楚的，指称明确的，表述科学的。李先生在《汉字学新论》里将这样的考释方法正式命名为"综合链证法"。

7. 汉字史研究方法

一般认为，战国时期的汉字因政体不同地域不同而分成了不同的"系"，并说各个系别的文字都有各自的"特点"。但拿各系文字的所谓"特点"一比较，发现大都相通或彼此交叉，并没有整齐的"系"别。李先生敏锐地指出，这是因为研究方法上出现了问题，即先有了国别分域的意识，先把材料按国别地域分成若干个"系"，然后再去寻找各系文字的"特点"，而并不是根据已经研究出来的文字特点进行分域划系。这种做法很容易把文字材料的范围分类当作文字属性的系统划分、把普遍存在的文字现象当作某个范围独有的文字特点、把综合的文化属性当作专业的文字属性，从而混淆不同层次类别的关系，混淆个体与总体、局部与全部的关系，致使结论难以信从。所以李先生提出《战国文字"地域特点"质疑》，提出《汉字史研究的方法论原则》，并《从楚文字的构形系统看战国文字在汉字发展史上的地位》。李先生认为，研究汉字发展史，应该克服先入为主的成见，避免非文字因素的干扰，从文字符号本身的属性出发，圈定范围，逐字逐类逐层全面地描述现象、揭示规律、提供数据，然后将不同范围的文字材料按一定的步骤逐字逐类逐层直至总体加以分别比较，根据其异同情况并合区别，才能归纳出各种相应的结论。也许战国文字确实具有"系别特点"，但现在的研究成果还不足以证明。

在汉字发展史上，各种字体的演变关系是最引人注目的。传统观点习惯于"甲骨文、金文、大篆、小篆、隶书、楷书"这样单一线条的递进更换。这样描述文字形体的演变实际上过于简单。李先生指出，汉字的形体分为"形"和"体"两个方面，形是书写的元素，体是书写的风格。书写元素的不同造成"字形"的不同，书写风格的不同造成"字体"的不同。汉字形体的差别，一方面是造字构形的不同，另一方面是发展演变的结果。字体的演变以字形的演变为基础。在字体的历时演变过程中，很少有一种字体严格对应于另一种字体的情况（结构与功能除外），也就是说，任何一种字体都不是单一来源于另一种字体，某种字体的具体来源要逐字考察后才能综合说明。例如通常认为"隶书"由"小篆"演变而成，事实上有的隶书来源于甲骨文、金文，有的隶书来源于六国"古文"，当然也有从小篆改造或转写出来的隶书，但总体上隶书不是对小篆的替换，小篆作为人为规范的字体也无法自然演变为隶书，不能因为汉代有些隶书字形是从小篆转写来的，就证明整个隶书字体是由小篆演变而成。这在研究方法上属于以偏概全，容易使问题简单化。李先生在《汉字学新论》的第五章为我们提供了全面考察汉字形体关系、多源梳理汉字形体流变的正确方法。

8. 汉字教学方法

汉字研究与汉字教学密切相关。在汉字教学实践中，字理教学是一种重要的方法。但各人对"字理"的把握不同，教学的方法和效果也不同。胡乱拆解者有之，随意联想者有之，牵强附会者有之，古今混同者有之。针对这种混乱现象，李先生从理论和方法上专门阐述了《字理与字理教学》以及《汉字的构形原理与讲解原则》。

李先生认为，汉字都是有理据的，所谓理据就是可解释性。汉字构造之初，理据能够清晰地解释形体与功能的关系；随着汉字形体的演变和语言音义的发展，有些字符的理据会重构，有些字符的理据可能丧失。对于理据重构的字来说，不同的形体反映出不同的字理；对于理据丧失或部分丧失的字来说，虽然无法解释某些形体的音义功能，但形体结构本身仍然是合理的，因为这些形体的来源可以解释，从来源上讲清形体变化的所以然，并对变化后的字形人为规定分析方法和结构类型，这也是一种字理。因此，李先生所说的"字理"实际上包括构造之理和演变之理，也就是静态之理与动态之理两个方面。动态演变是纵向的，贯通古今的；而静态构造是横向的，可以分为字源构造、历变构造和现实构造等不同的构形模式。这些都属于字理。

如何在教学实践中有效运用字理知识，李先生从正反两方面做了说明。指出必须紧扣字形，违背字形的"理"不是真正的字理；必须与字形所记录的词语相关或者与字形的演变过程相关，无关词语音义和形体演变的"理"也不是真正的字理；形体与功能的联系必须自然而然、合情合理，牵强附会生拉硬扯的"理"同样不是真正的字理；真正的字理必然符合系统、具有规律，游离系统之外而毫无规律的望形生"理"即使能自圆其说，也不能算真正的字理。所以讲解字理，应该紧扣字形，据形讲理；突出功能，依词讲理；符合逻辑，客观讲理；注意系统，关联讲理；顺应发展，历史讲理。对于现代汉字的教学而言，构形理据一目了然的，可以直接依现代字形讲解；构形理据不太清楚或没有把握的，联系现代的相关字形统一考虑，在共时系统的约束下寻求类别理据，例如类义符、类声符等；共时系统无法提供理据线索的，才求助于字源和形体演变的考察，借以说明字源理据或形体变异之故；字源理据不清或形体来源不明者则要存疑，宁缺毋滥，千万不要为求字理而随意联想，以致胡拆乱讲。

李先生还指出，在基础教育领域，字理教学不单纯是个方法问题，它跟汉字知识、教育规律和儿童心理都有关系，因此应该在这些理论的共同指导下准确地把握字理教学的性质、功用和尺度，不要把字理教学讲成图画课，以为所有汉字都是由图画变来的，从而背离汉字科学；也不要把字理教学讲成古文字课，那会增加学生负担，偏离中小学语文教学的目标；更不要把字理教学讲成系统的文字学理论课，那么抽象的知识会降低学生学习汉字的兴趣。字理教学作为一种识字方法是科学的，行之有效的，但并不是唯一的和万能的。所以字理教学应该跟别的识字方法相辅相成，能够解释字理而学生也容易接受的可以用字理教学法，不能解释字理或虽能解释而学生难以领会的就不要强解字理，而应该采用别的识字教学方法。

这些原则和方法，对于汉字的字理教学具有切实的指导意义。

总之，在汉字学基础理论研究中，李先生以"形体、结构、功能"三个平面的汉字本体分析为经，以汉字起源、汉字属性、汉字关系、汉字文化、汉字考释、汉字发展、汉字教学及汉字学史中的各种具体问题为纬，创建了立足"三个平面"、多角度讨论问题的立体式研究思路和网格状知识框架。这种新的汉字学体系不同于古文字学以"考释"为价值取向、传统汉字学以"六书"为主要内容、现代汉字学以"规范"为终极目标的单层结构体系。这种多角度、多平面相互贯通而总体关联的经纬交织研究方法，使汉字学中许多有争议的理论问题能够站在新的视角获得比较宏通的看法。新的方法和新的结论，使汉字学的知识系统和理论框架具有新的面貌，从而推动了汉字学研究的深入。

限于笔者的见识和文章的篇幅，这里不能对李先生迄今为止的 150 多篇论文与二十来部专著和教材一一评述。为了便于读者全面了解李先生的学术思想，特将李先生一些主要的跟文字学研究密切相关的论文篇目（包括本文已经引述的篇目）附录于此：

《楚国简帛文字研究概观》，载《江汉考古》1996 年第 3 期

《楚国简帛文字丛考（一）》，载《古汉语研究》1996 年第 3 期

《楚国简帛文字丛考（二）》，载《古汉语研究》1997 年第 1 期

《楚国简帛文字丛考（三）》，载《古汉语研究》1998 年第 2 期

《楚国简帛文字丛考（四）》，载《古汉语研究》1999 年第 1 期

《汉字的形体演变与整理规范》，载《语文建设》1997 年第 3 期

《从楚简帛文字构形系统看战国文字在汉字发展史上的地位》，载《徐州师大学报》1997 年第 3 期

《论汉语字词形义关系的表述》，载《湖北民族学院学报》1997 年第 4 期

《战国文字"地域特点"质疑》，载《中国社会科学》1997 年第 5 期

《考释古文字应重视构形理据的分析》，载日本《中国出土资料研究》第二集，1998 年 5 月

《本体·系统·比较——汉字史研究方法论》，载《中国教育报·语言文字版》1999 年 8 月 20 日

《论汉字数量的统计原则》，载《辞书研究》2001 年第 1 期

《论汉字职能的演变》，载《古汉语研究》2001 年第 4 期

《现代形声字的判定及类义符和类声符》，载《古汉语论集》第三集，岳麓书社 2002 年 1 月

《论汉字的字际关系》，载《语言》第 3 卷，首都师范大学出版社 2002 年 9 月

《论汉字的记录职能（上）》，载《徐州师范大学学报》2003 年第 1 期

《论汉字的记录职能（下）》，载《徐州师范大学学报》2003 年第 2 期

《〈包山楚简〉"諜"义解诂》，载《古汉语研究》2003 年第 1 期

《楚简"諜"字及相关诸字考辩》，载日本《中国出土资料研究》第七辑，2003 年 7 月

《章太炎黄侃先生的文字学研究》，载《古汉语研究》2004 年第 2 期

《字理与字理教学》，载《吉首大学学报》2005 年第 2 期

《论出土文本字词关系的考证及表述》，载《古汉语研究》2005 年第 2 期

《汉字语用学论纲》，载《励耘学刊》（语言卷）2005 年第 1 辑

《关于"异体字"的几个问题》，载《语言文字应用》2006 年第 1 期

《汉字性质综论》，载《北京师范大学学报》2006 年第 1 期

《论汉字起源的具体所指》，载《民俗典籍文字研究》第三辑，商务印书馆 2006 年 12 月

《论汉字结构的演变》，载《河北大学学报》2007 年第 1 期

《早期有关"古今字"的表述用语及材料辨析》，载《励耘学刊》（语言卷）2007 年第 2 辑

《汉字演变的研究应该分为三个系统》,载《唐山师范学院学报》2009年第3期

《〈说文解字〉"含形字"分析》,载《民俗典籍文字研究》第六辑,商务印书馆2009年12月

《汉字的构形原理与讲解原则》,载《世界华文教育》2010年第1期

《〈说文解字〉的析字方法与结构类型非"六书"说》,载《中国文字研究》第十四辑,河南教育(大象)出版社2011年3月

《〈说文解字〉"从某字"分析》,载《民俗典籍文字研究》第九辑,2011年12月

《"六书"性质及价值的重新认识》,载《世界汉语教学》2012年第1期

《汉字的文化阐释》,载《中国文字学报》第四辑,商务印书馆2012年6月

《论王筠"分别文、累增字"的理论背景与研究意图》,载《励耘学刊》(语言卷)2012年第2辑

参考文献

[1] 张素凤:《内容丰富、观点新颖、学理与学史并重——李运富先生〈汉字汉语论稿〉述要》,《励耘学刊》(语言卷)2008年第1辑(总第7辑),学苑出版社2008年版。

[2] 陈灿:《"字用学"的构建与汉字学本体研究的"三个平面"——读李运富先生〈汉字汉语论稿〉》,《语文知识》2008年第4期。

汉字研究从"形音义"到"形意用"
——读李运富《汉字学新论》

郭敬燕

一 绪论：汉字研究"形意用"系统的提出

一般认为，汉字有"形音义"三要素。从字书鼻祖《说文解字》（下文简称《说文》）开始，就是通过"分解字形来讲解字义、字音，同时融会贯通经典中的大量训释，解释了汉字形、音、义统一的特点"[①]。后代字书便由此代代相传。

明代大型字书发展迅速，并且都有意识地从这三方面着手来分析汉字，如明张自烈《正字通》卷十二："黇，黏字之讹。旧注音义同。黏改从舌，分为二，因舌、占形相近而讹。"

清代以来，文字学理论得到了很大提升。清末小学家已经明确提出以"形音义"来析字考字，其中段玉裁注解《说文》体例时写道："凡文字有义、有形、有音……凡篆一字，先训其义……次释其形……次释其音……合三者以完一篆。"这是段玉裁对《说文》深刻解读后的体例说明和理论阐释，事实上也确实如此。

另外，如清王鸣盛《蛾术编》："李舟《切韵》云，'肇，击也，其字从戈肁声。形音义皆合，直小切。'许讳其字，故不为之解。先生疑肇、肇为两字，未之考尔。"清王先谦《荀子集解》："儳作累，恐亦字形之讹。累与濕皆俗字，濕当作㴶，累当作蔂，与此字形音义远。"从以上两例也可以看出，清人释字必提及形音义已然形成体例，只有形音义可释，这个字才可谓"名正言顺"。

现代很多学者考释疑难字也是以"形音义"系统为据。如张涌泉《汉语俗字丛考》（1996）、杨宝忠《疑难字考释与研究》（2005）、韩小荆《〈可洪音义〉研究——以文字为中心》（2009）等主要都是考释"形可疑""音未详""义未详"（或"音义未详"）的字，其中"形可疑"主要是指构形理据不明，形义关系不切。

因此，从许慎说解字形开始直至目前为止，可以说汉字"形音义"系统就一直是大家公认的识读汉字研究汉字的基本准则。但是汉字研究却不应仍然只停留在这个所谓"形音义"层面，而应该还要循序渐进地深入到其他层面的研究中去，关注包括汉字的外部形态、汉字的内部结构和汉字如何记录汉语等层面的研究——这就是李运富《汉字学新论》（下文简称《新论》）一书中提出的汉字研究"形意用"系统。

---

* 本文原载《语文知识》2013 年第 4 期。

① 王宁主编：《训诂学》，高等教育出版社 2010 年版，第 89 页。

汉字研究"形意用"系统理论不仅以全新的理论视角涵盖了以往汉字研究的成果，为诸多汉字研究领域找到了学理依据和落脚点，而且还能站在高处观瞻当前和未来汉字研究的崭新领域：汉字语用学。因此，我们认为汉字研究从"形音义"系统到该书中提出的"形意用"系统无疑是一个理论飞跃。

二 "形意用"系统和"形音义"系统的联系与区别

传统"形音义"系统：其中的"形"其实所指不明，在专家眼里，该"形"一般是指形体结构，中国的文字学史基本上就是在研究"汉字结构"的分析和分类，外形的书写被划归书法学，汉字学书中的字体演变实为综合性的字料介绍，所以汉字的外形从来没有独立出来成为汉字学的研究对象；而在普通人眼里，特别是在基础教育领域，"形音义"的"形"指的却是外形，中小学让学生掌握"形"就是指能够认识某个字形或者写出某个字形，至于这个字形的结构理据一般是不讲或不知道的。普通层面的"形"虽然指的是外形，但只是实用的感知上的"形"，也不是理论研究上的"形"。可见在以前的汉字研究和汉字教学中，"形音义"的"形"或者混同外形和内构不加区分，或者单指"结构"，或者单指"外形"，很少有把"外形"和"结构"并列起来看作汉字的两大要素的。"形音义"系统中的"音义"虽然属于汉字的"用"，但抓住的是汉字本身固有的"音义"，而忽略了汉字运用中可能出现的种种功能变化。实际上汉字的功能是不固定的，字与词的不对应性是汉字属性的基本特点，何况汉字还可以偏音偏义，甚至可以完全脱离语言单位的音义而表情达意，所以把汉字的要素限定在"音义"可能失之偏狭。

李运富提出的汉字研究"形意用"系统："所谓'形'是汉字成立的前提，是视觉感受到的直接印象，是每个汉字任何时候都具备的外部形态。所谓'意'指的是汉字的'构意'，它直接来源于对客观事物（包括抽象概念）和语言音义的认识，是体现在汉字内部结构上的构形理据；'意'在汉字的初创时期具有普遍性，但汉字形体变化以后可能需要重新分析。所谓'用'指的是汉字的功用或职能，汉字可以只记录语言的意义信息，由'形''意'结合直接表示客观事物或某个约定的内容；也可以记录语言的表达单位，包括语音单位和音义结合体。……'形''意'属于汉字的构造，'用'属于汉字的职能。传统'音、义'处于'用'的层面，其隐显强弱因时因用而异。汉字的'用'是突破了时空限制的，这是它区别于艺术绘画和专门标志的主要特征。"[①]（下文均直接注明《新论》页码。）

汉字研究"形意用"系统与"形音义"系统既有联系又有区别。根据《新论》一书的有关论述，它们之间的关系可图示如下。

"形意用"系统在"形音义"系统的基础上作了一分一合的变动，从而形成一种全新的理论思维。"形音义"着眼的是汉字的认读即可称说可解释，"形意用"开始注重汉字研究的整个体系，一方面明确了"形体"与"结构"各自独立的地位，另一方面又凸显和扩展了汉字"功用"的内容，其中最重要的是开始挖掘汉字作为记录汉语的符号系统

---

① 李运富：《汉字学新论》，北京师范大学出版社2012年版，第5—6页。

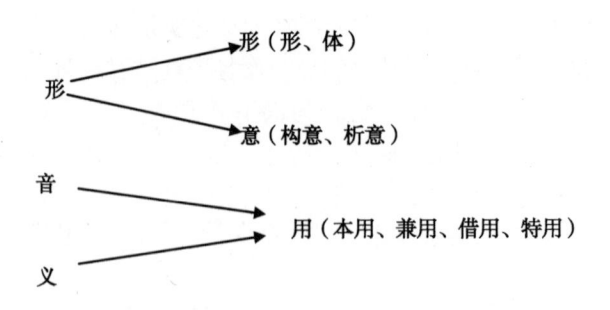

```
形 ──→ 形（形、体）
   ╲─→ 意（构意、析意）
音 ─╲
     ─→ 用（本用、兼用、借用、特用）
义 ─╱
```

长久以来是如何记录汉语的这一重要研究领域。可以说作者提出的汉字研究"形意用"系统，既有研究广度又有研究深度。因为如此一来，从秦始皇"书同文"、李斯《仓颉篇》等开始，到唐代兴盛一时的"字样学"，以及现在的汉字规范标准、书法学、字体学等，都可以归属于汉字外部形态范畴，即"形"；自造字始，到许慎《说文》说解汉字的内部结构、历代字书的析字等，可以归属于汉字构形理据范畴，即"意"；汉字记录汉语的音、义、词素、词等功用或职能，可以归属于汉字语用范畴，即"用"。

另外，值得注意也很重要的一点是"这三个学术系统或学术平面不是并列的，也不是层叠的，而是同一立体物的不同侧面，有些内容彼此关联，允许交叉"。①

三　汉字研究"形意用"系统提出的重大意义

关于"形"，传统"形音义"系统长久以来一直都忽略了汉字这种特殊文字的外部形态特点，主要表现在两方面。

首先表现在汉字要素上。所谓"形音义"三要素的"形"学界专家一般讲的只是汉字的内部结构，而忽略了汉字由甲骨文而金文、小篆、隶书、楷书等字体外部形态的巨大变化。致使书法学、字样学、字体学以及近来的汉字规范等在文字学研究中始终没有扎实的落脚之地。例如"字样学"，唐兰在《中国文字学》中说："由中国文字学的历史来看，《说文》《字林》以后，可以分成五大派：一、俗文字学；二、字样学；三、《说文》学；四、古文字学；五、六书学。前两派属于近代文字学，后三派属于古文字学，在文字学里都是不可少的。"② 经过半个多世纪的发展，古文字学、《说文》学、俗文字学、六书学均已得到极大的发展，而字样学的研究却始终处于相对滞后的局面。我们认为这与"字样学"在学理上的归属不明和学者因此对其重视不够有很大关系。

其次表现在学界对汉字性质的讨论上。李运富在《新论》"汉字的性质"一节总结了学界对汉字性质的种种分歧及其原因，提出了科学而全面地探讨汉字性质的方法并得出结论，其中第一条就提到"汉字外形方面的属性"："一般谈汉字性质时不提这一点，但其实这是人们最容易感觉到的汉字的区别性特征……所以'平面方块儿型'应该是汉字具

---

① 李运富：《汉字语用学论纲》，《励耘学刊》（语言卷）2005年第1辑（总第1辑），学苑出版社2005年版。
② 唐兰：《中国文字学》，上海古籍出版社2005年版，第19页。

有区别特征的本质属性之一。"① 我们之所以会对汉字的外部形态熟视无睹,一是因为我们身在其中,好像汉字本身就应该是这样的,毋庸再说;二是因为我们忽视了汉字的性质是要相比较其他文字而言,而不是闭门造车自顾琢磨出来的。

所以李运富《新论》"形意用"系统的提出可以说对于汉字外部形态的一系列研究课题意义重大,这方面的研究在找到了学理归属之后,定能在文字学范畴中"名正言顺"地蓬勃发展。

关于"意",也即大体相当于"形音义"系统的"形"。李运富在《汉字语用学论纲》中说:"字构平面原来有'六书学',最近十多年,王宁先生对传统'六书学'进行改造,建立了新型的汉字构形学,已正式出版《汉字构形学讲座》,并用汉字构形学理论指导硕博士生撰写了二十多篇系列论文,蔚然已成显学,因而也无需再说。"汉字构形,从"形音义"中的"形"到"六书学"到王宁的"汉字构形学",始终是汉字研究中的一个重要层面,在"形意用"系统中也不例外。

关于"用"。李运富早在《汉字语用学论纲》中就论述道:"从记录职能的角度,研究字用含义的'字',主要指怎样用汉字来记录汉语,包括记录单位、记录方式、使用属性、字词对应关系、同功能字际关系等等,这可以叫作汉字语用学,简称为字用学。"② 作者在该文中提出了"汉字语用学"的学科定义和研究内容,可以说是汉字研究的前景——"汉字语用学"的一幅宏伟蓝图。

在《新论》中,作者更系统地运用这一理论体系,对以往的研究进行了详尽的梳理,并对未来的研究做了预览。如第九章"汉字关系",作者把纷繁复杂的字际关系在"形意用"的理论系统下进行了条分缕析的论述。尤其是在"用"这一层面(即"职能的字际关系"),作者从汉字记录汉语的角度论证了"汉字的职能具有两个系统的属性,一个是记录语言中'词'的职能系统('字—词'系统),一个是记录言语中'词项'的职能系统('字—词项'系统)"。在"字—词"系统中"字际关系实际上就是字形及其所负载的'音''义'的异同关系。包括同音字(同音异词)、同义字(同义异词)、音义皆同字(同词异形)、音义相关字(异词相关)"。在"字—词项"系统中,文献中个体字符记录"义项"相同的为"同用关系",记录"义项"不同的为"异用关系",然后分别论述了"异字同用关系"和"同形异用关系",而"异字同用关系"又包括"本字与本字同用""本字与借字同用""借字与借字同用"。

通常讨论的字际关系多处于上述"字—词"系统的末一级或末二级,如我们常常纠缠的"本字—通假字""假借字—后造本字"属于"本字与借字同用","通假字—通假字""假借字—假借字"属于"借字与借字同用",等等,我们只知道异体字、古今字、分化字、同源字、通假字、假借字等概念和术语,却不了解这些概念的上一级范畴是什么,我们为什么要讨论研究这些概念,探究这些概念到底意义何在。所以,关于这些概念的争论和探讨乱作一团的大有人在。读李运富《新论》,这些问题豁然开朗。它们都是汉字记录汉语的过程中字与字之间可能发生的关系,首先是记录语言和言语的不同。记录语

---

① 李运富:《汉字学新论》,北京师范大学出版社2012年版,第13—14页。
② 李运富:《汉字语用学论纲》,《励耘学刊》(语言卷)2005年第1辑(总第1辑),学苑出版社2005年版。

言的过程中因为或同音或同义或音义皆同或音义相关而产生字际关系；记录言语的过程中有同用和异用的区别，同用（不同的字记录同一个词项）又会产生诸多字际关系，异用则涉及同形字记录的诸多词项。这样由上至下的层层论述犹如醍醐灌顶，常在末端徘徊只见树木不见森林的疑惑豁然得解。

综上，我们不难看出汉字研究"形意用"系统的理论高度和解释力度，这都足见其对于目前汉字研究的重大意义。

四 《汉字学新论》：汉字研究"形意用"系统的完善

汉字研究"形意用"系统并不是一蹴而就的，而是几代学人在"形音义"理论体系中摸爬滚打慢慢摸索出来的。王宁最早提出"字用"："汉字学既要弄清一个汉字字符原初造字时的状况——字源，又要弄清汉字在各个历史阶段书面的言语作品中使用的情况——字用。"[①] 后来王宁下定义说："汉字字用学，就是汉字学中探讨汉字使用职能变化规律的分科。"[②] 从早期研究开始，无论是汉字本体研究还是整个汉字体系的构建，李运富的诸多论文中都体现出对这一理论的思考、探索和实践，直到他《汉字汉语论稿》论文集成书——这是关于"形意用"理论的一次集中体现和总结，几乎每一篇相关论文都渗透着这一理论思维。[③] "李运富先生的《汉字汉语论稿》体现出著者从摸索与研究字用学到提出字用学学科理论的过程；从不自觉地运用'字样、字构、字用'三个平面去分析汉字学基本理论问题，到自觉运用这个理论方法去分析相关问题的过程。"[④]《新论》的成书，可以说标志着这一理论从内涵到外延、从内容到体系到实践均已羽翼丰满，瓜熟蒂落。

《新论》一书正式明确用"形意用"汉字系统来称说以往所述的"字样、字构、字用三个平面"。全书用"形意用"系统这一理论和方法贯连沟通，宏观来看，前三章汉字属性、汉字起源、汉字材料基本上属于综合论述，四、五章汉字整理、汉字形体对应"形"，六、七章汉字结构（上下）对应"意"，八、九、十章汉字职能、汉字关系、汉字文化对应"用"；微观细察，每一章探讨的每一个问题也是紧扣"形意用"系统，如汉字性质，从"形意用"三方面来立体全面研究论述，汉字起源、汉字关系、汉字文化等也均是从"形意用"三方面分别论述。而对"形意用"三个平面本身，也有进一步的阐释和拓展，例如在"形"的平面区分了"形"和"体"，并从不同角度提出了分析形体差异和描述形体演变的"要素"问题。在"意"的平面，《新论》不仅继承了传统的造字理据分析，还研究了汉字构意的变化及变化以后汉字形体的分析问题，也就是在构意的基础上兼及了析意，使汉字的分析方法既有符合造字意图的功能类型分析，又有适用丧失

[①] 王宁：《〈说文解字〉与汉字学》，河南人民出版社1994年版。
[②] 王宁：《汉字构形学讲座》，上海教育出版社2002年版。
[③] 李运富：《汉字汉语论稿》，学苑出版社2008年版。
[④] 陈灿：《"字用学"的构建与汉字学本体研究的"三个平面"——读李运富先生〈汉字汉语论稿〉》，《语文知识》2008年第4期。

功能的形体构式分析，从而能够涵盖所有汉字的结构分析。在"用"的平面，突破"音义"的狭隘眼光，从汉字职能角度阐释汉字记录汉语的"本用""兼用""借用"职能，而且注意到汉字特殊的非语用——不记录汉语单位而表情达意的职能。这样一个有机的经纬交织又形神兼备于"形意用"系统的整体框架不禁令人称奇，"从而有效地避免了支离破碎和顾此失彼"，条分缕析地把汉字研究方方面面的问题论述得透彻见底，可称得上"完美"。

汉字研究进行到现在，在"形音义"系统下关于汉字起源、汉字性质、汉字关系等的研究已经取得了诸多成就，但是也越来越显捉襟见肘。对于汉字起源的研究寄希望于出土材料的发掘可以再把起源时间向前推进，对于汉字性质的研究或是着眼于部分材料或者利用某种理论自说自话，对于汉字关系的研究也是在各种历时共时概念和称说上"擦拳摩掌"。这时候最需要是跳出这种固有的观察视角和思维模式，从而理性地去分析问题的实质并生发新的理论系统，只有这样才能打开思路汲取过去展望未来。我们认为李运富《新论》提出的"形意用"汉字系统，正是这样一种科学的可以承前启后的崭新理论体系，如果能有效运用这一方法论，汉字学的研究必能迈上一个新台阶。

五 关于《汉字学新论》的两点浅见

读师之新著如沐春风，似蜂之于花丛，自顾贪婪汲取不已，实是无暇其余，而且作为晚辈自知才疏学浅，谈及意见自是惶惶不安不敢妄论。但是作为一个读者，细读几遍之后倒是可以谈读后感一二。

其一，全书以"形意用"汉字系统理论贯穿，论述详尽严密浑然一体。但是关于这个理论的论证和阐述却略显单薄：仅在第一章第二节"汉字的要素"[①] 题目下用几百字阐述了"形音义"的缺陷并论述了汉字的三要素应该为"形意用"。读全书几遍越发觉得"形意用"理论的重要，但是也越发觉得理论的论证难以满足求知。寻作者相关论文《汉字语用学论纲》《汉字演变的研究应该分为三个系统——〈古汉字结构变化研究〉是汉字结构系统的重大研究成果》[②]《汉字结构的演变》[③]《论汉字的记录职能》[④] 等，以及陈灿的评论文章《"字用学"的构建与汉字学本体研究的"三个平面"——读李运富先生〈汉字汉语论稿〉》才能深入理解作者关于"形意用"理论的论证和阐述。尤其是《汉字语用学论纲》一文，在其中作者详细论证了"形意用"系统中"字用学"的学理依据、学科定义和研究内容。这才得以对"形意用"汉字系统有了全面和深刻的认识。

[①] 李运富：《汉字学新论》，北京师范大学出版社2012年版，第5—6页。
[②] 李运富：《汉字演变的研究应该分为三个系统——〈古汉字结构变化研究〉是汉字结构系统的重大研究成果》，《唐山师范学院学报》2009年第5期。
[③] 李运富：《汉字结构的演变》，《汉字汉语论稿》，学苑出版社2008年版，第1页。原载《河北大学学报》2007年第2期。
[④] 李运富：《论汉字的记录职能》，《汉字汉语论稿》，学苑出版社2008年版。原载《徐州师范大学学报》2003年第1—2期。

所以，我们认为对这一重要理论的详加论证和阐述是很有必要的，一则可以满足读者对于全书所用理论的深刻认识，二则可以提升全书的理论研究水平。

其二，全书"记号""代号"两个术语并用似显不妥。

（五）代号功能 ……这些变异的形体本身虽然不再直接体现构意，也就是跟词语的形音义无关，但实际上它是取代了原来的某个形体，所以我们称之为"代号"，也可以叫作"记号"。①

由此可以看出"记号""代号"无疑是等同的，均是指不体现构意与词语音义无关的取代了原来某个或某类形体的符号。全书"记号"出现65次，"代号"出现66次；而且以下与二者相关的表述在文中也并行使用：

（1）记号　记号独体字　记号构件记号字　记号化
（2）代号　代号独体字　代号构件　代号字　代号化

为避免读者辨别生疑，我们认为除引文之外全书行文中这二者能够统一较好。

以上只是笔者浅见，如果略有中肯的话，相比于全书对于汉字研究的理论高度和论述的详尽严密程度，这些也只是行文上的微瑕。

参考文献

[1] 王宁主编：《训诂学》，高等教育出版社2010年版。

[2] 李运富：《汉字学新论》，北京师范大学出版社2012年版。

[3] 李运富：《汉字语用学论纲》，《励耘学刊》（语言卷）2005年第1辑（总第1辑），学苑出版社2005年版。

[4] 唐兰：《中国文字学》，上海古籍出版社2005年版。

[5] 王宁：《〈说文解字〉与汉字学》，河南人民出版社1994年版。

[6] 王宁：《汉字构形学讲座》，上海教育出版社2002年版。

[7] 李运富：《汉字汉语论稿》，学苑出版社2008年版。

[8] 陈灿：《"字用学"的构建与汉字学本体研究的"三个平面"——读李运富先生〈汉字汉语论稿〉》，《语文知识》2008年第4期。

[9] 李运富：《汉字演变的研究应该分为三个系统——〈古汉字结构变化研究〉是汉字结构系统的重大研究成果》，《唐山师范学院学报》2009年第5期。

[10] 李运富：《汉字结构的演变》，《汉字汉语论稿》，学苑出版社2008年版。原载《河北大学学报》2007年第2期。

[11] 李运富：《论汉字的记录职能》，《汉字汉语论稿》，学苑出版社2008年版。原载《徐州师范大学学报》2003年第1—2期。

---

① 李运富：《汉字学新论》，北京师范大学出版社2012年版，第144页。

浅议《汉字学新论》之"新"

赵家栋　殷艳冬

一　引言

《汉字学新论》(以下简称为《新论》)是李运富先生近年来汉字学研究成果的总结,该书最突出的特点就是突破传统的"形音义"研究视角,另辟蹊径,提出了"形意用"三个平面的汉字研究系统。这一系统的提出很好地解决了传统汉字研究存在的一些悬而未决的问题,为汉字研究提供了一个全新的研究角度,是汉字学研究理论的一次新突破。《新论》以"形体、结构、职能"三个维度为构架基础,对汉字的性质、起源、本体、字际关系、汉字文化等进行了讨论,提出了许多新的见解。全书共分十章,前两章"汉字属性""汉字起源",它们以"形意用"理论为基础对汉字的性质和起源作了新的阐释;第三、四章"汉字材料""汉字整理"主要是对客观材料和汉字整理方法进行介绍,暂不作为本文讨论的重点;第五章"汉字形体",第六、七章"汉字结构",第八章"汉字职能",这四章属于分述,分别对汉字的"形体""结构""职能"进行分析;第九章"汉字关系",该章运用"形意用"理论对字际关系进行新的描写,层次清楚,富有条理;第十章"汉字文化",作者在该章中对当前汉字文化研究的状况提出了自己的看法,并试图对汉字的形体、结构、职能作文化阐释。可以说"形意用"理论是贯穿全书的一条主线,它使得汉字各个方面的研究能够有机结合起来,具有提纲挈领的作用。该书名为《汉字学新论》,"新论"必有其新之处。笔者对该书研读数次之后,颇有感触,现结合自身的阅读感受,从五个方面来谈谈《新论》之"新"。

二　汉字属性的界定及"形意用"理论的提出

探讨汉字的相关问题,必须先要明确汉字是什么,具有什么样的属性。《新论》第一章便从"汉字的定义""汉字的要素""汉字的性质"三个方面入手对"汉字属性"问题展开讨论。

传统汉字学研究根据"文字是记录口语的书写符号系统"推论出"汉字是记录汉语的书写符号系统"。《新论》对此提出了质疑,并指出上述观点只是就有史以来的文字而言的,它只反映了汉字与汉语相适应的一方面,而忽略了汉字与汉语不相适应的一面。关

---

* 本文原载《中国文字研究》2016年第1辑(总第23辑),上海教育出版社2016年版。

于汉字与汉语不相适应的方面,《新论》指出了两点。一是"文献产生以前的汉字跟汉语不一定有严格对应关系"。① 苏新春（1996）："早期原始先民之创制文字,并非为了记录语言,克服空间与时间的间隔,满足人与人之间交流的需要。"② "初民创制原始文字是为了满足人与神（圣对象物）交流的需要……最早的是神的文字,最后才用作人们之间交流的工具。"③ 即在汉字起源阶段,汉字的使用带有一种神秘色彩,其主要功能还不是记录汉语,后来汉字才向汉语靠近并尝试记录它。所以起源阶段的汉字所记录的汉语是不完整的,它只是用字形反映词语的大致概念,不能准确地表达汉语的语音,不能记录完整的词组或句子。二是汉字是"自源文字",不同于用文字记录语言"音响形象"的表音文字,它是具有象征性的"表意文字"。在造字之初,汉字可以不依附于语音仅用自己的形体来表达人的思维活动与认识活动。基于汉字的特殊性,作者认为不能简单地将汉字定义为"记录汉语的符号",而应该根据汉字的实际情况将汉字重新界定为："汉字是汉族人创造的,不受时空限制而能表示一定的意象信息（事物和观念）也能记录汉语（词、语素和音节）的平面视觉符号。"④

一直以来"形、音、义"被视作汉字的三要素,而《新论》认为"汉字的'形、音、义'并不是同一平面的东西,也不都是必不可少的东西"。⑤ 在汉语中,通常是一个汉字记录一个语素,有时也会出现几个汉字记录一个语素的情况,例如外来词"玻璃",其中的"玻"字和"璃"字就只表音不表义；再比如表"娴静美好貌"的联绵词"窈窕","窈"和"窕"不能拆开解释,古人将其解释为"善心曰窈,善容曰窕"⑥,这是不正确的。可见当一个字只表示词的一个音节时,"形、音、义"三要素理论就会出现漏洞,故将"形、音、义"看作汉字不可缺少的三要素并不合适。有鉴于此,作者提出了全新的汉字三要素"形、意、用"。

> 所谓"形"是汉字成立的前提,是视觉感受到的直接印象,是每个汉字任何时候都具备的外部形态。所谓"意"指的是汉字的"构意",它直接来源于对客观事物（包括抽象概念）和语言音义的认识,是体现在汉字内部结构上的构形理据；"意"在汉字的创制初期具有普遍性,但汉字形体变化以后可能需要重新分析。所谓"用"指的是汉字的功用或职能,汉字可以只记录语言的意义信息,由"形""意"结合直接表示客观事物或某个约定的内容（如初始状态的"图形字""徽标字",后来的方言字、训读字）；也可以记录语言的表达单位,包括语音单位和音义结合体。……"形""意"属于汉字的构造,"用"属于汉字的职能。传统所谓"音、义"处于

---

① 李运富：《汉字学新论》,北京师范大学出版社2012年版,第1页。
② 苏新春：《汉字文化引论》,广西教育出版社1996年版,第17页。
③ 同上书,第18页。
④ 李运富：《汉字学新论》,北京师范大学出版社2012年版,第5页。
⑤ 同上书,第5页。
⑥ 陆德明《经典释文·毛诗音义》："窕,徒了反。毛云：'窈窕,幽闲也。'王肃云：'善心曰窈,善容曰窕。'"

"用"的层面,其隐显强弱因时因用而异。①

"形意用"理论的创新价值在于打破"形音义"理论的常规思维模式,从汉字的"形体""结构""职能"三个角度出发解决汉字研究方面的棘手问题。比如汉字的性质就是学界争议很大的一个问题,其争论焦点始终围绕着应该按照什么样的标准来为汉字定性。由于学者们从不同的角度出发定义汉字性质,从而导致汉字性质的表述五花八门。裘锡圭在《文字学概要》中倾向于根据汉字的字符特点给汉字定性,"我们对汉字性质的看法,重点放在汉字所使用的符号的性质上"。②故他将汉字定义为"意符音符文字"或"意符音符记号文字",强调汉字的性质是由它所使用的符号的性质来决定。而潘钧(2004)则以"文字所记录的语言单位"为定性标准,提出"汉字的根本属性只有一个,就是汉字用基本符号记录语素",③即"语素文字"是汉字唯一的本质属性,其他的属性都是非本质属性。显然裘、潘两人的观点存在冲突。在汉字性质界定的问题上,这样的冲突不在少数,其实这些观点都没有错,只是过分强调了汉字某一方面的性质而忽略了其他方面的性质,但这就会导致人们对于汉字的性质认识不够全面,对汉字的理解出现偏误。

而"形意用"理论的构建则能很好地解决这一问题,因为它是从三个维度出发对汉字性质进行考察,避免了单方面看问题的局限性。《新论》中对汉字性质的阐述为:"汉字是用表意构件兼及示音和记号构件组构单字以记录汉语语素和音节的平面方块型符号系统。"④该定义分别对应汉字的字构、字用和字形,将汉字各方面的属性都包括在内,弥补了传统上只从字构角度或者只从字用角度来定义汉字属性的局限性。

三 关于汉字起源的独到见解

汉字的起源问题,也是学界的一大争议点,之所以没有达成比较一致的观点原因在于对汉字起源本身没有明确一致的界定。作者指出:"如果明确'汉字起源'的具体所指,采用统一的原则和方法,多方面、多角度地讨论问题,我们就能得到有关'汉字起源'的比较理性的综合认识,许多不必要的争议是可以消除的。"⑤ 在甲骨文"原""泉"字形和构意的启发下⑥,他提出了"源头""源出"("源处""源体""源式""源素")、"源流"等概念,并创造性地将这些概念应用到分析汉字起源的问题上,使得原本抽象的问题变得生动形象。

《新论》指出汉字系统的"源头"不是指某个"起点",而是一段相当长的"起始阶

---

① 李运富:《汉字学新论》,北京师范大学出版社2012年版,第5—6页。
② 裘锡圭:《文字学概要》,商务印书馆1988年版,第10页。
③ 潘钧:《现代汉字问题研究》,云南大学出版社2004年版,第42页。
④ 李运富:《汉字学新论》,北京师范大学出版社2012年版,第17页。
⑤ 苏新春:《汉字文化引论》,广西教育出版社1996年版,第18页。
⑥ "源"的古字为"原"。甲骨文中"原""泉"同字,作 𤽄𤽅𤽆,高鸿缙《中国字例》:"象水从石穴出向下坠流之形。"

段"，"最早的汉字"也不是指个体，而是"最初的一批汉字"或"早期的那些汉字"。虽然目前学界对最早汉字的出现时代还没有达成共识，但是大家普遍认可殷商晚期的甲骨文不是最早的汉字而是一批成熟的汉字，在甲骨文出现之前肯定有更早的汉字。由于传统汉字学将汉字定义为"记录汉语的视觉（书面）符号"，所以某个形体必须记录了汉语才能算是汉字。裘锡圭持这种观点，认为汉字必须记录"成组成句的词"。如果按照这样的标准，最早汉字的出现时代将被推后，因为甲骨文之前的各种形体符号无法确证它们是否与语音发生关联，故不将其看作汉字。但是有些形体符号能够通过其形体反映一定的概念和意义，传达相应的信息，具有社会交际作用，除了与语音的结合不够紧密之外，它们已经"具有平面的'形'和构造的'意'，能够传达约定的'义'"[1]，所以应该可以被看成是汉字。对于这类原始汉字，我们无法证明它们是否记录了语音，但是无法证明并不意味着能否定它们记录语音的可能，这种不记音就不承认其文字地位的观点显然是不合理的。作者认为："'语音'标准对于缺乏实际语境的源头汉字来说实际上是无效的。"[2] 王凤阳（1989）也指出："从科学分类上说，划分文字与非文字的唯一标准应该根据它是否具有社会性的记录、交际功能，至于和语言结合程度以及结合的途径，这只是史前文字和有史文字的分野，是各种体系的汉字的分野，是不能作为是文字还是非文字的分野的。"[3]《新论》认识到了这种史前文字和有史文字之间的区别，并尝试对史前文字的产生和发展过程进行探讨，回答了"基础汉字起源"的问题。这类问题的讨论在其他文字学专著中是少有的，故可看作是《新论》一大创新。

在"形意用"理论的指导下，作者认为"只要某个符号具有一定的平面形体和构造取意，能不依附实物和场景而表示约定的意义或信息，就可以看作汉字"[4]。他以此为标准将汉字的源头提前到距今8000年左右的贾湖文化、大地湾文化和大麦地文化。如果这个猜测是正确的，那么汉字最早出现的时代至少会被提前4000年。

在讨论汉字的"源体"（汉字形体的来源问题）时，《新论》对"汉字起源于图画"的汉字起源说提出了质疑。唐兰《中国文字学》："文字本于图画，最初的文字是可以读出来的图画，但图画却不一定能读。后来，文字跟图画渐渐分歧，差别逐渐显著，文字不再是图画的，而是书写的。"[5] 裘锡圭在《文字学概要》中也提出"在文字产生之前，人们曾经用画图画和作图解的办法来记事或传递信息。通常把这种图画和图解称为文字画或图画文字"。[6] 紧接着他又否定了图画文字这个名称，认为"图画文字这个名称是不恰当的，文字画这个名称则可以采用。文字画是作用近似文字的图画，而不是图画形式的文字"。[7] "图画—文字"可以说是人们对于汉字起源的普遍认识，按照这个模式，汉字的

---

[1] 苏新春：《汉字文化引论》，广西教育出版社1996年版，第39页。
[2] 李运富：《汉字学新论》，北京师范大学出版社2012年版，第22页。
[3] 王凤阳：《汉字学》，吉林文史出版社1989年版，第294页。
[4] 李运富：《汉字学新论》，北京师范大学出版社2012年版，第23页。
[5] 唐兰：《中国文字学》，上海古籍出版社2001年版，第55页。
[6] 裘锡圭：《文字学概要》，商务印书馆1988年版，第1页。
[7] 李运富：《汉字学新论》，北京师范大学出版社2012年版，第1页。

"源体"就是图画。《新论》则指出这种汉字起源模式是有问题的,因为源头汉字和图画之间的界限很难划定,究竟具象到何种程度算作图画,抽象到何种程度才是文字,其中界限不好把握。且在上文中我们已经论证了语音只能用来作为划分史前文字和有史文字的标准,不能作为划分汉字与非汉字的标准。那么源头汉字与图画之间就没有客观的标准和截然的界线,人们只能凭借模糊的感觉来判断某个形体是汉字还是图画,这样随意性太大,不够科学严谨。

  作者认为:"文字和图画的根本区别不在于样式,而在于目的和功能。"[①] 他在《新论》中提出了一个关于汉字形体来源的新观点:"'汉字'与'图画'应该是同源的……它们都是对客观物象的描摹……它们的源都是客观事物的形象。"[②] 即文字和图画的最初形态应该是一致的,两者可能不分,都是对客观物象的描摹。后来图画为了满足艺术欣赏的目的变得越来越逼真,而文字符号的目的是记事达意,只需要画出一个事物区别于另一事物的特征即可,不追求逼真,因此它们变得抽象简化,图画和文字逐渐分道扬镳。这种观点是将汉字和图画置于平行的位置,认为两者之间不存在一种来源于另一种的线性递进关系。

  《新论》还对客观物象转化为汉字本体的过程进行了探讨。许慎《说文解字·叙》:"仓颉之初作书,盖依类象形,故谓之文。其后形声相益,即谓之字。文者,物象之本;字者,言孳乳而浸多也。"[③] 作者据此认为汉字的构造方式只有两种:"依类象形""形声相益"。在汉字起源阶段,汉人通过"依类象形"的方式将客观物象转化成汉字本体,《新论》将这称为汉字的"源式"。关于早期汉字的创造方式,前人提出过"二元论"理论。《新论》认为"二元论"中的"指事"只是就形体符号的功能而言,它不是汉字的构造方式,从而肯定了"象形"造字在汉字起源阶段中的权威性。由于"象形"造字的限制,源头汉字的种类和数量是有限的。为了满足交际的需要,古人意识到必须结合语音来构造新字,才能真正完整地记录语言,"形声"造字法产生。该造字法"突破了客观事物'形'的限制,直接根据语言之'声'来构造",[④] 从方法上保证了汉字适应于汉语,为最终完整记录汉语提供了可能,同时它也使得汉字的数量迅速增加,形成了汉字发展的"源流"过程。

  在讨论汉字起源问题时,《新论》尝试利用"源"概念论述"汉字是怎样从最原始的文字逐步发展成为能够完整记录语言的文字",探讨了历来文字学家都故意回避的"最初的汉字是如何产生的?什么时候产生的?"这类问题,尽可能地复原了基础汉字形成的具体过程,交代了汉字的"源头"和"源出",提出了许多关于汉字起源问题的新观点,构建起了一套完整的汉字起源理论,具有较高的学术价值。

---

① 李运富:《汉字学新论》,北京师范大学出版社 2012 年版,第 32 页。
② 同上书,第 32—33 页。
③ 章太炎:《国学十八篇》,中国华侨出版社 2013 年版,第 297 页。
④ 李运富:《汉字学新论》,北京师范大学出版社 2012 年版,第 47 页。

四 "形意用"理论的全面阐述

《新论》的五、六、七、八章分别介绍汉字形体、汉字结构、汉字职能，从三个角度对"形意用"理论展开全面的论述。

（一）汉字的形体

"汉字形体"一章分"汉字形体的分析""汉字形体的演变"两节。《新论》将汉字的形体分为"形"和"体"两部分，"形"指书写元素，"体"指书写风格。"书写元素包括书写单位的种类、书写单位的数量、书写单位的置向、书写单位的交接等"，[①] 它造成"字形"的不同；"书写风格包括书写单位的具体样态、书写单位的组构布局、整字的体式类型等"，[②] 它造成"字体"的不同。

汉字书写元素和书写风格中任何一个要素的差异都会导致整字形体不同。以"木""朩""土"三字为例，"木"和"土"字体类型相同，但是书写单位的种类和数量不同，故两字形体不同；"朩"和"木"虽然书写元素相同，但字体类型不同，所以在形体表现上两字也不同。

在梳理汉字形体演变时，作者对"隶变"问题阐述了自己独特的看法。传统上认为"隶变"是小篆演变成隶书的过程，而作者对小篆和隶书的字形取势和笔法对比分析后发现小篆字形取纵势而隶书字形取分势，取势法则不一样导致的结果应该是字体向不同方向发展，所以不可能从小篆中诞生出隶书。书中按殷商、西周、战国、西汉、东汉的顺序排列了一些字形，从而得出隶书和小篆应该出自同一源，它们基本都源自甲金文字和早期的战国文字，然后分别走上不同的演变轨迹。小篆受人为规范的影响大，在体势上显得较正规，布局匀称、笔形单调，而隶书是自然演变的成分多，继承了古文字的一些书写特点和形体风格，布局灵活、笔形多变。尽管后来个别或少数隶书出自小篆的转写，但就总体而言，作者认为我们不能笼统地说隶书都是由狭义小篆演变而来的。

（二）汉字的结构

《新论》指出汉字结构是汉字学研究的重点，分析汉字结构主要是分析汉字内部结构上的构形理据。作者的汉字结构理论是对其师王宁先生"汉字构形学"理论的继承和发展。为了便于读者了解汉字构形方面的理论，笔者将对该章中涉及的一些概念进行简单介绍。

汉字的结构单位是构件，构件从不同角度分析可以分为"直接构件与间接构件""基础构件与复合构件""成字构件与非字构件"。构件本身可以具有多重性质，一个构件能同时划归到不同的类别中。如"鞭"字中的构件"革"既可以看作是"直接构件"还可以看作是"基础构件"和"成字构件"。

[①] 苏新春：《汉字文化引论》，广西教育出版社1996年版，第120页。

[②] 同上。

构件在构字时能体现一定的构意和功能。《新论》根据构件的功能将构件分为象形构件、表义构件、示音构件、标志构件、代号构件五大类。通过这五种不同功能构件的组合，合体字可有 16 种结构类型。除此之外，汉字的结构类型还包括 4 种独体字，分别是独体象形字、独体标志字、独体变异字、独体代号字。其中独体变异字是指"利用已有的字形加以变化从而体现某种特殊含义的字"，① 如"大"是正面人形，即"大"字，而把它倒过来变成"㐬"是"屰"字，表"不顺"义。独体代号字是"对形体演变后失去功能的字形的一种分析方法，目的是使那些形体在汉字的结构类型中有类可归"，② 如"鱼""马"等就其古文字形体来看是独体象形字，形体演变后不再象形，就变成了独体代号字。

《新论》将合体字分为 16 种结构类型。这 16 种结构类型与传统的"六书"有很大差异，现通过列表格的方式将这 16 种结构类型及其组合模式进行一下简单介绍③。

表 1　　　　　　　　　　　合体字结构类型

结构类型	组合模式	例　字
形形合体字	象形构件＋象形构件	休（休）、采（采）
标标合体字	标志构件＋标志构件	二（上）、一（下）
形标合体字	象形构件＋标志构件	寸（寸）："又"表形构件，"一"标示符号。
形义合体字	象形构件＋表义构件	胃（胃）："田"象形构件，"肉（肉）"表义构件。
义义合体字	表义构件＋表义构件	尘："小"、"土"都是表义构件。
形音合体字	象形构件＋示音构件	星（星）："晶"象形构件，"生（生）"示音构件。
义音合体字	表义构件＋示音构件	味："口"表义构件，"未"示音构件。
义标合体字	表义构件＋标志构件	太："大"表义构件，"、"标志构件。
音标合体字	示音构件＋标志构件	百："白"示音构件，"一"标志构件。
音音合体字	示音构件＋示音构件	毖："比"、"必"都是示音构件。
代形合体字	代号构件＋象形构件	春："𡗜"代号构件，"日"象形构件。
代义合体字	代号构件＋表义构件	鸡："又"代号构件，"鸟"表义构件。
代音合体字	代号构件＋示音构件	耻："耳"代号构件，"止"示音构件。
代标合体字	代号构件＋标志构件	犬："大"代号构件，"、"标志构件。
代代合体字	代号构件＋代号构件	它（宀＋匕）、些（此＋二）
多功能合体字	三种及其以上不同功能构件	牵（牵）：从牛，[冖]象引牛之縻也，玄声；包含表义、象形、示音三种功能构件

上述 20 种汉字结构类型基本可以涵盖甲骨文以来的各类字体。这种汉字构形的分析方法是在明确了构件的功能之后，根据直接构件组合的结构来确定每个汉字的结构类型，

---

① 李运富：《汉字学新论》，北京师范大学出版社 2012 年版，第 148 页。
② 同上书，第 148 页。
③ 同上书，第 149—158 页。

王宁先生在《汉字构形学讲座》中将这种汉字结构的分析方法称为"结构—功能"分析法，并总结出 11 种汉字构形模式。与之相比，《新论》新增了 9 种结构类型，它们主要是与代号构件有关的结构类型。这种汉字结构分析法的可取之处在于它对汉字结构进行分析时，能将汉字的形体演变考虑在内，注意到汉字形体变化对汉字结构的影响。《新论》指出："汉字的结构理据不是一成不变的，从甲骨文到现代汉字，记录一个词语的不同字形，往往能反映出不同的结构理据，因而可以作出不同的理据分析。"①以"涉"字为例，甲骨文作"涉"，是形形合体字，后来字形演变，象形构件失去作用，变成了从水从步的"涉"。"涉"通过"水"和"步"的意义组合表示"徒步渡水"之义，成了义义合体字。而传统的汉字结构分析一般不会考虑到字形演变对汉字结构的影响，它将汉字的结构看成是静止的，在分析时一般以古文字字形为准，缺乏从历时的角度对汉字结构进行分析的思维。

与传统"六书"相比，这 20 种汉字结构类型更加细致具体，特别是它关注到现代汉字中存有的因字形演变而分析不出构意理据的代号字。同时它能解决一些"六书"无法解释的问题。比如说甲骨文中的"百（百）"是示音构件"白"和标志构件"一"构成。它不是"六书"中形声字，因为它只有表音构件而没有表义或表形构件；它也不是"六书"中的指事字，因为它不仅有标志构件还有示音构件，在"六书"中找不到它的位置。而采用"结构—功能"分析法分析则不存在这样的问题，"百"可以归入其中的"音标合体字"一类。

《新论》还对"六书"的性质及价值进行重新审视，提出"六书"理论"不是汉字结构分析的理论方法，也不是汉字结构类型的系统概括，而是古代小学教儿童掌握常用汉字的六项浅显易懂易用的知识内容"。②作者的依据是《说文》所用的术语和类型都是针对构件而言的，由构件的性质决定，故许慎在《说文》中所运用的析字方法应该叫作"构件分析法"而非"六书"分析法。这种观点颠覆了人们对于"六书"理论的看法，同时也给人提供了一个认识"六书"的新角度。

《新论》中的 16 种汉字结构类型以全面细致见长，但由于划分过细，所以在使用这种方法进行汉字分析时也会遇到一些麻烦。以"果"为例，"果"字可拆分成"木""田"两个构件，其中"田"像果形，是象形构件，这点没有争议。而构件"木"应该看成是表义构件还是象形构件呢？这是一个争议点。《新论》在介绍"形义合体字"时举"果"字为例，将"木"看作表义构件；而在"'六书'与《说文解字》"一节中又认为"果"是"形形合体字"，"木"是表形构件。由于每个人所把握的划分标准并不完全一致，所以遇到"果"这类字时，人们划分出来的结构类型可能存在差异。作者在书中也承认了这种现象，他认为将"果""眉"这类字划入形义合体字或者会形字都是可以的，因为万事万物中存在模棱两可的成员是很正常的。

除此之外，《新论》中的某些结构类型还需进一步考虑。如"音音合体字"。《新论》

---

① 李运富：《汉字学新论》，北京师范大学出版社 2012 年版，第 172 页。

② 同上书，第 171 页。

将"音音合体字"分为两类：一类指两个构件同音或音近，都表示全字的读音，举"静、悫、牾"字为例；另一类指一个构件取声母，一个构件取韵母，拼合起来表全字的音，类似于反切，举"钦、蔑（miè）"等字为例。笔者认为将"静、牾"等字看成是音音合体字是有失妥当的，这种划分只看到了构件读音上的特点，而忽略了对构件的意义进行分析。以"牾"字为例，构件"午""吾"的确都具有示音作用，但是构件"午"还具有表义作用，只是往往被人忽略。《说文·午部》："午，牾也。五月阴气午逆阳，冒地而出。"① "午"有"逆"义，故《说文·午部》云："牾，逆也，从午，吾声。"② 所以将"牾"看成是义音合体字应该更加合理。此外《新论》对代标合体字、代代合体字的分析也有些牵强，王宁在《汉字构形学理论》中将这两类字都看作是独体字③。相比之下，笔者认为后者的观点更利于汉字结构的分析。

总的来说，由于人们受"六书"理论的影响较大，所以这种新的汉字结构分析理论在推广的过程中可能会受到一定阻碍。但是我们应该肯定这种结构功能分析法在弥补"六书"理论缺失方面所起到的作用，并有意识地使用这种汉字结构分析法对汉字结构进行分析，从而减少失误的产生。

（三）汉字的职能

《新论》第八章介绍汉字职能，该章将汉字基本职能分为"本用""兼用""借用"三类。这三种职能的产生与汉字发展过程具有密切关系。其中"本用，即指用本字来记录本词的用法"。④ 本字与本词是相对应的。"立足于某词，根据该词的音义而造，专用来记录该词的字形叫作该词的本字；立足于某字，与该字的构形理据密切相关的语词就是该字本来应该记录的本词……本字的本用包括记录本词中与本字构形密切相关的本义以及与本义密切相关的引申义。"⑤《新论》还对"本义"的概念作了特别的说明，"本义不一定是语词的最早意义或最基本的意义，而是语词的实际义项中与字形密切相关的意义"。⑥ 本义不仅需要与字形相关联，还应该是具有概括性的文献实义。另外有些字形还会对应多个本义。例如"受"，甲骨文作"〔图〕"，从字形角度分析，它既可表"授予"也可表"接受"，且在文献用例中，"授予"义和"接受"义都是实义，两个意义对立统一，很难分出意义出现的先后顺序，因此都可以看作是"受"的本义。

后来由于汉字自身的不断发展及人们用字需求的提高，在使用汉字时也出现字形与语素的初始对应关系被打破的现象，出现了汉字的"兼用"和"借用"。"兼用，是指用本字记录另一个跟本词有音义联系的派生词的现象。"⑦ 书中举"长"为例，长短的"长"

---

① 许慎：《说文解字》，中华书局2013年版，第312页。
② 李运富：《汉字学新论》，北京师范大学出版社2012年版，第312页。
③ 王宁：《汉字构形学讲座》，上海教育出版社2002年版，第68页。
④ 李运富：《汉字学新论》，北京师范大学出版社2012年版，第193页。
⑤ 同上书，第193页。
⑥ 同上书，第194页。
⑦ 同上书，第200页。

引申为生长的"长",读音也发生了变化,由"cháng"变为"zhǎng",这就说明派生出了新词。但是人们并没有为新词另造新字,而是借用记录本词长短的本字"长"来兼记派生词生长的"长"。汉字"兼用"职能的作用体现在它能够扩大现有字符的职能,使一个字符身兼数职,减少新造字的数量,缓解汉语字词之间的矛盾。

"借用,是将字形当作语音符号去记录与该字形体无关但音同音近的语词。"① 在这个过程中会产生借字、他词的概念。我们以"莫"字为例,"莫"的本义是黄昏,用"莫"这个字形去记录一个与它音同的无定代词"没有什么、没有谁","莫"字对于无定代词"没有什么、没有谁"来说是借字,"没有什么、没有谁"这个语词对"莫"字而言是他词。"借用"其实就是我们平时讨论的"通假"和"假借",它也是字符职能扩展的一条途径。"借用"与"兼用"的区别在于"兼用"的字形与词义之间具有一定的联系,而"借用"的字形与词义之间不存在联系,字形只是当作一个记音符号,不具有形体分析的价值。

《新论》在对汉字形体、结构、功能进行介绍时并不局限于单纯的共时层面,它对汉字形体、结构、功能的演变也作了分析。汉字形体演变方面,《新论》从书写单位和字体风格两个方面入手归纳出了"线条化与笔画化""简化与繁化""黏合与分离""换位与改向""变形与易体"五种情况。汉字结构演变方面,《新论》则从个体字符结构演变和汉字系统结构演变两个角度入手进行揭示,既有微观考察又有宏观描绘,尽可能地展现出汉字结构演变的全貌。汉字职能方面,《新论》根据变化的情况分出了职能扩展、职能减缩、职能转移三种情况。这都是从历时的角度对汉字的"形意用"三属性进行考察,是用发展的眼光看待汉字属性的变化,具有进步意义。

五 "形意用"视角下的汉字关系表述

"汉字关系指的是在一定条件下或一定范围内汉字个体与个体之间的属性异同关系,也就是字际关系。"② 它是汉字学研究的一个重点。传统关于汉字关系的表述有"异体字""通假字""古今字""繁简字""同源字"等。《新论》肯定了这种汉字关系的合理之处,同时也指出了其中的弊端:"这些名称所反映的汉字群组关系并不处于同一系统,它们是从不同角度根据不同的实用需要分别提出来的,没有平列或对举的逻辑关系。"③ 作者认为汉字的字际关系必须要在一个具体的系统中才能够确定并分辨清楚,因此他以汉字"形意用"三个方面的属性为基础对汉字关系进行考察、归类和命名,形成了书写、结构、职能三个系统的字际关系。

书写系统的字际关系分为两个层次:同样字与异样字(划分依据:书写元素、书写风格),同形字与异形字(划分依据:书写元素)。如"鱼"与"鱼",虽然它们字体大小不一样,但是书写元素与书写风格一致,是同样字。书写元素与书写风格上有一项不

---

① 李运富:《汉字学新论》,北京师范大学出版社2012年版,第201页。
② 同上书,第223页。
③ 同上书,第223页。

同，它们就是异样字，如"鱼"与"鱼""魚"。如果不考虑字样的书写风格，只考虑字样的书写元素，汉字外形关系可分为同形字和异形字。相比之下，同形字概念的外延要比同样字大，因为它不仅包括同样字，还包括一部分书写风格不同的异样字，如"鱼鱼鱼"是异样字，但又是同形字。

结构系统的字际关系分为同构字和异构字。"同构字关系指的是指结构属性相同而所表词语不同的字。"[1] 它包括三种情况：造字同构、派生同构、变异同构。例如最初表示抓获义的"隻$_1$"和表示量词"只"的"隻$_2$"，"隻$_1$"表示以手抓鸟的动作，"隻$_2$"表示手中抓到一只鸟，虽然两者表示的意义不同但是构形属性相同，属于造字同构；早晨的"朝"引申出朝拜的"朝"，读音由"zhāo"变为"cháo"，派生出新词，但是并没有为朝拜的"朝"另造新字，而是兼用源词的本字来记录新词，这样表"朝拜"的"朝$_2$"和表"早晨"的"朝$_1$"的字符同构，这是派生同构；而变异同构指的是"两个不同的词，原本各有不同结构的字，后来由于字形变异，结果成了结构属性相同的字"，[2] 如"适"这个形体有两个来源：一是由古代的小篆"𠯑"字讹变成"适$_1$"，读"kuò"，表"急速"义；一是由繁体"適"简化成"适$_2$"，读"shì"，表"往"义，"适$_1$""适$_2$"形成变异同构。

"异构字指构形属性不完全相同的一组字，包括同词异构和异词异构两种情况。"[3] 其中同词异构字与传统的狭义异体字相当，在汉字"形意用"范畴中，该类字又称为"字构异体字"以区别于"字样异体字"[4]，如"埜"与"野"（结构类型不同），"集"与"雧"（构件数量不同），"猿"与"猨"（声符不同），"跡"与"迹"（义符不同）。异词异构字是为不同词语而造，结构属性不同。《新论》特别列举了几组特殊的异词异构字，即形体相同的异词异构字，如表示树木名称的"枋$_1$"和表示长方形木材的"枋$_2$"。"枋$_1$"从木方声，义音合体字；"枋$_2$"从木从方，是义义合体字或义义兼声字，虽然形体相同，但从结构属性着眼，两者是异词异构字。

职能系统的字际关系下分两个子系统："字—词"系统和"字—词项"系统。"字—词"系统指的是个体汉字跟语素具有的对应关系，它包括同音字、同义字、音义皆同字、音义相关字。其中音义皆同字是指音义相同而形体不同的字，如"峰"与"峯"，"泪"与"淚"。音义相关字一般是指记录同源词的同源字。"字—词项"系统的字际关系是汉字使用状态下的职能属性关系，包括异字同用关系和同形异用关系。异字同用关系又包括本字与本字同用、本字与借字同用的情况。如"莫"与"暮"在"傍晚"这一义项上就属于本字与本字的同用；在记录"容貌"义时，"颂"和"容"属于本字与借字同用，其中"颂"是本字，"容"是通假字。同形异用关系则是指同形字的异用现象，同一个字形有时会记录不同的词项，有的是本字本用，有的是借字借用，有的属同词，有的属不同的词。

---

[1] 李运富：《汉字学新论》，北京师范大学出版社2012年版，第226页。
[2] 同上书，第229页。
[3] 同上书，第230页。
[4] 李运富：《关于"异体字"的几个问题》，《语言文字应用》2006年第1期。

在"形意用"理论的指导下,《新论》从书写系统、结构系统、职能系统三个角度分别描述了汉字不同内涵条件下的不同关系,使得字际关系变得层次清晰、泾渭分明。这种汉字关系的分析方法使得同一组字在不同系统中会具有不同的关系。如"蚓—螾",在书写系统中它属于"异样字";在结构系统中属于"同词异构字";在职能系统"字—词"角度下属于"音义皆同字";在"字—词项"角度下属于"异字同用关系"。相比于传统汉字关系的表述,这套汉字关系的分类系统更加严谨科学,但是略显烦琐,分类存在重复现象,笔者认为对初学者来说使用这套系统来研究汉字字际关系可能存在困难。

六 对汉字文化的研究立场的看法

汉字是汉文化的重要载体。李运富先生指出汉字与文化之间存在"互证"关系,汉字的创造和演变渗透并固化了当时的文化信息。汉字文化的研究也是一大热点,例如21世纪以来《说文解字》的文化研究取得了不错的成果,研究的重点主要集中在对《说文解字》各部进行分类文化研究,如从"食部"字看古代饮食文化,从"酉部"字探究古代酒文化内涵,从"示部"字看古代祭祀文化,等等。对于这类研究,《新论》指出其研究方向是欠妥当的。因为"用汉字来证文化,目的是说明文化现象,那应该属于文化学;如果用别的文化现象来证汉字,目的在阐释汉字现象,那应该属于汉字学"。[①] 当前《说文解字》各部的文化研究应算作文化研究而不是汉字研究。真正的汉字研究应该站在汉字学的立场上,以"字"为核心,用其他文化项来阐释汉字现象,而不是用汉字的材料来归纳其他文化现象。这一观点一针见血地点出了近年来汉字文化研究中的一些问题,发人深省。

《新论》还对汉字的形态、结构和职能作了相应的文化阐释。形态上,《新论》从文化角度对汉字的方块特征,构形布局,书体风格演变作了分析。结构上,《新论》尝试对构件的组合和聚合进行文化阐释,并联系有关历史文化背景讨论了某个汉字为什么要用这样的构件做这样的组合,为什么能够记录这样的词语。职能方面,《新论》着重讨论了文化因素对用字记词职能的影响和文化因素造成的汉字特殊表达方式。[②]《新论》在"汉字文化"一章中提出了许多关于汉字文化研究的新观点,为汉字文化研究指明了研究方向。

七 结语

《新论》最大的亮点在于"形意用"理论的提出,该理论主张汉字学的本体研究应该分为三个范畴,以字样字体为主要内容的"汉字样态学",以结构理据为主要内容的"汉字构形学",以字符职能为主要内容的"汉字语用学"。它的作用在于能较好地解决传统汉字研究将不同层面的概念混杂在一起而导致的概念不清现象,使得汉字的本体研究富有条理性。同时该理论也使汉字研究突破了原有的"形音义"框架,走上了一条新的道路。

[①] 李运富:《汉字学新论》,北京师范大学出版社2012年版,第245页。

[②] 同上书,第246—263页。

虽然书中有些观念一时之间难以接受，但它却为汉字学研究提供了新思路、新方法。总的来说，《新论》是一部值得深入研究的学术著作，理当引起学术界的关注。

参考文献

［1］李运富：《汉字学新论》，北京师范大学出版社 2012 年版。
［2］苏新春：《汉字文化引论》，广西教育出版社 1996 年版。
［3］裘锡圭：《文字学概要》，商务印书馆 1988 年版。
［4］潘钧：《现代汉字问题研究》，云南大学出版社 2004 年版。
［5］王凤阳：《汉字学》，吉林文史出版社 1989 年版。
［6］唐兰：《中国文字学》，上海古籍出版社 2001 年版。
［7］章太炎：《国学十八篇》，中国华侨出版社 2013 年版。
［8］许慎：《说文解字》，中华书局 2013 年版。
［9］王宁：《汉字学概要》，北京师范大学出版社 2001 年版。
［10］王宁：《汉字构形学讲座》，上海教育出版社 2002 年版。
［11］李运富：《关于"异体字"的几个问题》，《语言文字应用》2006 年第 1 期。
［12］张道升：《论李运富对汉字学理论的贡献》，《求索》2012 年第 9 期。
［13］郭敬燕：《汉字研究从"形音义"到"形意用"——读李运富〈汉字学新论〉》，《语文知识》2013 年第 4 期。
［14］陈灿：《"字用学"的构建与汉字学本体研究的"三个平面"——读李运富先生〈汉字汉语论稿〉》，《语文知识》2008 年第 4 期。

汉字"形构用"三平面研究的回顾与展望*

何余华

  汉字的本体属性包括"形体、结构、职用"三个方面,因而研究汉字也应该分别从这三个维度进行,这样自然会形成汉字研究的三个学术平面,产生汉字形体学、汉字结构学、汉字职用学三门分支学科,这就是"汉字研究三平面"理论。该理论萌芽于20世纪90年代,2005年在《汉字语用学论纲》中正式提出,而后引起学术界广泛关注,近年来出现了大批与该理论相关的成果。本文尝试对该理论及相关成果进行介绍和阐释,并就相关问题提出看法,以便进一步认识该理论的实质和价值。

一 汉字"形构用"三平面理论的酝酿与提出

  汉字是记录汉语的书写符号系统,它以形承载汉语的音义。但作为经学附庸的传统语言文字学,出于解读文献的需要,以"语义"为出发点又以"语义"为落脚点,笼统地将"形音义"作为汉字三要素看待,他们所研究的"汉字学"往往包括音韵、训诂的内容,到20世纪初仍有《文字学音篇》《文字学形义篇》之类的书籍出版,"文字学"(汉字学)还没有能够完全脱离"音、义"而独立。

  随着西方语言学思想的传入和大量古文字材料的出土,文字学家开始意识到文字和语言的差别,逐渐将"音韵、训诂"的研究内容从传统"汉字学"中剥离出来,如顾实《中国文字学》(1926)、何仲英《文字学纲要》(1933)等所论的"文字学"即已排除音韵、训诂的内容,至唐兰《古文字学导论》(1935)、《中国文字学》(1949)则旗帜鲜明地提出:"文字学本来就是字形学,不应该包括训诂和音韵。一个字的音和义虽然和字形有联系,但在本质上,它们是属于语言的。严格说起来,字义是语义的一部分,字音是语音的一部分,语义和语音是应该属于语言学的。"[①] 明确把"字形"作为汉字学的研究对象的确是一大进步,此后汉字的"形"还被细分为形体和结构两个方面,如王力(1958)提出:"关于字形,应该分为两方面来看:第一是字体的变迁;第二是字式的变迁。字体是文字的笔画姿态,字式是文字的结构方式,二者是不能混为一谈的。"[②] 这两个方面的研究已取得许多成果,此不赘述。

  但汉字学研究的内容不应该只限于"形"。汉字学在排除属于语言层面的语音和语义

---

 * 本文原载《语文研究》2016年第2期,收入本集时略有改动。
 ① 唐兰:《中国文字学》,上海古籍出版社2005年版,第4页。
 ② 王力:《汉语史稿》,中华书局1958年版,第52—53页。

后，应该关注汉字作为记录符号跟所记录的对象之间的关系，也就是字词关系，这属于汉字的职用问题。传统训诂学中涉及字词关系，只是单组的、零散的、局限于具体语境的考察，难以反映汉字与汉语的整体关联以及汉字职用的系统状态，因此汉字学应该承担起研究汉字职能及字词关系的任务。认识到这一问题并从汉字学角度探讨这些问题的有周祖谟《汉字与汉语的关系》（1957），李荣《汉字演变的几个趋势》（1980）、《文字问题》（1987）以及蒋善国（1987）、孙锡均（1988）、裘锡圭（1988）、王凤阳（1989）等人的汉字学专著。例如裘锡圭《文字学概要》（1988）的第十二章"字形跟音义的错综关系"就着重讨论了"一形多音义"和"一词多形"的问题，并从多个角度分析了汉字形体与音义不对应的原因。[①] 这真正认识到了汉字学是"研究汉字的形体和形体与声音、语义之间的关系的一门学科"。[②]

特别值得提出的是，林沄（1981）已经从书体风格、字形结构、用字习惯三个主要方面将甲骨文分为不同类型，初步具有了汉字研究三个维度的思想。张世超（1990）提出要建立汉语言书面形态学，加强字词对应关系研究。王宁（1994）在致力于汉字构形史的描写和构形理论的建设的同时，也认识到"汉字学既要弄清一个汉字字符原初造字时的状况——字源，又要弄清汉字在各个历史阶段书面的言语作品中使用的情况——字用"，[③] 因而提出了"汉字字用学"的术语，认为"汉字字用学就是汉字学中探讨汉字使用职能变化规律的分科"。[④] 李国英（1996）提到汉字的"本用、转用、借用"职能，裘锡圭先生（1998）多处提到利用用字习惯校读古籍[⑤]，也是明确地对汉字职用的研究。

上述研究表明，汉字的形体、结构、职用三个方面都已有学者涉及，但多是对其中某一个方面的研究，个别研究虽然是对其中的两个或三个方面并提的，但恐怕还处于对现象的感知状态，因为他们并没有从学理上阐述三者的性质和关系，也没有从体系上重构汉字学本体的三分格局。"汉语言书面形态学"或"汉字字用学"虽经相关学者提出，却并没有在汉字学的框架内对其进行详细论述。这样看来，人们对汉字的形体、结构和职用三个方面的属性虽然有了一些现象的和感性的认知，但尚未形成系统的理论。

"汉字研究三平面理论"的形成是以把"字用"研究纳入汉字学本体范畴为标志的。王宁先生提出"汉字字用学"具有导夫先路之功，李运富受其影响开始了汉字职用的研究，并将汉字职用跟汉字形体、汉字结构看作是汉字的三种属性或内涵，主张从不同视角观察汉字的不同属性，分别研究不同含义的汉字，建立各自相应的汉字形体学、汉字结构学和汉字职用学，将它们结合成三维的汉字学整体。

据陈灿介绍，李运富"从不自觉地运用'字形、字构、字用'三个平面去分析汉字

---

① 裘锡圭：《文字学概要》，商务印书馆 1988 年版，第 255—275 页。
② 参见周祖谟为 1988 年出版的《中国大百科全书·语言文字》撰写的"汉语文字学"条对"汉字学"的界定。
③ 王宁：《说文解字与汉字学》，河南人民出版社 1994 年版，第 34 页。
④ 同上书，第 47 页。
⑤ 裘锡圭：《简帛古籍的用字方法是校读传世先秦秦汉古籍的重要根据》，原载曹亦冰《两岸古籍整理学术研讨会论文集》，江苏古籍出版社 1998 年版。

学基本理论问题,到自觉运用这些理论方法去分析相关问题"[①]也有一个过程。最初,在他的博士论文《楚国简帛文字构形系统研究》(1996)中论及单个字样的整理原则时,他就提到了属于三个不同平面的"笔画对应转写、构件对应转写、功能对应转写";[②] 在《战国文字"地域特点"质疑》(1997)中论及战国文字分域研究时又说道:"这需要在个体字符和局部现象研究的基础上对各个地域或各个时段的成批文字材料作全面的字形、字用、字体分析和数据测查,然后作系统的总体比较",[③] 其中的"字形"主要指结构,"字体"主要指样态;在《论汉字数量的统计原则》(2001)中则指出:"我们说记录汉语的书面符号体系一共有多少个'字',这'字'当然是从构造的角度说的,意即为记录汉语而造过多少个字,并不是指写过多少个形体,也不是指用字记录过多少个词或义项。因此,统计汉字数量与汉字的书写(包括印刷)和汉字的使用虽然有关,但并不是一回事。我们应该从汉字的使用和书写实际中,着眼于汉字的构形来归纳和统计汉字的数量";[④] 在《汉字构形原理与中小学汉字教学》(2001)中又提出汉字与英文的差异表现在三个方面:"构件的功能作用及其组合模式不同;记录的语言单位不同;外形特征不同"。[⑤] 这一时段李运富还有许多文章涉及汉字这三个方面的问题,即使单独讨论汉字某一方面的问题时,也往往是跟汉字其他方面相对而言的,如《论汉语字词形义关系的表述》(1997)、《汉字形体的演变与整理规范》(1997)、《论汉字职能的变化》(2001)、《论汉字的字际关系》(2002)、《出土文本与汉语字用学》(2002年日本"中国出土文献研究会"演讲稿)、《论汉字的记录职能》(2003)等。可以说,1996年至2003年是李运富初步形成汉字研究三平面思想的时期,这一时期他的论著经常有意无意地区分汉字的形体、结构、职用,或分别研究,或对举研究,但并没有明确使用这些名称,更没有"三个平面"的说法,而且很多时候将"形体"和"结构"合在一起,统称"字形"或"构形",以与"职能"形成两分对举的局面,这说明李运富虽然重视了汉字职能的研究并明确提出了"汉语字用学",但"形体、结构、职用"三者的关系尚不清晰,总体上未能形成"三个平面"的理论。

2004年北京师范大学民俗典籍文字研究中心举办"传统语言文字学高级研讨班",李运富作了"汉字学研究的三个平面"的学术报告,第一次使用了"三个平面"的说法。[⑥] 报告指出汉字学领域许多有争议的问题是把本来属于不同平面因而并不同质的东西放在一个平面混同讨论所造成的,所以主张汉字研究中要区分形体、结构、职能三个平面。这种

[①] 陈灿:《"字用学"的建构和汉字学本体研究的三个"平面"——读李运富先生〈汉字汉语论稿〉》,《语文知识》2008年第4期。
[②] 李运富:《楚国简帛文字构形系统研究》,岳麓出版社1997年版,第24页。
[③] 李运富:《战国文字"地域特点"质疑》,《中国社会科学》1997年第3期。
[④] 李运富:《论汉字数量的统计原则》,《辞书研究》2001年第1期。
[⑤] 李运富:《楚国简帛文字构形系统研究》,岳麓出版社1997年版,第5—7页。
[⑥] 参见中国语言文字网新闻报道:http://www.china-language.gov.cn/16/2007_6_25/1_16_1660_0_1182772917203.html。

思想在 2005 年发表的《汉字语用学论纲》中得到再次确认，这篇文章从建立"汉字语用学"①的角度明确阐述了汉字形体、结构、职用三者的关系，论证了汉字学三维体系的学理基础，从而成为"汉字研究三平面理论"正式形成的标志。文章说：

> 正因为汉字的"字"具有不同的内涵和实质，从而决定了汉字学研究必然要区分不同的观察角度，形成不同的学术系统。根据上面所说的三种指称内涵，汉字的本体研究从学理上来说至少应该产生三种平面的"学"。即：
> （一）从外部形态入手，研究字样含义的"字"，主要指字样的书写规律和变异规律，包括书写单位、书写方法、书写风格、字体类型、字形变体等等，这可以形成汉字样态学，也可以叫作汉字形体学，简称为字样学或字形学。
> （二）从内部结构着眼，研究字构含义的"字"，主要指汉字的构形理据和构形规律，包括构形单位、构件类别、构形理据、组合模式以及各种构形属性的变化等等，这可以叫作汉字构形学或汉字结构学，简称为字构学。
> （三）从记录职能的角度，研究字用含义的"字"，主要指怎样用汉字来记录汉语，包括记录单位、记录方式、使用属性、字词对应关系、同功能字际关系等等，这可以叫作汉字语用学，简称为字用学。②

该文的价值不仅在于论述了建立汉字职用学的理论依据、汉字职用学的学科定位、汉字职用学的主要内容等，更重要的是通过对汉字"不同内涵"的界定，揭示了汉字本体的三大要素应该是"形构用"而不是"形音义"。传统汉字学认为"形音义"是汉字的三大要素，这种认识其实很不准确，据此难以构建科学的汉字学体系。首先，与"音、义"并列的"形"是指外形还是指内构并不明确，而且"形"与"音""义"属于不同层面，将语言层面的"音义"结合体分离开来跟"形"三足鼎立，不符合"字""词"对应的逻辑关系；其次，把"音""义"作为汉字要素就会导致汉字学要研究语言中的语音系统、词汇语义系统，其结果是掩盖了汉字学应该研究的本体内容——结构与职用；再次，"音"和"义"对于汉字来说也并不是必不可少的，有时汉字可以只表音，有时汉字可以只表义；最后，汉字还具有某些超语符功能，记录汉语并非汉字存在的唯一价值，汉字通过离合构件、重构理据、增减笔画、移动置向、改变形态等，都可以直接表情达意而不必对应于某个特定语符。③ 汉字与音义确实有密切关系，但从汉字本体出发研究的应该是汉字如何以它的形体记录汉语的"音义"、某"音义"又是如何用汉字来记录的，就是说汉字学涉及"音义"时关注的是"形"与"音义"的关系，包括字词关系、同字所记的词际关系和同词所用的字际关系等，而不是语言层面的语音系统和词义系统。因此汉字

---

① 李运富近年来表示"汉字语用学"或"汉字字用学"难以准确涵盖相关的研究内容，且容易与其他学科发生误解，故以"汉字职用学"定称。

② 李运富：《汉字语用学论纲》，《励耘学刊》（语言卷）2005 年第 1 辑（总第 1 辑），学苑出版社 2005 年版，第 45 页。

③ 李运富、何余华：《论汉字的超语符功能》，《世界汉字通报》2015 年（创刊号）。

的本体属性不包括音、义,而应该分为形体、结构、职用三个方面。针对汉字的不同属性分别描写汉字的形体系统、结构系统、职用系统,就自然会出现汉字研究的"三个平面"。"这三个学术系统或学术平面不是并列的,也不是层叠的,而是同一立体物的不同侧面,有许多内容彼此关联,允许交叉。"① 这说明科学的汉字学体系应该是"三维"的立体,而不是单一的平面。正是基于这样的认识,李运富用"三个平面"的理论创建了全新的汉字学体系,这就是数年后出版的《汉字学新论》(2012)。该书之所以称为"新论",正是"在于区分了汉字学的'三个平面',从汉字的'形体、结构、职能'三个维度建立汉字学系统,将汉字学的各种具体问题放到相应的系统中分别讨论,从而避免不同质问题的纠缠不清"。②

可见,无论是作为研究视角的"三个维度",还是作为学术系统的"三个平面",都是基于对汉字"形构用"三种属性的全新认识。因此可以说,明确形体、结构、职用三者的内在关系,用"形构用"新三要素取代"形音义"旧三要素,是汉字学调整研究视角,改变研究思路,形成新的"三平面"立体系统的关键,而"汉字职用学"的构建又是"三平面"能够鼎立的标志。所以离开"形构用"三要素的阐释,离开"汉字职用学"的论证,也就无所谓"汉字三平面"或"汉字三维度"理论。

二 汉字"形构用"三平面理论的实践与应用

汉字研究"形构用"三平面理论提出后,在学界产生了广泛影响,对其进行的实践与应用主要有:将传统的汉字基本理论问题置于三个平面的体系中重新思考;在三个平面的理论框架内研究汉字发展史、汉字识字教学等;尤其要提的是近些年三平面系统中的汉字职用研究逐渐成为热点前沿问题。

(一)以"形构用"三平面理论对传统汉字基本理论问题的重新思考

传统汉字学以"六书"为主要内容,现代汉字学以"规范"为终极目标,古文字学以"考释"为价值取向。自汉字研究"形构用"三平面思想提出后,李运富先后发表系列论文将大量传统汉字基本理论问题置于三个平面的框架内重新思考,如《汉字性质综论》(2006)、《论汉字起源的具体所指》(2006)、《关于"异体字"的几个问题》(2006)等,而2012年新出的专著《汉字学新论》则以"形体、结构、功能"三个平面的汉字本体分析为纲,以"汉字属性、汉字起源、汉字关系、汉字文化"为纬,创建了立足"三个平面"、多角度讨论问题的立体式研究思路和知识体系新框架。这种多维建构、总体关联的经纬贯通方法,突破了原来把"形音义"看作汉字三要素并以此为基本内容的汉字学旧藩篱,在此基础上许多新结论被提出,使汉字学许多有争议的理论问题通过新的视角获得比较一致的看法,并为汉字形体、结构、功能层面的研究提供了理论基础

---

① 李运富:《汉字语用学论纲》,《励耘学刊》(语言卷)2005年第1辑(总第1辑),学苑出版社2005年版,第45页。

② 李运富:《汉字学新论》,北京师范大学出版社2012年版,第265页。

和大量切合实际的操作标准,将汉字三平面的研究内容和三维研究视角具体化、细节化。

(二)以"形构用"三平面理论梳理汉字发展史

在汉字研究"形构用"三平面理论提出前,学界已有梳理汉字发展史的不少成果,如梁东汉(1959)、姚孝遂(1980)、刘又辛(2000)等,但这些成果或限于传统"六书"构形模式,或综合性地罗列汉字从甲骨文到楷书的发展序列并辅以举例,对汉字属性缺乏分别认识,难以揭示汉字各个平面的演变规律,因而也难以反映汉字发展的全貌。王宁先生自20世纪90年代着手创建汉字构形学理论,① 并以该思想指导20多篇硕博士论文按照大致相同的操作原则对汉字构形系统展开分时分域的断代描写,② 周晓文等(2008)在断代描写的基础上从构件、结构、关联等多个侧面对汉字构形系统展开历时比较分析,这些成果初步构成了一部汉字构形发展史,相比而言已经是汉字发展史研究的重大进步。

张素凤《古汉字结构变化研究》(2008)、《汉字结构演变史》(2011)则明确以汉字"形构用"三平面理论作为指导,③ 以小篆字形与具有相同记录职能的商周字形系统比较异同,对其结构模式和构件功能的变化情况进行定量、定性研究,并总结古汉字结构变化规律,从汉字书写、记录职能、社会历史文化等角度对演变原因进行阐释,为新学科体系下全面梳理汉字发展史做出了积极探索。李运富在评论张素凤的著作时更明确提出了《汉字演变的研究应该分为三个系统》。④ 2014年黄德宽等新出的《古汉字发展论》尝试以"形构用"三维视角全面考察分析古汉字各个时期形体、结构、使用及其发展情况。通过不同时期形体、结构、字用方面的历时比较,较好地揭示了汉字演变规律和汉字发展的基本趋势。该书的成果验证了以"形体、结构、职用"三平面的理论研究汉字发展史的可行性,由于充分利用了大量出土材料,在某些方面也补充了三平面理论的内容。

(三)以"形构用"三平面理论指导识字教学

除了上述两点外,汉字研究"形构用"三平面理论还被用于探讨识字教学的理论和实践,如李运富《汉字的特点与对外汉字教学》(2014)认为应根据汉字"形构用"三方面的特点采取相应的措施,对外汉字教学可能会事半功倍。⑤ 此外张素凤、郑艳玲(2010)从古代和现代两个层面论述了汉字三平面理论在识字教学中的应用问题;张秋娥(2013)认为在国际汉语识字教学过程中要充分利用汉字的"形意用"⑥ 三要素等。而李晓红(2006)、刘美霞(2008)对异体字从字样、字构、字用三个层面进行梳理,运用该理论解决文献中的实际问题,也都是有益的尝试。

---

① 王宁:《汉字构形学讲座》,上海教育出版社2002年版。
② 相关成果见王宁先生《汉字构形学讲座》,"汉字构形史丛书"和王宁先生指导的大批硕博士学位论文等。
③ 张素凤:《古汉字结构变化研究》,中华书局2008年版,第1页。
④ 李运富:《汉字演变的研究应该分为三个系统》,《唐山师范学院学报》2009年第1期。
⑤ 李运富:《汉字的特点与对外汉字教学》,《世界汉语教学》2014年第3期。
⑥ 该书所引"形意用"即"形构用","意"指构意,即结构理据。

（四）以"形构用"三平面理论指导其他文字研究

世界上所有文字符号都具有形体、结构、职用三维属性，因此汉字"形构用"三平面理论也可以用来研究其他文字。王耀芳曾运用汉字"形构用"三平面理论探讨东巴文的整理与研究①，其硕士论文从字形角度描写东巴文的字符形态表现形式和字形特点，并分析了影响东巴文字形的因素；从字构角度研究了东巴文的结构类型、每种结构类型的使用特点；从字用角度对东巴文字量、字频和字用类型展开测查，包括东巴文的字词关系与字际关系研究等。

（五）汉字职用学（字用学）的研究成果

李运富《汉字语用学论纲》通过论证汉字职用研究的学理依据、学科定义和主要内容使得"三平面"的立体系统真正建构起来，也让汉字职用研究更理论化、系统化。李先生以汉字职用的系列理论先后指导了大批硕博论文，有关理论也在学界引起广泛关注，涌现了大量研究成果。

文本用字现象的考察，选取某一批出土文献或某部专书，主要统计文本的字位或字频，考察文本单字的职用属性（本用、兼用、借用、误用），归纳文本的字词对应关系，如刘畅（2001）、喻英贤（2009）、陈斯鹏（2011）、周朋升（2014）等；文本用字的比较研究，从出土文献间、出土与传世文献间的异文现象入手研究字词对应关系，尤其是同词历时使用不同字形记录的现象，如赵菁华（2000）、叶峻荣（2001）和张富海（2007）②、周波（2008）、朱力伟（2013）③ 等。

单字职用考察是由字到词的角度研究同形异用，主要梳理某个（批）字形在历史上先后记录过哪些语言单位，某项记录职能何时产生、何时消亡，客观分析字形与所记词项的字词关系、不同词项间的词际关系，考察汉字的本用、兼用、借用职能，分析职能扩展、缩减的原因。如王旭燕（2003）、温敏（2004）、田颖（2010）、李运富（2014）、时玲玲（2014）等属这类成果。

单词用字考察是由词到字的角度研究异字同用则是从某个语言单位出发梳理其先后用哪些字形记录过，并分析字形与对应的语词之间的字词关系、不同用字间的字际关系，如陈剑（2001）、刘君敬（2011）、王子扬（2011）、杨清臣（2011）、何余华（2015）等。个别学者也开始注意到汉字的超语符职能，相关成果极大地扩展了汉字职用研究的范围。④

此外统计断代或专书的字量、字频的研究，如李运富（2001）提出把汉字的数量问

---

① 参见王耀芳《东巴经〈超度死者·献肉汤〉（下卷）字释选释及文字研究》，硕士学位论文，西南大学，2014年；又见王耀芳《汉字字用学理论对东巴文研究的适用性探究》，《学行堂语言文字论丛》第四辑，四川大学出版社2014年版。

② 张富海：《汉人所谓古文之研究》，线装书局2007年版。

③ 朱力伟：《两周古文字通假用字习惯时代性初探》，博士学位论文，吉林大学，2013年。

④ 李运富、何余华：《论汉字的超语符功能》，《世界汉字通报》2015年（创刊号）。

题限定在字构层面,统一按结构功能的异同来确定字位。李国英、周晓文(2009)倡导建立字料库理论并指导大批硕博论文分字种、字式、字样三个层级统计字频,如王颖(2009)、毛承慈(2012)等。

对汉字职用演变史进行梳理,学界主要有三种研究思路:一类以李运富(2007;2008;2013)为代表重新厘清训诂学范畴的"古今字"概念,在此基础上展开文献用字现象及用字规律、汉字字种孳乳和形体变异、汉字职能演变和字际关系研究等。一类以张通海(2009)、夏大兆(2014)、周朋升(2015)①、田炜(2013;2014;2016)② 为代表,在断代用字描写的基础上展开历时比较。还有一类是在探索形源和本义的同时梳理文字形体的演变脉络及所涉字词关系、字际关系等,如黄德宽等主编《古文字谱系疏证》(2007)、季旭升《说文新证》(2010)、李学勤主编《字源》(2013)等。

汉字职用学术史的梳理也成为汉字职用研究的重要内容,一类是通过梳理前人对字词关系的考辨来研究作者的字用思想,从学史角度归纳作者对字词关系、字际关系的认识及其影响,如韩琳(2002)、曹云雷(2007)等。另一类是梳理历时文献中古人对某类用字现象的认识。如近年李运富指导的系列硕博论文关于古今字学术史的研究,证明古今字是记录同词而先后使用了不同形体的用字现象,而非为了区别记录功能以原来的某个多功能字为基础分化出新字的现象,如刘琳(2007)、关玲(2009)、苏天运(2009)、蒋志远(2011;2014)等。此外,如张素凤(2009)、徐加美(2011)、赵小刚(2013)等曾在汉字职用学理论框架下对汉字形体结构、字典辞书编撰、形声字职能变化等进行过讨论。而对汉字职用的演变原因,裘锡圭(1988)③、李运富(2005)④、刘君敬(2011)⑤ 等都曾从不同角度进行过探讨。

三 汉字"形构用"三平面理论的研究展望

以"形构用"三平面理论指导汉字研究在学界已基本达成共识,相关研究方兴未艾,汉字职用学更是大有可为,但就当前研究现状而言某些领域尚需深入挖掘、逐步完善。

(一)加强"同时"字料库建设。计算机技术的进步为汉语量化研究创造了条件,但不少学者也已意识到现有语料库难以满足汉字研究的需要。古籍传抄刊刻过程改字现象严重,成书与刊抄时代相去不远的版本才能有效反映相应时代的用字面貌,而现有语料库对文献版本缺乏优选,大量时代性用字被同功能的现代规范汉字替换,或因整理原则过粗以致用字面貌未能保真,缺乏时代准确的字料库俨然成为汉字研究的障碍,筛选出大量同时

---

① 周朋升:《西汉初简帛文献用字习惯研究》,博士学位论文,吉林大学,2015年。
② 田炜:《西周金文字词关系的共时与历时考察》,《出土文献与古文字研究》第5辑,复旦大学出版社2013年版;田炜:《西周金文与传世文献字词关系之对比研究》,《出土文献与古文字研究》第6辑,复旦大学出版社2014年版;田炜:《西周金文字词关系研究》,上海古籍出版社2016年版。
③ 裘锡圭:《文字学概要》,商务印书馆1988年版,第255—275页。
④ 李运富:《汉字语用学论纲》,《励耘学刊》(语言卷)2005年第1辑(总第1辑),学苑出版社2005年版,第49页。
⑤ 刘君敬:《唐以后俗语词用字研究》,博士学位论文,南京大学,2011年,第96—109页。

资料建设出一个新型字料库也就成为今后汉字研究的当务之急。汉字发展史仅仅梳理古文字阶段的材料是不全面的，除王立军（2003）、易敏（2003）、齐元涛（2007）等少数学者外，当前学界对唐以后汉字整体发展面貌的关注其实是很不够的。

（二）加强汉字发展微观细部规律的揭示和汉字属性的基础测查工作。现有汉字三平面研究多关注于全局性的大系统、大变化，对汉字的细部现象、汉字演变的微观规律揭示得还远远不够，今后尚可进一步深入，齐元涛（2011）、陈斯鹏（2011）等都是很好的示范。此外，就汉字属性而言，形态、结构层面的研究较为充分，但职用层面的大量基础测查工作亟待进行，常常对某个字符的来龙去脉、形义间的关系都说不清楚，通过大规模字料库全面考察个体字形记录过哪些语言单位或者某个语言单位先后用哪些字形记录，厘清汉字职用史上纷繁复杂的字词关系、字际关系、词际关系，对于全面认识汉字演变规律、字典辞书编纂都是极有帮助的。真正的汉字发展史也只有在梳理清楚单字职用演变和单词用字演变的基础上才能逐渐建立起来。

（三）加强"形体、结构、职能"不同平面的关联研究。将"形体、结构、职能"作为不同属性、不同学术系统区分开来是有必要的，但同时还应看到它们不是彼此隔绝的壁垒，相反存在相互作用、彼此交融的情况。如隶变虽是字体的变化却引起汉字结构的深刻变革，草书楷化也导致大量俗字异体的产生，笔画、构件异写的累积往往导致异构字的产生等；记录职能也会对形体结构产生作用，如张素凤（2009）；而汉字形体的分化与记录职能的重新调整往往同时发生，如王宁先生曾提到的"广义分化、引义分化、借义分化"等多种汉字以形体参构词语的现象。但这方面系统研究的成果并不多，今后值得加强。

（四）加强特殊时期、特殊地域、特殊材料的用字研究。汉字在使用过程中往往会随着时代、地域、特殊政治环境发生变异，出现某些特殊的用字现象、用字规律，这也是今后研究需要深化的。如新莽时期、武周时期、太平天国时期的新造字和特殊用字，魏晋南北朝、五代十国、元代、民国时期的异体讹误现象，桂闽川晋等地的民间杂字俗字等特殊用字，域外汉字，敦煌佛经的特殊用字等，都是大有可为的研究领域。

（五）加强对新理论、新方法的吸收借鉴。汉字研究需要细致扎实的描写，但也需要借鉴新理论、新方法帮助我们更加深刻地揭示和解释汉字发展规律，对相关问题进行阐释。如王宁先生创建的汉字构形学理论就受西方系统论的影响，齐元涛（2008）用重新分析的方法研究汉字结构变化、刘君敬（2011）运用优选论阐释用字变化原因等无疑都是有益的尝试。

以上所述大致反映了汉字"形构用"三平面理论提出后汉字研究呈现出的特点和发展趋势，尤其是近年来汉字研究方法和关注领域的转变。而将上述内容深化拓展无疑还有很长的路要走，尤其是需要加强汉字职用学的实践探索和理论构建。

参考文献

[1] 曹云雷：《王观国〈学林〉字用学思想研究》，硕士学位论文，北京师范大学，2010年。

［2］陈灿：《"字用学"的建构和汉字学本体研究的三个"平面"——读李运富先生〈汉字汉语论稿〉》，《语文知识》2008 年第 4 期。

［3］陈剑：《殷墟卜辞的分期分类对甲骨文字考释的重要性》，博士学位论文，北京大学，2001 年。

［4］陈斯鹏：《从楚系简帛看字词关系变化中的代偿现象》，《中山大学学报》（社会科学版）2011 年第 4 期。

［5］陈斯鹏：《楚系简帛中字形与音义关系研究》，中国社会科学出版社 2011 年版。

［6］关玲：《颜师古古今字研究》，硕士学位论文，北京师范大学，2009 年。

［7］韩琳：《黄侃手批〈说文解字〉字词关系研究》，博士学位论文，北京师范大学，2005 年。

［8］何余华：《汉语常用量词用字研究》，硕士学位论文，北京师范大学，2015 年。

［9］黄德宽等：《古汉字发展论》，中华书局 2014 年版。

［10］蒋善国：《汉字学》，上海教育出版社 1987 年版。

［11］蒋志远：《唐以前"古今字"学术史研究》，博士学位论文，北京师范大学，2014 年。

［12］蒋志远：《王筠古今字研究》，硕士学位论文，北京师范大学，2011 年。

［13］李国英：《小篆形声字研究》，北京师范大学出版社 1996 年版。

［14］李国英、周晓文：《字料库建设的必要性与可行性》，《北京师范大学学报》（社会科学版）2009 年第 5 期。

［15］李运富、蒋志远：《从"分别文"、"累增字"与"古今字"的关系看后人对这些术语的误解》，《苏州大学学报》（哲学社会科学版）2013 年第 3 期。

［16］李运富：《楚国简帛文字构形系统研究》，岳麓出版社 1997 年版。

［17］李运富：《汉字构形原理与中小学汉字教学》，长春出版社 2001 年版。

［18］李运富：《汉字语用学论纲》，《励耘学刊》（语言卷）第 1 辑，学苑出版社 2005 年版。

［19］李运富：《汉字演变的研究应该分为三个系统》，《唐山师范学院学报》2009 年第 1 期。

［20］李运富：《汉字学新论》，北京师范大学出版社 2012 年版。

［21］李运富、何余华：《"两"字职用演变研究》，《励耘语言学刊》第 20 辑，学苑出版社 2014 年版。

［22］李运富：《论汉字数量的统计原则》，《辞书研究》2001 年第 1 期。

［23］李运富、何余华：《论汉字的超语符功能》，《世界汉字通报》2015 年（创刊号）。

［24］李运富：《"余予古今字"考辨》，《古汉语研究》2008 年第 4 期。

［25］李运富：《早期有关"古今字"的表述用语及材料辨析》，《励耘学刊》（语言卷）第 6 辑，学苑出版社 2007 年版。

［26］李运富：《战国文字"地域特点"质疑》，《中国社会科学》1997 年第 3 期。

［27］李晓红：《异体字·古今字》，《现代语文》2006 年第 6 期。

[28] 林沄:《小屯南地发掘与殷墟甲骨断代》,《古文字研究》1981年第9期。
[29] 梁东汉:《汉字的结构及其流变》,上海教育出版社1959年版。
[30] 刘畅:《〈包山楚简〉字用研究》,硕士学位论文,北京师范大学,2001年。
[31] 刘琳:《〈说文段注〉古今字研究》,博士学位论文,北京师范大学,2007年。
[32] 刘君敬:《唐以后俗语词用字研究》,博士学位论文,南京大学,2011年。
[33] 刘美霞:《阜阳汉简〈诗经〉异体字研究》,《东南传播》2008年第8期。
[34] 刘又辛:《汉字发展史纲要》,中国大百科全书出版社2000年版。
[35] 毛承慈:《基于字料库的〈诗经〉文字研究》,博士学位论文,北京师范大学,2012年。
[36] 齐元涛:《重新分析与汉字的发展》,《中国语文》2008年第1期。
[37] 齐元涛:《汉字发展中的跨结构变化》,《中国语文》2011年第2期。
[38] 齐元涛:《隋唐五代碑志楷书构形系统研究》,上海教育出版社2007年版。
[39] 裘锡圭:《文字学概要》,商务印书馆1988年版。
[40] 苏天运:《张揖〈古今字诂〉研究》,硕士学位论文,北京师范大学,2009年。
[41] 孙锡均:《汉字通论》,河北教育出版社1988年版。
[42] 时玲玲:《"内"字职用及相关字词研究》,硕士学位论文,北京师范大学,2014年。
[43] 唐兰:《中国文字学》,上海古籍出版社2005年版。
[44] 田颖:《上博竹书"一形对应多字"现象研究》,硕士学位论文,复旦大学,2010年。
[45] 王凤阳:《汉字学》,吉林大学出版社1989年版。
[46] 王力:《汉语史稿》,中华书局1958年版。
[47] 王宁:《汉字构形学讲座》,上海教育出版社2002年版。
[48] 王宁:《说文解字与汉字学》,河南人民出版社1994年版。
[49] 王立军:《宋代雕版楷书构形系统研究》,上海教育出版社2003年版。
[50] 王旭燕:《〈说文〉部首字中头部字的历时职能考察》,硕士学位论文,北京师范大学,2003年。
[51] 王子扬:《甲骨文字形类组差异现象研究》,博士学位论文,首都师范大学,2011年。
[52] 王颖:《基于字料库的〈尚书〉用字研究》,博士学位论文,北京师范大学,2012年。
[53] 温敏:《现代常用汉字职能属性考察》,硕士学位论文,北京师范大学,2004年。
[54] 夏大兆:《甲骨文字用研究》,博士论文,安徽大学,2014年。
[55] 徐加美:《现代汉语字典中的字用学概念和研究内容》,《语文学刊》2011年第18期。
[56] 姚孝遂:《古汉字的形体结构及其发展阶段》,《古汉字研究》1980年第4期。
[57] 杨清臣:《〈尔雅〉名物词用字的历时考察与研究》,博士学位论文,河北大

学，2011年。

[58] 易敏：《明代石经字形整理与研究》，博士学位论文，北京师范大学，2003年。

[59] 叶峻荣：《定州简本〈论语〉与传世本〈论语〉异文研究》，硕士学位论文，北京师范大学，2001年。

[60] 喻英贤：《〈论语〉字用研究》，硕士学位论文，北京师范大学，2009年。

[61] 周波：《战国时代各系文字间的用字差异现象研究》，博士学位论文，复旦大学，2008年。

[62] 周朋升：《马王堆古医书用字现象考察》，《古籍整理研究学刊》2014年第6期。

[63] 周朋升：《张家山汉墓竹简用字习惯考察》，《语言科学》2014年第3期。

[64] 周晓文：《汉字构形属性历时演变的量化研究》，中国广播电视出版社2008年版。

[65] 张世超：《汉语言书面形态学初探》，载《语言文学集》，东北师范大学出版社1991年版。

[66] 张素凤：《古汉字结构变化研究》，中华书局2008年版。

[67] 张素凤、郑艳玲：《汉字学理论在识字教学中的应用》，《唐山师范学院学报》2010年第3期。

[68] 张素凤：《记录职能对汉字形体结构的影响》，《河北师范大学学报》（哲学社会科学版）2009年第2期。

[69] 张秋娥：《汉语国际教育中的汉字教育散论》，《汉字汉文教育》第30辑，韩国汉字汉文教育学会，2013年。

[70] 张通海：《楚系简帛文字字用研究》，硕士学位论文，安徽大学，2009年。

[71] 赵菁华：《郭店楚简〈老子〉及马王堆帛书〈老子〉用字比较研究》，硕士学位论文，北京师范大学，2000年。

[72] 赵小刚：《字用背景下形声字的职能变化》，《兰州大学学报》（社会科学版）2013年第5期。

应用

汉字的特点与对外汉字教学

李运富

汉字已经成为世界性的交际工具，引起越来越多外国人的关注和学习。在对外汉字教学中，普遍感觉汉字难学，因为汉字笔画多、字数多，不容易记，不容易写。这果真是汉字难学的根本原因吗？我们认为还值得研究，最好联系汉字的特点来认识这个问题。汉字特点需要跟别的语种的文字进行比较才能认识，此事物与彼事物相比，比较结果所显示的差异就是特点。比较需要注意两点：一是比较对象，即拿谁跟谁比；比较的对象不同，所得的结果会有不同。二是比较角度，即谁的什么比谁的什么；比较的角度不同，所得的结果也会不同。下面我们针对英文来谈汉字的特点，然后根据汉字特点分析汉字难学的原因，以便采取有针对性的措施来提高汉字学习的效果。

一 汉字特点的比较对象

"比较对象"不能简单地理解为汉字跟英文比，而要具体确定汉字的什么成分跟英文的什么成分比。考察前人对汉字特点的研究，他们也是注重比较的，但比较的对象并不完全相同。主要有以下几种情况。

（一）拿汉字的单字跟英文的字母比

苏培成（2001：32、12）认为："要确定某种具体文字的性质，就要看这种文字的基本单位记录的是什么样的语言单位。""汉字的基本单位是一个个单字，拼音文字的基本单位是一个个字母，而不是一个个的单词。汉字的单字是形音义的统一体，记录的是汉语的语素；英文的字母只有形和音，没有义，记录的是英语里的音素（音位）。"显然，苏培成先生是通过汉字单字与英文字母的比较，来分析两种文字的不同特点。

王伯熙（1984）主张通过比较不同文字的"独立符号"，给文字定性。他说："所谓'独立符号'，是指在记录一定的语言单位时不能再分析的符号。如记录词的方块汉字'明'就是一个独立符号，它不能再分析了；若再分析成'日''月'，音、义全变，所记录的就不是原来的语言单位了。""英文中的 b 是记录音素的独立符号。""各种文字的独立符号所记录的语言单位不同，其符号系统的性质也就有了区别。因此，可根据文字独立符号所记录的语言单位给文字分类定性。"可见王伯熙先生进行比较的"独立符号"也是汉字单字和英文字母。

---

* 本文原载《世界汉语教学》2014 年第 3 期。

拿汉字单字和拼音文字的字母进行比较，是中外很多学者通用的方法。现在的问题是，英文的"字母"能不能算作文字，能不能跟汉字的单字进行对等比较。根据"文字是记录语言的符号系统"这一基本定义，只有具备记录语言成分或单位的功能的符号才能称其为文字。语言有"音""义"两个重要因素，语言中最小的语音单位是音素，最小的意义单位是语素。毫无疑问，英文字母不能表示意义，但一般认为，英文字母记录的就是英语的音素，所以英文字母就是记录英语的文字。其实英文的单个字母与英语的音素之间并不存在一一对应关系，很多时候单个字母并不标记语言中的音素，如字母"r"在单词"right"中可独自表示一个辅音音素，而在单词"work""dirty""sister"中则要与"o""i""e"分别组合成"or""ir""er"，才各自表示一个元音音素，在单词"tree""drop"中，又分别与"t""d"组合成"tr""dr"才表示一个辅音音素。可见，英文字母并不就是音素，不是每个字母都有固定的音值，代表着固定的音素，所以我们学英语还需要国际音标的帮助。英文字母既不能表示意义，有的还不能直接记录音素，那就说明英文字母不能直接记录英语，所以英文"字母"只是生成"字"的"母"，本身并不是文字。

既然"字母"不是文字，那就不能代表英语的文字来跟汉字对等比较，汉字的特点也难以在这种不同类的比较中显示出来。

（二）拿汉字的构件跟英文的字母比

裘锡圭（2001：11）认为，区分不同性质文字的根据是字符（指构成字的构件）特点而不是文字本身。他说："语言有语音和语义两个方面，作为语言的符号的文字，也必然既有音又有义。就这一点来说，各种成熟的文字体系之间并没有区别。只有根据各种文字体系的字符的特点，才能把它们区分为不同的类型。"英文被定性为"表音文字"，是因为"英文的字符，即二十六个字母，是表音的，不是表意的"。汉字的字符包括意符、音符和记号三种，因此被定性为意符音符记号文字或意符音符文字。

裘先生把"二十六个字母"看成"英文的字符"（构件）而不看成英文的"字"，是有独到眼光的，但还不太准确。因为"汉字的字符包括意符、音符和记号三种"是从功能的角度就构成汉字的直接构件说的，而英文的字母本身没有固定的标音或表义功能，它要转化为构件（一个字母）或拼合为构件（多个字母）后才具有构字功能，才能跟汉字的"字符"（构件）对应。就是说，英文的"字母"不但不是"字"，也不是"字符"（构件）。所以裘先生拿汉字的构件与拼音文字的字母进行比较以探讨汉字特点并给汉字定性，也是不合适的。

（三）拿汉字的单字跟英文的单词形式比

高名凯、石安石（1999：185）认为："无论哪种文字，都是以不同的形体去记录语言中的各个成分（即记录它的发音和意义）的，因而任何文字都具有字形、字音和字义三个方面。……目前大多数文字一般用一个字去记录语言中的一个词，俄罗斯文字、英吉利文字、法兰西文字等就是这样的。因此，这种文字中的每个字，都有一定的字形、字音和字义，从记录的音节数目来看，它既可能只有一个音节，也可能有几个音节。……而我国的汉字则是另一种情况，一个字原则上只记录一个音节。"

看懂这段话，就会知道高、石二先生是把拼音文字中记录一个词的单位看作"字"的，这样记录着一个单词的"字"可能只用一个字母组成，也可能用多个字母组成，英语文献中分词连写而形成的一个个自然单位就是一个个"字"。我们非常赞同高、石二先生的观点，因为只有这样的"字"才真正记录了英语，所谓英文是"线型文字"也正是针对分词连写的多个字母横向排列而成的"字"说的，如果"字母"就是"字"，那说每个"字母"都是"线型文字"就难以成立或者不符合人们心里的实际所指。

既然英文的"字母"不是字，那就不能笼统地说英文的 26 个字母比汉字的数量少，因为它们缺乏可比性。既然英文的"字"就是记录英语词的单位，那就不能说汉字的字数太多，因为汉字在每个时期的通用字种不过 6000 左右，常用字种只有 3000 左右，历代积累到一起的不同字种也应该在 30000 之内[①]，而跟英语单词相应的英文的"字"却是海量的，甚至是无穷尽的。由此看来，单字数量众多不一定是汉字的主要特点，如果说汉字确实难学的话，其原因也可能并不在此。人们之所以会有这样的印象，实在是因为没有找准比较的对象。只有把汉字的单字跟记录英语单词的书写形式对应起来比较，才能看清楚汉字的特点。

二　汉字特点的比较角度

确定了汉字特点的比较对象，就知道不能拿汉字的单字跟英文的字母比，也不能拿汉字的构件跟英文的字母比，而应该拿分格书写的汉字单位跟分词连写的英文单位比。但汉字的单字跟英语的单字并不是按字种一一对应的，例如汉字"书"可以跟英文"book"对应，而英文的单字"work"就没有合适的汉字单字对应，只能用"工作"两个单字来作意义上的对译，这就不是文字的比较了。所以要比较汉字与英文的不同，绝非字种的对比，而是在明确各自"字"的单位后进行"字"的属性的比较，这就是比较角度的问题了。

文字究竟有哪些属性，见解会不一致。就汉字而言，通常认为具有"形、音、义"三个要素。但实际上文字的"音义"是语言赋予的，文字在记录语言的时候一般有音有义，但也存在有音无义或有义无音的情况，所以"音义"不是文字必须同时具备的，而且它们同属于文字的功用层面，不宜分开跟"形"鼎足三立。另一方面，文字应该都有"理据"的属性，只是不同文字的理据方式不同而已。形体是外在可视的，理据是说明形体成因的，功用是形体的存在价值。因此，形体、理据、功用这三者是所有文字都具备的属性。彼此都有的属性才能站在同一角度进行有效的比较。

既然所有文字都具备形体、理据、功用三个方面的属性，那比较它们异同以显示各自特点的时候是选择一个角度进行比较，还是应该多个角度同时比较呢？这要根据研究的目的而定。如果只想说明某一方面的差异，当然可以选择某一个角度；而当我们说汉字具有

[①] 目前收录字形最多的《中华字海》有 80000 多，但绝大多数是同一个字种的不同写法，不能算独立的有计量和比较价值的"字"，如"户""戶""戸"应该算作 1 个字种而不是 3 个字。

什么特点的时候，实际上是针对所有汉字的所有属性而言的。因此，拿汉字跟别的文字进行比较来谈各自特点的话，也应该同时关照到各个方面，至少不应该拿某一方面的差异来代替汉字的总体特点。某个方面的差异只能说明某个方面各自的特点，如果以偏概全，把从某个角度观察得到的特点当作汉字的总体特点，就难免引起混乱和争议。因为对同一事物的观察角度可以多种多样，而不同角度的观察结果却往往是不一样的，所谓"横看成岭侧成峰，远近高低各不同"。如果各人选择汉字的不同属性，从不同的角度去跟别的文字比较差异，然后说这就是汉字的特点，而且认为自己观察到的是唯一正确的结论，凡不符合的说法都是错误的，那么，关于汉字特点的种种表述和争议就必然地产生了。

例如上举裘锡圭先生认为"只有根据各种文字体系的字符的特点，才能把它们区分为不同的类型"。所以从构形理据的角度，根据英文字符的表音特点而把英文定性为"表音文字"，根据中文字符包括意符、音符和记号三种的特点而把汉字定性为意符音符记号文字或意符音符文字。但是，如果我们换一个角度来看汉字的特点和性质，可能就会得出另外的结论。例如潘钧（2004）就从汉字功用的角度来看汉字的特点，认为汉字所记录的语言单位跟英文不同，英文记录的语言单位是音素，汉字记录的语言单位是语素，所以记录语素是汉字的根本特点，"语素文字"是汉字唯一的本质属性。裘先生眼里"只有"中文字符（结构角度）的特点，潘先生心中汉字记录语素（功用角度）的特点才是"唯一"的。他们站在不同的角度得出不同的结论，分开来说，限定在各自的视域，当作汉字某一方面的特点，其实都是对的，但各自当作汉字的总体特点，造成两个"只有""唯一"，彼此是非，实际上就是矛盾的。

所以讨论汉字的总体特点，应该兼顾汉字的形体、理据和功用三个方面，从三个角度比较不同文字之间的异同，然后综合表述彼此的特点。如果只谈某一方面的特点，那就限定于某一方面，不能否定其他方面的特点可以同时共存。

三　汉字的三维特点

根据上面的认识，我们拿汉字的单字跟英文的单字，从形体、理据、功用三个不同角度进行比较，希望得出汉字的三维特点。

（一）形体单位和形体外观不同

文字都是有形体的，不同文字的形体具有不同的特征，这是首先能感知的。文字的形体可以分为三个层次，一是书写元素，二是构形单位，三是全字。英文的书写元素是线条，构形单位是字母，由一个或多个字母构成全字。现代汉字的书写元素是笔画（小篆以前也是线条），构形单位是字根（也可叫基础部件），由一个或多个字根构成全字。

作为书写元素，汉字的笔画与英文的线条区分不是太严格，比如横竖折与直线斜线折线等基本一致，何况汉字的古文字体和手写字体本来也都是线条，而且无论是线条还是笔画都可以写出各种各样的形态，没有对立区分的实际意义，所以在书写元素的层面，汉字的特点并不突出。如果就每个字的书写元素数量而言，汉字的未必比英文的多。如汉语"大学"一词由两个字记录，平均每个字5.5笔，英语"university"用一个字记录，小写共 15 笔，大写共 18 笔。所以说汉字笔画繁难是经不起推敲的。

作为构形单位，英文的字母大致相当于汉字的字根，都是具有组构全字和区别异字作用的基本形体。但英文的字母是既定的符号，数量固定（大小写各 26 个），无论组构什么字形，都采用横向线型加合的方式，字母与字母界线分明，而且自身不会发生变化，所以字母的异同、数量和排列位置一目了然，全字与全字的形体容易辨别。汉字的字根（基础部件）则是全字拆分的结果，由于拆分原则不同，汉字字根的数量不太统一，总体看比英文多且复杂，如"五笔字型"分 130 多个字根，而《信息处理用 GB13000.1 字符集汉字部件规范》则有 393 组 560 个基础部件。而且汉字字根的形体会不断变化，黏合离析没有定规，多个字根的组合布局由于方块二维的限制，也存在随意调整和变异的可能，所以一个全字中究竟有几个字根，全字与全字之间究竟有什么差异，往往不易分辨。

作为全字，英文单字的外形呈线型，汉字单字的外形呈方块，这种差异在由多个构形单位合成的字上显示得更清晰，如"book""workshop"等是英文的线型字；"影""萧""国"等是汉字的方块字。所以相对于英文的按线型排列字母的外观而言，把字根组合成"方块"的外形就是汉字形体方面的特点。

（二）理据单位和理据关联不同

用什么样的形体表达什么样的语言单位，是有理据关联的。理据单位通常称为构件，指在构造字位表达语位时具有某种功能的形体。汉字的构件有的起象形作用，有的起标识作用，有的起表义作用，有的起示音作用，原来具有某种功能由于字形或语言发生变化而失去了功能的构件，我们把它归为代号构件。汉字的"构件"有时与"字根（部件）"重合，但总体上二者并不等同。"构件"就构字理据而言，强调的是形体跟语言单位的关系；"字根（部件）"就形体组合而言，强调的是形体的样貌及其在全字中的位置。例如"谢"可以从构形上分析为"讠+身+寸"三个字根，而从理据上只能分析为"讠（言）+射"两个构件。任何文字都有理据，只是不同的文字其理据单位和理据关联可能不同。汉字的理据单位及关联方式多种多样，有一个构件的独体字，如象形的"伞"，标识的"凹"，代号的"目"；有两个以上构件组成的合体字，如"瓜"是象形构件与象形构件的组合，"上"是标识构件与标识构件的组合，"刃"是象形构件与标识构件的组合，"解"是表义构件与表义构件的组合，"勇"是示音构件与示音构件的组合，"请"是表义构件与示音构件的组合，简体字"对"已变成代号构件与代号构件的组合，"牵"已变成表义构件、象形构件与代号构件的组合，等等。英文单字的理据单位也是构件，但英文的构件功能没有汉字构件复杂，它几乎每个构件都要标示所记词语的某个音素；对于复合词的复合构字来说，其中的直接构件在示音的同时还兼表义，即与词语的意义相关。如："Work"可以切分出三个构件 w + or + k，三个构件都是纯表音的；"workshop"可以切分出两个直接构件"work（w + or + k）""shop（sh + o + p）"，这两个构件的功能是既表音又表义的，但其下位构件则是记录音素的纯表音单位，可见，表音是英文构件的主要功能。英文构件都能标记音素，用来构字的关联模式基本统一，都可以看作是对词语音素的拼合。即使构件兼义，也大都是加合式的，而且往往被拼音现象所掩盖，所以人们只注意英文构件的拼音功能而把英文称为拼音文字。通过对照可以发现，英文的理据属性比汉字的理据属性要简单得多，反过来说，构件功能多样、理据模式复杂，正是汉字理据方面的特点。

（三）记录语言的职能及对应关系不同

　　成熟的文字都是用来记录语言的，但记录语言时，文字单位跟语言单位的对应关系可能不同。英文的单字记录的是英语的单词，字与词完全对应，是真正的"表词文字"，所以使用英文的国家只有英文词典没有英文字典，有的虽称字典而实际上仍是词典，英文的字典与词典无法分开。汉字的单字记录的则是汉语的语素或音节，字跟词不完全对应，只有当单语素作为词使用时，记录语素才等于记录词。现代汉语如此，古代汉语也有字词不对应的地方，例如"不律谓之笔"，"不律"是两个字，分别记录两个不同的音节，合起来才记录一个词｛不律｝[①]；"寡人之于国也"，"寡人"也是两个字，分别记录两个不同的语素（同时也是音节），合起来才记录一个词｛寡人｝；而"信"是一个字，却既可以本用记录诚信义的本词｛信｝，也可以兼用记录信息义的派生词｛信｝，还可以借用记录伸展义的他词｛伸｝。正因为汉字的字与汉语的词不对应，所以使用汉语汉字的国家编了字典还要编词典。由此可见，记录职能不确定，字词难以完全对应，这是汉字在功用方面具有的特点。

　　综上所述，可以说英文是用具有表音功能或者表音的同时兼具表意功能的构件拼合单字以记录英语单词的线型符号系统，而汉字是用表意构件（含象形、表义、标示构件）兼及示音和记号构件组构单字以记录汉语语素和音节的平面方块型符号系统。线型外观、拼音理据和字词对应是英文的主要特点，而方块型外观、多功能的复杂理据、记录职能不确定则是汉字的主要特点。通常人们把英文称为"表音文字"，把汉字叫作"表意文字"，只是突出某一方面，其实不太准确。当然，为了指称方便，我们也可以分别从形体上把汉字叫作"方块型文字"，以区别于英文等"线型文字"；从理据上把汉字叫作"表意主构文字"，以区别于英文等"表音主构文字"；从功用上把汉字叫作"语素音节文字"，以区别于英文等"表词文字"。但必须注意，单方面称述的时候，只体现单方面的特点，不能代替汉字的整体特点。

四　从汉字的特点看对外汉字教学

　　"特点"并不等于"优点"或"缺点"，汉字与英文各有特点，也各有利弊。比较分析各自的特点和利弊，才能真正找到汉字难学的原因，从而采取有效措施，突出教学重点，克服教学难点。

（一）形体方面的教学

　　就形体属性而言，英文的书写元素是线条，包括直线、斜线、弧线、曲线和短线（点），古代汉字也有这些线条（如小篆），隶书以后才逐渐形成笔画系统，但笔画系统实

[①] 本文用｛　｝号标示语言中的词或语素，以区别作为记录符号的字，下同。

际上限于软笔（毛笔）和特定字体（隶楷宋），就现代的硬笔手写体而言，跟线条没有多大的区别。而且，作为书写元素，无论是线条还是笔画，除了印刷体，在一般的实用文字中是千变万化的。不仅线条与笔画没有截然的界限，就是同为线条或者同为笔画，也可以写出各种各样的形态而并没有功能区别价值。所以书写元素在实用文字中具有随意性，不必过于拘谨。就汉字的书写而言，古人从不讲究统一笔序，各人自便即可，笔形也随心所欲，粗细长短正斜曲直，多一笔少一笔，只要不跟别的字混同，也不严重影响美观，通常是不予计较的。例如刻写甲骨文，经常会先把字中的所有横线刻完，再刻所有的竖线，圆形的"日"也不必刻成圆形（难度大）而刻成方形。所以同一字往往可以有多种写法。其实汉字书写只是汉字形体呈现的一种方式，而汉字的呈现方式本来是可以多种多样的，现代信息技术的输入输出，已经更加降低了逐笔书写的重要性。由此，我们发现现代汉字教学的一个误区，过于强调书写的笔形和笔序，以致花大量时间和精力在笔画和笔序的教学上，结果得不偿失。例如"万"字，在一横后是先写一撇还是先写横折钩，字形是写成"万"还是"万"，其实都无所谓，只要不写成"方"或"刀"就行。尤其对留学生而言，书写习惯大都已经形成，要他们严格按照汉字的所谓"笔画"和"笔序"来书写字形，事实上做不到，所以才会出现留学生字形"出错"比例偏大的现象。如果我们不强求一笔一画的循规蹈矩，而让他们根据自己的习惯随意书写，只要最终的字形能够辨认，不影响表达功用，那许多的字形之"错"就不再是错，留学生们会学得更轻松。当然如果站在书法艺术的立场，讲究一些笔形笔序还是必要的，可书法艺术的笔序跟汉字教学的规范笔序仍然不是同一的。

　　真正在字形上具有认知价值的是字母或字根，因为不同字位（单字）的差异不表现在笔画线条层面，而在于字母或字根不同，包括字母（字根）的种差、数量差和位置差。汉字的字根（基础部件）不如英文的字母简单规范，除了数量众多外，字根与笔画有时重合，甲字根可能包含着乙字根，字根与字根需要组合成方块，因而每个字占用的空间小，字与字的识别要以字根的辨析为基础。这些是前面陈述过的汉字字形不同于英文的特点。抓住这些特点，我们认为对外汉字教学在形体方面不必重视笔画和笔序，而应重视字根的辨析，特别是字根的空间分布，这样才能有效识别不同的字根及由字根组合的不同字形。

　　由此可见，汉字形体的识别是汉字教学的难点之一。从这个难点出发，如果形体差异决定字根和字位的不同，就需要认真辨析，仔细讲解；否则可以忽略或者不必花费大量精力。汉字中有许多形体相近的字，它们的差异不在笔画线条的对立，而是组字字根的对立，需要在字根的层面进行辨认。如"土"与"士"、"未"与"末"，差别不在笔画横，而在各自两横的相对长短；"巳""已""己"，差别不在竖弯钩，而在竖弯钩的相对位置；"人"与"入"，差别不在撇或捺，而在捺跟撇的相接点；"由""甲""申"，差别不在笔画竖，而在中竖出不出头和往哪个方向出头。"王"与"玉"、"大"与"犬"、"戊"与"戌"与"戍"，虽有笔画有无或笔画种类的不同，但认知价值不体现在这些笔画本身，而在包括"无"某笔画的所有组字字根的对立，所以需要识记的也不是这些笔画本身而是相关的字根。除字根的形体外，字根的组合布局也是字形识别要注意的地方。汉字的方块外形，使得几个字根组合的时候重方位而不重时序。所以针对留学生原有的字母先后时序感，应该有意强化他们对汉字字根组合的"方块"观念，通过字根在方块中的方位关系掌握字形，例如上下、上中下、左右、左中右、全包围、半包围、斜角对称、偏居一角等基本布局关系，应该让学生熟练掌握，因为这是跟英文不同的地方，也是留学生最容易出错的地方。有时候字根相同而只是组合布局不同，就可能成为不同的字，如"吟含""呆杏束困"等，这种现象对于留学生而言，是难以掌握的。在教学中强调汉字形体组合的方位意识，可以有效避免留学生出现把"陈"写作"东阝"、把"多"写作"夕夕"之类的错误。

（二）理据方面的教学

就理据属性而言，虽然英文拼记合成词的构件可以表义，但总体上所有构件都是表音的，而且都是横向加合式的，所以比较简单。汉字的构件功能多样，理据方式五花八门，而且还讲究方位关联，比如"呆"与"杏"，两字的构件形体基本相同而只是上下置向变化，结果成为构件功能和理据关联都不相同的字；特别是还有一些同形构件干扰，如"果""東"可能被看作是"日"跟"木"在上部和中部的相交，也可能被看作是跟"胃""番""里"中的"田"同形。这种复杂的同形不同理的构件分析，对只有前后或先后音素拼合和意义加合观念的留学生来说，掌握起来确实比较困难。所以在留学生刚刚接触汉字的初级阶段，可以不必多讲汉字的构造理据。

到了中高级阶段，随着留学生对中国历史文化知识了解的增多，对汉字构造的理解能力和接受能力也会增强，这时适当讲解一些汉字的理据关联和结构规律，是很有好处的。而且来中国学习汉语汉字的留学生大都是成年人，理解能力本来就强，如果说在书写方面他们处于劣势，那么对汉字结构理据的学习，可能正是他们的兴趣和优势所在，所以加强汉字构造理据的教学，可能取得事半功倍的效果。一可以让学生知道汉字的形体是怎么构成的，为什么能够用来记录某个词语；如"解"字由角、刀、牛三个构件组成，每个构件都是表义的，所以关联起来表示用刀分解牛角，从而记录分解、解剖的｛解｝。二可以让学生了解所记词语的本义，进而通过关联推衍掌握引申义；如上举"解"字的理据分析说明它所记录的语素｛解｝的本义是分解、解剖，由此引申沟通，学生能够更好地掌握｛解｝的解开、解散、解释、解放、解除、解冻、解决、理解、和解、溶解等意义和用法。三可以通过理据分析发现字与字之间的音义关系，从而类聚群分成批地掌握汉字；如通过分析"掌"字的上部其实是"尚"的变形而起表音的作用，就可以联系"党""堂""棠""裳""赏"等字，知道它们的上部也是"尚"作声符。四可以通过理据分析，让学生了解汉字是发展演变的，有些构件的形体和功能需要从演变的途径来理解；如本义指城镇的"邑"字在作义符时演变为"阝"，通常位于字的右部，俗称"右挂耳"，表示城镇、地名、姓氏等义（邯郸郴郑邺），而本义为山的"阜"字作义符时也演变为"阝"，但通常位于字的左边，俗称"左挂耳"，表示山岭、土坡、峰崖等义（陵障阻陂险）。五可以通过理据的分析，帮助学生辨析形近而用法易混的字；如"即"与"既"形音皆近，常常混用，实际上"即"的构造理据是一个人靠近食器准备用餐，故"若即若离""即刻""即将"等词语当用"即"字，而"既"的构造理据为一个人吃完饭掉头正要离开食器，故"既然""既已""既成事实"等词语当用"既"字。六可以借助理据分析开阔学生眼界，进一步了解和印证某些形体构造时代和形体演变过程中的历史文化现象；如以"贝"为表义构件的字，大都与钱财货物相关（资贸贫贱赐），这说明中国古代曾经以"贝"作为通货，由此可以了解中国的货币历史。这六个方面都与汉字理据的分析相关，让留学生尝到分析理据的甜头，会大大增强他们学习汉字的积极性，甚至引起他们有兴趣主动自觉地探究汉字构造和发展的原理奥秘。

但对留学生讲解汉字的构造理据需要注意下面几点。第一，汉字的初创都是有理据的，但经过数千年演变后，现代汉字的理据很多已经消失，有的可以追溯，有的追溯也不再可能。即使可以追溯的，由于文化背景不同，有的理据现代的留学生也未必能够理解。所以我们应该把讲解汉字构件的功能和汉字构造的理据看作教学手段而不是教学目的。既然是手段，就应该选择运用，即只讲那些理据清晰的、留学生容易接受的，而不要试图给每个字都讲出一个"理"来。对于无理可讲或有理难讲的字，应该采用其他教学方法让学生掌握。第二，辨析汉字形体的时候不一定非得借助构造理据，但讲解汉字构造理据的时候必须从形体出发，要依据正确的形体才能讲解正确的理据。如有人把"福"字的理据讲解为"一口人有田种有衣穿就幸福"，显然违背了字形，因为"福"字左边的表义构件是"礻（示）"而不是"衤（衣）"。不同时代汉字的形体不同，理据也可能不同。所以当现代汉字理据不明的时候，可以适当追溯它们的原始字形，以了解其原始理据和演变过程。如"隹"在现代不独用，但常作为构件出现，其功能则可追溯原始字形来确定："隹"原为鸟的象形符号，表示短尾巴鸟，读音为"zhuī"。所以在现代汉字中可作义符，表示鸟类，如"雀雌雄雉雁隼"等，也可以作声符，提示"-uī"的读音，如"崔椎谁睢锥雎"等。但追溯古文字形体应该适当适量，不可滥用，不可为了讲理据而把现代汉字教学变成古文字学课。通常只有原本为独体象形字或形形合体字而现代不再象形的字或构件，比较适合通过追溯原形的方式来讲解理据。第三，无论讲解原始理据还是形体变化后的现代理据，形义的联系都必须合情合理，要有历史的根据或者文字系统的支持，不能随心所欲地胡乱拆解和发挥联想。如有人把"球"讲成"一个姓王的在打球，投了四个篮板球（指求下面的四点），罚了一个点球（指求右上的一点）"，把"恕"讲成"如果你得罪了领导，就去找他心上的女人开口求情，一定会宽恕你的"，这样的讲解属于胡说八道，不是符合文字规律和形义系统的汉字构造理据。第四，教学汉字理据的目的在于通过形体结构的分析，了解单字与语词之间的固有关系，所以着眼点应该放在讲解各个构件对于表达语词的作用上，而不要陷入汉字结构的分类和归类的泥坑里。纠缠某个字是属于"六书"的象形字还是指事字、会意字还是形声字，很多时候难以肯定，肯定了也没有实际意义。

（三）功用方面的教学

就功用属性而言，英文的字记录的是词，字词高度一致，学字就是学词，掌握了词就等于掌握了字，所以有了一定词语积累的学生并不存在学字的困难。而汉字的功用却要复杂得多，尽管形体构造时对应的是某个特定的语词，但实际使用中，除了本用（记录形义相关的本词）外，还有兼用（记录音义相关的派生词）和借用（记录同音而形义无关的他词），加上所记某些语言单位的性质变化，造成汉字不仅可以记录词，也可以记录语素，还可以记录纯音节。而且一个字可以记录多个不同的语素或词或音节，如"干"可以记录干湿的 {干$_1$}、干预的 {干$_2$}、干事的 {干$_3$}、树干的 {干$_4$} 等。反之，由于异体字、分化字、通假字的存在，一个语素或词也可以用多个字记录，如表示裤子意义的 {裤} 可以用"裤""袴""绔"分别记录（现代汉字已经规范用"裤"）、表示第三人称代词的 {tā} 可以用"他""她""它"分别记录、表示现任美国总统的人名需要用"奥""巴""马"三个字来记录等。汉字的功用如此不确定，单字与语言单位没有固定对应关系，一字多用、多字同用成为汉语用字的普遍现象，这是汉字的最大特点。明代方以智在《通雅》中早已指出："字之纷也，即缘通与借耳。若事属一字，字各一义，如远西因事乃合音，因音而成字，不重不共，不尤愈乎。"可见汉字确实要比英文繁难，但最大的难点不在笔画多字数多，也不在字形繁结构复杂，而在汉字功用的不确定，在汉字单位与汉语单位具有多重多向的对应关系。所以对外汉字教学的重点应该是汉字的功用。

其实，学习汉字的最终目的也是为了功用，所以汉字功用理应成为汉字教学的重点，这是本文所要特意强调的。字形写得好不好看，结构理据讲不讲得出来，可能并不影响你的语文生活，但如果不知道文献中的某个字的实际功用，不知道某个语言单位应该用哪个字来记录或表达，那就既读不懂别人的文章，也写不出自己的语言。所以无论是对外还是对内，无论是低级阶段还是高级阶段，汉字教学都应该把功用的讲解和练习作为主要任务。遗憾的是，汉字教学的现状好像并非如此。大量的时间花在字形笔序上，花在结构归类上，花在形义关系的随意联想上，花在汉字文化的牵强附会上，而对汉字的实际功能、词语的规范用字、字词的对应关系等功用层面的内容却讲得很少，所以学生认识了字却读不懂文章，写得出字却写不好文章。至于哪些是错别字，哪些是字的异写和合理的通假借用，学生们一般也都说不出所以然。这种现象在对外汉字教学中尤其值得注意，因为留学生们文献阅读量少，不太了解汉字的使用习惯，而且常常认为学好汉字就能读懂文献，就能写好文章，结果往往抄写了很多遍《新华字典》，能认识两三千字了，还是不能达到顺利读书写文章的目的，一读书就懵，一用字就错，有人因此垂头丧气不知所措，严重影响继续学习汉字汉语的兴趣和信心。

要使留学生走出能识字写字却不能解字用字的困境，就必须加强汉字功用方面的教学。首先，得让留学生知道，汉字不等于汉语，单字不等于单词。在现代汉语中，单字通常记录的是一个音节一个语素，而单词大多是多音节和多语素的，所以往往要用多个单字才能记录一个语词。这样，光认识一个一个的字，并不一定能够理解包含多个字的词语的意思。例如认识了"浪"也认识"漫"，但不一定懂得 {浪漫} 的意思。所以最好的办法是在认字的时候结合组词来进行，或者利用《现代汉语词典》来学字，效果可能会比较好些。对于汉语水平还不太高的留学生来说，离开词语和语境的集中识字不是明智的选择。

其次，要让留学生知道，汉字的使用，并不是简单的一字一用，而是普遍存在一字多用和多字同用的复杂现象。特别是汉字的借用，突破了汉字的形义关联，是造成汉字职能纷乱的重要原因。汉字的借用分两种情况，一种是某个词语没有专门为它构造本字，只能借用别的同音字来记录。这种没有本字的借用往往会成为该词语的固定用字，无法用别的字取代，掌握起来相对比较容易。如记录连词 {然而} 的两个字都是借用，"然"的本用记录燃烧的｛燃｝，后来燃烧义另造本字"燃"，"然"就成了连词｛然｝的固定用字；"而"的本用记录胡须义的｛而｝，后来这个词语消亡，"而"也成了连词｛而｝的固定用字。又如花钱的｛花｝借用花朵的"花"，男子汉的｛汉｝借用汉水的"汉"，本用和借用同时存在，但借用也是固定的，无法用别的字取代的。另一种是，某个词语有为自己构造的本字，但在某些时候也借用另一个同音的字记录。这种有本字的借用大都发生在古代，部分用法相沿成习流传到现代，如"内容翔实"本字应为"详"，"流言蜚语"本字应为"飞"，"振聋发聩"本字应为"震"，"幡然悔悟"本字应为"翻"，"危言耸听"本字应为"悚"，等等。这些相沿成习的借用虽然有本字可以更换，但通常不算写"别字"，不需要改正。现代的网络语言也有许多同音（音近）借用字是有本字的，如"斑竹（版主）""鸭梨（压力）""神马（什么）""油墨（幽默）""大虾（大侠）""人参公鸡（人身攻击）"等等，这些同音（音近）字的借用大都属于有意为之，以求达到新鲜别致、凸显个性、增强情趣等用字效果，所以通常也不算写"别字"，也无须改正。那么，什么情况下算是写了不当的"别字"呢？我们认为，凡是没有约定俗成、没有特别意图而无意识写用的可能引起误解的同音（音近）字，就算写"别字"，就是不规范的，需要改正的。讲清楚合理的借用和不规范的别字之间的区别，有助于留学生减少错别字。

五 结语

对外汉字教学，要受生源、语种、文化背景、教育规律、心理规律、教学条件等多方面因素的影响，实践性强，方法灵活，很难有一种突见奇效的灵丹妙药。但作为教师，储备一定汉字知识，自觉用汉字理论做指导，效果可能会事半功倍。通过与外文的比较，凸显汉字的特点，针对汉字的特点采取相应措施，以突破汉字教学的重点难点，是值得尝试的一种策略。跟英文比较，汉字的形体呈方块布局，每个字占用的空间一样，而且字根分合灵活多变，视觉上不容易辨别，所以教学中应把重点放在形近字组的辨析上，不必过多计较个体字的书写过程。汉字的理据比英文丰富，表现为构件功能多样，组合模式多样，而且同形构件多，构件功能不易确定，因而教学重点应该是如何拆分构件，如何建立构件及构件的组合跟语言音义的联系，以正确把握形义切合的字词本义，至于该字归属"六书"或其他多少"书"的哪种结构类型无关紧要。汉字的功用比英文复杂，一字多用或多字同用是其主要特点，那么教学的重心应该放在讲解字词的对应关系上，让学生明白字的单音节和词的多音节不相一致的情况，明白一字可以记录多词和多字可以记录一词的情况，从而建立字不等于词，汉字不等于汉语的基本观念，从而养成自觉把汉字跟汉语结合起来学习的意识。总之，汉字的特点决定了汉字的学习确实比英文要难，而最大的难点在于如何使用汉字，因此汉字教学的重中之重应该放在汉字的功用上。汉字的形体虽难，可以通过字组比较和借助汉字的理据来辨析；汉字的理据虽难，可以通过系统归纳和借助历史文化来突破；只有汉字的使用，情况非常复杂，规律性差，可以凭借的条件少，很多时候形义脱节，字词不对应，单字的使用职能基本上靠人为规范。所以汉字教学应该抓住这个难点和重点。至于说汉字数量多、笔画多，因而难读、难认、难写、难记，还不利于信息处理，等等，实际上是建立在拿汉字的单字跟英文的字母进行比较的基础之上的，单字

（记录语言的单位）跟字母（建构字形的单位）不处在同一级别，缺乏可比性，因而由此得出的种种结论是靠不住的。如果明确汉字与英文的比较对象都是单字，那英文有多少词就有多少字，比汉字数量多得多，平均每个字的笔画或线条数也比汉字多得多。这是一个认识误区，纠正这种错误的认识，合理选择形体、理据、功用三个比较角度，我们才能全面认识汉字的真正特点，也才能发现汉字学习的真正难点，并且找准汉字教学的真正重点。

参考文献

[1] 董福升：《对外汉字教学的原则与方法》，《湖北函授大学学报》2008年第3期。

[2] 费锦昌：《对外汉字教学的特点、难点及其对策》，《北京大学学报》1998年第3期。

[3] 高名凯、石安石：《语言学概论》，中华书局1999年版。

[4] 胡文华：《汉字与对外汉字教学》，学林出版社2008年版。

[5] 李运富：《汉字构形原理与中小学汉字教学》，长春出版社2001年版。

[6] 李运富：《字理与字理教学》，《吉首大学学报》2005年第2期。

[7] 李运富：《"六书"本义及其价值的重新认识》，《世界汉语教学》2012年第1期。

[8] 罗芬芳：《对外汉字教学探讨》，《语文学刊》2009年第10期。

[9] 潘钧：《现代汉字问题研究》，云南大学出版社2004年版。

[10] 裘锡圭：《文字学概要》，商务印书馆2001年版。

[11] 苏培成：《二十世纪的现代汉字研究》，书海出版社2001年版。

[12] 孙德金：《对外汉字教学研究》，商务印书馆2006年版。

[13] 王伯熙：《文字的分类和汉字的性质》，《中国语文》1984年第2期。

[14] 王汉卫、苏印霞：《论对外汉语教学的笔画》，《世界汉语教学》2012年第2期。

[15] 王宁：《汉字教学的原理与各类教学方法的科学运用》，《课程·教材·教法》2002年第10—11期。

基于"汉字三平面"理论的对外汉字教学[*]

张 喆

一 对外汉字教学三十年的发展及现状

我们将三十余年来的对外汉字教学以1996年第五届国际汉语教学讨论会的召开为界分为早期和近期两个阶段。早期的对外汉语教学不注重汉字教学,将汉字教学作为汉语教学的附属。2002年王瑞烽硕士论文《对外汉字教学研究——基础汉语教材的汉字教学内容分析》[①]选取了1980年到1998年包含"汉字教学内容"的13部基础汉语教材进行了分析,发现这些教材的汉字教学内容分为两类:一类以课后练习的形式依附于综合课本,一类以汉字练习册的形式独立存在。而不管是哪种形式,汉字教学都是综合课本的附属,即使独立成册,大部分教师也没有时间专门讲解汉字练习册中的内容,基本上是以作业的形式由学生自己完成。作为对外汉语教学重点难点的汉字,却主要靠学生自学,其中的困难可想而知。汉字以记录汉语的符号的形式出现在教材中,也就是说因为要学习某个词语,所以要学习记录这个词语的汉字。但是从认知的角度讲,在第二语言习得的过程中,对词语的习得规律与对文字的习得规律是不同的,出现在初级阶段教材中的词语,记录它们的汉字并不一定适合在初级阶段学习;以汉语的难易程度作为编排顺序的教材不能完全符合汉字的难易程度。这在一定程度上导致学生觉得汉字难学,对汉字产生畏惧心理。

针对这些问题,在1996年召开的第五届国际汉语教学讨论会上,许嘉璐在题为《汉语规范化和对外汉语教学》的发言中指出:"对外汉语教学中的汉字教学到了集中力量好好研究的时候了。"而最先提出尖锐问题的是法国汉语教师协会主席白乐桑,他在题为《汉语教材中的文、语之争:是合并,还是自主,抑或分离?》的发言中指出:"目前对外汉语教学面临着危机。汉语教材虽然在某一些方面有改进,可是因为大部分教材没有抓住汉语教学中最根本的问题(即怎样处理'字'这一语言教学单位),可以认为对外汉语教学仍然处在滞后的状态。"他又说:"无论在语言学和教学理论方面,在教材的编写原则方面,甚至在课程设置方面不承认中国文字的特殊性以及不正确地处理中国文字和语言所特有的关系,正是汉语教学危机的根源。"德语区汉语教学协会会长柯彼得(德)也有相似的看法,他在题为《汉字文化和汉字教学》的发言中说:"汉语教学今天面临的最大的挑战:一方面是文化和语言教学的融合,另一方面是汉字的教学。如果不接受这两场挑战

---

[*] 本文原载《理念与追求:汉语国际教育实践探索集》,中国社会科学出版社2015年版。
[①] 王瑞烽:《对外汉字教学研究——基础汉语教材的汉字教学内容分析》,北京语言文化大学出版社2002年版。

并马上寻找出路,汉语教学恐怕没有再向前发展的可能性。"在此之后,1997年6月,国家汉办在湖北宜昌召开了首次汉字和汉字教学研讨会。1998年2月,世界汉语教学学会和法国汉语教师协会联合在巴黎举办了国际汉字教学研讨会。此后,汉字和汉字教学研究出现了一个高潮[1]。

经过十余年的研究和教学实践,对外汉字教学逐渐走上脱离词汇教学,独立成为一门学科的道路,一些以"字本位"作为理论基础的汉字教材相继涌现,据2011年张薇硕士论文《近十年对外汉字教学研究的检讨》[2]统计:"近十年对外汉字教材(包括有汉字教学内容的对外汉语教材)有30多套,其中包括单独的汉字练习册,独立的对外汉字教材占到了85%。"越来越多的人开始进行对外汉字教学的研究,2012年,中国知网收录的题名包含"对外汉字教学"的论文有88篇,是2000年的22倍。但已有研究成果无论是在数量还是质量上,都还远远达不到足以支撑起一门独立学科的理论水平。据徐琦《近五年对外汉字教学研究述评》中的不完全统计:"2006年至2010年,《世界汉语教学》《语言教学与研究》《语言文字应用》《汉字文化》《暨南大学华文学院学报》公开发表的论文共2383篇,有关对外汉字教学的论文仅仅80篇,占论文总数的3.4%。"[3]张薇《近十年对外汉字教学研究的检讨》经过对这些汉字教材的比较分析,提出教材中汉字知识的容量有较大的差异,每本教材的汉字内容变化性很大,有些教材即使是教授同一种汉字知识,所教授的具体内容以及深度、广度存在一定的差异;初级阶段的汉字课逐渐形成了多样化的教材,但是中高级阶段的汉字教学形式和内容都还比较欠缺;每一个阶段汉字进程上没有一个比较统一的理论支撑;大多数教材都只注重了汉字的表意偏旁的教学,强调了部件渗透,但是对于表音偏旁教学不够重视。

这些研究及数据表明,时至今日,对外汉字教学仍然没有找到合适的定位,还存在理论欠缺、内容不确定的问题;与之相应的教学实践也存在教学经验不足、教学方法不成熟等急需解决的难题。这一方面需要更多富有成效的研究;另一方面也需要对外汉字教学界学习和吸收文字学最新的研究成果,提高文字学理论水平。

二 目前对外汉字教学的问题根源

我们认为对外汉字教学上述问题的根源主要还是在于对"汉字"和"汉语"的关系认识不清,而这个根源由来已久。中国传统"小学"就经常将汉字和汉语混为一谈,直到20世纪初章太炎、黄侃诸位语言文字学家创立了"语言文字学",学界才逐渐认识到从文字和语言区别与联系的角度将二者划分清楚的重要性。但是传统的观念如今仍然遗留在两个关键性的问题上。

第一是汉字的定义。传统定义为:汉字是记录汉语的书面符号系统。这一定义目前在文字学界已经受到许多质疑和修正,但是在对外汉语教学界,仍然把它作为进行对外汉字

---

[1] 李大遂:《对外汉字教学发展与研究概述》,《暨南大学华文学院学报》2004年第2期。
[2] 张薇:《近十年对外汉字教学研究的检讨》,硕士学位论文,湖北工业大学,2011年。
[3] 徐琦:《近五年对外汉字教学研究述评》,《价值工程》2012年第1期。

教学的基础。这个定义的问题在于只说明了汉字与汉语的联系，完全将汉字的存在依附于汉语。而事实上，汉字还具有自身的独立性，可以在某种程度上脱离汉语成为一个独立的客体，这也就是"汉字学"作为"汉语言文字学"的一个分支逐渐形成并发展完善的原因。

第二是汉字的属性。传统文字学将"形、音、义"作为汉字的三要素。这种观点在文字学界也被很多学者质疑。三个所谓的要素并不处于同一平面，也不都是必不可少的，汉字可以有时只表音，有时只表义，所以"三要素"的界定并不科学。对外汉字教学以这三个要素作为确立教学内容的标准，也不可避免存在不合理之处。下面我们结合"汉字三平面"理论，说明将汉字"三要素"作为对外汉字教学基本内容存在的问题，并尝试从"汉字三平面"理论出发探讨对外汉字教学应该包括哪些内容。

三 "汉字三平面"理论指导下的对外汉字教学

"汉字三平面"理论是李运富在《汉字学新论》一书中首先提出的，书中运用这个理论构建了新的汉字学体系[①]。"汉字三平面"理论认为，汉字真正的"三要素"不是"形、音、义"，而是"形、意、用"。所谓"形"是汉字成立的前提，是视觉感受到的直接印象，是每个汉字任何时候都具备的外部形态。所谓"意"指的是汉字的"构意"，它直接来源于对客观事物（包括抽象概念）和语言音义的认识，是体现在汉字内部结构上的构形理据；"意"在汉字的初创时期具有普遍性，但汉字形体变化以后可能需要重新分析。所谓"用"指的是汉字的功用或职能，汉字可以只表示语言的意义信息，也可以记录语言的表达单位，包括语音单位和音义结合体。

从"汉字三平面"理论出发去研究汉字本体，一直以来争论不清的诸如汉字的起源、汉字的属性、汉字与"六书"等问题由此能够得到合理的解释；理论为汉字的考释法、汉语史的研究法以及汉字的教学法提供了新的启示和思路。对外汉字教学的内容如果从"形、意、用"三个层面进行探索，会比从传统的"形、音、义"三要素出发更符合汉字的特性，内容也更加科学完善。

1. 字形教学

传统"三要素"中的"形"内容比较含混，可能是指汉字的外形，如汉字的整体框架、笔画，以及笔画的组合方式，还可能指汉字的构形，如汉字的构件或汉字的结构类型。在"汉字三平面"理论中，传统的"形"被分为"形"和"意"两部分，这里的"形"专指汉字的外形。

字形是汉字表现出的独特形象，是不同于拼音线型文字的"方块型"文字，它在一个平面上通过上下、左右、内外等布局方式形成一个个由笔画构成的方块，使每个字都能容纳在一个方格里。那么这个明显的视觉感受是否需要在对外汉字教学中体现和强调呢？我们认为是必要的。因为第二语言习得者对汉字形体的感觉大多是下意识的，并不一定经过主观的关注和强化。翻看学习者的作业本就可以发现，很多已经会写很多汉字的学生并

---

① 李运富：《汉字学新论》，北京师范大学出版社2012年版。

没有掌握汉字书写的方法,写出的字形有的明显带有拼音线型文字的特征;有的把一个字分别写在两个字的空间内;有的对于上下左右内外的组合没有概念。这都是因为在学习汉字之初,就没有经过字形方面的强调和训练。因此字形教学的内容应包括训练留学生像小学生一样在方格内写字,练习"点、横、竖、撇、捺、折"六种基本笔画,通过基本笔画数量上和平面上的简单组合展示不同的汉字,使留学生初步形成汉字是由笔画组成的概念,再从简单的笔画开始逐步掌握汉字字形的整体特征。

汉字不仅是记录汉语的符号,还存在脱离汉语而独立存在的价值,其中之一就是汉字形体的美学价值,这直接促成了书法、篆刻等艺术形式的产生。对于已经掌握汉字字形特征的学生,引导他们欣赏书法、篆刻艺术,特别是书法,让学生从不同的角度感知汉字,体会欣赏汉字的美,也是字形教学的任务。有相当一部分学生在进入中高级学习之后愿意学习书法,这也是汉字作为一个独立个体的魅力所在。在中高级阶段还可以让学生简单了解汉字形体从古文演变至今的过程。甲骨文结构松散不整、金文笔画粗细不均、小篆字形圆转繁复,直到今天的模样,这其中的变化会使留学生了解汉字形体的来源和原因,加深对汉字形体的认识。已有对外汉字教材对字形教学的关注比较多,大部分教材都有笔画、笔顺、结构类型等内容,但是对于字形艺术的欣赏实践和字形的演变少有涉及。

2. 字构教学

"三个平面"中的"意"不同于"三要素"中的"义","义"指的是汉字所记录的语素的意义,在本质上是属于语言的要素;"意"指汉字的"构意",也就是构造的意图,是为什么用某个形体来表示某个意义或读音的原因,属于汉字本身的属性。

我们在这里没有说"字意教学"而说"字构教学",是因为汉字的"构意"是通过构件来实现的,每个汉字由不同的构件组成。王宁在《汉字构形学讲座》[①]中对汉字的构件进行拆分,将这些构件的功能分为五类,有象形功能、表义功能、示音功能、标志功能和代号功能。五类功能构件通过20种不重复的组合方式生成古今所有的汉字。受到"汉字构形学"的启发,越来越多的研究者开始探讨如何运用构件的类别和组合进行对外汉字教学,已经形成相对成熟的"构件教学法"。但单纯的"构件教学法"只强调学生了解构件的意义和用构件组成整字的能力,不太重视构件与整字的音义关系,而且内容过于繁复。

目前探讨用"六书"理论进行对外汉字教学是很好的尝试,其实李运富在《"六书"性质及价值的重新认识》[②]一文中提出"六书"在古代本来就是识字教学的工具,并不是对汉字结构的全面分析。李运富在《汉字学新论》中,将许慎的字形分析材料进行归纳,发现除了"形代合体字""标代合体字"找不到许慎分析过的例字外,其余18种类型都能跟由5类功能构件组成的结构类型相应,可见许慎的《说文解字》实际就是按照"构形分析法"在分析汉字。既然许慎分析出的汉字结构类型有18种之多,为什么要简单地以"六书"概括,而且其中的"转注"不是造字方法,也不是结构分析,而是将汉字以部首进行分类汇集的方法;"假借"也不是造字方法和结构分析,是我们下面要提到的字

[①] 王宁:《汉字构形学讲座》,上海教育出版社2002年版。
[②] 李运富:《"六书"性质及价值的重新认识》,《世界汉语教学》2012年第1期。

用的问题。所以"六书"中跟结构类型有关的只有"象形""指事""会意""形声"四类。李运富在《"六书"性质及价值的重新认识》一文中提到:"六书"在汉代以前,只出现于"小学"教育语境,它的性质应该属于基础教育中的一门教学科目,"六书"之名是对该科目知识内容的概称。对于对外汉字的字构教学,"六书"对于汉字构形类型的简化具有非常重要的启示,将20种类型繁复的结构类型,简化为4种,无疑减轻了教学和学习的负担,增加了教学内容的明晰性,可以作为我们编写对外汉字教材的参考。

3. 字用教学

传统三要素中"音、义"两个要素实际上是属于汉字所记录的语素的,并不属于汉字本身;在"三个层面"理论中,"音、义"被统合在"用"中。"字用"即汉字的使用,或者说汉字的职能。汉字的职能主要是记录汉语,有的汉字与所记录的词的"义"产生联系,而有的汉字与所记录的词的"音"产生联系。这就产生了一字一义或者一字一音。但实际汉字的记录职能常常比较复杂,比如 A 字在造字之初,根据构意是表示 a 词的,但是因为 a 词与 b 词意义相近,根据字形精简的原则,A 字也被用来表示 b 词,这就造成了一字多义;再比如 B 字在造字之初,根据构意是表示 c 词的,但是因为 c 词与 d 词读音相近,所以 B 字也可以用来表示 d 词(假借),这就造成了一字多音。虽然在汉字发展的历史上,一字多义或一字多音的现象每当严重到影响阅读的程度,就会有来自外界或文字系统自身的作用进行调节,比如创造新的汉字。但是今天的汉字仍然存在大量的一字多义和一字多音现象,这也是汉语难学的一个主要原因。

纵观近三十年的对外汉语教材,我们发现"字用"方面的教学几乎是空白,对汉字一字一音、一字一义、一字多音、一字多义的现象没有在教材中得到专门的体现,字用的问题被置于词汇教学之中,以零散的方式进行,缺乏系统性,对学生的记忆力和理解力都是巨大的挑战。我们认为可以从字的角度入手,根据学生必须掌握的常用汉字的字用情况,进行分类教学。

经过以上分析,我们知道如果从"汉字三平面"理论出发进行对外汉字教学,在内容上应该包括字形、字构、字用三个方面。每个方面也有严格的内容限定,字形教学包括汉字的笔画、笔顺、字形艺术欣赏与实践、字形演变;字构教学包括对汉字是由构件组成的基本认识,5类构件的掌握,4类主要结构类型的学习;字用教学包括一字一音、一字一义、一字多音、一字多义4种情况的分类教学。从汉字本体出发确定教学内容,避免了已有对外汉字教学存在的内容随意性大、不全面的问题。在编写对外汉字教材时,从这三个方面入手,能最大限度保证教学内容的全面和完整。"汉字三平面"的教学并不是各自孤立的,应该是各有侧重地同时出现在对外汉字教学从初级到高级的各个阶段。当然仍有一些具体的问题需要进一步的研究,比如教学重点和难点的划分;在不同阶段,教学重点和难易程度的安排;教学目标的确定和划分;教学内容出现的具体形式等。

参考文献

[1] 王瑞烽:《对外汉字教学研究——基础汉语教材的汉字教学内容分析》,北京语言文化大学出版社2002年版。

［2］李大遂:《对外汉字教学发展与研究概述》,《暨南大学华文学院学报》2004年第2期。

［3］张薇:《近十年对外汉字教学研究的检讨》,硕士学位论文,湖北工业大学,2011年。

［4］徐琦:《近五年对外汉字教学研究述评》,《价值工程》2012年第1期。

［5］李运富:《汉字学新论》,北京师范大学出版社2012年版。

［6］王宁:《汉字构形学讲座》,上海教育出版社2002年版。

［7］李运富:《"六书"性质及价值的重新认识》,《世界汉语教学》2012年第1期。

汉语国际教育中教师的汉字教育理念与汉字专业修养[*]

杨 毅[**]

吕必松先生早在20世纪90年代就指出："在汉语教学中，汉字教学既是一个具体问题，也是一个带有全局性的问题。说它是一个带有全局性的问题，是因为汉字教学直接关系到整个汉语教学的路子。"[①] 事实的确如此。进入21世纪以来，随着汉语国际教育在全球的蓬勃发展，汉字教学更凸显为一个亟待解决的重要问题。如何使学习者突破汉字学习的瓶颈，成为当前汉语国际教育中大家关注的热点之一，很多学者从教师、教材、教法、学情、国别等多角度进行了深入的探讨，取得了可喜的成就，极大地促进了汉语国际教育中的汉字教育工作，但也毋庸讳言，当前的汉语国际教育中的汉字教学现状仍不尽如人意，仍是需要继续加大力量研讨解决的问题。笔者在学习前修时贤论著的基础上，主要从教师的汉字教育理念和汉字专业知识修养方面略陈管见。

一 汉语国际教育中教师的汉字教育理念

理念引领着人们的行为，理念的力量是巨大的。我们认为，作为汉语国际教育中的教师，要想做好汉语国际教育中的汉字教学，首先要具有汉字教育的理念，而不仅仅只是汉字教学。汉字教育虽和汉字教学紧密相关，但二者并不完全相同。有研究者发表了《汉语国际教育中的"汉字教学"和"汉字教育"》文章专门就此进行过探讨，我们非常赞同，因为汉字教学是指对学生进行的关于汉字知识的教学活动，汉字教育既包括汉字专业知识的教学，也包括在汉字专业知识教学同时进行的德智体美等方面的育人活动。[②] 许嘉

---

[*] 本文的研究得到中国国家留学基金资助和俄罗斯乌拉尔联邦大学 Программы повышения конкурентоспособности Уральского федерального университета（номер соглашения 02. A03. 21. 0006）资助。

[**] 杨毅（1989— ），女，河南安阳人。俄罗斯乌拉尔联邦大学博士。主要研究方向为语料库语言学和第二语言教学理论。

[①] 吕必松：《汉字教学与汉语教学》，《语言教育与对外汉语教学》，外语教学与研究出版社2005年版，第13页。本文系根据1998年2月6日在巴黎举行的法国第二届国际汉语教学学术研讨会上的发言稿改写。原载吕必松主编《汉字与汉字教学研究论文选》，北京大学出版社1999年版。

[②] 张秋娥：《汉语国际教育中的"汉字教学"和"汉字教育"》，《国际汉语教育人才培养论丛》，北京大学出版社2014年版，第328—331页。

璐先生曾经指出：汉语教学不是研究汉语，它研究的是“汉语 + 人”。[①] 作为汉语教学中的一部分，汉字教育也同样如此。汉字教育中的核心内容是“汉字教学”，但汉字教学并非“汉字教育”的全部内容。当然，教书育人是教师工作的天职，教师作为教育工作者不仅要教书，还要育人。汉语国际教育中的汉字也不例外，教师在从事汉字教学时，自然也免不了有教育的内容。但这种教育如果是教师的无意识行为，那么其效用可能会大打折扣，我们这里提出教师要有汉字教育的理念，是强调教师在进行汉字教学时要有明确而清醒的教育意识。从世界教育发展的总趋向来看，正在实行由单纯的“教学”向全面的“教育”转变，刘珣先生早就提出对外汉语教学应当顺应世界教育发展的总趋向，把本学科的研究提升到教育层面上来[②]。此言极有见地。从实践活动来看，具体的汉字教学不可能仅仅只是知识、技能的教学，必然要涉及德、智、体、美等多方面的教育内容。这是由汉字的产生、性质、形体等“先天因素”决定的。汉字不只是汉语的代码，它蕴含着丰富的内容，汉字产生于中华文化的沃土，又与中华文化的发展相伴随；汉字既是汉语的书写记录符号，又是与社会生活密切关联的文化存在物。汉字负载着中华民族的文化，积淀着中华民族的智慧，很多论著都对汉字蕴含的丰富内容进行过深入的分析、论述。如李运富先生曾说：“就记录汉语的汉字来说，它显然不等于汉语。一方面，汉字与汉语之间并不是完全对应的，……另一方面，汉字的个体构形具有自己的理据，这种理据既与语言的要素有关，也与构造者对世界的认知有关，其中蕴涵着许多不是语言本身能够解释的自然现象和历史文化现象。”[③] 汉字的形体讲究平衡、对称、整齐和有意识的变化美，蕴含着丰富的美的元素，正如苏培成先生所说：“方块汉字的结构好比是一种建筑，其中有美学和力学。每个汉字是一个方块，笔画有多有少，结构有繁有简，但是都要求写得匀称美观，其笔画的长短，偏旁的大小高低，必须搭配得当。汉字的书法是一种艺术，一幅字犹如一幅画，能给人一种美感，使人得到艺术享受。”[④] 李运富先生也曾说：汉字的书写是门艺术，阅读也讲究赏心悦目。汉字不仅造字考虑美观，形体的变化有时也与美观有关。[⑤] 教师可以充分利用汉字形体蕴含的美的元素对学生进行审美教育。除了汉字形体之外，汉字的“构意”也要素中蕴含着丰富的思想文化内容，教师通过分析汉字的“构意”，不仅可以让学生知道某个字之所以有某种功能的所以然，从而更好地掌握汉字的“形、音、义、用”，同时也可以让学生了解汉字构造和演变中的许多文化信息，从而在汉字教育中进行思想文化素养方面的教育。总之，正因为汉字蕴含着丰富的内容，在汉语国际教育中，从教者应该在观念上明确而清醒地认识到，汉字教育包括汉字教学，汉字教学是汉字教育中的核心内容，但并非全部内容。汉字教学，既要教学汉字知识，培养学生

---

① 许嘉璐：《解放思想、交流经验、共探新路》，《国际汉语教育人才培养论丛》第一辑，北京大学出版社 2008 年版。

② 刘珣：《对外汉语教育学引论》，北京语言大学出版社 2010 年版，第 8 页。

③ 李运富：《文字不只是语言的代码》，《中学语文教学》2013 年第 4 期。

④ 苏培成：《现代汉字学纲要》，北京大学出版社 1997 年版，第 150 页。

⑤ 李运富：《汉字学新论》，北京师范大学出版社 2012 年版，第 192 页。

的汉字能力①②，也应对学生进行思想、品德、文化等多方面的培养教育，当然，因为国家、民族的不同，不同国家和民族的价值观念、道德标准等各方面确实存在着种种的差异，但我们也应该看到其异中有同，正如不同语种之间存在语言共性一样，各个民族的思想意识、价值观念、道德标准等也存在着共性，在汉字教育中，应重视人类共性的思想、道德、审美等方面的教育。这种教育应根据不同国家的其他的道德标准、文化精神等多方面的因素，因地制宜、因材施教。我们认为，只有具有了汉字教育理念，教师才会在教学活动中，既注重学生对汉字知识的学习和汉字能力的培养，同时还会结合教学环境（包括具体国家、地区乃至某个学校的政治、经济、文化、宗教等教学环境情况，学生原有的汉语水平、汉字基础、对汉语的态度等学情，所用教材的汉字教学进度安排等众多因素）适地、适时、适量地利用汉字所蕴含的丰富内容对学生进行适当的德、智、体、美等多方面的教育。

二　汉语国际教育中教师的汉字专业修养

教师的专业修养是决定教育效果的重要因素，汉语国际教育中教师的汉字专业修养也是决定汉字教育效果的关键要素。《国际汉语教师标准》要求："在汉字教学中，教师能了解有关汉字的基本知识，具备将汉字知识传授给学习者的能力和技巧。"③ 这是国家对从事汉语国际教育者的要求。我们认为，作为教师，在从事汉语国际教育中的汉字教育时，了解有关汉字的基本知识是必需的，但仅有这些基本知识也还是远远不够，因为近年来，随着众多学者的努力，汉字学理论与实践研究也在快速地发展成熟中，出现了更加有益于汉字教学的研究成果，从教者只有及时学习、汲取了汉字学研究的新成果，才能胸有成竹、与时俱进地更有效地进行汉字教育。当然，教师自己学习和对学生的教学是不同的，从教者还要正确处理好自己对汉字学研究新成果的学习、掌握与向学生的传授、教学之间的差别。陆俭明先生在谈到当代语言学理论与汉语教学的关系时曾指出：对从事汉语教学的老师来说，应该学习当代语言学理论，但这不是要大家去研究这些理论，也不是要大家学了以后去直接给留学生讲这些理论，目的是从中汲取理论营养，给自己充电，以便更好地解决外国学生学习汉语的过程中不断提出的"为什么"问题。④ 与此相同，从事汉语国际教育的教师学习掌握汉字研究的新成果，也不是要学了以后直接、全部教给外国的学习者，而是要自己增强理论修养，具有与时代同步的新知识，新理论，更好地解决汉字教育中遇到的问题。

我们认为，在当前汉字学领域取得的丰硕成果中，李运富先生的文字学论著，新见迭出，不仅极大地促进了汉字学理论系统的发展，同时，也在汉语国际教育的汉字教育中富

---

① 关于汉字能力，参看施正宇《论汉字能力》，《世界汉语教学》1999 年第 2 期。
② 施正宇：《论汉字能力》，《世界汉语教学》1999 年第 2 期。
③ 国家汉语国际推广领导小组办公室/孔子学院总部：《国际汉语教师标准》，外语教学与研究出版社 2007 年版，第 44 页。
④ 陆俭明：《当代语言学理论与汉语教学》，《世界汉语教学》2009 年第 3 期。

有意义，是从教者应该认真、重点学习的。下面根据笔者对李运富先生文字学论著①的学习，谈谈李运富先生的文字学理论在汉语国际教育的汉字教育中的主要意义。

一是提出了从汉字的"形体、结构、职能"三个维度建立汉字学系统，并且建立的这种汉字学系统逻辑严密，能使汉语国际教育中的从教者具有系统的汉字学理论观念。一般认为，"形、音、义"是汉字的三要素。清人段玉裁在注解《说文解字》的体例时是这样说的，并已成为传统公认的研究汉字的法则，甚至也被当作识读汉字的检验标准，直至今天，连大学中文专业的汉字教学也是这样教给学生的。李运富先生认为，汉字的"形、音、义"并不是同一平面的东西，也不都是必不可少的东西，因为汉字有时只表音，有时只表义，所以不宜并称为"三要素"。李运富先生提出，汉字确实有三要素，但不是"形、音、义"，而应该是"形、意、用"。所谓"形"是汉字成立的前提，是视觉感受到的直接印象，是每个汉字任何时候都具备的外部形态。所谓"意"指的是汉字的"构意"，它直接来源于对客观事物（包括抽象概念）和语言意义的认识，是体现在汉字内部结构上的构形理据；"意"在汉字的初创时期具有普遍性，但汉字形体变化以后可能需要重新分析。所谓"用"指的是汉字的功用或职能，汉字可以只记录语言的意义信息，由"形""意"结合直接表示客观事物或某个约定的内容；也可以记录语用的表达单位，包括语音单位和音义结合体。字形构意跟语言音义的联系并不一致，或显义（如象形字、会意字），或显音（如假借字、译音字），或音义皆显（如形声字、兼声字）。传统所谓"音、义"处于"用"的层面，其隐显强弱因时因用而异。正是基于对汉字三要素这样的认识，李运富先生提出了汉字学的"三个平面"，从汉字的"形体、结构、职能"三个维度建立汉字学系统，对汉字学的各种具体问题如汉字的性质、汉字的起源、汉字的发展、汉字的关系、汉字与文化的关系等重要理论问题进行反思，把这些问题都放到相应的系统中，从三个平面分别分析论述，从而避免不同质问题的纠缠不清、阐释不明。这改变了汉字知识原来一盘散沙的局面，使汉字学具有了严密的系统性，全面更新了汉字学的传统观念。从事汉语国际教育中的汉字教学的教师如能及时了解并熟知这种先进的汉字学专业知识，全面更新原有的汉字观念，具有这种从汉字的"形体、结构、职能"三个维度建立的汉字学大网络系统理念，可能就会在汉字教学时避免只见树木不见森林、就某字只教某字的弊端，在教学中上下贯通，以点带面，游刃有余。

二是提出的汉字"形、意、用"三要素，可以启发从教者在进行汉字教育时应进行汉字的形、音、义、用四方面的教学，而非只是通常所言的形、音、义三要素。李运富先生提出的汉字"形、意、用"三要素是就汉字构成及内部的深层联系而言的，是学术研究中的严谨解释。通常所说的汉字"形、音、义"三要素是就汉字的表层而言的，虽然

---

① 主要相关论著有李运富：《汉字汉语论稿》，学苑出版社 2008 年版；李运富：《汉字学新论》，北京师范大学出版社 2012 年版；李运富：《汉字构形原理与中小学汉字教学》，长春教育出版社 2001 年版；李运富：《字理与字理教学》，《吉首大学学报》2005 年第 2 期；李运富：《〈说文解字〉的析字方法和结构类型非"六书"说》，《中国文字研究》2011 年第 1 期；李运富："六书"性质及价值的重新认识》，《世界汉语教学》2012 年第 1 期；李运富：《汉字教学的理与法》，《语文建设》2013 年第 34 期；李运富：《汉字的特点与对外汉字教学》，《世界汉语教学》2014 年第 3 期；李运富、何余华：《"两"字职用演变研究》，《励耘语言学刊》2014 年第 2 辑。

现代汉字中有些字并非皆有形、音、义三个方面，如"琵琶"二字，分开后，单独的"琵""琶"，只有字形、字音，而无具体的字义，但为方便学生掌握，现代教学中界定汉字三要素为"形、音、义"未尝不可。李运富先生的文字理论给我们的启迪是，针对汉字的教学，除了原有的"形、音、义"外，也许还应增加一项"用"的内容，把汉字"形、音、义"变为"形、音、义、用"四方面，当然这里的"用"不同于李运富先生所言的"用"，而是汉字用法的"用"。其实，汉字的形、音、义、用早就是我国母语汉字应用水平测试中的内容了。我们国家语言文字工作部门一贯重视语文能力评测工作，自2007年在我国开展汉字应用水平测试。所谓汉字应用水平测试是语言类标准化水平测试，主要考查应试人员在实际语言应用环境中掌握汉字的正确读音、规范字形及现代汉语义项和用法，并能在实践中正确运用的水平和能力。从这里可以看出，国内的汉字应用水平测试的汉字内容就是形（规范字形）、音（正确读音）、义（现代汉语义项）、用（用法）。国内的汉字应用水平测试这样，那么，汉语国际教育中汉字教学的目的不也是让学习者掌握汉字的形、音、义、用吗？实际上就是这样的。巧合的是，笔者在本文完成之后阅读吕必松先生的论著，发现他早于1998年就提出了此种观点[1]（吕必松2005：21—27），到2000年发表《试论汉语书面语言教学》一文时更加明确而具体地阐述了这种思想："我们认为，每一个汉字都有形、音、义、用四要素，因此汉字教学的基本内容就包括汉字的形体特征、表意功能、表音功能和语法作用"，并详细论述了在对外汉语教学中如何进行汉字的形、音、义、用四方面的教学[2]。汉字的汉字形、音、义教学，大家都熟知，毋庸多言，汉字之"用"教学大家比较陌生，这里主要谈谈这个问题。吕必松先生说："汉字是阅读和写作的基础，汉字教学归根结底是为阅读和写作教学服务的。汉字教学不为阅读和写作教学服务，就没有任何意义。要使汉字教学为阅读和写作教学服务，就必须让学生掌握字与字结合的规则，就是什么字可以与什么字结合，怎样结合，结合起来表示什么意思。"[3] 这就是汉字之用的教学内容。

三 结语

究竟如何解决当前汉语国际教育中汉字教育问题，是个亟待加大力量进行探讨的问题。上面我们主要从教师的汉字教育理念和汉字专业修养两方面进行了初步探讨。作为教师，在从事汉语国际教育中的汉字教育时，要具有汉字教育的理念，同时既要了解有关汉字的基本知识，还要能及时学习、掌握汉字学研究的新成果，因近年来，汉字学理论与实践研究也在快速的发展中，出现了更加有益于汉字教学的研究成果，只有这样，才能更有效地进行汉字教育。在当前汉字学领域取得的丰硕成果中，李运富先生的汉字学理论在汉

---

[1] 陆俭明：《当代语言学理论与汉语教学》，《世界汉语教学》2009年第3期。
[2] 吕必松：《试论汉语书面语言教学》，《语言教育与对外汉语教学》，外语教学与研究出版社2005年版，第36页。原载《华文教学与研究》2000年第1期。
[3] 吕必松：《试论汉语书面语言教学》，《语言教育与对外汉语教学》，外语教学与研究出版社2005年版，第38页。原载《华文教学与研究》2000年第1期。

语国际教育的汉字教育中具有重要意义，他提出了从汉字的"形体、结构、职能"三个维度建立汉字学系统，并且建立的这种汉字学系统逻辑严密，能使汉语国际教育中的从教者具有系统的汉字学理论观念；提出的汉字"形、意、用"三要素，可以启发我们在汉语国际教育中进行汉字教育时应进行汉字的形、音、义、用四方面的教学，而非只是通常所言的形、音、义三要素。因此，李运富先生的汉字学理论是汉语国际教育中的教师应该重点学习的汉字学理论。

参考文献

［1］吕必松：《汉字教学与汉语教学》，《语言教育与对外汉语教学》，外语教学与研究出版社 2005 年版。该文系根据 1998 年 2 月 6 日在巴黎举行的法国第二届国际汉语教学学术研讨会上的发言稿改写。原载吕必松主编《汉字与汉字教学研究论文选》，北京大学出版社 1999 年版。

［2］张秋娥：《汉语国际教育中的"汉字教学"和"汉字教育"》，《国际汉语教育人才培养论丛》，北京大学出版社 2014 年版。

［3］许嘉璐：《解放思想、交流经验、共探新路》，《国际汉语教育人才培养论丛第一辑》，北京大学出版社 2008 年版。

［4］刘珣：《对外汉语教育学引论》，北京语言大学出版社 2010 年版。

［5］李运富：《文字不只是语言的代码》，《中学语文教学》2013 年第 4 期。

［6］苏培成：《现代汉字学纲要》，北京大学出版社 1997 年版。

［7］李运富：《汉字学新论》，北京师范大学出版社 2012 年版。

［8］施正宇：《论汉字能力》，《世界汉语教学》1999 年第 2 期。

［9］国家汉语国际推广领导小组办公室/孔子学院总部：《国际汉语教师标准》，外语教学与研究出版社 2007 年版。

［10］陆俭明：《当代语言学理论与汉语教学》，《世界汉语教学》2009 年第 3 期。

［11］吕必松：《试论汉语书面语言教学》，《语言教育与对外汉语教学》，外语教学与研究出版社 2005 年版。原载《华文教学与研究》2000 年第 1 期。

［12］吕必松：《试论汉语书面语言教学》，《语言教育与对外汉语教学》，外语教学与研究出版社 2005 年版。原载《华文教学与研究》2000 年第 1 期。

汉字学理论在识字教学中的应用*

张素凤　郑艳玲

李运富先生认为汉字本体研究应该包括三个层面——字形、字构和字用，字形学、字构学和字用学是汉字学理论的重要分支学科。理论研究的最终目的是用于指导实践。识字教学作为一种实践活动，不但要遵循教育学心理学的相关规律，更要遵循汉字自身的规律。本文拟从古代识字教学和现代识字教学两个层面谈谈汉字学理论在识字教学中的应用问题。

一　汉字学理论在古代识字教学中的应用

（一）字构学与古代识字教学法

字构学也叫汉字构形学，其研究内容是"探讨汉字的形体依一定的理据构成和演变的规律"①。传统的汉字构形学理论主干是"六书"。"六书"是对汉字结构规律的分类归纳，也是古代识字教学的重要内容。

根据考古文献研究，在汉字系统形成的殷商时期，习字学书就已经成为当时教育的重要内容。郭沫若的《殷墟粹编》1465—1479 片，收有刻写六甲表的前 12 行，他在《序言》中指出，这是商人教子弟刻写文字的记录。张政烺通过对各代文物的比较考证，肯定了郭说。这说明，商代已有教学习字的"书学"，只是当时的文字主要掌握在巫史手里，汉字教学因而也只是极少数人的内部行为而已。当时的识字教学方法，由于没有文献记载，已经不得而知。但是，汉字是据义构形的表意文字，汉字初形都是有理据、可解释的。因此，我们推测，当时的识字教学内容应该包含字形理据分析。

西周时期，汉字教学已经被正式列入学制。东汉许慎《说文解字·叙》说："《周礼》八岁入小学，保氏教国子先以六书。"显然，西周时期已把概括汉字结构规律的"六书"作为儿童识字教育的内容，说明当时的识字教学已经非常重视汉字理据的分析，重视汉字构形学理论的传授或渗透。

此后，以"六书"为基础的汉字理据分析一直是古代识字教学的重要内容，此不赘述。

---

* 本文原载《唐山师范学院学报》2010 年第 3 期。
① 王宁：《汉字构形学讲座》，上海教育出版社 2002 年版，第 10 页。

（二）字用学与古代识字课本

字用学，也叫汉字职用学或汉字语用学，主要是从符号功能的角度，研究汉字是怎样记录汉语的。汉字使用频率的统计是字用学研究的一个重要内容。周有光曾对现代汉字字频的统计结果进行分析归纳，抽象出了"汉字出现频率不平衡规律，也叫汉字效用递减率"[①]。这个规律可表述为：最高频的 1000 字，覆盖率大约是 90%；以后每增加 1000 字，大约提高覆盖率 1/10。此外，对社会常用字种字量的统计也是字用学研究的重要内容。

我国有史记载的最早的识字课本是西周宣王时的《史籀篇》，秦代有李斯等人编写《仓颉篇》《爰历篇》《博学篇》，西汉初期，闾里书师把这三本书合并为《仓颉篇》；随后有司马相如的《凡将篇》、李长的《滂喜篇》、史游的《急就篇》、扬雄的《训纂篇》等，直至许慎的《说文解字》。魏晋以后，直到宋代，楷书成为社会通用字体，陆续出现了几部有影响的楷书识字课本。最有影响的有：南朝梁周嗣成奉敕编成的《千字文》，宋王应麟等编的《三字经》，宋佚名编的《百家姓》，后被合称为"三、百、千"。

根据现存的古代童蒙识字课本，可以看出这些识字课本在选字收字时具有以下特点。

第一，选录常用字。古代童蒙识字课本选录的都是使用频率高的字。以高频用字为首先识字对象，可使学习者在最短的时间内，获得最高的识字效率和阅读能力，符合汉字效用递减率，具有科学性。

第二，收字数量科学适用。汉字作为一个开放系统，其数量总是在或快或慢地增加着。但是，汉字总数虽然增加，社会常用字种和字量却是基本稳定的。从《仓颉篇》到"三、百、千"，每部课本的收字量在 1000—2000 左右，同时并用的成套识字课本的总字数在 3000—4000 左右。[②] 根据当代汉字字频统计和社会常用字的研究成果，2000—4000 字几乎是中国历代社会常用字的恒量。我国历代字书的收字量，与当代人使用先进的科学技术统计出的结果若合符节，充分体现了古代字书在选字数量上的科学性。

第三，各种字书在字种排列上并非杂乱无章，而是有一定的顺序。从《史籀篇》到《三字经》或四字一句，或三字一句，都是通篇押韵，朗朗上口，易于记诵，使汉字形体通过语境与其意义、用法紧密结合。

可见，虽然古代还没有系统的字构学和字用学，但古人在识字教学方法和识字课本的编写上，早已注意到汉字构形规律和使用频率问题。这与识字课本的编纂者大都是有极高汉字学素养的国家重臣或主管文化的官员不无关系，历代统治者对汉字教育的重视由此可见一斑。

[①] 见《中国语文纵横谈》，人民教育出版社 1992 年版，第 156 页。

[②] 据《说文·叙》，秦"三仓"经西汉闾里书师整理后，删去其重复之字，"合六十字一章，共五十五章"，共计 3300 多字，则各篇 1000 多字。西汉初期，儿童识字仍以秦三仓为教材，识字量为 3000 多字。西汉中期以后，汉代人开始自己编识字教材，《训纂篇》《滂喜篇》各 2400 字，史游《急就篇》2100 多字，流传到清末的"三、百、千"，一共 2000 多字。

二 汉字学理论与现代识字教学法的探讨

社会历史文化的发展变迁，必然导致语言中最活跃的因素——词汇发生变化。由古代到现代，汉语词汇的变化主要体现在两个方面，一是形式上，由以单音词为主变为以双音词为主；二是意义内容上，有新词的增加，旧词的消失，以及词语意义扩大、缩小、转移等变化。词汇的这些变化使相应汉字的使用频率有所改变，从而使常用汉字发生变化。同时，汉字形体本身也发生了很大变化，有的字理据隐含，有的字理据重构，还有的字彻底丧失了理据。所以这些变化，都要求现代识字教学必须在字种字量的选择和汉字理据的说解方面作出适当调整。

（一）字构学与字理教学

要做到汉字教学的科学化，首先必须懂得汉字构形规律，从而使教学速度和质量得到根本的改善。在不违背汉字构形规律的原则基础上，汉字教学方法应当多元化，在不同的识字阶段，针对不同属性的汉字，要运用不同的策略来教。

1. 汉字表意属性与初期独体字的教学方法

万事开头难，先教哪些字来突破"零"，用什么方法教，是识字教学首先要解决的问题，也是提高识字教学质量的关键。我们认为，选择和确定第一批识字对象，不仅要根据识字儿童的心理特点，还要根据汉字本身的属性和特点，要使第一批字既比较容易被儿童掌握，又有较高的构字频度，有效地带动以后的学习。

汉字被称为表意文字，主要是因为构成汉字系统的基础构件都是据义构形的。这些基础构件独立构成的字，不仅结构简单，意义明确，而且使用频率都比较高，因此，可以把这些基础汉字作为第一批识字对象。如"一""日""月""人""大""小""子""女""虫""鱼""牛""羊""木""米""禾""刀""工""山""水""火""石""土""田""立""衣""心""口""手""耳""目""足""羽"等独体字，结构简单，在甲骨卜辞中就十分常用，基本意义古今一致，容易为儿童理解，且有较高的构字频度和构词能力，有利于带动第二阶段的教学。

一般认为，掌握一个汉字必须全面掌握它的形音义。以上这些语词，6—7岁儿童口语中已经会说，也就是说，他们已经把握了这些词的音与义。如何使学生把这些字形与所记录的语词对应起来，传统教学方法主要是记，通过一遍又一遍地读写帮助记忆；我们认为，如果加强字形构意讲解，使学生理解字形的构意，既知其然又知其所以然，不仅能有效地帮助学生把字形与所记录的语词联系起来，而且有利于第二阶段的识字教学。因此，初级识字课本中，与规范楷书字形相配合的，不仅要包括实物图片，还要包括象形初文。如"一""日""月""人""大""小""子""女"的甲骨文字形"一""⊙""D""𠂉""大""𡭔""𰀁""𡿨"图像性很强，如果把这些象形初文与图片一起作为楷书字体的参照，不仅符合儿童形象思维能力强的特点，增强识字兴趣，而且可以帮助学生把字形与实物及相应语词联系起来，从而帮助学生全面掌握汉字的形音义[①]。

2. 汉字构形规律与合体字的教学方法

汉字是一个自足的网络系统，它以独体字为主要的基础构件，通过平面或层级组装，构成不同的汉字形体。掌握构成汉字构形系统的基础——独体字以后，就可以进一步学习由基础构件组成的合体字。根据汉字构形学理论，按照功能的不同，汉字构件可以分为象形构件、表义构件、示音构件、标志构件和记号构件。现代汉字由于形体演变，已很少有象形构件，而记号构件与整字音义没有任何联系，标志构件与整字的联系也比较抽象，因此，这里主要谈一谈如何对合体字中表义构件和示音构件进行分析说解。

汉字学是一种科学，汉字的讲解必须是科学的。在讲解合体汉字时，必须遵循以下几个原则：

(1) 讲解合体字，首先要将其构件讲对。如："慕""恭"两字，学生很容易将下边的构件写成"小"，如果教师将该构件为"心"的变形给学生讲清楚，使学生知道这两个字分别是"从心莫声"和"从心共声"的形声字，不仅有助于学生记住字形，而且对这些词义的理解和记忆也有帮助。再如："福"和"袖"的左半部形体十分相近，学生非常容易弄混写错，如果教师告诉学生这两个构件分别为"示"和"衣"的变形，而"示"旁和"衣"具有不同的意义指向，即"示"表示与"祭祀鬼神"相关的意义，"衣"表示与"衣服"相关的意义，学生就会明白汉字结构的"所以然"，从而不会再将"示"旁和"衣"旁弄混写错。

(2) 讲解汉字必须以构件在构字过程中的实际功能为依据。例如："饿"字中的"我"是示音构件，没有表意功能。但有些人把"饿"讲成"我要吃（饣），因为我饿了"，把"我"曲解为表义构件。这样就会造成一种误导，"俄""娥""峨""鹅"等从"我"得声的字就会被类推成"我的人""我的女儿""我的山""我的鸟"，将学生引入歧途。汉字是以形声字为主体的，示音构件和表义构件都对形声系统起归纳作用，把示音构件讲成表义构件，就会使整个形声系统的规律不能展现，造成人们对整个形声系统认识上的混乱。再如："鸡""汉""难""轰""邓""欢""凤""树""对""驭"等字中的"又"是个记号，汉字简化时用它代替了笔画繁复的十三种不同构件，如果硬要对其中某个字的"又"构件强加解释，其结果必然是"讲了一个，乱了一片"，给识字者造成困惑。

(3) 在解释汉字时，必须按它们组合的实际状况来进行。首先要弄清楚合体字的结构层次，既不能把层次结构讲成平面结构，也不能把平面结构讲成层次结构，否则就会发生错误。例如，"碧"是"从玉从石白声"的是平面结构，不可说解为"从石珀声"的层次结构；"落"是"从艹洛声"是层次结构，不可说解为"从艹从水各声"的平面结构。其次是弄清楚合体字的结构模式，按照其组合的实际情况进行讲解。如："徒""颖"分别是"从辵土声"和"从禾顷声"的形声字，为半包围结构，不可按左右结构来分析。"锦""视""到"分别是"从帛金声""从见示声""从至刀声"的形声字，都是左声右形，不可按左形右声来分析。

[①] 甲骨文字形的构意可以在教师参考书中进行说明，使教师有据可循。

（4）分析字理要符合总体的汉字构形系统。汉字的构形是成系统的，每一个字在这个系统中都有自己适当的位置，具有纵横两方面的字际关系。对于那些功能已经变得十分隐晦的构件，我们可以根据汉字系统性特点，通过类比的方法揭示这些构件的功能。如："页"字甲骨文作"𦣻"，象人并突出其头之形，本义是头，但"页"字的意义在现代汉语中早已转移，所以"页"作为表义构件在单个合体字中的功能已经无法直接看出。但是，如果把构形系统中从"页"的字如"顶项颅领颈颊颔颏颐颌颚额颠颧"等字汇聚在一起，就不难归纳出这些字具有共同的意义特点，即都与"头"有关，可见，"页"构件的表义功能并没有完全消失，而是以类化形式隐藏在构形系统中。据此，我们还可以推知"顾顿颗题颜颢颦"的本义也与头首有关。同样，根据"都郑郝郓郭邮鄱邻"等字与都城或地名相关，而"阿阡陁阪阱防阶阻陀附陆降限陕陛陟陡除陨险隘障"等字与山陵有关，可以推知左"阝"与右"阝"的来源和意义不同，并可据此区分形近字的意义，避免错别字。"都"的现代读音与"者"已没有任何联系，但只要把"都"与"堵""赌""睹""署""暑""诸""渚""猪""褚""箸""著"进行比较就不难看出，这些以"者"为示音构件的字读音都比较接近（韵母相同），也就是说"者"的示音功能以类化形式存在于构形系统中。

（二）字用学理论与识字教学的内容和方法

近年来，为了加强识字教学的科学性，提高识字教学的效率，关于识字量的确定、字种的选择，都越来越受到重视。除了上面提到的周有光总结出的"汉字效用递减率"之外，有关专家从语文教学的角度，对汉字的频率作了更精确的统计。1985 年北京语言学院语言教学研究所编著的《常用字和常用词》，其中《按出现次数多少排列的常用字表》收字 1000 个。作者统计，"中小学语文课本用作统计资料的全部篇幅，有近 4/5 是用 1000 个高频汉字写成的"。"其中前 500 字的覆盖率达到 69.98%"。国家语委汉字处编的《现代汉语常用字表》（1988 年出版）收常用字 2500 个，次常用字 1000 个。这些字用研究成果为语文识字教材的编写提供了依据。

识字的最终目的是阅读和写作，因此，只是掌握汉字的形音义还不够，还必须全面掌握汉字的使用情况。古代汉语以单音词为主，大部分汉字组合成词的能力较差，因此，古代童蒙识字课本（如"三、百、千"）总是编写容易记诵的"顺口溜"，使学生通过背诵整句、整段甚至整篇内容，掌握汉字的使用情况。现代汉语以双音词为主，大部分常用汉字不仅能够独立成词，还可以与别的字组成双音词，因此，现代识字教学用不着再让学生背诵长篇大段的顺口溜，而是通过组词训练使学生掌握汉字的使用情况。这样，确定初期积累字表时，应把经常与基础汉字构成双音词的字也选进来。

总之，汉字学是一门内容非常丰富的科学，教学方法的多样化，必须建立在对汉字科学深广的把握上。汉字自身的系统性和结构的规律性，是识字教学应该遵循的规律，教师在识字教学中的创造性必须建立在科学的基础上。

现代汉语字典中的字用学概念和研究内容

徐加美

一 前言

1994年，王宁在《〈说文解字〉与汉字学》一书中提出了字用学这个概念；2005年李运富在《汉字语用学论纲》一文中系统地介绍了建立汉字语用学的学理依据、学科定义和主要内容；在中国知网上输入"字用学"后，时间1971—2010年，只搜出北京师范大学陈灿的《"字用学"的构建与汉字学本体研究的"三个平面"——读李运富先生〈汉字汉语论稿〉》一篇文章，而硕士论文和博士论文1999—2010年没有搜到一篇文章。虽然关于字用学的文章不多，但并不是说明我们对它的研究不够，其实很多文章都涉及了字用学的某一个或某几个方面，比如，李运富的《论汉字的记录职能上·下》《论汉字职能的变化》；孙建一的《现代汉语字频测定及分析》；钟华、王之廉的《谈"通假字"与"古今字"》，等等。下面我们从对字用学的发展脉络做一下梳理。

二 字用学的发展

王宁在《〈说文解字〉与汉字学》一书中对字用学做了如下的阐述。

"字用学就是研究在具体的言语作品里汉字字符记录词和词素时职能的分化和转移的。它面对的是因同音借用和同源通用所造成的同词异字与异词同字现象。这些现象与原初造字时因一词而造一字的情况恰恰相异。可以说，构形学与字用学两方面加起来，才是对汉字记录汉语功能的全面研究。"[①]

在这里王宁指出了字用学的存在环境，即"具体的言语作品里"，对象是"汉字字符"，内容是"汉字字符记录职能的分化和转移"。我们可以这样理解在汉字使用过程中，汉字记录汉语的职能发生了变化，具体的变化如王宁提到的"同词异字""异词同字"。最主要的是她指出了字用学的本质是"汉字字符职能的分化和转移"，李运富在《论汉字职能的变化》一文中就这个问题做了详细的介绍。后面我们将做细致的分析。

"……汉字学既要弄清一个汉字字符原初造字时的状况——字源，又要弄清汉字在各个历史阶段书面语的言语作品中使用的情况——字用。这两个方面的工作都不能离开

---

* 本文原载《语文学刊》2011年第18期。

① 王宁：《〈说文解字〉与汉字学》，河南人民出版社1994年版，第3页。

《说文解字》。"①

　　字源学和字用学结合在一起，能够更清晰地观察出汉字字符在记录汉语的过程中所发生的变化。字用学是一个动态的历史的过程，在这个过程中，前后的对比才能发现不同，勾勒面貌。

　　"……确定了本字，又弄清了它的原初造字意图，便追溯到了汉字的字源。但是，汉字在使用过程中，随时发生着记录职能的变化。汉字字用学，就是汉字学中探讨汉字使用职能变化规律的分科。既然汉字字源学离不了《说文解字》，字用学当然也离不了《说文解字》。《说文解字》是以五经用字为基础的，而五经用字又奠定了中国古代文献用字的基础，所以，文献文字学里的字用问题，一直是以《说文解字》为依据的。……字用学还要探讨字的分化孳乳，并以此作为探讨词的同源关系的手段。弄清了这些关系，便可以知道古代用字与后代用字在所指范围上是有区别的。"②

　　"总之，字源是理解字用的依据，而字用又是解读古代文献必须正视的现实。《说文解字》在字源与字用两方面所提供的资料是非常宝贵的。"③

　　从上面的论述可以看出字用学是一个动态的、发展变化的过程，在这个过程中汉字符号与汉语之间的关系是变化的。王宁从确定本字开始，确定在具体的范围中即在具体的言语作品中，在一定的历史阶段中，看汉字符号与所记录的词或词素之间的关系，是否发生了变化，发生了什么变化，这些变化有没有规律。这样王宁把字用学归入了汉字学的范畴，是汉字学研究的一部分，是与字源学、构形学、训诂学同等地位的一部分。通过对上述论述我们总结王宁字用学研究的内容主要有：因同音借用和同源通用所造成的同词异字与异词同字现象，根据本字确定借字或从本字出发探究字的分化孳乳等。

　　王宁明确提出来"字用学"这个概念，并且认为"汉字字用学，就是汉字学中探讨汉字使用职能变化规律的分科"。为汉字学的发展奠定了坚实的基础，为人们以后研究字用学指明了方向。

　　李运富在《汉字语用学论纲》一文中对字用学做了详细的论述，全文分为三个部分。

　　1. 建立汉字语用学的学理依据

　　从汉字字形本体的角度，归纳出了汉字的三种指称：字样、字构和字用。又从这三种指称的内涵出发，指出汉字本体研究的学理依据：字样学或字形学、字构学和字用学。

　　这实际上是把字用学和字形学、字构学放在了一个系统内部进行研究。也就是在汉字学这个大的学科里，字用学是其中的一部分，与字形学和字构学是平等的。

　　2. 汉字语用学的学科定义

　　"汉字语用学是研究汉字使用职能和使用现象的科学，也就是研究如何用汉字记录汉语以及实际上是怎样用汉字记录了汉语的科学。它既有个体的，也有总体的，既有共时的，也有历时的。'字用学'的全名之所以要叫'汉字语用学'而不取'汉字字用学'，一是为了显示所谓用字就是记录语言或者在语言中使用，离开语言就无所谓字用；而是为

---

① 王宁：《〈说文解字〉与汉字学》，河南人民出版社1994年版，第33—34页。
② 同上书，第47页。
③ 同上书，第58页。

了避免'汉字'跟'字'的重复。'汉字语用学'也可以叫作'汉语字用学'。"同时字用学又与构形学和训诂学有密切联系,"字用学需要将两者结合起来,既研究汉字的本形本义,也研究文本用字的实际职能,从而理清各种字词关系及相应的字际关系和词际关系"。

3. 汉字语用学的主要内容

(1) 考察个体字形可以记录哪些语言单位,或者某个语言单位可以用哪些字形来记录,客观描述各种字词关系以及相应的字际关系和词际关系。(汉字性质问题)

(2) 用字现象的全面测查和描写,包括字量、字频、字用属性(本用/兼用/借用)、同字异词和异字同词的种类和比率,等等。

(3) 对单字的使用职能和文本的用字现象进行比较分析,总结使用规律,探讨变化原因,进行专题论述。

从李运富先生的字用学观点来看,我们认为这里的字用学更应该与字样学、字构学紧密联系起来,它们和字用学是不可分割、相辅相成的。这三者结合起来才能更好地解决一些问题,比如说异体字问题,从不同的角度有不同的看法,字样范畴的"异体字"是指本来记录同一个词的所有外形不同的字样,包括笔画、笔形、笔势、构件、交接、书写风格、字体等各方面的差异;字构范畴的"异体字"是指本来记录同一个词而结构属性不同的一组字,包括构件不同、构件数量不同、构件功能不同、构件布局不同等结构方面的差异;字用范畴的"异体字"则是指本有用法相同而形体不同的一组字。这样,我们对异体字的判别、整理和规范就应该根据不同的层面、不同的目的而采取相应不同的标准和原则。

三 现代汉语字典中的字用学

我们对字用学的发展进行梳理,是为了更好地研究现代汉语字典中的字用学,以便更准确地确定研究对象和研究内容。为了便于研究,我们把范围限定在现代汉语字典中(在具体的操作过程中会有目的地选择基本字典作为代表)。首先我们认为如果对现代汉语字典中的字用学进行具体可行的操作研究,必须先解决这样一个问题:究竟怎样才能算一个"字"?我们认为一个字的定义:在理想状态下,具有特定的,记录一个词或者记录一个词素的单个形体结构,即一个字。这是理想状态下的。造字之初,人们会一个意义造一个字,但是在汉字的使用过程中,其记录职能会发生改变,于是就出现了异体字、古今字、同音字、同形字,等等。后面我们会对这些问题进行详细的论述。

接下来我们要研究的是现阶段汉字使用过程中出现或影响我们正常使用的问题,都是哪些问题,怎样影响。下面是我们要研究的内容:

1. 现代汉语字典中的形义对应关系:从字条与义项、同形字、同形字和多字同义等方面来考察。

2. 现代汉语字典中的字量、字频问题。

3. 现代汉语字典中的异体字、通假字、古今字、俗字和繁简字问题。

我们把这些基础性的问题加以收集整理,归纳总结有规律的部分,提出一些建设性意见，作为我们日常使用汉字和汉字规范化的参考。

四 结语

字用学是一个渐渐发展起来的学科，需要我们去做一些基础性的工作，为它的进一步发展做出贡献。

参考文献

［1］王宁：《〈说文解字〉与汉字学》，河南人民出版社1994年版。
［2］李运富：《汉字汉语论稿》，学苑出版社2008年版。

字用背景下形声字的职能变化[*]

赵小刚

汉字是一种表意性文字符号系统。原则上，该系统要求每个字符的形体意义与其所记录单词或语素意义统一，从而实现明了准确地传达语义的目的。但由于音义关系变化、语义内容增加、表达方式求异、书写效果求便而汉字数量需要节制等原因，在实际用字过程中，具体字符的应用常常偏离上述原则，出现文献用字所表语义与字形（字面）义不相一致的现象。

对于这种现象，传统语言学提出过"本字""假借字""通假字"等概念，初步从理论上加以总结，但并未反映全部事实，因此假借字、通假字只管与所记录的单词、语素或本字音同、音近，而不管所假字的形体能否显示所记录单词或语素的意义。由此，人们不禁要问：语义在不断发展变化，而汉字字数不能无限膨胀，记录新的语义又不能全部都使用假借字、通假字，那么汉字如何有效地记录汉语单词或语素？

为了回答这一问题，近年来学者们开始深入探讨字用现象。王宁先生指出《说文》本字与文献用字差异的种种现象后，把这些现象概称为汉字使用职能的变化[①]。李国英研究小篆形声字时，对汉字的使用状况加以归纳，指出其使用方式有本用、转用、借用三种情况[②]。李运富从汉字记录职能角度出发，指出汉字具有本用、兼用、借用三种情况；同时从职能变化角度出发，指出进入使用状态的汉字分别具有职能的扩展、职能的简缩、职能的转移等现象[③]。李运富在谈到汉字结构演变原因时指出："为了克服汉字表达职能的退化，人们会有意识地改变某些字的结构，以求汉字的形音义达到新的协调，从而恢复或增强汉字的记词职能。"[④] 显然，与以往的零星概念相比，这些研究更加系统，更为科学。其研究成果无疑揭示了汉字记录职能及其变化的基本规律。

顺着上述路向继续观察汉字使用情况，我们看到，形声字的字用表现多样，内容丰富，我们总称为形声字的职能变化。

---

[*] 本文原载《兰州大学学报》（社会科学版）2013年第5期。
[①] 王宁：《说文解字与汉字学》，河南人民出版社1994年版，第47页。
[②] 李国英：《小篆形声字研究》，北京师范大学出版社1996年版。
[③] 李运富：《论汉字的记录职能》，《汉字汉语论稿》，学苑出版社2008年版，第179页。
[④] 同上书，第164页。

一　字符移用

即甲字和乙字同为形声结构，其形符不同，声符相同，两字所表词义无关。在用字的某一时段，甲字的形符不能有效提示当前词义。为使形义关系清晰，汉字系统便移用形符更加贴近当前词义的乙字代替甲字。如：

脣—唇　《说文·肉部》："脣，口耑也。"《释名·释形体》："脣，缘也。口之缘也。"这是"口脣"本字。此字形符本为肉字，但后来，许多合体字中的肉字构件变得跟月字极为接近，索性一律写作月字。在这种情况下，一般人眼中，脣字各构件与口脣义关系疏远，于是汉字系统移用声符仍为辰字而形符为口字的另一形声字——唇，代替脣字，表示口脣义，如徐灏《说文段注笺》指出的那样："唇，俗用为脣舌字。"但唇字本是震惊的意思，《说文·口部》："唇，惊也。"此形移用后，其原有的震惊义则由震字表示，段玉裁在《说文》唇字下注云："后人以震字为之。"

欧—呕　《说文·欠部》："欧，吐也。"这是表呕吐义的本字，其形符为欠，声符为区。使用过程中，一般人看来此字的形符与呕吐义联系不起来，因为呕吐是指胃内食物被迫从口中流出，欠字显示不了此义。于是汉字系统移用声符仍为区而形符为口的另一形声字——呕，代替欧字。这样一来，字面顺乎人们见形知义的识读习惯，尤其是"呕吐"二字常常连用，形符都是口字，类属意义更加明晰。但事实上，呕字本指小孩学话声，《广韵·侯韵》："呕，呕睸，小儿语也。"

概括而言，字符移用是指当汉字进入记录汉语状态时，一些形声字的形体义与该形体所代表的词义关系疏离，于是，汉字系统利用形符示义条件，调用另一形声字，使得新用字符能够较为清晰地显示词义，从而继续保持字面义与所记单词或语素的意义一致。

二　字符简用

即甲字和乙字同为形声结构，其形符相同或相关，声符所示读音相同或相近；甲字所表词义常用而字形相对复杂，乙字所表词义不常用但字形相对简单易写。在用字的某一时段，汉字系统便用乙字代替甲字。如：

湛—沈（沉）　《说文·水部》："湛，没也。"这是表示沉没意义的本字，如《汉书·五行志》："湛湎于酒。"但古籍常以沈为湛，《尚书·微子》："沈酗于酒。"此沈当作湛，《汉书·霍光传》即引作湛。《战国策·秦策四》："城不沈者三板耳。"此沈当作湛，《史记·魏世家》即引作湛。然而，沈字原指高山低洼处的积水，《说文·水部》："沈，陵上滈水也。"在近现代汉字应用中，沉没义专由沈字表示。沈字形体又变为沉，《说文》沈字下段玉裁注："湛、沈古今字，沉又沈之俗也。"湛字则转表其他意思。

齩—咬　《说文·齿部》："齩，啮骨也。"这是表示咬啮义的本字，如《汉书·食货志》："罢夫羸老，易子齩其骨。"《文选·七命》："口齩霜刃，足拨飞锋。"而咬字本指鸟鸣声，《玉篇·口部》："咬，鸟声。"古籍常用，如《乐府诗集·古辞长歌行》："黄鸟飞相追，咬咬弄音声。"《文选·鹦鹉赋》："采采丽容，咬咬好音。"最迟在南北朝时期，咬字即代替齩字表示咬啮义,《玉篇·口部》说:"咬……俗为齩字。"唐宋以降,文人笔下普遍使用咬字表示啮噬义,如唐代贯休《禅月集·送僧归刹山》诗:"荒林猴咬栗,战地鬼多年。"宋代周紫芝《竹坡诗话》卷二:"有名上人者,作诗甚艰,求捷法于东坡。东坡作两颂以与之,其一云:'字字觅奇险,节节累枝叶,咬嚼三十年,转更无交涉。'"此用法沿袭至今。然细察咬字代替齩字原因,可以看出,两字都从交得声,作为形符的口与齿二字意义相关,从口亦能提示"咬啮"的意义,且咬字形符笔画较少,于是系统用咬字代替齩字。

汉字史上出现的简体字有一大部分即属于字符简用。新中国成立以来推行的简化字,拓展了这一用字路径。如:

胆(膽)—膽 胆和膽原本是两个不同的字,《集韵·感韵》:"胆,肉胆也。"意思是脱衣露出上身。此字原作膻,《说文·肉部》:"膻,肉膻也。"[1] 而膽即"肝膽"本字,《说文·肉部》:"膽,连肝之府。"因为胆字笔画较少,且跟膽字语音相近,加之形符同为月(肉),依然可以提示膽字意义类属,所以汉字系统用胆字代替笔画较繁的膽字。据《简化字溯源》,至迟在元朝,胆字即代替膽字行用,元抄本《京本通俗小说》已有用例,明朝《正字通》收录这一用法[2]。1932 年出版的《国音常用字汇》和 1935 年发布的《简体字表》都把胆作为膽的简化字。1956 年发表的《汉字简化方案·汉字简化第一表》同样把胆列为膽的简化字。

灯—燈 灯和燈原本是两个不同的字,《玉篇·火部》:"灯,火也;燈,燈火也。"前者泛指火,后者指灯火。灯字较少使用,笔画简单,且因为跟燈字具有相同的形符,能够提示燈盏、明燈意义,所以汉字系统用来代替燈字。据《简化字溯源》,最迟在宋元时期,灯字即代替燈字行用,元抄本《京本通俗小说》已见用例,明朝《字汇》和《正字通》均收录[3]。1932 年出版的《国音常用字汇》和 1935 年发布的《常用字表》都以灯为燈的简体字。1956 年发表的《汉字简化方案·汉字简化第一表》同样把灯列为燈的简化字。

显然,字符简用既达到了所用字符的字面义与所记录单词或语素意义一致的目的,又达到了减省笔画的目的。

三 字符活用

即甲字和乙字同为形声结构,整字读音相同或相近,但其形符和声符均不相同,在使用的某一阶段,汉字系统活用乙字代替甲字。如:

彊—强 《说文·弓部》:"彊,弓有力也。从弓,畺声。"据此,则该字为形声结构,弓为形符,畺为声符,义为有力、坚强。如《尚书·皋陶谟》:"彊而义。"《诗经·大

---

[1] 《说文》有"羴"字,指羊的气味,其重文作"羶",后来又作"膻",读音为 shān,而肉膻的"膻"读 dǎn。两字同形。
[2] 张书岩、王铁昆、李青梅等:《简化字溯源》,语文出版社 1997 年版,第 53 页。
[3] 同上书,第 53 页。

雅·荡》:"曾是彊禦。"又《尔雅·释虫》说:"强,蚚。"邢昺疏:"强,虫名也。一名蚚,好自摩捋者,盖蝇类。"《说文·虫部》:"强,蚚也。从虫,弘声。"可见,强字本指蝇类飞虫,其结构也是形声,形符为右下角的虫字。战国、秦汉以来文献中,彊字逐渐被强字代替。据洪成玉统计:《荀子》一书,表示有力、坚强义的彊字出现56次,强字34次;《孟子》一书,表示有力、坚强义的彊字出现1次,强字11次[①]。这一对比,显示了强字代替彊字的过程。刚才所举《尚书》例子,《后汉书·杨震传》李贤注即引作"强而谊";《诗经》例子,《汉书·叙传下》即引作"曾是强圉"。到了现代汉字阶段,只用强字。

　　胜—胜 《说文·力部》:"胜,任也。从力,朕声。"按此说解,此字是形声结构,形符为右下角的力字,其他部分为声符。这是表示胜任、胜利意义的本字。又《说文·肉部》:"胜,犬膏臭也。从肉,生声。"此字本指动物生肉的气味。近代以来,在胜任、胜利的意义上,胜字代替勝字行用。1956年发表的《汉字简化方案·汉字简化第一表》把胜列为勝的简化字。

　　需要指出的是,字符活用不同于字符简用。字符简用是说两个字都是形声结构,形符相同或所表意义相关,形符和声符搭配的方式相同(如都是左右结构)。而字符活用是说两个字虽然也都是形声字,但形符不同,形符和声符搭配的方式也不同(如有的是左右结构,有的是不规则结构)。这种情况的出现,也许是用字者误析字形结构的结果。从《说文》所列小篆字形看,彊与强两字均把弓字旁单独左置,在一般人看来,两字似都为左右结构,且两字读音相同,于是以强代彊;同样,勝与胜两字也把"月"字旁[②]单独左置,在无意于深究两字内部构造的人看来,这两个字都为左右置配,且其音略近,于是以胜代勝。裘锡圭在分析形符与声符位置时提到这种现象:"有个别形声字的声旁,被后人不恰当地割裂了开来。"[③] 而这种现象在字用过程中得到了汉字系统的宽容与接纳。

四　字符分用

　　即甲、乙……几个字形原本具有同一记录职能,且同为形声结构,只是形符不同;在用字过程中,这些字形负载的意义逐渐增多,或者其中一个字形记录的词义增多,从而导致字面义与所记录词义关系模糊。于是,汉字系统便进行职能分工,即按照形符与所记词义关系的紧密程度,划分各形体使用范围,从此甲、乙……分别记录不同的词或语素,职能分化,字符分别使用。如:

　　钞—抄 《说文·金部》:"钞,叉取也。"段注:"手指突入其间而取之,是之谓钞。从金者容以金铁诸器取之矣。今谓窃取人文字曰钞,俗作抄。"《集韵·爻韵》:"钞……

[①] 洪成玉:《汉字和汉语》,《汉语语法散论及其他》,中华书局2009年版,第348页。

[②] 据《说文》,"勝"字的声符为"朕",而"朕"字在"舟"部,段玉裁注:"其解当曰'舟缝也。从舟,弅声。'"又据古文字学家考释,甲骨文、金文"朕"字像人双手持篙撑船形。这都说明,"勝"字左边构件原是"舟"字。同样,"胜"字左边构件原是"肉"字。经隶变至楷书,两字左边构件都变得似"月"字。

[③] 裘锡圭:《文字学概要》,商务印书馆1988年版,第166页。

或作抄。"依段注和《集韵》可知，钞、抄二形原本记录职能相同。段注还表明，这两个字记录的词义在后代有所增加。若按照出现先后罗列其义，首先是抢夺（"手指突入其间而取之"），如《后汉书·何皇后纪》："及李傕破长安，遣兵钞关东，略得姬。"王符《潜夫论·劝将》："东祸赵魏，西钞蜀汉。"《后汉书·郭伋传》："时匈奴数抄郡界，边境苦之。"其次是誊写别人文字，如杜甫《赠李八秘书别三十韵》："乞米烦佳客，钞诗听小胥。"《世说新语·巧艺》："戴安道就范宣学，视范所为，范读书亦读书，范抄书亦抄书。"

宋代时，官府发给商人一种单据作为钱券凭证，叫作钞。金代贞元二年（1154）发行纸币，纸面写明币值，称交钞，与钱并行流通。此时，钞字有了第三个意义——纸币，文献用例如《金史·食货志三》："递制交钞，与钱并用。"明代臧晋叔《元曲选·陈州粜米》："我作箇内真个俏，不依公道则爱钞。"自这个意义出现后，一般只用钞字记写，而不用抄字。至今，钱币、钞票义仍专用钞字。

以上分析可见，起初抄、钞记录职能完全相同，可以互换使用。但后来钞字有了钱币义，于是汉字系统对两个形体的记词范围加以分工，钞字专表钱币、钞票义，抄字表示原有的强夺、誊袭等意义，只是书名中有时还沿用钞字，如《北堂书钞》《烈士诗钞》。显然，如此分工的理据是：钞字从金，与钱币义关系紧密；抄字从手，与攻夺、誊抄义关系紧密。

咳—孩 《说文·口部》："咳，小儿笑也。从口，亥声。孩，古文咳从子。"据此，咳与孩是职能相同的异体字。古籍确见使用，用咳字的例子，如《礼记·内则》："父执子之右手，咳，而名之。"王符《潜夫论·德化》："和德气于未生之前，正表仪于咳笑之后。"用孩字的例子，如《老子》第二十章："我独泊兮其未兆，如婴儿之未孩。"《经典释文》："本作咳。"潘岳《寡妇赋》："少丧父母，适人而所天又殒，孤女藐焉始孩。"

早在春秋战国时期，这对异体字记录的词已产生了新义，即除了原有的小孩笑貌，还出现了小儿、如小儿一般看待等意思。文献记写这两个意义，一般用孩字，如《国语·吴语》："今王播弃黎老，而孩童焉比谋？"《老子》第四十九章："圣人在天下，歙歙焉为天下浑其心，百姓皆注其耳目，圣人皆孩之。"秦汉以来沿用，如王充《论衡·本性》："肘为孩子之时，微子睹其不善之性。"《北齐书·文苑传》："明罚以纠诸侯，申恩以孩百姓。"在此过程中，汉字系统调整咳字记写另一个词义——咳嗽，如《庄子·渔父》："幸闻咳唾之音，以卒相丘也。"《李太白诗·妾薄命》："咳唾落九天，随风生珠玉。"而咳嗽义原本由欬字记写，《说文·欠部》说："欬，气逆也。"此时，发生了前文所说的移用现象，即移咳代欬。由此，咳与孩分工。

分析可见，起初咳、孩是异体字，记录单词或语素的功能完全相同。但后来孩字专表孩子的意思，而咳字专表咳嗽的意思，义域范围大别，于是这两个字职能分化，不再是异体关系。显然，系统如此调整的理据是：咳字从口，能够提示咳嗽义；孩字从子，能够提示婴孩义。

五　字符派用

即语言中有一些词或词头、词尾，未曾造字，为加以记录，汉字系统在已有文字中拣选其形符可在一定程度上显示其意义的形声字，指派于这些词或词头、词尾。如：

怕　此字本指淡泊无为，《说文·心部》："怕，无为也。"《史记·司马相如传》："怕乎无为，憺乎自持。"即其用例。在这个意义上，宋代徐铉校订《说文》引唐代孙愐《唐韵》反切为"匹白切"；稍后的《广韵》注音为"普伯切"。

汉代以来，惊怕、惧怕等词出现。这些词反映一种心理活动，于是系统便选择以心字为形符、白字为声符的怕字记录。如《论衡·四讳》："孝者怕入刑辟，刻画身体，毁伤发肤。"刘盼遂《集解》："怕字为惧怕，始见此书。"《北史·来护儿传》："不畏官军千万众，只怕荣公第六郎。"杜甫《姜楚公画角鹰歌》："梁间燕雀休惊怕，亦未抟空上九天。"元代杨梓《豫让吞炭》第二折："不料赵襄子惧怕，出走晋阳。"为跟"淡泊"意义区别，怕字改变读音，徐铉校订《说文》引唐代孙愐《唐韵》反切为"葩亚切"；《广韵》注音为"普驾切"[①]。

此字被指派于惊怕、惧怕等词后，原淡泊的意义又由洦（泊）字表示，《说文·水部》："洦，浅水也。"段注："（洦）隶作'泊'。"李富孙《辨字正俗》指出："（洦）今俗作憺泊字，而以怕为怕惧矣。"

们　此字本为懑字的俗体。扬雄《方言》卷二郭璞注："们浑，肥满也。"清代钱绎笺疏："们即懑之俗字，们浑犹懑浑，亦盛满之意也。"《集韵·很韵》："们，们浑，肥满貌。"

唐代以来，汉语人称代词出现复数形式，汉字系统便指派们字记录，如刘知几《史通·杂说中》："渠们底箇，江左彼此之辞。"为区别两个不同的意义，此字由原来的去声改读为平声。明代张自烈《正字通》说："今填词家'我们、俺们'，读平声。"

从文献材料看，据董志翘等研究[②]，唐、宋、元各代曾先后以弥、珥、伟、懑、瞒、每、门等字记录人称代词复数形式。但最终选择了们字，这是因为此字的形符可以提示所记意义与人有关，且其读音比之同以人字为形符的伟字更加贴近当时的雅言，因而专司其职，沿用至今。

我们看到，记录汉语外来词的许多汉字，就是汉字系统根据表义所需形符而指派既有形声字的结果。如阀本指放在门首彰显功劳的标志，《说文·门部》新附："阀，阀阅，自序也。"作为形声字，其形符为门字，因此汉字系统指派其记录外来词 valve，此词指调节和控制流体的流量与压力的装置，作用如同一个通道的门。再如，萄本指一种草，《说文·艸部》："萄，草也。"作为形声字，其形符为艸，可以提示草木果实的意义，因此系

---

① 裘锡圭在《文字学概要》[一〇（二）]中把"怕"（bó）和"怕"（pà）作为同形字的例子。按照裘先生的观点，同形字大致可分三类，即为不同的词分头造的字、形借字、字体演变而来的字。这里所说的"派用"即属于形借一类。

② 董志翘、蔡镜浩：《中古虚词语法例释》，吉林教育出版社1994年版，第359页。

统指派其记录外来词 Bactria（葡萄）的后一音节[①]。

六　小结

　　以上从五个方面对形声字的职能转换现象进行了叙述。区分开来是便于讨论问题的需要。事实上，在汉字系统内，某个字的重新调用往往是不同因素参互作用的结果。如上文列举的"彊—强"，首先考虑的因素是有效活用"强"字表示有力、坚强义，视强字与其他从弓的字，如：张、弛、引、弹等，构形相类；同时考虑"强"字形体较"彊"字更为简单，有便于书写的因素；此外还动用指派手段，指认强字记写有力、坚强义。

　　从上面的论述可以看出，汉字应用过程中，形声字范围内字符记录职能的变化具有以下五个方面的优点。

（一）依托着一个系统，即既有汉字系统中的形声字子系统

　　理由是形声字的形符示义具有弹性空间，形符与形声字的意义关系不止一途，有的显示类属关系，如"马"与"驹"；有的显示同一关系，如"勹"与"匍"；有的显示连带关系，如"车"与"轴"等等。这便为调整形义关系从而满足记词需要提供了条件。如上文列举的咬字，本指鸟鸣叫，此字以口为形符即体现这一连带意义。但后来调用此字指以口嚼物，且该义成为咬字的常用义，一般用字者觉察不到这是调整的结果，因为嚼咬意义仍在口字的弹性范畴之内。

（二）发挥着一种优势，即形声字的形符提示单词或语素意义

　　形声字记录职能的变化是用一个字形代换另一个字形，或用既有形体记写某词，这一点与传统语言学中的假借字、通假字相似。但是汉字系统调用的形声字除了具有记录功能以外，还能凭借形符起到示义作用，形声字"利用形符的标指，暗示字义的范围，引导人们通过合理的联想"领会语义[②]。这便保证汉语书面语不会走上高本汉曾经担心的因假借"在实践中就会导致极端的混乱，使人难以确定句中的书写符号究竟是什么意思"这样"行之危险的道路"[③]。借洪成玉的话说，"形声字虽然由形符和声符两部分构成，但是从汉字系统和汉字发展规律来看，不能把两者等量齐观，更不能把声符看成是汉字的发展方向。体现汉字发展方向的应该是形符。形符反映了汉字的本质特点"[④]。

（三）潜藏着一种能量，即激活字库中沉睡的字符，使之重新焕发生机

　　在语言发展的不同阶段，由于旧事物消失、事物名称改变、交际需求转移、表达方式

[①] Bactria 是西域出产葡萄的一个地方名称。
[②] 黄德宽：《形声结构的组合关系、特点和性质》，《开启中华文明的管钥——汉字的释读与探索》，北京师范大学出版社 2011 年版，第 111 页。
[③] 高本汉：《汉语的本质和历史》，商务印书馆 2010 年版，第 8 页。
[④] 洪成玉：《汉字和汉语》，《汉语语法散论及其他》，中华书局 2009 年版，第 372 页。

调整等原因，一些词语退出交际中心区域乃至消亡，随之，记录这些词语的部分汉字（形声字）也便退出一般人使用的领域，进入字典（字库）休眠。当汉字系统为了满足职能转换需要而调用某字（形声字）时，此字又被唤醒，进入指定位置，承担记写单词或语素的职能。因为这样的字数量不小，所以从理论上说，这样的字整体蕴含着承担记录职能的巨大能量。只要调用得当，相应字符都会重新发挥作用。

（四）获得一种效果，即汉字总量没有增加

形声字通过职能转换发挥着新造字的作用，但这是用原有字记录新语义，只是对汉字库存的调用，并未给字库增多字的数量，从而跨越了追随语义变化不断创制新字的巨大障碍。

（五）达到一个目的，即强化了汉字表意职能

当一个字符职能退化，表意模糊，在一般人眼中不能清晰显示所记单词或语素意义时，汉字系统便对其加以调整，置换为一个示义相对准确的形声字。此时，汉字的表意性便得到了进一步凸显。这进一步证实了王宁先生的论断："汉字是表意文字，几千年来，它顽强地坚持自己的表意性能，力求在字形上保留足够的意义信息。"[1]

参考文献

[1] 王宁：《说文解字与汉字学》，河南人民出版社1994年版。
[2] 李国英：《小篆形声字研究》，北京师范大学出版社1996年版。
[3] 李运富：《论汉字的记录职能》，载《汉字汉语论稿》，学苑出版社2008年版。
[4] 张书岩、王铁昆、李青梅等：《简化字溯源》，语文出版社1997年版。
[5] 洪成玉：《汉字和汉语》，《汉语语法散论及其他》，中华书局2009年版。
[6] 裘锡圭：《文字学概要》，商务印书馆1998年版。
[7] 董志翘、蔡镜浩：《中古虚词语法例释》，吉林教育出版社1994年版。
[8] 黄德宽：《形声结构的组合关系、特点和性质》，《开启中华文明的管钥——汉字的释读与探索》，北京师范大学出版社2011年版。
[9] 高本汉：《汉语的本质和历史》，商务印书馆2010年版。

---

[1] 王宁：《说文解字与汉字学》，河南人民出版社1994年版，第100页。

汉字字用学理论对东巴文研究的适用性探究*

王耀芳

一 以字用学理论研究东巴文的必要性

（一）汉字职用学理论的科学性

王宁在《〈说文解字〉与汉字学》一书中说道："字用学就是研究在具体的言语作品里汉字字符记录词和词素时职能的分化和转移的。它面对的是因同音借用和同源通用所造成的同词异字与异词同字现象……汉字在使用的过程中，随时发生着记录职能的变化。汉字字用学就是汉字学中探讨汉字使用职能变化规律的分科……《说文解字》是以五经用字为基础的，而五经用字又奠定了中国古代文献用字的基础，所以，文献文字学里的字用问题，一直是以《说文解字》为依据的。"① 从中我们可以看出，在汉语发展过程中汉字符号与汉语之间的关系也是发展变化的。后来，李运富在《汉字语用学论纲》中也讲到了字用学，并且第一次把"汉字语用学"作为汉字学本体研究的一门学科，还从汉字本体的角度归纳指出了汉字学本体研究的三个平面"字样、字构、字用"。书中讲到"汉字语用学是研究汉字使用职能和使用现象的科学，也就是研究如何用汉字记录汉语以及实际上是怎样用汉字记录了汉语的科学"。② 又说字用学"既研究汉字的本形本义，也研究文本用字的实际职能，从而厘清各种字词关系及相应的字际关系和词际关系"。

从以上两位学者对汉字字用学的分析，我们可以看出，汉字字用学是研究汉字在具体的言语作品中使用职能与使用现象的一门学科。

如果说构形学主要研究汉字的结构系统和结构理据，那么字用学则主要研究汉字的记录职能和使用规律。字用学既研究汉字的本形本义，也研究文本用字的实际职能，从而能厘清各种字词关系及相应的字际关系和词际关系。因而"字用学是介于文字学和语言学之间的桥梁，既有理论体系，也有应用价值，是一门跨领域的具有综合性的学科"。③ 这一理论的提出，使得汉语与汉字关系的研究找到了学科归属。造字之初，人们会一个意义

---

* 本文原载《学行堂语言文字论丛》第4辑，四川大学出版社2014年版；作者还根据字用学理论撰有《东巴经〈超度死者·献肉汤〉（下卷）字释选释及文字研究》，西南大学硕士学位论文，2014年。

① 王宁：《〈说文解字〉与汉字学》，河南人民出版社1994年版，第47页。

② 李运富：《汉字语用学论纲》，《励耘学刊》（语言卷）2005年第1辑。

③ 李运富：《汉字学新论》，北京师范大学出版社2012年版，第60页。

造一个字，但是在汉字使用过程中，其记录职能会发生改变，于是出现了异体字、古今字、同音字、同形字等等。同样的，东巴文在使用过程中也存在着变化，一些原本表示具体意义的词的字后来被借用来表示意义抽象的词，出现了假借和借形现象。如东巴文中的 ✿（花，读作［ba²¹］）常用来表示美（读作［zi³³］）和秋天（读作［tʂhv⁵⁵ tʃ³³］）。类似的还有 ✿（小麦，读作［dze³³］）常借作粮食（读作［tʂɿ²¹］）讲。我们把这类现象称为借形。假借"是借用音同或音近的字来记录与该字意义无关的词"。① 如 ◁（肉，读为［ʂɿ³³］）常借音作死，✒（解结，读作［pher²¹］）常借音作白。假借字在较古老的经书中出现较少，随着对字词对应程度要求的提高，假借字也逐渐增多。异体字在东巴文中同样存在，如"顶"字存在两个形体，他们分别是 ✧ 与 ✧，这与书写者的求异心理有关。

汉字记录汉语所形成的对应关系分为三种，分别是一字一词、一字多词和多字一词。而东巴文在记录纳西语时存在字词一一对应、有字无词和有词无字三种情况。

（二）东巴文字用研究的欠缺性

说到东巴文的本体研究，众多学者以往关注比较多的是东巴文的发生研究，如和志武在《纳西古文字概论》中对东巴文发生的时间作了探讨。除此之外，对东巴文文字结构的研究也较多，如方国瑜在《纳西象形文字谱》中提出了东巴文的"十书"，之后周有光和喻遂生等又提出了"六书"等。关于东巴文的比较研究也较多，有王元鹿的《汉古文字与纳西东巴文字比较研究》等。与此同时，诸如东巴文的文化研究与性质研究也得到了许多学者的关注。但是，东巴文的字词关系研究甚至字际关系等的研究尚少，正如王元鹿在《东巴文字研究随想》一文中所说："在主题上使我们感到不足的是：研究东巴文字际关系的文章略少，研究东巴文文字符号与语言单位对应关系的论著，除黄思贤先生的《纳西东巴文献用字研究》之外，则几乎不见。"② 王先生所说的"字际关系"以及"文字符号与语言单位的对应关系"恰好可以说就是上面提到的字用学理论的内容。

也就是说，关于字用这一理论，在东巴文这块并没有得到很好的运用。《纳西东巴文献用字研究》详细地分析了东巴文字对语言单位的记录情况以及东巴文与语言的对应情况，在一定程度上可以说王元鹿在字用方面做了成功的尝试。而关于经书中的字量、字频和字用的统计工作等字用学理论研究的内容则需要我们去进一步研究。从使用的角度来考察东巴文，可以把东巴文分成两类：储备状态的字和使用状态的字。储备状态的字是静态的字，而使用中的字是动态的字。其中使用状态的字是我们研究的重要对象。由于统计的语料不同，得出的结果也会有差异。《纳西东巴经译注全集》为我们进一步研究东巴文的使用情况提供了大量的原始材料。又由于东巴文用字的鲜活性，每部经书用字的特点与规律不尽相同，这就使得东巴经字用的研究极为必要。

---

① 喻遂生：《纳西东巴文研究丛稿》（第2辑），巴蜀书社2003年版，第29页。
② 王元鹿：《东巴文字研究随想》，《中国文字研究》第15辑，2011年。

二 以字用学理论研究东巴文的可行性

（一）两种文字存在共性

东巴文和汉字存在共性，两者都是意音文字，因而我们借用相关的汉字学理论来研究东巴文未尝不可。以往周有光提出的"六书"[①]和喻遂生提出的"六书"就是在汉古文字"六书"理论的基础上提出来的。近年来，汉字的研究趋向于汉字本体的研究以及汉字字用的关注。字用理论的提出又为东巴文的研究提供了些参考。

（二）字用理论内容的具体性与可操作性

李运富在其书中也指出了汉字语用学的主要内容[②]，其研究成果主要包括以下三方面：

（1）考察个体字形可以记录哪些语言单位，或者某个语言单位可以用哪些字形来记录，客观描述各种字词关系以及相应的字际关系和词际关系。

（2）用字现象的全面测查和描写，包括字量、字频、字用的属性（本用、借用、兼用）、同字异词和异字同词的种类和比率等等。

（3）对单字的使用职能和文本的用字现象进行比较分析，总结使用规律，探讨变化原因，进行专题论述。

以上三点内容具体又具有一定的操作性，通过对以上三点的分析，我们可以以某部东巴经书为材料，既可以研究其中的一点，又可以做全面细致之研究。比如，我们可以研究经书中的字际关系、词际关系，也可以对其中的东巴文字做如字频、字用等的全面描写，并且对这些现象进行分析。

三 结语

文字学理论的不断发展为各种民族古文字的研究提供了理论上的指导。近年来，汉字的研究趋向于对汉字本体的研究以及汉字字用的关注，而字用理论的提出又为东巴文的进一步研究提供了些参考。由于汉字字用学理论的全面性与科学性以及东巴文字用理论研究的不足，我们认为，利用字用理论来研究东巴文极为必要。与此同时，东巴文与汉古文字都是意音文字这一共性又使字用学理论的运用成为可能，加之字用学理论内容的具体性与可操作性，从而使这一理论运用于东巴文的研究成为可能。我们期待这一理论能在东巴文的研究方面得到进一步的发展，从而丰富字用学理论。

---

① 周有光：《比较文字学初探》，语文出版社1998年版。
② 李运富：《汉字语用学论纲》，《励耘学刊》（语言卷）2005年第1辑。

参考文献

[1] 王宁:《〈说文解字〉与汉字学》,河南人民出版社1994年版。

[2] 李运富:《汉字语用学论纲》,《励耘学刊》(语言卷)2005年第1辑(总第1辑),学苑出版社2005年版。

[3] 王元鹿:《东巴文字研究随想》,《中国文字研究》总第15辑,上海教育出版社2011年版。

汉字理论研究的重要进展：字用研究
——读《古汉字发展论》*

夏大兆

文字与语言是两个既独立又相互影响的系统，两者关系错综复杂。一般的文字学论著将文字的发展演变仅仅限定在形体、结构的发展演变上，而对语言系统给予文字的巨大影响作用关注较少。这无疑是不全面、不深刻的，也不能更深层次地揭示文字构形发展的本质规律。事实上，文字的构形与文字的运用是密切相关的。例如古汉字数据中普遍存在的"同声通假"现象，实质上是形声结构处于蓬勃发展阶段的产物，仅仅以传统的文字通假理论难以做出全面合理解释。① 因此，在文字学的研究中，必须对文字的运用研究给予足够的重视，才能更好地揭示文字发展演变的规律。

对文字运用现象的研究，在中国源远流长。早在秦汉时期，就出现了一批杰出作品，如《尔雅》、《方言》（扬雄）、《释名》（刘熙）等。其后大儒郑玄更是打破今、古文经门户之见，遍注群经，其注经文字中对文字运用现象的揭示更是俯拾即是，如《仪礼·士冠礼》："旅占卒。"郑注："旅，众也。古文旅作胪也。"《仪礼·聘礼》："贾人西面坐，启椟，取圭垂缫。"郑注："今文缫作璪。"《周礼·地官·叙官》："泉府。"郑注："郑司农云：'故书泉或作钱。'"等等。② 隋唐时期，陆德明撰《经典释文》，则把经籍中各种文字使用现象作了集中汇录。及至有清一代，小学家人才辈出，如戴震、段玉裁、朱骏声、王念孙等，他们在校读经籍、整理古代文献时，对文字的使用现象及其规律的揭示，更是达到了前所未有的高度。清末民初，受西学东渐与甲骨文发现影响，文字学开始成为一门独立的科学。随后唐兰、于省吾等学者在考释古文字时对文字的使用现象也给予一定的重视，其见解散见于各人著作之中。改革开放以来，出土文献大量发现，更是引发了学界研究热潮，裘锡圭③、周波④、陈斯鹏⑤等学者对其中的文字使用现象进行较好的研究。

对文字使用现象的研究可称为"字用"研究。王宁曾倡导设立汉字字用学，指出："汉字在使用过程中，随时发生着记录职能的变化。汉字字用学，就是汉字学中探讨汉字

---

* 本文原载《比较文字学研究》第1辑，人民出版社2015年版。
① 黄德宽：《同声通假：汉字构形与运用的矛盾统一》，载《当代中国文学学家文库·黄德宽卷：开启中华文明的管钥——汉字的释读与探索》，北京师范大学出版社2011年版。
② 杨天宇：《郑玄三礼注研究》，天津人民出版社2007年版。
③ 裘锡圭：《简帛古籍的用字方法是校读传世先秦秦汉古籍的重要根据》，载《中国出土古文献十讲》，复旦大学出版社2004年版。
④ 周波：《战国时代各系文字间的用字差异现象研究》，复旦大学博士学位论文，2008年。
⑤ 陈斯鹏：《楚系简帛中字形与音义关系研究》，中国社会科学出版社2011年版。

使用职能变化规律的分科。"① 李运富认为"研究汉字的职能和使用是汉字学不可或缺的重要平面",因此他提出建立科学系统的"汉字语用学"。②

近年来,黄德宽先生一直积极倡导"字用"研究,③ 最近出版的《古汉字发展论》④可说是系统体现其"字用"研究主张的力作。在该书的"前言"中,黄先生明确提出了考察汉字发展演变的三维视角:构形、形体、使用,他说:"字用就是文字的使用,是文字记录语言功用的体现","无论传世文献还是出土文献,其保留的各种用字现象,都是汉字发展演变和用字习惯变化在不同时代文本中的历史记录,是探讨汉字发展演变的珍贵材料。对文本材料进行字用分析,一要考察汉字发展的某一时期或是某一阶段文字的实际使用情况,如使用文字的总数,不同字的使用频率及其分布等;二要分析这些字在使用过程中所反映的字际关系的调整变化,如异体、假借、同形、形近混用、同源通用等;三要观察文字符号随着词义的引申分化在使用层面的表现,如字词关系的调整、字的派生分化现象等;最后,还要重视观察文字书写过程中出现的各种现象,这也是文本字用分析的一个有意义的视角"⑤。其"字用"理论可简要概括为对用字情况、字际关系、字词关系、书写背景等的考察分析。

用字情况的调查分析是字用研究的核心问题之一。用字研究的目的在于以具体的量化结果来揭示使用层面上文字的真实面貌,是研究汉字的用量及整体应用状态的唯一途径,也是探寻汉字发展的演进规律及其趋势的重要手段。字数、字量、字频是从量上体现汉字的整体应用状态的三个重要因素,也是用字调查研究的主要切入点。就断代的汉字用字调查而言,字数指某历史时期、某地域使用的所有汉字之和。字量指某历史时期、某地域实际使用的单位汉字的总数。字频指某历史时期、某地域单位汉字的使用率。字数、字量、字频三个要素以具体的数据反映着某一历史时期、某一地域的汉字使用情况。

对于汉字和汉语而言,字和词不能完全对应,要想理清两者之间的关系,就得对汉字字形(字)和它们所代表的汉语中的语言成分(词)之间的关系作细致周密的考辨分析。汉语字词关系是一个动态的系统,在不同的时代和空间里,其表现就会不同。对于那些有出土文字数据与传世文献并存的时代,应该重点考察出土文字数据,因为它们未经后人转写传抄,反映了当时的用字实际。汉语字词关系的研究一直以来都十分薄弱,学者们不仅对汉语字词关系的研究关注较少,而且在运用材料上多倚重于传世文献和字书,对出土文献的重要性缺乏足够的认识。

"字际关系指的是形、音、义某一方面相关联的一组字之间的关系。异体字、繁简字、古今字、同源字、通假字、同形字等,都是从字际关系角度提出的概念。"⑥ "字际关

---

① 王宁:《〈说文解字〉与汉字学》,河南人民出版社1994年版。
② 李运富:《汉字语用学论纲》,《汉字汉语论稿》,学苑出版社2008年版。
③ 黄德宽先生先后指导了两本博士论文:张通海《楚系简帛文字字用研究》(安徽大学文学院博士学位论文,2009年)、夏大兆《甲骨文字用研究》(安徽大学文学院博士学位论文,2014年)。
④ 黄德宽等:《古汉字发展论》,中华书局2014年版。
⑤ 同上书,第86、87页。
⑥ 黄德宽:《关于古代汉字字际关系的确定》,载《当代中国文学学家文库·黄德宽卷:开启中华文明的管钥——汉字的释读与探索》,北京师范大学出版社2011年版。

系"本质上是字词关系及其变化在用字层面的表现。

特定的书写条件造就了特定的文字形态。甲骨文主要是契刻而成，所以刚劲纤细；简帛文字是用毛笔写成，所以丰满流畅。不同的书写载体会形成不同的文字布局行款。故从书写的角度来探讨字用现象无疑是一个重要的观测点。

"字用"概念的提出，使我们对汉字发展的研究又多了一个重要的观测点，有助于我们更深入地考察汉字发展演变现象，科学地揭示汉字发展演变规律，其理论价值不言而喻。

除了对"字用研究"作上述理论阐释外，《古汉字发展论》一书还就"字用研究"作了一个很好的示范。全书按照商代文字、西周文字、春秋文字、战国文字、秦系文字五部分分别探讨了各部分文字的形体、结构、字用等特点，其中每一部分文字都辟有专节讨论其字用现象。

在《殷商文字字用考察》一节中，分别探讨了3个方面的内容。①殷商文字字量、常用字、罕用字。殷商文字总字量数为3904个，其中已识字1243个，可以隶定并部分了解其字义的1161个。甲骨文常用字中假借字差不多有90%，甲骨文的形声字虽然数量不多，但所体现出的构形与字音的结合及"形声化"趋势是非常明显的。②记录语言时体现的用字现象：一形多词、一词多形、一字分化。如卜与{外}、自与{鼻}、鼎与{贞}、矢与{寅}等属于一形多词，{疾}、{登}、{五}等一词用多字形，月与夕、士与王、女与母、立与位、禾与年等属于一字分化。甲骨文字的符号功能已发展到能逐词记录殷商语言，并能表现语言的语法规则和特点，是一种功能完善的文字符号系统。③殷商文字的书写：行款、合文、重文、误书。

在《西周文字的字用》一节中，分别探讨了3个方面的内容。①西周文字的字量。单字总量大约3500个，其中已识字1483个、可隶定字478个。西周传承自商代的文字共有840个，西周已识字中新增字为643个。②西周时期文字使用的情况。常用字多，罕用字少。只有少数字有"本用"，大多都是既有"本用"，又有"借用"，还有些字只见"借用"。西周文字亦存在着"一字多词"和"一词多形"现象。③西周文字的书写问题：合文、重文、误书、行款。

在《春秋文字的字用》一节中，分别探讨了3个方面的内容。①春秋时期用字量的基本情况。所见单字有1672个，其中自殷商、西周传承而来的有1047个，春秋时期新见字625个。②春秋文字字词关系。一字记一词与一词只用一字记录的情况占多数，60%多的字词对应为本用对应，借用对应大约在30%上下。大约70%的词已经有了定型对应的字形，但字词对应关系依然处于动态调整与变化过程中。③春秋文字中的书写现象：合文、重文、误书、美饰。追求美饰是春秋文字书写中较为突出的现象。

在《战国文字的字用》一节中，分别探讨了3个方面的内容。①战国文字的字量。共有单字总量6619个，其中已识字4018个。沿用了大量的前代文字，也出现了大量的新增字。新增字中专用字较多，形声字占绝对优势。②战国文字中的字词关系。一字多形现象广泛存在，既与战国文字各区系用字差异有一定关系，又与字形书写的稳固性较弱相关。一字记多词，一词用多字在战国文字中呈现出非常复杂的现象。战国文字专用字的产生多源于文字的分化，分化派生使文字的记词功能趋向细化。③战国文字的书写有类同、趋简、讹错、美饰等现象。类同、趋简、讹错都是因为书写习惯而使字形产生的临时性改变。增添羡余符号是战国时期"以繁为美"的审美心理的具体体现。涂黑别义的现象是通过书写产生的一种因利乘便的别形方法。

在《秦系文字的字用》一节中，分别探讨了 5 个方面的内容。①秦系文字的字量。据现有出土材料统计，春秋时期秦系文字共有单字 492 个，从战国到秦代，秦系文字用字总量共有 3292 个。②秦系文字用字现象。秦文字总体上用字比战国文字规范，汉字系统内部关系逐步趋于定型，但也存在着一字多形、一字多用、一词多字等现象。③秦系文字的书写有重文、合文等现象，总体上延续商周传统。④秦系文字对西周文字的传承与发展。春秋时期是秦系文字对西周文字的继承与发展时期，春秋早中期秦文字与西周金文相同者仍占主导，但与西周金文不同者比例在上升。春秋晚期至战国早期开始出现一定数量反映自身风格的新字，这种情况在石鼓文中表现得尤其明显。与春秋其他区系文字比较，秦文字虽然不断演变发展，但其发展速度与演进程度远远低于其他区系文字，对西周金文进行了最大程度的保留，充分体现了秦系文字发展的稳定性和保守性。⑤战国秦系文字的发展。战国中晚期秦文字进入自我修正与创新时期。秦篆字体是春秋秦文字发展的延续，战国晚期篆书系统内部的发展和统治者制定的政策，最终使小篆成为古文字长期发展后的终结形态。

在以上每一部分的探讨过程中，书中都列举了大量翔实的古文字材料，并进行了细致精确的统计分析，论证充分，所得结论十分可信。

以上主要是从字用研究方面阐述了《古汉字发展论》一书的重要理论价值。此外，该书对古汉字形体发展的趋势、古汉字的动态构形方式以及汉字发展史的分期等问题都进行了深入的论证分析，见解深刻，颇具参考价值。可以预见，该书的出版，"字用"理论的提出与实践，必将极大地推动汉字研究的发展。

异体字・古今字[*]

李晓红

一　异体字

王力先生曾在其主编的《古代汉语》中谈及异体字的定义问题，他认为异体字是"音义完全相同，在任何情况下都可以互相代替的字"。他又说："有些字，它们之间的关系交错复杂，有相通之处，也有不通之处，也不能把它们看作异体字。"王力先生认为的"音义完全相同"，是绝对的相同，必须是丝丝入扣的"在任何情况下都可以互相代替的字"。可见，他对异体字定义的规定，是从"严"了。

另外，主张从"严"的还有张玉惠，他在《谈异体字与通用字的区别——兼论〈辞海〉中的异体字》一文中这样叙述："全同为异体字，不是完全而是部分用法相同的字互相通用，应称为通用字。"

吕叔湘先生在《语文常谈》中明确指出："两个或几个字形必须音义完全相同，才能算作是一个字的异体。"看似从"严"，实则从"宽"了，因为他所给的定义中"字形"二字蕴含了许多深义。"字形"究竟指的是笔画的轻重、粗细、长短、曲直、连接方式，还是指的小篆、金文、甲骨文、隶书、小篆、草书、楷书等不同字体呢？这中间有许多的尺度，所以这一定义可视为从"宽"。

类似吕叔湘先生的还有王元鹿先生，他在《异体字的辨识和查检》一文中认为："异体字，就是读音、意义完全相同而形体不同的两个或几个字。"其中"形体不同"类似于"字形"不同，其含义也颇为深远。

而裘锡圭先生却在其编的《文字学概要》中变通地叙述了异体字的定义。他说："异体字就是彼此音义相同而外形不同的字。严格来说，只有用法完全相同的字，也就是一字的异体，才能称为异体字。但是一般所说的异体字往往包括只有部分用法相同的字，严格意义的异体字可称为狭义异体字，部分用法相同的字可称为部分异体字，二者合在一起就是广义异体字。"他对异体字定义的规定，既从"严"，又从"宽"，不失为一种聪明之举。

另外，还有一些学者从字的构形、字的功用方面来叙说异体字的定义。如周秉钧说："异体字指的是一个字有几种不同的结构，所表示的意义完全相同。"王宁说："异构字也

---

[*] 本文原载《现代语文》2006年第10期。收入本集只是因为该文应用了"汉字三平面"理论，不代表本集编者完全同意该文的观点。收录时改正了原文个别文字表述错误，内容未做任何修改。

就是通常所说的异体字，这里称作异构字，异构字在记录汉语的职能上是相同的，也就是说，音义绝对相同，它们在记录言语作品时，不论在什么语境下，都可以互相置换。但异构字的属性起码有一项是不同的，所以称为异构字。"

综上所述，不管是从严的学者，还是从宽的学者，或是既从宽又从严的学者，抑或是从字的构形、字的功用方面来给异体字下定义的学者们，他们的目的只有一个：辨别异体字。但是他们的观点都有或多或少的缺陷。

笔者在认真翻阅了北京师范大学文学院李运富教授的《关于"异体字"的几个问题》一文后，颇有感悟。尤其是对"异体字"这一问题，感触很深。李运富教授在其文章中把汉字学的本体研究分为三个范畴，即以字样、字体为主要内容的汉字样态学（字样学）、以结构理据为主要内容的汉字构形学（字构学）、以字符职能为主要内容的汉字语用学（字用学）。因此，他的观点主要包括以下几个方面①着眼于字样范畴，所谓"异体字"可以指本来记录同一个词的所有外形不同的字样，包括笔画、笔形、笔势、构件、交接、书写风格、字体等各方面的差异，都可以是异体字。②着眼于字构范畴，所谓"异体字"就是指本来记录同一个词而结构属性不同的一组字，包括构件的不同、构件数量不同、构件功能不同、构件布局不同等结构的差异。③着眼于字用范畴，所谓"异体字"则是指本有用法相同而形体不同的一组字。"用法相同"情形可以多样，有用法全同或基本相同的，有一字用法包含另一用法的，有用法异同交叉的，针对相同的用法而言，这些字都可以算作异体字。他同时又指出，由于人们往往给字样、字构范畴的异体字加以限定，即必须是记录同一词的异体字样或字构，而对字用范畴没有加以限定，即它不仅包括记录同一个词的异体字样、字构，而且也包括不是记录同一个词但某些用法相同的字，所以字用范畴的异体字最广。

可见，字样、字构范畴侧重的是记录同一个词的异体字形体方面的判定。例如，王力编的《古代汉语》第一册第一篇《左传·郑伯克段于鄢》中："遂寘姜氏于城颍。"在"寘"下注"同置"。"寘"与"置"是异体字。这属于记录同一词在字用上绝对相同的异体字，其实质为"全同异体字"（音义全同而形体不同的字）。而字用范畴则侧重的是记录同一个词的异体字和记录的不是同一个词的异体字的义方面的判定。例如，《战国策·魏策》中的《信陵君窃符救赵》中："侯生下，见其客朱亥，俾倪，故久立与公子语。"《高中语文》注："'俾倪'，同'睥睨'，斜着眼睛看。"《词典》中"俾倪"有两个义项：①城上齿状的矮墙；②眼睛斜着看。"睥睨"有两个义项：①斜视，窥视；②城上矮墙。这属于记录同一个词在字用上有某些相同的异体字。其实质为"非全同异体字"（一部分音义相同；另一部分意义不同，形体也不同，并且其中任何一字的意义都不能包孕另一个字或另一些字的全部意义的字）。

再如《左传·僖公三十年》："若舍郑以为东道主，行李之往来，共其乏困，君亦无所害。"《高中语文》注："'共'，同'供'，供给。"《词典》中"共"有三个义项：①供给、供应。后作"供"；②通"恭"；③古地名。"供"有两个义项：①供给、供应；②通"恭"。"共"的义项包括了"供"的义项，词义有包孕。这也属于记录同一个词在字用上有包孕关系的异体字。其实质为"包孕异体字"（一个字或一些字的全部意义基本上与另一个字的部分意义完全相同，读音也同，而形体不同）。

因此，我们是不是可以这样考虑：判定两个或两个以上的字是否异体关系，我们只需要限制是记录同一词的字就行了，即可根据"字样、字构异，字用同，外加上字的音同"，便可辨认它们是异体字了。这样一来，新的问题又出现了，"字的音同"的判定标准又是什么呢？其实，异体字是不断发展的，其读音也是在不断变化着的。有可能在某个时代，它们的读音是相同的，在另外一个时代，它们的读音又是不同的。因此，对于"字的音同"只能从"宽"处理。许多工具书如《第一批异体字整理表》《异体字手册》等，它们就是对异体字读音从"宽"处理的最好例证。

那么对于"同词"字来说，只要一个字的本义上的读音和另一些字的本义上的读音属于同一词（语素）的读音系统，就应该算作"音同"了。如此一来，我们对异体字的辨认不是容易多了吗？

二 古今字

东汉经学家郑玄首先提出了"古今字"这一术语，《礼记·曲礼下》"予一人"郑玄注："余、予，古今字。"自郑玄首创"古今字"这一术语后，这一术语就一直为后代文字学家所沿用，以此说明古今异字的现象。

清代学者王筠曾从造字的角度，对古今字作出了全新的解释。王筠说："字有不须偏旁而义已足者，则其偏旁为后人递加也。其加偏旁而义遂异者，是为分别文。其种有二，一则正义为借义所夺，因加偏旁而义以别之者也；一则本字义多，既加偏旁，则只分其一义也……其加偏旁而义仍不异者，是谓累增字。其种有三，一则古义深曲，加偏旁以表之者；一则既加偏旁，即置古文不用者也；一则既加偏旁而后世仍不用，所行用者仅是古文也。"可以看出，王筠认为古今字是分别文和累增字。只不过，分别文是按文字孳乳中的形体联系来区分古今字，而累增字是把一些形体上没有联系的但读音、用法却相同的字划分到古今字的范畴里。

而另一个清代学者段玉裁却认为古今字是"古今人用字的不同"造成的，因此把古今同音同义而异字的现象，统统看作古今字，这就把现代所说的通假字和异体字全包括进去了。其实通假字不应包括在古今字内，因为通假字是"本有其字"的假借，即两字并行于一个时代。而异体字是否应包括在古今字范围之内就应该具体问题具体分析了，这在后文中有详细的叙述。

另外还有现行高中语文教材对"古今字"的表述，其表述为："所谓古今字，是指古时只有某一个字，后来把这个古字所表示的几个概念用不同的字形来区别，造成另一个或几个字（多数以原来的古字为声旁），让原来的古字专表示另一个或几个概念，古今字的'古'和'今'是相对而言的，有'先''后'之义。"虽然其表述冗长，但其表述实质却可以用一句话概括，即古今字就是分化字。

可见，学者对古今字的定义界定真是仁者见仁，智者见智。但笔者认为他们所做的界定都存在自身的不足之处。

我们在前文中已经详细地叙述了李运富先生对异体字界定所用的方法，笔者认为可以借鉴。他从字样、字构、字用三个范畴，对异体字进行分析辨认。即：①"同词"，字样、字构异，字用全同，即为异体字（其实质为"全同异体字"）。②"同词"，字样、字构异，如果是字用交叉相同的，也为异体字（但实质为"非全同异体字"）；③如果是一个字的义项包含另一些字的义项，也是异体字（但实质为"包孕异体字"）。

由此我们可以这样认为，前面所述的王筠的分别文和累增字（二者统称古今字），还有高中语文教材第二册所述的分化字（古今字），其实它们都是异体字的一部分，即古今字是异体字的一部分。我们不妨来分析一下原因：

"字有不须偏旁而义已足者，则其偏旁为后人递加也。其加偏旁而义遂异者，是为分别文。其种有二：一则正义为借义所夺，因加偏旁而义以别之者也；一则本字义多，既加偏旁，则只分其一义也。"此分别文中的第一种情况"一则正义为借义所夺，因加偏旁而义以别之者也"应排除在异体字之外。因为这种情况的分别文不符合异体字定义中的"字用同"这一条件。而第二种情况"一则本字义多，既加偏旁，则只分其一义也"的分别文才能算作是异体字。因为第二种情况的分别文符合"字样、字构异，字用同（包孕相同）"，这实质上就是前文所说的"包孕异体字"。"其加偏旁而义仍不异者，是谓累增字。其种三：一则古义深曲，加偏旁以表之者；一则既加偏旁，即置古文不用者也；一则既加偏旁而后世仍不用，所行用者仅是古文也。"按照上述对异体字的判定方法，我们可以得出这样一个结论：累增字其实就是"全同异体字"。同理，分化字就应该判定为"全同异体字"。但是所有的这些分析都必须建立在具体的语境（词）之上。

如此一来，我们只需要分清楚这些异体字的时代是处于不同时代，就可以说这些异体字是古今字。这样，我们就可以认同李戎先生对"古今字"的界定。他说："古今字就是通行于不同时代的全同异体字或包孕异体字。"当然区分这些异体字的使用时代，也是相对而言的。例如"线（線）"，段玉裁在注中说："许时（许慎生活的年代）古'線'今'线'；晋时则古'线'今'線'，盖文字古今转移无定时如此。"

另外，对于"非全同异体字"则要具体问题具体分析了。例如：樸、朴，在"质朴"的意义上相同，其他意义不同，且不能彼此包孕。这种情况，只能把樸、朴放在二字含有质朴之义的语境里，我们才可以说它们是古今字，一旦离开语境（句子或文章）就不能断然判定它们为古今字。

三　小结

通过前文所述，我们已经十分明确什么是异体字，什么是古今字了。而它们二者之间的关系，我们可以从李戎先生给古今字下的定义中得出，异体字包含古今字，而古今字隶属于异体字；但不是所有的异体字都是古今字，只有通行于不同时代的全同异体字或包孕异体字才是古今字。

参考文献

[1] 王力：《古代汉语》（第一册），中华书局1982年版。
[2] 裘锡圭：《文字学概要》，商务印书馆1990年版。

[3] 周秉钧:《古汉语纲要》,湖南人民出版社 1981 年版。
[4] 王宁:《汉字构形字讲座》,上海教育出版社 2002 年版。
[5] 李运富:《关于"异体字"的几个问题》,《语言文字应用》2006 年第 1 期。
[6] 王筠:《说文释例》,武汉市古籍书店 1983 年版。

从字词关系角度看异形词整理

温 敏

异形词是现代汉语书面语中并存并用的同音、同义而书写形式不同的词语。异形词整理是语言文字规范化领域的重要组成部分,受到汉字学和词汇学研究的共同关注。立足汉字学,异形词整理是解决字的记录职能问题,即什么字记录什么词;立足词汇学,异形词涉及同一个词用什么字形来记录。本文从字词关系角度,以《第一批异形词整理表》(下文简称《一表》)和《现代汉语词典》第五版(下文简称《现汉》)为考察对象,对异形词词形的取舍、推荐词形情况进行量化分析,初步探讨其中蕴含的规律原则,并对汉字规范使用提出参考意见。

一 《一表》异形词现象描述

《第一批异形词整理表》共选取了普通话书面语中经常使用、公众的取舍倾向比较明显的 338 组,本文选取了这 338 组和附录中的部分常用词,共 352 组来考察,并且将推荐词形和非推荐词形的用字按类别对应起来分为以下几种情况:

1. 本字—借字:倾向于用本字记录本词,属于字的本用。
2. 源本字—分化字:分化字的功能,用源本字或分化字,以实现记词明确。
3. 借字—本字:用借字或通假字记录词义,属于字的借用。
4. 无所谓本借关系(词形都合理据或都非本字的、连绵词、记音词等按通用性原则处理)。

文中本字指"立足于某词,根据该词的音义而造专用来记录该词的字形";当然"立足于某字,与该字的构形理据密切相关的语词就是该字本来应该记录的本词"。[①] 当然本字记录本词属于本用。分化字是原来一字记录多词,为了实现记词明晰,分化出不同的字形承担不同的词义,后出的字形就是分化字。而借字是和本字相对而言的,字形和词义无关,在造字过程和使用过程中都不可避免。本用和借用是就字的记录功能而言。

(一) 本字和借字关系

推荐词形是本字,非推荐词形是借字,倾向于用本字记录本词,共有 130 例。例如"络腮胡—落腮胡子",《说文》:"络,絮也。"本义是"粗丝绵",引申出"缠绕""连

---

* 本文原载《语文知识》2010 年第 1 期,收入本集时略有改动。
① 李运富:《论汉字的记录职能》,《徐州师范大学学报》2003 年第 1—2 期。

接""笼罩""覆盖"等义。所以"络"记录"络腮胡"是本字,"落"是借字。

如"侈靡—侈糜""奢靡—奢糜",《说文》:"靡,披靡也。""靡"记录"侈靡、靡费、奢靡"是本字本用。而"糜"是借字。"缭乱—撩乱",《说文》:"缭,缠也。"其记录"缠绕、缭边儿"等是本用。《说文》:"撩,理也。"其记录的本词是"撩拨、撩起来"。"缭乱"是形容丝绪繁多、缠绕纠结的样子,前者是本用。

如"热衷—热中""折中—折衷",《说文》:"衷,里亵衣也。"段注:"亵衣有在外者,衷则内者也。引申为折衷,假借为中字。"段注中引申假借区分不严,"折衷"指出"中"为本字。"衷",从本义可引申为"内心热切的心情",记录"热衷、衷心"是本用。"中",象形字,唐兰先生依据甲骨文的形体,认为"中本旌旗之类也。古时用以集众"①。"中"的基本义是"中心、中央",引申出"中正、中和、折中"等意义。根据"中""衷"分工的趋势,为了记词的显豁,"热衷""折中"分别为推荐词形。

又如"贤惠—贤慧""秀外慧中—秀外惠中",《说文》:"惠,仁也。从心从叀。"本义是仁爱。《说文》:"慧,儇也。"本义是聪慧、机敏。段注:"经传或假惠为慧。"按照本用的原则,"贤惠、聪慧"是推荐词形。

若字形和词义都能建立联系,从字形与所记词义疏密程度的角度,更倾向于用本义记录本词,如"香醇—香纯",《说文》:"醇,不浇酒也。"段注:"凡酒沃之以水则薄,不杂以水则曰醇。"本义是"没有掺水的酒"。引申为"醇厚""香醇"。《说文》:"纯,丝也。"后来泛指颜色单一的丝织品,由具体到抽象,引申为"纯净""单纯""专一"等义,形容"气味、滋味浓烈、纯正"。

又如"押韵—压韵",押,本义是"画押"。其记录的意义"画押""押送""拘押"等义的中心义是"约束、使有遵循"。"押韵",是韵脚要用同韵的字,也是一种约束。"压"的引申义中有"压住、使稳定"等义,使韵脚稳定,不跑辙,也合理据。但"押韵"更可取。

再如"发人深省—发人深醒",《说文》:"省,视也。"段注:"省者察也。察者覈也。""省"记录的"省悟""日三省吾身"是本用本义。而"醒",《说文新附》:"醒,醉解也。"引申为"梦醒""由迷而悟"。

(二)源本字和分化字关系

这类共有 104 例。词的派生引起字的孳乳,而是否需要另造字符来记录,要看新生词义的使用频率,是否形成新的引申系列,是否以相对大的容量区别于原来的词义。如果分化适度,就使用分化字记录新词,以实现记词明确。如果分化过度,最终要归并,仍用源本字记录。

1. 分化适度,孳乳新字

"脚跟—脚根",《说文》:"根,木株也。"引申为事物的基部。"跟"为"根"的分化字,本义指脚跟。《说文》:"跟,足踵也。"引申为"紧跟",虚化为介词。

"丰富多彩—丰富多采""精彩—精采",《说文》:"采,捋取也。"段注:"文采之义

---

① 唐兰:《殷墟文字记》,中华书局 1981 年版。

本此。五采作彩，皆非古也。""彩"为分化字。《说文新附》："彩，文章也。""丰富多彩""多姿多彩"中"彩"为推荐词形，而在《现代汉语词典》中"多采""精采"已被规范掉。

"账本—帐本"，《说文》："帐，帱也。"凡是张挂起来作为遮蔽的用具都叫"帐"，"幕帐""帐篷""帷帐"都是其记录的本词。古人把帐目记于布帛上悬挂起来，以利保存和查看，故日用的帐目也叫"帐"，后来分化出"账"字，专记"账目""账单"等义。① 现在，二字有了分工："帐"专表用布、纱、绸子制成的遮蔽物，如"蚊帐、帐篷"等义。"账"专指"账号、账目、账单"等。《现汉》5 版"帐本"已被规范掉。

"申雪—伸雪"，《说文》："申，神也。"考察字形，"申"是"雷电"的象形。后引申"伸展"义，另造"伸"字。现代汉语对二字进行分工，"申"多用于"申明""申诉""申辩"等，而"伸"多用于"伸展、伸缩、延伸"等。

2. 分化过度，职能归并

"锋芒—锋鋩"，《说文》："鑯，兵端也。"段注："凡金器之尖曰鑯。俗作锋。古亦作夆。"《说文》："锐，芒也。"段注："芒者，草端也，今俗用锋鋩，古用夆芒。"因"芒"记录"麦芒、锋芒"，"鋩"过度分化，其职能归并到"芒"。

"水果—水菓"，《说文》："果，木实也。""菓"是"果"的分化字，记录"水菓""红菓儿"。后"菓"的职能并入"果"。"溃脓—殨脓"，《说文》："溃，屋穿水下漏也。"其记录"崩溃""溃烂"等义，"殨"作为过度分化字，其职能并入"溃"。

"发酵—醱酵"，《说文》："發，射发也。"其记录"产生""发射""扩大""放散"等义，"醱"是后起分化字，属于过度分化，未通行，其职能并入"发"。

（三）借字和本字关系

借字词形通行，共有 27 例。

"秉承—禀承"，《说文》："秉，禾束也。从又（手）持禾。""秉公""秉持"是其记录的本词。《说文》："禀，赐谷也。"段注："凡赐谷曰禀，受赐亦曰禀。引申之，凡上所赋，下所受皆曰禀。""禀受""禀性""禀赋"都是其记录的本词。

"繁衍—蕃衍"，《说文》："蕃，草茂也。"段注："《左氏传》曰：'其必蕃昌。'"《左传》："男女同姓，其生不蕃。"杜预注："蕃，息也。"疏："其生子不能蕃息昌盛也。"《说文》，"衍，水朝宗于海貌也。引申为凡有余之义。""蕃衍"本字作"蕃"，但前者通行。

"恭维—恭惟"，"恭惟"的本字为"惟"，但是根据使用频率，前者为推荐词形。"战栗—颤栗"，《说文》："颤，头不定也"。段注："引申为凡不定之称。"所以因为恐惧或寒冷而身体发抖的本字词形是"颤栗"，而"战栗"是借字词形。考虑到"颤"读音一致，前者为推荐词形。

"端午—端五"，"端午"是我国的传统节日，农历五月初五，即"五月之第一五"。相传诗人屈原在这天投江自杀，后人为了纪念他，把这天当作节日，有吃粽子、赛龙舟等

---

① 异形词研究课题组：《第一批异形词整理表说明》，语文出版社 2002 年版。

风俗。宋《皇朝岁时杂记》:"京师市廛以五月一日为端一,初二为端二,数以至五为端五。"① 从理据看,"端五"为本字词形,但为求典雅,前者通行。

(四) 记音词、词形都合理据的词,主要依据通用性原则

这些词主要着眼于记音,字形与所记之词没有必然联系,所以书写时,用字灵活,无所谓本字。不过考虑到汉字表意的传统,往往根据所记之词的特点分别造出不同形旁的形声字,推荐词形选取带有相应形旁的词形,而且形旁一般遵循系统性原则,如"叮咛—丁宁、吩咐—分付、孤苦伶仃—孤苦零丁、狡猾—狡滑、蹒跚—盘跚、踌躇、潇洒、惺忪、辗转、恍惚、腼腆",等等。

有些词词形都合理据,只是从不同角度选取词形,构词理据不同,这也要根据词频和通用性原则来选择词形。二者共计91例。如"门槛—门坎",《说文》:"槛,槛栊也。"引申为栅栏,又指门下的横木。《说文》:"坎,陷也。"引申为自然形成或人工筑成的台阶形的东西。如"土坎儿""田坎儿"。二者均合理据,根据词频,前者为推荐词形。

又如"喘吁吁—喘嘘嘘","吁"和"嘘"都是动词,都有"吐气"之义,与"吸"相对,都合理据,但前者简单易写,通用性强,为推荐词形。"模拟—摹拟",《说文》:"模,法也。"段注:"以木曰模。以金曰镕。以土曰型,以竹曰范。皆法也。"引申为"法式、模式"。《说文》:"摹,规也。"段注:"规者,有法度也。以法度度之亦曰规。"现代汉语对"模"和"摹"有了分工,"摹"专用于"照着样子写或画",如"临摹"。

又如"连贯—联贯",《说文》:"连,负车也。"段注:"连即古文辇也。负车者,人挽车而行,车在后如负也。……人与车相属不绝,故引申为连属字。《耳部》曰:联,连也。《大宰》注曰:古书连作联。"② 现代汉语中二者有了明显分工:"连"侧重于线形的连接相续;"联"则侧重于两两联合或向心性的联合。如"连贯""勾连""连绵";"联结""联袂""联翩""关联"等。

再如"愤愤—忿忿",《说文》:"愤,懑也。""忿,悁也。"段注:"愤与忿义不同,愤以气盈为义,忿以悁急为义。"二者有相通之处,根据使用频率选择词形。

二 《一表》和《现汉》的比较

《一表》(包含附录)和《现汉》的异形词比较可以分为以下几种情况。

(一) 推荐词形完全相反

这样的词例有1例:《一表》附录中"茧子"和"趼子",前者为推荐词形。《现汉》更改为"趼子"为推荐词形。"趼"为"老趼"的本字。本义为"手脚掌因摩擦而生的厚皮"。而"茧"本义为"昆虫幼虫在化蛹前吐丝作成的壳"。由于"茧"一层一层的外皮和手脚掌上的厚皮在人们的观念中有了相似的联想,因此"茧子"曾经被列为推荐词形。通

---

① 异形词研究课题组:《第一批异形词整理表说明》,语文出版社2002年版。
② 同上。

过这样的更改,传达了一种规范化的信息:词义倾向于用本字记录,维持形义统一的关联。

(二)遵循渐进性原则,成熟一批,规范一批

1. 《一表》中非推荐词形被《现汉》规范掉的共63组,占《一表》比例的18.6%。对长期以来可以这样写也可以那样写的词形做出了明确规定,如(后者为规范掉的词形)"图像—图象""录像—录象、录相""复信—覆信""覆辙—复辙""光彩—光采""喝彩—喝采""神采—神彩"等。这样,通过系统性地规定,就对"象"和"像"、"复"和"覆"、"采"和"彩"的记录功能做出了明确分工。

2. 总体一致下的微调

(1)尊重语言实际,实行部分规范,删减一个词形,共5组。如《现汉》里"保姆""搭档""磐石",规范掉了"褓姆""搭挡""蟠石",保留了"保母""搭当""盘石"词形。

(2)增添一个或两个次异形词词形,共2组。即"扁豆—藊豆""喋血—蹀血"分别增添了"萹豆""稨豆""啑血"词形。

(3)顺序调整,共2组。《现汉》对"补丁—(补靪、补钉)""烂漫—(烂缦、烂熳)"中的次异形词顺序做了调整,即"钉""熳"在前,仍然注重形旁关联度。

3. 完全一致

除去上述72组,推荐词形二者一致。

三 现象分析

在我们所考察的异形词中,本字和借字是相对而言的。分化关系中的分化字,从字词对应关系看,也应属于本字本词关系,与本用重合。而都合理据、都非本字和记音词,无所谓本、借的关系,只是从不同角度记录词义,按通用性和统筹兼顾的原则选取词形。统计数字表明,推荐词形中,字用属性属于本用的130组,有分化关系的104组,从字词对应关系看,本字词形共234组,占66.4%。借用词形共27个,占7.7%。都合理据、都非本字或记音词,根据词频和通用性选择词形的,共91例,占25.9%。可见,异形词整理中,倾向于用本字词形。

(一)本字词形优先,相对于字用属性即本用占优势

从字词对应关系看,本字词形共234个,占66.4%。从汉字汉语关系看,无论是由义到形,人们选择字形来记录意义,还是由形到义,人们的阅读理解,本字词形形义统一,人们使用起来最方便,当然是最受欢迎的词形。

(二)词形选择中在统筹兼顾的总原则下,有主次之分

在统筹兼顾的原则下,词形选择中,首先是记词明确,其次是读音统一,再次包括从简从俗原则,并注重了汉字表意的形象性。

1. 与汉字表意性质相关,选择词形注意形象性。如:

"丫枝"与"桠枝"相比,字形更简单而且象"树丫"形。"负隅顽抗"中的"隅"

的"墙角"义更易引起人们对词义的联想。"盈余"与"赢余"相比,"盈"的"充满、充盈"义更形象。"信口开河"与"信口开合"相比,"河"的"口若悬河""滔滔不绝"表义更夸张、更形象。"模拟"与"摹拟"中,"模"的"模型"义更具体,这种特点甚至有时可以突破本字和借字的局限,如"秉承"的本字词形是"禀承",但"秉"的"手持""秉持"表示"接受"义更形象。

2. 在字的记录职能分工上,考虑词频,注重实现记词明晰、专一。如:"秉承"和"禀承","禀"既可以表示由下而上的"禀报",由于汉语施受同辞的特点,也可以表示"给予"或"接受",职能分工广泛,为了实现记词明确,表示"接受"义《一表》和《现汉》都选取"秉承"为推荐词形。"内讧"与"内哄"相比,"讧"表示"因争吵而陷入混乱",记词明确,理据性强,而"哄"读音复杂,意义较多,选取"内讧"为推荐词形。"那么""要么""这么"与"那末""要末""这末"相比,"么"记录词尾后缀,意义虚化,而"末"有"末尾"等意义,用"么"记词明确,所以前者为推荐词形。

3. 选择词形注意词性分工的一致性。如:"弘"和"宏"的分工:"弘扬"中的"弘"是动词性的;而"宏图""宏愿""宏旨"中的"宏"是形容词性的。

4. 选择词形注意记音一致的原则:"战栗—颤栗"前者为推荐词形,是为了避免"颤"chàn、zhàn 两读。"叫花子—叫化子""蛤蟆—虾蟆"倾向于选择前者,也是如此。

(三) 借字词形所占比例小,词频却占优势

借字词形占 7.7%,虽然比例较小,但从词频看却是绝对优势,究其原因有:

1. 词义本身的语义空间大。随着时代的发展,语义发生变化,使通假词形和词义之间建立新的联想。这时,通假词形表义与人的观念意识更接近,其表义更明确、更直接,本字词形反而隐晦起来。所以,从字词对应的角度,有时人们更倾向于用通假词形。如:

辜负:"孤"为"背弃"义的本字。《说文》:"孤,无父也。"段注:"引申之,凡单独皆曰孤。""背弃""单独"的本字为"孤","孤负"是本字词形。[①] 但是随着语言的发展,人们在表示"背弃""违背"义时,采用"辜"字。《说文》:"辜,罪也。"人们可以将"辜负"和"有罪"联系起来,通假词形"辜负"成为通用词形。上文中提到的"繁衍"的本字词形是"蕃衍",但"繁"更易使人联想到"繁多"义。

2. 具有古雅色彩的词形流行。如:"端午"的本字词形是"端五",但"五"太俗白,人们反而倾向"端午"。人们常举的"翔实""流言蜚语""幡然醒悟"等都跟人们避俗求雅的用字心理有关。

四 值得注意的问题

1.《现汉》内部存在的问题

推荐词形中注重系统性,如"连、联";"模、摹";"御、驭"的分工。但是有些情

---

① 异形词研究课题组:《第一批异形词整理表说明》,语文出版社2002年版。

况下，《现汉》内部由同一语素构成的词条，规范处理的结果不同，如：

(1) 辈分—辈份　本分—本份　过分—过份

(2) 分内—份内　分外—份外　分子—份子　成分—成份

《说文》："分，别也。从八，从刀。刀，以分别物也。"引申为"区别""界限"。"份"是"分"的分化字，"分"的结果为"份"，特指整体中的一部分，如"份额""股份"等。《现汉》根据"分"和"份"的分工，"分"，一种区分、限度，"分"着眼于"质"，"份"着眼于"量"。所以（1）表示"分别""界限"，后者被规范掉，合理。但（2）却保留了后者的次异形词形式。"分内（外）"《现汉》解释为"本分以内"，"本份"已被规范掉，却保留了"份内""份外"的词形，应予一致。而"分子—份子"表示"属于一定阶级、阶层或具有某种特征的人"，着眼于"质"，"份子"记录词义应予规范掉。"份子"表示"集体送礼分摊的钱"，着眼于"量"，但二者已不是异形词，表义不同。"成分—成份"《现汉》："构成事物的各种不同的物质或因素"。前者应为推荐词形。北京大学现代汉语语料库、国家语委语料库和人民日报语料库的比例分别为5757∶2080；963∶150；15453∶2812。[①] 不过，根据通用性原则，不宜采取"一刀切"。

(3) 透彻—透澈（后者取消）彻底　澈底　澄澈—澄彻

表示"透彻"义，由"彻"承担，"透澈"词形被规范掉；但表示"彻底"义保留了"澈底"、表示"清澈"义，保留了"澄彻"的词形，似有不妥。

2. 从词义理据存在的多侧面性看，应该允许不同的词形存在，不必强行统一以免影响语言表达的多样化。如缘故—原故；订婚—定婚，等等。

参考文献

[1] 李运富：《论汉字的记录职能》，《徐州师范大学学报》2003年第1—2期。

[2] 唐兰：《殷墟文字记》，中华书局1981年版。

[3] 异形词研究课题组：《第一批异形词整理表说明》，语文出版社2002年版。

[4] 宋文：《2005版〈现代汉语词典〉异形词收录问题研究》，《东岳论丛》2008年第1期。

[5] 中国社会科学院语言研究所词典编辑室：《现代汉语词典》，商务印书馆2005年版。

[①] 宋文：《2005版〈现代汉语词典〉异形词收录问题研究》，《东岳论丛》2008年第1期。